KB146661

기초에서 마무리까지
C++
와인드업 플러스

기초에서 마무리까지

C++ 와인드업 플러스

황준하 지음

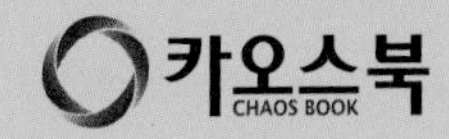

[저자 약력]

황준하

부산대학교 컴퓨터공학과에서 박사학위를 취득하였다. 2002년부터 금오공과대학교 컴퓨터공학과 교수로 재직 중이며, 객체지향 프로그래밍과 인공지능 분야를 강의하고 있다. 주요 저서로 『C++ 프로그래밍 입문』(카오스북, 2014), 『리눅스 프로그래밍 기초』(한빛미디어, 2007), 『UNIX SYSTEM 실습과 응용』(한티미디어, 2006), 『컴퓨터와 정보기술』(학술정보, 2004) 등이 있다.

펴낸날	2014년 1월 31일 초판 1쇄
지은이	황준하
펴낸이	오성준
펴낸곳	카오스북
출판등록	제 406-2012-000111호
전화	031-949-2765
팩스	031-949-2766
홈페이지	www.chaosbook.co.kr
편집	디자인 콤마
정가	32,000원
ISBN	978-89-98338-68-8 93000

머리말

C++ 언어는 1979년 벨 연구소의 Bjarne Stroustrup에 의해 개발되었다. 개발 당시에는 "C with Classes"라고 불렸는데 그 이름에서 의미하듯이 C 언어에 클래스라는 객체 지향 개념을 추가한 것이다. 이후 1983년에 C++라는 이름이 붙게 되었으며 C 언어와는 별개의 언어로서 발전하고 있다. 국제 표준 기구인 ISO에서는 1998년 처음으로 표준 C++ 언어를 제정하였으며, 2011년에 현재의 최신 표준 C++를 제정하였다. 물론 지금도 더 나은 언어로의 진화를 위해 계속해서 개정 작업을 진행하고 있다.

내가 C++ 강의를 위해 강단에 처음 선 해가 2004년이었다. 10년도 훌쩍 넘어, 오랜 기간이 지났음에도 불구하고 C++ 언어는 현재까지도 C, Java와 더불어 가장 많이 사용되고 있는 프로그래밍 언어로 인정받고 있다. C++ 강의를 처음 시작한 몇 해 동안 새 학기를 맞이할 때마다 C++ 관련 도서들을 섭렵하며 주교재를 채택하기 위해 고심을 하곤 했다. 그러나 그 때마다 100% 만족할 만한 교재를 찾기는 힘들었기 때문에 매번 다른 교재를 사용하는 시행착오를 겪을 수밖에 없었다. 이와 같은 불편함으로 인해 급기야 2007년에는 내 나름의 강의 경험을 바탕으로 『C++ 프로그래밍 입문』이라는 책을 출판하여 이 교재를 통해 강의를 진행해 왔다.

『C++ 프로그래밍 입문』은 C 프로그래밍 경험이 있는 C++ 입문자를 대상으로 하고 있다. 따라서 『C++ 프로그래밍 입문』에는 C 언어에 대한 내용은 간략히 요약만 되어 있고 주로 클래스를 활용한 객체지향 프로그래밍 중심의 내용으로 구성되어 있다. C++ 언어에는 C 언어에 대한 모든 내용이 포함되어 있다. 따라서 C++ 언어를 학습하는 방법에는 다음과 같이 두 가지가 있다. 첫 번째는 C 언어를 학습한 후 C++ 언어에 대해 학습하는 것이다. 이때는 C 언어에 대한 모든 내용을 알고 있다는 전제하에 C 언어에 포함되어 있지 않는 C++만의 특징들을 학습하게 된다. 두 번째는 처음부터 바로 C++ 언어에 대해 학습하되 C++ 언어에 포함된 C 언어의 내용부터 학습하는 것이다. C++ 학습에 있어서 어떤 방법이 옳다 그르다는 중요하지 않다. 중요한 것은 컴퓨터 프로그래머라면 궁극적으로 C 언어와 C++ 언어 모두 알고 있어야 한다는 것이다. 내가 가르치는 학생들은 C 언어를 먼저 학습하고 넘어오기 때문에 첫 번째 방법을 통해 C++ 언어를 학습하고 있다. 『C++ 프로그래밍 입문』은 바로 C 프로그래밍 경험이 있는 C++ 입문자를 위한 책이다. 나는 아직까지도 C 프로그래밍 경험이 있는 C++ 입문자라면 『C++ 프로그래밍 입문』이 C++ 학습을 위한 최고의 학습서가 될 수 있으리라 믿고 있다.

그러나 이후로 짧지 않은 기간 동안 강의를 계속해서 진행하다 보니 보다 완벽한 C++ 학습서를 만들고 싶다는 생각을 하게 되었으며, 어떻게 하면 완벽한 C++ 학습서가 될 수 있을지를 고민하였다. 완벽한 C++ 학습서를 만들기 위한 첫 번째 시도는 C 언어의 모든 내용까지 포함한 C++ 교재를 만드는 것이다. 강의를 하다 보면 C 언어를 학습했다 하더라도 C 언어를 제대로 활용하지 못하는 경우가 많다. 그때마다 학생들은 별도의 교재를 참고해야 하는 불편함이 있었다. 그래서 본 교재에 C++ 언어에 포함된 C 언어의 내용을 모두 포함함으로써 본 교재만으로 C++ 언어와 관련되는 모든 내용들을 학습할 수 있도록 하였으며, 아울러 C 언어까지도 함께 학습할 수 있도록 하였다.

완벽한 C++ 학습서를 만들기 위한 두 번째 시도는 표준 C++ 이외에 C++ 프로그래밍을 위해 필수적이라 할 수 있는 내용들을 포함하는 것이다. 한 가지 예는 윈도우즈 GUI 프로그래밍이다. 표준 C와 표준 C++ 프로그램의 경우 일명 도스창이라고 하는 콘솔창을 벗어날 수 없다. 물론 학생들에게 콘솔창에서 돌아가는 테트리스 게임을 제작하도록 주문하기도 했고 이를 훌륭히 완수한 경우도 많지만 결국 콘솔창을 벗어나지는 못한다. 윈도우즈 프로그램을 작성하기 위해서는 윈도우즈 API나 MFC 등과 같은 내용을 학습해야 하지만 이제 막 C++ 문법을 익힌 C++ 입문자들에게 이에 대한 학습은 많은 시간을 필요로 한다. 이 책에서는 표준 C++의 문법만을 사용하여 윈도우즈 프로그램을 비교적 쉽게 작성할 수 있도록 만들어진 SFML 라이브러리의 사용 방법에 대해 설명하고 있다. 이를 통해 이 책의 학습자들이 바로 윈도우즈 프로그램을 작성할 수 있도록 하였으며, 아울러 고급 기술을 익히기 위한 출발점 역할을 할 수 있도록 하였다. 이외에도 UML 중심의 설계 방법 및 사례를 제시하는 등 표준 C++의 내용은 아니지만 C++ 언어를 충분히 활용하기 위해 필요한 내용들을 포함함으로써 보다 완벽한 C++ 학습서가 되도록 노력하였다. 이 책의 제목에 "플러스"가 붙은 것 또한 이와 같은 노력을 반영하고자 한 것이다.

이 책의 집필을 시작한 때가 2013년 초였으니 벌써 만으로 2년이 다 되어 간다. 중간에 편집 기간이 있었지만 짧지 않는 기간이었다. 하지만 이 기간 동안 이 책을 만들면서 떠올린 생각은 한 가지 밖에 없었다. 내가 가르치는 학생들, 나아가 이 책을 읽는 독자들이 이 책을 통해 모두가 C++ 언어에 능숙해졌으면 하는 것이다. 이러한 나의 희망이 이루어질 수 있을지는 잘 모르겠지만 최소한 이 책이 여러분들이 C++ 프로그래밍을 마스터하는 데 작은 디딤돌이 되어주길 희망한다.

마지막으로 본 교재를 출간하기까지 지원을 아끼지 않으신 카오스북의 오성준 사장님과 교정과 편집을 위해 불철주야 노력해 주신 임직원 여러분께 진심으로 감사의 말씀을 드립니다.

2015년 1월

황준하

이 책의 특징과 학습 계획

C 언어와 C++ 언어를 모두 포함한 학습서

이 책은 C++ 언어를 중심으로 하되 C 언어의 내용을 모두 포함하고 있기 때문에 C++ 프로그래밍을 배우고자 하는 독자라면 C 프로그래밍 경험의 유무에 관계없이 누구든지 활용이 가능하다. 이 책은 또한 C++ 언어에 포함된 C 언어의 내용을 포함하되 C++ 언어와 C 언어의 차이점까지 설명함으로써 C++ 언어와 C 언어를 모두 학습할 수 있도록 구성하였다. 특히 이 책은 당초 컴퓨터 관련 학과의 C++ 교과목의 교재로 활용하기 위해 제작되었기 때문에, C 프로그래밍 경험의 유무에 따라 한 학기 또는 두 학기 과정의 교과목에 적합하도록 구성되어 있다. 만약 여러분이 C 프로그래밍 경험이 있는 C++ 입문자라면 한 학기 동안의 학습을 통해 이 책을 마스터할 수 있으며, C 프로그래밍 경험이 없는 초보 프로그래머라면 두 학기 동안의 학습을 통해 이 책을 마스터할 수 있다.

예제와 연습문제 중심의 문법과 원리 설명

이 책에서는 C++의 문법과 원리를 설명하기 위해 각각의 주제마다 예제를 동원하고 있으며 대부분 완전한 소스 코드로 표현하고 있다. 따라서 대부분의 예제는 그 자체로 수행 가능하며 동시에 해당 예제를 통해 어떤 내용을 얘기하고자 하는지 바로 알 수 있도록 되어 있다. 또한 각 절의 마지막에 제시되어 있는 연습 문제를 통해 해당 절에서 배운 내용에 대한 이해 정도를 검증할 수 있도록 하였다. 필요한 경우 연습 문제를 해결하기 위해 필요한 내용을 추가로 설명함으로써 본문을 통해 설명하지 못한 내용을 보완하였다.

표준 C++의 전체 내용 및 최신 내용 포함

이 책에서는 표준 C++에 포함된 방대한 내용들을 모두 담기 위해 노력하였다. C++ 언어의 기본 구성 요소인 변수, 연산자, 제어문, 함수, 클래스는 물론이며 다른 대학 교재용 책들이 소홀히 다루기 쉬운 주제인 템플릿, STL, 파일 입출력, 예외 처리와 관련된 세부적인 내용까지 다루고 있다. 이와 같은 주제들은 향후로 C++ 프로그래밍을 위해 자주 그리고 유용하게 사용될 수 있는 기술들임에 틀림없다. 또한 2011년에 제정된 표준 C와 표준 C++의 최신 버전인 C11과 C++11을 면밀히 검토함으로써 C++의 최신 특징을 반영하고자 노력하였다. 예를 들면, C++11에는 이전 버전까지 포함되어 있지 않았던 쓰레드 프로그래밍 방법이 도입되었으며, 이 책에서는 이를 반영하여 +5.11절을 통해 쓰레드의 개념과 활용 방법에 대해 설명하고 있다.

윈도우즈 프로그래밍 등 표준 C++ 이외의 내용 포함(CD 수록)

이 책에서는 총 다섯 개의 플러스 챕터를 통해 표준 C++ 이외의 주제들을 다루고 있다. 첫 번째는 컴파일러 사용 방법으로 Visual C++의 사용 방법에 대해 설명하고 있다. 두 번째는 콘솔 제어 함수를 중심으로 한 비표준 라이브러리 함수의 활용 방법을 설명함으로써 콘솔창을 기반으로 보다 동적인 프로그래밍이 가능하도록 하였다. 세 번째는 문법과는 상관없이 보다 읽기 쉽고 이해하기 쉬운 코드를 작성하기 위한 C++ 코딩 스타일을 제시하였다. 아마도 여러분들이 프로그래밍 경험이 많아질수록 읽기 쉬운 코드의 작성에 대한 필요성이 더욱 중요해질 것이다. 세 번째는 UML을 이용한 클래스 중심의 설계 및 구현 방법에 대해 설명하고 있다. C++ 언어의 핵심은 객체지향 프로그래밍이다. 그런데 C++ 언어의 문법에 대한 학습만으로 C++ 언어를 객체지향적으로 사용하는 것이 결코 쉬운 일은 아니다. 따라서 별도로 객체지향적 설계 및 구현 방법에 대해 설명함으로써 C++ 언어를 진짜 C++ 언어답게 활용할 수 있도록 하였다. 마지막으로 윈도우즈 프로그래밍이 가능하도록 SFML이라는 라이브러리의 사용 방법에 대해 설명하였다. 이를 통해 콘솔창을 벗어난 윈도우즈 GUI 프로그래밍이 가능하도록 하였으며 보다 고급 프로그래밍으로 접근하기 위한 발판을 마련할 수 있도록 하였다.

학습 계획

이 책은 C++ 언어를 중심으로 설명하되 C 언어의 내용을 모두 포함하고 있기 때문에 C 프로그래밍 경험이 있는 C++ 입문자뿐만 아니라 컴퓨터 프로그래밍 언어를 처음 접하는 초보 프로그래머들까지 활용이 가능하도록 되어 있다. 만약 C 프로그래밍 경험이 있는 독자라면 15주를 기준으로 학습 계획을 수립할 수 있다. 먼저 3주차까지는 C 언어에 대한 복습과 아울러 C++ 언어와의 차이점에 대해 학습하며 4주차부터는 클래스를 중심으로 한 C++ 객체지향 프로그래밍에 대해 학습하면 된다. 만약 C 프로그래밍 경험이 없는 초보 프로그래머라면 30주를 기준으로 학습 계획을 수립할 수 있다. 이때는 이 책의 1장부터 차례로 학습을 진행해 나가면 된다. 저자가 제시하는 각각에 대한 학습 계획은 다음과 같다.

1 C 프로그래머를 위한 주별 학습 계획 – 1학기(15주) 기준

주차	학습 주제	관련 챕터
1	C++ 프로그래밍 기초 컴파일러 사용 방법1	1 +1
2	제어문과 함수 배열과 포인터 그리고 참조	2 3
3	구조체와 열거형 그리고 공용체 라이브러리 함수의 활용 및 다중 파일 프로그래밍 비표준 라이브러리 함수의 활용	4 5 +2
4	클래스와 객체	6
5	클래스의 활용 C++ 코딩 스타일	7 +3
6	복사 생성자	8
7	연산자 오버로딩	9
8	중간 점검	
9	상속	10
10	상속과 다형성 UML을 이용한 클래스 중심의 설계 및 구현	11 +4
11	예외 처리 템플릿	12 13
12	C++ 표준 라이브러리와 표준 입출력 파일 입출력	14 15
13	표준 템플릿 라이브러리	16
14	윈도우즈 GUI 프로그래밍	+5
15	최종 점검	

2 초보 프로그래머를 위한 주별 학습 계획 – 2학기(30주) 기준

주차	학습 주제	관련 챕터
1	C++ 프로그래밍 기초	1
2	컴파일러 사용 방법	+1
3	제어문과 함수 (1)	2
4	제어문과 함수 (2)	2
5	배열과 포인터 그리고 참조 (1)	3
6	배열과 포인터 그리고 참조 (2)	3
7	배열과 포인터 그리고 참조 (3)	3
8	중간 점검 (1)	
9	구조체와 열거형 그리고 공용체 (1)	4
10	구조체와 열거형 그리고 공용체 (2)	4
11	라이브러리 함수의 활용 및 다중 파일 프로그래밍 비표준 라이브러리 함수의 활용	5 +2
12	클래스와 객체	6
13	클래스의 활용	7
14	C++ 코딩 스타일	+3
15	중간 점검 (2)	
16	복사 생성자	8
17	연산자 오버로딩	9
18	상속	10
19	상속과 다형성	11
20	UML을 이용한 클래스 중심의 설계 및 구현	+4
21	예외 처리	12
22	템플릿	13
23	중간 점검 (3)	
24	C++ 표준 라이브러리와 표준 입출력	14
25	파일 입출력	15
26	표준 템플릿 라이브러리 (1)	16
27	표준 템플릿 라이브러리 (2)	16
28	윈도우즈 GUI 프로그래밍 (1)	+5
29	윈도우즈 GUI 프로그래밍 (2)	+5
30	최종 점검	

참고 문헌

이 책을 제작하기 위해 다음과 같은 참고 문헌들을 참조하였다.

1. C++11(https://isocpp.org/std/the-standard): 2011년에 제정된 C++ 언어의 최신 표준 명세이며, 현재 2014년에 제정된 C++14에 대한 표준화 작업이 진행되고 있다.
2. C11(http://www.open-std.org/jtc1/sc22/wg14/): 2011년에 제정된 C 언어의 최신 표준 명세이다.
3. C++ 프로그래밍 입문, 황준하, 카오스북, 2013년 : 클래스, 상속, 템플릿, STL 등 객체지향 프로그래밍과 관련된 표준 C++의 내용이 포함되어 있으며, 이를 수정 보완하여 본 책에 수록하였다.
4. Google C++ Style Guide(http://google-styleguide.googlecode.com/svn/trunk/cppguide.xml): "+3장 C++ 코딩 스타일"을 작성하기 위해 참조하였다.
5. C++ Coding Standard by tmh(http://www.possibility.com/Cpp/CppCodingStandard.html): "+3장 C++ 코딩 스타일"을 작성하기 위해 참조하였다.
6. 클래스 구조의 이해와 설계, 한빛미디어, 채홍석, 2004년: "+4장 UML을 이용한 클래스 중심의 설계 및 구현"을 작성하기 위해 참조하였다.
7. UML Editor(http://www.codeproject.com/Articles/7552/UMLEditor-revisiting-the-vector-editor): UML 클래스 다이어그램 드로잉 도구로서 UML 설명 시 실습 도구로 사용하였다.
8. http://www.sfml-dev.org: SFML은 GUI 프로그래밍 라이브러리로서 "+5장 윈도우즈 GUI 프로그래밍" 작성 시 활용한 라이브러리이다.
9. http://tgui.eu: TGUI는 SFML을 활용하는 추가 라이브러리로서 "+5장 윈도우즈 GUI 프로그래밍" 작성 시 활용하였다.

목차

CD 수록

Chapter +3 C++ 코딩 스타일

Chapter 8 복사 생성자

Chapter 9 연산자 오버로딩

Chapter 10 상속

Chapter 11 상속과 다형성

CD 수록

Chapter +4 UML을 이용한 클래스 중심의 설계 및 구현

Chapter 12 예외 처리

PART 3 템플릿과 C++ 라이브러리

Chapter 13 템플릿

Chapter 14 C++ 표준 라이브러리와 표준 입출력

Chapter 15 파일 입출력

PART 01

더 나은 C로서의 절차지향 프로그래밍

C++ 프로그래밍 기초

1.1 cout 표준 출력 스트림
1.2 상수와 변수 그리고 자료형
1.3 cin 표준 입력 스트림
1.4 연산자
1.5 함수의 기초
1.6 전처리기
1.7 C 스타일의 표준 입출력

하나의 프로그램이 세상과 소통할 수 있으려면 프로그램 실행 결과를 다른 사용자가 알아볼 수 있도록 표현할 수 있어야 한다. 아울러 사용자로부터 입력을 받아들임으로써 해당 입력 데이터에 대한 결과를 만들어낼 수 있어야 한다. 프로그래밍 언어를 학습할 때 가장 먼저 알아야 되는 내용이 바로 입력과 출력 방법이다. 이를 통해 이후의 학습 내용들을 제대로 이해하고 있는지 확인할 수 있게 된다. 표준 C++에서의 표준 입력은 키보드를 통해 이루어지며 표준 출력은 일명 도스창이라 불리는 콘솔창을 통해 이루어진다. 이 장에서는 C++에서의 표준 입출력에 대한 기초를 다지며, 표준 입출력에 동원되는 상수, 변수, 자료형과 함께 값들을 조작할 수 있는 연산자에 대해 설명한다.

1.1 cout 표준 출력 스트림

예제 1.1 | 가장 간단한 C++ 프로그램

C++ 프로그램 중 가장 간단한 프로그램을 작성해 보자.

```
1  int main()
2  {
3  }
```

C++ 프로그램은 main 함수로부터 출발한다. 따라서 모든 C++ 프로그램은 main 함수 하나를 포함하고 있어야만 한다. 함수에 대해서는 1.5절과 2장을 통해 보다 자세히 설명할 것이다.

1라인의 int는 반환값의 타입을 의미하는데 main 함수를 수행한 시스템인 운영체제로 반환하는 값의 타입을 말한다. 여기서 int는 정수값의 타입을 의미한다. 보통 0이 반환되면 성공적인 수행을 의미하며 0이 아닌 값이 반환되면 실패를 의미한다. 만약 이 예제와 같이 값을 반환하지 않으면 0이 반환된 것으로 간주한다. 표준 C++에서는 main 함수의 반환 타입으로 int 타입만을 허용한다. 그러나 Visual C++를 비롯한 많은 컴파일러들이 반환값이 없음을 의미하는 void 타입까지 허용하고 있다. 표준 C++를 학습함에 있어서 main 함수의 반환값에 대해서는 int 타입이든 void 타입이든 크게 신경 쓸 필요가 없지만 가급적 표준을 따르기 위해 int 타입을 사용하는 것이 좋을 것이다. 함수의 몸체는 여는 중괄호({)로 시작되며 닫는 중괄호(})로 끝나게 된다. 즉, 해당 함수의 내용은 { } 괄호 내에 기술하면 된다.

참고로 C++ 코드에서 다음 줄로의 이동은 큰 의미가 없다. 예를 들어 이 예제의 프로그램을 다음과 같이 작성해도 무방하다.

```
int main() { }
```

그러나 작성된 프로그램 코드는 컴파일러가 번역하는 것이지만 사람이 읽고 해석할 수 있어야만 유지보수가 쉽게 이루어질 수 있다. 따라서 프로그램을 항상 예쁘게 작성할 수 있도록 신경 써야 하는데, 프로그램의 크기가 커질수록 이에 대한 중요성은 더욱 더 커지게 된다. 코딩 스타일에 대해서는 "+3장 C++ 코딩 스타일"에서 살펴볼 것이다.

이 예제의 프로그램을 실제 컴퓨터에서 실행해 보기 위해서는 컴파일러라는 시스템 소프트웨어를 사용해야만 한다. 이 책에서는 "+1장 컴파일러 사용 방법"을 통해 대표적인 C++ 컴파일러인 Visual C++의 사용 방법에 대해 설명하고 있다. 이를 통해 먼저 컴파일러의 간단한 사용 방법을 익힌 후 예제 프로그램들을 실행해 보도록 하라. 프로그래밍 실력은 눈으로만 보아서는 절대로 늘지 않는다. 항상 눈과 손 그리고 컴파일러를 사용해서 학습하는 습관을 들여야 한다.

예제 1.2 | cout 출력문

[예제 1.1]을 실행해 보면 화면에 어떤 내용도 출력되지 않는다. 이번 예제에서 문자열 "Hello C++ World!"를 화면에 출력해 보도록 하자.

```
1   /* 진짜 첫 번째 프로그램
2      문자열을 화면에 출력하는 프로그램 */
3
4   #include <iostream>
5   using namespace std;
6
7   int main(void)
8   {
9       cout << "Hello C++ World!" << endl;      // 화면에 문자열 출력
10
11      return 0;
12  }
```

- **실행 결과**

```
Hello C++ World!
```

이 예제에서는 main 함수 외에 주석문, #include 전처리문, using 네임스페이스 선언, cout 출력문, return 문을 만나볼 수 있다.

주석문은 프로그래머가 설명을 위해 추가한 부분으로 프로그램 실행과는 무관하다. 주석문을 추가하는 방법에는 두 가지가 있다. 첫 번째는 1~2라인과 같이 /* */ 블록을 사용하는 것이고 두 번째는 9라인과 같이 // 주석을 사용하는 것이다. "/*" 문자열이 시작되면 이후로 "*/" 문자열을 만날 때까지의 모든 내용이 주석문이 된다. 그리고 "//" 문자열이 시작되면 그 라인의 마지막 내용까지가 주석문이 된다. 코딩을 할 때 프로그래밍 자체에 쫓기다 보면 주석을 추가하는 데 소홀한 경우가 허다하다. 그러나 프로그램의 크기가 커지면 단순히 소스 코드만으로 모든 내용을 파악하기가 매우 어려워지므로 항상 주석을 추가하는 습관을 가지는 것이 좋다.

이 예제에서의 핵심 부분은 9라인의 cout 출력문이다. 그런데 cout이나 endl과 같은 특정 식별자들을 사용하기 위해서는 그와 관련된 정보가 미리 등장해야만 한다. 그래야만 컴파일러가 그 식별자들의 존재 및 의미를 알게 되기 때문이다. cout과 endl에 대한 정보는 iostream이라는 파일에 포함되어 있는데, 이 파일의 내용을 특정 위치로 포함시키는 방법이 바로 4라인의 #include 전처리문이다. #inlcude 다음의 꺾쇠 괄호(<>) 내에 파일 이름을 기술해 주면 컴파일 시 그 파일의 내용이 해당 위치에 복사된다. 4라인에서 #include <iostream>이라고 했으므로 이제 cout과 endl을 사용할 수 있다. 그러나 이 상태에서 5라인의 문장을 추가하지 않고 cout과 endl을 사용하면 에러가 발생하는데, 5라인은 이 문제를 해결하기 위해 추가한 것이다. 5라인의 "using namespace std;"가 무엇인지는 "2.9절 네임스페이스"에서 자세히 설명할 것이다. 그때까지는 표준 C++ 프로그램에서는 4~5라인과 같이 필요한 파일을 include한 후에 using namespace std;를 추가해야만 한다는 것을 명심하자.

9라인에서는 cout 다음에 출력 연산자인 <<를 사용하여 필요한 데이터를 콘솔창에 출력하고 있다. cout은 C++ 언어의 핵심인 클래스의 객체로서 클래스에 대해서는 차차 배우게 될 것이다. 여기서는 콘솔창 화면을 의미한다고 생각하면 된다. << 연산자 다음에 필요한 데이터를 기술해 주면 해당 데이터가 화면에 출

력된다. endl은 다음 줄로의 이동을 의미하는데 이에 대한 자세한 내용은 14.5절에서 확인할 수 있다. 9라인과 같이 cout 이후에 << 연산자를 연속으로 사용하면 여러 개의 데이터를 한 문장을 통해 출력할 수 있다.

11라인의 return 문은 해당 함수를 빠져나가는 문장으로 그 함수의 반환 타입에 따라 그에 맞는 값을 반환해야만 한다. 여기서는 main 함수가 성공적으로 수행되었다는 의미로 int 타입의 값인 0을 반환하고 있다. 만약 반환 타입이 void라면 반환값이 없다는 의미이므로 return; 문장만으로 충분하다. 만약 return 문을 명시적으로 사용하지 않는다면 해당 함수의 마지막 문장까지 수행하고 난 후 자동으로 해당 함수를 종료하게 된다. 참고로 5라인, 9라인, 11라인과 같이 하나의 문장은 세미콜론(;)으로 끝나게 된다.

[예제 1.1]과는 달리 7라인에서는 main 함수명 다음의 괄호 내에 void라는 키워드를 사용하고 있는데 이는 main 함수가 호출될 때 main 함수로 전달되는 데이터가 없음을 의미한다. [예제 1.1]과 같이 함수명 다음의 괄호 내에 내용을 생략한다면 이는 void를 기술한 것과 동일하다.

문제는 cout 객체를 통해 데이터를 출력할 때 데이터를 어떻게 기술하느냐 하는 것이다. 문자열을 나타내기 위해서는 7라인과 같이 쌍따옴표(" ") 내에 문자열을 기술하면 된다. 그러면 정수값은 어떻게 기술할까? 실수값은 어떻게 기술할까? 문자는 또 어떻게 기술할까? 우선 여기서는 문자열 출력을 통해 cout 객체를 충분히 사용해 보고 바로 다음 절에서 다른 데이터들을 표현하고 저장하는 방법에 대해 살펴보도록 하자.

연습문제 | 1.1

다음의 실행 결과를 참고하여 자신의 이름, 주소, 전화번호를 화면에 출력하고 10개의 단어를 화면에 출력해 보라. 출력 단어는 어떤 단어라도 상관없다. 단, 탭문자나 공백문자를 적절히 사용하여 최대한 예쁘게 꾸며 보도록 하라.

- **실행 결과**

```
* 이름      : 황준하
* 주소      : 경상북도 구미시 1번지
* 전화번호  : 010-111-1111
          1. 아름답다        2. 학생
          3. 아기            4. 사랑
          5. 소나무          6. 돌고래
          7. 기차            8. 산들바람
          9. 바다            10. 부드럽다
```

탭문자를 출력하기 위해서는 다음과 같이 탭문자(\t)를 사용하면 된다.

```
cout << "\t";
```

Note

참고

'\t'는 탈출 문자열(escape sequence)의 일종으로 키보드 자판의 탭 키와 같이 동작한다. 탈출 문자열이란 탭문자(\t)와 같이 역슬래시 문자(\)와 다른 문자와의 결합을 통해 하나의 특정 의미를 포함하는 문자를 나타내는 것이다. 탭문자 외에 자주 사용되는 탈출 문자열로는 다음 줄로의 이동을 의미하는 새줄 문자(\n)가 있다. 그리고 cout을 통해 큰 따옴표(")를 출력하기 위해서는 탈출 문자열인 '\"'을 사용하면 되고 역슬래시 문자 하나를 출력하기 위해서는 '\\'와 같은 탈출 문자열을 사용하면 된다. 다음 문장의 실행 결과로 어떤 문자들이 화면에 출력되는지 직접 확인해 보도록 하라.

```
cout << "I said to \\you\\.\n\"I love you.\"\n";
```

연습문제 | 1.2

간단한 자기 소개서를 만들어 보라. 그래픽 문자를 사용하면 좀 더 화려한 모양을 만들 수 있을 것이다. 예를 들어 다음과 같은 cout 문을 사용하면 실행 화면과 같이 사각형 박스를 만들 수 있다.

```
1  cout << " ┌──────────────┐ " << endl;
2  cout << " │   황  준  하   │ " << endl;
3  cout << " └──────────────┘ " << endl;
```

- **실행 결과**

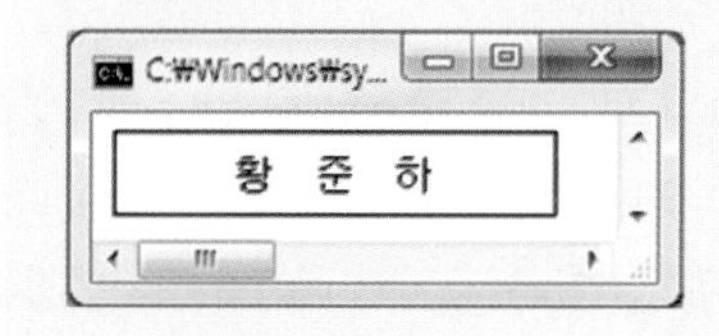

'┌' 문자와 같은 그래픽 문자를 출력하기 위해서는 한글 자음 하나를 입력한 상태에서 한자 키를 누르거나 윈도우 작업표시줄의 입력 도구 모음에서 한자 변환을 누른 후 그래픽 문자들이 나타나면 필요한 문자를 선택하면 된다. 한글 자음에 따라 다양한 그래픽 문자들이 나타나게 되는데, 예를 들어 '┌' 문자를 출력하려면 한글 자음 'ㅂ'을 먼저 입력하면 된다.

Note

1.2 상수와 변수 그리고 자료형

예제 1.3 | 정수형 변수 선언

정수형 변수 하나를 만들고 값을 입력한 후 화면에 출력해 보자. 이 예제를 통해 상수와 변수 그리고 자료형에 대해 설명할 것이다.

```
1   #include <iostream>
2   using namespace std;
3
4   int main()
5   {
6       int num;                               // 변수 선언
7       num = 3;                               // 대입 연산자를 통해 num의 값 변경
8       cout << "num = " << num << endl;     // num의 값 출력
9
10      return 0;
11  }
```

- **실행 결과**

```
num = 3
```

6라인에서 num이라는 이름의 변수를 하나 선언하고 있다. int num이라는 것은 num이 정수값을 저장하는 변수라는 의미이다. int num;과 같이 변수를 선언한 경우 num의 값은 아직 프로그래머에 의해 초기화되기 전이지만 해당 메모리에는 분명히 어떠한 값이 존재하게 된다. 이 값을 쓰레기 값이라고 하며 어떤 값이 있든 해당 프로그램에 있어서는 의미 없는 값으로 간주될 수 있다.

num에 명시적으로 값을 저장하기 위해서는 7라인과 같이 대입 연산자를 사용할 수 있다. 8라인을 통해 num의 값을 확인해 보면 3이 저장되어 있는 것을 확인할 수 있다. 여기서 num을 변수, int를 타입, 3을 상수라고 한다. 프로그램이란 데이터를 조작하는 것이라고 할 수 있다. 여기서 데이터는 3과 같은 상수 값들에 의해 표현되고 이 값들을 저장하고 변경해 볼 수 있는 공간이 필요한데 이것이 바로 변수이다. 또한 변수에는 타입이라는 것이 있어 데이터의 종류에 따라 적절한 타입의 변수를 사용할 수 있도록 되어 있다. 참고로 8라인과 같이 출력 연산자 다음에 변수명을 기술하면 그 변수의 값이 화면에 출력된다.

상수, 변수, 타입에 대해 좀 더 구체적으로 살펴보도록 하자. 정수 3과 실수 3.0을 생각해 보자. 수학적으로는 둘 다 3이라는 양을 나타내는 것이지만 컴퓨터 입장에서는 정수 3과 실수 3.0을 저장하는 방식이 다르다. 정수 3은 기본적으로 4바이트 메모리에 저장되며 실수 3.0은 8바이트 메모리에 저장된다. 따라서 어떤 값을 다루고자 한다면 먼저 그 값의 타입이 무엇인지 결정해야만 한다.

상수는 3과 같이 변하지 않는 값을 의미하며 변수는 int num;에서 num과 같이 해당 타입의 값을 저장하고 수정할 수 있는 저장 장소를 의미한다. 상수와 변수 모두 타입이 있으며, 원칙적으로는 같은 타입의 값들끼리의 대입이 가능하다. 그러나 형변환이라는 것을 통해 실수 값이 정수 값으로 변할 수도 있고 정수 값이 실수 값으로 변할 수도 있다.

[표 1.1]은 상수와 변수에 대한 대표적인 타입 및 예를 보인 것이다. int 타입의 값을 저장하는 데 사용되는 바이트 수는 운영체제마다 다를 수 있는데, Windows 32bit PC를 기준으로 할 경우 int와 long int 모두 4바이트로 표현된다. 정수형 상수의 경우 15와 같이 int형으로 수용 가능하다면 int형으로 처리되고 long int형으로 수용 가능하다면 long int형으로 처리된다. 그러나 int와 long int 모두 4바이트

로 표현되는 경우에는 표현 범위가 동일하므로 모두 int형으로 처리된다. 굳이 long int형 상수를 사용하고자 한다면 l 또는 L 접미사를 붙이면 된다. int 값이 short int형 변수에 저장될 때는 묵시적 형변환을 통해 short int형으로 변환되어 저장된다. 참고로 int형 상수는 10진수 외에도 8진수와 16진수로 표현될 수도 있는데, 8진수의 경우 0 이후에 값이 나오게 되며 16진수의 경우 0x 또는 0X 이후에 값이 나오게 된다. 예를 들어, 10진수 15는 8진수로는 017, 16진수로는 0xF로 표현된다. 물론 8진수와 16진수 상수 뒤에도 long int형 상수를 의미하는 l 또는 L 접미사가 붙을 수 있다. 참고로 short int 타입과 long int 타입은 각각 int를 제외하고 short와 long으로 표기할 수 있다.

정수형에 포함되는 bool 타입의 경우 true 값은 1로, false 값은 0으로 자동 변환될 수 있으며, bool 값이 저장되는 바이트 수는 컴파일러의 구현에 따라 달라질 수 있지만 주로 1바이트로 표현된다. 한편 int형과 마찬가지로 double형 역시 표현되는 바이트 수가 시스템마다 다를 수 있는데 Windows 32 bit PC의 경우 8바이트로 표현되어 long double과 동일하다.

○ 표 1.1 상수와 변수의 대표적인 타입

그룹	타입	바이트 수	상수와 변수의 예	
			상수	변수
정수형	char	1	'A', '\n'	char ch;
	short int	2	–	short int num1;
	int	2 ~ 4	15, 017, 0xF	int num2;
	long int	4	15l, 15L	long int num3;
	bool	undefined (1)	true, false	bool tf;
실수형	float	4	1.23f, 1.23F	float num4;
	double	4 ~ 8	1.23	double num5;
	long double	8	1.23l, 1.23L	long double num6;

변수를 사용하고자 한다면 먼저 [표 1.1]의 예와 같이 해당 변수를 선언해야만 한다. C++에서 변수를 선언할 수 있는 위치는 특별한 제한이 없다. 함수의 시작 위치도 좋고 연산식 등 일반 문장이 나온 후라도 상관없다. 단, 변수를 선언한 이후부터 해당 변수를 사용할 수 있다. 그러나 C 언어에서 변수의 선언 위치는 해당 지역(함수, 제어문의 블록)의 시작부로 한정되어 있다. 따라서 다른 문장이 나온 후에는 변수의 선언이 불가능하다.

변수명은 다음의 두 가지 규칙에 따라 작성할 수 있다. 이는 변수뿐만 아니라 나중에 배울 구조체명, 클래스명 등을 포함한 개념인 식별자(identifier)의 이름을 작성하는 데 그대로 적용될 수 있다.

- 첫 번째 문자는 알파벳 문자(대문자, 소문자) 또는 underscore 문자(_) 중 하나가 올 수 있다.
- 두 번째 이후의 문자는 알파벳 문자(대문자, 소문자), 숫자(0 ~ 9), underscore 문자(_) 중 하나가 올 수 있다.

예를 들어 2count라는 변수명은 첫 번째 문자로 숫자가 왔기 때문에 유효하지 않음을 알 수 있다. 또 한 가지, C/C++ 언어에서는 알파벳 대문자와 소문자를 구별하고 있음에 주의해야 한다. 예를 들어 Count와 count는 서로 다른 변수로 인식된다.

정수형 타입 중에는 [표 1.1]에 기술한 타입들 외에도 unsigned char, unsigned short int, unsigned long int 타입이 있다. 이 타입들은 해당 타입의 값을 표현하기 위해 각각 char, short int, long int 타입과 동일한 바이트 수를 사용하지만, char, short int, long int 타입이 음수, 0, 양수를 표현할 수 있는 반면에 unsinged 타입들은 0과 양수만을 표현할 수 있다. 예를 들면 1바이트를 사용하는 char 타입은 −128부터 127까지의 정수를 표현할 수 있지만 unsigned char 타입은 0부터 255까지 표현할 수 있다. 참고로 int 타입의 상수인 5를 unsinged long int 타입의 상수로 표현하기 위해서는 5ul, 5uL, 5Ul, 5UL 중 하나를 사용할 수 있다.

[표 1.1]에는 문자열에 대한 설명이 생략되어 있다. 문자열 상수는 [예제 1.2]에서 살펴본 바와 같이 " " 내의 문자들의 집합으로 표현된다. 그러나 문자열을 변수에 저장하기 위해서는 배열과 포인터의 개념을 이해해야만 한다. 따라서 이에 대한 처리 방법은 3.9절에서 설명할 것이다.

예제 1.4 | sizeof 연산자

[표 1.1]에서 보인 예에 해당하는 변수들을 선언하고 각각 해당 상수 값으로 초기화해 보자. 그리고 sizeof 연산자를 사용하여 각 타입, 변수, 상수의 바이트 크기를 출력해 보자.

```
1   #include <iostream>
2   using namespace std;
3
4   int main()
5   {
6       char ch = 'A';
7       short int num1 = 15;
8       int num2 = 15;
9       long int num3 = 15L;
10      bool tf = true;
11      float num4 = 1.23f;
12      double num5 = 1.23;
13      long double num6 = 1.23L;
14
15      cout << "char        : " << sizeof(char) << ", " << sizeof(ch) << ", "
            << sizeof('A') << endl;
16      cout << "short int   : " << sizeof(short int) << ", " << sizeof(num1)
            << endl;
17      cout << "int         : " << sizeof(int) << ", " << sizeof(num2) << ", "
            << sizeof(15) << endl;
18      cout << "long int    : " << sizeof(long int) << ", " << sizeof(num3)
            << ", " << sizeof(15L) << endl;
19      cout << "bool        : " << sizeof(bool) << ", " << sizeof(tf) << ", "
            << sizeof(true) << endl;
```

```
20      cout << "float       : " << sizeof(float) << ", " << sizeof(num4) << ", "
            << sizeof(1.23f) << endl;
21      cout << "double      : " << sizeof(double) << ", " << sizeof(num5)
            << ", " << sizeof(1.23) << endl;
22      cout << "long double : " << sizeof(long double) << ", " << sizeof(num6)
            << ", " << sizeof(1.23L) << endl;
23
24      return 0;
25  }
```

• **실행 결과**

```
char        : 1, 1, 1
short int   : 2, 2
int         : 4, 4, 4
long int    : 4, 4, 4
bool        : 1, 1, 1
float       : 4, 4, 4
double      : 8, 8, 8
long double : 8, 8, 8
```

sizeof 연산자는 특정 변수나 타입의 바이트 단위 크기를 알아볼 때 사용하는 연산자이다. 예를 들어 int a;가 있을 때 sizeof(int)와 sizeof(a) 모두 4라는 값을 반환하게 된다.

6~13라인과 같이 변수를 선언함과 동시에 특정 값으로 초기화를 할 수도 있으며 int num1, num2;와 같이 한 문장에 여러 개의 변수를 선언할 수도 있다. 실행 결과를 보면 int와 long int는 모두 4바이트로 표현되며 double과 long double은 모두 8바이트로 표현됨을 알 수 있다.

예제 1.5 | typedef 선언

short int 타입을 short int가 아닌 다른 이름으로 사용할 수 있도록 해 보자.

```
1   #include <iostream>
2   using namespace std;
3
4   typedef short int SINT;     // short int와 SINT는 동일한 타입
5
6   int main()
7   {
8       short int num1 = 3;
9       SINT num2 = 4;
10
11      cout << "num1 = " << num1 << ", 바이트 수 : " << sizeof(short int) << endl;
12      cout << "num2 = " << num2 << ", 바이트 수 : " << sizeof(SINT) << endl;
```

```
13
14      return 0;
15  }
```

• **실행 결과**

```
a = 3, 바이트 수 : 2
b = 4, 바이트 수 : 2
```

typedef 선언은 기존의 타입명을 다른 이름으로 사용할 수 있도록 만드는 것이다. 단, 여기서 다른 이름은 단 하나의 단어로 구성된다. 4라인에서는 short int 타입을 SINT라는 이름으로 사용할 수 있도록 선언하였다. 이후로는 short int 변수를 선언할 때 short int를 사용해도 되고 SINT를 사용해도 된다. C++ 언어 자체를 학습하는 단계에서는 typedef 선언을 사용하는 일이 드물 것이다. 그러나 운영체제에서 제공하는 라이브러리 내에는 typedef 선언을 사용하여 기존 타입명에 대한 새로운 타입명을 부여하는 경우가 흔하므로 typedef 선언의 존재 및 사용 방법을 숙지해 놓는 것이 좋다.

예제 1.6 | const 상수 선언

원주율을 의미하는 값인 3.14를 PI라는 이름으로 사용할 수 있도록 해 보자.

```
1   #include <iostream>
2   using namespace std;
3
4   const double PI = 3.14;         // PI는 3.14와 동일
5
6   int main()
7   {
8       double radius = 3;          // 반지름
9       cout << "원의 면적 : " << PI * radius * radius << endl;
10
11      return 0;
12  }
```

• **실행 결과**

```
원의 면적 : 28.26
```

const는 문자열 상수, 즉 변수를 상수화할 때 사용할 수 있다. 4라인과 같이 변수 선언 앞에 const 키워드를 추가하면 변수 PI는 상수가 되어 PI의 값을 변경할 수 없게 된다. 한 가지 주의할 사항은 const 선언의 경우 변수 선언과 함께 반드시 초기 값을 지정해야만 한다는 것이다. 4라인에서는 PI의 값을 3.14로 초기

화하고 있다. 그 다음부터는 3.14라는 값 대신 9라인과 같이 PI라는 문자열을 사용할 수 있다. 9라인에서 *는 곱하기를 의미하는 곱셈 연산자이다.

만약 하나의 프로그램 내에서 원주율을 자주 사용해야 된다고 생각해 보자. 원주율을 3.14로 사용하다가 필요에 의해 3.1415로 변경해야 할 경우, const 문자열 상수를 사용하고 있다면 모든 곳을 3.14에서 3.1415로 변경하는 대신 const 선언만 다음과 같이 변경하면 된다.

```
const double PI = 3.1415;
```

연습문제 | 1.3

여러 가지 타입들 중 앞으로 char, int, double 타입을 가장 많이 사용하게 될 것이다. typedef 선언을 사용하여 각각 MYCHAR, MYINT, MYDOUBLE이라는 이름으로 사용할 수 있도록 만들어 보라. 그리고 새로운 타입명을 사용하여 각각 변수를 만들고 새로운 타입명 및 변수명을 사용하여 바이트 수를 출력해 보라.

Note

1.3 cin 표준 입력 스트림

예제 1.7 | cin 객체를 이용한 표준 입력

cin 객체를 사용하여 int, double, char 변수의 값을 입력 받고 제대로 입력이 되었는지 cout 객체를 사용하여 출력해 보자.

```
1   #include <iostream>
2   using namespace std;
3
4   int main()
5   {
6       int i_var;
7       double d_var;
8       char ch;
9
10      cout << "int, double, 문자 값 입력 : ";
11      cin >> i_var >> d_var;              // 표준 입력 연산자 >> 사용
12      cin >> ch;
```

```
13
14        cout << "int 값    : " << i_var << endl;
15        cout << "double 값 : " << d_var << endl;
16        cout << "문자      : " << ch << endl;
17
18        return 0;
19    }
```

• **실행 결과**

```
int, double, 문자 값 입력 : 55 1.11 C
int 값    : 55
double 값 : 1.11
문자      : C
```

표준 입력 장치인 키보드로부터 값을 읽어 들일 때는 표준 입력 객체인 cin을 사용하면 된다. cin의 사용 방법 역시 cout의 사용 방법만큼 직관적이다. 11, 12라인을 통해 각 변수의 값을 입력 받고 있다. 11라인과 같이 하나의 cin 문장을 통해 여러 개의 값을 입력 받을 수도 있다. 마치 cin을 키보드로 생각하고 그곳으로부터 데이터를 입력 받는다(>>)는 느낌으로 데이터를 입력 받으면 된다. 이는 객체지향 프로그래밍과 더불어 3.5절에서 배우게 될 참조에 의해 가능해진 것이다.

연습문제 | 1.4

int형 변수 2개를 선언하고 cin을 사용하여 값을 입력 받도록 하라. 그리고 cout을 사용하여 두 값에 대한 곱셈 결과를 출력해 보도록 하라. 단, 첫 번째는 연산 결과를 다른 변수에 저장하여 출력해 보고, 두 번째는 별도의 변수를 사용하지 않고 기존의 두 변수를 사용한 수식으로 출력해 보도록 하라.

1.4 연산자

예제 1.8 | 사칙연산

int형 변수 2개를 선언하고 사용자로부터 값을 입력 받은 후 사칙연산(+, −, *, /) 결과를 출력해 보자.

```
1   #include <iostream>
2   using namespace std;
3
4   int main()
5   {
6       int num1, num2;
7
8       cout << "정수 2개 입력 : ";
9       cin >> num1 >> num2;                // num2의 값이 0이 되면 나눗셈 불가
10
11      cout << "덧  셈 : " << num1 << " + " << num2 << " = " << num1 + num2
             << endl;
12      cout << "뺄  셈 : " << num1 << " - " << num2 << " = " << num1 - num2
             << endl;
13      cout << "곱  셈 : " << num1 << " * " << num2 << " = " << num1 * num2
             << endl;
14      cout << "나눗셈 : " << num1 << " / " << num2 << " = " << num1 / num2
             << endl;
15
16      return 0;
17  }
```

• **실행 결과**

```
정수 2개 입력 : 6 2
덧  셈 : 6 + 2 = 8
뺄  셈 : 6 - 2 = 4
곱  셈 : 6 * 2 = 12
나눗셈 : 6 / 2 = 3
```

덧셈, 뺄셈, 곱셈, 나눗셈 연산을 위해 각각 덧셈 연산자(+), 뺄셈 연산자(−), 곱셈 연산자(*), 나눗셈 연산자(/)를 사용하면 된다. 이와 같이 연산자(operator)는 수식 내에 사용되어 새로운 값을 만드는 데 사용될 수 있다. 물론 9라인의 설명과 같이 제수인 num2의 값이 0이 되면 나눗셈 자체가 불가능하므로 키보드 입력 시 주의해야 한다. 이와 같은 예외적인 상황에 대해서는 추후에 학습할 제어문 또는 예외 처리문을 통해 처리가 가능하다.

C++ 언어에는 사칙연산을 위한 연산자 외에도 다양한 연산자가 준비되어 있다. [표 1.2]는 C++ 연산자를 나타낸 것이다.

연산자들 사이에는 우선순위가 있어서 괄호를 사용하지 않는 한 우선순위가 높은 연산자가 먼저 적용된다. (1 + 2 * 3)의 경우 (2 * 3)이 먼저 적용된다. 그리고 하나의 연산자에는 고유의 결합법칙이 있어서 연산자에 따라 왼쪽에서 오른쪽으로 또는 오른쪽에서 왼쪽으로 진행하면서 연산을 수행한다. 예를 들면, (1 + 2 + 3)의 경우 (1 + 2)를 먼저 실행한 다음 그 결과를 다시 3과 더하는 것이다.

○ 표 1.2 연산자의 종류

우선순위	연산자	결합법칙	사용 예	설명
1	::	왼쪽→오른쪽	Point::x	범위 지정 연산자
2	++ --	왼쪽→오른쪽	num1++	후위 증가, 감소 연산자
	()	왼쪽→오른쪽	(1 + 2) * 3	함수 호출
	[]	왼쪽→오른쪽	ary[2]	배열 첨자
	.	왼쪽→오른쪽	obj.x	참조에 의한 멤버 선택
	->	왼쪽→오른쪽	ptr->x	포인터에 의한 멤버 선택
3	++ --	오른쪽→왼쪽	++num1	전위 증가, 감소 연산자
	+ -	오른쪽→왼쪽	-num1	부호 연산자
	! ~	오른쪽→왼쪽	!num1	논리 NOT, 비트 단위 NOT
	(type)	오른쪽→왼쪽	(double) num1	형변환
	*	오른쪽→왼쪽	*ptr	포인터 역참조 연산자
	&	오른쪽→왼쪽	&num1	주소 연산자
3	sizeof	오른쪽→왼쪽	sizeof(num1)	바이트 크기 연산자
	new new[]	오른쪽→왼쪽	new int[3];	메모리 동적 할당
	delete delete[]	오른쪽→왼쪽	delete [] p;	메모리 동적 해제
4	.* ->*	왼쪽→오른쪽	obj.*x	멤버 포인터 연산자
5	* / %	왼쪽→오른쪽	3 * 4	곱셈, 나눗셈, 나머지
6	+ -	왼쪽→오른쪽	3 + 4	덧셈, 뺄셈
7	<< >>	왼쪽→오른쪽	num1 << 2	비트 단위 시프트 연산자
8	< <=	왼쪽→오른쪽	num1 < num2	관계연산자: 작다
	> >=	왼쪽→오른쪽	num1 > num2	관계연산자: 크다
9	== !=	왼쪽→오른쪽	num1 == num2	관계연산자: 같다, 다르다
10	&	왼쪽→오른쪽	num1 & num2	비트 단위 AND
11	^	왼쪽→오른쪽	num1 ^ num2	비트 단위 XOR
12	|	왼쪽→오른쪽	num1 | num2	비트 단위 OR
13	&&	왼쪽→오른쪽	num1 && num2	논리 AND
14	||	왼쪽→오른쪽	num1 || num2	논리 OR
15	?:	오른쪽→왼쪽	a > b ? 1 : 0	삼항 조건 연산자
16	=	오른쪽→왼쪽	num1 = 3	대입 연산자
	+= -=	오른쪽→왼쪽	num1 += num2	+, - 후 대입 연산자
	*= /= %=	오른쪽→왼쪽	num1 *= num2	*, /, % 후 대입 연산자
	<<= >>=	오른쪽→왼쪽	num1 <<= num2	<<, >> 후 대입 연산자
	&= ^= |=	오른쪽→왼쪽	num1 &= num2	&, ^, | 후 대입 연산자
17	,	왼쪽→오른쪽	n1 = 1, n2 = 2	콤마 연산자

예제 1.9 | 대입 연산자(=, +=, -= 등)

다음 프로그램이 제대로 수행될 수 있을지 검토하고 그 결과에 대해서 생각해 보자.

```
1   #include <iostream>
2   using namespace std;
3
4   int main()
5   {
6       int num1, num2, num3;
7
8       num1 = num2 = num3 = 3;
9       cout << "num1 = " << num1 << ", num2 = " << num2 << ", num3 = "
            << num3 << endl;
10
11      num2 += 3;                      // num2 = num2 + 3
12      num3 -= 6;                      // num3 = num3 - 3;
13      cout << "num1 = " << num1 << ", num2 = " << num2 << ", num3 = "
            << num3 << endl;
14
15      num1 = (num2 = num3) = 100;     // num2 = num3의 결과는 num2 그 자체
16      cout << "num1 = " << num1 << ", num2 = " << num2 << ", num3 = "
            << num3 << endl;
17
18      (num1 = num2) = num3 = 500;
19      cout << "num1 = " << num1 << ", num2 = " << num2 << ", num3 = "
            << num3 << endl;
20
21      return 0;
22  }
```

• **실행 결과**

```
a = 3, b = 3, c = 3
a = 3, b = 6, c = -3
a = 100, b = 100, c = -3
a = 500, b = 100, c = 500
```

8라인과 같이 한 문장 내에 대입 연산자가 연속적으로 적용될 경우에는 맨 오른쪽의 대입 연산자부터 적용된다. 여기서 (num3 = 3)과 같은 대입문의 결과가 무엇인지 이해할 필요가 있다. C 언어에서는 대입문의 결과로 대입되는 값이 반환된다. 즉, (num3 = 3)의 결과로서 3이라는 값이 반환되는 것이다. 물론 num3의 값은 3이 된다. 그러나 C++ 언어의 경우 (num3 = 3)의 결과로 num3이라는 변수 자체가 반환된다. num3에 3이 대입된 후이므로 그 다음 대입문에는 다시 3이 대입된다. 동작 방식에는 약간의 차이가 있지만 C 언어와 C++ 언어 모두 8라인의 수행 결과 num1, num2, num3 모두 3이 된다.

11라인의 (num2 += 3)과 12라인의 (num3 -= 6)은 각각 (num2 = num2 + 3), (num3 = num3 - 6)

+ Key

대입 연산자의 경우 왼쪽 피연산자로 lvalue를 필요로 하며, 오른쪽 피연산자로 rvalue를 필요로 한다.

과 같다. 즉, 자기 자신의 변수값에 다른 연산자를 적용한 후 다시 그 결과를 자기 자신의 변수에 대입하는 것이다. 덧셈 연산자와 뺄셈 연산자뿐만 아니라 [표 1.2]에서 보듯이 다양한 연산자에 대한 대입 연산자가 준비되어 있다. 처음 접하는 경우 모양이 생소하여 쉽게 사용하기 힘들 수 있지만 실제로 매우 흔하게 사용되는 연산자들이다.

15라인과 18라인을 살펴보기 전에 (num3 = 3)의 결과로 num3 변수 그 자체가 반환된다는 말과 관련하여 rvalue와 lvalue의 용어에 대해 살펴보고 넘어가자. 변수의 사용과 관련하여 rvalue와 lvalue라는 용어를 접할 때가 있다. 연산자를 적용하는 것을 식(expression)이라고 하는데, 연산자의 적용뿐만 아니라 변수, 상수, 함수 호출 등도 식에 포함된다. 그런데 식의 계산 결과로 rvalue 또는 lvalue 중 하나가 반환된다. lvalue란 변수 그 자체를 의미하고 rvalue란 값을 의미하는 것이다. lvalue와 ravlue라는 용어는 대입 연산식으로부터 유래하였다. +대입 연산자의 경우 왼쪽 피연산자로 lvalue를 필요로 하며, 오른쪽 피연산자로 rvalue를 필요로 한다. 즉, 변수 num1이 있다면 (num1 = 3)과 같이 사용할 수는 있지만 (3 = num1)과 같이 사용할 수는 없다. 그런데 변수 num1, num2가 있을 때 (num1 = num2)와 같이 오른쪽 피연산자로 lvalue가 오는 경우를 흔히 볼 수 있다. 이와 같이 문맥상 rvalue가 와야 될 곳에 lvalue가 있다면 그 lvalue는 자동으로 rvalue로 변환된다. 즉, (num1 = num2)의 경우 lvalue num2는 num2의 변수에 저장되어 있는 값이 rvalue로 변환되어 대입이 되므로 전혀 문제될 게 없다. 그러나 rvalue는 lvalue로 변환될 수 없으므로 대입 연산자의 왼쪽 피연산자 자리와 같이 lvalue를 사용해야 할 곳에 rvalue를 사용해서는 안 된다. 다시 한 번 말하자면 (3 = num1)과 같이 사용할 수 없다는 것이다.

이제 15라인과 18라인의 수행 결과 또한 쉽게 이해할 수 있을 것이다. 15라인의 경우 먼저 (num2 = num3)을 통해 num3의 값인 −3이 num2에 대입된다. 다음으로 (num2 = 100)이 수행되며 마지막으로 (num1 = num2)가 수행되어 num1, num2, num3은 각각 100, 100, −3이 된다. 18라인의 경우 먼저 (num1 = num2)가 수행되고 다음으로 (num3 = 500), (num1 = num3)이 수행되어 num1, num2, num3은 각각 500, 100, 500이 된다. C 언어의 경우 대입 연산의 결과로 rvalue인 값이 반환된다. 따라서 C 언어에서는 15라인이나 18라인과 같이 사용할 수 없다. 기본적으로 C 언어에서는 식의 계산 결과로 항상 rvalue만을 반환하며 lvalue가 반환되는 경우는 존재하지 않는다.

예제 1.10 | 증가 연산자(++)

증가 연산자인 ++ 연산자는 기본적으로 해당 변수의 값을 1 증가시키는 기능을 수행하는 연산자로서 lvalue인 변수를 대상으로 한다. 예를 들면 num1++와 같이 변수 하나만을 대상으로 적용할 수 있으며 3++, (num1 + num2)++ 등과 같은 연산은 불가능하다. 적용되는 변수의 위치에 따라 전위 증가 연산자와 후위 증가 연산자로 나눌 수 있다. 다음 예제를 통해 전위 증가 연산자와 후위 증가 연산자의 수행 방식에 대해 알아보자.

```
1  #include <iostream>
2  using namespace std;
3
```

```
4   int main()
5   {
6       int num1 = 3, num2 = 3;
7       int num3, num4;
8
9       num3 = ++num1;
10      num4 = num2++;
11      cout << "num1 = " << num1 << ", num2 = " << num2 << endl;
12      cout << "num3 = " << num3 << ", num4 = " << num4 << endl;
13
14      num1 = 3, num2 = 3;          // 각각 3으로 초기화
15
16      num3 = ++(++num1);           // (num1++)++; 에러
17      num4 = (++num2)++;
18      cout << "num1 = " << num1 << ", num2 = " << num2 << endl;
19      cout << "num3 = " << num3 << ", num4 = " << num4 << endl;
20
21      return 0;
22  }
```

- **실행 결과**

```
a = 4, b = 4
c = 4, d = 3
a = 5, b = 5
c = 5, d = 4
```

9라인은 전위 증가 연산자를 적용한 것이고 10라인은 후위 증가 연산자를 적용한 것이다. 두 가지 연산자 모두 적용 대상인 num1, num2의 값을 각각 1씩 증가시키게 된다. 주의할 사항은 이후의 연산에 적용되는 값이 달라진다는 것이다. 전위 증가 연산자의 경우 증가 연산이 수행된 후의 결과인 4가 num3에 대입되며, 후위 증가 연산자의 경우 증가 연산이 수행되기 전의 결과인 3이 num4에 대입된다. 즉, 후위 증가 연산자의 경우 증가 연산이 수행되기 이전의 값이 다음 연산에 사용되는 값이 되는 것이다.

16라인의 경우 전위 증가 연산자를 2회 연속적으로 적용하고 있으며 17라인의 경우 전위 증가 연산자를 적용한 후 바로 이어 후위 증가 연산자를 적용하고 있다. num1, num2 모두 2씩 증가하여 5가 된다. num3의 경우에도 num1이 2회 증가한 후의 결과인 5가 된다. 그러나 num4의 경우 두 번째 증가 연산자가 후위 증가 연산자이므로 num2가 한 번 증가한 후의 결과인 4가 대입되는 것이다. 이제 전위 증가 연산자와 후위 증가 연산자의 기본적인 동작 방식에 대해 이해했으리라 생각된다.

그러나 여기서 끝이 아니다. 좀 더 정확히 얘기하면 ++num1의 경우 그 반환 결과가 lvalue인 변수 num1 그 자체가 된다. 따라서 num1이 1 증가한 후의 값이 다음 연산에 사용되는 것이다. 반면에 num1++의 경우 반환 결과는 rvalue로서 num1의 값이 증가하기 이전의 값이 된다. 그러면 16라인의 주석과 같이 (num1++)++라는 연산이 왜 불가능한지 이해할 수 있을 것이다. num1++의 결과로 num1의 증가 이전 값인 3, 즉 rvalue가 반환된다. 앞서 ++ 연산자는 변수 하나인 lvalue에 대해서만 적용이 가능

하다고 설명했다. 따라서 (num1++)++는 rvalue에 ++ 연산자를 적용하게 되는 것이므로 적용 자체가 불가능한 것이다.

-- 감소 연산자 또한 1씩 감소된다는 것 외에는 ++ 증가 연산자와 동작 방식에 차이가 없다. ++, -- 연산자의 경우 매우 많이 사용되는 연산자이고 향후 클래스를 설명할 때 또 다시 등장하게 되므로 사용 방법 및 동작 방식을 확실하게 이해하고 넘어가기 바란다. 참고로 C 언어에서는 전위 증가 연산자와 후위 증가 연산자 모두 rvalue를 반환하게 된다. 따라서 (++num1)++와 같은 연산 또한 불가능하다.

예제 1.11 | 상등 연산자(==), 나머지 연산자(%), 삼항 조건 연산자(?:)

나머지 연산자와 삼항 조건 연산자를 사용하여 사용자로부터 읽어 들인 정수값이 짝수인지 홀수인지 구별해 보자.

```
1   #include <iostream>
2   using namespace std;
3
4   int main()
5   {
6       int num;
7
8       cout << "정수 1개 입력 : ";
9       cin >> num;
10
11      (num % 2 == 0) ? (cout << "짝수" << endl) : (cout << "홀수" << endl);
12
13      return 0;
14  }
```

- **실행 결과**

```
정수 1개 입력 : 99
홀수
```

11라인 한 문장에 나머지 연산자와 상등 연산자 그리고 삼항 조건 연산자가 모두 사용되고 있다. 삼항 연산자는 ?와 :로 구분되는 세 영역으로 나뉜다. 먼저 첫 번째 영역에 특정 조건식을 기술할 수 있는데 그 조건이 참이면 두 번째 영역의 내용을 실행하게 되고 거짓이면 세 번째 영역의 내용을 실행하게 된다. 11라인의 조건식 (num % 2 == 0)에서 (num % 2)는 num을 2로 나눈 나머지를 의미하며, == 연산자는 왼쪽과 오른쪽의 평가값이 서로 같으면 참, 다르면 거짓을 반환하게 된다. 따라서 (num % 2 == 0)은 num을 2로 나눈 나머지가 0이면 참, 1이면 거짓을 반환하는데 결과가 참이면 짝수를 의미하는 것이다. 즉, 11라인은 num의 값이 짝수이면 "짝수"를 출력하고 홀수이면 "홀수"를 출력하게 된다.

[표 1.2]에는 지금까지 소개한 연산자 외에 더 많은 연산자들이 나열되어 있다. 대부분의 연산자들이 앞으로 다른 내용들을 설명할 때 적용될 것이므로 그때 더 자세히 설명할 것이다.

예제 1.12 | 형변환(묵시적 형변환 및 명시적 형변환)

다음 프로그램의 문제점이 무엇인지 생각해 보고 해결 방법을 찾아보자.

```
1   #include <iostream>
2   using namespace std;
3
4   int main()
5   {
6       int num1 = 3, num2 = 2;
7
8       cout << "num1 / num2 = " << num1 / num2 << endl; // (num1 / num2)의 결과는?
9
10      return 0;
11  }
```

• **실행 결과**

```
num1 / num2 = 1
```

실행 결과를 보면 3 나누기 2의 결과가 1.5가 아닌 1임을 알 수 있다. 여기서의 핵심은 int 변수의 연산 결과가 무엇이냐는 것이다. 기본적으로 int형 값들의 연산 결과는 int형 값이 된다. 따라서 8라인의 (num1 / num2)의 결과는 double 값인 1.5가 아닌 정수 부분만을 취한 1이 되는 것이다. 이 문제를 해결하는 첫 번째 방법은 변수 num1, num2의 타입을 double로 변경하는 것이다. double 값들의 연산 결과로 double 값이 반환되기 때문에 문제없이 1.5를 반환하게 된다. 사실은 여기서 num1, num2의 값들 중 하나만 double 타입으로 변경해도 된다. double 값과 int 값의 연산 결과는 표현 범위가 더 큰 double 값으로 반환되기 때문이다.

두 번째 해결 방법은 수식 내에서 필요한 경우 명시적 형변환을 사용하는 것이다. 8라인을 다음과 같이 수정하면 된다.

```
cout << "num1 / num2 = " << (double) num1 / (double) num2 << endl;
```

명시적 형변환 문법은 "(double) num1"처럼 "(변환타입명) 변수명"의 형태로 사용할 수 있으며 "double(num1)"처럼 "변환타입명(변수명)"의 형태로 사용할 수도 있다. 그러면 num1의 정수값이 순간적으로 double 값으로 변경되어 다음 연산에 사용된다. 물론 num1 또는 num2 중 하나만 double 타입으로 명시적 형변환을 해 주더라도 그 결과는 double 값이 된다. 참고로 C 언어에서는 "(double) num1"과 같은 형변환 문법만을 허용하며 "double(num1)"과 같은 문법은 허용하지 않는다.

형변환(type conversion)은 크게 묵시적 형변환과 명시적 형변환으로 나뉜다. 예를 들어, int num1 = 3.4;라고 했을 경우 double 값인 3.4가 int 값 3으로 자동 변경되어 num1에 대입되는데 이와 같은 경우를 묵시적 형변환이라 한다. 명시적 형변환은 앞서 살펴본 바와 같이 필요한 경우 명시적으로 형변환을 수행하는 것이다. 묵시적 형변환과 명시적 형변환은 각각 자동 형변환과 강제 형변환이란 용어로 불리기도 한다. 형변환에 대해서는 11.1절에서 다시 한 번 정리할 것이다.

예제 1.13 | 산술 연산에 대한 오버플로우와 언더플로우

특정 타입의 변수는 수용할 수 있는 값의 범위가 정해져 있다. 예를 들면 char 변수는 8비트로 표현되는 정수값을 저장하기 때문에 −128부터 127까지의 값들을 저장할 수 있다. 이때 해당 변수가 표현할 수 있는 최대값보다 큰 값을 저장하려고 할 때를 오버플로우(overflow)라 하고, 반대로 해당 변수가 표현할 수 있는 최소값보다 작은 값을 저장하려고 할 때를 언더플로우(underflow)라 한다. 오버플로우 또는 언더플로우의 발생은 논리적 에러에 해당되지만, 이와 같은 상황에도 불구하고 프로그램은 계속 수행될 수 있다. 결국 이 문제 때문에 시스템 전체적으로 치명적 오류가 발생할 수도 있다. 따라서 오버플로우와 언더플로우가 발생하지 않도록 주의해야 한다.

다음 프로그램을 통해 오버플로우 또는 언더플로우 발생 시 해당 변수의 값이 어떻게 변하는지 확인해 보도록 하자.

```
1   #include <iostream>
2   using namespace std;
3
4   int main()
5   {
6       char num1 = 127;
7       char num2 = -128;
8
9       cout << "num1 = " << (int) num1 << ", " << "num2 = " << (int) num2
            << endl;
10
11      num1++;                 // num1의 값 1 증가 => 오버플로우 발생
12      num2--;                 // num2의 값 1 감소 => 언더플로우 발생
13
14      cout << "num1 = " << (int) num1 << ", " << "num2 = " << (int) num2
            << endl;
15
16      return 0;
17  }
```

• **실행 결과**

```
num1 = 127, num2 = -128
num1 = -128, num2 = 127
```

6라인에서 char 변수 num1을 선언하면서 수용 가능한 값들 중 최대값인 127로 초기화하였으며, 7라인에서 char 변수 num2를 선언하면서 최소값인 −128로 초기화하였다. 그런데 11라인에서 num1의 값을 1 증가시킴으로써 최대값을 벗어난 값이 되어 오버플로우가 발생하게 된다. 이와 유사하게 12라인에서 num1의 값을 1 감소시키고 있는데 최소값을 벗어난 값이 되므로 언더플로우가 발생하게 된다.

실행 결과를 보면 num1의 값이 128이 아닌 −128로 변해 있고 num2의 값이 −129가 아닌 127로 변

해 있음을 알 수 있다. 둘 다 자신이 표현할 수 있는 범위를 벗어났기 때문에 의도하지 않은 값으로 변경되어 있다. 그런데 특이한 사항은 최대값인 127에서 1을 더한 결과가 최소값인 –128이 되며, 최소값인 –128에서 1을 뺀 결과가 최대값인 127이 된다는 것이다. 마치 최소값과 최대값이 원형으로 맞닿아 있는 듯한 느낌이다. 이런 결과가 나온 것은 양수 및 음수의 정수값을 표현하는 방식인 2의 보수 표기법(2's complement notation)의 특성 때문이다.

2의 보수 표기법에서 1바이트, 즉, 8비트를 이용한 정수의 표현 방법은 [표 1.3]과 같다. 00000000이 0을 의미하며 이진수 값이 1씩 증가하면서 01111111이 될 때까지 10진수 값이 증가하여 01111111이 127이 된다. 거꾸로 00000000을 기준으로 1씩 감소하면서 –1부터 –128까지의 값을 표현하여 최종적으로 비트 패턴 10000000이 –128이 된다. 여기서 127의 비트 패턴인 01111111에서 이진수 값 1을 더하면 비트 패턴이 10000000이 되는데, 이 값은 최소값인 –128을 의미한다. 반대로 최소값 –128의 비트 패턴인 10000000에서 이진수 값 1을 빼면 01111111로, 이는 최대값인 127을 의미한다.

○ 표 1.3 2의 보수 표기법에 의한 8비트의 정수 표기법

8비트 패턴	10진수 정수값
01111111	127
01111110	126
01111101	125
01111100	124
01111011	123
......	......
00000001	1
00000000	0
11111111	–1
......	......
10000100	–124
10000011	–125
10000010	–126
10000001	–127
10000000	–128

참고로 2의 보수 표기법에서 0 또는 양수는 첫 번째 비트가 0으로 시작되며 음수는 1로 시작된다. 그리고 절대치가 동일한 양수와 음수의 비트 패턴 사이에는 일정한 관계가 성립하는데, 하위 비트부터 시작하여 첫 번째 1인 비트가 나올 때까지는 두 수의 비트 패턴이 동일하며 이후의 비트들은 서로 다르게 된다. 예를 들면, 124(01111100)와 –124(10000100)의 경우 첫 번째 1이 나오는 하위 3비트는 100으로 서로 동일하며 이후의 상위 비트들은 01111과 10000으로 모든 비트들이 서로 다름을 알 수 있다.

연습문제 | 1.5

다음 프로그램의 실행 결과는 무엇인가?

```
1   #include <iostream>
2   using namespace std;
3
4   int main()
5   {
6       int num1 = 3, num2 = 3, num3;
7
8       num3 = (num1++) + (++num2);
9       cout << "num1 = " << num1 << ", num2 = " << num2 << ", num3 = "
            << num3 << endl;
10
11      num1 = num2 = 3;
12
13      num3 = (++num1)++ + ++(++num2);
14      cout << "num1 = " << num1 << ", num2 = " << num2 << ", num3 = "
            << num3 << endl;
15
16      return 0;
17  }
```

8라인과 13라인이 다소 복잡해 보인다. 전위 증가 연산자와 후위 증가 연산자의 동작 방식에 유의하여 실행 결과를 예상한 후 프로그램 실행을 통해 검증해 보도록 하라.

이 문제는 단지 증가 연산자의 개념을 익히기 위한 것이다. 실전에 있어서는 가급적 8라인이나 13라인과 같이 해석하기 힘든 코드는 만들지 않는 것이 좋다.

Note

연습문제 | 1.6

다음 프로그램이 수행 결과와 같이 될 수 있도록 프로그램을 완성해 보라. 이때 비트 단위 연산자인 &, |, ~, ^, <<, >> 연산자들 중 일부를 적절히 사용하되 주석을 참고하라.

```
1   #include <iostream>
2   using namespace std;
3
```

```
4   void main()
5   {
6       char a = 20;        // 10진수 20은 16진수 0x14 임
7       char b = a | 0x0F; // 상위 4비트는 0으로 만들고 하위 4비트는 모두 1로 만든다.
8       char c = a _ __; // 상위 4비트는 0으로 만들고 하위 4비트는 그대로 남도록 한다.
9       char d = a _ __;
        // 상위 4비트는 그대로, 하위 4비트는 보수(0=>1, 1=>0)가 되도록 한다.
10      char e = a _ __; // a 값의 4배가 되도록 한다.
11
12      cout << hex << (int) b << endl;
13      cout << hex << (int) c << endl;
14      cout << hex << (int) d << endl;
15      cout << dec << (int) e << endl;
16
17      return 0;
18  }
```

- **실행 결과**

```
1f
4
1b
80
```

변수 a의 값 20은 8비트 값 00010100으로 16진수로는 0×14를 의미한다. b와 같이 a의 값에 0×0F(00001111) 값을 이용하여 비트 단위 OR 연산자를 적용하면 주석과 같이 상위 4비트는 변함이 없고 하위 4비트는 모두 1이 되어 결국 0×1F의 값이 된다. 나머지도 적절한 비트 단위 연산자와 값을 사용하여 주석 및 실행 결과와 같이 수행되도록 만들면 된다. 참고로 비트 단위로 한 자리씩 왼쪽으로 이동하게 되면 원래 값의 두 배가 되는 효과가 있으며 한 자리씩 오른쪽으로 이동하게 되면 원래 값의 절반이 되는 효과가 있다.

12~15라인의 출력문에서 hex는 정수값을 16진수로 출력하겠다는 의미이며 dec는 10진수로 출력하겠다는 의미이다. 표준 입출력에 대한 보다 상세한 내용에 대해서는 14장에서 설명할 것이다.

Note

1.5 함수의 기초

함수의 개념

일반적으로 프로그래밍 언어에서는 공통적으로 사용되는 부분을 모듈이라는 단위로 만들어 재사용하게 된다. 절차지향 프로그래밍 언어에서 모듈은 주로 함수(function)로 표현되며 객체지향 프로그래밍

언어에서는 주로 클래스로 표현된다. C++는 C 언어의 절차지향 프로그래밍 언어의 특징을 포함하고 있기 때문에 함수를 만들고 사용할 수 있다. 즉, 미리 특정 기능을 수행하는 함수를 만들어 놓기만 하면 언제 어디서나 호출하여 사용할 수 있다. 프로그램을 효율적으로 작성할 수 있도록 미리 만들어져 있는 함수 또는 클래스의 묶음을 라이브러리라고 한다. main 함수를 비롯하여 C++ 언어의 거의 모든 구성 요소들은 함수의 개념 없이 별도로 설명하기 힘들다. 따라서 먼저 본 절을 통해 함수를 작성하고 사용하는 기본적인 방법에 대해 설명하며, 함수와 관련된 보다 자세한 내용에 대해서는 2장의 몇몇 절들을 통해 설명할 것이다.

예제 1.14 | 두 수의 덧셈 결과를 반환하는 함수

정수 2개(x, y)를 매개변수로 전달받아 x와 y 값을 합산하여 반환하는 함수를 작성하고 main 함수에서 이 함수를 호출하여 사용해 보도록 하자.

```
1   #include <iostream>
2   using namespace std;
3
4   int Sum(int x, int y)   // 반환형 함수명(매개변수들)
5   {
6       int z = x + y;
7       return z;
8   }
9
10  int main()
11  {
12      int num1 = 1, num2 = 2;
13
14      cout << Sum(num1, num2) << endl;
15      cout << Sum(100, 200) << endl;
16
17      return 0;
18  }
```

• **실행 결과**

```
3
300
```

함수를 작성할 때 고려해야 할 사항으로는 함수 프로토타입, 함수 정의, 함수 호출, 매개변수 전달이 있다. 이 예제를 통해 이와 같은 함수의 구성 요소에 대해 살펴보도록 하자.

4~8라인에는 두 수의 합을 구하는 Sum 함수가 작성되어 있는데 이를 해당 함수의 정의라고 한다. 함수를 작성하기 위해서는 함수이름과 입력 값을 받기 위한 매개변수들 그리고 출력 값의 반환형이 기술되

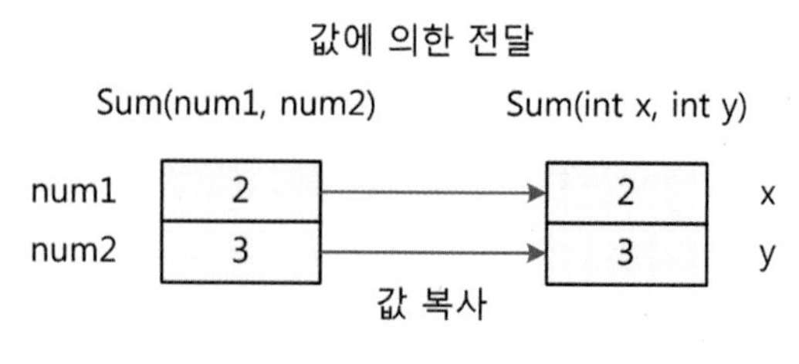

○ 그림 1.1 매개변수의 값에 의한 전달

어야 한다. 본 예에서 입력 값은 4라인의 변수 x와 y로 전달되는데, 여기서 x, y를 형식매개변수라 하고 전달되는 실제값을 저장하고 있는 변수인 num1, num2를 실매개변수라 한다. 이때 매개변수의 전달방식은 [그림 1.1]과 같이 ⁺변수 그 자체가 전달되는 것이 아니라 실매개변수의 값이 복사되어 전달되는데, 이러한 전달 방식을 "값에 의한 전달(call by value)"이라고 한다.

+ Key

매개변수의 전달방식 중 "값에 의한 전달"은 변수 그 자체가 전달되는 것이 아니라 실매개변수의 값이 복사되어 전달되는 방식이다.

따라서 Sum 함수 내에서 형식매개변수인 x, y의 값이 변경된다 하더라도 실매개변수인 num1, num2의 값에는 전혀 영향을 미치지 않는다.

그리고 Sum 함수의 최종 결과로서 정수값이 반환되므로 반환형으로 int를 사용하였다. main 함수의 14, 15라인에서 Sum 함수를 호출하고 있는데 함수의 이름인 Sum을 사용하고 매개변수로 넘어갈 값들을 매개변수의 개수에 맞게 기술하면 된다. 최종적으로 함수 호출의 결과로 반환값이 넘어오게 된다.

특정 함수를 호출하기 위해서는 그 함수의 모양을 미리 알고 있어야 한다. 예를 들어 14라인과 같이 Sum(num1, num2)를 호출하기 위해서는 해당 파일의 그 이전에 Sum 함수가 존재한다는 사실과 그 모양이 기술되어 있어야 한다. 함수의 모양을 함수 프로토타입이라 하며 Sum 함수에 대한 함수 프로토타입은 다음과 같다.

```
int Sum(int, int); 또는 int Sum(int x, int y);
```

즉, 함수 정의의 앞 부분인 함수명과 매개변수의 타입 그리고 반환형이 기술되어야 하고 마지막으로 문장의 끝을 의미하는 세미콜론(;)이 붙어야 한다. 형식매개변수 x, y의 이름은 기술해도 되나 이는 함수 프로토타입에 있어서 무의미하다.

이 예제의 경우 함수 그 자체인 함수 정의가 미리 나와 있으므로 함수 프로토타입은 별도로 기술하지 않아도 된다. 그러나 프로그램을 읽기 쉽게 작성하기 위해서는 프로그램의 출발점인 main 함수가 먼저 나오는 것이 좋으므로 main 함수 이전에 함수 프로토타입만을 기술하고 main 함수 이후에 함수 정의를 구현하는 것이 보다 바람직하다.

함수라고 해서 반드시 입력 값과 출력 값이 있어야만 되는 것은 아니다. 어떤 경우에는 입력 값이 없을 수도 있고 어떤 경우에는 출력 값이 없을 수도 있다. 이를 표시하기 위해 타입 위치에 void를 사용하면 된다.

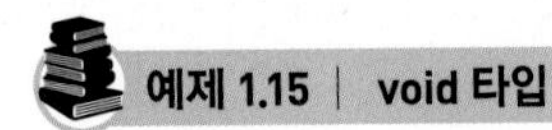

예제 1.15 | void 타입

화면에 사각형을 그리는 함수 DrawRect를 작성하고 main 함수를 통해 이를 호출해 보라.

```
1   #include <iostream>
2   using namespace std;
3
4   void DrawRect(void);
5
6   int main()
7   {
8       DrawRect();
9       DrawRect();
10
11      return 0;
12  }
13
14  void DrawRect(void)
15  {
16      cout << "******" << endl;
17      cout << "*    *" << endl;
18      cout << "*    *" << endl;
19      cout << "******" << endl;
20  }
```

- **실행 결과**

```
******
*    *
*    *
******
******
*    *
*    *
******
```

DrawRect 함수는 매개변수도 없고 반환값도 없다. 따라서 DrawRect 함수를 작성할 때는 14라인과 같이 void를 사용하면 되고 이 함수를 호출할 때는 8, 9라인과 같이 빈 괄호를 사용하면 된다. 8, 9라인에서 DrawRect 함수를 호출할 수 있도록 4라인에는 DrawRect 함수의 프로토타입이 기술되어 있다.

예제 1.16 | void Func()에 대한 C 언어와 C++ 언어의 차이

다음 프로그램 결과를 예측해 보고 C와 C++로 각각 컴파일하여 실행해 보자.

함수 선언 및 정의 시 매개변수를 기술하지 않은 경우 C++와 C 언어의 동작 방식에 차이가 존재함을 이해하도록 하자.

```
1   #include <cstdio>
2   using namespace std;
3
4   void Func()            // 매개변수를 지정하지 않은 경우
5   {
6       printf("test\n");
7   }
8
9   int main()
10  {
11      Func(3.5);
12      Func(3);
13      Func('a');
14      Func(1, 2);
15
16      return 0;
17  }
```

아마도 C, C++ 모두 컴파일 에러가 발생할 것이라고 예상했을 수도 있다. 그러나 예상과는 달리 C로 컴파일할 경우에는 에러가 발생하지 않는다. 참고로 C 언어로 컴파일하기 위해서는 소스 파일의 확장자를 .c로 변경하고 1, 2라인을 다음과 같이 변경해야 한다.

```
#include <stdio.h>
```

C++의 경우부터 살펴보자. C++에서는 함수 매개변수가 기술되어 있지 않은 경우에는 void가 있는 것으로 간주한다.

```
void Func();          // => C++에서는 void Func(void);와 동일
```

그런데 11~14라인과 같이 어떤 값을 전달하려고 했으니 당연히 에러가 발생하는 것이다.

그러나 C 언어에서는 형식매개변수가 없는 경우, 함수 호출 시 실매개변수의 개수나 타입 등을 검사하지 않는다. 다시 말하면 어떤 형태로든 해당 함수의 호출이 가능한 것이다. 이에 따라 이 예제 역시 C에서는 정상적으로 동작하게 된다. C 언어에서 매개변수가 없음을 명시적으로 나타내기 위해서는 void를 반드시 기술해야만 한다.

참고로 C++에서는 void를 삽입하는 것과 안 하는 것이 같은 의미이기 때문에 void 없이 코드를 작성하는 경우가 많음을 알아두도록 하라.

연습문제 | 1.7

실수값 하나를 매개변수로 전달받아 그 값의 절대값을 반환하는 함수 Abs를 만들어 보라. 연산자들 중 삼항 조건 연산자(?:)를 사용하면 쉽게 해결할 수 있을 것이다.

```
1   #include <iostream>
2   using namespace std;
3
4   int main()
5   {
6       cout << Abs(-5.4) << endl;
7       cout << Abs(5.4) << endl;
8       cout << Abs(1.1 - 2.2) << endl;
9
10      return 0;
11  }
```

• **실행 결과**

```
5.4
5.4
1.1
```

Note

1.6 전처리기

프로그램 작성 과정

하나의 프로그램을 작성하고 수행하는 과정은 [그림 1.2]와 같다.

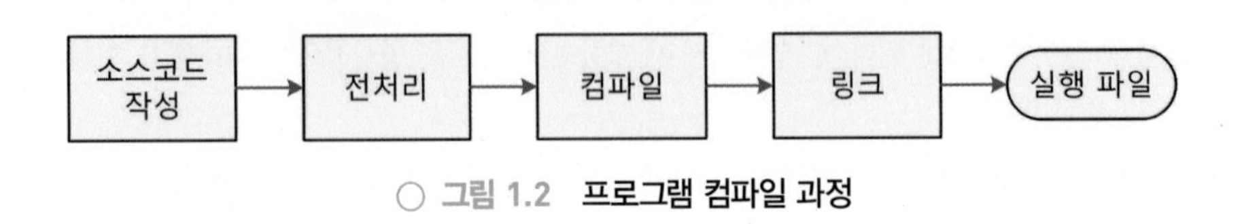

○ 그림 1.2 **프로그램 컴파일 과정**

하나의 프로그램이 실행되기까지 동원되는 소프트웨어로는 에디터(Editor), 전처리기(Preprocessor), 컴파일러(Compiler), 링커(Linker)가 있다. 먼저 소스코드를 작성하기 위해 에디터를 사용한다. 다음으로는 소스코드 내에 포함된 전처리문을 지시 사항에 따라 변환하게 되는데 이 작업을 위해 전처리기가 수행된다. 그리고 전처리기에 의해 변환된 코드를 대상으로 컴퓨터가 알 수 있는 언어로 변환하게 되는

데 이 작업을 컴파일이라 하며 담당 프로그램을 컴파일러라고 한다. 그런데 컴파일 작업은 개별 C 소스 코드를 대상으로 하는 것이기 때문에 각각의 소스 코드마다 대응되는 기계어 코드가 별도로 만들어지게 되며 이 파일을 목적 코드라 한다. 하나의 C++ 프로그램은 하나의 소스 파일로 작성될 수도 있지만 여러 개의 소스 파일로 작성될 수도 있다. 여러 개의 파일을 활용한 프로그래밍을 다중 파일 프로그래밍이라 하며 이에 대해서는 5.4절에서 보다 상세히 다룰 것이다. 마지막으로 링커라는 소프트웨어가 각 소스 코드 별로 생성된 목적 코드와 그 외에 필요한 라이브러리들을 모아 하나의 실행 파일을 만들어 내는데 이 과정을 링크라고 한다.

결국 컴파일 대상이 되는 파일은 프로그래머가 작성한 소스 코드라기보다는 전처리 과정을 거친 후의 변환된 소스 코드라 할 수 있다. 전처리는 프로그래밍의 편의를 위한 것으로서 현재 작성한 소스 코드를 컴파일 전에 어떻게 변환할 것인가를 지시하기 위해 전처리 지시자들을 사용하게 된다. 전처리 지시자들은 전처리기에 의해 변환된 후 사라지게 된다. [표 1.4]는 C++ 전처리 지시자들을 정리한 것이다.

○ 표 1.4 전처리 지시자

전처리 지시자	사용 예	의미
#include	#include <myprog.h>	파일의 내용을 복사하여 그 위치에 포함시킴
#define	#define PI 3.14	PI라는 문자열을 3.14로 대체함
#undef	#undef PI	PI의 define 내용을 무효화시킴. 대체되지 않음
#ifdef	#ifdef PI	PI가 define되어 있다면 이후의 라인은 유효함
#ifndef	#ifndef PI	PI가 define되어 있지 않다면 이후의 라인은 유효함
#if	#if VERSION == 1 #if defined(PI) #if !defined(PI)	평가값이 참(0이 아닌 값)이라면 이후의 라인은 유효함 (정수형 상수만 허용) #define PI와 동일 #ifndef PI와 동일
#elif	#elif VERSION == 2	#if와 함께 사용될 수 있으며 이전 if가 거짓인 경우 평가 후 참이라면 이후의 라인이 유효함
#else	#else	#ifdef, #ifndef, #if, #elif와 함께 사용될 수 있으며 해당 #ifdef 등의 문장이 참이 아닐 경우 #else 이후의 라인이 유효함
#endif	#endif	#ifdef, #ifndef, #if, #elif, #else와 함께 사용되며 #endif 이전 라인까지의 내용이 유효함
#line	#line 100 "point.cpp"	현재 라인을 point.cpp 파일의 100라인으로 인식함
#error	#error 에러 발생	전처리 시 #error를 만나면 다음 문자열을 출력하며 컴파일 또한 실패함
#pragma	#pragma once	컴파일러마다 다른 용도로 사용될 수 있음. VC++의 경우 본 파일을 #include에 의해 포함시킬 경우 단 한 번만 포함되도록 보장함

[표 1.4]의 전처리 지시자들 중 #include, #define이 가장 많이 사용되며 #ifdef, #ifndef, #endif 등의 몇 가지 전처리 지시자들이 소위 조건 컴파일이라는 기능을 위해 자주 사용될 수 있다. 따라서 이 책에서는 이 3가지 그룹(#include, #define, 조건 컴파일)의 전처리 지시자들에 대해 보다 자세히 설명할

것이다.

참고로 이 책에서 사용하고 있는 C++ 통합 개발 환경인 Visual C++ 6.0과 Visual C++ 11.0에 대한 구체적인 사용 방법에 대해서는 "+1장 컴파일러 사용 방법"을 참조하도록 하라.

예제 1.17 | 파일 포함 전처리 지시자 #include

"test.txt"라는 파일에 간단한 main 함수를 하나 만들고 이 파일을 본 프로그램 소스 파일인 "main.cpp" 파일에서 읽어 들여 보자.

```
1  // main.cpp
2  #include <iostream>
3  using namespace std;
4
5  #include "test.txt"
```

```
1  // test.txt
2  int main()
3  {
4      cout << "include testing" << endl;
5
6      return 0;
7  }
```

• **실행 결과**

```
include testing
```

"main.cpp"를 보면 프로그램이 이상해 보인다. main 함수도 존재하지 않는다. 그러나 5라인에서 #include문을 통해 "test.txt"의 내용을 그대로 복사했기 때문에 "test.txt" 파일에 있는 main 함수가 그대로 "main.cpp"에 있는 것과 같다. 여기서 "test.txt" 파일은 "main.cpp"와 동일한 폴더에 존재하는 것으로 가정한다. 컴파일 대상이 되는 파일은 cpp 확장자를 갖는 소스 파일이며 그 외의 파일은 컴파일 대상에서 제외된다. 여기서는 어떤 파일이든 #include문을 통해 포함할 수 있음을 보이기 위해 .txt 확장자를 갖는 파일을 만들어 그 내용을 복사했지만, 일반적으로는 .h 확장자를 갖는 일명 헤더 파일을 만들어 소스 코드에서 필요한 내용들을 기술하고 이 내용들을 복사해서 사용하고 있다.

#include 다음에 내용을 복사할 파일명이 오게 되는데 < > 또는 " " 내에 해당 파일명이 올 수 있다. < >의 경우 미리 지정된 폴더에 해당 파일이 있는지 찾아보고 그 내용을 복사해 온다. 만약 해당 파일이 없다면 에러가 발생하게 된다. 참고로 Visual C++ 11.0의 경우 [프로젝트] → [속성] → [구성 속성] → [VC++ 디렉터리] → [포함 디렉터리]를 통해 해당 폴더를 지정할 수 있다. " "의 경우 먼저 소

스 파일이 있는 폴더와 동일한 폴더에 해당 파일이 있는지 찾아보고 있으면 그 파일의 내용을 복사하게 된다. 만약 동일한 폴더에 해당 파일이 없다면 < >와 마찬가지로 미리 지정된 폴더에 해당 파일이 있는지 조사하게 된다. 보통 iostream과 같이 컴파일러 자체에서 제공하는 헤더 파일을 포함하고자 한다면 < >를 사용하면 되고 자신이 만든 헤더 파일을 포함하고자 할 때는 " "를 사용하면 된다.

예제 1.18 | 문자열 상수 정의 전처리 지시자 #define

원주율을 나타내는 3.14를 문자열 상수로 만들어 사용해 보자

```
1   #include <iostream>
2   using namespace std;
3
4   const double CONST_PI = 3.14;
5   #define DEFINE_PI 3.14
6
7   int main()
8   {
9       cout << "면적(CONST_PI)  : " << CONST_PI * 3 * 3 << endl;
10      cout << "면적(DEFINE_PI) : " << DEFINE_PI * 3 * 3 << endl;
11
12      return 0;
13  }
```

• **실행 결과**

```
면적(CONST_PI)  : 28.26
면적(DEFINE_PI) : 28.26
```

문자열 상수를 만드는 방법은 두 가지가 있다. 4라인과 같이 const 문자열 상수를 만드는 방법에 대해서는 이미 1.2절에서 설명하였다. 5라인에서는 #define 전처리문을 사용하여 DEFINE_PI라는 문자열 상수를 정의하고 있다. 9라인과 10라인의 수행 결과를 보면 둘 다 동일한 결과를 생성하고 있음을 알 수 있다. const 문과 #define 문 중 어떤 것을 사용할 지는 프로그래머의 몫이다. 그러나 각각의 동작 방식은 전혀 다르므로 그 차이점을 확실하게 알고 있어야만 한다.

먼저 #define 문의 동작 방식부터 살펴보자. #define 문은 전처리기에 의해 처리되는데, #define 문 다음의 문자열 상수가 소스 코드 내에 등장하는 경우 그 다음 내용들로 대체하는 역할을 한다. 즉, 10라인의 경우 다음과 같이 변환된 후 컴파일러에 의해 컴파일 된다.

```
cout << "면적(DEFINE_PI) : " << 3.14 * 3 * 3 << endl;
```

만약 "#define DEFINE_PI"와 같이 DEFINE_PI 다음에 아무 내용도 기술되어 있지 않다면 어떻게 될까? 그렇다. DEFINE_PI가 나타날 때마다 그 내용은 다음과 같이 그냥 사라지게 되는 것이다. 물론 위의 예에서는 에러가 발생하게 될 것이다.

```
cout << "면적(DEFINE_PI) : " <<  * 3 * 3 << endl;
```

심지어는 "#define DEFINE_PI int main(void)"와 같이 정의할 수도 있다. 그러면 DEFINE_PI가 등장하는 곳은 "int main(void)"로 대체된다. #define 문이 문자열 상수를 정의하는 데 주로 사용되기 때문에 문자열 상수를 예로 들어 설명했지만, 사실상 "특정 문자열에 대해 대체될 문자열을 정의"하는 것이라고 설명하는 것이 좀 더 정확할 것이다. 다른 전처리문처럼 문장의 끝을 나타내는 세미콜론(;)도 반드시 필요한 것이 아니다. 만약 세미콜론이 온다면 그 세미콜론까지 그대로 복사될 것이다.

#define 문자열 상수에는 타입이 존재하지 않는 반면에 const 문의 문자열 상수에는 타입이 존재한다. 예를 들어 "const double NUM1 = 3;"과 "#define NUM2 3"이라고 정의했을 때 "NUM1 / 2"와 "NUM2 / 2"의 결과를 예측하고 실행해 보라. "NUM1 / 2"의 경우 double 나누기 int가 되어 결국 double 값인 1.5가 출력되고 "NUM2 / 2"의 경우 "3 / 2"로 변환된 후 int 나누기 int가 되어 결국 정수값인 1이 출력된다.

예제 1.19 | 매크로 함수 전처리 지시자 #define

곱셈을 수행하는 매크로 함수를 만들어 보자.

```
1   #include <iostream>
2   using namespace std;
3
4   #define MULTI(x, y) x * y
5
6   int main()
7   {
8       cout << "3 * 4 = " << MULTI(3, 4) << endl;
9       cout << "(1 + 2) * (3 + 4) = " << MULTI(1 + 2, 3 + 4) << endl;
10
11      return 0;
12  }
```

• **실행 결과**

```
3 * 4 = 12
(1 + 2) * (3 + 4) = 11
```

4라인에 MULTI라는 매크로 함수를 정의하고 있다. 기본적으로는 앞서 살펴본 #define문과 같이 해당 문자열이 또 다른 문자열로 대체되는 개념이긴 하지만 함수와 유사한 기능을 수행한다는 의미에서 매크로 함수로 불린다. 8라인의 MULTI(3, 4)에서 3은 x로 대응되고 4는 y로 대응된다. 따라서 "3 * 4"로 변환된다. 9라인의 MULTI(1 + 2, 3 + 4)는 어떻게 변환될까? 바로 "1 + 2 * 3 + 4"로 변환된다. MULTI(1 + 2, 3 + 4)의 수행 결과로 3 * 7 = 21을 예상하였지만 결과는 11이 된다. 이 문제를 해결하기 위해 MULTI((1 + 2), (3 + 4))와 같이 괄호를 사용할 수 있다. 그러면 "(1 + 2) * (3 + 4)"로 변환되어 원하는 결과를 얻을 수 있다. 그러나 일반적으로는 매크로 함수를 정의할 때 다음과 같이 각각의 문자를 괄호 내에 기술함으로써 이와 같은 문제를 해결할 수 있다.

```
#define MULTI(x, y) ((x) * (y))
```

#define 문은 프로그래밍의 편의성을 제공해 주지만 남용하게 되면 오히려 프로그램을 해석하고 디버깅하기 어렵게 만들 수 있다. 심지어는 #define 문을 복잡하게 사용하여 C++ 언어를 마치 다른 언어인 것처럼 보이게 만든 경우도 보았다. 프로그램의 가독성은 프로그램의 기능만큼이나 중요한 요소이다. 항상 읽기 쉬운 코드를 만들 수 있도록 #define 문을 적절하게 사용하는 것이 좋다.

예제 1.20 | 조건 컴파일 #ifdef, #ifndef, #else, #endif

PLUS라는 #define 문자열이 정의되어 있으면 두 정수의 덧셈 연산이 컴파일 되도록 하고 정의되어 있지 않으면 뺄셈 연산이 컴파일 될 수 있도록 만들어 보자.

```
1   #include <iostream>
2   using namespace std;
3
4   #define PLUS        // 주석 처리한 후 실행해 보라.
5
6   int main()
7   {
8       int num1 = 3, num2 = 4;
9
10  #ifdef PLUS         // 참이 되어 덧셈 부분이 복사됨
11      cout << "num1 + num2 = " << num1 + num2 << endl;
12  #else
13      cout << "num1 - num2 = " << num1 - num2 << endl;
14  #endif
15
16      return 0;
17  }
```

• **실행 결과**

```
a + b = 7
```

전처리 과정이란 원본 소스 코드로부터 컴파일 대상이 되는 소스 코드를 만들어내는 과정임을 다시 한번 명심하기 바란다. 4라인에 PLUS 문자열이 정의되어 있다. 그리고 10라인에서 #ifdef 문을 사용하여 PLUS 문자열이 정의되어 있는지 검사하고 있는데, 이 결과가 참이 되어 #else 문 이전까지의 문장들이 새로운 소스 코드로 복사된다. #else 이후부터 #endif까지의 문장들은 복사되지 않는다. 따라서 컴파일 후 실행 결과를 보면 덧셈이 수행되었음을 알 수 있다.

#ifndef 문은 이후의 문자열이 정의되어 있지 않은 경우 참이 되는 것으로서 #ifdef의 결과와 반대가

된다. #ifdef 문 또는 #ifndef 문 다음에는 항상 #endif 문이 따라 나오게 되며, #else 문은 경우에 따라 생략될 수 있다. 이 경우 #ifdef에 의한 평가값이 참이면 #endif 이전까지의 모든 문장들이 그대로 복사된다.

이와 같은 전처리문들을 사용하여 경우에 따라 컴파일이 되는 부분과 컴파일이 되지 않는 부분을 구별할 수 있는데, 이를 흔히 조건 컴파일이라 한다. 예를 들어 프로그램 개발 단계에서 확인을 위해 다양한 출력 값을 확인하는 경우가 있는데 개발이 완료된 단계에서는 이 문장들이 실행되어서는 안 된다. 개발이 완료된 후 해당 출력문들을 삭제할 수도 있지만 경우에 따라 개발 도중에 해당 문장이 실행되기를 원할 수도 있고 원하지 않을 수도 있을 것이다. 이때 #define DEBUG와 같이 디버깅과 관련된 문자열을 정의한 후 이 전처리문에 대한 주석 처리 여부만 변경함으로써 모든 디버깅 관련 문장들에 대한 실행 여부를 결정할 수 있을 것이다.

#if 문 다음에는 #if (PLUS + 1)과 같이 수식이 올 수 있는데, 식의 평가값이 0이 아닌 값일 경우 참으로 해석되어 이후의 문장들이 유효하게 된다. #if 다음에 defined(PLUS)와 같은 문장이 나올 경우 PLUS가 정의되어 있다면 전체적으로 참으로 해석되어 이후의 문장들이 복사된다. #define에 의해 정의된 문자열은 #undef 문을 통해 무효화할 수도 있다. 만약 #define 문 사용 시 대체될 내용이 너무 길어 한 줄에 기술하기 힘들다면 다음 예와 같이 백슬래시(\) 문자를 출력한 후 다음 줄에 계속해서 내용을 기술하면 된다. 이때 '\' 문자 자리에 다음 줄의 첫 번째 칼럼의 내용부터 계속해서 기술된다고 생각하면 된다. 이와 같이 #define 문을 길고 복잡하게 사용할 수도 있지만 코드를 해석하기 어려워지므로 꼭 필요한 경우가 아니라면 가급적 간단하게 사용하길 권한다.

```
1   #include <iostream>
2   using namespace std;
3
4   #define PRINTAREA(r, pi) cout << \
5       pi * r * r << endl << "Good \
6       Bye!" << endl        // Bye! 앞의 공백문자들도 문자열 내에 포함됨
7
8   int main()
9   {
10      PRINTAREA(5, 3.14);
11
12      return 0;
13  }
```

• **실행 결과**

```
78.5
Good      Bye!
```

연습문제 | 1.8

두 개의 값을 전달받아 사칙연산 결과를 출력하는 FOUROP라는 매크로 함수를 만들어 보라.

```
1  int main()
2  {
3      FOUROP(1.1, 2.2);
4
5      return 0;
6  }
```

- **실행결과**

```
덧셈 : 3.3
뺄셈 : -1.1
곱셈 : 2.42
나눗셈 : 0.5
```

Note

연습문제 | 1.9

먼저 원주율을 의미하는 문자열 상수 PI를 3.14로 정의하도록 하라. 그리고 사용자로부터 반지름 값을 입력받아 면적을 출력하되 CIRCLE이라는 문자열 상수가 정의되어 있다면 원의 면적(PI * 반지름 * 반지름)을 출력하는 문장이 컴파일되도록 하고, CIRCLE이라는 문자열 상수가 정의되어 있지 않다면 구의 표면적(4 * PI * 반지름 * 반지름)을 출력하는 문장이 컴파일 되도록 하라.

Note

1.7 C 스타일의 표준 입출력

예제 1.21 | printf와 scanf 함수를 사용한 입출력

cin과 cout 객체를 사용하여 정수값 2개를 사용자로부터 읽은 후 덧셈 결과를 출력해 보자. 다음으로는 동일한 작업을 수행하되 printf와 scanf 함수를 사용해 보자.

```
1   #include <iostream>
2   #include <cstdio>            // printf, scanf 함수 포함
3   using namespace std;
4
5   int main()
6   {
7       int num1, num2, num3, num4;
8
9       cout << "정수 2개 입력 : ";
10      cin >> num1 >> num2;
11      cout << num1 << " + " << num2 << " = " << num1 + num2 << endl;
12
13      printf("정수 2개 입력 : ");
14      scanf("%d %d", &num3, &num4);
15      printf("%d + %d = %d\n", num3, num4, num3 + num4);
16
17      return 0;
18  }
```

• **실행 결과**

```
정수 2개 입력 : 1 2
1 + 2 = 3
정수 2개 입력 : 3 4
3 + 4 = 7
```

cin, cout 객체를 사용하기 위해 <iostream> 헤더 파일을 include 하듯이 printf와 scanf 함수를 사용하기 위해서는 2라인과 같이 <cstdio> 헤더 파일을 include 해야 한다.

printf 함수는 cout처럼 데이터를 출력하는 함수로서 13라인과 같이 괄호 안의 " " 내에 출력하고자 하는 내용을 기술하면 된다. 그런데 문자열 외에도 변수나 식의 값을 출력하기 위해서는 15라인과 같이 " " 다음에 콤마(,) 기호를 기준으로 출력하고자 하는 변수나 식을 기술해 주면 된다. 단, " " 내에 서식 문자라는 것을 기술함으로써 해당 변수나 식의 값이 출력될 자리와 타입을 순차적으로 표시해 줄 수 있다. 예를 들어, 15라인의 경우 첫 번째 서식 문자인 %d 자리에 num3 변수의 정수값이 출력되고 두 번째 %d 자리에 num4의 정수값이 출력되며 마지막 %d 자리에 (num3 + num4)의 정수값이 출력된다. % 문자로

시작되는 서식 문자는 대응되는 해당 변수나 식의 타입에 따라 올바른 서식 문자를 기술해 주어야 한다. 주요 서식 문자의 사용 예는 [표 1.5]와 같다.

○ 표 1.5 printf 함수의 서식 문자 사용 예

변수	사용 예	의미
int i;	"%d", i	int 형 정수값 10진수 출력
	"%o", i	int 형 정수값 8진수 출력
	"%x", i	int 형 정수값 16진수 출력
char c;	"%c", c	char 형 문자 출력
char s[10];	"%s", s	문자열 출력
double d;	"%f", d	double 형 실수값 출력
int i;	"%p", &i	변수의 주소값 출력, 정수값을 32 bit 16진수 형태로 출력
	"%%"	% 한 개 출력
int i;	"%d\n\t", i	값 출력 후 다음 줄로 이동(\n), 탭 출력(\t)
	"%+5d", i	5개 필드 영역에 오른쪽 정렬로 i 값 출력
double d;	"%-10.3f", d	10개 필드 영역에 왼쪽 정렬로 d 값 출력, 소수점 이하 세 번째 자리(3)까지 출력

cin처럼 키보드를 통해 데이터를 읽어 들이기 위해서는 scanf 함수를 사용할 수 있다. scanf는 14라인처럼 " " 다음에 콤마(,)를 기준으로 읽어 들인 데이터를 저장할 변수명을 나열하면 되는데, 이때 주의할 사항은 변수명 앞에 &를 붙여야 된다는 것이다. &는 주소 연산자로서 해당 변수가 저장되어 있는 메모리의 주소값이 반환된다. 보다 정확히 얘기하면 " " 다음에 데이터를 저장할 메모리의 주소를 나열하는 것이다. 이에 대한 내용은 포인터와 밀접한 관련이 있는데 포인터에 대한 자세한 내용은 3장을 참고하도록 하라. scanf 함수의 " " 내에는 printf와 마찬가지로 대응되는 타입에 대한 서식 문자를 기술해 주면 된다. 변수 타입에 따른 서식 문자는 double 타입을 제외하고는 printf와 동일하다. double 타입의 경우 "%lf"를 사용해야 하며 float 타입은 printf와 마찬가지로 "%f"를 사용하면 된다.

cout과 printf의 기능은 동일하며 cin과 scanf의 기능 또한 동일하다. 그런데 cin, cout의 사용 방법에 비해 printf와 scanf 함수의 사용 방법이 다소 까다롭다고 느껴질 수 있을 것이다. 그럼에도 불구하고 printf와 scanf 함수에 대해 소개하는 것은 C++ 언어가 C 언어를 포함하고 있으며, 이에 따라 C 언어의 표준 입출력 방법인 printf와 scanf를 C++에서 동일하게 사용할 수 있음을 보이기 위함이다. 이미 C 언어에 대해 알고 있다면 여전히 cin, cout보다 printf와 scanf의 사용을 선호할 수도 있다. 결국 어떤 입출력 방법을 사용하느냐는 프로그래머의 몫이라 할 수 있다. 이 책에서는 cin과 cout을 계속해서 사용할 것이다. 파일 입출력 등 다른 주제들을 학습함에 있어서 cin과 cout이 큰 역할을 담당할 것이므로 C 스타일의 표준 입출력보다는 cin과 cout을 사용할 것을 권장한다.

연습문제 | 1.10

printf와 scanf 함수를 사용하여 int, float, char 변수의 값을 입력받고 화면에 입력 결과를 출력해 보라.

```
1   #include <cstdio>
2   using namespace std;         // VC++ 6.0의 경우 삭제
3
4   int main()
5   {
6       int i_var;
7       float f_var;
8       char ch;
9
10      // 직접 작성해 보라.
11
12      return 0;
13  }
```

- **실행 결과**

```
int, double, 문자 입력 : 55 1.11 C
int 값    : 55
float 값  : 1.110000
문자      : C
```

1라인에서 〈cstdio〉 파일을 include하고 있으며, 이어서 namespace라는 키워드가 등장하고 있다. 원칙적으로는 2라인의 문장이 나오는 것이 맞다. 그러나 사실상 여기서는 namespace와 관련된 라인이 없어도 동일하게 동작한다. 특히 Visual C++ 6.0의 경우 2라인을 삭제해야만 제대로 동작하며, Visual C++ 11.0의 경우 2라인이 있으나 없으나 동일하게 동작한다. [예제 1.21]처럼 〈iostream〉 헤더 파일이 앞에 나올 때는 반드시 namespace 관련 문장이 나와야만 한다. 왜 그런지는 2.9절에서 자세히 설명할 것이다.

Note

연습문제 | 1.11

printf와 scanf를 사용하여 2개의 double형 값(x, y)을 입력받고 두 값에 대한 사칙연산(+, -, *, /) 결과를 출력해 보라. 실행 결과는 다음과 같다. y의 값은 0이 아니라고 가정하라.

• **실행 결과**

```
2개의 실수 입력 : 12 5
12.000000 + 5.000000 = 17.000000
12.000000 - 5.000000 = 7.000000
12.000000 * 5.000000 = 60.000000
12.000000 / 5.000000 = 2.400000
```

float형 값의 경우 scanf, printf 문의 서식 문자로 %f를 사용하면 되지만 double형 값의 경우는 이와 다르다는 점에 주의하도록 하라.

Note

연습문제 | 1.12

3개의 int형 값(x, y, z)을 scanf 함수를 사용하여 읽어 들이도록 하라. 그리고 실행 화면과 같이 x, y, z 각각의 값들에 대한 제곱값과 나누기 3을 한 값을 각각 출력해 보도록 하라. 단, 실행 결과와 같이 각 출력 값들에 대해 적절한 크기의 필드를 지정하고 오른쪽 정렬로 출력하도록 하라. 나누기 3을 한 값의 결과는 실수값으로 처리될 수 있어야 하며 소수점 이하 첫 번째 자리까지만 출력하도록 하라.

• **실행 결과**

```
3개의 정수 입력 : 1 5 9
    1     1   0.3
    5    25   1.7
    9    81   3.0
```

이 문제를 풀기 위해서는 출력 시 필드 크기를 지정해 줄 수 있어야 하며 실수 출력과 관련된 서식 지정이 필요하다. 또한 int형 값 2개의 연산 결과로 실수값을 얻기 위해서는 형변환을 적용할 필요가 있다.

cout을 사용하더라도 printf처럼 출력 필드 크기를 설정하고 정렬 방법을 지정하는 등 여러 가지 서식 지정이 가능하다. 이에 대해서는 14장에서 자세히 설명할 것이다.

Note

제어문과 함수

1부터 1000까지 더하는 프로그램을 생각해 보자. 덧셈 연산자를 1000번(?!) 사용하면 프로그램을 완성할 수 있다. 여러분들은 아마도 이렇게 하는 것을 아주 비효율적이라고 생각할 것이다. 대부분의 프로그래밍 언어에서는 이와 같은 반복적인 작업을 보다 효과적으로 해결하기 위한 요소들을 제공하고 있다. 뿐만 아니라 특정 조건에 따라 다른 코드를 수행할 수도 있다. 이 장에서는 먼저 이를 가능하게 하는 제어문(선택문, 반복문, 분기문)에 대해 살펴본다. 그리고 함수와 변수의 관계, 함수 오버로딩, 디폴트 매개변수, 인라인 함수, 재귀호출 등 1장에서 배운 기본적인 함수의 확장된 기능들에 대해 살펴볼 것이다. 마지막으로 네임스페이스의 개념 및 사용 방법에 대해 설명한다.

2.1 선택문

예제 2.1 | if 문을 사용한 홀수와 짝수 판별하기

사용자로부터 입력받은 정수값이 홀수라면 "홀수"를 출력하고 짝수라면 "짝수"를 출력하는 프로그램을 작성해 보자.

```
1   #include <iostream>
2   using namespace std;
3
4   int main()
5   {
6       int num;
7
8       cout << "정수값 입력 : ";
9       cin >> num;
10
11      if (num % 2 == 1)
12          cout << num << " : " << "홀수" << endl;
13      else
14          cout << num << " : " << "짝수" << endl;
15
16      return 0;
17  }
```

- **실행 결과**

```
정수값 입력 : 1004
1004 : 짝수
```

11~14라인에는 if~else 문이 나와 있다. if 문 다음의 괄호 내에서 특정 조건이 나오는데, 그 조건이 참이면 if 절의 문장이 실행되고 거짓일 경우에는 else 절의 문장이 실행된다. 11라인에는 num을 2로 나눈 나머지가 1인 경우, 즉, 홀수인 경우 참이 되는 조건식이 나와 있다. 여기서 == 연산자는 왼쪽 항과 오른 쪽 항의 값이 같을 때 참을 반환하는 상등 연산자이다. 참고로 양쪽 항의 값이 다를 때 참을 반환하는 연산자는 != 연산자이다. 실행 결과를 보면 1004를 입력했을 때 if 문의 조건이 거짓이 되어 "짝수"가 출력되었음을 알 수 있다.

하나의 함수 내에 포함된 문장들은 기본적으로 나열된 순서에 따라 하나씩 차례대로 실행된다. 그러나 때로는 이 예제와 같이 특정 조건에 따라 실행 여부를 판단할 수도 있어야 하고 그 결과에 따라 실행 흐름을 변경시켜 주어야 한다. 이와 같은 문장이 바로 선택문이며, 선택문으로는 if 문과 switch 문이 있다.

if 문 하나도 [문법 2.1]과 같이 다양한 방식으로 활용될 수 있다. 먼저 else 문이 없이 if 문만 나올 수 있다. 이 경우 if 문의 조건식이 참이 되면 바로 다음 문장을 수행하게 되고 거짓이면 수행하지 않고 건너뛰게 된다. 두 번째는 [예제 2.1]에서 살펴본 바와 같이 if 문 다음에 else 문이 함께 나오는 경우이다. 만약 조건식의 참, 거짓 여부에 따라 여러 개의 문장을 실행하고자 한다면 세 번째, 네 번째 문법과 같이 중괄호({ })를 사용하면 된다. 물론 실행해야 할 문장이 단 하나일 경우에도 중괄호를 사용할 수 있으며 if 문과 else 문 중 한쪽에만 중괄호가 올 수도 있다. 참고로 조건식(condition)의 값이 0인 경우 거짓으로 인식하며 0이 아닌 모든 값에 대해서는 참으로 인식한다.

○ **문법 2.1** if 문

```
if (condition)
    statement
```

```
if (condition)
    statement
else
    statement
```

```
if (condition)
{
    statements
}
```

```
if (condition)
{
    statements
}
else
{
    statements
}
```

예제 2.2 | if ~ else if ... else 문

else 문에서 실행될 문장으로 다시 if 문이 나올 수도 있다. 이와 같은 원리를 이용하면 else if 문을 연속적으로 사용할 수 있게 된다. 이 문장을 사용하여 3으로 나눈 나머지가 무엇이냐에 따라 출력문이 달라지도록 만들어 보자.

```
1   #include <iostream>
2   using namespace std;
3
4   int main()
5   {
6       int num, remainder3;
7
8       cout << "정수값 입력 : ";
9       cin >> num;
10      remainder3 = num % 3;              // 3으로 나눈 나머지
11
12      if (remainder3 == 0)               // 나머지가 0
13          cout << num << " : 3으로 나눈 나머지가 0입니다." << endl;
14      else if (remainder3 == 1)          // 나머지가 1
15          cout << num << " : 3으로 나눈 나머지가 1입니다." << endl;
16      else                               // 나머지가 2
17          cout << num << " : 3으로 나눈 나머지가 2입니다." << endl;
```

```
18
19      return 0;
20  }
```

- **실행 결과**

```
정수값 입력 : 13
13 : 3으로 나눈 나머지가 1입니다.
```

12~17라인에서 if ~ else if 문을 사용하고 있다. num을 3으로 나눈 나머지가 0이면 첫 번째 if 문이 실행되며 나머지가 1이면 두 번째 if 문이 참이 되어 해당 문장이 실행된다. 나머지가 0과 1이 아니면 마지막 else 문이 실행된다. else if 문은 필요에 따라 계속해서 나올 수 있으며 마지막 else 문은 생략될 수도 있다.

예제 2.3 | if ~ else 문의 복잡한 사용

다음 프로그램의 실행 결과를 분석해 보도록 하자.

```
1   #include <iostream>
2   using namespace std;
3
4   int main()
5   {
6       int num1 = 7, num2 = 7;
7
8       if (num1 == 1)
9           if (num2 == 2)
10              num1 += num2;
11      else                        // 어떤 if 문에 대한 else 문인가?
12          num1 -= num2;
13
14      cout << "num1 : " << num1 << endl;
15
16      return 0;
17  }
```

- **실행 결과**

```
a : 7
```

이 예제의 핵심은 11라인의 else 문이 어떤 if 문과 부합되는 것인지를 이해하는 것이다. 결론부터 얘기하면 else 문은 자신과 가장 가까운 if 문과 부합된다. 따라서 11라인의 else 문은 보이는 것과는 달리 9라인의 if 문에 부합한다. 사실은 다음과 같이 적절한 들여쓰기를 사용하여 코딩을 했다면 조금 더 이해가 쉬웠을 것이다.

```
1	if (num1 == 1)
2	    if (num2 == 2)
3	        num1 += num2;
4	    else                    // 어떤 if 문에 대한 else 문인가?
5	        num1 -= num2;
```

그러면 num1의 값이 7이므로 첫 번째 if 문에서의 조건식이 거짓이 되고 이에 해당하는 else 문이 없기 때문에 어떤 문장도 실행되지 않고 if 문 전체를 빠져나오게 된다. 그렇다면 만약 num1과 num2의 값이 모두 1이라면 결과는 어떻게 될까? 그렇다. 0이 된다. 첫 번째 if 문이 참이 되고 두 번째 if 문이 거짓이 되어 결국 마지막 else 문이 실행되는 것이다. 그런데 이와 같이 복잡한 형태로 if 문을 사용하는 것은 좋지 않다. 부득이하게 사용해야만 한다면 의미가 확실히 전달될 수 있도록 중괄호({ })를 사용하는 것이 좋다. 다음 두 가지 코드에 대한 의미를 다시 한 번 해석해 보도록 하라.

```
if (num1 == 1)
{
    if (num2 == 2)
        num1 += num2;
    else
        num1 -= num2;
}
```

```
if (num1 == 1)
{
    if (num2 == 2)
        num1 += num2;
}
else
    num1 -= num2;
```

예제 2.4 | [예제 2.2]에 대한 switch 문

[예제 2.2]를 switch 문으로 바꾸어 보자.

```
1	#include <iostream>
2	using namespace std;
3	
4	int main()
5	{
6	    int num, remainder3;
7	
8	    cout << "정수값 입력 : ";
9	    cin >> num;
10	    remainder3 = num % 3;          // 3으로 나눈 나머지
11	
12	    switch (remainder3)
13	    {
14	        case 0 :                    // 나머지가 0
```

```
15              cout << num << " : 3으로 나눈 나머지가 0입니다." << endl;
16              break;
17          case 1 :                        // 나머지가 1
18              cout << num << " : 3으로 나눈 나머지가 1입니다." << endl;
19              break;
20          default :                       // 나머지가 2
21              cout << num << " : 3으로 나눈 나머지가 2입니다." << endl;
22              break;
23      }
24
25      return 0;
26  }
```

[예제 2.2]와 비교해 보면 if ~ else if 문이 12~23라인과 같이 switch 문으로 변경된 것 외에는 모두 동일하다. 12라인에서 swith 문을 통해 remainder3의 값을 평가하게 되고 그 값이 무엇이냐에 따라 일치하는 값을 가진 case 문의 문장들이 실행된다. 만약 어떤 case 문의 값과도 일치하지 않으면 default 문의 문장들이 실행된다. switch 문의 문법을 조금 더 정형적으로 표현하면 [문법 2.2]와 같다.

○ **문법 2.2 switch 문**

```
switch (condition)    // condition : 평가 결과가 정수형 값(char, int, bool)이어야 함
{
    case val1 :       // val1 : 상수값 또는 상수 표현식
        statements
    case val2 :
        statements
    ......
    default :
        statements
}
```

switch 문은 condition의 평가 결과 값과 case 문의 값을 비교하여 동일한 값을 가진 case 문의 문장들을 실행하게 된다. 한 가지 주의할 사항은 condition에는 변수, 상수, 연산식, 함수 호출 등 하나의 값으로 해석될 수 있는 식이 나오되 정수값(char, int, bool)으로 해석될 수 있는 식이 와야 한다는 것이다. 그리고 case 문의 값으로는 상수값 또는 상수 연산식(예, 1 + 2)이 와야 한다.

switch 문은 기본적으로 condition의 값과 일치하는 첫 번째 case 문의 문장들을 실행했다고 해서 해당 switch 문 전체를 바로 빠져나오는 것이 아니라, 그 다음 case 문에 대해서도 condition 값과의 일치 여부를 검사하게 된다. 이를 방지하기 위해 각 case 문의 마지막 문장으로 16, 19, 22라인과 같이 break 문을 추가하는 것이 일반적이다. break 문을 만나면 해당 switch 문 전체를 바로 빠져나가게 된다. 모든 case 문의 값이 condition 값과 일치하지 않을 경우에는 default 문의 문장들을 실행하게 된다.

사실상 switch 문은 if 문의 부분집합이라 할 수 있다. 즉, switch 문으로 표현이 가능하다면 if 문만으로도 표현이 가능하나, if 문으로 표현할 수 있다고 해서 switch 문으로도 표현이 가능한 것은 아니다. 따라서 switch 문을 사용하지 않는다 하더라도 프로그래밍에는 전혀 문제가 없다. 그러나 이 예제와 같은 경우 switch 문을 사용함으로써 보다 읽기가 쉬워질 수 있으며 이에 따라 이해도가 높아지게 된다.

연습문제 | 2.1

사용자로부터 2개의 정수값을 읽어 들이고 두 값 중 큰 값을 출력해 보도록 하라.

Note

연습문제 | 2.2

실수값 하나를 매개변수로 전달받아 절대값을 반환하는 함수 Abs를 만들되 if 문을 사용하여 만들어 보도록 하라. [연습 문제 1.7]을 참고하도록 하라.

Note

연습문제 | 2.3

double형 실수값 하나를 매개변수로 전달받아 반올림한 int형 정수값을 반환하는 Round 함수를 작성하라. 예를 들어 사용자 입력 값이 3.2라면 3을 출력해야 하고 3.7인 경우 4, −3.2인 경우 −3, −3.7인 경우 −4를 출력해야 한다. 반올림을 구하는 방법에는 여러 가지가 있다. 여기서는 다음 알고리즘을 사용하여 프로그램을 작성하라. 단, 이 알고리즘은 양수인 경우만을 고려한 것으로서 이를 참고하여 음수인 경우에는 어떻게 해야 되는지 스스로 생각해 보고 알고리즘을 만들어 보라.

- num으로부터 정수 부분을 알아내고 이를 사용하여 소수점 이하 값을 알아낸다.
- 소수점 이하 값이 0.5 이상이면 정수 부분에 1을 더하여 출력한다.
- 소수점 이하 값이 0.5 미만이면 정수 부분을 출력한다.

```
1   int main()
2   {
3       cout << "3.2의 반올림값 : " << Round(3.2) << endl;
4       cout << "3.7의 반올림값 : " << Round(3.7) << endl;
5       cout << "-3.2의 반올림값 : " << Round(-3.2) << endl;
6       cout << "-3.7의 반올림값 : " << Round(-3.7) << endl;
7
8       return 0;
9   }
```

• **실행결과**

```
3.2의 반올림값 : 3
3.7의 반올림값 : 4
-3.2의 반올림값 : -3
-3.7의 반올림값 : -4
```

Note

연습문제 | 2.4

사용자로부터 점수 하나를 읽어 들이고, 점수가 90점 이상이면 'A', 80점 이상이면 'B', 70점 이상이면 'C', 60점 이상이면 'D', 60점 미만이면 'F'를 출력하는 프로그램을 작성하라.

Note

연습문제 | 2.5

사용자로부터 학점을 읽어들이고, 학점이 'A'이면 "참 잘했어요", 'B'이면 "잘했어요", 'C'이면 "보통입니다.", 'D'이면 "노력이 필요합니다.", 'F'이면 "다시 한 번 공부하세요."를 출력하는 프로그램을 작성하라. 이때 먼저 if 문을 사용해서 만들어 보고, 이를 다시 switch 문으로도 만들어 보라.

Note

2.2 반복문

예제 2.5 | 1부터 1000까지 더하기

1부터 1000까지 더한 결과를 출력해 보자.

```
1   #include <iostream>
2   using namespace std;
3
4   int main()
5   {
6       int result = 0;                  // 0으로 초기화
7       int i;
8
9       for (i = 1; i <= 1000; i++)      // 1부터 100까지의 값들을
10          result = result + i;         // Result에 더해 줌
11
12      cout << "1부터 1000까지의 합 : " << result << endl;
13
14      return 0;
15  }
```

- **실행 결과**

```
1부터 1000까지의 합 : 500500
```

지금까지 배운 내용만을 사용한다면 하나의 변수에 1을 더해 주고, 2를 더해 주고, ..., 1000까지 더해주면 된다. 총 1000개의 덧셈식을 사용하면 되는 것이다. 그러나 이것을 일일이 다 기술하기는 어렵다. 이와 같은 반복적인 작업을 손쉽게 처리할 수 있도록 만들어 주는 것이 바로 반복문이다. 이 예제에서 사용한 반복문은 9~10라인에서 사용한 for 문이다. 6라인에서 먼저 합산한 결과를 저장할 result라는 변수의 값을 0으로 초기화하였다. 그리고 9~10라인에서 for 문을 통해 i의 값이 1부터 1000까지 변할 때까지 1씩 증가시키면서 각 값들을 result에 합산해 주고 있다.

for 문의 구조에 대해 조금 더 자세히 살펴보도록 하자. for 문의 문법 구조는 [문법 2.3]과 같다.

○ **문법 2.3** for 문

for (statement1; condition; statement2)
    statement
	for (statement1; condition; statement2)
	{
	    statements
	}

for 문에서는 먼저 statement1이 실행되는데 주로 일정 범위의 변화된 값을 저장할 특정 변수의 값을 초기화하는 데 사용된다. 이 변수를 반복자라고 부른다. 이때 9라인에서 변수 i의 값을 0으로 초기한 것과 같이 기존에 미리 선언한 변수를 초기화하고 반복자로 사용할 수 있다. 또한 다음과 같이 새로운 변수를 선언함과 동시에 초기화하고 이를 반복자로 사용할 수도 있다.

```
for (int i = 1; i <= 1000; i++) ......
```

C++ 언어에서는 C 언어와 달리 코드 블록({ })의 시작 위치뿐만 아니라 다른 일반 문장들이 수행된 후에도 변수의 선언이 가능하다고 하였다. 바로 for 문의 첫 번째 statement1에서도 변수의 초기화뿐만 아니라 변수의 선언이 가능한 것이다. statement1에 새로운 변수를 선언할 경우 그 변수는 해당 for 루프의 지역 변수이기 때문에 for 문을 벗어나면 사용할 수 없음에 주의하기 바란다. 참고로 statement1은 생략될 수도 있다.

statement1이 수행된 후에는 condition이 수행되어 해당 값이 참이라면 for 루프 내의 문장 또는 문장들을 실행하게 된다. 여러 개의 문장들을 실행하고자 한다면 중괄호({ })를 사용하면 된다. 물론 실행할 문장이 한 개일 경우라도 중괄호를 사용할 수 있다. 참고로 condition이 생략될 경우에는 참으로 해석된다.

for 루프의 문장을 실행한 후에는 statement2가 실행되는데 주로 statement1에서 초기화한 변수의 값을 변경하는 데 사용된다. statement2 또한 생략 가능하다. statement2를 수행한 후에는 다시 condition을 평가하여 결과가 참인 경우 for 루프 내의 문장을 실행하게 된다. 이와 같이 statement2와 condition을 반복적으로 실행하다가 condition의 평가값이 거짓이 되는 순간 for 루프를 빠져나오게 된다.

예제 2.6 | 구구단 출력하기

for 문을 사용하여 구구단을 출력해 보자. 편의상 출력 결과의 중간 부분은 생략하였다.

```
1  #include <iostream>
2  using namespace std;
3
4  int main()
```

```
5   {
6       int dan, num;
7
8       for (dan = 2; dan <= 9; dan++)
9       {
10          for (num = 1; num <= 9; num++)
11              cout << dan << " * " << num << " = " << dan * num << endl;
12
13          cout << endl;
14      }
15
16      return 0;
17  }
```

• **실행 결과**

```
2 * 1 = 2
2 * 2 = 4
2 * 3 = 6
2 * 4 = 8

......

8 * 7 = 56
8 * 8 = 64
8 * 9 = 72

9 * 1 = 9
9 * 2 = 18
9 * 3 = 27
9 * 4 = 36
9 * 5 = 45
9 * 6 = 54
9 * 7 = 63
9 * 8 = 72
9 * 9 = 81
```

8라인의 for 문은 특정 단이 2단부터 9단까지 증가하는 것을 표현한 것이다. 10라인의 for 문은 8라인의 for 문 내부에 포함된 for 문으로서 각 단에 대해 1부터 9까지의 값을 곱하는 기능을 수행한다. 이와 같이 for 문 내에 다른 for 문이 또 다시 중첩되어 나타날 수 있는데, for 문뿐만 아니라 앞서 선택문에서 배운 if 문이나 switch 문을 비롯하여 곧 배우게 될 while 문 또는 do ~ while 문 역시 필요에 따라 서로 중첩되어 나타날 수 있다. 13라인에서는 각 단을 출력한 후에 한 줄을 띄우기 위해 공백 라인을 출력하고 있다.

예제 2.7 | while 문을 사용하여 1부터 1000까지 더하기

반복문에는 for 문 외에도 while 문과 do ~ while 문이 있다. 이번에는 while 문을 사용하여 1부터 1000까지 합산한 결과를 출력해 보자.

```
1   #include <iostream>
2   using namespace std;
3   
4   int main()
5   {
6       int result = 0;             // 0으로 초기화
7       int i = 1;                  // 1로 초기화
8   
9       while (i <= 1000)           // for (i = 1; i <= 1000; i++)
10      {
11          result = result + i;    // 1부터 1000까지 result에 더해 줌
12          i++;
13      }
14  
15      cout << "1부터 1000까지의 합 : " << result << endl;
16  
17      return 0;
18  }
```

• **실행 결과**

```
1부터 1000까지의 합 : 500500
```

for 문 예제인 [예제 2.5]의 9~10라인이 while 문에서는 9~13라인과 같이 변경되었고 그 외에는 모두 동일하다. 비교를 위해 9라인에서 for 문을 주석으로 처리하였다. while 문에서는 for 문과 달리 조건식 하나만 존재하며 해당 조건식의 평가 값이 참이면 while 문에 포함된 문장들을 실행하게 된다. 따라서 먼저 7라인에서 i의 값을 1로 초기화하였다. 그리고 9라인에서는 for 문과 마찬가지로 i가 1000과 같거나 작은지 검사하고 있으며 이 조건이 참인 경우 해당 i 값을 result에 합산해 주었다. 마지막으로 11라인에서 i의 값을 증가시켰다.

while 문의 문법 구조에 대해 조금 더 자세히 살펴보자. while 문의 문법 구조는 [문법 2.4]와 같다.

○ **문법 2.4 while 문**

```
while (condition)
    statement
```

```
while (condition)
{
    statements
}
```

while 문에서는 condition을 평가하여 참이면 while 루프의 문장 또는 문장들을 실행하게 되며 condition의 값이 거짓이 될 때까지 반복적으로 문장을 실행하게 된다. for 문에서 statement1과 statement2를 생략하면 while 문과 동일한 의미를 갖게 된다. 단, for 문에서는 condition을 생략하는 경우 참으로 해석되지만 while 문에서는 for 문과는 달리 condition의 생략이 불가능하다.

예제 2.8 | do~while 문을 사용하여 1부터 1000까지 더하기

이번에는 do ~ while 문을 사용하여 1부터 1000까지 합산한 결과를 출력해 보자.

```
1  #include <iostream>
2  using namespace std;
3
4  int main()
5  {
6      int result = 0;          // 0으로 초기화
7      int i = 1;               // 1로 초기화
8
9      do                       // while (i <= 1000)
10     {
11         result = result + i; // 1부터 1000까지 result에 더해 줌
12         i++;
13     } while (i <= 1000);
14
15     cout << "1부터 1000까지의 합 : " << result << endl;
16
17     return 0;
18 }
```

• **실행 결과**

```
1부터 1000까지의 합 : 500500
```

9~13라인과 같이 do ~ while 문에서는 do 문장과 실행해야 할 문장들이 먼저 나오고 참, 거짓을 판별하는 조건식이 나중에 나오게 된다. 따라서 do ~ while 문에서는 내부의 문장들이 최소한 한 번은 실행되어진다. 11라인에서는 현재 i의 값을 result에 합산하고 있으며 12라인에서는 i의 값을 1만큼 증가시키고 있다. 그리고 13라인에서 i의 값을 조사하여 1000을 초과하게 되면 거짓이 되어 마침내 do ~ while 문을 빠져나오게 된다.

do ~ while 문의 문법 구조에 대해 조금 더 자세히 살펴보자. do ~ while 문의 문법 구조는 [문법 2.5]와 같다.

○ **문법 2.5** do ~ while 문

```
do
    statement
while (condition);
```

```
do
{
    statements
} while (condition);
```

do ~ while 문은 while 문과 마찬가지로 condition의 값이 참인 동안 루프 내의 문장(들)을 반복적으로 수행한다. 단, while 문의 경우 루프 내의 문장을 실행하기 전에 condition을 먼저 평가하는 반면에, do ~ while 문에서는 먼저 루프 내의 문장을 실행한 후 condition을 평가하게 된다. 따라서 while 문의 루프는 경우에 따라 한 번도 실행되지 않을 수도 있지만 do ~ while 문의 루프는 반드시 한 번은 실행되도록 되어 있다. do ~ while 문의 루프 내에 문장이 하나만 올 경우에는 중괄호({})의 생략이 가능하나 가독성을 위해 항상 중괄호를 사용하는 것이 좋다.

반복문(for, whil, do ~ while)의 선택 방법

지금까지 for 문, while 문, do ~ while 문의 사용 방법에 대해 살펴보았다. 사실상 for 문, while 문, do ~ while 문 중 하나만 사용하더라도 세 가지 반복문을 가지고 할 수 있는 모든 작업을 수행할 수 있다. 결국 무엇을 사용할 것인지는 프로그래머의 익숙한 정도와 경험 등을 통해 결정되겠지만 편의성 및 가독성을 고려한 일반적인 가이드라인은 다음과 같다. 먼저 "1부터 1000까지의 모든 정수의 합을 구하라"와 같이 특정 범위에 포함된 일정 간격의 데이터들에 대한 작업은 for 문이 가장 사용하기 좋고 이해하기 쉽다. 그리고 "사용자가 0을 입력할 때까지 입력된 모든 정수들의 합을 구하라"와 같이 범위가 정해져 있지 않은 반복적인 작업을 하고자 할 경우에는 while 문이 가장 적합하며, while 문을 사용할 때 루프 내의 문장이 반드시 한 번은 실행되어야 한다면 do ~ while 문을 사용하면 된다.

이렇게 간단한 설명만으로 적절한 반복문을 선택하기가 쉽지는 않다. 결국 많은 연습과 경험을 통해 스스로 터득할 수밖에 없을 것이다. 프로그래밍 언어를 학습할 때 많은 학습자들이 처음으로 어려움에 직면하는 때가 바로 이 부분을 공부할 때이다. 그러나 프로그램을 몇 번 작성하다 보면 나름대로의 패턴이 있다는 것을 느낄 수 있을 것이다. 다음 예제 및 연습 문제들을 통한 반복 학습으로 본 내용을 완전하게 습득하기 바란다.

예제 2.9 | 특정 조건을 만족할 때까지 반복 수행

사용자에게 1, 2, 3, 4, 5의 값 중 하나를 입력받고 해당 개수만큼 "Hello!"를 출력하는 작업을 반복적으로 수행하되 5를 입력하면 프로그램을 종료하는 프로그램을 작성해 보자. 항상 1, 2, 3, 4, 5의 값 중 하나가 입력된다고 가정한다.

```
1   #include <iostream>
2   using namespace std;
3
4   int main()
5   {
6       int num;
7
8       do
9       {
10          cout << "1, 2, 3, 4, 5 중 하나 입력 : "
11          cin >> num;
12
13          for (int i = 0; i < num; i++)     // 해당 개수만큼 "Hello!" 출력
14              cout << "Hello! ";
15          cout << endl;
16
17      } while (num != 5);                   // 5가 입력되면 빠져나감
18
19      return 0;
20  }
```

• **실행 결과**

```
1, 2, 3, 4, 5 중 하나 입력 : 1
Hello!
1, 2, 3, 4, 5 중 하나 입력 : 2
Hello! Hello!
1, 2, 3, 4, 5 중 하나 입력 : 4
Hello! Hello! Hello! Hello!
1, 2, 3, 4, 5 중 하나 입력 : 3
Hello! Hello! Hello!
1, 2, 3, 4, 5 중 하나 입력 : 5
Hello! Hello! Hello! Hello! Hello!
```

이 프로그램의 특징은 사용자가 5를 입력할 때까지 문자열을 출력하는 작업을 반복적으로 수행하며 또한 1회 이상은 수행되어야 한다는 것이다. 따라서 어떤 반복문이라도 사용할 수 있지만 여기서는 do ~ while 문을 사용하였다. 8라인에서 do ~ while 문이 시작되고 있으며 10~11라인을 통해 값을 읽어 들인다. 해당 값에 해당하는 횟수만큼 "Hello!"를 출력하는 작업은 횟수가 정해져 있기 때문에 13~14라인과 같이 for 문을 사용하였다. 17라인에서는 입력된 값이 5인지 확인하고 5가 아닌 동안 해당 작업을 반복적으로 수행하고 있다. 즉, 입력 값이 5이면 do ~ while 루프를 빠져나오게 된다.

연습문제 | 2.6

1부터 1000까지의 값들 중 3의 배수의 값들만을 합산하여 출력해 보라. 이때 for 문, while 문, do ~ while 문을 사용하여 각각 별도의 프로그램으로 작성해 보도록 하라.

세 가지 반복문 중 어떤 반복문이 이 문제를 푸는 데 사용하기 가장 편한지 생각해 보도록 하라.

Note

연습문제 | 2.7

사용자로부터 자연수를 반복적으로 받아들인 후 합산한 결과를 출력하되 자연수가 아닌 0이 입력되면 종료하도록 하라.

for 문, while 문, do ~ while 문 중 어떤 반복문을 사용하면 좋을지 먼저 생각해 보고 하나를 선택하여 프로그램을 작성해 보도록 하라.

Note

연습문제 | 2.8

양의 정수 2개(x, y)를 매개변수로 전달받아 x의 y승을 구하는 Power 함수를 작성하고 테스트해 보라.

```
1   int main()
2   {
3       cout << "2의 3승 : " << Power(2, 3) << endl;
4       cout << "3의 4승 : " << Power(3, 4) << endl;
5       cout << "5의 5승 : " << Power(5, 5) << endl;
6
7       return 0;
8   }
```

• **실행 결과**

```
2의 3승 : 8
3의 4승 : 81
5의 5승 : 3125
```

Note

연습문제 | 2.9

정수 하나를 입력받아 n에 저장하고, n이 양수이면 n부터 (2 * n)까지의 합을 구하고, n이 음수이면 (2 * n)부터 n까지의 합을 구하는 프로그램을 작성하라.

Note

연습문제 | 2.10

3개의 양의 정수를 입력받아 각각 k, m, n에 저장하고, m과 n 사이에 있는 k의 배수의 합을 구하여 출력하는 프로그램을 작성하라. m의 값은 n의 값보다 작다고 가정하라.

• **실행결과**

```
k, m, n 값 입력 : 2 1 5
합계 : 6
```

Note

연습문제 | 2.11

양의 정수 하나를 매개변수로 전달받아 그 정수의 factorial 값을 반환하는 Fact라는 함수를 만들고 테스트해 보라. 예를 들어 Fact(5)는 5 * 4 * 3 * 2 * 1이 되어 최종적으로 120이 반환된다.

```
1   int main()
2   {
3       cout << "5! = " << Fact(5) << endl;
4       cout << "3! = " << Fact(3) << endl;
5       cout << "10! = "<< Fact(10) << endl;
6   
7       return 0;
8   }
```

- **실행결과**

```
5! = 120
3! = 6
10! = 3628800
```

Note

연습문제 | 2.12

반복문을 이용하여 실행결과와 같이 출력되도록 프로그램을 만들어 보라.

- **실행결과**

```
012345
 12345
  2345
   345
    45
     5
```

Note

연습문제 | 2.13

사용자로부터 1부터 10까지의 정수 중 하나를 입력받아 입력 결과에 따라 실행 결과와 같이 마름모 모양을 출력하는 프로그램을 작성해 보라. 예를 들어, 4를 입력했다면 첫 번째 라인에는 '*' 문자를 1개, 두 번째 라인에는 3개, 세 번째 라인에는 5개, 네 번째 라인에는 7개를 출력하고 그 다음부터는 두 개씩 줄어들어 마지막 라인에 1개를 출력하도록 만든다.

- **실행결과**

```
정수 입력(1~10) : 4
   *
  ***
 *****
*******
 *****
  ***
   *
```

Note

연습문제 | 2.14

양의 정수 한 개를 입력받아 그 정수의 약수를 출력하는 프로그램을 작성하라.

Note

연습문제 | 2.15

양의 정수 두 개를 입력받아 두 수의 공약수를 출력하는 프로그램을 작성하라. 공약수란 두 정수 사이의 공통된 약수를 의미한다. 입력받은 두 수 중 작은 수와 큰 수를 구별하는 과정이 필요할 수도 있다.

• **실행결과**

```
두 개의 양의 정수 입력 : 36 24
1 2 3 4 6 12
```

Note

연습문제 | 2.16

양의 정수 두 개를 매개변수로 입력받아 최대공약수를 반환하는 GCM 함수를 작성하되 유클리드 호제법이라는 알고리즘을 사용하여 작성하고, 이를 호출하는 main 함수를 만들어 테스트해 보라. 유클리드 호제법의 알고리즘은 다음과 같다.

- **단계 1** 두 입력 값 중 큰 값은 M, 작은 값은 N에 지정한다.
- **단계 2** M을 N으로 나누고 그 나머지를 R이라고 부른다.
- **단계 3** R이 0이 아닐 경우, N이 가진 값을 M에 지정하고 R의 값을 N에 지정한 다음 단계 2로 돌아간다. R이 0일 경우, 현재 N에 지정된 값이 최대공약수이다.

Note

2.3 분기문

예제 2.10 | 구구단 출력 시 홀수 단만 출력 (1)

구구단을 출력하되 홀수 단만 출력해 보자. 즉, 짝수 단의 경우 구구단 출력을 생략하면 된다. 이때 분기문들 중 break를 사용하여 프로그램을 작성해 보자.

```
1  #include <iostream>
2  using namespace std;
3
4  int main()
```

```
5  {
6      for (int dan = 2; dan <= 9; dan++)
7      {
8          for (int i = 1; i <= 9; i++)
9          {
10             if (dan % 2 == 0)      // 짝수 단이라면
11                 break;             // 가장 가까운 for 문을 빠져나옴
12 
13             cout << dan << " * " << i << " = " << dan * i << endl;
14         }
15     }
16 
17     return 0;
18 }
```

- **실행 결과**

```
3 * 1 = 3
3 * 2 = 6
3 * 3 = 9
3 * 4 = 12
3 * 5 = 15
(생략)
9 * 5 = 45
9 * 6 = 54
9 * 7 = 63
9 * 8 = 72
9 * 9 = 81
```

10~11라인을 제외하면 구구단을 출력하는 프로그램과 동일하다. 그런데 10라인에서 짝수 단인지를 판별하여 그 결과가 참이면 break 문이 실행되고 있다. break 문은 자신이 포함된 반복문을 탈출하는 문장으로, 만약 반복문이 중첩되어 나타날 경우에는 자신을 포함하고 있는 반복문들 중 가장 가까운 반복문을 탈출하게 된다. 11라인의 break 문이 실행되면 8라인에서 시작되는 for 문의 마지막인 14라인을 지나 15라인으로 이동하게 되는 것이다. 따라서 짝수 단에 대해서는 내부의 for 문 자체가 실행되지 않고 바로 다음 단으로 이동하게 된다. 물론 이 예제는 보다 다양한 방식으로 해결될 수 있다. 다만 여기서는 break 문의 개념을 학습하기 위해 이와 같이 프로그램을 작성한 것이다.

break 문 자체는 앞서 2.1절에서 switch 문을 공부할 때 이미 본 적이 있다. 거기에서도 break 문이 실행되면 switch 문을 빠져나오게 된다. 정리하자면 break 문은 반복문 또는 switch 문 내에서 사용될 수 있으며 해당 반복문 또는 switch 문을 탈출하는 데 사용된다.

break 문과 같이 실행 흐름을 변경하는 분기문에는 continue, break, return, goto 문이 있다. if 문과 같은 선택문이나 for 문과 같은 반복문 또한 실행 흐름을 변경하는 것은 마찬가지지만 분기문의 경우 특정 조건과 무관하게 실행 흐름을 변경하게 된다. [예제 2.10]에서 11라인의 break 문이 dan의 값이 짝수

일 때 실행된다고 하여 분기문이 항상 특정 조건 하에서 실행되는 것이라고 오해해서는 안 된다. 11라인의 break 문 자체만을 보도록 하라. break 문 자체는 다른 어떤 조건과도 관계없이 실행되는 것이다.

예제 2.11 | 구구단 출력 시 홀수 단만 출력 (2)

[예제 2.10]과 같이 구구단 출력 시 홀수 단만 출력하되 이번에는 분기문들 중 continue 문을 사용해 보자. 실행 결과는 동일하다.

```
1   #include <iostream>
2   using namespace std;
3
4   int main()
5   {
6       for (int dan = 2; dan <= 9; dan++)
7       {
8           if (dan % 2 == 0)           // 짝수 단이라면
9               continue;               // 해당 단(i)을 skip 함
10
11          for (int i = 1; i <= 9; i++)
12              cout << dan << " * " << i << " = " << dan * i << endl;
13      }
14
15      return 0;
16  }
```

8라인에 있는 if 문의 위치에 주목하도록 하라. [예제 2.10]과는 달리 if 문이 첫 번째 for 문 내에 포함되어 있으며 짝수 단일 경우 continue 문이 실행되고 있다. continue 문이 실행되면 해당 반복문 내에 포함된 continue 문 이후의 문장들을 실행하지 않고 그 다음으로 건너뛰게 된다. 9라인의 continue 문이 실행되면, 즉 짝수 단이라면 11~12라인이 실행되지 않기 때문에 짝수 단은 출력되지 않고 그 다음 단으로 넘어가게 된다. 9라인의 continue 문이 실행되면 바로 13라인으로 실행 흐름이 넘어간다고 생각하면 된다.

예제 2.12 | 구구단 출력 시 홀수 단만 출력 (3)

구구단의 특정 단을 매개변수로 전달받아 홀수 단일 경우에만 해당 단의 구구단을 출력하는 함수를 작성해 보자. 참고로 실행 결과는 [예제 2.10]과 동일하다.

```
1   #include <iostream>
2   using namespace std;
3
4   void GuGu(int dan)
5   {
6       if (dan % 2 == 0)           // 짝수 단이라면
```

```
7          return;                    // 출력하지 않고 바로 반환
8
9      for (int i = 1; i <= 9; i++)
10         cout << dan << " * " << i << " = " << dan * i << endl;
11 }
12
13 int main()
14 {
15     for (int dan = 2; dan <= 9; dan++)
16         GuGu(dan);
17
18     return 0;
19 }
```

16라인에서 매 단마다 GuGu 함수를 호출하고 있다. 6라인에서는 짝수 단인지를 판별하고 짝수 단이라면 7라인에서 return 문을 통해 바로 함수를 탈출하게 된다. return 문은 지금까지 계속해서 사용해 왔던 분기문이다. 18라인을 보면 main 함수가 종료될 때 0이라는 int 값을 반환함을 알 수 있다. 이와 같이 return 문은 함수를 탈출하면서 특정 값을 반환하는 데 사용되는 문장이지만, 7라인과 같이 함수의 반환 타입이 void인 경우 return 문장만을 사용하여 해당 함수를 빠져나갈 수 있다. 물론 반환 타입이 void인 함수의 경우 return 문이 나오지 않으면 함수의 마지막까지 실행한 후 자동으로 해당 함수를 탈출하게 된다.

예제 2.13 | 구구단 출력 시 홀수 단만 출력 (4)

[예제 2.10]과 같이 구구단 출력 시 홀수 단만 출력하되 이번에는 분기문들 중 goto 문을 사용해 보자. 코드 자체는 continue 문을 사용한 [예제 2.11]과 매우 유사하다.

```
1  #include <iostream>
2  using namespace std;
3
4  int main()
5  {
6      for (int dan = 2; dan <= 9; dan++)
7      {
8          if (dan % 2 == 0)              // 짝수 단이라면
9              goto next;                 // next 레이블로 점프
10
11         for (int i = 1; i <= 9; i++)
12             cout << dan << " * " << i << " = " << dan * i << endl;
13
14 next : ;
15     }
16
17     return 0;
18 }
```

8, 9라인에서는 짝수 단일 경우 goto 문을 실행하였다. goto 문 다음에는 특정 레이블이 나오게 되며 이에 따라 해당 레이블이 있는 곳으로 실행 흐름이 이동하게 된다. 따라서 9라인이 실행되면 해당 단을 출력하지 않고 바로 14라인으로 이동한다. 실행 흐름상 continue 문을 사용한 [예제 2.11]과 매우 유사함을 알 수 있다. 레이블은 14라인의 "next :"와 같이 특정 문자열 다음에 콜론(:)이 오게 된다. 일반적으로는 이것으로 레이블 하나를 완성할 수 있지만, 15라인과 같이 레이블 바로 다음에 복합문이 끝나는 오른쪽 중괄호(})가 오면 레이블 다음에 널 문장(Null Statement)을 붙여야만 문법적으로 오류가 발생하지 않는다. 널 문장은 문장의 끝을 의미하는 ; 만으로 이루어진 문장으로서 특별히 하는 일은 없지만 하나의 문장으로 해석된다. 참고로 레이블 이름은 해당 함수 내에서는 유일해야 한다.

goto 문은 해당 함수 내에 포함된 어떤 위치의 레이블로도 이동이 가능한 매우 막강한 문장이다. 그러나 goto 문을 자주 사용하게 되면 실행 흐름을 파악하기가 매우 어려워지게 된다. 사실상 goto 문을 사용하지 않더라도 다른 제어문들만으로 goto 문에 상응하는 기능을 구현할 수 있는 것으로 알려져 있다. 따라서 가급적 goto 문은 사용하지 않는 것이 바람직하다.

연습문제 | 2.17

사용자로부터 총 10개의 양의 정수를 입력받아 합산한 결과와 평균값을 출력하는 프로그램을 작성하라. 단, 입력 값이 0 이하라면 그때까지의 합산 결과 및 평균값을 출력하고 프로그램을 종료하면 된다. 반드시 break 문을 사용하도록 하라.

- **실행결과**

```
정수 입력 : 3
정수 입력 : 5
정수 입력 : 6
정수 입력 : 8
정수 입력 : 2
정수 입력 : 0
입력 값들의 개수 : 5개
합계 : 24
평균 : 4.8
```

Note

연습문제 | 2.18

[연습 문제 2.17]에서 입력된 정수들 중 짝수만 합산하고 평균을 구할 수 있도록 하라. 연습을 위해 반드시 continue 문을 사용해 보도록 하라.

- **실행결과**

```
정수 입력 : 3
정수 입력 : 5
정수 입력 : 6
정수 입력 : 8
정수 입력 : 2
정수 입력 : 0
입력값들의 개수 : 3개
합계 : 16
평균 : 5.33333
```

Note

연습문제 | 2.19

사용자로부터 정수 2개와 사칙연산 부호(+, -, *, /) 중 1개의 문자를 입력받아 해당 연산을 수행하는 프로그램을 작성하라. main 함수 하나만 사용하고 반드시 goto 문을 사용하도록 하라. 즉, 사칙연산 각각에 대한 처리 부분의 시작 위치를 레이블을 사용하여 표시하고 goto 문을 통해 해당 부분이 수행될 수 있도록 해야 한다. 경우에 따라서는 각 부분에 return 문이 별도로 필요할 수도 있다.

- **실행결과**

```
정수 2개 및 사칙연산 부호(+, -, *, /) 입력 : 3 4 *
3 * 4 = 12
```

이 연습 문제는 goto 문에 대한 연습이다. 앞서 얘기한 바와 같이 goto 문에 대한 존재 및 사용 방법은 알아두되 가급적 실전에서의 사용은 자제하기 바란다.

Note

2.4 함수와 변수

예제 2.14 | 덧셈, 뺄셈 계산기 만들기

연속적인 덧셈 또는 뺄셈의 최종 결과를 저장할 수 있는 변수를 만들고 덧셈, 뺄셈을 위한 각각의 함수에서 해당 변수를 공유할 수 있도록 만들어 보자. 일종의 계산기 프로그램이라 보면 된다. 이 예제를 통해 변수의 선언 위치와 사용 가능 영역에 대해 얘기할 것이다.

```
1   #include <iostream>
2   using namespace std;
3   
4   int g_result = 0;           // g_result : 전역 변수
5   
6   void Plus(int num)          // num : 지역 변수
7   {
8       g_result += num;
9   }
10  
11  void Minus(int num)
12  {
13      g_result -= num;
14  }
15  
16  int main()
17  {
18      Plus(5); Minus(10); Minus(3); Plus(4);
19      cout << "최종 결과 : " << g_result << endl;
20  
21      return 0;
22  }
```

- **실행 결과**

```
최종 결과 : -4
```

지금까지의 모든 변수는 함수 내에 선언되어 있거나 매개변수 전달을 위해 함수 원형 위치에 선언되어 있었다. 그러나 4라인에 선언되어 있는 변수 g_result는 지금까지 보았던 변수들과는 달리 함수 외부에 위치해 있다. 이와 같이 함수의 외부에 변수를 선언하면 다른 모든 함수에서 이 변수를 공유해서 사용할 수 있게 되는데 이런 변수를 전역 변수라고 한다. 반면에 함수 내에 선언된 변수 또는 매개변수 전달을 위해 선언된 변수를 지역 변수라고 하는데, 해당 지역 내에서만 사용이 가능하다. 18라인에서 Plus 함수와 Minus 함수를 연속적으로 호출하고 있으며 각각의 함수에서는 4라인의 g_result 변수를 공유해서 사용하고 있다. 따라서 최종 결과인 −4가 g_result에 저장된다.

이 예제에서 전역 변수와 지역 변수에 대한 가장 기본적인 내용에 대해 살펴보았다. 이후의 예제들을 통해 변수의 선언 위치와 해당 변수의 사용 가능 영역에 대해 좀 더 자세히 살펴 본다.

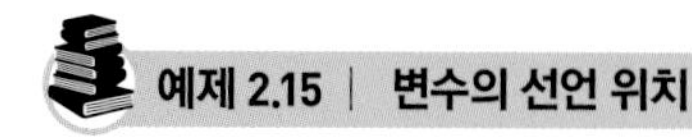

예제 2.15 | 변수의 선언 위치

이 예제를 통해 어떤 위치에서 변수의 선언이 가능한지 살펴보자. 이 예제는 사용자로부터 2개의 정수를 입력받고 그 사이에 있는 값들을 2회 합산한 결과를 출력하고 있다. 예제에서 사용된 프로그램 코드에는 다소 부자연스럽고 복잡한 부분이 많다. 그러나 여기서는 프로그램 내용보다는 변수의 선언 위치에 초점을 맞추어 살펴보자.

```
1   #include <iostream>
2   using namespace std;
3
4   int g_var1;                                          // 전역 변수
5
6   int Sum(int num1, int num2)                          // 함수 매개변수
7   {
8       g_var1 = 0;
9
10      for (int i = num1; bool j = (i <= num2); i++) // for 초기화 문 및 조건문
11          g_var1 += i;
12
13      while (bool i = (num1 <= num2))                  // while 조건문
14      {
15          int temp = num2;                             // while 복합문 내 변수
16          g_var1 += temp;
17          num2--;
18      }
19
20      return g_var1;
21  }
22
23  int g_var2;                                          // 전역 변수
24
25  int main()
26  {
27      int num1, num2;                                  // 함수 내 변수
28
29      cout << "정수 2개 입력 : ";
30      cin >> num1 >> num2;
31
32      g_var2 = Sum(num1, num2);
33
34      int num3 = g_var2;                               // 함수 내 변수
35
36      cout << "최종 결과 : " << num3 << endl;
```

```
37
38      return 0;
39  }
```

- **실행 결과**

```
정수 2개 입력 : 1 3
최종 결과 : 11
```

조금 과장하면 C++ 언어에서는 코드의 모든 위치에서 변수의 선언이 가능하다고 말할 수 있다. 4, 23라인에는 함수 외부에 선언되어 있는 전역 변수를 볼 수 있다. 전역 변수 외에는 모두 지역 변수라고 할 수 있는데, 여기서 지역이란 용어에 대한 좀 더 정확한 정의가 필요하다.

지금까지 우리는 하나의 함수를 하나의 지역과 동일한 의미로 사용해 왔다. 보다 정확히 얘기하자면 지역이란 복합문 또는 블록을 의미한다. 복합문과 블록은 동일한 것으로 이해하면 된다. 복합문은 중괄호({ })로 표현된다. 지금까지 중괄호를 사용한 곳을 생각해 보라. 함수는 물론이고 if 문, for 문, while 문 등의 제어문 다음에 복합문이 사용될 수 있다. 심지어는 단순히 중괄호만을 사용하여 하나의 지역을 만들 수도 있다. 또한 제어문 내에 단 하나의 문장만 오는 경우에 중괄호가 생략되었다 하더라도 이는 복합문과 동일하게 처리되므로 하나의 지역이 된다. 즉, 다음 코드의 1~2라인과 4~7라인은 동일한 것으로 간주된다.

```
1   while (num++ < 10)
2       int i;
3
4   while (num++ > 10)
5   {
6       int i;
7   }
```

[예제 2.15]의 예제에서 지역이 몇 개나 있는지 살펴보자. 6~21라인의 Sum 함수, 10~11라인의 for 문, 13~18라인의 while 문, 25~39라인의 main 함수, 이렇게 총 4개의 지역이 있다. 6라인의 함수 매개변수인 num1과 num2는 Sum 함수의 지역 변수이고 10라인의 i와 j는 for 문의 지역 변수이며 13라인의 i와 15라인의 temp는 while 문의 지역 변수이다. 10라인과 같이 for 문의 초기화 문에서도 변수의 선언이 가능하며, 10라인이나 13라인과 같이 if 문, for 문, while 문 등 제어문 내의 조건식이 오는 곳에서도 변수의 선언이 가능하다. 27, 34라인에는 main 함수의 지역 변수인 num1, num2, num3이 선언되어 있다.

실전에서는 10, 13라인과 같이 제어문의 조건식 내에 변수를 선언해서 사용하는 경우는 매우 드물다. 그러나 10라인에서 변수 i를 선언한 것과 같이 for 문의 초기화 문에서는 버릇처럼 반복자 변수를 선언해서 사용하는 경우가 많다. 반면에 C 언어에서는 for 문의 초기화 문이나 제어문 내의 조건식이 오는 위치에서의 변수 선언을 허용하지 않을 뿐만 아니라 34라인과 같이 변수 선언문이 아닌 다른 문장이 나온 후의 변수 선언을 허용하지 않는다. 따라서 C 언어에서는 항상 지역이 시작된 후 다른 문장들이 나오기 전에 그 지역에서 필요한 변수들을 한꺼번에 선언해야만 한다.

참고

C++ 언어라 하더라도 Visual C++ 6.0의 경우, 10라인이나 13라인과 같은 제어문의 초기화 문 또는 조건식 내에서의 변수 선언을 해당 제어문의 지역 변수로 해석하지 않고, 제어문을 포함하는 외부 지역의 지역 변수로 해석하게 된다. 따라서 13라인의 변수 i를 10라인의 i와 충돌이 발생한 것으로 간주하여 에러로 처리하게 된다. 다시 한 번 말하지만 표준 C++에 의하면 10라인의 변수 i는 10~11라인의 for 문을 위한 지역 변수이고, 13라인의 변수 i는 13~18라인의 while 문을 위한 지역 변수이므로 전혀 문제가 없다. 이 책의 예제들은 모두 Visual C++ 11.0을 기준으로 작성되었다. 만약 Visual C++ 6.0을 사용하고 있다면 10라인과 13라인의 변수 i와 같은 지역 변수 선언에 있어서 에러가 발생함에 주의해야 한다.

예제 2.16 | 변수의 사용 가능 영역(Scope)

다음 프로그램의 실행 결과를 분석해 봄으로써 각각의 변수가 사용될 수 있는 영역이 어떻게 되는지 알아보도록 하자.

```
1   #include <iostream>
2   using namespace std;
3
4   int var1 = 0;
5
6   int main()
7   {
8       int var2 = 100;
9       int var1 = 200;
10
11      {
12          int var2 = 200;
13          int var3 = var1 + var2;
14
15          var1 = var1 + var3;
16      }
17
18      cout << "var1 : " << var1 << endl;      // 어떤 var1인가?
19      cout << "var2 : " << var2 << endl;      // 어떤 var2인가?
20      // cout << "var3 : " << var3 << endl;
        // var3은 11~16라인 이외의 지역에서는 사용 불가
21      cout << "::var1 : " << ::var1 << endl; // 전역 변수 var1
22
23      return 0;
24  }
```

• 실행 결과

```
Var1 : 600
Var2 : 100
::Var1 : 0
```

어떤 변수가 사용될 수 있는 영역을 Scope라고 한다. 변수 사용과 관련된 첫 번째 규칙은 어떤 변수는 그 변수가 선언된 이후에 사용될 수 있다는 것이다. 예를 들어 13라인에서 var3 변수가 선언되었는데 그 이전에 var3 변수를 사용할 수는 없는 것이다. 두 번째 규칙은 그 변수가 선언된 지역 내에서만 사용이 가능하다는 것이다. 물론 전역 변수는 모든 지역에서 사용이 가능하되 당연히 해당 전역 변수가 선언된 이후에 사용이 가능하다.

주의할 사항은 이전에 선언된 변수의 이름과 동일한 이름의 변수가 선언될 때이다. 기본적으로 같은 지역 내에서는 동일한 변수명을 사용할 수 없다. 그러나 서로 다른 지역이라면 동일한 변수명을 사용할 수 있다. 9라인과 같이 전역 변수 var1이 이미 선언되어 있는 상태에서 또 다시 지역 변수인 var1을 선언하거나, 12라인과 같이 이미 var2라는 지역 변수가 있는데 또 다시 var2라는 지역 변수를 선언할 때이다. 이와 같은 상황에서는 이전에 선언된 변수는 동일한 이름을 가진 새로운 변수에 의해 사용이 불가능해지는데, 이것을 이름 은닉(name hiding)이라 한다. 따라서 13라인의 var1은 9라인의 var1을, 13라인의 var2는 12라인의 var2를 의미한다. 단, 지역 변수는 변수가 선언될 때 생기고 그 지역을 벗어날 때 자동으로 사라지게 된다. 그러므로 19라인의 var2는 다시 8라인의 var2를 뜻하는 것이며 20라인의 var3은 더 이상 존재하지 않기 때문에 주석 처리를 한 것이다.

이름 은닉에 의해 이전에 선언된 변수를 사용할 수 없다 하더라도 전역 변수에 접근하는 방법이 존재한다. 21라인과 같이 범위 지정 연산자(::)를 사용하여 ::var1과 같이 사용하면 전역 변수 var1을 의미하게 된다. 이 내용은 사실상 네임스페이스와 관련된 내용이므로 2.9절 네임스페이스를 참고하도록 하라.

예제 2.17 | 변수의 수명(lifetime)

변수는 언제 생겨나서 언제 사라지게 되는 것일까? 이 예제를 통해 변수의 수명, 즉 해당 변수를 위해 메모리가 할당되는 시점과 메모리에서 사라지는 시점(storage duration)을 알아보도록 하자.

```
1   #include <iostream>
2   using namespace std;
3
4   int g_var;                              // 자동으로 0으로 초기화
5
6   void Func(int param)
7   {
8       static int s_num = 100;             // static 지역 변수
9       int a_num = 100;                    // auto 지역 변수
10
11      g_var++;
12      s_num++;
```

```
13      a_num++;
14
15      cout << "g_var : " << g_var << ", "
16      cout << "s_num : " << s_num << ", "
17      cout << "a_num : " << a_num << endl;
18  }
19
20  int main()
21  {
22      for (int i = 0; i < 5; i++)
23          Func(i);
24
25      return 0;
26  }
```

• **실행 결과**

```
g_var : 1, s_num : 101, a_num : 101
g_var : 2, s_num : 102, a_num : 101
g_var : 3, s_num : 103, a_num : 101
g_var : 4, s_num : 104, a_num : 101
g_var : 5, s_num : 105, a_num : 101
```

변수의 수명과 관련하여 다음과 같이 변수가 존재한다.

1. 정적 변수(static variable)는 프로그램 시작 시 생성되고 프로그램 종료 시 사라지게 되는데 4라인의 전역 변수나 8라인의 static 지역 변수가 이에 포함된다. 정적 변수는 명시적으로 초기화하지 않을 경우 자동으로 0으로 초기화된다. static 지역 변수의 경우에도 프로그램 시작 시 생성과 동시에 0으로 초기화된다. 그리고 8라인과 같이 static 지역 변수 선언 시 초기값이 주어진 경우에는 해당 함수가 처음으로 호출되어 실행될 경우에 한해 해당 초기값으로 초기화가 이루어진다. 참고로 C 언어에 있어서 static 지역 변수의 경우에는 프로그램 시작 시 생성과 동시에 0으로 초기화하되 초기값이 주어져 있다면 변수 생성과 동시에 해당 초기값으로 초기화되도록 되어 있다. static 지역 변수의 초기화와 관련하여 C 언어와 C++ 언어의 동작 방식에 약간의 차이가 있지만 수행 결과는 결국 동일하다. 22~23라인에서는 Func 함수가 총 5회 호출되고 있는데, 첫 번째 호출 시에만 s_num의 값이 100으로 초기화되고 그 다음 호출부터는 초기화 구문이 실행되지 않는다. 따라서 s_num의 최종 결과가 105가 되는 것이다.

2. 자동 변수(auto variable)는 static이 아닌 지역 변수를 의미하는 것으로서 초기화 구문을 생략할 경우 쓰레기값, 즉, 의미 없는 값을 갖게 된다. 6라인의 param, 9라인의 a_num, 22라인의 i가 자동 변수에 해당하는데, 자동 변수의 경우 해당 변수의 선언문 실행 시 생성되고 해당 지역을 벗어날 때 사라지게 된다. 따라서 9라인의 a_num의 경우 Func 함수가 호출될 때마다 생겼다가 함수가 종료될 때 사라지게 되어 매 호출마다 동일한 결과인 101의 값을 출력하게 된다.

3. 동적 변수(dynamic variable)는 new 연산자에 의해 명시적으로 생성되고 delete 연산자에 의해 사라지는 변수로서 포인터와 밀접한 관련이 있다. 포인터에 대해서는 3장에서 자세히 설명할 것이다.

이 절에서는 함수를 기준으로 전역 변수와 지역 변수의 Scope 및 수명에 대해 살펴보았다. 그러나 실제로는 이후에 배울 네임스페이스나 클래스와 관련해서도 이에 대한 얘기는 계속될 것이다. 중요한 것은 Scope나 수명이라는 용어 자체보다는 해당 변수나 함수를 어느 부분에서 사용할 수 있는지를 제대로 파악할 수 있어야 한다는 것이다.

연습문제 | 2.20

다음 프로그램의 실행 결과를 설명해 보라.

```
1   #include <iostream>
2   using namespace std;
3
4   int num1 = 10;
5
6   void Func(int num2)
7   {
8       static int num3;
9       num1++;
10      num2++;
11      num3++;
12
13      cout << "num1 : " << num1 << ", ";
14      cout << "num2 : " << num2 << ", ";
15      cout << "num3 : " << num3 << endl;
16  }
17
18  int main()
19  {
20      for (int num2 = 0; num2 < 5; num2++)
21          Func(num1);
22
23      int num1 = 100;
24
25      for (int num2 = 0; num2 < 5; num2++)
26          Func(num1);
27
28      return 0;
29  }
```

Note

연습문제 | 2.21

Calc 함수는 실수값 하나와 사칙연산 부호들 중 하나를 매개변수로 받아 그때까지의 결과 값과 지금까지 자기 자신인 Calc 함수가 몇 번이나 호출되었는지를 출력해야 한다. 결과 값 및 호출 횟수를 저장하기 위한 변수들을 모두 Calc 함수의 지역 변수로 처리토록 하라. 결과 값의 초기 값은 0으로 설정하면 된다.

```
1  int main()
2  {
3      Calc(2.2, '+');
4      Calc(2, '*');
5      Calc(1.1, '-');
6      Calc(3, '/');
7  
8      return 0;
9  }
```

• **실행결과**

```
>>> 호출 횟수 : 1, 결과 값 : 2.2
>>> 호출 횟수 : 2, 결과 값 : 4.4
>>> 호출 횟수 : 3, 결과 값 : 3.3
>>> 호출 횟수 : 4, 결과 값 : 1.1
```

Note

2.5 함수 오버로딩

예제 2.18 | Sum 함수 작성

int 값 두 개를 매개변수로 전달받아 해당 값 사이의 값들을 모두 합산하여 반환하는 함수를 만들어 보고, double 값 두 개를 매개변수로 전달받아 단순히 두 수를 합산한 결과를 반환하는 함수를 만들어 보자.

```
1   #include <iostream>
2   using namespace std;
3
4   int ISum(int num1, int num2)
5   {
6       int result = 0;
7
8       for (int i = num1; i <= num2; i++)  // num1 <= num2 로 가정
9           result += i;
10
11      return result;
12  }
13
14  double DSum(double num1, double num2)
15  {
16      return (num1 + num2);
17  }
18
19  int main()
20  {
21      cout << "ISum(1, 10)      : " << ISum(1, 10) << endl;
22      cout << "DSum(1.0, 10.0) : " << DSum(1.0, 10.0) << endl;
23
24      return 0;
25  }
```

• **실행 결과**

```
iSum(1, 10)      : 55
dSum(1.0, 10.0) : 11
```

4라인에는 두 개의 정수 사이의 값들을 합산하기 위한 ISum 함수가 나와 있고, 14라인에는 실수값 두 개를 더하기 위한 DSum 함수가 나와 있다. 우리는 함수를 작성하고 호출하는 방법에 대해 이미 배웠기 때문에 이 문제를 쉽게 해결할 수 있다. 그런데 여기서 ISum이나 DSum 함수 모두 값들을 더한다는 유사한 의미를 갖고 있기 때문에 둘 다 Sum이라는 함수명을 사용하고 싶다. 과연 가능할까? C 언어를 알고 있다면 아마도 불가능하다고 대답할 것이다. C 언어에서는 하나의 프로그램 내에 동일한 함수명을 가진

또 다른 함수가 존재할 수 없기 때문이다. 그러나 C++ 언어에서는 동일한 함수명을 가진 함수가 여러 개 존재할 수 있다. 이것을 함수 오버로딩(function overloading)이라고 한다.

예제 2.19 | 함수 오버로딩을 사용한 Sum 함수 작성

[예제 2.18]의 ISum, DSum 함수를 모두 Sum이라는 함수로 작성해 보자. 실행 결과는 [예제 2.18]과 동일하다.

```
1   #include <iostream>
2   using namespace std;
3
4   int Sum(int num1, int num2)
5   {
6       int result = 0;
7
8       for (int i = num1; i <= num2; i++)  // num1 <= num2 로 가정
9           result += i;
10
11      return result;
12  }
13
14  double Sum(double num1, double num2)
15  {
16      return (num1 + num2);
17  }
18
19  int main()
20  {
21      cout << "Sum(1, 10)     : " << Sum(1, 10) << endl;
22      cout << "Sum(1.0, 10.0) : " << Sum(1.0, 10.0) << endl;
23
24      return 0;
25  }
```

[예제 2.18]과 비교해 볼 때 4라인의 ISum이 Sum으로 변경되었고 이에 따라 21라인 역시 ISum이 Sum으로 변경되었다. 마찬가지로 14라인과 22라인의 DSum이 Sum으로 변경되었다. C++ 언어에서는 이 프로그램 또한 제대로 실행된다. 이것을 가능하게 하는 것이 함수 오버로딩이다.

그렇다고 무조건적으로 동일한 이름의 함수를 여러 개 만들 수 있는 것은 아니다. C++에서는 함수를 구별하기 위해 함수명과 매개변수의 정보를 활용한다. 여기서 매개변수의 정보로는 매개변수의 개수와 대응되는 매개변수의 타입이 있다. 즉, 함수명이 같더라도 매개변수의 개수가 다르거나 대응되는 매개변수의 타입이 다르다면 서로 다른 함수로 인식된다.

그렇다면 다음 2개의 함수 프로토타입을 보고 이와 같은 함수 오버로딩이 가능한지 판단해 보라.

```
int Func(int n);
char Func(int n);
```

반환형은 함수 구별과 무관하다. 따라서 위의 두 함수는 오버로딩이 불가능하다. 함수를 구별하기 위해 사용되는 정보는 함수명과 매개변수임을 명심하기 바란다.

예제 2.20 | 함수 오버로딩을 사용한 Square 함수 작성

함수 오버로딩을 사용하여 char 변수값을 매개변수로 전달받아 제곱값을 반환하는 Square 함수와 long 값을 매개변수로 전달받아 제곱값을 반환하는 Square 함수를 작성해 보자. 그리고 main 함수에서 square(3)으로 호출할 경우 어떤 현상이 발생하는지 관찰해 보자.

```
1   #include <iostream>
2   using namespace std;
3
4   char Square(char c)              // char 값 제곱
5   {
6       return (c * c);
7   }
8
9   long Square(long val)            // long 값 제곱
10  {
11      return (val * val);
12  }
13
14  int main()
15  {
16      cout << Square(3) << endl;   // 3(int)은 char, long 둘 다로 형변환 가능
17
18      return 0;
19  }
```

함수 오버로딩과 관련하여 한 가지 주의할 사항은 함수 오버로딩은 가능하다 하더라도 해당 함수에 대한 호출 시 모호한 경우가 발생할 수 있다는 것이다. 이것은 형변환과 밀접한 관련이 있다. 예제 코드를 살펴보도록 하자.

4라인의 Square 함수와 9라인의 Square 함수는 매개변수의 타입이 서로 다르므로 함수 오버로딩이 가능하다. 그러나 16라인에서 Square(3)과 같이 int형 값을 실매개변수로 하여 Square 함수를 호출한 경우 int 변수를 매개변수로 전달받는 함수가 없으므로 int형으로부터 변환 가능한 타입을 매개변수로 전달받는 함수를 찾게 된다. 이때 char형 Square 함수와 long형 Square 함수 모두 다 변환이 가능하기 때문에 결국 어느 함수를 호출할지 판단을 내리지 못하는 모호한 상황이 발생하는 것이다. 사실 이와 같은 경우에는 컴파일 에러가 발생하기 때문에 그에 따라 적절히 코드를 수정하면 된다.

연습문제 | 2.22

직사각형과 원의 면적을 계산하는 GetArea라는 함수를 작성하고자 한다. 먼저 사용자로부터 계산하고자 하는 모양을 입력받은 후, 직사각형일 경우 가로와 세로 값을 입력받고 원일 경우 반지름을 입력받는다. 그리고 GetArea 함수를 통해 면적을 계산하여 화면에 출력해 보라.

직사각형에 대한 GetArea 함수의 경우 가로, 세로 값을 필요로 하고 원에 대한 GetArea 함수는 반지름 값을 필요로 한다. 매개변수의 개수가 서로 다르므로 함수 오버로딩이 가능하다.

Note

2.6 디폴트 인자

예제 2.21 | 승수를 구하는 power 함수 작성

정수값 x의 y승을 구하는 power 함수를 구현해 보자. 이때 두 번째 매개변수인 y 값이 전달되지 않는다면 x의 2승을 반환하면 된다. 함수 오버로딩을 활용하여 작성해 보도록 하자.

```
1   #include <iostream>
2   using namespace std;
3
4   int Power(int x)                                    // x의 2승
5   {
6       return (x * x);
7   }
8
9   int Power(int x, int y)                             // x의 y승
10  {
11      int result = 1;
12
13      for (int i = 0; i < y; i++)
14          result *= x;
15
16      return result;
17  }
18
19  int main()
20  {
21      cout << "Power(3)     : " << Power(3) << endl;     // 3의 2승
```

```
22      cout << "Power(3, 3) : " << Power(3, 3) << endl; // 3의 3승
23
24      return 0;
25  }
```

• **실행 결과**

```
power(3)    : 9
power(3, 3) : 27
```

4라인의 첫 번째 Power 함수는 단순히 x의 2승을 반환하고 있고 9라인의 Power 함수는 x의 y승을 계산하여 반환하고 있다.

그런데 C++에서는 특정 매개변수의 값이 전달되지 않을 경우 디폴트로 가지게 되는 값을 기술할 수 있으며, 이를 디폴트 인자(default argument)라 한다. 디폴트 인자를 지정하기 위해서는 다음과 같이 함수 선언 시 매개변수 다음에 "= 값"을 설정해 주면 된다.

```
int Power(int x, int y = 2);
```

9라인의 두 번째 power 함수만 이와 같이 변경하면 더 이상 첫 번째 power 함수는 필요 없게 된다.

디폴트 인자의 좀 더 복잡한 사용 예로는 다음과 같이 기존 함수의 호출을 통해 디폴트 값을 설정하는 방법도 있다.

```
int Power(int x, int y);
int Func(int num1, int num2 = Power(3, 4));
```

디폴트 인자를 사용할 때 주의할 점은 디폴트 인자의 값을 매개변수들의 순서상 뒤에서부터 줄 수 있다는 것이다. 역으로 얘기하자면 해당 함수 호출 시 역순의 값으로부터 생략이 가능하다는 것이다.

```
int F(int a, int b = 3, int c = 5);    F(5);            // O
int G(int a, int b = 3, int c);        G(1, , 3);       // X
```

또 한 가지 주의할 사항은 디폴트 인자의 값은 함수 프로토타입 또는 정의 둘 중 어느 한 곳에만 설정해 줄 수 있다는 것이다. 단, 해당 함수를 호출하기 전에 디폴트 인자의 값이 설정되어 있어야만 효과를 발휘할 수 있다. 따라서 결국 함수 선언 시 디폴트 인자를 설정하는 것이 일반적이다.

```
int F(int a);
F();                // 호출, X
int F(int a = 5) { return a; }
```

마지막으로 다음과 같이 함수 오버로딩과 디폴트 인자를 함께 사용할 경우 모호한 상황이 발생할 수 있다. 이 경우에도 컴파일 시 에러가 발생하게 된다.

```
int Power(int x, int y = 2);
int Power(int x);
Power(3);                        // 둘 다 호출 가능, 어떤 함수?
```

연습문제 | 2.23

2개 이상, 5개 이하의 int형 값을 매개변수로 전달받아 합을 반환하는 Sum 함수를 구현하고 테스트 해 보라. 이때 Sum 함수를 단 하나만 구현해야 한다.

디폴트 인자의 복습을 위한 간단한 문제이다.

Note

2.7 재귀호출

예제 2.22 | 두 수 사이의 값들 합산하기

두 개의 정수값을 매개변수로 전달받아 두 수 사이의 값들을 합산한 결과를 반환하는 Sum 함수를 작성해 보자. 첫 번째 매개변수의 값이 두 번째 매개변수의 값보다 작다고 가정한다. 이 프로그램을 작성하기 위해 재귀호출(recursive call)이라는 것을 사용할 것이다. 재귀호출이란 현재 실행 지점까지 실행하는 데 사용된 이전 함수들 중 하나를 또 다시 호출하는 것을 의미한다. 이와 같은 재귀호출을 포함하는 함수를 재귀 함수(recursive function)라고 한다. 가장 흔한 재귀 함수의 형태는 자기 자신을 또 다시 호출하는 것이다.

```
1   #include <iostream>
2   using namespace std;
3
4   int Sum(int num1, int num2)
5   {
6       if (num1 == num2)
7           return num2;
8       else
9           return (num1 + Sum(num1 + 1, num2));
10  }
11
12  int main()
13  {
14      cout << "Sum(1, 10)   : " << Sum(1, 10) << endl;
15      cout << "Sum(10, 100) : " << Sum(10, 100) << endl;
16
17      return 0;
18  }
```

• 실행 결과

```
Sum(1, 10)   : 55
Sum(10, 100) : 5005
```

4~10라인의 Sum 함수를 자세히 살펴보도록 하자. 사실상 for 문을 사용하여 간단하게 해결될 수 있는 문제인데 재귀호출을 사용하다 보니 해석이 매우 어려워 보인다. 6라인에서 num1과 num2가 같을 경우 num2의 값이 반환된다. 예를 들어 num1이 10, num2가 10이라면 10부터 10까지 더하라는 의미이므로 10을 반환하면 되는 것이다. 그런데 두 값이 다르다면 어떻게 해야 될까? 예를 들면 num1이 1이고 num2가 10이라면 1 + Sum(2, 10)을 수행하면 되지 않을까? 즉, 2부터 10까지 더한 값에서 1을 더해주면 되는 것이다. 이 내용을 담은 코드가 9라인이다. Sum(2, 10)이 실행되면 또 다시 2 + Sum(3, 10)이 실행되고 그 다음으로 Sum(3, 10)가 실행되면 3 + Sum(4, 10)이 실행되어 결국 1부터 10까지 더한 결과가 처음으로 호출된 Sum(1, 10)의 결과로 반환되어진다. 재귀 함수를 작성할 때는 반드시 탈출 조건을 명확히 제시함으로써 재귀호출이 무한 반복되는 상황이 발생하지 않도록 주의해야 한다. 6라인을 보면 num1이 num2와 같아질 때 재귀호출이 종료됨을 알 수 있다. 참고로 main 함수를 제외한 모든 함수에 대한 재귀호출이 가능하다.

참고

가능하면 재귀호출을 사용하지 않는 것이 좋다. 예제에서 보다시피 재귀 함수를 작성하고 해석하는 것은 일반 함수보다 훨씬 어려운 일이라 할 수 있다. 그럼에도 불구하고 재귀 함수를 작성하는 방법을 반드시 익혀두어야 한다. 경우에 따라 어떤 문제들은 재귀 구조를 사용함으로써 보다 편리하고 간결하게 프로그램을 작성할 수 있기 때문이다.

예제 2.23 | 하노이 타워

하노이 타워는 퍼즐의 일종으로서 재귀호출을 사용할 경우 매우 간결하게 프로그램을 작성할 수 있는 대표적인 예이다. 하노이 타워는 [그림 2.1]과 같이 3개의 기둥과 크기가 서로 다른 여러 개의 원판으로 구성된다. 먼저 하나의 기둥에 원판들이 쌓여 있는 상태에서 퍼즐이 시작되는데 크기가 작은 원판이 큰 원판 위에 있게 된다. 퍼즐의 목표는 3개의 기둥을 활용하여 원판들을 다른 하나의 기둥으로 모두 옮기는 것이며 이때 다음과 같은 규칙을 준수해야 하다.

1. 한 번에 하나의 원판만 이동할 수 있다.
2. 현재 쌓여 있는 원판들 중 가장 위에 있는 원판만 이동이 가능하며, 다른 기둥의 가장 위로만 이동이 가능하다.
3. 현재 이동하는 원판은 더 작은 원판 위로 이동할 수 없다.

그림 2.1 하노이 타워

이 문제해결의 핵심은 현재 문제를 더 작은 문제로 나누어 해결할 수 있음을 인지하는 것이다. 더 작은 문제가 그 이전 문제와 동일한 구조를 가지고 있다면 재귀호출을 통한 해결이 가능해진다. 이를 활용한 알고리즘은 다음과 같다.

1. 상위 (n − 1)개의 원판을 from으로부터 spare로 이동한다. 그러면 from에는 가장 큰 n 원판만 남게 된다.
2. 가장 큰 원판 n을 to로 이동한다.
3. spare에 있는 (n − 1)개의 원판들을 to로 이동한다.

원판이 1개만 남아있는 경우 이 원판을 바로 to 기둥으로 이동함으로써 탈출 조건으로 사용할 수 있다.

```
1   #include <iostream>
2   using namespace std;
3   
4   void HanoiTower(int n, char from, char spare, char to)
5   {
6       if (n == 1)
7           cout << from << " => " << to << endl;
8       else
9       {
10          HanoiTower(n - 1, from, to, spare);
11          HanoiTower(1, from, spare, to);
12          HanoiTower(n - 1, spare, from, to);
13      }
14  }
15  
16  int main()
17  {
18      HanoiTower(3, 'A', 'B', 'C');   // 3개의 원판은 A에서 C로 이동함
19  
20      return 0;
21  }
```

• **실행 결과**

```
A => C
A => B
C => B
A => C
B => A
B => C
A => C
```

18라인에서는 3개의 원판을 가진 하노이 타워를 실행하고 있으며 'A'로부터 'C'로 이동하도록 하였다. 6, 7라인에서 from에 남아있는 원판이 1개일 경우 바로 to로 이동한다. 그렇지 않을 경우 10~12라인이 실행

되는데 알고리즘에서 본 바와 같이 먼저 (n − 1)개의 원판을 spare로 이동하고 남은 하나의 원판을 to로 이동한 후 다시 (n − 1)개의 원판을 spare로부터 to로 이동하였다. 각각을 수행하기 위해 재귀호출이 사용되었다.

재귀호출을 사용함으로써 하노이 타워라는 복잡한 퍼즐을 이와 같이 매우 간결하게 표현할 수 있다. 물론 재귀호출을 사용하지 않더라도 하노이 타워에 대한 프로그램을 작성할 수는 있지만 재귀호출을 사용했을 때보다 코드 길이가 훨씬 길어지고 복잡하게 된다. 하노이 타워 외에도 이진 검색(binary search)과 같은 문제에 재귀호출을 유용하게 사용할 수 있다. 그러나 다시 한 번 얘기하건데 재귀호출을 사용하면 기본적으로 코드를 해석하기 어려워진다. 그러므로 하노이 타워와 같이 재귀호출에 적합한 구조가 아니라면 가급적 재귀호출의 사용을 자제해야 한다.

예제 2.24 | 재귀호출을 사용하여 factorial 구하기

재귀호출을 사용하여 factorial을 구하는 함수 Fact를 작성해 보자. 어떤 정수값에 대한 factorial은 그 값부터 1까지의 모든 값을 곱한 결과를 의미한다. 예를 들어 Fact(5)는 5부터 1까지의 모든 값을 곱한 결과, 즉, 120을 의미한다. Fact(5)는 수학적으로 5!와 같이 표기한다. 참고로 0!의 값은 1이다. 따라서 Fact(0)은 1을 반환해야 한다.

```
1   #include <iostream>
2   using namespace std;
3
4   int Fact(int num)
5   {
6       if (num == 0)
7           return 1;
8       else
9           return (num * Fact(num - 1));
10  }
11
12  int main()
13  {
14      cout << "3! = " << Fact(3) << endl;
15      cout << "5! = " << Fact(5) << endl;
16      cout << "0! = " << Fact(0) << endl;
17
18      return 0;
19  }
```

• **실행 결과**

```
3! = 6
5! = 120
0! = 1
```

Factorial을 구하는 방법은 [예제 2.22] 두 수 사이의 값을 합산하는 방법과 유사하다. 예를 들어 5!을 구한다면 (5 * 4!)을 반환하면 되고, 4!은 (4 * 3!)을 반환하면 된다. 이와 같은 방식으로 0!까지 내려가면 바로 1을 반환하면 되는 것이다. 즉, 6, 7라인과 같이 num의 값이 0이면 바로 1을 반환하면 되고, 0이 아니라면 9라인과 같이 재귀호출을 사용하여 (num * Fact(num − 1))을 반환하면 된다.

Factorial 또한 재귀호출을 사용하지 않고 단순히 for 문을 사용하면 쉽게 함수를 작성할 수 있다. 하지만 factorial은 재귀호출을 설명하기 위해 등장하는 대표적인 예제라 할 수 있다. 따라서 이 예제를 통해 재귀호출에 대해 다시 한 번 확인하고 넘어가기 바란다.

연습문제 | 2.24

재귀호출을 사용하여 등차수열의 n번째 값을 구하는 함수를 작성해 보라. 등차수열을 위한 첫 항의 값(a1)과 공차(d)가 주어질 때, n번째 항의 값을 구할 수 있으면 된다. 예를 들어 a1의 값이 1이고 d가 2인 등차 수열의 값들은 1, 3, 5, 7, 9, ... 가 되며, 이때 5번째 항의 값은 9가 된다. 다음 main 함수와 실행 결과를 참고하여 ArithmeticSequence 함수를 작성하도록 하라. 이 문제 역시 단순한 반복문을 통해 쉽게 해결할 수 있다. 그러나 여기서는 재귀호출의 학습을 위해 ArithmeticScquence 함수를 재귀 함수로 작성해 보도록 하라.

```
1  int main()
2  {
3      cout << "첫항 1,   등차 2,  5번째 항  = " << ArithmeticSequence(1, 2, 5)
           << endl;
4      cout << "첫항 100, 등차 -5, 10번째 항 = " << ArithmeticSequence(100, -5, 10)
           << endl;
5      cout << "첫항 -1,  등차 -2, 5번째 항  = " << ArithmeticSequence(-1, -2, 5)
           << endl;
6
7      return 0;
8  }
```

• **실행결과**

```
첫항 1,   등차 2,  5번째 항  = 9
첫항 100, 등차 -5, 10번째 항 = 55
첫항 -1,  등차 -2, 5번째 항  = -9
```

Note

연습문제 | 2.25

다음 프로그램의 실행 결과는 무엇인가?

```
1   #include <iostream>
2   using namespace std;
3
4   void Print(int num)
5   {
6       cout << num << endl;
7
8       if (num > 1)
9           Print(num - 1);
10
11      cout << num << endl;
12  }
13
14  int main()
15  {
16      Print(5);
17
18      return 0;
19  }
```

Note

연습문제 | 2.26

사용자가 1부터 100까지의 값들 중 하나를 생각하면 이 값을 컴퓨터가 맞히는 GuessNumber 함수를 만들어 보라. 컴퓨터는 값을 맞힐 때까지 값을 하나씩 제시해야 한다. 사용자는 그 값을 보고 자기가 생각한 값이 더 작은지(<), 더 큰지(>), 아니면 맞는지(O)를 입력해야 한다. 가능하면 컴퓨터가 적은 개수의 숫자를 제시하고 맞출 수 있도록 해야 한다.

알고리즘은 이진 탐색과 유사하다. 항상 현재 생각할 수 있는 범위의 값들 중 중간 값을 제시하는 것이다. 그 값보다 작다면 상한 값이 (중간 값 − 1)로 갱신되며, 크다면 하한 값이 (중간 값 + 1)로 갱신된다. 갱신된 범위를 기준으로 다시 GuessNumber 함수를 재귀호출하면 된다. 다음 실행 결과는 37이란 숫자를 생각했을 때의 실행 예이다.

```
1  int main()
2  {
3      cout << "1부터 100까지의 값 중 하나를 생각하세요." << endl;
4      GuessNumber(1, 100);
5
6      return 0;
7  }
```

• **실행 결과**

```
1부터 100까지의 값 중 하나를 생각하세요.
50가(이) 맞습니까? (<, 0, >) <
25가(이) 맞습니까? (<, 0, >) >
37가(이) 맞습니까? (<, 0, >) 0
I got it! Your number is 37
```

Note

2.8 인라인 함수

예제 2.25 | 매크로 함수와 일반 함수 복습

인라인 함수에 대해 알아보기 위해 먼저 매크로 함수와 일반 함수에 대해 복습해 보도록 하자. 변수 x와 y 중에 최소값을 반환하는 매크로 함수 MIN을 작성하고 사용해 보자. 또한 이 매크로를 함수로 구현해 보도록 하자.

```
1  #include <iostream>
2  using namespace std;
3
4  // 매크로로 구현한 경우
5  #define MIN(X, Y) ((X) < (Y) ? (X) : (Y))     // 최소값 반환
6
7  int main()
8  {
9      cout << MIN(4, 5) << endl;
10     cout << MIN((2 + 3), (1 + 2)) << endl;
11
```

```
12      return 0;
13  }
```

```
1   #include <iostream>
2   using namespace std;
3
4   // 함수로 구현한 경우
5   int MIN(int X, int Y)
6   {
7       return (X < Y ? X : Y);                    // 최소값 반환
8   }
9
10  int main()
11  {
12      cout << MIN(4, 5) << endl;
13      cout << MIN((2 + 3), (1 + 2)) << endl;
14
15      return 0;
16  }
```

• **실행 결과**

```
4
3
```

실행 결과는 매크로 함수를 사용할 때와 일반 함수를 사용할 때 모두 동일하다. 매크로와 함수의 차이는 다음과 같다. 매크로는 전처리 단계에서 해당 문장으로 대치된 후 컴파일 되며, 함수는 컴파일 시 해당 함수의 주소만 기록하고 수행 시에 그 함수의 주소로 이동한 후 함수를 수행하고 다시 돌아오게 된다. 실행 결과에는 차이가 없지만 함수를 사용하는 경우에는 함수 호출을 위한 약간의 추가 시간이 필요하다.

매크로를 사용하게 되면 대체적으로 실행 파일의 크기가 커질 수 있으므로 매크로의 내용이 많지 않은 경우에 매크로를 주로 사용하게 된다. 또한 매크로는 매개변수의 타입이나 반환값의 타입이 명시적으로 나타나 있지 않기 때문에 어떤 타입이든 적용이 가능하다는 장점이 있는 반면에 코드를 읽기 힘들게 만든다는 단점이 있다.

C++에서는 함수를 사용하면서도 매크로와 유사한 기능을 수행할 수 있는 방법이 있다. 바로 인라인 함수(inline function)이다. 어떤 함수를 인라인 함수로 만드는 방법은 함수 정의 시 단지 inline이란 키워드만 반환형 앞에 붙여주면 된다.

```
inline int MIN(int X, int Y) { return ((X) < (Y) ? (X) : (Y)); }
```

인라인 함수는 매크로처럼 함수 호출 문장을 해당 함수의 코드로 대치하도록 요구하지만 이는 컴파

일러에게 요청을 하는 것일 뿐 강제 사항은 아니다. 또한 인라인 함수의 대치는 매크로와는 달리 전처리기가 아닌 컴파일러가 담당하게 된다.

그러면 매크로 함수를 쓸 것인가, 인라인 함수를 쓸 것인가? 매크로 함수에 대한 위험성은 이미 다 알고 있을 것이다. 다음과 같이 2개의 매개변수 값을 곱하는 매크로와 인라인 함수가 있다고 하자. MULTI(1 + 2, 3 + 4);를 수행한 결과, 의도한 대로 21이 나오는 것은 인라인 함수이다. 매크로의 경우 (1 + 2 * 3 + 4)가 되어 결과는 11이 된다.

```
#define MULTI(X, Y) (X * Y)
inline int MULTI(int X, int X) { return (X * Y); }
```

이와 같은 위험성을 고려한다면 인라인 함수를 사용하는 것이 보다 안전할 것이다. 게다가 매크로와 같이 실행 효율도 높일 수 있다.

예제 2.26 | 인라인 함수 구현

Factorial을 계산하는 함수 Fact를 인라인 함수로 만들어 사용해 보자.

```
1   #include <iostream>
2   using namespace std;
3
4   inline int Fact(int num)                          // 재귀호출 함수
5   {
6       return ((num == 0) ? 1 : num * Fact(num - 1));   // 5! = 5 * 4!
7   }
8
9   int main()
10  {
11      cout << "5! = " << Fact(5) << endl;
12
13      return 0;
14  }
```

• **실행 결과**

```
5! = 120
```

인라인 함수를 만드는 것은 어렵지 않다. 4라인과 같이 inline 키워드만 추가하면 된다. 그러나 과연 Fact 함수 호출문이 실제로 어떻게 변경될지는 장담할 수 없다. 영리한 컴파일러라면 11라인의 호출문 자체를 Fact(5)의 결과인 120으로 대치할 수 있을 것이다. 그러나 덜 영리한 컴파일러라면 5 * Fact(4)로 대치할 수도 있고 어쩌면 대치를 포기하고 인라인 함수로의 처리를 거부할 수도 있다.

연습문제 | 2.27

int형 값에 대한 절대값을 반환하는 함수 Abs를 매크로와 인라인 함수로 각각 구현해 보라. 두 경우 모두 다음 코드의 반환값은 2가 되어야 한다.

```
Abs(-4 + 2);
```

매크로 작성 시에는 매개변수의 처리에 대해 주의하도록 하라.

Note

2.9 네임스페이스 : 고전 C++와 표준 C++

네임스페이스의 필요성

하나의 프로그램을 작성하다 보면 여러 개의 변수, 함수, 클래스 등을 선언하여 사용하게 되는데 원칙적으로 해당 프로그램 내에 특정 이름이 중복되어 나타나면 안 된다. 예를 들어 특정 전역 변수나 함수 이름은 프로그램 내에서 유일해야 한다. 따라서 하나의 프로그램을 만들기 위해 여러 사람이 공동 작업을 하는 경우나 다양한 라이브러리를 활용하여 작업을 하는 경우에는 보다 세심한 주의를 요하게 된다.

[그림 2.2]와 같은 경우를 생각해 보자. 나는 프로그래머A와 프로그래머B가 만든 라이브러리인

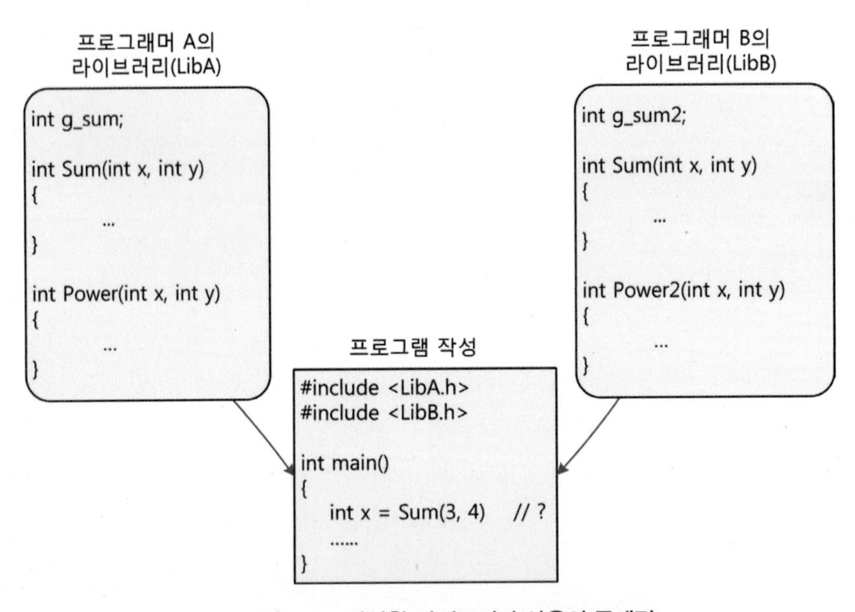

○ 그림 2.2 다양한 라이브러리 사용의 문제점

LibA와 LibB를 사용하여 프로그램을 작성하려고 한다. 그런데 Sum이란 함수는 LibA에도 있고 LibB에도 존재한다. 이와 같이 전역 변수나 함수가 겹치는 경우가 발생할 수 있다. 그렇다면 이와 같은 경우를 피하기 위해 어떻게 해야 할 것인가? 미리 프로그래머들끼리 협의를 하고 전역 변수나 함수의 이름을 정한다는 것은 어려운 일이다. 서로 다른 회사에서 라이브러리를 개발한다면 더욱더 어려울 것이다. 이를 위해 도입된 개념이 네임스페이스(namespace)이다.

네임스페이스란 특정 식별자들에 대한 그룹을 의미한다. 예를 들어 Microsoft란 회사는 라이브러리를 만드는 경우 모든 전역 변수, 함수, 구조체들을 "Microsoft"라는 네임스페이스 내에 위치시킬 수 있으며, Samsung의 경우 "Samsung"이라는 네임스페이스 내에 위치시킬 수 있다.

예제 2.27 | 네임스페이스 만들고 사용하기

Microsoft라는 네임스페이스에 전역 변수 g_var와 함수 2개(Plus, Minus)를 정의하고, Samsung이라는 네임스페이스에 Microsoft 네임스페이스와 같이 전역 변수 g_var와 함수 2개(Plus, Minus)를 정의해 보자.

```
1   #include <iostream>
2   using namespace std;
3
4   namespace Microsoft                    // Microsoft 네임스페이스 작성
5   {
6       int g_var;
7       int Plus(int x, int y)
8       {
9           return (x + y);
10      }
11      int Minus(int x, int y)
12      {
13          return (x - y);
14      }
15  }
16
17  namespace Samsung                      // Samsung 네임스페이스 작성
18  {
19      int g_var;
20      int Plus(int x, int y)
21      {
22          return (x + y);
23      }
24      int Minus(int x, int y);
25  }
26
27  int Samsung::Minus(int x, int y)   // Samsung 네임스페이스의 Minus 함수 작성
28  {
29      return (x - y);
30  }
31
```

```
32  int main()
33  {
34      Microsoft::g_var = Microsoft::Minus(5, 2);  // 네임스페이스명으로 접근
35      cout << Microsoft::g_var << endl;
36
37      return 0;
38  }
```

이 예제에서는 네임스페이스를 만드는 방법을 보여주고 있다. 4~15라인에서는 Microsoft라는 네임스페이스를 만들고 있고 17~30라인에서는 Samsung이라는 네임스페이스를 만들고 있다. 단순히 식별자들의 구현을 namespace Name { } 내에 위치시키면 되며 27~30라인에서 보듯이 함수의 경우 네임스페이스 외부 영역에 구현할 수도 있는데 이때 범위 지정 연산자(scope resolution operator)인 :: 연산자를 사용하여 Samsung::Minus와 같이 해당 함수가 속하는 네임스페이스를 밝혀 주어야 한다.

어떤 네임스페이스에 포함되는 식별자를 사용하기 위해서는 34, 35라인과 같이 해당 변수 또는 함수가 포함되어 있는 네임스페이스 이름까지도 밝혀주어야 한다.

물론 기존에 C 프로그램에서와 마찬가지로 네임스페이스를 사용하지 않고 전역 영역에 변수나 함수를 선언할 수도 있다. 이 영역을 전역 네임스페이스라 한다. 전역 네임스페이스에 있는 식별자의 경우 기존과 마찬가지로 네임스페이스 이름을 붙이지 않고 사용할 수도 있고, 단지 범위 지정 연산자(::)만 붙여서 사용할 수도 있다.

```
Sum(3, 4);      // Sum() 함수가 전역 네임스페이스에 포함되어 있는 경우
::Sum(3, 4);    // 사용 가능
```

2.4절에서 이름 은닉(name hiding)에 대한 설명 시 동일한 이름을 가진 지역 변수에 의해 전역 변수의 이름을 사용할 수 없을 때 :: 연산자를 사용하여 전역 변수에 접근할 수 있음을 설명하였다. 이것은 바로 전역 네임스페이스로의 접근을 통해 가능한 것이다.

그런데 특정 네임스페이스에 포함된 식별자의 경우 항상 네임스페이스 이름을 붙여줘야 하기 때문에 사용하거나 읽는 데 번거로운 느낌이 있다. 특정 네임스페이스 내의 식별자를 전역 네임스페이스 상의 식별자와 동일하게 취급할 수 있도록 하기 위해 using 키워드를 사용할 수 있다. using 키워드는 다른 네임스페이스에 있는 식별자를 현재 using 키워드를 사용하는 네임스페이스에서 사용할 수 있도록 선언하기 위해 사용된다. 예제의 31라인에 다음과 같은 코드를 추가할 경우 그 이후로는 단지 Minus(5, 2)라고 사용하면 된다.

```
using Microsoft::Minus;
```

그런데 다음과 같은 using 선언을 또 다시 전역 네임스페이스에 추가한다면 더 이상 Minus(5, 2)가 Microsoft::Minus를 의미하는지 Samsung::Minus를 의미하는지 알 수 없게 된다. 따라서 이 경우에는 여전히 각각의 네임스페이스 이름을 붙여줘야만 구별이 가능하다.

```
using Samsung::Minus;
```

이제 식별자가 중복되는 경우를 제외하고는 전역 네임스페이스에 있는 것과 동일하게 사용하는 방법을 알게 되었다. 그러나 특정 네임스페이스에 포함된 모든 식별자를 전역 네임스페이스에 있는 것처럼 사용하기 위해서는 using 선언문을 각각의 식별자에 대해 모두 기술해 줘야 한다. 네임스페이스에 포함되어 있는 식별자의 개수가 많을 경우 여전히 불편한 점이 있다. 이러한 경우 다음과 같이 선언하면 해당 네임스페이스에 포함되어 있는 모든 식별자들을 전역 네임스페이스에 포함되어 있는 것과 동일하게 사용할 수 있다.

```
using namespace Microsoft;
using namespace Samsung;
```

이 경우 역시 중복 선언되어 있는 식별자에 대해서는 구별을 위해 해당 네임스페이스의 이름을 붙여줘야만 한다.

예제 2.28 | using namespace std;의 정체

using namespace std;를 사용하지 않고 cout, endl을 사용해 보자.

```
1   #include <iostream>
2
3   using std::cout;
4   using std::endl;
5
6   int main()
7   {
8       cout << "표준 C++" << endl;
9       // std::cout << "표준 C++" << std::endl;      // using 선언이 없을 경우
10
11      return 0;
12  }
```

표준 C++의 모든 라이브러리는 std라는 네임스페이스 내에 포함되어 있다. 따라서 단순히 std에 포함된 cout과 endl을 사용하기 위해서라면 3~4라인과 같이 using 선언을 하면 된다. 만약 9라인과 같이 std 네임스페이스 이름을 명시적으로 붙여준다면 using 선언 자체가 필요 없게 된다. 그러나 기존의 프로그램에서 사용해 왔듯이 using namespace std;를 추가하면 보다 편리하게 표준 C++의 모든 라이브러리를 사용할 수 있게 되는 것이다.

여기서 using namespace std;와 관련하여 몇 가지 사항에 대해 추가로 살펴보도록 하자. 먼저 우리는 고전 C++와 표준 C++의 개념을 먼저 이해할 필요가 있다. C++에 네임스페이스란 개념이 도입된 것은 1998년부터이다. 그 이전과 이후를 구별하기 위해 흔히 고전 C++와 표준 C++로 부르고 있다. 고전 C++에서는 입출력 관련 객체인 cin과 cout이 <iostream.h> 헤더 파일에 선언되어 있으며 C 언어와 마찬가지로 다음과 같이 사용하면 된다.

```
1   #include <iostream.h>           // 고전 C++ 헤더 파일
2
3   int main()
4   {
5       cout << "고전 C++" << endl;
6
7       return 0;
8   }
```

그런데 표준 C++에서는 표준 C++와 관련된 모든 식별자들이 “std”라는 네임스페이스에 포함되어 있으며, cin, cout의 경우 <iostream> 헤더 파일에 선언되어 있다. 따라서 기본적으로 using namespace std;와 같은 using 선언을 사용함으로써 좀 더 편하게 표준 C++의 라이브러리를 사용할 수 있다.

기존의 C 함수를 사용할 때는 어떻게 해야 할까? Visual C++ 컴파일러의 경우 기존의 C 함수는 다음과 같이 기존의 방식대로 사용할 수도 있다. 이것은 사실상 C++ 라이브러리를 사용한다기보다는 C 라이브러리를 사용한다고 봐야 한다.

```
1   #include <stdio.h>
2   // #include <cstdio>
3   // using namespace std;
4
5   int main()
6   {
7       printf("C++ Programming");
8
9       return 0;
10  }
```

만약 표준 C++ 스타일로 사용하고 싶다면 1라인 대신 2, 3라인을 사용하면 된다. C 함수들 역시 표준 C++에 포함되어 있으므로 분명히 std라는 네임스페이스 내에 C 관련 라이브러리들이 그대로 포함되어 있다. 예를 들어 기존의 <stdio.h> 헤더 파일에 포함된 라이브러리는 <cstdio>라는 헤더 파일에 포함되어 있다. 다른 헤더 파일들 역시 .h 확장자를 제거하는 대신 c 접두사를 붙이면 된다.

<cstdio> 헤더 파일 내에 <stdio.h> 헤더 파일의 식별자를 정의하는 방법은 별도로 재구현하는 것이 아니라, 다음 코드와 같이 <stdio.h>를 그대로 이용하는 방식을 사용하고 있다.

```
1   // cstdio
2   #include <stdio.h>
3
4   namespace std
5   {
6       using ::printf;
7       using ::scanf;
```

```
8       using ::fread;
9       using ::fwrite;
10      using ::FILE:
11      ......// 생략
12  }
```

먼저 2라인과 같이 "stdio.h" 파일을 include한다. 그리고 4~12라인과 같이 "stdio.h"를 통해 정의된 모든 전역 식별자들을 using 선언을 사용하여 std 네임스페이스에 추가하는 것이다. ::printf는 전역 네임스페이스에 있는 printf를 의미한다. 이와 같이 기술하면 printf, scanf 등은 std 네임스페이스에 정의되어 있는 것과 동등한 효과를 낼 수 있다. 이 코드를 보면 프로그램 작성 시 <cstdio> 헤더 파일을 include하면 std 네임스페이스에 있는 식별자들뿐만 아니라 전역 네임스페이스에 있는 식별자도 사용할 수 있음을 알 수 있다. 따라서 using namespace std;는 생략해도 상관없다. 단, C 언어 관련 라이브러리일 경우만 해당되며 <iostream>과 같은 C++ 라이브러리를 함께 사용할 경우에는 using namespace std;를 생략할 수 없다.

지금까지 설명한 <cstdio> 헤더 파일의 구현 원리는 Visual C++ 11.0을 기반으로 한 것이다. Visual C++ 6.0의 경우 <cstdio> 헤더 파일은 <stdio.h> 파일을 단순히 include해 놓은 상태이며 std 네임스페이스로 포함시키지 않았다. 따라서 Visual C++ 6.0의 경우 <cstdio> 헤더 파일과 같은 C 언어 관련 헤더 파일만을 사용하고자 한다면 include만 하면 되고 따로 using 선언을 해서는 안 된다. 물론 std 네임스페이스에 포함된 <iostream> 등의 C++ 헤더 파일과 혼용해서 쓸 경우에는 using 선언을 포함해야만 한다. 이것은 <cstdio>를 위해서가 아니라 <iostream>을 위해서 사용하는 것이다. C++에 포함된 모든 라이브러리를 std 네임스페이스에 포함시켜야 한다는 표준 C++의 개념에는 Visual C++ 11.0이 더 잘 부합하고 있다.

참고로 네임스페이스는 다음 예제와 같이 중첩된 구조로 선언될 수도 있다. 또한 기존 네임스페이스를 포함할 수도 있는데 이 경우 중복된 식별자에 대해서는 포함되지 않게 된다.

예제 2.29 | 중첩 네임스페이스

CompanyA라는 네임스페이스에 g_var_a 변수와 Func1, Func2 함수를 작성하자. 그리고 CompanyB라는 네임스페이스 내에 g_var_b 변수와 Func1 함수를 작성하고 CompanyA의 식별자를 사용할 수 있도록 using 선언문을 사용해 보자. 마지막으로 CompanyB 네임스페이스 내에 DeptC라는 네임스페이스를 추가해 보자.

```
1   #include <iostream>
2   using namespace std;
3
4   namespace CompanyA              // 네임스페이스 CompanyA 작성
5   {
```

```
6       int g_var_a;
7       void Func1() { cout << "ComapanyA::Func1" << endl; }
8       void Func2() { cout << "ComapanyA::Func2" << endl; }
9   }
10
11  namespace CompanyB                    // 네임스페이스 CompanyB 작성
12  {
13      using namespace CompanyA;         // 네임스페이스 CompanyA를 CompanyB로 포함
14      int g_var_b;
15      void Func1() { cout << "ComapanyB::Func1" << endl; }
16
17      namespace DeptC                   // CompanyB 내에 네임스페이스 DeptC 작성
18      {
19          void Func1() { cout << "CompanyB::DeptC::Func1" << endl; }
20      }
21  }
22
23  int main()
24  {
25      CompanyB::Func1();
26      CompanyB::Func2();                // 실제로는 CompanyA의 Func2 함수 실행
27      CompanyB::DeptC::Func1();
28
29      return 0;
30  }
```

• **실행 결과**

```
ComapanyB::Func1
ComapanyA::Func2
CompanyB::DeptC::Func1
```

CompanyB에는 Func2가 정의되어 있지 않지만 13라인에서 CompanyA의 네임스페이스를 포함시키고 있다. 따라서 26라인과 같이 CompanyB 네임스페이스를 통해 Func2 함수를 사용할 수 있게 된다. 그리고 17~20라인과 같이 네임스페이스 내에 또 다른 네임스페이스가 올 수도 있다.

Visual C++ 6.0의 경우 고전 C++와 표준 C++를 모두 지원한다. 따라서 <iostream.h>를 사용할 수도 있고 <iostream>을 사용할 수도 있다. 후자의 경우 using namespace std;를 사용하는 것 외에는 <iostream.h>를 사용할 때와 다른 코드 상의 차이는 없다. 반면에 Visual C++ 11.0의 경우 더 이상 고전 C++를 지원하지 않는다. 따라서 표준 C++ 방식을 따라야만 한다. 이 책에서는 표준 C++ 방식을 따르고 있다. 여러분들은 고전 C++와 표준 C++의 차이점을 이해하고 C++를 학습하는 데 있어 네임스페이스와 관련된 부분을 제외하고는 코드상의 차이가 없다는 것을 알고 있으면 된다.

향후로는 예제 코드에서 <iostream> 헤더 파일만을 요구할 경우에는 include 문과 using 선언을 생략할 것이며, 그 외의 헤더 파일을 요구할 경우에는 포함시킬 것이다. 생략된 경우라 하더라도 컴파일 및 실

행을 위해서는 <iostream> 헤더 파일과 using 선언문이 반드시 필요함을 명심하도록 하라.

연습문제 | 2.28

MyNamespace라는 네임스페이스를 만들고 이 네임스페이스에 2개의 int 값 중 최대값을 반환하는 MyMax라는 함수와 최소값을 반환하는 MyMin이라는 함수를 추가하라. 그리고 main 함수를 통해 MyNamespace의 MyMax와 MyMin 함수를 사용해 보도록 하라.

본 연습 문제를 통해 네임스페이스를 직접 만들고 사용해 보도록 하라.

Note

연습문제 | 2.29

[연습문제 2.28]의 네임스페이스를 그대로 만들되 다음과 같이 파일을 나누어 작성해 보라. 먼저 "namespace.h" 파일을 만들어 MyNamespace라는 네임스페이스를 만들도록 하고, 여기에 2개의 int 값 중 최대값을 반환하는 MyMax라는 함수와 최소값을 반환하는 MyMin 함수를 추가하라. 단, "namespace.h" 파일의 네임스페이스 내에는 함수 프로토타입만 추가해야 한다. 그리고 "namespace.cpp" 파일에는 이 두 함수의 정의 부분을 추가하도록 하라. "main.cpp"의 main 함수에서는 MyNamespace의 MyMax와 MyMin 함수를 사용해 보도록 하라.

이 연습문제에서는 네임스페이스도 헤더 파일과 소스 파일로 나누어 구현될 수 있음을 보여주고 있다. 그런데 아직까지 우리는 다중 파일 프로그래밍에 대해 배우지 않았다. 만약 이 연습 문제가 어렵다면 5.4절의 다중 파일 프로그래밍까지 학습한 후에 다시 한 번 풀어보도록 하라.

Note

배열과 포인터 그리고 참조

프로그램이란 데이터를 조작하는 일련의 과정을 의미한다. 지금까지 데이터를 저장하기 위해 변수와 상수를 사용하였고 이 데이터들을 조작하기 위해 함수와 제어문을 사용하였다. 이제 여러분들은 간단한 프로그램을 작성하고 실행하는 데 어려움이 없도록 연습이 되어 있어야 한다. 지금부터는 조금 더 큰 프로그램을 작성하기 위한 준비를 할 것이다.

먼저 변수와 관련하여 더 많은 데이터를 다루기 위해 어떻게 할 것인가를 배우게 될 것이다. 정수값 하나를 저장하기 위해서는 int 변수 하나를 선언하면 된다. 두 개를 저장하기 위해서는 int 변수 두 개를 선언하면 된다. 그렇다면 정수값 100개를 저장하기 위해서는 혹은 1000개나 그 이상의 값들을 저장하기 위해서는 어떻게 하면 될까? 변수 하나 하나를 일일이 선언하는 것은 매우 비효율적인 일이다. 이때 사용하는 자료 구조가 바로 배열이다. 그러나 배열은 사실상 포인터라는 개념을 통해 구현되어 있다. 따라서 포인터의 개념 및 사용 방법에 대해서도 함께 설명할 것이며 나아가 포인터를 활용한 메모리 동적 할당 방법에 대해서도 알아볼 것이다. C++ 언어에서는 참조라는 개념 또한 포인터 못지않게 매우 중요한 역할을 담당하고 있다. 따라서 본 장을 통해 참조에 대해서도 설명할 것이며 함수와 관련하여 배열, 포인터, 참조의 사용 방법에 대해서도 알아볼 것이다. 마지막으로 배열 또는 포인터를 통해 표현되는 문자열의 저장 원리와 사용 방법에 대해서도 알아보도록 하자.

3.1 1차원 배열 및 다차원 배열

예제 3.1 | 1차원 배열을 이용하여 학생 100명의 점수 저장하기

학생 100명의 점수를 저장할 수 있는 변수를 만들고 각각 1부터 100까지의 값을 저장한 후 다시 그 값들을 출력해 보자.

```
1   int main()
2   {
3       int scores[100];            // 초기화하지 않을 경우 쓰레기값 저장
4
5       for (int i = 0; i < 100; i++)
6           scores[i] = i + 1;      // score[0] => 첫 번째 원소 변수
7
8       for (int i = 0; i < 100; i++)
9           cout << "scores[" << i << "] " << scores[i] << "\t";
10      cout << endl;
11
12      return 0;
13  }
```

• **실행 결과**

```
scores[0] 1     scores[1] 2     scores[2] 3     scores[3] 4     scores[4] 5
scores[5] 6     scores[6] 7     scores[7] 8     scores[8] 9     scores[9] 10
scores[10] 11   scores[11] 12   scores[12] 13   scores[13] 14   scores[14] 15
scores[15] 16   scores[16] 17   scores[17] 18   scores[18] 19   scores[19] 20
... 생략
```

학생 100명의 점수를 저장하려고 한다면 int형 변수 100개를 사용하면 될 것이다. 그러나 이렇게 많은 변수에 대해 코딩한다는 것은 큰 낭비를 초래하는 것이다. 100개가 아니고 1,000개, 10,000개라면 어떻게 할 것인가? 이와 같이 같은 타입의 변수 여러 개를 묶어 하나의 변수 이름으로 처리할 수 있도록 해 주는 것이 배열(array)이다. 즉, 배열은 동일한 타입의 변수 여러 개를 묶어서 표현할 때 사용될 수 있다.

3라인에서 원소의 개수가 100개인 scores라는 1차원 배열을 선언하였다. 선언 방법은 타입과 변수명 다음에 대괄호([])가 오고 괄호 내에 원하는 개수만큼의 변수 개수를 기술하면 된다. 3라인의 경우 총 100개의 변수가 scores라는 이름으로 생기게 되는 것이다. 배열 선언 시 [] 내에는 반드시 상수값이 와야 한다. 다음 예들 중 세 번째 예와 같이 배열 선언 시 원소의 개수로 변수가 올 수는 없다. 참고로 C++ 언어와는 달리 C 언어에서는 C99 표준부터 가변 길이 배열(variable length array)이 도입됨에 따라 세 번째 예와 같이 배열의 크기로 변수를 사용할 수 있도록 되어 있다. 아직까지 Visual C++ 컴파일러에 이에 대한 내용이 반영되지 않은 상태이지만 향후로 C 언어 프로그램 작성 시에는 가변 길이 배열의 사용이

가능해질 것으로 예상된다.

```
int ary[100];                                       // Ok!
const int num = 100;      int ary[num];       // Ok!
int num;                          int ary[num];       // No!, C 언어 Ok!
```

scores라는 배열을 선언했다고 해서 배열 내에 포함된 100개의 변수 모두를 scores라는 이름으로 사용한다면 서로 구별이 불가능할 것이다. scores는 배열의 이름이지 변수의 이름이 아니다. 각 변수의 이름은 scores[0], scores[1], scores[2], ..., scores[99]가 된다. 0, 1, 2, ... 를 각각 배열의 인덱스(index)라 하는데 인덱스가 0부터 시작하고 있음에 주의하기 바란다. 예컨대 이 예에서 scores[100]이라는 변수는 존재하지 않는다. 각 변수에 접근하기 위한 인덱스로는 상수뿐만 아니라 6라인과 같이 변수가 올 수도 있다. 바로 이 특징에 의해 배열은 흔히 for 문과 함께 많이 사용되고 있다.

3라인에서는 배열을 선언하면서 각 원소의 값에 대한 초기 값을 설정하지 않았다. 이 경우 일반 변수와 마찬가지로 지역 변수와 같은 자동 변수라면 쓰레기값으로 채워지게 되며, 전역 변수 또는 static 변수와 같은 정적 변수라면 0으로 초기화된다. 필요하다면 배열 선언 시 각 원소에 대한 초기 값을 설정할 수도 있으며 구문은 다음 예와 같다.

```
① int scores[5] = { 1, 2, 3, 4, 5 }; // 첫 번째 원소부터 1, 2, 3, 4, 5의 값을 가짐
② int scores[5] = { 1, 2 };           // scores[0] = 1, scores[1] = 2, 나머지는 0
③ int scores[5] = { 0 };              // 모든 원소의 값을 0으로 초기화
④ int scores[] = { 1, 2, 3 };         // 3개의 원소를 갖는 배열
⑤ int scores[];                       // 에러
```

②, ③과 같이 원소의 값을 일부만 초기화하면 이후의 나머지 원소의 값은 자동으로 0으로 채워지게 된다. ④와 같이 원소의 개수를 기술하지 않은 채 초기 값을 부여할 수도 있다. 이때는 초기 값의 개수에 따라 자동으로 원소의 개수가 결정된다. 그러나 ⑤와 같이 원소의 개수를 기술하지 않은 상태에서 초기 값을 부여하지 않으면 원소의 개수를 알 수 없기 때문에 이는 잘못된 문법이다.

한 가지 특이한 사실은 이 예제 6라인의 scores[i]에서 대괄호([])가 연산자라는 것인데, 이를 배열 첨자 연산자라고 한다. 덧셈 연산자(+)가 2개의 피연산자를 필요로 하듯이 배열 첨자 연산자도 2개의 피연산자를 필요로 한다. 바로 scores[i]에서 scores와 i가 피연산자들이다. 그런데 이상하게 보이겠지만 배열 첨자 연산자의 경우 교환 법칙이 성립하기 때문에 scores[i]를 i[scores]로 사용할 수도 있고 결과 또한 동일하다. 물론 실제 프로그램을 작성할 때 i[scores]와 같이 작성하면 코드를 해석하기 어려워지므로 이렇게 사용해서는 안 된다. scores[i]를 i[scores]와 같이 사용할 수 있는 이유는 배열이란 존재 자체가 프로그래밍의 편의를 위한 도구일 뿐 내부적으로는 포인터에 의해 처리되기 때문이다. 이에 대해서는 3.4절에서 자세히 살펴보도록 하자. 그렇다고 배열을 사용할 때마다 포인터와 연관 지어 생각할 필요는 없다. 단순히 배열만 사용하고자 할 경우에는 포인터에 대해 생각하지 말고 그냥 배열로써 편하게 사용하기 바란다.

예제 3.2 | 2차원 배열을 이용하여 학생 100명의 국어, 수학, 영어 점수 저장하기

학생 100명에 대한 국어, 수학, 영어 점수를 저장해 보자. 총 300개의 변수(100명 × 3과목)가 필요하다. 각각의 변수에 대해 1부터 300까지의 값을 저장한 후 다시 그 값들을 출력해 보자.

```
1   int main()
2   {
3       int scores[100][3];
4
5       for (int i = 0; i < 100; i++)
6       {
7           for (int j = 0; j < 3; j++)
8               scores[i][j] = 3 * i + (j + 1); // i, j 값이 변함에 따라 1~300의 값이 됨
9       }
10
11      for (int i = 0; i < 100; i++)
12      {
13          for (int j = 0; j < 3; j++)
14              cout << "scores[" << i << "][" << j << "] " << scores[i][j]
                     << "\t";
15          cout << endl;
16      }
17
18      return 0;
19  }
```

• **실행 결과**

```
scores[0][0] 1  scores[0][1] 2  scores[0][2] 3
scores[1][0] 4  scores[1][1] 5  scores[1][2] 6
scores[2][0] 7  scores[2][1] 8  scores[2][2] 9
scores[3][0] 10 scores[3][1] 11 scores[3][2] 12
scores[4][0] 13 scores[4][1] 14 scores[4][2] 15
... 생략
```

3라인과 같이 선언하면 총 300개(100 × 3)의 변수가 만들어지고 각각의 변수는 scores[0][0], scores[0][1], scores[0][2], scores[1][0], scores[1][1], ..., Scores[99][2]와 같이 접근할 수 있다. 개념적으로는 100행, 3열로 이루어진 행렬로 이해하면 된다. 이와 같이 행과 열로 이루어진 배열을 2차원 배열이라 한다. 물론 3차원, 4차원 등 3차원 이상의 배열도 만들어 사용할 수 있다. 2차원 이상의 배열을 총칭하여 다차원 배열이라 부른다. 예를 들면, int scores[2][3][4], int scores[2][3][4][5]는 각각 24개의 원소로 이루어진 3차원 배열과 120개의 원소로 이루어진 4차원 배열을 의미한다. 일반적으로 4차원 이상의 배열의 경우 개념적으로 이해하기 힘든 구조이기 때문에 사용 빈도가 낮은 편이다. 3차원 배열이든 4차원 배열이든 2차원 이상의 모든 배열에 대한 사용 방법은 유사하기 때문에 2차원 배열에 대한 사용 방법만 제대로 이해하면 된다.

2차원 배열의 기본적인 사용 방법은 1차원 배열과 동일하다. 8라인에서는 for 문을 사용하여 scores[0][0]부터 scores[99][2]까지의 값을 초기화하고 있는데 (3 * i + (j + 1))의 수식을 잘 살펴보면 i와 j 값에 따라 1부터 300까지의 값이 대입됨을 알 수 있을 것이다.

2차원 배열을 사용할 때도 1차원 배열과 마찬가지로 배열을 선언하면서 바로 초기 값을 설정할 수 있다. 다음은 2차원 배열에 대한 선언 및 초기 값 설정의 예이다.

```
① int scores[2][3] = { { 10, 20, 30 }, { 40, 50, 60 } };
  // scores[0][0] = 10, scores[0][1] = 20, ..., scores[1][2] = 60으로 초기화
② int scores[2][3] = { 10, 20, 30, 40, 50, 60 };  // 이전 예와 동일
③ int scores[2][3] = { { 10 }, { 40, 50 } };
  // scores[0][0] = 10, scores[1][0] = 40, scores[1][1] = 50, 나머지는 0
④ int scores[2][3] = { 10, 40, 50 };
  // scores[0][0] = 10, scores[0][1] = 40, scores[0][2] = 50, 나머지는 0
⑤ int scores[2][3] = { 0 };                      // 모든 원소의 값을 0으로 초기화
⑥ int scores[][3] = { { 1, 2, 3 }, { 4, 5, 6 } }; // 2행 3열의 2차원 배열
⑦ int scores[2][] = { { 1, 2, 3 }, { 4, 5, 6 } }; // 에러
⑧ int scores[][] = { { 1, 2, 3 }, { 4, 5, 6 } };  // 에러
```

가장 일반적인 초기화 방법은 ①과 같이 중괄호({ }) 내에 또 다시 중괄호를 사용하는 것이다. 하지만 중첩된 중괄호의 사용이 필수 사항은 아니다. ③, ④와 같이 동일한 초기 값을 나열하더라도 중첩된 중괄호의 사용 여부에 따라 결과가 달라질 수 있으므로 주의해야 한다. 물론 1차원 배열과 마찬가지로 일부 원소에 대해서만 초기 값을 설정하게 되면 나머지 원소의 값은 자동으로 0으로 초기화된다. ⑥과 같이 행의 개수를 생략하고 열의 개수만 기술한 채 초기 값을 줄 수도 있다. 이때는 초기 값의 개수에 따라 행의 개수가 자동으로 결정된다. 그러나 ⑦이나 ⑧과 같이 열의 개수를 기술하지 않거나 행과 열 모두를 기술하지 않은 채 2차원 배열을 선언할 수는 없다. 3차원 이상의 배열에서도 배열 선언 시 초기 값이 주어진다면 배열 이름과 가장 가까운 원소의 개수만 생략이 가능하며 이외의 다른 원소의 개수는 생략이 불가능하다.

8라인의 scores[i][j]는 i[scores][j]와 같이 사용할 수도 있다. 그러나 i[j][scores]와 같이 사용할 수는 없다. 이 또한 포인터와 관련된 내용으로서 3.4절에서 살펴보도록 하자. 물론 고의로 scores[i][j]를 i[scores][j]와 같이 사용하는 일은 자제하기 바란다.

연습문제 | 3.1

10개의 원소를 가지는 int형 1차원 배열을 선언하고 각각 자신의 인덱스의 제곱값으로 채워보라. 그리고 화면 출력을 통해 값이 제대로 채워졌는지 확인해 보도록 하라.

Note

연습문제 | 3.2

5개의 원소를 갖는 int 형 배열을 선언하고 동시에 임의의 값으로 초기화하라. 그리고 원소의 값들을 역순으로 재정렬하라. 재정렬 전과 후의 결과를 출력하여 제대로 수행되었는지 확인해 보라. 그리고 10개의 원소를 갖는 int 형 배열에 대해서도 약간의 수정만으로 쉽게 적용이 가능한지 확인해 보라.

- **실행 결과**

```
정렬 전 : 5 9 2 0 3
정렬 후 : 3 0 2 9 5
```

Note

연습문제 | 3.3

5개의 원소를 갖는 int 형 1차원 배열을 선언하고 동시에 임의의 값으로 초기화하라. 그리고 원소의 값들을 증가하는 순으로 재정렬해 보라. [연습 문제 3.2]와 마찬가지로 출력을 통해 제대로 수행되었는지 확인하고 10개의 원소를 갖는 배열에 대해서도 쉽게 적용이 가능한지 확인해 보라.

- **실행 결과**

```
정렬 전 : 5 9 2 0 3
정렬 후 : 0 2 3 5 9
```

Note

연습문제 | 3.4

5행 5열의 int형 2차원 배열을 선언하고 실행 결과와 같이 각 원소의 값을 채운 후 화면에 출력해 보라. 이때 원소의 값 하나 하나를 각각 설정하면 더 큰 크기의 배열에 대해 적용이 어려워진다. 따라서 for 문과 if 문을 적절하게 사용하여 5행 5열 뿐만 아니라 더 큰 배열에 대해서도 쉽게 적용이 가능하도록 하라.

• 실행 결과

```
1 0 0 0 0
2 2 0 0 0
3 3 3 0 0
4 4 4 4 0
5 5 5 5 5
```

Note

연습문제 | 3.5

5행 5열의 원소를 가지는 char형 배열을 선언하고 실행 결과와 같이 마름모 모양으로 '*' 문자를 채워 보도록 하라. 마름모 이외의 영역은 공백 문자로 채우면 된다. 이 문제 또한 더 큰 배열로 쉽게 확장이 가능하도록 만들어 보라. 배열의 행과 열의 원소 개수는 동일하고 홀수인 것으로 가정한다.

• 실행 결과

```
  *
 ***
*****
 ***
  *
```

Note

3.2 포인터

예제 3.3 | C++ 프로그램의 메모리 구조

포인터에 대한 애기를 하기 전에 주소의 개념을 이해할 수 있도록 C++ 프로그램의 메모리 구조에 대해 먼저 알아보도록 하자.

다음 프로그램을 통해 프로그램 자체와 각 변수가 저장되는 메모리 구조를 살펴보도록 하자. 참고로 이 예제에는 출력문이 존재하지 않으며 이에 따라 실행 결과 또한 생략하였다.

```
1   char name[] = "test";            // 전역 변수 name : 문자열 (배열)
2
3   int Sum(int x, int y)            // 지역 변수 x, y
4   {
5       static int result;           // 정적 변수 result
6       result = x + y;
7       return result;
8   }
9
10  int main()
11  {
12      int num;                     // 지역 변수 num
13      int *ptr = new int;          // 지역 변수 (포인터) ptr
14      int &ref = num;              // 참조 변수 ref
15
16      num = Sum(3, 4);
17      *ptr = ref;
18
19      delete ptr;
20
21      return 0;
22  }
```

1라인에는 문자열을 저장하기 위해 1차원 배열을 전역 변수로 선언하였다. 나머지 변수들은 모두 지역 변수이다. 3라인에는 Sum 함수의 매개변수로 x, y 변수가 선언되어 있으며 5라인에는 정적 변수인 result가 선언되어 있다. 12라인에는 지역 변수 num이, 13라인에는 지역 변수인 포인터 변수 ptr이 선언되어 있으며 new라는 연산자를 통해 메모리를 동적으로 할당받고 있다. 14라인에서는 참조 변수 ref를 선언하여 num 변수에 대한 참조 변수로 사용하고 있다.

설명을 읽어보아도 현 단계에서는 무슨 말인지 이해하기 어려울 것이다. 이번 장을 통해 하나씩 배우게 될 것이므로 걱정할 필요가 없다. 여기서는 이미 배웠던 전역 변수, 지역 변수, static 변수의 개념을 다시 한 번 이해하고 그 외에 배열, 포인터, 참조, new 연산자를 통한 메모리 동적 할당이라는 개념이 있다는 것만 알고 넘어가면 된다. 단지 이 예제를 통해 C++ 프로그램의 메모리 구조에 대해 이해하기 바란다.

하나의 프로그램을 수행하면(수행중인 프로그램을 프로세스라 한다) 그 프로그램에는 논리적으로 [그림 3.1]과 같이 데이터와 프로그램을 저장할 수 있는 전용 메모리가 할당된다. 데이터들 중 전역 변수와 정적 변수는 데이터 영역에 저장되고 지역 변수는 스택 영역에 저장되며 동적으로 생성된 변수는 힙 영역에 저장된다. 그리고 수행해야 할 프로그램 코드 자체는 코드 영역에 저장된다.

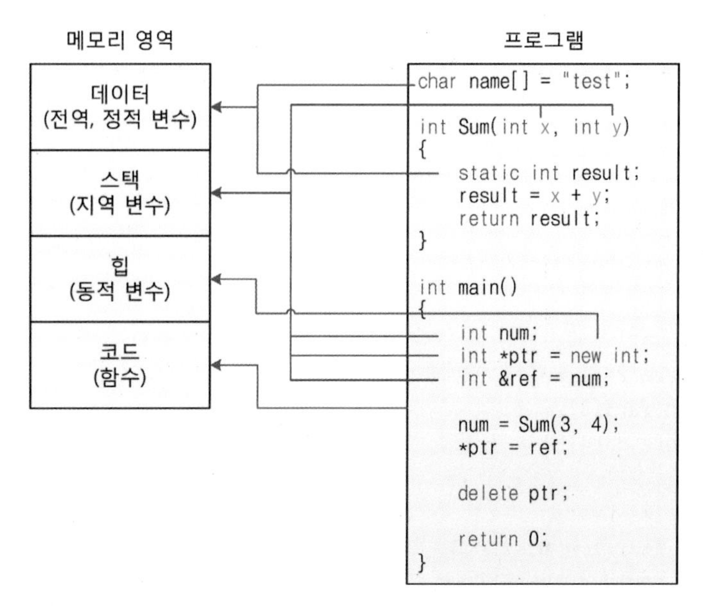

○ 그림 3.1 **프로그램 수행 시 메모리 구조**

데이터와 코드가 저장되어 있는 메모리에는 메모리 주소(address)라는 것이 붙게 되는데, 메모리 주소는 1바이트 단위로 0부터 1씩 증가하면서 붙게 되며 각각을 번지라고 부른다.

그러면 메모리 주소는 0번지부터 몇 번지까지 있을까? 이는 메모리 주소라는 일종의 값이 몇 바이트로 표현되는지를 알면 쉽게 알 수 있다. 우리는 이미 char 값이 1바이트로 표현되고 int 값이 4바이트로 표현됨을 알고 있으며, 이에 따라 해당 값의 표현 범위가 정해짐을 알고 있다. 만약 메모리 주소가 1바이트, 즉, 8비트로 구성된다면 총 2^8개(256개)의 서로 구별되는 값을 가질 수 있기 때문에 0번지부터 255번지까지 표현할 수 있게 된다.

그렇다면 메모리 주소는 실제로 몇 바이트로 표현될까? 32비트 Windows 환경에서 메모리 주소는 4바이트(32비트)로 표현된다. 이에 따라 총 2^{32}개의 번지를 구별할 수 있으므로 0번지부터 $(2^{32}-1)$번지까지의 주소값을 가지게 된다. 메모리 주소가 1바이트 단위로 붙게 된다고 했으므로 하나의 프로그램은 총 4기가바이트(2^{32}바이트)의 메모리를 사용할 수 있는 것이다. 실제 물리적인 메모리인 램(RAM)의 크기가 4기가바이트보다 작다 하더라도 가상적으로 하나의 프로그램 당 4기가바이트만큼의 메모리가 할당되며, 메모리의 특정 영역에는 함수들로 구성된 프로그램 코드가 저장되고 또 다른 영역에는 변수가 저장된다. 여러 개의 프로그램이 수행 중이라 하더라도 개별 프로그램의 메모리와 물리적인 메모리 사이의 매핑은 운영체제가 알아서 해 주므로 걱정할 필요가 없다.

12라인의 int 변수 num은 메모리의 몇 번지부터 몇 번지까지 차지하게 될까? 변수 num이 몇 번지에 위치할지는 알 수가 없다. 이는 프로그래머가 정하는 것이 아니라 운영체제가 알아서 적절한 위치를 할당해 주기 때문이다. 그런데 int 변수의 크기가 4바이트임을 알고 있기 때문에 num이 차지하는 메모리의 시작 위치를 알 수 있다면 마지막 위치는 쉽게 알 수 있다. 예를 들어 num의 메모리 시작 번지가 1000번지라면, num이 차지하는 메모리 위치는 1000번지부터 1003번지까지가 된다.

예제 3.4 | 주소 연산자(&)를 사용하여 특정 변수가 저장된 메모리 주소 알아내기

주소 연산자를 사용하면 특정 변수가 저장되어 있는 메모리의 시작 주소를 알아 낼 수 있다. 그러면 주소 연산자를 사용하여 몇 가지 변수들의 시작 주소를 출력해 보자.

```
1   int main()
2   {
3       int var1 = 1;
4       int var2[3] = { 1, 2, 3 };
5       char var3[3] = { 'A', 'B', 'C' };
6       double var4[3] = { 1.1, 2.2, 3.3 };
7
8       cout << "var1    : " << &var1 << ", " << (int) &var1 << endl;
9       for (int i = 0; i < 3; i++)      // var2
10          cout << "var2[" << i << "] : " << (int) &var2[i] << "\t";
11      cout << endl;
12      for (int i = 0; i < 3; i++)      // var3
13          cout << "var3[" << i << "] : " << (int) &var3[i] << "\t";
14      cout << endl;
15      for (int i = 0; i < 3; i++)      // var4
16          cout << "var4[" << i << "] : " << (int) &var4[i] << "\t";
17      cout << endl;
18
19      return 0;
20  }
```

• **실행 결과**

```
var1    : 0021F788, 2226056
var2[0] : 2226036       var2[1] : 2226040       var2[2] : 2226044
var3[0] : 2226024       var3[1] : 2226025       var3[2] : 2226026
var4[0] : 2225992       var4[1] : 2226000       var4[2] : 2226008
```

3라인에는 int 변수 var1이 선언되어 있는데 8라인과 같이 var1 변수 앞에 주소 연산자(&)를 붙임으로써 var1이 저장되어 있는 메모리 주소를 알 수 있다. 단, 메모리 주소는 기본적으로 16진수로 표현되므로 주소를 10진수로 출력하고자 한다면 8라인과 같이 int 타입으로의 명시적 형변환을 사용하면 된다. 4바이트(32비트)로 표현되는 2진수의 주소를 네 자리 단위로 끊어서 변환하면 자연스럽게 대응되는 16진수 주소가 나오기 때문에 주소를 16진수로 많이 표현하고 있다. 예를 들어 다음 32비트 2진수 주소를 네 자리 단위로 변환하면 16진수 주소를 얻을 수 있다.

```
0000 0000 0010 0001 1111 0111 1000 1000
0    0    2    1    F    7    8    8
```

4~6라인에서는 각각 int, char, double 배열을 선언하고 있으며 9~17라인에서 각 배열의 각 원소들에

대한 메모리 주소를 10진수로 출력하고 있다. 배열의 원소들은 첫 번째 원소부터 마지막 원소까지 순서대로 연속적인 메모리 주소에 할당된다. int 배열 var2의 경우 각 원소가 4바이트를 차지하므로 첫 번째 원소는 2226036번지, 두 번째 원소는 2226040번지, 세 번째 원소는 2226044번지부터 시작함을 알 수 있다. char 배열 var3의 경우 각 원소가 1바이트이므로 첫 번째 원소를 시작으로 각각 2226024, 2226025, 2226026번지를 차지하고 있다. double 배열 var4의 경우 각 원소가 8바이트이므로 각 원소의 시작 주소가 8씩 증가함을 알 수 있다. var2, var3, var4의 변수들에 대한 메모리를 간략히 표현하면 [그림 3.2]와 같다. 각 변수에 대해 시작 주소가 표시되어 있으며 변수 내부에는 해당 변수의 값이 표시되어 있다.

int var2[3]

var2[0] : 2226036	1
var2[1] : 2226040	2
var2[2] : 2226044	3

char var3[3]

var3[0] : 2226024	'A'
var3[1] : 2226025	'B'
var3[2] : 2226026	'C'

double var4[3]

var4[0] : 2225992	1.1
var4[1] : 2226000	2.2
var4[2] : 2226008	3.3

○ 그림 3.2 변수들에 대한 메모리의 간략한 표현

예제 3.5 | 메모리 주소를 저장하는 포인터 변수 선언

포인터(pointer)란 다른 변수(또는 함수)의 메모리 주소를 의미하며, 포인터를 저장하기 위한 변수를 포인터 변수라 한다. int 변수와 double 변수의 메모리 주소를 저장할 수 있는 포인터 변수를 각각 선언해 보도록 하자.

```
1   int main()
2   {
3       int i_num = 3;
4       int *i_ptr;
5       double d_num = 1.1;
6       double *d_ptr;
7
8       i_ptr = &i_num;         // i_ptr 포인터 변수에 i_num의 주소 대입
9       d_ptr = &d_num;         // d_ptr 포인터 변수에 d_num의 주소 대입
10
11      cout << "i_num의 주소 : " << (int) &i_num << endl;
12      cout << "i_ptr의 값   : " << (int) i_ptr << endl;
13      cout << "d_num의 주소 : " << (int) &d_num << endl;
14      cout << "d_ptr의 값   : " << (int) d_ptr << endl;
15
16      return 0;
17  }
```

• **실행 결과**

```
i_num의 주소 : 1637044
i_ptr의 값   : 1637044
```

```
d_num의 주소 : 1637016
d_ptr의 값   : 1637016
```

먼저 메모리 주소, 즉, 포인터에도 여러 가지 타입이 있다는 사실에 주목해야 한다. int 변수가 저장된 메모리 주소는 int 포인터로 해석되고 double 변수가 저장된 메모리 주소는 double 포인터로 해석된다. 따라서 포인터 변수에도 어떤 타입의 메모리 주소를 저장하느냐에 따라 여러 가지 타입의 포인터 변수가 존재한다. 만약 int 변수의 메모리 주소를 저장하기 위해서는 4라인과 같이 'int *' 타입의 포인터 변수를 선언해야 하고 double 변수의 메모리 주소를 저장하기 위해서는 6라인과 같이 'double *' 타입의 포인터 변수를 선언해야 한다.

8라인에서는 int 변수인 i_num 변수의 메모리 주소를 int 포인터 변수인 i_ptr 변수에 대입하고 있으며, 9라인에서는 double 변수인 d_num 변수의 메모리 주소를 double 포인터 변수인 d_ptr 변수에 대입하고 있다. 11~14라인의 출력을 통해 i_ptr의 값이 i_num의 메모리 주소와 동일하며, d_ptr의 값이 d_num의 메모리 주소와 동일함을 확인할 수 있다.

포인터란 다른 변수(또는 함수)의 메모리 주소라고 했다. 그런데 다음과 같이 임의의 정수값을 명시적 형변환을 통해 int 포인터 변수 또는 double 포인터 변수에 대입할 수도 있다. int 형 값은 명시적 형변환을 통해 어떤 타입의 포인터로도 형변환이 이루어질 수 있기 때문에 문법적으로 문제가 없다.

```
int *i_ptr = (int *) 100;
double *d_ptr = (double *) 200;
```

그러나 이와 같이 포인터 변수에 임의의 주소값을 대입해서는 절대로 안 된다. 포인터 변수를 왜 사용하는지 생각해 보자. 포인터 변수를 통해 해당 주소에 저장되어 있는 변수의 값을 간접적으로 처리하려고 하는 것이다. 따라서 포인터 변수는 혼자서는 의미가 없으며, 자신이 가지고 있는 주소를 들여다봤을 때 그 곳에 유의미한 존재가 있어야만 한다. 그런데 100번지에는 무엇이 있는가? 200번지에는 무엇이 있는가? 그 곳에 무엇이 있는지는 프로그래머가 알 수가 없다. 프로그래머는 100번지나 200번지에 대해 어떠한 작업도 해 주지 않았기 때문이다. 어쩌면 운영체제가 자신의 필요에 의해 100번지나 200번지를 사용하고 있을지도 모른다. 그렇다면 i_ptr이나 d_ptr을 사용하여 100번지 또는 200번지에 대해 어떤 행동을 취하게 될 경우 매우 심각한 문제가 발생할 수도 있다.

결론적으로 다시 한 번 얘기하면 포인터란 기존의 어떤 변수(또는 함수)가 저장되어 있는 메모리 주소를 의미하며, 포인터 변수는 포인터, 즉, 다른 변수(또는 함수)가 저장되어 있는 메모리 주소를 저장하는 데 사용되는 변수이다. 이제부터 포인터 변수를 어떻게 활용하는지 하나씩 살펴볼 것이다.

예제 3.6 | 포인터 변수의 활용

int 형 변수 num의 주소를 포인터 변수 ptr에 저장하고 ptr을 통해 num의 값을 변경하고 읽어보도록 하자.

```
1  int main()
2  {
```

```
3        int num = 3;
4        int *ptr = &num;
5
6        cout << "num의 주소          : " << &num << endl;
7        cout << "num의 값            : " << num << endl;
8        cout << "ptr의 주소          : " << &ptr << endl;
9        cout << "ptr의 값            : " << ptr << endl;
10       cout << "ptr이 가리키는 변수 : " << *ptr << endl << endl;
11
12       *ptr = 5;                       // num의 값을 5로 변경
13
14       cout << "num의 값            : " << num << endl;
15       cout << "ptr이 가리키는 변수 : " << *ptr << endl;
16
17       return 0;
18   }
```

• **실행 결과**

```
num의 주소            : 0039FD48
num의 값              : 3
ptr의 주소            : 0039FD3C
ptr의 값              : 0039FD48
ptr이 가리키는 변수   : 3

num의 값              : 5
ptr이 가리키는 변수   : 5
```

간단한 예이지만 포인터를 이해하기 위한 출발점으로서 포인터와 관련된 이후의 내용들이 모두 이 내용을 기반으로 설명될 것이다. 따라서 확실하게 이해하고 넘어가기 바란다.

이 예제의 핵심 부분은 3, 4, 12라인이다. 3, 4라인에서는 int 변수 num을 만들고 포인터 변수 ptr에 num의 주소를 저장하고 있다. 포인터 변수 ptr과 int 변수 num의 관계를 그림으로 표현하면 [그림 3.3]과 같다. 편의상 ptr의 메모리 주소는 1000번지, num의 메모리 주소는 2000번지로 가정하였다.

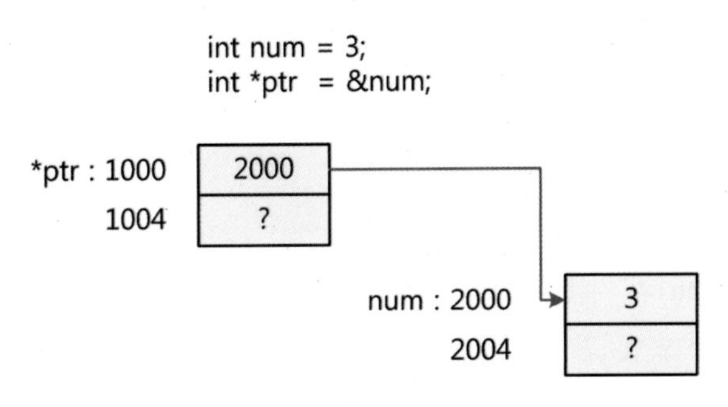

○ 그림 3.3 포인터 변수 ptr과 int 변수 num의 관계

실제로는 포인터 변수 ptr에 num의 주소만 저장된 상태이며 별도의 화살표가 존재하는 것은 아니다. 그러나 ptr에 저장된 주소를 통해 변수 num에 접근할 수 있기 때문에 화살표를 통해 표현한 것이며 바로 이 개념이 포인터의 이름 자체를 의미하는 것이다. 포인터란 말이 다른 무엇인가를 가리킨다는 의미이기 때문이다.

포인터 변수도 int 변수와 같이 하나의 변수라는 점에 주목하기 바란다. int 변수가 메모리를 차지하듯 포인터 변수 또한 메모리를 차지하게 된다. 앞서 메모리 주소 자체가 4바이트로 표현된다고 했기 때문에 포인터 변수 또한 어떤 타입의 포인터이냐에 관계없이 항상 4바이트로 표현된다. 6~10라인에서는 변수 num과 ptr로 알아낼 수 있는 모든 값들을 확인해 보고 있는데 10라인과 같이 포인터 변수에 역참조 연산자(*)를 사용하면 현재 포인터 변수가 가리키는 변수를 가져올 수 있다. 즉, 현재 (*ptr)는 num과 동일한 개념인 것이다. 실행 결과를 보면 num의 주소와 ptr의 값이 동일함을 알 수 있고, num의 값과 (*ptr)의 값이 동일함을 알 수 있다. 12라인에서는 ptr을 통해 num의 값을 5로 변경하고 있으며, 이후의 출력문을 통해 num의 값이 5로 변경되었음을 확인할 수 있다.

여기서 왜 포인터 타입은 단 하나만 존재하지 않고 int 포인터, char 포인터, double 포인터와 같이 기존의 타입에 대해 각각의 포인터 타입이 존재하는 것인지 다시 한 번 생각해 보도록 하자. 예를 들어 pointer라는 타입을 만들고 pointer ptr와 같은 문법으로 포인터 변수를 만들 수도 있지 않을까? 하지만 포인터 변수의 주목적은 포인터 변수를 통해 포인터 변수값인 해당 주소에 저장되어 있는 변수를 간접적으로 조작하고자 하는 것이라고 했다. 이렇게 하기 위해서는 포인터 변수만을 보고 포인터 변수가 가리키고 있는 주소에 어떤 종류의 변수값이 저장되어 있는지를 알아야만 한다. 12라인에서 *ptr이라고 했을 때 ptr의 값, 즉 num의 주소에 있는 4바이트의 int 변수를 참조할 수 있는 이유도 ptr 변수 자체가 int 포인터이기 때문이다.

4라인을 다음과 같이 변경한 후 실행해 보라.

```
double *p = (double *) &num;
```

num의 타입이 int 형이기 때문에 num의 주소는 int 포인터이다. 그렇다. 메모리 주소에도 타입이 있음에 다시 한 번 주의하도록 하라. 그런데 int 포인터를 double 포인터와 같은 다른 타입의 포인터에 저장하는 것 자체가 문법적으로 잘못된 것은 아니다. 물론 int 포인터에서 double 포인터로의 묵시적 형변환이 일어나지 않기 때문에 명시적 형변환을 해 주어야만 한다. 이때 *ptr이라고 하면 더 이상 그 주소의 4바이트 int를 의미하지 않고 8바이트 double을 의미하게 된다. 따라서 논리적으로 이상이 생길 가능성이 높아지게 되는 것이다. 예제를 수정한 후 실행해 보면 이상이 있음을 확인할 수 있을 것이다. 결론은 int 변수는 int 포인터 변수로 가리키고 double 변수는 double 포인터 변수로 가리키라는 것이다. 이렇게 적합한 포인터를 사용해야만 해당 포인터를 제대로 활용할 수 있다.

예제 3.7 | 널(null) 포인터와 void 포인터

전역 int 포인터 변수 ptr1과 지역 int 포인터 변수 ptr2, ptr3을 선언하고 ptr2만 널 포인터로 초기화한 후 각 변수의 값을 비교해 보자. 그리고 void 포인터 변수 ptr4를 선언하고 ptr2의 값을 여기에 대입해 보자.

```
1   int *ptr1;                     // 전역 int 포인터 변수
2
3   int main()
4   {
5       int *ptr2 = NULL;          // 널 포인터 상수 NULL 대입
6       int *ptr3;
7       void *ptr4 = (void *) ptr2; // 묵시적 형변환 가능 => 명시적 형변환 생략 가능
8
9       cout << "ptr1 : " << ptr1 << endl;
10      cout << "ptr2 : " << ptr2 << endl;
11      cout << "ptr4 : " << ptr4 << endl;  // ptr4의 값을 먼저 출력
12      cout << "ptr3 : " << ptr3 << endl;
13
14      return 0;
15  }
```

• **실행 결과**

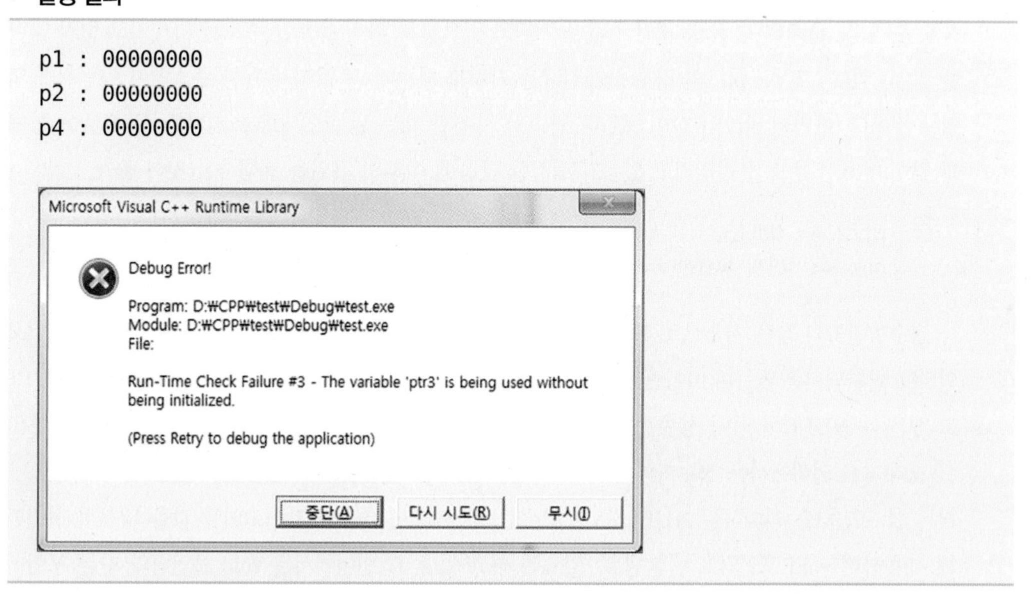

1, 5, 6라인에 int 포인터 변수들을 선언했으며 7라인에는 void 포인터 변수를 선언하고 ptr2의 값을 대입하였다. void 포인터 변수 또한 주소를 저장하는 데 사용되는 변수이긴 하지만 (*ptr4)와 같이 void 포인터 변수에 역참조 연산자를 사용하지는 않는다. 이 경우 어떤 타입의 변수를 가리키는지 알 수 없어서 몇 바이트를 어떻게 해석해야 되는지 알 수 없기 때문이다. 그러나 void 포인터는 다른 포인터들 사이에 매개 역할을 수행하는 경우가 종종 있으므로 void 포인터의 존재는 반드시 알고 있어야만 한다. C 언어의 경우 void 포인터와 다른 포인터 사이의 묵시적 형변환이 가능하다. 반면에 C++ 언어에서는 void 포인터 이외의 포인터로부터 void 포인터로의 묵시적 형변환만 가능하며, 역으로 void 포인터로부터 다른 포인터로의 묵시적 형변환은 불가능하다. 따라서 7라인의 경우 묵시적 형변환이 가능하므로 명시적 형변환은 생략할 수 있다.

9~12라인에서는 각 포인터 변수가 가지고 있는 주소값을 출력하였는데 편의상 ptr3의 값을 가장 나중에 출력하였다. 출력 결과를 보면 ptr1, ptr2, ptr4는 모두 0의 값을 갖고 있음을 알 수 있는데 그 다음으로 ptr3의 값이 출력되지 않고 에러가 발생하였다. 포인터 변수 ptr3의 값이 초기화되지 않고 사용되었다는 에러 메시지가 보인다. 포인터 변수 또한 일반 변수와 마찬가지로 전역 변수일 경우에 초기 값을 설정하지 않으면 자동으로 0으로 초기화되며 지역 변수는 쓰레기값을 가지게 된다. 따라서 ptr1은 0의 값을 가지며 ptr3은 쓰레기값을 가진다. ptr3의 값을 출력하려고 할 때 에러가 발생한 이유는 ptr3의 값이 초기화되지 않은 상태에서 ptr3을 사용하려고 했기 때문이다.

ptr2는 초기 값으로 NULL이라는 문자 상수를 대입하고 있는데 NULL 문자 상수가 바로 널 포인터를 의미한다. 널 포인터는 0의 값을 가진 특수한 포인터 상수를 의미하는데 다음과 같이 #define 문을 통해 정의되어 있다.

```
#define NULL    0
```

결국 ptr2는 0번지를 가리키게 되는데 ptr2를 통해 0번지의 변수를 사용하라는 의미가 아니다. 널 포인터의 주된 용도는 에러 처리를 하는 데 있다. 즉, 어떤 포인터 변수의 값이 유효한지를 점검하는 데 사용될 수 있다. ptr2의 경우 널 포인터 값을 가지고 있으므로 아직 유효한 주소를 가리키고 있지 않다는 것을 알 수 있다. 그러나 ptr3의 경우 쓰레기값을 가지게 되는데 그 값이 유효한 주소인지 아닌지를 알 수가 없는 것이다. 따라서 ptr2와 같이 포인터 변수를 사용할 때는 널 포인터로 초기화한 후 if 문을 통해 다음과 같이 유효한 주소를 가리키고 있는지 점검한 다음에 이후의 작업을 진행하는 것이 좋다.

```
if (ptr2 == NULL)
   cout << "아직 유효한 주소를 가리키고 있지 않습니다." << endl;
```

정수형인 0의 값은 자동으로 NULL 포인터로 변환되지만 정수형 외의 0의 값은 자동으로 NULL 포인터로 변환되지는 않는다. 0이란 값 자체는 int 형이지 포인터 타입이 아니다. 그런데 ptr2 = NULL;이라고 했을 때 NULL의 값이 정수값 0이기 때문에 바로 int 포인터로 변환되어 대입될 수 있었던 것이다.

그러나 C 언어에서는 정수형의 값 0이 자동으로 포인터 타입으로 변환되지 않는다. 따라서 C 언어에서는 널 포인터를 의미하는 NULL 문자 상수를 정의할 때 다음과 같이 0이란 값을 명시적 형변환과 함께 사용하여 void 포인터로 변환될 수 있도록 하고 있다. C 언어에서는 void 포인터와 다른 포인터 사이에 묵시적 형변환이 가능하기 때문에 결국 int *p2 = NULL;과 같은 문장이 유효하게 된다.

```
#define NULL    ((void *)0)
```

C++ 라이브러리의 함수들 중에는 처리 결과에 따라 널 포인터를 반환하는 경우도 있다. 이를 통해 함수의 처리 결과에 문제가 발생했음을 감지할 수 있다. 추후 파일 처리 등 몇 가지 주제를 통해 널 포인터를 만날 수 있을 것이다. 여기서는 포인터 변수의 초기 값으로 널 포인터를 대입함으로써 추후 유효한 주소를 가리키고 있는지 확인하기 위해 사용할 수 있음을 알아 놓기 바란다.

연습문제 | 3.6

다음 프로그램의 실행 결과는 무엇인가?

```
1   int main()
2   {
3       int *ptr1 = NULL;
4       int *ptr2 = NULL;
5       static int *ptr3;
6
7       cout << "ptr1   : " << ptr1 << endl;
8       cout << "ptr2   : " << ptr2 << endl;
9       cout << "ptr3   : " << ptr3 << endl;
10
11      int num = 100;
12
13      ptr1 = &num;
14      ptr3 = ptr2 = ptr1;
15
16      *ptr3 = 200;
17
18      cout << "&num : " << &num << ", num : " << num << endl;
19      cout << "ptr1   : " << ptr1 << ", *ptr1 : " << *ptr1 << endl;
20      cout << "ptr2   : " << ptr2 << ", *ptr2 : " << *ptr2 << endl;
21      cout << "ptr3   : " << ptr3 << ", *ptr3 : " << *ptr3 << endl;
22
23      return 0;
24  }
```

Note

연습문제 | 3.7

2개의 int형 변수를 선언하고 각각 1, 2로 초기화하라. 그리고 하나의 int형 포인터 변수를 선언하고 해당 포인터 변수만을 사용하여 앞서 선언한 2개의 변수를 번갈아 가리키면서 각 변수의 값을 100과 200으로 변경해 보라. 그리고 마찬가지로 포인터 변수만을 사용하여 각 변수의 값을 출력해 보도록 하라.

포인터 변수도 변수이기 때문에 당연히 값의 변경이 가능하다. 이 말은 포인터 변수가 하나의 변수를 가리키고 있다가 또 다른 변수를 가리킬 수 있음을 의미한다.

3.3 포인터 연산

예제 3.8 | 포인터 변수에 대한 덧셈과 뺄셈

int 포인터 변수와 double 포인터 변수를 선언하고 각각 널 포인터로 초기화한 후 각 변수들에 대해 다양한 덧셈 및 뺄셈 연산을 적용해 봄으로써 각 변수의 값이 어떻게 변하는지 확인해 보자.

```
1   int main()
2   {
3       int *iptr = NULL;
4       double *dptr = NULL;
5
6       cout << "초기 값      : iptr = " << iptr << ", dptr = " << dptr << endl;
7
8       iptr++, dptr++;           // 1 더하기 : iptr = iptr + 1, dptr = dptr + 1;
9       cout << "1 더하기   : iptr = " << iptr << ", dptr = " << dptr << endl;
10
11      iptr--, dptr--;           // 1 빼기 : iptr = iptr - 1, dptr = dptr - 1;
12      cout << "1 빼기     : iptr = " << iptr << ", dptr = " << dptr << endl;
13
14      iptr = iptr + 2, dptr = dptr + 2;       // 2 더하기
15      cout << "2 더하기   : iptr = " << iptr << ", dptr = " << dptr << endl;
16
17      iptr -= 2, dptr -= 2;                   // 2 빼기
18      cout << "2 빼기     : iptr = " << iptr << ", dptr = " << dptr << endl;
19
20      iptr = 100 + iptr, dptr = 100 + dptr;   // 100 더하기
21      cout << "100 더하기 : iptr = " << iptr << ", dptr = " << dptr << endl;
22
23      return 0;
24  }
```

- **실행 결과**

```
초기 값    : iptr = 00000000, dptr = 00000000
1 더하기   : iptr = 00000004, dptr = 00000008
1 빼기     : iptr = 00000000, dptr = 00000000
2 더하기   : iptr = 00000008, dptr = 00000010
2 빼기     : iptr = 00000000, dptr = 00000000
100 더하기 : iptr = 00000190, dptr = 00000320
```

주소값의 출력 결과는 16진수임에 주의해야 한다. 10진수로 출력하고자 한다면 출력 시 int 형으로 명시적 형변환을 적용하면 된다.

3, 4라인에서 int 포인터 변수 iptr과 double 포인터 변수 dptr을 선언하고 각각 NULL로 초기화하였다. 8라인에서 각 변수에 1을 더하였다. 그런데 산술 연산의 덧셈과 같다면 iptr과 dptr은 모두 1이 되어야 한다. 그러나 출력 결과를 보면 각각 4와 8로 변한 것을 알 수 있다.

포인터 연산은 다른 산술 연산과는 달리 덧셈과 뺄셈만 가능하다. 물론 덧셈과 뺄셈에 포함되는 증가, 감소 연산자와 += 연산자와 같은 연산의 적용 또한 가능하다. 중요한 것은 1을 더한다는 의미가 단순히 1이 증가되는 것이 아니라, 해당 포인터의 타입에 따라 그 결과가 다르다는 것이다. 기본 원리는 포인터 변수가 가리키는 변수가 저장되어 있는 곳을 벗어난 바로 다음 번지를 가리킨다는 것이다. 예를 들어 char 포인터 변수가 1000번지에 저장된 char 변수를 가리키고 있다고 가정하자. char 변수의 크기가 1바이트이므로 +1을 하게 되면 그 다음 주소인 1001을 가리키게 된다. 그러나 int 포인터가 1000번지를 가리키고 있다고 가정할 때, int 변수의 크기가 4바이트이므로 +1을 하게 되면 현재 int 변수가 저장된 주소를 지나 바로 그 다음 주소인 1004를 가리키게 된다. 마찬가지로 double 포인터의 경우 바로 다음 주소인 1008의 값을 가지게 된다. 포인터라는 것은 혼자서는 무의미한 존재이다. 따라서 덧셈, 뺄셈 연산 또한 자신이 가리키고 있는 변수가 무엇이냐에 따라 그 크기만큼 증가 또는 감소되는 것이다.

자 이제 8라인에서 1씩 증가시킨 결과 왜 iptr은 4가 되고 dptr은 8이 되는지 알 수 있을 것이다. 마찬가지로 11라인에서 1씩 감소하게 되면 다시 각각 0, 0이 되고, 14라인에서 2를 더하게 되면 각각 8, 10(10진수 16)이 됨을 알 수 있다. 17라인에서는 2씩 감소시켜 다시 0, 0이 되었다.

포인터 연산에 있어서 증가, 감소 연산자와 같은 단항 연산자의 경우 포인터 하나를 피연산자로 사용하게 되며, 덧셈 연산자와 같은 이항 연산자의 경우 포인터 하나와 정수 하나를 피연산자로 사용하게 된다. 이때 이항 연산자의 경우 포인터가 먼저 올 수도 있으며 정수가 먼저 올 수도 있다. 20라인에서는 각 포인터 변수에 100을 더하고 있는데 (iptr + 100)과 같이 사용할 수도 있으며 (100 + iptr)과 같이 사용할 수도 있다. 각 포인터 변수에 100을 더한 결과 iptr은 190(10진수 400), dptr은 320(10진수 800)이 됨을 알 수 있다.

void 포인터 변수의 경우 주소값을 저장할 수는 있지만 현재 가리키고 있는 곳의 변수에 대한 타입이 결정되어 있지 않다. 따라서 void 포인터 변수에 대해서는 포인터 연산의 적용이 불가능하다. 또 한 가지 포인터 연산과 관련하여 알고 있어야 할 내용은 포인터 연산의 결과 또한 포인터(주소)이며, 따라서 포인터 연산 후에 다시 역참조 연산자 등의 포인터 연산이 가능하다는 것이다. 이에 대해서는 연습 문제 3.9를 통해 학습하기 바란다.

이상으로 포인터 연산의 개념에 대해 알아보았다. 포인터 연산에 대한 개념은 배열과 포인터의 관계 및 활용에 있어서 매우 유용하게 활용될 것이다.

연습문제 | 3.8

char, short int, int, long int, float, double 타입에 대한 포인터 변수를 각각 하나씩 선언하고 널 포인터로 초기화한 후 증가 연산자에 의해 값이 어떻게 변하는지 확인해 보도록 하라.

Note

연습문제 | 3.9

다음 프로그램의 실행 결과는 무엇인가? 포인터 연산의 결과 또한 포인터가 되므로 7라인과 같이 포인터 연산을 취한 다음에 다시 역참조 연산자를 통해 해당 번지에 있는 변수에 대한 접근이 가능하게 된다.

```
1   int main()
2   {
3       int num = 3;
4       int *ptr1 = &num;
5       int *ptr2 = ptr1 + 1;
6   
7       *(ptr2 - 1) = 5;                // 현재 (ptr2 - 1)의 값은 ptr1과 같음
8   
9       cout << "&num         : " << &num << endl;
10      cout << "num          : " << num << endl;
11      cout << "ptr1         : " << ptr1 << endl;
12      cout << "*ptr1        : " << *ptr1 << endl;
13      cout << "ptr2 - 1     : " << ptr2 - 1 << endl;
14      cout << "*(ptr2 - 1) : " << *(ptr2 - 1) << endl;
15  
16      return 0;
17  }
```

Note

3.4 배열과 포인터

예제 3.9 | 포인터 변수를 통한 배열로의 접근

포인터 변수를 통해 배열의 첫 번째 원소를 가리킨 후 포인터 변수를 통해 배열의 각 원소에 접근해 보자.

```
1   int main()
2   {
3       int ary[5] = { 1, 2, 3, 4, 5 };
4       int *ptr;
5
6       ptr = &ary[0];          // 첫 번째 원소를 가리킴
7
8       for (int i = 0; i < 5; i++)
9       {
10          cout << "ary[" << i << "] " << *ptr << endl;
11          ptr++;              // 다음 원소를 가리킴
12      }
13
14      return 0;
15  }
```

• **실행 결과**

```
ary[0] 1
ary[1] 2
ary[2] 3
ary[3] 4
ary[4] 5
```

3라인에 int 배열 ary를 선언하고 각 원소의 값을 초기화하였다. 배열 ary의 첫 번째 원소의 이름은 무엇인가? ary[0]이다. 따라서 주소 연산자를 사용하여 &ary[0]이라고 하면 첫 번째 원소의 주소를 알 수 있다. 6라인에서는 포인터 변수 ptr의 값으로 ary의 첫 번째 원소의 주소를 대입하였다. [그림 3.4]에는 포인터 변수 ptr이 배열 ary의 첫 번째 원소를 가리키는 모양을 점선으로 표시하였다. 여기서 ptr은 1000번지에, ary 배열은 2000번지에 저장되어 있다고 가정하였다. 앞서 얘기한 바와 같이 배열을 위한 메모리가 할당될 때는 첫 번째 원소부터 시작하여 순서대로 메모리 주소를 차지하게 된다. 예를 들어 ary[0]이 2000번지부터 2003번지까지의 4바이트를 차지한다면, ary[1]은 2004번지부터 2007번지까지를 차지하게 되고 ary[2]는 2008번지부터 2011번지까지를 차지하게 된다. 이와 같은 특성 때문에 ptr이 ary[0]을 가리키고 있는 상태에서 ptr++와 같이 1을 더하게 되면 [그림 3.4]의 실선처럼 이제 ptr은 배열의 다음 원소인 ary[1]을 가리키게 되는 것이다.

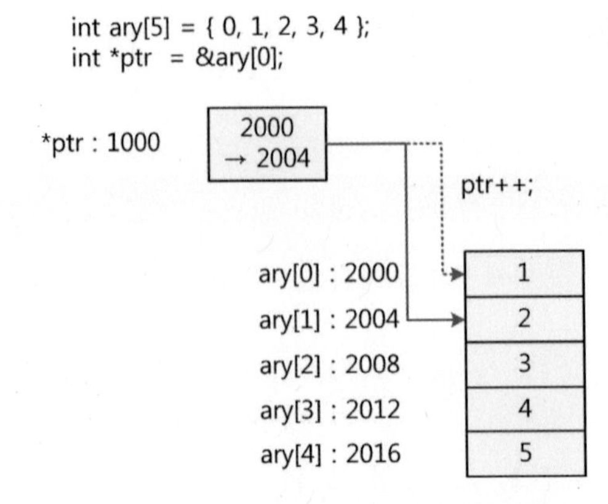

○ 그림 3.4 **포인터 ptr과 배열 ary의 관계**

8~12라인에서는 포인터 변수 ptr을 통해 반복적으로 다음 원소를 가리키면서 해당 원소의 값을 출력하고 있다.

배열 이름과 배열 첨자 연산자의 정체

C/C++ 언어에는 배열과 관련된 매우 중요한 묵시적 형변환 규칙 한 가지가 존재한다. int ary[5]인 배열을 생각해 보자. 배열 이름 ary는 int 포인터 상수로 묵시적 형변환이 될 수 있으며 그 값은 첫 번째 원소인 ary[0]의 주소가 된다. 묵시적 형변환을 통해 변환된 주소는 rvalue, 즉, 상수이기 때문에 ary의 값 자체를 변경할 수 없음에 주의해야 한다. 그렇다면 다음과 같은 등식이 성립한다.

```
ary == &ary[0]             // ary는 첫 번째 원소의 주소값으로 변환됨
```

따라서 [예제 3.9]의 6라인의 코드를 다음과 같이 변경할 수 있다. 이제부터는 포인터 변수를 통해 배열의 첫 번째 원소를 가리키고자 한다면 배열의 이름을 그대로 대입하면 된다.

```
ptr = ary;                 // ptr = &ary[0];과 동일
```

ary[3] = 2;와 같은 문장에서 대괄호([])는 배열 첨자 연산자이다. 이 연산자가 어떻게 동작하는지 그 원리를 살펴보도록 하자. [] 연산자는 이항 연산자로서 포인터 타입의 피연산자와 정수 타입의 피연산자를 필요로 한다. 그리고 그 의미는 다음과 같이 해석된다.

```
ary[3] == *(ary + 3) == *(3 + ary) == 3[ary]          // 모두 동일한 의미임
```

그렇다. 배열은 내부적으로 포인터로 처리된다. *(ary + 3)에서 배열 이름인 ary는 첫 번째 원소에 대한 포인터라고 했다. 그렇다면 (ary + 3)은 네 번째 원소를 가리키는 포인터가 되며 결국 *(ary + 3)은 네 번째 원소인 ary[3]과 같아지는 것이다. 포인터 연산에서 (ary + 3)과 (3 + ary)는 동일한 포인터가 되며 따라서 ary[3] 뿐만 아니라 3[ary] 또한 동일한 의미로 사용될 수 있다. 하지만 원리는 이해하되 굳이 3[ary]와 같이 이상한 모양으로 사용할 필요는 없다.

그렇다면 [예제 3.9]와 같이 포인터 변수 ptr이 배열 ary의 첫 번째 원소를 가리키고 있을 때 다음과 같은 등식이 성립하게 된다.

```
*ptr == ptr[0], *(ptr + 1) == ptr[1], *(ptr + 2) == ptr[2], ......
```

이상의 내용을 정리하면 배열과 포인터의 관계에 있어서 "배열은 포인터처럼, 포인터는 배열처럼 사용할 수 있음"을 알 수 있다. 단, 배열 이름은 상수 개념이므로 포인터 변수처럼 값을 변경할 수 없다는 것만 주의하도록 하자. 일반적으로 대다수의 프로그래머들이 포인터보다는 배열의 사용에 보다 친숙할 것으로 생각된다. 초보 프로그래머라면 더욱 더 그럴 것이다. 이때 배열과 포인터의 관계를 알고 있다면 포인터를 배열처럼 사용함으로써 보다 편리하게 프로그램을 작성할 수 있다. 이에 대한 보다 실용적인 예는 3.6절과 3.8절에서 보게 될 것이다.

예제 3.10 | 배열은 포인터처럼, 포인터는 배열처럼 사용하기

[예제 3.9]에서 배열 ary를 포인터처럼 사용하여 각 원소의 값을 변경해 보고, 포인터 변수 ptr을 배열처럼 사용하여 각 원소의 값을 출력해 보자. 배열을 포인터처럼, 포인터를 배열처럼 사용해 보는 것이다.

```
1   int main()
2   {
3       int ary[5] = { 1, 2, 3, 4, 5 };
4       int *ptr;
5
6       ptr = ary;                          // 배열 이름은 첫 번째 원소에 대한 포인터를 의미
7
8       for (int i = 0; i < 5; i++)         // 배열을 포인터처럼 사용
9           *(ary + i) = *(ary + i) * 100;  // ary[i] = ary[i] * 100
10
11      for (int i = 0; i < 5; i++)         // 포인터를 배열처럼 사용
12          cout << "ptr[" << i << "] : " << ptr[i] << endl;    // *(ptr + i)
13
14      return 0;
15  }
```

• **실행 결과**

```
ptr[0] : 100
ptr[1] : 200
ptr[2] : 300
ptr[3] : 400
ptr[4] : 500
```

6라인에서는 포인터 변수 ptr을 통해 배열 ary의 첫 번째 원소를 가리키고 있다. 배열 이름 자체가 첫 번째 원소의 주소로 변경되기 때문에 이제 더 이상 &ary[0]과 같이 사용할 필요가 없다. 9라인에서는 배열

의 각 원소의 값을 변경하기 위해 배열을 포인터처럼 사용하였으며 12라인에서는 각 원소의 값을 출력하기 위해 포인터를 배열처럼 사용하였다.

예제 3.11 | 이중 포인터

int *ptr1;이 있을 때 포인터 변수 ptr1의 메모리 주소를 저장할 수 있는 변수를 만들어 사용해 보자.

```
1   int main()
2   {
3       int num = 5;
4       int *ptr1 = &num;
5       int **ptr2 = &ptr1;      // ptr2 : int * 변수의 주소를 저장하는 포인터 변수
6   
7       **ptr2 = 100;            // 현재 *ptr2는 ptr1과 같고 **ptr2는 num과 같음
8   
9       cout << "num    : " << num << endl;
10      cout << "*ptr1  : " << *ptr1 << endl;
11      cout << "**ptr2 : " << **ptr2 << endl;
12  
13      return 0;
14  }
```

• **실행 결과**

```
num    : 100
*ptr1  : 100
**ptr2 : 100
```

포인터 변수는 기존 변수를 가리키는 변수이다. int 변수를 가리키는 포인터 변수는 int 포인터이며 double 변수를 가리키는 포인터 변수는 double 포인터이다. 여기서 포인터 변수 또한 하나의 변수라는 것을 인식할 수 있어야 한다. 따라서 포인터 변수를 가리키는 또 다른 포인터 변수를 만들 수도 있다.

5라인에서 int **ptr2;는 int 포인터 변수(int * 변수)의 메모리 주소를 저장하는 변수를 선언한 것이다. num, ptr1, ptr2를 그림으로 나타내면 [그림 3.5]와 같다. 해당 변수가 저장되어 있는 메모리 주소는 각각 1000, 2000, 3000번지라고 가정하였다. ptr1은 num을 가리키는 포인터 변수이며, ptr2는 ptr1을 가리키는 포인터 변수이다. 흔히 ptr2와 같은 포인터 변수를 이중 포인터(double pointer)라고 부른다.

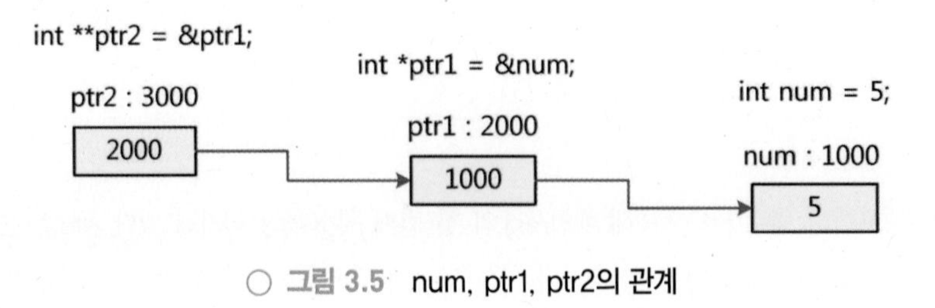

○ 그림 3.5 num, ptr1, ptr2의 관계

7라인을 주의해서 살펴보기 바란다. (*ptr2)와 같이 ptr2에 역참조 연산자를 한 번 적용하게 되면 ptr1과 동일한 의미가 되고, ptr2에 역참조 연산자를 연속으로 두 번 적용하여 (**ptr2)라고 하면 이는 (*ptr1)과 같게 되어 결국 num과 같은 의미가 된다.

이중 포인터가 다소 복잡해 보이지만 포인터의 기본 개념과 완전히 일치함을 이해하기 바란다. 또한 이중 포인터의 개념을 얼마든지 확장할 수 있음을 알기 바란다. 예를 들면 int ***ptr3;이라는 포인터 변수를 선언하고 ptr3 = &ptr2;와 같이 ptr2의 주소를 저장할 수도 있다.

예제 3.12 | 배열에 대한 포인터

int ary1[5];가 있을 때 배열 ary1을 가리킬 수 있는 포인터 변수를 만들어 보자. 배열의 첫 번째 원소인 ary[0]의 주소가 아닌 배열 ary의 주소를 의미함에 주의하도록 하자. 그리고 int ary2[2][3];이 있을 때 ary2를 가리킬 수 있는 포인터 변수도 만들어 보자.

```
1   int main()
2   {
3       int ary1[5] = { 1, 2, 3, 4, 5 };
4       int (*ptr1)[5] = &ary1;             // ptr1 : int [3] 배열에 대한 포인터
5
6       int ary2[2][3] = { { 1, 2, 3 }, { 4, 5, 6 } };
7       int (*ptr2)[2][3] = &ary2;          // ptr2 : int [2][3] 배열에 대한 포인터
8
9       for (int i = 0; i < 5; i++)         // (*ptr1)은 ary1 배열과 동일
10          cout << "(*ptr1)[" << i << "]=" << (*ptr1)[i] << " ";
11      cout << endl;
12
13      for (int i = 0; i < 2; i++)
14      {
15          for (int j = 0; j < 3; j++)
16              cout << "(*ptr2)[" << i << "][" << j << "]=" << (*ptr2)[i][j]
                     << " ";
17          cout << endl;
18      }
19
20      return 0;
21  }
```

• **실행 결과**

```
(*ptr1)[0]=1 (*ptr1)[1]=2 (*ptr1)[2]=3 (*ptr1)[3]=4 (*ptr1)[4]=5
(*ptr2)[0][0]=1 (*ptr2)[0][1]=2 (*ptr2)[0][2]=3
(*ptr2)[1][0]=4 (*ptr2)[1][1]=5 (*ptr2)[1][2]=6
```

배열 또한 하나의 변수로 인식될 수 있다. 그러므로 배열의 주소를 가리킬 수 있는 포인터 변수를 만들 수도 있다. 여기서 배열의 주소와 그 배열의 첫 번째 원소의 주소 자체는 동일하다. 그러나 그 두 가지의 타

입은 서로 다르다. 4라인을 보도록 하자. int (*ptr1)[5]에서 ptr1은 1차원 배열 int [5]를 가리키는 포인터이다. 괄호가 있음에 주의하도록 하라. int (*ptr1)[5]와 int *ptr1[5]는 다른 것이다. int *ptr1[5]에 대해서는 바로 다음 예제를 통해 설명할 것이다.

4라인에서는 포인터 변수 ptr1에 ary1의 주소를 대입하였다. 여기서 1차원 배열의 이름 ary는 ary[0]의 주소를 의미하며 &ary는 원소 5개인 1차원 배열의 주소를 의미한다. 물론 주소값 자체는 같지만 각각 타입이 int *, int (*)[5]로 달라지는 것이다. 한 가지 원칙만 알고 있으면 된다. 어떤 변수에 주소 연산자를 적용하면 그 변수의 타입에 대한 포인터가 반환된다. 예를 들어 int num에서 &num의 타입은 int *, int **ptr에서 &ptr의 타입은 int ***, int ary[5]에서 &ary의 타입은 int (*)[5], int ary[2][3]에서 &ary의 타입은 int (*)[2][3]이 되는 것이다. 이와 같은 원리로 7라인에서는 2차원 배열에 대한 포인터 ptr2를 선언하고 2차원 배열 ary2의 주소를 저장하였다.

10라인에서는 ptr1을 통해 ary1에 접근하고 있다. 포인터 변수에 역참조 연산자를 적용하면 현재 가리키는 대상이 나오게 된다. 따라서 (*ptr1)은 현재 가리키는 1차원 배열 ary와 동일한 의미가 되며 그 다음에는 1차원 배열을 사용하듯이 사용하면 된다. 앞서 우리는 포인터를 배열처럼 사용할 수 있다고 배웠다. 그렇다면 (*ptr1)[0]을 ptr1[0][0]과 같이 사용할 수 있을까? 그렇다. 사용할 수 있다. 1차원 배열이 갑자기 2차원 배열처럼 사용되는 것에 의아해 할 수도 있지만 ptr1[0]이 1차원 배열 ary와 같다는 것을 이해하기 바란다.

그렇다면 int (*ptr)[5] = NULL;이라는 문장이 있을 때 ptr++;를 실행하고 난 다음에 ptr의 값은 어떻게 될까? ptr은 int [5]를 가리키는 포인터 변수이다. 따라서 1을 증가시키게 되면 그 다음 1차원 배열(int [5])을 가리키게 된다. 즉, ptr의 값은 20이 되는 것이다. 이 내용 또한 int *ptr;에 대한 기본 원리를 벗어나지 않는다. ptr++를 하게 되면 현재 가리키는 int 변수의 다음 int 변수를 가리키게 되는 것이다.

예제 3.13 | 포인터 변수의 배열

int 변수를 원소로 갖는 1차원 배열을 만들고 이 배열의 원소들을 각각 가리키는 포인터 변수들을 배열로 만들어 사용해 보자.

```
1   int main()
2   {
3       int ary1[5] = { 1, 2, 3, 4, 5 };
4       int *ary2[5] = { &ary1[0], &ary1[1], &ary1[2], &ary1[3], &ary1[4] };
5                           // ary2의 각 원소가 int * 변수임
6
7       for (int i = 0; i < 5; i++)
8           *ary2[i] = *ary2[i] * 100;
9
10      for (int i = 0; i < 5; i++)
11          cout << "ary1[" << i << "] = " << ary1[i]
12               << ", *ary2[" << i << "] = " << *ary2[i] << endl;
13
```

```
14        return 0;
15    }
```

• **실행 결과**

```
ary1[0] = 100, *ary2[0] = 100
ary1[1] = 200, *ary2[1] = 200
ary1[2] = 300, *ary2[2] = 300
ary1[3] = 400, *ary2[3] = 400
ary1[4] = 500, *ary2[4] = 500
```

배열의 원소로는 int 형이나 double 형 변수뿐만 아니라 int *, double *, 심지어는 int **와 같은 복잡한 포인터 타입의 변수들도 올 수 있다. 물론 배열이니 모든 원소의 타입은 같아야만 한다.

4라인에서는 int * 변수를 원소로 갖는 ary2 배열을 선언하였으며 각각의 포인터 변수를 통해 ary1의 원소를 가리키도록 하였다. ary2[0], ary2[1], ary2[2], ary2[3], ary[4] 각각이 int 포인터 변수인 것이다. ary1과 ary2의 관계는 [그림 3.6]과 같이 ary2의 각 원소가 ary1의 각 원소를 가리키고 있는 모양을 하고 있다.

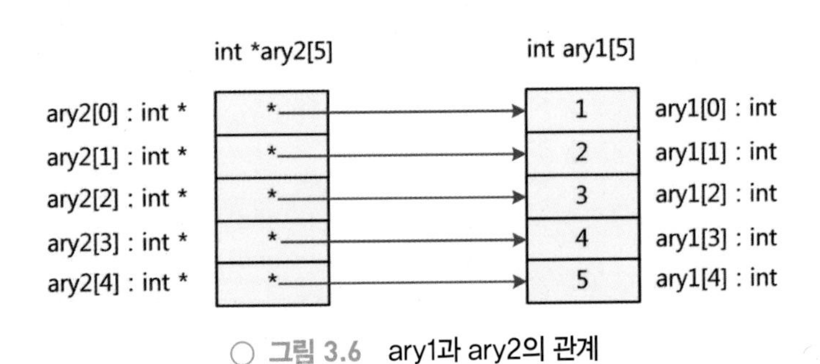

○ 그림 3.6 ary1과 ary2의 관계

int *ary2[5]와 int (*ary2)[5]는 서로 다른 것임에 주의하도록 하라. int *ary2[5]는 int * 변수를 원소로 갖는 1차원 배열이며 int (*ary2)[5]는 1차원 배열 (int [5])의 주소를 저장하는 포인터 변수를 의미한다.

8라인에서는 ary2의 원소를 통해 ary1의 각 변수들의 값을 변경하였다. ary2[0]이 ary1[0]을 가리키는 포인터 변수이기 때문에 역참조 연산자를 사용하여 *ary2[0]이라고 하면 바로 ary1[0]이 된다. 여기서 ary2[0][0]이라고 사용해도 될까? 그렇다. ary2[0][0] 또한 ary1[0]을 의미하는 것이다. int *ptr;이 있을 때 *ptr과 ptr[0]은 같은 것이라고 하였다. *ary2[0]에서 ary2[0]이 ptr과 같은 하나의 int 포인터 변수이다. 따라서 *ary2[0]과 ary2[0][0]은 같은 것임을 이해할 수 있다. ary2[0][1]은 무엇일까? ary1[1]이 된다. ary2[1][0]과 ary2[1][1]은 각각 ary1[1]과 ary1[2]를 의미하게 되며, ary2[2][0]과 ary2[2][1]은 각각 ary1[2]와 ary[3]을 의미한다. ary2[0], ary2[1], ary2[2], ary2[3], ary2[4]가 각각 int 포인터라는 것만 명심하고 앞서 배운 배열과 포인터의 관계를 그대로 적용하면 쉽게 이해할 수 있을 것이다.

예제 3.14 | 복잡한 포인터와 배열의 타입 및 크기 알아내기

다음 프로그램 내에는 여러 가지 변수들이 선언되어 있다. 각 변수가 무엇을 의미하는지 그리고 그 변수가 차지하는 메모리의 크기는 어떻게 되는지 살펴보도록 하자.

```
1   int main()
2   {
3       int var1;
4       double var2;
5       int *var3 = NULL;       var3++; // 포인터 변수의 경우 NULL로 초기화 후 1 증가
6       double *var4 = NULL;    var4++;
7       int **var5 = NULL;      var5++;
8       int var6[3];
9       int var7[3][4];
10      int (*var8)[3] = NULL;  var8++;
11      int *var9[3];
12      int *var10[3][4];
13      int *(*var11)[3] = NULL;    var11++;
14      int (**var12)[3][4] = NULL; var12++;
15      int *(*var13[3])[3];
16
17      cout << "var1  : " << sizeof(var1) << endl;
18      cout << "var2  : " << sizeof(var2) << endl;
19      cout << "var3  : " << sizeof(var3) << ", " << var3 << "번지" << endl;
20      cout << "var4  : " << sizeof(var4) << ", " << var4 << "번지" << endl;
21      cout << "var5  : " << sizeof(var5) << ", " << var5 << "번지" << endl;
22      cout << "var6  : " << sizeof(var6) << endl;
23      cout << "var7  : " << sizeof(var7) << endl;
24      cout << "var8  : " << sizeof(var8) << ", " << var8 << "번지" << endl;
25      cout << "var9  : " << sizeof(var9) << endl;
26      cout << "var10 : " << sizeof(var10) << endl;
27      cout << "var11 : " << sizeof(var11) << ", " << var11 << "번지" << endl;
28      cout << "var12 : " << sizeof(var12) << ", " << var12 << "번지" << endl;
29      cout << "var13 : " << sizeof(var13) << endl;
30
31      return 0;
32  }
```

• **실행 결과**

```
var1  : 4
var2  : 8
var3  : 4, 00000004번지
var4  : 4, 00000008번지
var5  : 4, 00000004번지
var6  : 12
var7  : 48
```

```
var8  : 4, 0000000C번지
var9  : 12
var10 : 48
var11 : 4, 0000000C번지
var12 : 4, 00000004번지
var13 : 12
```

지금까지 포인터 변수와 배열에 대한 다양한 타입을 살펴보았다. 그런데 막상 어떤 변수를 들여다 보면 이 변수가 포인터 변수인지 배열인지 헷갈리는 경우가 많다. [예제 3.12]와 [예제 3.13]에서 설명한 int *ary2[5]와 int (*ary2)[5]가 그런 경우이다. 이 예제에는 총 13개의 변수가 선언되어 있으며 다양한 형태의 변수를 포함하고 있다. sizeof 연산자를 통해 각 변수가 차지하는 메모리의 바이트 수를 출력해 보았으며, 포인터 변수의 경우에는 선언 시 NULL로 초기화한 후 포인터 연산 +1에 대해 값이 얼마나 증가되었는지를 확인해 보았다.

먼저 복잡한 타입의 변수에 대한 정체를 파악하는 요령부터 살펴본 후 실행 결과를 살펴보도록 하자. 다음과 같은 변수가 있을 때 변수명을 중심으로 가장 가까운 타입부터 영어로 읽어보도록 하자. 참고로 명시적인 괄호가 없을 경우 배열은 포인터보다 먼저 변수명과 결합되므로 배열을 먼저 읽으면 된다.

```
int *(*var[3])[3] → var is array[3] of pointer to array[3] of pointer to int
```

자 이제 영어를 다시 우리말로 해석해 보도록 하자. "var는 int에 대한 포인터의 배열[3]에 대한 포인터의 배열[3]"이 된다. 이것을 그림으로 표현하면 [그림 3.7]과 같다. 즉, 3개의 원소를 가진 배열을 의미하며 각 원소는 "int 포인터를 원소로 갖는 배열[3]"을 가리키는 포인터가 된다. 따라서 var[0], var[1], var[2]는 각각 int *ary[3];과 같은 변수를 가리키는 데 사용될 수 있다.

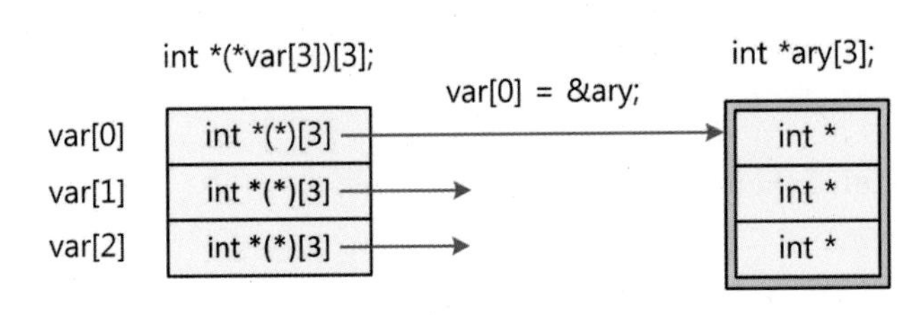

○ 그림 3.7 int *(*var[3])[3]의 변수 구조

int (*var1)[3], int *var2[3], int *var3[3][4]에 대해서도 해석해 보자.

```
int (*var1)[3] → var1 is pointer to array[3] of int
int *var2[3] → var2 is array[3] of pointer to int
int *var3[3][4] → var3 is array[3] of array[4] of pointer to int
```

int (*var1)[3]은 int 배열(int [3])에 대한 포인터를 의미하고 int *var2[3]은 int *를 원소로 갖는 원소 3개인 배열을 의미한다. int (*var1)[3]에서 var1의 값을 1 증가시키면 (int [3])에 대한 포인터이므로 그 다음 (int [3]) 배열을 가리키기 위해 12바이트만큼 증가하게 된다. int *var3[3][4]는 int 포인터를 원소로 갖는 1차원 배열[4]의 1차원 배열[3]을 의미하는 것이다. int *var3[3][4]의 경우 3행 4열의 2차원 배열로서 각 원소의 타입이 int *인 경우이다. 즉, 해석에 따르면 2차원 배열은 1차원 배열을 원소로 갖는 1차원 배열을 의미한다. 이와 같이 2차원 배열을 1차원 배열의 1차원 배열로 이해하는 개념은 2차원 배열의 이름을 해석할 때 매우 중요한 역할을 하게 되며 이에 대해서는 바로 다음 예제를 통해 살펴볼 것이다.

자 이제 다시 예제 코드로 돌아가서 실행 결과를 살펴보도록 하자. 지금까지의 설명을 통해 거의 모든 변수에 대한 이해가 가능할 것이다. 마지막 두 가지 var12와 var13만 살펴보고 넘어가도록 하자.

```
  int (**var12)[3][4] → var12 is pointer to pointer to array[3] of array[4] of int
int *(*var13[3])[4] → var13 is array[3] of pointer to array[4] of pointer to int
```

var12는 (int [3][4])에 대한 포인터를 가리키는 포인터를 의미한다. 포인터 변수는 어떤 타입에 대한 포인터이냐에 관계없이 항상 4바이트를 차지하게 된다. 그리고 var12는 포인터 변수를 가리키는 포인터이므로 포인터 연산 +1을 적용하면 포인터 변수의 크기인 4만큼 증가하게 된다. var13은 int * 원소를 갖는 배열[4]를 가리키는 포인터, 즉, int *(*)[4] 변수 3개로 이루어진 1차원 배열을 의미한다. var13 배열은 포인터 변수 3개를 포함하고 있기 때문에 sizeof(var13)의 결과는 12가 된다. 참고로 배열에 대한 sizeof 연산자의 적용 결과로는 해당 배열의 전체 바이트 크기가 반환된다.

예제 3.15 | 2차원 배열과 포인터

2차원 배열의 첫 번째 원소의 주소를 저장할 수 있는 포인터 변수를 선언하고 이 포인터 변수를 통해 2차원 배열을 사용해 보자. 여기서 2차원 배열의 첫 번째 원소란 2차원 배열의 첫 번째 행에 해당하는 1차원 배열임에 주의하도록 하라.

```
1   int main()
2   {
3       int ary[3][4];
4       int (*ptr)[4] = ary;            // int (*ptr)[4] = &ary[0];과 동일
5
6       for (int i = 0; i < 3; i++)
7       {
8           for (int j = 0; j < 4; j++)
9               *(*(ary + i) + j) = i + j;  // 배열은 포인터처럼 사용 가능
10      }
11
12      for (int i = 0; i < 3; i++)
13      {
14          for (int j = 0; j < 4; j++)
15              cout << ptr[i][j] << "\t";  // 포인터는 배열처럼 사용 가능
16          cout << endl;
17      }
18
```

```
19        return 0;
20    }
```

• **실행 공간**

```
0    1    2    3
1    2    3    4
2    3    4    5
```

1차원 배열의 이름에 대해 다시 한 번 정리해 보자. 1차원 배열의 이름은 첫 번째 원소의 주소값을 갖는 포인터 상수로 변환될 수 있고, 따라서 그 타입은 첫 번째 원소에 대한 포인터 타입이 된다. 예를 들어 int ary[5];에서 ary는 int * 타입으로 변환되며 ary[0]의 주소값을 가지고 있다.

2차원 배열의 이름에 대해서도 1차원 배열의 이름과 동일한 방식으로 해석이 가능하다. 단, 전제 조건으로 앞서 언급한 바와 같이 2차원 배열을 바라볼 때 1차원 배열을 원소로 갖고 있는 1차원 배열로 인식할 수 있어야만 한다. [그림 3.8]은 2차원 배열 int ary[3][4]를 개념적으로 표현한 것이다. 단순히 2차원 배열을 배열로서 사용할 경우에는 [그림 3.8](a)와 같이 3행 4열의 배열로 인식하면 충분하다. 그러나 포인터와의 관계를 이해할 때는 [그림 3.8](b)와 같이 1차원 배열(int [4])을 원소로 하여 총 3개의 원소를 갖는 1차원 배열로 인식하기 바란다. 다시 말하면 2차원 배열은 1차원 배열을 원소로 갖는 1차원 배열이다. 이를 조금 더 확장해 보자. 3차원 배열 int ary[3][4][5];는 어떻게 해석할 수 있을까? ary는 2차원 배열(int [4][5])을 원소로 갖는 1차원 배열이 되는 것이다. 결국 다차원 배열 모두 원소의 종류만 달라질 뿐 최종적으로 1차원 배열로 해석될 수 있다.

ary[0][0]	ary[0][1]	ary[0][2]	ary[0][3]
ary[1][0]	ary[1][1]	ary[1][2]	ary[1][3]
ary[2][0]	ary[2][1]	ary[2][2]	ary[2][3]

(a) int ary[3][4] : int 변수의 2차원 배열

1차원 배열 ary[0]	ary[0][0]	ary[0][1]	ary[0][2]	ary[0][3]
1차원 배열 ary[1]	ary[1][0]	ary[1][1]	ary[1][2]	ary[1][3]
1차원 배열 ary[2]	ary[2][0]	ary[2][1]	ary[2][2]	ary[2][3]

(b) int ary[3][4] : 1차원 배열의 1차원 배열로서의 2차원 배열

○ 그림 3.8 2차원 배열 int ary[3][4]에 대한 개념적 이해

자, 이제 3라인의 int ary[3][4]에서 ary의 이름에 대해 분석해 보자. 배열 이름은 첫 번째 원소의 주소로 변환된다고 하였다. ary 배열의 첫 번째 원소란 ary[0][0]이 아니라 ary[0]을 의미하는 것이다. [그림 3.8](b)를 다시 한 번 보도록 하라. 2차원 배열은 1차원 배열을 원소로 갖는 1차원 배열이다. 이 1차원 배열의 원소는 바로 1차원 배열(int [4])인 것이다. 그렇다면 ary의 값은 ary[0]의 주소가 되고 그 타입은 첫 번째 원소 1차원 배열인 int [4]에 대한 포인터가 된다. 즉, ary의 타입은 int (*)[4]가 된다. ary[0]의 메모

리 주소는 ary[0][0]의 주소와 동일하지만 타입이 달라지는 것이다. 따라서 ary의 첫 번째 원소를 대입할 수 있는 포인터 변수를 4라인과 같이 int (*ptr)[4]로 선언하였다. 여기에 ary의 첫 번째 원소의 주소를 대입하였는데, 이때 &ary[0]과 같이 사용해도 되지만 배열 이름 자체가 첫 번째 원소의 주소로 변환될 수 있기 때문에 4라인과 같이 단순히 배열 이름을 사용해도 된다. int (*ptr)[4]에서 괄호를 붙이지 않으면 포인터가 아닌 1차원 배열이 되기 때문에 괄호를 반드시 붙여야만 함을 이미 알고 있을 것이다.

이상의 개념을 확장하면 3차원 이상의 배열 이름에 대해서도 다음과 같이 쉽게 해석이 가능하다.

```
int ary1[3][4][5]; int (*ptr1)[4][5] = ary1;
// 첫 번째 2차원 배열(int [4][5])의 주소
int ary2[3][4][5][6]; int (*ptr2)[4][5][6] = ary2;
// 첫 번째 3차원 배열(int [4][5][6])의 주소
int *ary3[3][4]; int *(*ptr3)[4] = ary3;
// 첫 번째 1차원 배열(int *[4])의 주소
```

3차원 배열 int ary1[3][4][5]의 경우 2차원 배열을 원소로 갖는 1차원 배열이므로 ary1[0]의 주소를 의미하며 타입은 int (*)[4][5]가 된다. 나머지도 마찬가지다. 배열 이름의 타입을 기계적으로 해석하고자 한다면, 배열명과 가장 가까운 배열 대신 포인터를 붙이면 된다. int *ary3[3][4]도 int * 변수를 원소로 갖는 2차원 배열임을 알고 있을 것이다. ary3 또한 가장 가까운 배열 [3] 대신 포인터로 대체하여 int *(*)[4]라는 타입을 얻을 수 있다. 괄호를 반드시 붙여야만 된다는 것에 다시 한 번 주의하기 바란다.

그렇다면 int ary[3][4]에서 ary[0], ary[1], ary[2]는 각각 무엇일까? [그림 3.8](b)를 보면 각각이 1차원 배열의 이름과 같음을 알 수 있다. 따라서 ary[0], ary[1], ary[2] 모두 int * 타입이며 그 값은 각각 ary[0][0]의 주소, ary[1][0]의 주소, ary[2][0]의 주소와 같다. 다시 한 번 강조하지만 1차원 배열과 포인터의 기본 관계에서 벗어나는 것은 하나도 없다.

이번에는 2차원 배열에 있어서도 배열을 포인터처럼, 포인터를 배열처럼 사용할 수 있는지 확인해 보도록 하자. 1차원 배열의 경우 첫 번째 원소부터 마지막 원소의 순서대로 각 원소가 인접한 메모리를 연속적으로 차지한다고 하였다. 2차원 배열 또한 인접한 메모리를 연속적으로 차지하게 되는데, 그 순서는 행을 우선으로 하게 된다. int ary[3][4]에서 ary[0][0]이 1000번지라면 ary[0][1]은 1004번지, ary[1][0]은 1016번지, ary[2][0]은 1032번지를 차지하게 되는 것이다.

그러면 이와 같은 상황 하에서 다음 질문에 답해 보라.

- ary[0]의 값은 무엇인가? 1000.
- ary[0] + 1의 값은 무엇인가? 1004.
- ary[1] + 2의 값은 무엇인가? 1024.
- *ary[0]은 무엇과 같은가? ary[0][0].
- *(ary[0] + 1)은 무엇과 같은가? ary[0][1].
- *(ary[1] + 2)는 무엇과 같은가? ary[1][2].

지금까지는 ary[0], ary[1], ary[2]가 1차원 배열 이름과 같다는 개념을 통해 쉽게 답변이 가능했을 것이다. 계속해서 다음 질문에 답해 보라.

- ary의 값은 무엇인가? ary[0]의 시작 주소이므로 1000.
- ary + 1의 값은 무엇인가? 두 번째 1차원 배열인 ary[1]의 시작 주소이므로 1016.
- ary + 2의 값은 무엇인가? 세 번째 1차원 배열인 ary[2]의 시작 주소이므로 1032.
- *ary는 무엇과 같은가? 첫 번째 1차원 배열을 의미하므로 ary[0].
- *(ary + 1)은 무엇과 같은가? 두 번째 1차원 배열을 의미하므로 ary[1].
- *(ary + 2)는 무엇과 같은가? 세 번째 1차원 배열을 의미하므로 ary[2].

ary[0], ary[1], ary[2]의 개념 및 배열 이름 ary의 개념을 바탕으로 계속해서 다음 질문에 대해 답해 보라.

- *ary + 1의 값은 무엇과 같으며 값은 무엇인가? ary[0] + 1과 같으며 1004.
- *(ary + 1) + 1은 무엇과 같으며 값은 무엇인가? ary[1] + 1과 같으며 1020.
- *(ary + 2) + 1은 무엇과 같으며 값은 무엇인가? ary[2] + 1과 같으며 1036.
- **ary는 무엇과 같은가? ary[0][0].
- *(*ary + 1)은 무엇과 같은가? ary[0][1].
- *(*(ary + 1))은 무엇과 같은가? ary[1][0].
- *(*(ary + 1) + 1)은 무엇과 같은가? ary[1][1].
- *(*(ary + 2))는 무엇과 같은가? ary[2][0].
- *(*(ary + 2) + 1)은 무엇과 같은가? ary[2][1].

이상을 종합하면 다음과 같은 등식이 성립하며 어떠한 형태로 사용하더라도 모두 ary[i][j]와 동일하다.

```
ary[i][j] == *(*(ary + i) + j) == *(ary[i] + j) == (*(ary + i))[j]
```

9라인에서는 이와 같이 배열을 포인터처럼 사용하는 예를 보여주고 있다. 1차원 배열의 경우 ary[3]을 3[ary]와 같이 사용할 수 있었다. 2차원 배열의 경우에도 ary[2][3]을 2[ary][3]과 같이 사용할 수 있다. 각각을 포인터 연산으로 기술해 보면 *(*(ary + 2) + 3), *(*(2 + ary) + 3)이 되어 동일한 결과가 되기 때문이다. 그러나 3[2][ary]와 같이 사용할 수는 없다. 배열 첨자 연산자에는 피연산자로써 포인터와 정수를 필요로 하는데, 3과 2는 모두 정수이기 때문이다.

15라인에서는 포인터를 배열처럼 사용하는 예를 보여주고 있다. 4라인에서 int (*ptr)[4] = ary;와 같이 ptr 변수를 선언했기 때문에 현재 ptr은 ary의 첫 번째 1차원 배열(int [4])을 가리키고 있다. 이 상태에서 ptr[0]은 무엇일까? ptr[0]은 *ptr과 같으며 바로 첫 번째 1차원 배열 ary[0]을 의미한다. 따라서 ptr[0][0]은 ary[0][0]이 되는 것이다. ptr[1]은 *(ptr + 1)과 같으며 또한 ary[1]과 동일하다. 결론적으로 2차원 배열이 첫 번째 원소인 1차원 배열에 대한 포인터와 연결되어 있을 경우 해당 포인터를 통해 2차원 배열과 동일하게 사용할 수 있다.

참고

마지막으로 한 가지만 더 강조하자. 현재 포인터 변수 ptr이 ary의 첫 번째 원소를 가리키고 있는 상태에서 ptr++를 실행하였다고 가정하자. ptr의 값은 무엇인가? 바로 그 다음 1차원 배열의 시작 주소인 1016이 된다. 그렇다면 이 상태에서 ptr[0][0]은 배열의 어떤 원소와 동일한가? 현재 두 번째 1차원 배열을 가리키고 있으므로 ary[1][0]과 동일하다. 배열 이름은 상수이지만 포인터 변수는 말 그대로 변수이므로 언제든지 변할 수 있음에 주의해야 한다.

연습문제 | 3.10

다음 프로그램의 실행 결과는 무엇인가? ary[0]의 주소가 1000번지라고 가정하고 포인터 변수 ptr은 2000번지에 저장된다고 가정하라. 물론 실제 주소는 이와 다를 것이다. 실행을 통해 실제 주소가 무엇인지도 확인해 보도록 하라.

```
1   int main()
2   {
3       int ary[5] = { 100, 200, 300, 400, 500 };
4       int *ptr = ary;
5
6       cout << &ptr << endl;
7       cout << ptr << endl;
8       cout << *ptr << endl;
9       cout << ptr[0] << endl;
10      cout << ptr + 1 << endl;
11      cout << *(ptr + 1) << endl;
12      cout << ary << endl;
13      cout << ary[0] << endl;
14      cout << ary + 1 << endl;
15      cout << *(ary + 1) << endl;
16
17      ptr++;
18
19      cout << &ptr << endl;
20      cout << ptr << endl;
21      cout << *ptr << endl;
22      cout << ptr[0] << endl;
23      cout << ptr + 1 << endl;
24      cout << *(ptr + 1) << endl;
25      cout << ary << endl;
26      cout << ary[0] << endl;
27      cout << ary + 1 << endl;
28      cout << *(ary + 1) << endl;
29
30      return 0;
31  }
```

Note

연습문제 | 3.11

다음 변수들은 모두 배열이다. 각 배열의 첫 번째 원소의 주소를 저장할 수 있는 변수를 선언하고 배열명을 통해 첫 번째 원소의 주소를 대입해 보라.

① int ary1[3];
② int ary2[3][4];
③ int ary3[3][4][5];
④ int *ary4[3];
⑤ int *ary5[3][4];
⑥ int **ary6[3][4];
⑦ int *(*ary7[3])[4];
⑧ int *(**ary8[3])[4];

Note

연습문제 | 3.12

다음 프로그램의 실행 결과는 무엇인가?

```
1   int main()
2   {
3       char *var1;
4       int var2[3];
5       double **var3;
6       char var4[3][4];
7       int *var5[4];
8       double (*var6)[4];
9
10      cout << "var1 : " << sizeof(&var1) << " " << sizeof(var1) << " "
            << sizeof(*var1) << endl;
11      cout << "var2 : " << sizeof(&var2) << " " << sizeof(var2) << " "
            << sizeof(*var2) << endl;
```

```
12      cout << "var3 : " << sizeof(&var3) << " " << sizeof(var3) << " "
            << sizeof(*var3) << endl;
13      cout << "var4 : " << sizeof(&var4) << " " << sizeof(var4) << " "
            << sizeof(*var4) << endl;
14      cout << "var5 : " << sizeof(&var5) << " " << sizeof(var5) << " "
            << sizeof(*var5) << endl;
15      cout << "var6 : " << sizeof(&var6) << " " << sizeof(var6) << " "
            << sizeof(*var6) << endl;
16
17      return 0;
18  }
```

Note

연습문제 | 3.13

다음과 같은 2차원 배열 ary가 있다. 이 배열의 첫 번째 원소의 주소를 저장할 수 있는 포인터 변수 ptr을 선언하고 첫 번째 원소(1차원 배열)를 가리키게 한 후 ptr을 통해 모든 원소의 값을 합산한 결과를 출력하도록 하라. 단, 포인터 변수 ptr을 2차원 배열처럼 사용해 보도록 하라.

```
int ary[3][4] = { { 1, 2, 3, 4 }, { 5, 6, 7, 8 }, { 9, 10, 11, 12 } };
```

Note

3.5 참조

예제 3.16 | 참조의 개념 (1)

다음 프로그램의 출력 결과는 무엇인지 생각해 보자. 5라인에는 변수 선언 시 & 기호가 붙어 있다. 이것을 참조라고 하는데 이 프로그램이 어떻게 동작하는지 알기 위해서는 참조의 개념에 대해 알고 있어야만 한다.

```
1   int main()
2   {
3       int var1 = 3;
4       int var2 = 5;
5       int &ref = var1;        // ref와 var1은 동일한 변수
6
7       ref = 7;
8       cout << "var1 : " << var1
9            << ", var2 : " << var2 << ", ref : " << ref << endl;
10
11      ref = var2;             // var1에 var2의 값을 대입하는 것과 동일
12      cout << "var1 : " << var1
13           << ", var2 : " << var2 << ", ref : " << ref << endl;
14
15      return 0;
16  }
```

• **실행 결과**

```
var1 : 7, var2 : 5, ref : 7
var1 : 5, var2 : 5, ref : 5
```

C++ 언어에는 C 언어와는 달리 참조(reference)라는 새로운 개념이 도입되었다. 참조는 그 자체로서 메모리를 차지하는 것이 아니며 기존 변수에 대한 또 다른 이름을 의미한다. 편의상 여기서는 참조 변수라 부를 것이다. 실제로는 함수에 대해서도 참조를 적용할 수 있기 때문에 참조 변수라는 말이 정확한 것은 아니다. 그러나 주로 기존 변수에 대해 참조를 적용하는 경우가 대부분이므로 참조 변수라 하더라도 별 무리는 없을 것으로 생각된다. 함수에 대한 참조에 대해서는 3.6절에서 설명할 것이다.

참조 변수를 만들기 위해서는 변수 선언 시 변수명 앞에 & 기호를 붙이면 된다. 여기서 주의할 사항은 참조 변수는 다른 변수의 또 다른 이름일 뿐 홀로 존재할 수 없다는 것이다. 따라서 선언되는 순간 어떤 변수에 대한 대용 이름인지 밝혀주어야만 한다. 즉, 선언과 동시에 초기화되어야 한다. 초기화 구문은 일반 변수의 초기화와 같이 대입문의 형태를 하고 있다.

```
int var = 2;
int &ref = Var;
```

여기서 ref와 var는 같은 변수이다. 만약 ref의 값을 5로 변경한다면 var의 값 또한 5가 된다. 사실은 이 설명 또한 정확하지는 않다. ref의 값을 5로 변경함으로써 var의 값이 5로 변한 것이 아니라, ref와 var는 같은 변수이기 때문에 ref의 값을 5로 변경하는 것 자체가 var의 값을 5로 변경하는 것을 의미하는 것이다. 다시 한 번 얘기하지만 ref와 var는 완전히 같은 변수이다!

5라인에서 참조 변수 ref를 선언하였고 var1의 대용 이름으로 사용하고 있다. 즉, ref와 var1은 동일한 변수이다. 7라인에서 ref의 값을 7로 변경했다는 것은 var1의 값을 7로 변경했다는 것과 같은 의미이다. 따라서 8, 9라인에서 var1, var2, ref의 값을 확인해 보면 각각 7, 5, 7의 값을 가지고 있음을 확인할 수

있다.

11라인을 주의 깊게 보도록 하라. 만약 참조 변수를 포인터 변수와 유사한 개념으로 생각했다면, ref = var2;의 결과로 ref 참조 변수는 이제 var2에 대한 대용 이름이라고 오해할 수도 있다. 그러나 절대 그런 것이 아니다. 참조 변수는 한번 선언되어 기존의 특정 변수에 대한 대용 이름으로 결정되면 그 참조 변수는 생명이 다할 때까지 해당 변수에 대한 대용 이름으로 동작하게 된다. 따라서 11라인의 ref = var2;는 var1 = var2;와 동일한 문장이다. 이에 따라 12, 13라인에서 var1, var2, ref의 값이 5, 5, 5임을 확인할 수 있다. 혹시 7, 5, 5라고 생각했다면 다시 한 번 참조 변수의 개념에 대해 생각해 보도록 하라.

참고

참조 변수 사용 시 또 한 가지 주의할 사항은 참조 변수는 하나의 특정 변수를 참조하는 것이기 때문에 값이나 수식에 대한 참조가 불가능하다는 것이다.

```
int var1 = 3, var2 = 4;
int &ref = var1 + var2;      // X
int &ref = 4;                // X
```

예제 3.17 | 참조의 개념 (2)

다음 프로그램의 출력 결과는 무엇인지 생각해 보자.

```
1   int main()
2   {
3       int var = 2;
4       int &ref1 = var;  // ref1과 var는 동일한 변수
5       int &ref2 = ref1; // ref2와 var1은 동일한 변수, 모두 동일한 변수
6
7       ref1 = 5;
8
9       cout << "var  : " << var << endl;
10      cout << "ref1 : " << ref1 << endl;
11      cout << "ref2 : " << ref2 << endl;
12
13      return 0;
14  }
```

- **실행 결과**

```
var  : 5
ref1 : 5
ref2 : 5
```

var, ref1, ref2의 값은 모두 5이다. 4라인에서 ref1을 var에 대한 참조 변수로 선언하였으므로 그 이후로 ref1 변수가 나온다면 그것은 var 변수를 사용한 것과 동일하다. 따라서 5라인에서 ref2를 ref1의 참조 변수로 선언하였으므로 var, ref1, ref2는 모두 동일한 변수가 된다.

연습문제 | 3.14

다음 프로그램과 같이 int형 변수 var1과 var2가 있다. 참조 변수 ref1과 ref2를 만들어 각각 var1과 var2의 참조 변수로 만들고자 한다. 다음 프로그램에서 잘못된 부분을 찾아 수정하고 출력 결과가 무엇인지 설명해 보라.

```
1   int main()
2   {
3       int var1 = 2, var2 = 3;
4       int &ref1;
5       int &ref2;
6
7       ref1 = var1;
8       ref2 = var2;
9
10      int var3 = ref1;
11      ref1 = ref2;
12      ref2 = var3;
13
14      cout << "var1 : " << var1 << endl;
15      cout << "var2 : " << var2 << endl;
16      cout << "var3 : " << var3 << endl;
17
18      return 0;
19  }
```

참조 변수에 대한 기본적인 이해를 필요로 하는 문제이다. 참조 변수는 C++ 전체에 걸쳐 필수적으로 사용되고 있는 요소이므로 기본 개념을 잘 익혀 두어야 한다.

Note

3.6 함수와 배열, 포인터, 참조

예제 3.18 | 함수 포인터와 함수 참조

함수의 주소를 저장할 수 있는 함수 포인터 변수와 함수에 대한 참조를 만들어 사용해 보자.

```
1   int Sum(int num1, int num2)
2   {
3       return (num1 + num2);
4   }
5
6   int main()
7   {
8       int (*ptr)(int, int) = Sum;
9       int (&ref)(int, int) = Sum;
10
11      cout << "Sum : 3 + 4 = " << Sum(3, 4) << endl;
12      cout << "ptr : 3 + 4 = " << ptr(3, 4) << endl;  // (*ptr)(3, 4)와 동일
13      cout << "ref : 3 + 4 = " << ref(3, 4) << endl;
14
15      return 0;
16  }
```

• **실행 결과**

```
Sum : 3 + 4 = 7
ptr : 3 + 4 = 7
ref : 3 + 4 = 7
```

변수에 대한 포인터 변수와 참조를 만들 수 있듯이 함수에 대한 포인터 변수와 참조도 만들어 사용할 수 있다. 함수에 대한 포인터 변수와 참조를 만드는 방법은 매우 간단하다.

8라인은 1라인에 나와 있는 Sum 함수에 대한 포인터 변수를 만든 것이다. 해당 함수의 매개변수와 반환형을 그대로 기술하고 함수명 자리에 포인터 변수를 하나 선언하면 된다. 단, 다음 두 가지는 서로 다른 것이므로 함수 포인터(function pointer)를 만들기 위해서는 반드시 괄호를 사용해야 한다.

```
int (*ptr)(int, int);     // 함수에 대한 포인터(Pointer to Function)
int *ptr(int, int);       // int 주소(int 포인터)를 반환하는 ptr 함수의 프로토타입
```

함수명은 그 자체로 해당 타입(매개변수 및 반환형)의 함수 포인터로 변환될 수 있다. 따라서 8라인에서 Sum 함수의 주소를 ptr에 대입하기 위해 굳이 &Sum이라고 할 필요가 없다.

9라인에는 Sum 함수에 대한 또 다른 이름인 ref라는 참조를 선언하였다. 함수 참조 또한 선언 방법은 함수 포인터와 동일하며 단지 포인터를 의미하는 * 대신 참조를 의미하는 &를 붙이기만 하면 된다. 이때

포인터와 마찬가지로 괄호를 반드시 붙여야만 한다.

```
int (&ref)(int, int) = Sum;// 함수에 대한 참조(Reference to Function)
int &ref(int, int);         // int 참조를 반환하는 ref 함수의 프로토타입
```

괄호를 붙이지 않으면 참조를 반환하는 함수의 프로토타입이 되는데 참조를 반환한다는 개념에 대해서는 잠시 후에 살펴볼 것이다.

함수 포인터와 함수 참조의 사용 방법은 동일하다. 그냥 기존 함수를 사용하듯이 동일하게 사용하면 된다. 함수 포인터의 경우 포인터의 개념에 따라 (*ptr)(3, 4)와 같이 역참조 연산자를 사용할 수도 있다. 그러나 함수 포인터는 함수 이름과 동일하게 사용할 수 있으므로 굳이 역참조 연산자를 사용할 필요가 없다.

다음은 함수 포인터와 관련된 보다 복잡한 배열 및 포인터 타입의 예이다. 함수 포인터 또한 앞서 배운 배열과 포인터의 관계에 따라 보다 복잡하게 사용될 수 있다.

```
int (*ptr[3])(int, int); // Array[3] of Pointer to Function(int (int, int))
                         // (int (int, int)) 함수를 가리키는 포인터 변수의 1차원 배열[3];
int (*(*ptr)[3])(int, int); // 원소가 함수 포인터(int (*)(int, int))인
                            // 1차원 배열[3]을 가리키는 포인터
```

배열이나 포인터와 같은 다양한 타입에 대한 참조를 선언할 수도 있다. 다음은 다양한 배열 및 포인터에 대한 참조 변수의 선언 예이다.

```
int ary1[3];    int (&r_ary1)[3] = ary1;       // Reference to Array of ...
int ary2[3][4]; int (&r_ary2)[3][4] = ary2;    // Reference to Array of ...
int *ptr1;      int *&r_ptr1 = ptr1;           // Reference to Pointer to ...
int **ptr2;     int **&r_ptr2 = ptr2;          // Reference to Pointer to ...
int (*ptr3)[3]; int (*&r_ptr3)[3] = ptr3;      // Reference to Pointer to ...
int *ary3[3];   int *(&r_ary3)[3] = ary3;      // Reference to Array of ...
```

참조 기호(&)가 들어 있을 때도 해당 변수에 대한 타입을 읽는 방법은 앞서 배운 복잡한 타입의 변수를 해석하는 방법과 동일하다. 괄호 우선 그리고 변수명과 가까운 타입을 우선하여 영어로 읽은 후 이를 다시 우리말로 해석하면 된다.

예제 3.19 | 값에 의한 전달 vs. 참조에 의한 전달

두 변수의 값을 교환하기 위해 Swap이라는 함수를 다음 프로그램과 같이 만들어 사용하였다. 이 프로그램의 문제점이 무엇인지 살펴보고 해결 방안을 찾아보도록 하자.

```
1  void Swap(int x, int y)     // 값에 의한 전달
2  {
3      int temp = x;           // x와 y의 값 교환
4      x = y;
5      y = temp;
6  }
7
8  int main()
9  {
```

```
10      int num1 = 3, num2 = 4;
11      cout << "교환 전 : num1 = " << num1 << ", num2 = " << num2 << endl;
12
13      Swap(num1, num2);       // 교환
14      cout << "교환 후 : num1 = " << num1 << ", num2 = " << num2 << endl;
15
16      return 0;
17  }
```

- **실행 결과**

```
교환 전 : num1 = 3, num2 = 4
교환 후 : num1 = 3, num2 = 4
```

1~6라인의 Swap 함수에서는 x와 y의 값을 서로 교환하고 있다. 5라인이 실행된 후에는 분명히 x와 y의 값이 교환되어 있을 것이다. 그런데 13라인에서 num1과 num2의 변수를 교환하기 위해 Swap 함수를 호출한 후, num1과 num2의 값을 출력해 보면 실행 결과와 같이 값이 교환되지 않았다는 것을 알 수 있다. 변수 num1, num2 그리고 x, y의 메모리 구조는 [그림 3.9]와 같다.

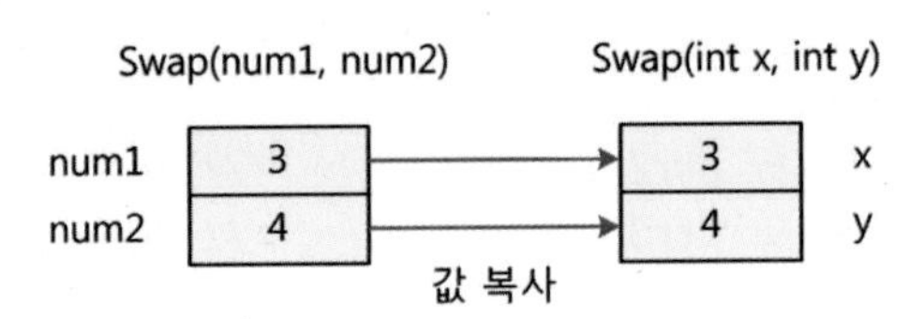

○ 그림 3.9 **매개변수 전달 : 값에 의한 전달**

변수 x와 y는 변수 num1과 num2의 값만 복사해 올 뿐 서로 별개의 변수인 것이다. 따라서 변수 x와 y의 값을 서로 교환하더라도 num1과 num2의 값은 전혀 변함이 없다. 이와 같은 매개변수 값의 전달 방식을 흔히 값에 의한 전달(call by value)이라고 한다.

그런데 이 예제에서는 Swap 함수가 실행된 후에 num1과 num2의 값이 서로 교환되어 있기를 원하고 있다. 어떻게 해야 할까? C++에서는 두 가지 방법을 고려해볼 수 있다. 첫 번째는 참조에 의한 전달이고 두 번째는 주소값의 전달이다.

참조에 의한 전달(call by reference)은 변수를 참조 변수로 받는 것이다. 다음 코드를 보면 1라인에서 x, y의 변수를 참조 변수로 선언한 것을 알 수 있다. 이 경우 x는 num1과 동일한 변수가 되고 y는 num2와 동일한 변수가 된다. 따라서 x, y의 값을 교환한다는 것은 num1과 num2의 값을 교환하는 것과 같다. 1라인 외에는 모두 동일하다. 수정 후 실행해 보라. num1과 num2의 값이 서로 교환되어 있는 것을 확인할 수 있을 것이다.

```
1  void Swap(int &x, int &y)        // 참조에 의한 전달
2  {
3      int temp = x;
4      x = y;
5      y = temp;
6  }
```

두 번째 방법은 값에 의한 전달의 일종으로 주소값을 전달하는 것이다. 주소값을 전달하기 때문에 당연히 포인터 변수로 받게 된다. 다음 코드를 보도록 하자.

```
1  void Swap(int *x, int *y)        // 주소값의 전달
2  {
3      int temp = *x;
4      *x = *y
5      *y = temp;
6  }
7
8  int main()
9  {
10     int num1 = 3, num2 = 4;
11     cout << "교환 전 : num1 = " << num1 << ", num2 = " << num2 << endl;
12
13     Swap(&num1, &num2);          // 교환
14     cout << "교환 후 : num1 = " << num1 << ", num2 = " << num2 << endl;
15
16     return 0;
17 }
```

13라인에서는 num1과 num2의 주소를 전달하고 있으며 이에 따라 1라인의 Swap 함수에서는 이 값들을 int 포인터 변수로 받고 있다. 변수 x와 num1, y와 num2의 관계는 [그림 3.10]과 같다. 여기서 num1과 num2는 각각 1000번지와 1004번지에 저장되어 있다고 가정하였다. 포인터 변수 x는 num1을 가리키게 되고 포인터 변수 y는 num2를 가리키게 된다. 따라서 x, y를 통해 num1과 num2의 값을 교환하기 위해서는 3~5라인과 같이 x, y에 대해 역참조 연산자를 사용해야 한다.

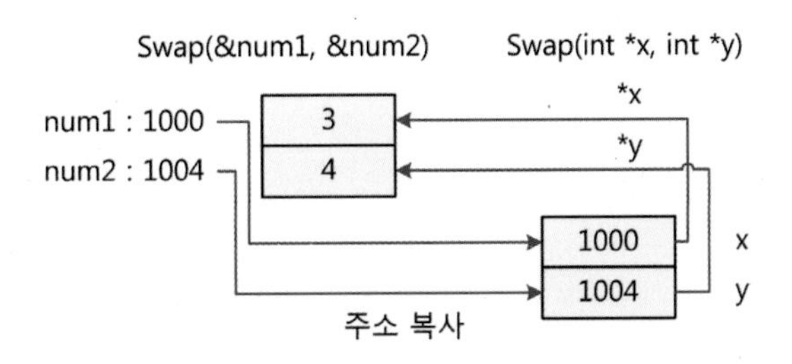

○ 그림 3.10 매개변수 전달 : 주소값의 전달

*C 언어에서는 참조의 개념이 없기 때문에 주소값의 전달 방식을 참조에 의한 전달이라고 부르기도 한다. 그러나 C++ 언어에서는 참조에 의한 전달은 말 그대로 변수를 참조로 받는 것을 의미하며, 주소값의 전달 방식은 값에 의한 전달의 일종으로 볼 수 있다. Swap 함수의 예와 같이 필요한 경우 참조에 의한 전달 방식을 사용할 것인지 또는 주소값의 전달 방식을 사용할 것인지를 결정하는 것은 프로그래머의 몫이다. 하지만 두 가지 방식의 코드를 살펴보면 알 수 있듯이 참조에 의한 전달을 사용하면 코드가 보다 간결해질 뿐만 아니라 새로운 변수를 만들고 복사하는 시간이 줄어들기 때문에 실행 시간 또한 빨라지게 된다. 따라서 이와 같이 둘 다 가능한 경우에는 참조에 의한 전달을 선호하는 경향이 있다.

+ Key

C 언어에서는 참조의 개념이 없기 때문에 주소값의 전달 방식을 참조에 의한 전달이라고 부르기도 한다. 그러나 C++ 언어에서는 참조에 의한 전달은 말 그대로 변수를 참조로 받는 것을 의미하며, 주소값의 전달 방식은 값에 의한 전달의 일종으로 볼 수 있다.

예제 3.20 | 1차원 배열의 매개변수 전달

1차원 배열을 매개변수로 전달 받아 모든 원소의 값을 합산한 결과를 반환하는 함수를 만들어 보자.

```
1   int Sum(int *ptr, int count)        // int Sum(int ptr[], int count)과 동일
2   {
3       int result = 0;
4       for (int i = 0; i < count i++)
5           result += ptr[i];           // 포인터는 배열처럼 사용
6       return result;
7   }
8
9   int main()
10  {
11      int ary[5] = { 1, 2, 3, 4, 5 }; // int 배열
12      int result = Sum(ary, 5);       // 배열의 첫 번째 주소와 원소의 개수 전달
13
14      cout << "합 : " << result << endl;
15
16      return 0;
17  }
```

• **실행 결과**

```
합 : 15
```

배열의 경우 해당 배열을 통째로 값에 의한 전달로 전달하는 방법은 없다. 그러면 배열을 매개변수로 전달하여 다른 함수에서 사용하려면 어떻게 해야 할까? 그렇다. 주소값을 넘기는 방법이 있다. 그것도 해당 배열의 첫 번째 원소의 주소를 전달하는 것이다. 12라인에서는 Sum 함수의 첫 번째 매개변수로 함수의 이름, 즉, 첫 번째 원소의 주소를 전달하고 있다. 따라서 1라인의 Sum 함수에서는 이 값을 int 포인터로 받

고 있는 것이다. 이를 그림으로 표현하면 [그림 3.11]과 같은데, 1차원 배열 ary의 시작 주소는 1000번지로 가정하였다.

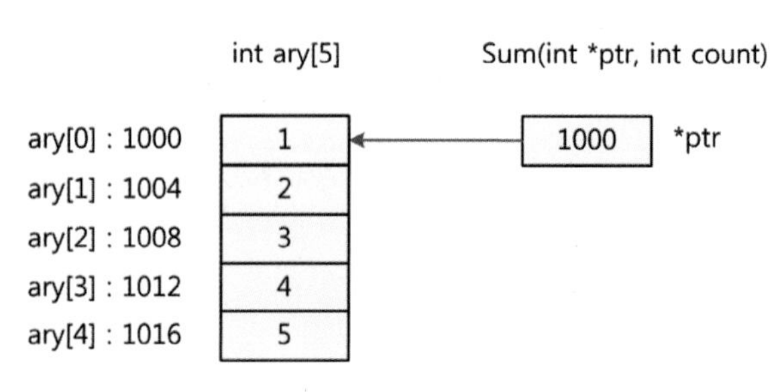

○ 그림 3.11 배열의 첫 번째 원소의 주소값 전달

포인터는 배열처럼 사용할 수 있다고 하였다. 따라서 1라인의 포인터 변수 ptr을 통해 ptr[0], ptr[1], ... 과 같이 11라인의 ary 배열과 동일한 방식으로 사용할 수 있다. 그런데 1라인의 Sum 함수에서 ary 배열의 첫 번째 원소의 주소만 전달받는다면 해당 배열에 포함된 원소의 개수를 알 수가 없다. 따라서 12라인에서 Sum 함수 호출 시 원소의 개수를 두 번째 매개변수로 전달하였다. 이제 1라인의 Sum 함수에서는 count 변수를 통해 ary 배열에 포함된 원소의 개수를 알 수 있게 되었다.

참고로 1라인 Sum 함수의 프로토타입은 다음과 같이 기술할 수 있는데 모두 동일한 의미이다.

```
int Sum(int ptr[], int count)
int Sum(int ptr[5], int count)
int Sum(int ptr[100], int count)
```

여기서 int ptr[]는 배열이 아니다. int *ptr과 동일하게 int 포인터를 의미하는 것이다. 단지 코드를 읽을 때 ptr 포인터 변수로 int 배열의 원소의 주소를 전달받는다는 것을 보다 쉽게 알 수 있도록 도와준다. 두 번째, 세 번째에서 int ptr[5], int ptr[100]과 같이 원소의 개수 자리에 값을 기술할 수도 있지만 이 값들은 모두 무시된다. 따라서 결국 int ptr[]와 같고 이는 또한 int *ptr과 같은 것이다. 그렇다고 해서 일반 변수 선언 시 int *ptr이라고 선언할 곳에 int ptr[]라고 선언할 수 있다는 것은 아니다. 함수의 매개변수를 기술하는 위치에서만 int *ptr과 int ptr[]는 동일한 의미를 갖는 표현이다.

예제 3.21 | 2차원 배열의 매개변수 전달

2차원 배열을 매개변수로 전달 받아 모든 원소의 값을 합산한 결과를 반환하는 함수를 만들어 보자.

```
1   int Sum(int (*ptr)[4], int count)
2   {
3       int result = 0;
4       for (int i = 0; i < count i++)
5       {
6           for (int j = 0; j < 4; j++)
7               result += ptr[i][j];        // 포인터는 배열처럼 사용
8       }
```

```
9         return result;
10    }
11
12    int main()
13    {
14        // ary : 2차원 배열
15        int ary[3][4] = { { 1, 2, 3, 4 }, { 5, 6, 7, 8 }, { 9, 10, 11, 12 } };
16        int result = Sum(ary, 3);            // ary는 ary[0]의 주소
17
18        cout << "합 : " << result << endl;
19
20        return 0;
21    }
```

• **실행 결과**

```
합 : 78
```

[예제 3.20]을 통해 1차원 배열을 함수의 매개변수로 전달할 때 배열의 첫 번째 원소의 주소를 전달한다고 배웠다. 2차원 배열도 마찬가지이다. 2차원 배열의 첫 번째 원소의 주소를 전달하면 된다. 그런데 여기서 2차원 배열의 첫 번째 원소란 ary[0][0]이 아니라 ary[0]을 의미한다. 이 개념은 앞서 2차원 배열과 포인터의 관계를 설명할 때와 동일하다.

16라인에서 Sum 함수를 호출하면서 2차원 배열의 이름 ary를 전달하였다. 2차원 배열 이름 자체가 첫 번째 원소, 즉, ary[0]의 주소를 의미하기 때문에 첫 번째 원소의 주소값을 전달한 것이 된다. 그러면 ary[0]의 주소는 타입이 무엇일까? 2차원 배열 int ary[3][4]의 첫 번째 원소는 1차원 배열 int [4]가 되며 따라서 ary[0]의 타입은 (int [4])의 주소이므로 결국 (int (*)[4])가 된다. 이에 따라 1라인의 Sum 함수에서 첫 번째 매개변수 값을 int (*ptr)[4]로 받은 것이다. 이는 1차원 배열을 매개변수로 전달할 때와 마찬가지로 int ptr[][4]와 같이 기술할 수도 있다. 단, 마지막 원소의 개수인 4는 생략할 수 없다. 이 경우 Sum 함수에서 처리할 수 있는 2차원 배열의 행과 열 중 열의 개수는 4로 고정되며, 행의 개수는 전달되는 실제 2차원 배열에 따라 달라진다. 따라서 Sum 함수 내에서 행의 개수를 알기 위해서는 행의 개수 또한 매개변수로 전달해야만 하기 때문에 1라인에서는 이 값을 두 번째 매개변수 count로 받고 있다. 그 다음부터 ptr 포인터를 마치 2차원 배열과 동일하게 사용할 수 있다.

2차원 배열에 대한 매개변수 전달을 3차원 배열로 확장해 보자. int ary[3][4][5]라는 배열이 있을 경우 이 배열을 전달받아 합산하는 함수의 프로토타입을 기술하면 다음과 같다.

```
int Sum(int (*ptr)[4][5], int count)
```

ary의 첫 번째 원소를 매개변수로 전달받고 3차원 배열에 포함된 원소(2차원 배열)의 개수도 함께 전달받아야 한다. 이를 일반화하면 배열을 매개변수로 전달할 경우에는 해당 배열의 첫 번째 원소의 주소를 전달해야 하며, 배열명과 가장 가까운 원소의 개수를 제외한 모든 원소의 개수는 반드시 기술해 줘야 한다는 것이다.

이 예제에서 1라인에 있는 Sum 함수의 경우 불행히도 3행 4열, 5행 4열, 100행 4열과 같이 열의 개수가 4개인 2차원 배열에 대해서만 자연스럽게 적용이 가능하다. 그러면 임의의 행과 열을 가진 2차원 배열에 대해 모두 적용이 가능한 Sum 함수를 만들 수는 없을까? 한 가지 방법은 2차원 배열의 [0][0] 원소의 주소를 int 포인터로 전달받고 아울러 행과 열의 개수를 함께 전달받아 마치 1차원 배열인 것처럼 모든 원소의 값들을 합산하는 것이다. 이것은 2차원 배열이 사실상 내부적으로는 1차원 배열의 구조와 동일하기 때문에 가능한 것이다. 만약 이와 같이 int 포인터로 전달받은 2차원 배열을 1차원 배열처럼 사용하지 않고 그대로 2차원 배열과 같이 사용하고자 한다면 어떻게 해야 할까? 이것은 2차원 배열의 메모리 구조와 아울러 메모리 동적 할당 방법을 동원하면 쉽게 해결할 수 있다. 이에 대해서는 3.8절에서 메모리 동적 할당에 대해 설명할 때 함께 설명할 것이다.

예제 3.22 | 함수의 매개변수 전달

배열뿐만 아니라 함수를 매개변수로 전달하는 것도 가능하다. 이번에는 두 변수의 합을 반환하는 Sum 함수를 매개변수로 전달받는 Func 함수를 만들어 보도록 하자.

```
1   int Sum(int num1, int num2)
2   {
3       return (num1 + num2);
4   }
5
6   void ExecuteFunc(int (*Func)(int, int), int x, int y)
7   {
8       cout << "Func(Sum) 함수 실행 결과 : " << Func(x, y) << endl;
9   }
10
11  int main()
12  {
13      ExecuteFunc(Sum, 3, 4);
14
15      return 0;
16  }
```

- **실행 코드**

```
Func(Sum) 함수 실행 결과 : 7
```

13라인에서 ExecuteFunc 함수를 호출하면서 첫 번째 매개변수로 Sum 함수의 이름, 즉, Sum 함수의 주소를 전달하고 있다. 이에 따라 6라인에서 ExecuteFunc 함수의 첫 번째 매개변수로 Sum 함수를 받을 수 있는 함수 포인터 Func를 선언한 것이다. [예제 3.18]에서 이미 함수 포인터에 대해 배웠으므로 쉽게 이해할 수 있을 것이다. 참고로 6라인은 다음과 같이 포인터 기호를 제외한 문법도 허용하고 있다. 동일한 의미이며 함수 모양과 조금 더 유사하게 느껴질 수 있다.

```
void ExecuteFunc(int Func(int, int), int x, int y)
```

예제 3.23 | 값의 반환

다음 프로그램을 통해 값을 반환하는 원리에 대해 알아보자.

```
1   int Sum(int x, int y)
2   {
3       int z = x + y;
4       return z;                                   // 임시변수 생성
5   }
6
7   int main()
8   {
9       int num1 = 3, num2 = 4;
10      int result;
11
12      result = Sum(num1, num2);                   // 임시변수 사용(대입) 후 소멸
13      cout << result << endl;
14
15      return 0;
16  }
```

지역 변수가 반환될 경우에는 먼저 그 변수와 동일한 값을 가진 임시 변수가 만들어진다. 그리고 지역 변수는 사라지고 임시 변수가 반환된다. 함수 종료 후 지역 변수가 사라지는 것은 당연한 일이다. 반환된 임시 변수는 호출한 곳에서 사용된 후 메모리에서 사라지게 된다. 임시 변수는 말 그대로 임시로 생성된 것이기 때문에 자신의 역할을 다한 후에 사라지는 것 또한 당연한 일이다. 이 예제의 프로그램에서 값의 반환 절차는 다음과 같다.

1. **4라인**: z에 대한 임시변수 생성
2. **4라인**: 지역 변수 z 메모리 해제
3. **12라인**: 임시변수 전달
4. **12라인**: 임시변수 대입 후 임시변수 메모리 해제

대개는 프로그램 작성 시 값을 반환하는 것과 관련하여 이와 같이 복잡한 절차에 신경 쓸 필요는 없다. 그러나 여기서 배운 내용은 향후 배우게 될 클래스와 관련하여 값의 반환 시 세부적인 동작을 이해하는 데 큰 도움이 될 것이다.

예제 3.24 | 포인터(주소값)의 반환

[예제 3.23]의 Sum 함수는 int형 정수값을 반환하는 함수이다. 주소값 또한 값이라 할 수 있으므로 주소값을 반환하는 함수를 만들 수도 있다. 다음 프로그램은 주소값을 반환하는 함수 Sum을 포함하고 있다. 이 프로그램의 문제점이 무엇인지 살펴보도록 하자.

```
1   int *Sum(int x, int y)                      // 반환형 : int *
2   {
3       int z = x + y;
4       return &z;                              // z 변수의 주소 반환
5   }
6
7   int main()
8   {
9       int *result1 = Sum(1, 1);               // 결과는 2?
10      int *result2 = Sum(2, 2);               // 결과는 4?
11
12      cout << "result1 : " << *result1 << endl;   // 2?
13      cout << "result2 : " << *result2 << endl;   // 4?
14
15      return 0;
16  }
```

• **실행 결과**

```
result1 : 4
result2 : 1587245188
```

먼저 1~5라인의 Sum 함수를 보도록 하자. Sum 함수 내에서 z 변수를 선언하고 이 변수에 x와 y의 합을 저장한 후 z 변수의 주소값을 반환하고 있다. 따라서 Sum 함수의 반환 타입은 1라인과 같이 int 포인터가 된다. 9라인에서는 Sum 함수를 호출하여 z의 주소를 result1에 대입하였으며, 10라인에서도 z의 주소를 result2에 저장하였다. 개념상으로는 result1과 result2 포인터가 각각 자신의 z 변수를 가리키고 있는 모양이 된다. 12, 13라인의 출력 결과를 예상해 보자. 문제가 없다면 result1의 결과는 2가 되고 result2의 결과는 4가 될 것이다. 그러나 실행 결과를 보면 그렇지 않다. result1의 결과가 4이고 Result2의 결과는 이상한 값이다.

문제는 Sum 함수 내의 z 변수가 지역 변수라는 것이다. 따라서 Sum 함수가 종료된 후에는 지역 변수인 z는 무효화된다. 두 번째 Sum 함수 호출 시 생성된 z 변수는 첫 번째 호출 시의 z 변수가 무효화됨에 따라 동일한 메모리를 차지하게 되고 값은 4가 되는 것이다. 결국 result1 포인터나 result2 포인터 모두 동일한 메모리를 가리키게 된다. result1과 result2의 값을 출력해 보면 동일한 주소를 가리키고 있음을 확인할 수 있을 것이다. 그렇다면 *result1과 *result2는 모두 4가 출력되어야 한다. 그런데 *result1의 결과는 4가 되었지만 *result2의 결과는 그렇지 않다. 그 이유는 첫 번째 cout 문장이 실행될 때 그 내부에서 필요한 변수를 선언하고 사용하게 되는데, z 변수가 이미 무효가 되었으므로 다시 z 변수의 메모리를 사용하게 된다. 그러므로 두 번째 cout 문에서는 동일한 메모리 위치의 값을 출력하지만, 첫 번째 cout 문에 의해 변경된 값을 출력하게 되는 것이다. 참고로 출력 연산자 <<를 동반하는 cout 문은 함수의 일종으로서 앞으로 배울 객체지향 프로그래밍의 핵심 내용이라 할 수 있다. 아직은 이해하기 힘들겠지만 클래스를 배우면서 자연스럽게 이해할 수 있을 것이다.

주소값의 반환과 관련한 이 예제의 핵심은 지역 변수의 주소를 반환해서는 안 된다는 것이다. 다행히 대부분의 컴파일러가 이와 같은 경우를 쉽게 찾아낼 수 있으므로 컴파일 시 경고를 통해 이 사실을 알려 줄 것이다.

다시 한 번 정리하면, 변수의 주소값을 반환할 때는 해당 함수가 종료된 후에도 그 주소의 변수가 유효해야만 한다는 것이다. 예를 들어, 다음 코드와 같이 변수 z를 전역 변수로 선언하면 Sum 함수가 반환된 후에도 z 변수는 유효하게 된다. 물론 이 예제의 완전한 해결책은 아니며 단지 주소값 반환 시 주의 사항에 대한 설명을 위한 코드이다.

```
1  int z;              // 전역 변수
2
3  int *Sum(int x, int y)
4  {
5      z = x + y;
6      return &z;      // z 변수의 주소 반환
7  }
```

다음 코드의 경우에도 Sum 함수가 반환된 후에도 z 변수는 유효하게 된다. z 변수는 매개변수로 넘어온 num1 변수에 대한 참조 변수이기 때문에 num1과 동일한 변수이다. 따라서 num1 변수는 main 함수의 지역 변수로서 Sum 함수가 반환된 후에도 여전히 사용 가능하게 된다.

```
1  int *Sum(int &z, int x, int y)
2  {
3      z = x + y;
4      return &z;      // z의 주소 = num1의 주소
5  }
6
7  int main()
8  {
9      int num1;
10     int *result1 = Sum(num1, 1, 1);
11
12     return 0;
13 }
```

변수의 주소값을 반환하는 또 다른 상황은 동적으로 할당된 메모리의 주소를 반환하는 것이다. 이는 메모리 동적 할당과 관련된 것으로 3.8절을 학습한 후 [연습 문제 3.21]을 통해 연습해 보기 바란다.

예제 3.25 | 참조의 반환

지금까지 값의 반환에 대해 살펴보았다. C++에서는 값뿐만 아니라 변수 그 자체를 반환하는 것이 가능하며 이를 참조의 반환이라고 한다. 다음 프로그램은 참조를 반환하는 예이다. 그러나 이 프로그램 또한

[예제 3.24]와 동일한 문제를 가지고 있다. 무엇이 문제인지 다시 한 번 살펴보도록 하자.

```
1
2   int &Sum(int x, int y)                        // 반환형 : int & 참조
3   {
4       int z = x + y;
5       return z;                                 // z 변수 그 자체 반환
6   }
7
8   int main()
9   {
        int &result1 = Sum(1, 1);                 // int result1 = Sum(1, 1);
10      int &result2 = Sum(2, 2);                 // int result2 = Sum(2, 2);

11      cout << "result1 : " << result1 << endl;  // 2?
12      cout << "result2 : " << result2 << endl;  // 4?
13
14      return 0;
15  }
16
```

• **실행 결과**

```
result1 : 4
result2 : 1544908932
```

[예제 3.24]와 매우 유사하다. 4라인을 보면 z값을 반환하는 것처럼 보이지만 1라인을 보면 Sum 함수의 반환형이 int &라고 되어 있다. 즉, Sum 함수는 z의 값을 반환하는 것이 아니라 z 변수 그 자체를 반환하는 것이다. 변수를 참조로 반환한다는 것은 바로 이러한 경우를 얘기하는 것이다. 바로 반환형이 참조 타입인 경우이다.

만약 반환형이 그냥 int이고 반환되는 대상이 int &y = x;에서 y라고 가정해 보자. return y;와 같이 반환하는 것이다. 겉으로 보기에는 참조 변수 y를 반환하기 때문에 참조의 반환으로 생각할 수 있지만 참조 변수는 처음 태어난 후로는 일반 변수와 같다고 했다. 중요한 것은 반환형이 그냥 int이기 때문에 y의 값, 즉, y는 x와 같으므로 x의 값을 반환하는 값의 반환이 된다는 것이다. 다시 한 번 말하지만 참조의 반환이란 반환형이 참조 타입인 경우를 의미한다.

그런데 이 예제의 실행 결과를 보면 [예제 3.24]와 마찬가지로 이상한 결과가 출력됨을 알 수 있다. 원인 또한 [예제 3.24]와 동일하다. 9라인에서 참조 변수 result1은 z 변수를 참조하게 되지만 z 변수는 바로 무효화된다. 10라인에서 참조 변수 result2 또한 z 변수를 참조하게 되는데, 이전에 생긴 z 변수와 동일한 메모리가 되기 때문에 result1과 result2 모두 같은 위치에 대한 참조 변수가 되는 것이다. 따라서 result1의 결과 값은 4가 되고 cout 문장이 실행되면서 동일한 메모리의 값이 변경되어 result2의 값이 이상하게 변하게 된다.

물론 9, 10라인을 주석과 같이 변경하면 문제없이 실행된다. 이때는 result1과 result2 변수가 z 변수와는 다른 변수이기 때문에 결과 값을 저장한 후 더 이상 z 변수를 필요로 하지 않는다. 그렇다 하더라도 지

역 변수를 참조로 반환하는 것은 여전히 부자연스러운 일이라 할 수 있다.

결론적으로 참조의 반환에 있어서도 포인터의 반환과 마찬가지로 지역 변수를 참조로 반환하는 것은 올바른 사용이 아니다. 다행히 대부분의 컴파일러가 이와 같은 경우 또한 쉽게 찾아낼 수 있으므로 컴파일 시 경고를 통해 이 사실을 알려줄 것이다.

그렇다면 참조를 전달하는 유효한 경우란 어떤 경우를 말하는 것일까? 이 또한 포인터의 반환과 동일하다. 첫 번째 경우는 다음 코드와 같이 전역 변수를 참조로 반환하는 경우이다.

```
1   int z;                              // 전역 변수
2
3   int &Sum(int x, int y)              // 참조의 반환
4   {
5       z = x + y;
6       return z;                       // z 변수 그 자체 반환
7   }
```

두 번째는 다음 프로그램과 같이 참조로 전달한 변수를 또 다시 참조로 반환하는 것이다.

```
1   int &Min(int &x, int &y)           // 매개변수 참조 전달 및 참조 반환
2   {
3       return ((x < y) ? x : y);
4   }
5
6   int main()
7   {
8       int num1 = 3, num2 = 4;
9       Min(num1, num2) = 5;
10      cout << "num1 = " << num1 << endl;
11      cout << "num2 = " << num2 << endl;
12
13      return 0;
14  }
```

두 경우 모두 Sum 또는 Min 함수가 종료된 후 반환된 변수가 사라지는 것이 아니기 때문에 유효한 상황이라 할 수 있다.

그런데 두 번째 프로그램에서 재미있는 상황을 보여주고 있다. 함수 호출문인 Min(num1, num2)가 대입문의 왼쪽에 와 있는데 이러한 것이 가능한 것일까? C 언어에서는 함수 호출문이 대입문의 왼쪽에 올 수 없다. 그러나 C++에서는 이것이 가능하다. 바로 참조로 전달받기 때문에 가능한 것이다. Min(num1, num2)의 결과로 num1과 num2 중 작은 값을 가지고 있는 변수 num1 그 자체가 반환되고 결국, num1 = 5라는 대입문이 실행된다. 따라서 최종적으로 num1, num2의 값은 5, 4가 되는 것이다.

여기서 보여준 참조의 반환 예들은 실용적인 예들은 아니며 단지 설명을 위한 것이다. 사실상 참조의

반환은 참조의 매개변수 전달보다는 드물게 사용되는 편이지만, 향후 배우게 될 C++의 핵심인 클래스 단위의 프로그램을 작성할 때 유용하게 활용될 것이다. 구체적으로는 9장에서 클래스와 관련된 연산자 오버로딩 구현 시 다시 한 번 참조의 반환이 적용된 예를 경험하게 될 것이다.

예제 3.26 | 참조 반환의 예

다음 프로그램은 참조를 반환하는 한 가지 예이다. 이 예제를 통해 참조의 반환에 대한 동작 원리를 다시 한 번 이해하도록 하자.

```
1   int &GetArray(int *ary, int index)      // 참조 반환
2   {
3       return ary[index];                  // index에 해당하는 변수 자체 반환
4   }
5
6   int main()
7   {
8       int i;
9       int ary[5];
10
11      for (i = 0; i < 5; i++)
12          GetArray(ary, i) = i;           // ary[i] = i;와 동일
13
14      for (i = 0; i < 5; i++)
15          cout << "ary[" << i << "] " << GetArray(ary, i) << endl;
16
17      return 0;
18  }
```

• **실행 결과**

```
ary[0] 0
ary[1] 1
ary[2] 2
ary[3] 3
ary[4] 4
```

이 예제의 프로그램은 문제없이 실행이 가능하다. 1라인의 GetArray 함수는 배열 원소 그 자체를 반환하고 있다. 따라서 12라인에서의 GetArray(ary, 0)이라는 것은 바로 ary[0]을 의미하는 것이다. 이와 같은 방식을 통해 12라인에서는 각 원소의 값을 해당 index 값으로 채우고 있으며 15라인에서는 마찬가지 원리를 이용하여 각 원소의 값을 출력하고 있다. 물론 이 예제 자체는 실용적인 예가 아니지만 추후 보다 실용적인 프로그램을 작성하기 위해 이와 같은 원리를 사용할 것이다.

연습문제 | 3.15

다음과 같은 2개의 함수가 있다. 이 함수들을 가리키는 함수 포인터 ptr_func 배열을 만들고 첫 번째 원소는 Add 함수를 가리키도록 하고, 두 번째 원소는 Sub 함수를 가리키도록 하라. 그리고 ptr_func 배열의 원소를 통해 Add 함수와 Sub 함수를 호출해 보라. Add 함수는 두 수의 합을 반환하고 Sub 함수는 차를 반환하면 된다.

```
int Add(int x, int y);
int Sub(int x, int y);
```

Note

연습문제 | 3.16

다음 프로그램은 3개의 변수 x, y, z에 대한 특정 함수의 최대값을 구하는 프로그램으로 각 변수의 범위는 1부터 100까지인 것으로 가정한다. 예를 들면 $f(x, y, z) = 2x + y^2 - z$라는 함수가 있을 때, x, y, z의 값이 어떤 값일 때 f(x, y, z)의 값이 최대값이 되는지를 확인하기를 원하는 것이다. 그런데 이 프로그램에서는 1라인에 함수 포인터 Evaluation을 선언하고 7라인에서 여기에 MyFunc라는 함수를 대입해 줌으로써 18라인의 Evaluation 실행 시 MyFunc 함수가 실행되도록 하였다. 즉, 이 프로그램을 완성하기 위해서는 MyFunc 함수를 작성해야 한다. 이때 x, y, z 변수에 대한 함수(f(x, y, z))는 자유롭게 기술해도 된다.

이 프로그램의 핵심은 MyFunc 함수만 자신의 용도에 맞게 작성하면 된다는 것이고 프로그램의 다른 부분은 수정할 필요가 없다는 것이다. 종종 이와 같은 방식을 통해 라이브러리를 만들고 추후 용도에 맞게 필요한 함수를 추가해서 사용하는 경우가 있다.

```
1   double (*Evaluation)(double, double, double);
2
3   // MyFunc 함수를 작성하라!
4
5   int main()
6   {
7       Evaluation = MyFunc;                       // Evaluation을 통해 MyFunc 실행
8
9       int max_x = 0, max_y = 0, max_z = 0;  // 최대값일 때의 x, y, z 저장
10      double max_value = 0;                      // 최대값
11
```

```
12      for (int x = 1; x <= 100; x++)
13      {
14          for (int y = 1; y <= 100; y++)
15          {
16              for (int z = 1; z <= 100; z++)
17              {
18                  double cur_value = Evaluation(x, y, z);
19                  if (cur_value > max_value)
20                  {
21                      max_value = cur_value;
22                      max_x = x; max_y = y; max_z = z;
23                  }
24              }
25          }
26      }
27
28      cout << "최대값 : " << max_value << endl;
29      cout << "x : " << max_z << ", y = " << max_y << ", z = " << max_z << endl;
30
31      return 0;
32  }
```

Note

연습문제 | 3.17

main 함수와 실행 결과를 보라. main 함수에는 max, min 변수가 있다. MaxMin 함수를 호출할 때 max와 min 변수를 매개변수로 전달하게 된다. 그런데 MaxMin 함수를 호출한 후에는 max 변수는 max와 min 값 중 큰 값으로 설정되고 min 변수는 작은 값으로 설정되어야 한다. 이렇게 될 수 있도록 MaxMin 함수를 작성해 보라. 7라인의 MaxMin 함수 호출이 주석으로 처리된 부분과 같이 변경될 경우의 MaxMin 함수도 작성해 보라.

```
1   int main()
2   {
3       int max, min;
4       cout << "2개의 정수 입력 : ";
5       cin >> max >> min;
```

```
6
7       MaxMin(max, min);       // MaxMin(&max, &min);
8
9       cout << "최대값 : " << max << endl;
10      cout << "최소값 : " << min << endl;
11
12      return 0;
13  }
```

- **실행 결과**

```
2개의 정수 입력 : 3 4
최대값 : 4
최소값 : 3
```

Note

연습문제 | 3.18

int 포인터 변수 ptr1과 ptr2는 각각 변수 x와 y를 가리키고 있다. 7라인에서 Swap 함수를 실행한 후에는 각각 y와 x를 가리키도록 Swap 함수를 만들고 이 함수를 호출해 보라.

[예제 3.19]에서 int 변수의 값을 교환하기 위해 int 포인터 변수를 사용하거나 참조 변수를 사용해야 함을 배웠다. 마찬가지로 int 포인터 변수의 값을 교환하기 위해서는 이중 포인터(int **)를 사용하거나 참조 변수를 사용해야 한다. 각각의 경우에 대해 Swap 함수를 만들고 7라인에서 해당 함수를 호출해 보도록 하라.

```
1   int main()
2   {
3       int x = 3, y = 4;
4       int *ptr1 = &x, *ptr2 = &y;
5
6       // Swap 함수를 호출하라.
7
8
9       cout << "*ptr1 : " << *ptr1 << endl;
```

```
10      cout << "*ptr2 : " << *ptr2 << endl;
11
12      return 0;
13  }
```

- 실행결과

```
*ptr1 : 4
*ptr2 : 3
```

Note

연습문제 | 3.19

int형 1차원 배열을 매개변수로 전달받아 원소의 값들을 오름차순으로 재정렬하는 함수를 작성해 보라.

```
1   int main()
2   {
3       int ary[5] = { 6, 3, 9, 2, 7 };
4       Sort(ary, 5);
5
6       for (int i = 0; i < 5; i++)
7           cout << ary[i] << " ";
8
9       return 0;
10  }
```

- 실행 결과

```
2 3 6 7 9
```

Note

3.7 const와 포인터, 참조

const와 포인터

const 상수의 개념과 const 상수를 선언하고 사용하는 방법에 대해서는 이미 알고 있다. 다음과 같이 PI 변수를 선언하게 되면 PI는 상수가 되어 이후로는 변경이 불가능하게 된다.

```
const double PI = 3.14;
```

const 상수는 이와 같이 프로그래머의 실수에 의해 변경되지 않아야 될 변수의 값이 변경되는 경우를 방지할 수 있다. 또한 다음과 같이 함수의 형식매개변수를 const로 선언함으로써 함수 내에서 해당 매개변수를 변경하지 못하도록 제한할 수 있다. 만약 프로그래머가 Sum 함수 내에서 x 또는 y를 변경하려고 시도한다면 컴파일러에 의해 에러로 처리된다.

```
int Sum(const int x, const int y) { return (x + y); }
```

const 형식매개변수를 사용하는 또 하나의 장점은 실매개변수가 일반 변수일 때뿐만 아니라 const 상수인 경우에도 전달받아 처리가 가능하다는 것이다. 만약 형식매개변수를 const로 선언하지 않는다면 const 상수가 실매개변수인 경우는 처리할 수 없다. 기본적인 const 상수의 개념 및 사용 방법은 여기까지이다. 비교적 간단하고 쉬운 편이다. 그러나 const 상수와 포인터 변수가 결합될 경우 이해하는 데 약간의 어려움이 있을 수 있다.

포인터 변수가 등장할 경우 이 포인터 변수와 관련된 변수는 두 가지가 존재한다. 자기 자신과 자신이 가리키는 다른 변수이다. 다음과 같은 코드를 살펴보자.

```
int num;
int *ptr = &num;
```

여기서 포인터 변수 ptr과 관련된 변수들 중 하나는 포인터 변수 ptr 그 자체이며 또 하나는 포인터 변수가 가리키고 있는 변수 num이다. 이런 측면에서 볼 때 포인터 변수의 값을 상수화한다는 것은 [그림 3.12]와 같이 두 가지 의미를 포함할 수 있다.

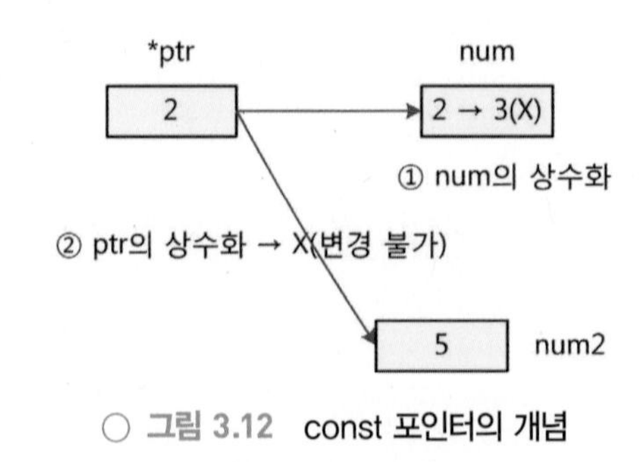

○ 그림 3.12 const 포인터의 개념

첫 번째는 포인터 변수 ptr을 통해 현재 ptr이 가리키는 변수의 값을 변경할 수 없다는 것이다. 이는 변수 num의 값을 변경할 수 없다는 뜻이 아니다. 당연히 변수 num을 통해 변경이 가능하며, 단지 ptr을 통한 변경이 불가능하다는 것이다. 두 번째는 포인터 변수의 주소값을 변경할 수 없다는 것이며, 이는 해당 포인터 변수가 가리키는 주소가 확정되면 그 이후로는 주소를 변경할 수 없음을 의미한다. 두 번째 경우에는 일반 const 상수가 그렇듯이 포인터 변수가 생성되면서 바로 특정 주소값으로 초기화되어야만 한다.

첫 번째, 포인터 변수가 가리키는 변수의 상수화는 다음과 같은 구문을 사용하면 된다.

```
const int *ptr = &num;
```

두 번째, 포인터 변수 그 자체의 상수화를 위해서는 다음과 같은 구문을 사용하면 된다.

```
int * const ptr = &num;        // 반드시 초기화되어야 함
```

예제 3.27 | const와 포인터의 사용 예

이 예제는 포인터와 관련된 const의 사용 예를 보인 것으로서 에러가 발생할 수 있는 상황에 대해서는 주석 처리를 하였다.

```
1   int main()
2   {
3       int var1 = 1;
4       int var2 = 2;
5
6       const int *ptr1;          // const 포인터
7       //int * const ptr2;       // 에러, 초기화되어야 함
8       int * const ptr2 = &var1;
9
10      ptr1 = &var1;
11      ptr1 = &var2;
12      //*ptr1 = 5;              // 에러, 가리키고 있는 변수 값 변경 불가
13      var2 = 4;                 // var2를 통해서는 수정 가능
14
15      *ptr2 = 3;
16      //ptr2 = &var2;           // 에러, 다른 변수를 가리킬 수 없음
17
18      cout << "var1 : " << var1 << endl;
19      cout << "var2 : " << var2 << endl;
20
21      return 0;
22  }
```

- **실행 결과**

```
var1 : 3
var2 : 4
```

6라인의 ptr1 포인터는 자신이 가리키는 변수를 바꿀 수는 있지만 ptr1을 사용하여 현재 가리키고 있는 변수의 값을 변경할 수 없다. 8라인의 ptr2 포인터는 현재 자신이 가리키는 변수의 값을 변경할 수는 있지만, 다른 변수를 가리킬 수는 없으며 ptr2 포인터 변수 선언 시 반드시 초기화해야만 한다. 예제에는 나타나 있지 않지만 const 키워드를 두 군데 모두 추가한다면 포인터 변수의 주소값 자체도 변경할 수 없고 포인터 변수가 가리키는 변수의 값도 변경할 수 없게 된다.

예제 3.28 | const와 참조

const 포인터뿐만 아니라 const 참조도 만들어 사용할 수 있다. 이 예제를 통해 const 참조의 용도를 알아보도록 하자.

```
1   int Sum(const int &x, const int &y)      // x, y는 변경 불가능
2   {
3       return (x + y);
4   }
5
6   int main()
7   {
8       int num1 = 3;
9       int num2 = 4;
10
11      cout << Sum(num1, num2) << endl;
12
13      return 0;
14  }
```

1라인에서는 첫 번째 매개변수와 두 번째 매개변수를 참조 변수로 받고 있다. 따라서 11라인에서 전달된 num1과 x, num2와 y는 완전히 동일한 변수이다. 만약 Sum 함수 내에서 x의 값을 변경하면 당연히 num1의 값이 변경되는 것이다. 그런데 1라인에서 x와 y를 const로 선언하였다. 여전히 num1과 x, num2와 y는 동일한 변수이다. 그러나 x와 y가 const로 선언되어 있기 때문에 Sum 함수 내에서 x나 y의 값을 변경시킬 수는 없다. 만약 x 또는 y의 값을 변경시키려고 하면 컴파일 에러가 발생하게 된다.

C++에서는 실행 속도를 향상시키기 위해 매개변수 전달 시 값에 의한 전달보다 참조에 의한 전달을 사용하는 경우가 많다. 참조에 의한 전달을 사용하는 경우 형식매개변수와 실매개변수는 동일한 것이기 때문에 형식매개변수의 값을 변경하면 당연히 실매개변수가 변경되는 것임에 주의해야 한다. 만약 참조에 의한 전달을 사용하지만 형식매개변수의 값이 변경되지 않는다는 것을 보장해 주고 싶다면 1라인과 같이 const 참조를 사용하면 된다.

연습문제 | 3.20

다음 프로그램에서 Print 함수는 첫 번째 매개변수로 int형 배열을 받고 있다. 그런데 const 포인터로 선언하고 있다. 여기서 프로그래머가 const로 선언한 의도가 무엇인지 설명해 보라.

만약 이 프로그램에서 Print 함수의 const 키워드를 삭제한다면 컴파일이 되지 않을 것이다. 왜 컴파일이 되지 않는지 그 이유도 함께 설명해 보라.

```
1   void Print(const int *ary, int count)
2   {
3       for (int i = 0; i < count i++)
4           cout << ary[i] << " ";
5       cout << endl;
6   }
7
8   int main()
9   {
10      const int ary1[3] = { 1, 2, 3 };
11      int ary2[5] = { 4, 5, 6, 7, 8 };
12
13      Print(ary1, 3);
14      Print(ary2, 5);
15
16      return 0;
17  }
```

Note

3.8 메모리 동적 할당

메모리 동적 할당의 의미와 방법

지금까지 포인터를 실용적으로 사용한 예로는 함수 호출 시 주소값을 매개변수로 전달하는 방법이 있었다. 메모리 동적 할당은 주소값의 매개변수 전달과 더불어 포인터를 보다 실용적으로 사용할 수 있는 대표적인 방법이라 할 수 있다. 우리는 3.2절을 통해 지역 변수는 스택 영역에 저장되고 전역 변수는 데이터 영역에 저장되며 코드는 코드 영역에 저장된다고 배웠다. 그리고 나머지 한 가지 영역이 힙 영역으로 바로 동적으로 할당받는 변수가 저장된다.

어떤 순간에 int 변수 1개가 필요하다면 어떻게 해야 할까? int num;과 같이 int 변수 하나를 선언하

+ **Key**

메모리 공간을 필요한 만큼 동적으로 할당받는 방법으로는 malloc 함수를 사용하는 방법과 new 연산자를 사용하는 방법이 있다.

고 사용하면 된다. 그런데 1개가 아니고 10개가 필요하다면 어떻게 해야 할까? int num[10];과 같이 배열을 선언해서 사용하면 된다. 하지만 변수가 필요하긴 한데 변수의 개수가 프로그램이 실행되는 도중에 결정된다면 어떻게 해야 될까? 예를 들면 사용자로부터 정수의 개수를 입력받거나 특정 조건을 만족할 때까지 정수값을 계속해서 읽어 들이는 상황을 생각해 보라. 프로그램을 작성하는 시점에는 몇 개의 변수가 필요한지 알 수가 없다. 메모리 동적 할당(memory dynamic allocation)이란 바로 이와 같은 상황에서 필요한 만큼의 메모리 공간을 확보하는 작업을 의미한다.

+메모리 공간을 필요한 만큼 동적으로 할당받는 방법으로는 malloc 함수를 사용하는 방법과 new 연산자를 사용하는 방법이 있다. malloc 함수는 C 언어의 라이브러리 함수로 C++ 언어에서도 사용할 수 있도록 되어 있으며, new 연산자는 C++ 언어에 새로 추가된 메모리 동적 할당 방법이다. 두 가지 중 어떤 것을 사용해도 무방하지만 C++ 프로그래밍 시에는 주로 new 연산자를 사용하고 있다.

두 가지 모두 힙 영역의 메모리를 확보하고 해당 메모리의 시작 주소를 반환하게 된다. 그런데 해당 메모리에는 이름이 없다. 따라서 그 메모리에 접근하기 위해서는 메모리 주소를 저장하는 포인터 변수를 동원해야만 한다. 포인터 변수로 동적으로 할당받은 메모리를 가리킬 수만 있다면 그 다음부터의 해당 메모리 사용 방법은 포인터 변수의 사용 방법과 동일하다. 다음은 malloc 함수와 new 연산자를 사용하여 메모리를 동적으로 할당한 예를 보여주고 있다.

```
① int *ptr = (int *) malloc(4);                  // 4바이트 메모리를 ptr이 가리킴
② int *ptr = (int *) malloc(sizeof(int) * 1);  // ①과 동일
③ int *ptr = (int *) malloc(sizeof(int) * 10); // 40바이트 메모리를 ptr이 가리킴
④ int *ptr = new int;                            // ①과 동일
⑤ int *ptr = new int[10];                        // ③과 동일
```

위의 예와 같이 new 연산자를 사용할 경우 명시적 형변환이 필요 없다. 또한 sizeof(int)를 사용하지 않아도 되고, 대신 int[10]과 같이 배열 형태로 할당을 받으면 자동으로 int형 변수 10개를 저장할 수 있는 메모리가 할당된다.

new 연산자를 사용하는 또 한 가지 편리한 점은 메모리 할당과 동시에 초기화가 가능하다는 것이다. 단, 배열 형태로 할당받을 경우에는 초기화가 여전히 불가능하다. 다음은 int형 변수 하나를 할당받으면서 값을 100으로 초기화하는 예이다.

```
int *ptr = new int(100);
```

malloc을 사용하여 메모리를 할당한 경우 더 이상 해당 메모리를 사용하지 않는다면 free(ptr)과 같이 free 함수를 통해 메모리를 해제해야만 한다. 마찬가지로 new를 사용하여 메모리를 할당한 경우에는 다음과 같이 delete 연산자를 사용해야 한다.

```
delete ptr;
```

한 가지 주의할 사항은 배열 형태로 할당받은 경우에는 다음과 같이 delete []를 사용해야만 한다는

것이다. 만약 배열 형태로 할당받은 후 delete ptr과 같이 메모리를 해제하게 되면 첫 번째 원소의 메모리만 해제되고 나머지 원소들은 해제가 되지 않는다.

```
int *ptr = new int[5];
delete [] ptr;
```

예제 3.29 | 1개의 int 변수 동적 할당

int형 변수 하나를 동적으로 할당받고 포인터 변수에 대입하자. 이때 변수의 값은 100으로 초기화하자. 그리고 나서 포인터 변수를 사용하여 포인터 변수의 주소, 포인터 변수의 값(=동적으로 할당받은 변수의 주소), 동적으로 할당받은 변수의 값을 출력해 보자.

```
1   int main()
2   {
3       int *ptr = new int(100);        // int형 변수 동적 할당 및 100으로 초기화
4   
5       cout << "포인터 변수의 주소 : " << &ptr << endl;
6       cout << "포인터 변수의 값   : " << ptr << endl;
7       cout << "동적 변수의 값     : " << *ptr << endl;
8   
9       delete ptr;                     // 동적 메모리 해제
10  
11      return 0;
12  }
```

- 실행 결과

```
포인터 변수의 주소 : 003FFD64
포인터 변수의 값   : 0086C738
동적 변수의 값     : 100
```

포인터 변수를 통해 메모리를 동적으로 할당받기만 하면 그 이후로 포인터 변수의 사용 방법은 기존의 포인터 변수와 동일하다. 5라인에서 포인터 변수의 주소(&ptr)를 출력하고 있으며, 7라인에서는 포인터 변수가 가리키고 있는 동적으로 생성한 변수의 값(*ptr)을 출력하고 있다.

포인터 변수 ptr과 동적으로 생성된 변수의 관계를 그림으로 표현하면 [그림 3.13]과 같다. 동적으로 생성된 변수 자체에는 이름이 없지만 포인터 변수 ptr이 이 변수를 가리키고 있기 때문에 ptr을 통해 해당 메모리를 사용할 수 있다.

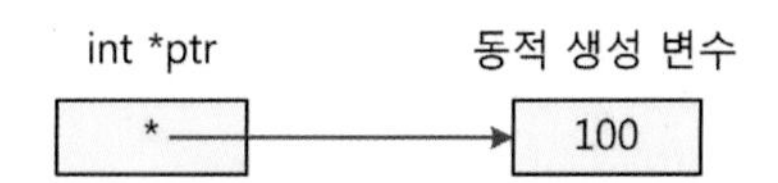

○ 그림 3.13 포인터 변수 ptr과 동적 생성 변수의 관계

예제 3.30 | 5개의 int 변수 동적 할당

int형 변수 5개를 동적으로 할당받고 각각 해당 원소의 인덱스로 값을 채워보자.

```
1   int main()
2   {
3       int *ptr = new int[5];      // int형 변수 5개 동적 할당
4   
5       for (int i = 0; i < 5; i++)
6           ptr[i] = i;             // 포인터를 통해 배열처럼 사용
7   
8       for (int i = 0; i < 5; i++)
9           cout << ptr[i] << " ";
10      cout << endl;
11  
12      delete [] ptr;              // 동적 할당 배열 해제
13  
14      return 0;
15  }
```

• **실행 결과**

```
0 1 2 3 4
```

3라인에서 int형 변수 5개를 동적으로 할당받고 있으며, 이는 [그림 3.14]와 같이 5개의 원소를 갖는 1차원 배열과 동일하다. 그 이후로는 포인터 변수 ptr을 통해 배열처럼 사용할 수 있음을 보여 주고 있다. 12라인에서 메모리 해제를 위해 delete []를 사용했음에 주의하도록 하라.

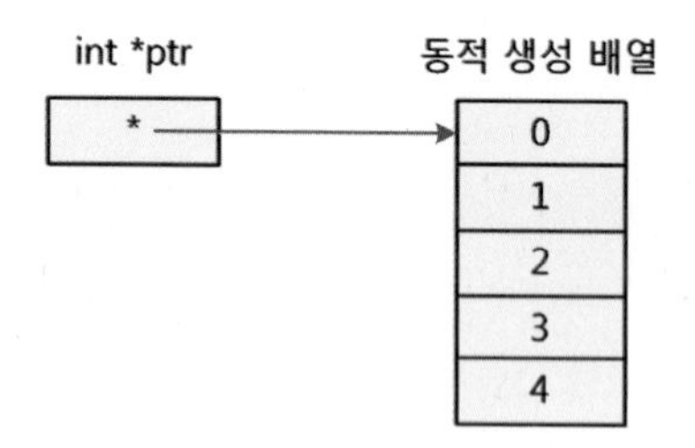

○ 그림 3.14 포인터 변수 ptr과 동적 생성 배열의 관계

예제 3.31 | 2차원 배열의 동적 할당

new와 delete를 사용하여 4행 5열의 배열을 동적으로 생성하고 행과 열의 값을 합한 값으로 각 원소를 채워보자. 이때 배열을 가리키는 포인터 변수로는 int **ptr;을 사용한다.

```
1   int main()
2   {
3       int **ptr;                  // int형 포인터에 대한 포인터
4       int i, j;
5       ptr = new int *[4];         // ptr[0], ..., ptr[3]이 int형 포인터
6
7       for (i = 0; i < 4; i++)
8           ptr[i] = new int[5];    // 각 포인터를 통해 int형 변수 5개 생성(4행 5열)
9
10      for (i = 0; i < 4; i++)
11          for (j = 0; j < 5; j++)
12              ptr[i][j] = i + j;  // 2차원 배열처럼 사용
13
14      for (i = 0; i < 4; i++)
15      {
16          for (j = 0; j < 5; j++)
17              cout << ptr[i][j] << "\t";
18          cout << endl;
19      }
20
21      for (i = 0; i < 4; i++)
22          delete [] ptr[i];
23      delete [] ptr;
24
25      return 0;
26  }
```

• **실행 결과**

```
0	1	2	3	4
1	2	3	4	5
2	3	4	5	6
3	4	5	6	7
```

문제가 조금 까다로워 보이지만 배열과 포인터의 관계 및 2차원 배열의 구조를 제대로 이해하고 있다면 크게 어렵지는 않을 것이다.

이 예제에서는 2차원 배열 int ptr[4][5]와 같이 사용할 수 있는 배열을 만들어야 한다. 3라인에서 int 포인터에 대한 포인터 변수 ptr을 선언하고 있다. 이 이중 포인터 변수를 통해 ptr[0], ptr[1], ptr[2], ptr[3] 포인터 변수를 동적으로 생성하여 가리키고, 각 포인터 변수를 통해 5개의 int 변수를 동적으로 생성하여 가리킴으로써 2차원 배열 역할을 하는 구조를 완성할 것이다. 이 구조를 그림으로 표현하면 [그림 3.15]와 같다.

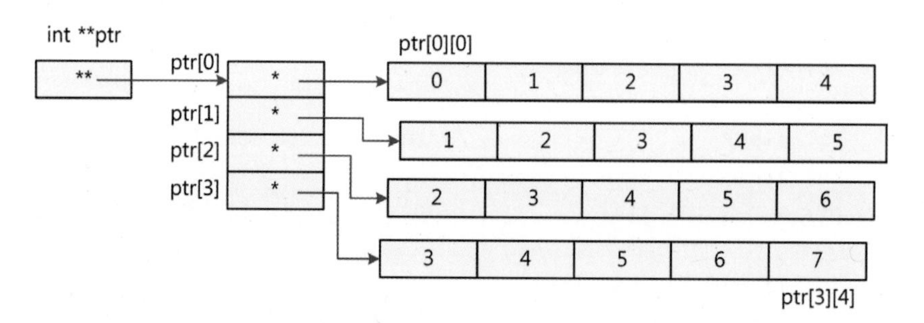

○ 그림 3.15 이중 포인터 변수 ptr과 동적 생성 변수의 관계

먼저 이중 포인터 ptr을 통해 5라인(ptr = new int *[4])에서 4개의 포인터를 생성하고 있다. ptr[0], ptr[1], ptr[2], ptr[3] 각각은 int형 포인터임에 유의하라. 그리고 8라인에서 ary[0]~ary[3] 각각의 포인터를 통해 int형 변수 5개를 동적으로 할당받고 있다. 이것을 통해 4행 5열의 배열이 완성된다. 그 다음부터는 이중 포인터 ptr을 통해 2차원 배열을 사용하듯이 사용하면 된다. 진짜 2차원 배열과는 구조가 다르지만 이중 포인터 변수를 통해 2차원 배열처럼 사용할 수 있는 구조를 만든 것이다. 21~23라인에서 동적으로 할당한 메모리를 해제하는 방법에 대해서도 유심히 살펴보도록 하라.

예제 3.32 | 매개변수로 전달된 2차원 배열 다루기

[예제 3.21]에서는 2차원 배열을 매개변수로 전달하는 방법에 대해 배웠었다. 그때 배웠던 바와 같이 기본적으로 2차원 배열을 매개변수로 전달하기 위해서는 열의 개수를 지정해 주어야만 하기 때문에 고정된 열의 개수를 가진 배열에 대해서만 처리가 가능하다. 여기서는 임의의 행과 열의 개수를 가진 배열을 처리할 수 있도록 만들어 보자. 2차원 배열의 모든 원소의 합을 반환하는 Sum 함수를 만들 것이다.

```
1   int Sum(int *ptr, int row, int column)
2   {
3       int **ary = new int *[row];          // row개의 int * 만들기
4       int result = 0;
5
6       for (int i = 0; i < row; i++)
7           ary[i] = ptr + (i * column);
            // ary[i] 별로 해당 row의 첫 번째 원소 주소 대입
8
9       for (int i = 0; i < row; i++)
10          for (int j = 0; j < column; j++)
11              result += ary[i][j];         // 2차원 배열처럼 사용 가능
12
13      delete [] ary;                       // 동적 메모리 해제
14
15      return result;
16  }
17
18  int main()
19  {
```

```
20      int ary[3][4] = { { 1, 1, 1, 1 }, { 1, 1, 1, 1 }, { 1, 1, 1, 1 } };
21      int result = Sum((int *) ary, 3, 4);
22      cout << "합산 결과 : " << result << endl;
23
24      return 0;
25  }
```

• **실행 결과**

```
합산 결과 : 12
```

1~16라인에 Sum 함수가 작성되어 있다. 그런데 첫 번째 매개변수로 int 주소를 전달받고 있으며 두 번째, 세 번째 매개변수로 행과 열의 개수를 전달받고 있다. 2차원 배열 또한 내부적으로 1차원 배열처럼 int 변수의 연속이라 할 수 있다. Sum 함수에서는 2차원 배열을 1차원 배열처럼 전달받고 행과 열의 개수 정보를 이용해서 2차원 배열처럼 사용할 수 있는 구조를 만들려고 하는 것이다. 21라인에서 2차원 배열 ary의 시작 주소가 Sum 함수로 전달된 것을 볼 수 있다. 2차원 배열 ary의 타입이 (int (*)[4])이므로 (int *)로의 명시적 형변환을 통해 Sum 함수에 전달되도록 하였다.

자! 이제 int 포인터 변수 ptr로 2차원 배열 ary의 시작 주소가 전달되었다. 3라인에서는 2차원 배열처럼 사용할 int 이중 포인터 변수 int ** ary를 선언하고 이를 사용하여 int 포인터(int *) 변수를 행의 개수만큼 동적으로 생성하였다. [그림 3.16](a)에 해당하는 포인터 변수들이 생성된 것이다. 그리고 6, 7라인에서 int * 변수인 ary[0], ary[1], ary[2] 변수를 통해 2차원 배열의 각 행의 첫 번째 원소를 가리키도록 하였다. 드디어 [그림 3.16]의 구조가 완성되었으며, 이제 ary 이중 포인터 변수를 통해 매개변수로 전달된 2차원 배열을 간접적으로 사용할 수 있게 되었다. 예를 들어, ary[0]이면 첫 번째 int * 변수가 되고 다시 ary[0][0]이라고 하면 첫 번째 int * 변수가 가리키는 2차원 배열의 1행 1열의 원소가 되는 것이다.

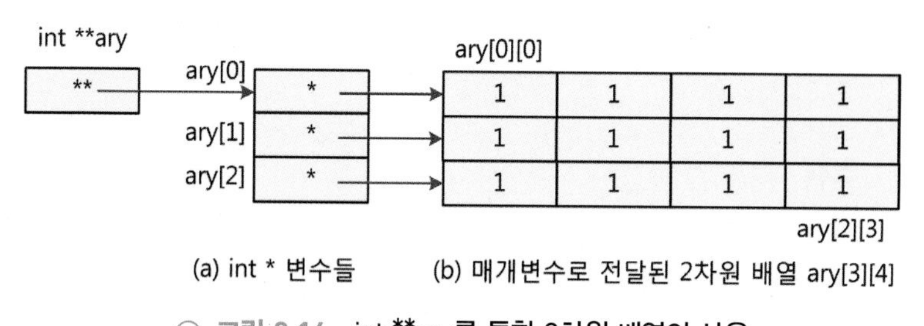

○ 그림 3.16 int **ary를 통한 2차원 배열의 사용

13라인에서는 배열의 합을 구한 후 더 이상 [그림 3.16](a)의 포인터 변수들을 사용하지 않을 것이므로 delete 연산자를 통해 해제해 주었다. 사실 이 예제의 문제는 전달된 2차원 배열을 1차원 배열로 생각하여 행과 열을 곱한 개수만큼 원소의 합을 구해줘도 된다. 그러나 대개의 경우 2차원 배열을 2차원 배열처럼 다룰 수 있다면 보다 자연스럽게 2차원 배열을 다룰 수 있을 것이다.

연습문제 | 3.21

다음과 같은 main 함수가 동작할 수 있도록 GetArray 함수를 작성해 보라. 즉, GetArray 함수 내에서는 지정한 개수만큼의 메모리를 동적으로 생성하고 각 원소의 값을 초기화한 후 메모리 주소를 반환해야 한다.

```
1   int main()
2   {
3       int *ptr;
4
5       ptr = GetArray(5);
6       for (int i = 0; i < 5; i++)
7           cout << ptr[i] << " ";
8       cout << endl;
9
10      delete [] ptr;
11
12      return 0;
13  }
```

• **실행 결과**

```
0 1 2 3 4
```

Note

연습문제 | 3.22

p행 q열 2차원 배열과 q행 r열 2차원 배열을 전달받아 두 행렬을 곱한 결과인 p행 r열의 행렬을 출력하는 함수 Product를 작성하라.

```
1   int main()
2   {
3       int ary1[3][2] = { { 1, 2 }, { 3, 4 }, { 5, 6 } };
4       int ary2[2][3] = { { 1, 2, 3 }, { 4, 5, 6 } };
5
```

```
6       Product((int *) ary1, 3, 2, (int *) ary2, 2, 3);
7
8       return 0;
9   }
```

• 실행 결과

```
9      12     15
19     26     33
29     40     51
```

Note

3.9 문자와 문자열 처리

예제 3.33 | 문자와 문자열 저장하고 출력하기

문자 하나와 문자열 하나를 저장할 수 있는 변수를 각각 만들고 임의의 문자와 문자열로 초기화하자. 그러고 나서 사용자로부터 다른 문자와 문자열을 입력받은 후 다시 출력해 보도록 하자.

```
1   int main()
2   {
3       char ch = 'A';
4       char str[10] = "Hi! C++";
5
6       cout << "문자   : " << ch << endl;
7       cout << "문자열 : " << str << endl;
8
9       cout << "문자와 문자열 입력 : ";
10      cin >> ch >> str;
11
12      cout << "문자   : " << ch << endl;
13      cout << "문자열 : " << str << endl;
14
15      return 0;
16  }
```

• **실행 결과**

```
문자    : A
문자열 : Hi! C++
문자와 문자열 입력 : B 안녕 C++
문자    : B
문자열 : 안녕
```

+ Key

문자열은 단순히 문자들의 묶음이 아니라 맨 마지막에 널 문자(null character)로 끝나는 문자들의 묶음을 얘기한다.

문자는 3라인과 같이 char 변수에 저장될 수 있다. 여기서 문자란 총 128개의 문자로 구성된 아스키코드 중 하나를 의미하는 것으로서 내부적으로는 7비트 정수값으로 저장된다. 따라서 문자는 char 변수뿐만 아니라 int 변수로도 처리될 수 있다. 한글의 한 낱말은 2바이트로 표현되기 때문에 char 변수로 처리될 수 없다. 하지만 유니코드를 사용하면 한글 또한 하나의 문자 개념으로 처리할 수 있다. 이에 대해서는 기본적인 문자 및 문자열 처리 방법에 대해 학습한 후 살펴보도록 하자. 3라인에서는 문자 'A'를 char 변수 ch에 저장한 후 6라인에서 cout 객체를 사용하여 값을 출력하였다. 그리고 10라인에서 cin 객체를 사용하여 사용자가 입력한 문자 'B'를 입력받은 후 12라인에서 이 값을 다시 출력하였다.

C++ 언어에서 문자열은 바이트로 표현되는 문자 여러 개가 합쳐진 것이라 할 수 있다. 그러나 +문자열은 단순히 문자들의 묶음이 아니라 맨 마지막에 널 문자(null character)로 끝나는 문자들의 묶음을 얘기한다. 이와 같은 문자열을 Null-terminated Byte String(NTBS)이라고 한다. 널 문자는 아스키코드값이 0인 문자를 의미하며 문자 기호로는 '\0'을 사용한다. 4라인의 문자열 상수 "Hi! C++"의 저장 구조는 [그림 3.17]과 같다. "Hi! C++"는 공백 문자 하나를 포함하여 총 7개의 문자로 구성되어 있는 것처럼 보이지만 [그림 3.17]과 같이 마지막에 널 문자가 들어있기 때문에 실제 바이트 수는 8바이트가 된다.

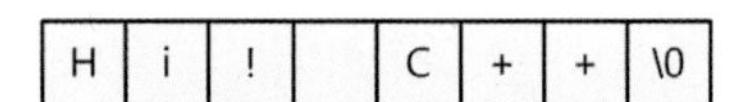

○ 그림 3.17 문자열 상수 "Hi! C++"의 저장 구조

문자열은 바이트로 표현되는 문자 여러 개의 집합이기 때문에 문자열을 저장하기 위해 char 배열을 사용한다. 4라인에서는 char 문자 10개를 저장할 수 있는 char 배열 str을 선언하고 "Hi! C++" 문자열로 초기화하고 있다. "Hi! C++" 문자열의 크기가 널 문자를 포함하여 8바이트이기 때문에 이 문자열을 저장하기 위해서는 8개 이상의 char 원소를 갖는 char 배열을 선언해 주면 된다. 4라인을 수행한 후의 str 배열의 구조는 [그림 3.18]과 같다. 앞의 8바이트에는 "Hi! C++" 문자열이 저장되어 있고 나머지 2바이트에는 어떤 값이 들어 있겠지만 현재로서는 특별한 의미를 갖지 않는 여유 공간이라 할 수 있다. str 배열은 총 10개의 char 변수로 이루어져 있으므로 널 문자를 포함하여 최대 길이가 10인 문자열을 저장할 수 있다

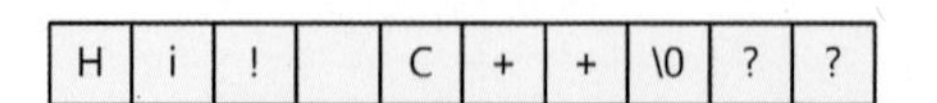

○ 그림 3.18 char str[10] = "Hi! C++";의 메모리 구조

만약 char 배열을 선언할 때 다음 코드들 중 ①과 같이 초기화한다면 널 문자로 끝나지 않기 때문에 이는 단순히 char 값들로 이루어진 배열이라 할 수 있다. 반면에 ②와 같이 초기화한다면 이는 4라인과 동일한 문자열을 의미하는 것이다.

```
① char str[10] = { 'H', 'i', '!', ' ', 'C', '+', '+' };          // char 배열
② char str[10] = { 'H', 'i', '!', ' ', 'C', '+', '+', '\0' };    // 문자열
```

10라인에서는 cin 객체를 통해 새로운 문자열을 입력받고 있는데 실행 결과를 보면 사용자는 'B' 문자 다음 문자열로 "안녕 C++"라고 입력하였다. 그런데 13라인의 문자열 출력 결과를 보면 "안녕 C++"가 아닌 "안녕"이라는 문자열이 출력된 것을 알 수 있다. cin 객체를 통해 10라인과 같이 문자열을 입력받으면 스페이스 문자, 탭 문자, 새줄 문자와 같은 공백 문자가 나오기 바로 직전까지를 하나의 문자열로 입력받기 때문이다. 공백 문자를 포함하는 문자열 전체를 하나의 문자열로 입력받기 위해서는 다른 함수를 사용하거나 cin 객체를 이용한 또 다른 방법을 사용해야 한다. 이에 대해서는 본 절과 14.8절에서 배우게 될 것이다.

참고

한글의 한 낱말은 2바이트를 사용하여 표현되기 때문에 "안녕"이란 문자열은 널 문자를 포함하여 총 5바이트를 차지하게 된다.

예제 3.34 | 문자열을 표현하기 위한 char 배열과 char *의 차이

다음 프로그램은 문법적으로는 오류가 없기 때문에 문제없이 컴파일이 된다. 그러나 실행을 해보면 실행이 제대로 되지 않음을 확인할 수 있다. 무엇이 문제인지 분석해 보도록 하자.

```
1   int main()
2   {
3       char str1[15] = "Hi C++ World";
4       char *str2 = str1;
5       char *str3 = "Let's Go";
6   
7       str1[3] = 'D';              // str1의 'C'를 'D'로 변경 가능?
8       str2[3] = 'E';              // str2를 통해 'D'를 'E'로 변경 가능?
9       str3[6] = 'D';              // str3를 통해 'G'를 'D'로 변경 가능?
10  
11      cout << str1 << endl;
12      cout << str2 << endl;
13      cout << str3 << endl;
14  
15      return 0;
16  }
```

3라인에서 char 배열 str1을 선언하였고 4라인에서 char 포인터 str2를 통해 str1의 첫 번째 원소를 가리키고 있다. 5라인에서는 char 포인터 str3을 통해 "Let's Go"라는 문자열의 시작 주소를 가리키고 있다. [그림 3.19]는 str1, str2, str3의 메모리 구조를 나타낸 것이다.

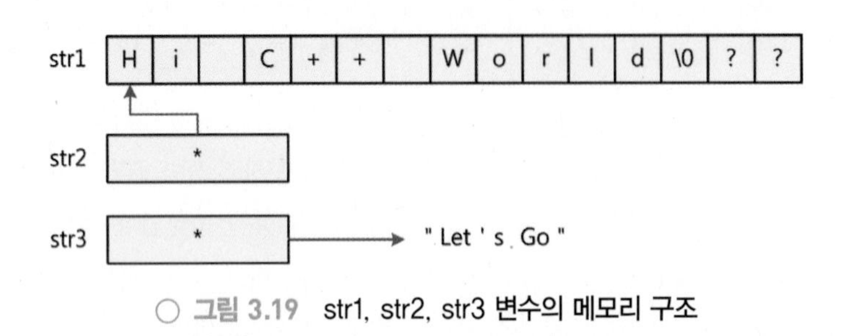

○ 그림 3.19 str1, str2, str3 변수의 메모리 구조

str1은 배열이므로 각 원소는 char 변수이다. 따라서 7라인과 같이 str1[3]과 같은 방법을 사용하여 특정 원소의 값을 읽거나 변경할 수 있다. str2는 포인터 변수로서 str1의 주소를 가리키고 있다. 포인터는 배열처럼 사용할 수 있으므로 포인터 변수 str2를 배열 str1과 동일한 방법으로 사용할 수 있다. 따라서 8라인과 같이 사용할 수 있다. str3은 포인터 변수로서 "Let's Go"라는 문자열이 저장된 주소를 가리키고 있다. 물론 문자열 "Let's Go"는 각 문자가 1바이트를 차지하므로 총 바이트 수는 널 문자를 포함하여 9바이트가 된다. 문제는 "Let's Go"라는 문자열이 상수라는 것이다. 상수는 변할 수 없는 값이다. str3 포인터를 사용하여 str3[6]과 같은 방법으로 특정 원소의 값을 읽을 수는 있다. 그러나 9라인의 str3[6] = 'D'와 같이 문자열 상수의 문자들을 변경할 수는 없다. 따라서 실행 시 이 문장에서 에러가 발생하는 것이다.

정리를 해 보도록 하자. 문자열을 저장할 수 있는 변수는 char 배열이다. char 포인터로 문자열이 저장된 배열을 가리킬 수 있으며 이를 통해 해당 문자열에 대해 읽기, 쓰기 등 조작이 가능하다. char 포인터로 문자열 상수를 가리킬 수도 있는데 이를 통해 해당 문자열 상수의 값을 읽을 수는 있으나 변경할 수는 없다. 상수이기 때문이다.

문자열을 저장할 때는 char 배열을 사용하지만 문자열을 처리할 때는 char 포인터를 많이 사용한다. 이때 해당 포인터가 가리키는 문자열이 문자열 변수, 즉, char 배열인지 아니면 문자열 상수인지를 잘 구별하여 사용해야 한다.

예제 3.35 | 문자 입력 및 출력 함수

문자 및 문자열의 입출력을 위해 cin, cout 외에도 별도의 함수를 준비해 놓고 있다. cin, cout과 같은 범용 입출력 방법보다는 문자나 문자열에 특화된 함수를 사용함으로써 실행 속도를 향상시킬 수 있다. 먼저 문자 입력 함수인 getchar 함수와 문자 출력 함수인 putchar 함수를 사용해 보도록 하자.

```
1  int main()
2  {
3      char ary[30];                     // 읽어들인 문자들 저장
4      int count = 0;                    // 문자의 개수
5      int ch;                           // 읽어들인 문자 임시 저장
```

```
6
7       ch = getchar();                  // 문자 하나 입력, getc(stdin)와 동일
8       while (ch != EOF)
9       {
10          ary[count++] = ch;           // 배열에 저장
11          ch = getchar();
12      }
13
14      for (int i = 0; i < count; i++)
15          putchar(ary[i])              // 입력된 문자 출력, putc(ary[i])와 동일
16
17      return 0;
18  }
```

• **실행 결과**

```
Hi! C++.
Nice to meet you.
^Z
Hi! C++.
Nice to meet you.
```

5라인에서 입력된 문자를 임시로 저장할 변수로 int 변수 ch를 선언하고 있다. 7라인의 getchar 함수는 기본적으로 문자를 입력받는 함수임에도 불구하도 반환형은 char 타입을 사용하지 않고 int 타입을 사용한다. 이유는 EOF 상수 때문이다. EOF는 파일의 끝을 의미하는 end-of-file 문자 상수로서 int 타입의 음수값을 가지도록 되어 있는데, 대부분의 컴파일러에서는 이 값을 −1로 정의하고 있다. getchar 함수를 통해 입력 값을 읽어 들일 때 현재 읽어야 될 위치가 파일의 끝 위치라면 EOF 값이 반환되도록 되어 있으며, 그 외에 입력 에러가 발생했을 때도 EOF 값이 반환되도록 되어 있다. int 타입의 EOF 값은 2진수로는 11111111 11111111 11111111 11111111이 된다. 그리고 getchar 함수로부터 입력되는 1바이트 문자들은 다시 int 값으로 변환되어 입력되는데 모두 상위 3바이트가 00000000 00000000 00000000이 되어 EOF 값과 겹칠 일이 없다. 그런데 만약 EOF 값을 char 변수, 즉, 1바이트로 읽어 들인다면 11111111이 되는데 이 값이 EOF 값을 의미하는지 아니면 입력된 유효한 데이터 값을 의미하는지 헷갈리게 된다. 1바이트로 표현되는 char의 값으로는 00000000부터 11111111까지가 유효한 값으로 해석될 수 있기 때문이다. 따라서 EOF 값이 반환되는 함수들은 반환형이 int 형으로 만들어져 있고 해당 함수들을 사용할 때도 반환값을 int 변수에 대입하여 처리하는 것이 좋다.

Windows 운영체제의 경우 키보드로 EOF 값을 입력하기 위해서는 Control 키를 누른 상태에서 z 키를 누르면 되며 화면에는 실행 결과와 같이 ^Z가 표시된다. Linux 운영체제의 경우 Control+d 키를 누르면 EOF 값이 입력된다.

11라인에서는 getchar 함수를 사용하여 문자를 입력받고 있으며, 이 작업은 8라인의 while 문에 따라 EOF 값이 입력될 때까지 반복 수행된다. 입력된 문자는 10라인에서 char 배열인 ary에 저장되는데 int

변수에 저장된 문자는 문제없이 char 변수로 저장될 수 있다. 14, 15라인에서는 ary에 저장된 입력 문자들을 확인하기 위해 putchar 함수를 사용하고 있다.

getchar 함수 대신 getc 함수를 사용할 수도 있다. 이때 getc(stdin)과 같이 표준 입력 스트림인 stdin을 매개변수로 전달해야 한다. 마찬가지로 putchar 함수 대신 putc 함수를 사용할 수 있으며 putc(stdout)과 같이 표준 출력 스트림인 stdout을 매개변수로 전달해야 한다. stdin과 stdout에 대해서는 잠시 후 살펴볼 것이다.

예제 3.36 | 문자열 입력 및 출력 함수

문자열을 입력받기 위해서는 gets 함수를 사용할 수 있으며 문자열을 출력하기 위해서는 puts 함수를 사용할 수 있다. 특히 앞서 cin이 공백 문자 이전까지를 문자열로 입력받았던 것과는 달리 gets 함수의 경우 새줄 문자 이전까지 공백 문자를 포함한 모든 문자를 하나의 문자열로 입력받는다. 이 예제를 통해 gets 함수와 puts 함수를 사용해 보도록 하자.

```
1   int main()
2   {
3       char str[80];
4       char *result = gets(str);         // New-line 문자 앞까지 문자열로 읽기
5                                         // fgets(str, 80, stdin);
6       while (result != NULL)
7       {
8           puts(str);                    // 문자열 출력, fputs(str, stdout)
9           result = gets(str);
10      }
11
12      return 0;
13  }
```

• **실행 결과**

```
Hi! C++.
Hi! C++.
Nice to meet you.
Nice to meet you.
Let's get together
Let's get together
^Z
```

gets 함수는 새줄 문자를 만나기 전까지 공백 문자를 포함한 모든 문자열들을 매개변수로 전달된 char 배열의 첫 번째 주소에 저장한다. 만약 end-of-file을 읽거나 그 외의 읽기 에러가 발생한 경우에는 널 포인터가 반환된다. 따라서 6라인에서는 gets 함수의 실행 결과가 NULL인지를 확인하고 NULL이면 while 루프를 빠져나오게 된다. 새줄 문자는 포함되지 않으며 읽어 들인 문자열 마지막에는 자동으로 널

문자가 추가된다. 8라인에서는 puts 함수를 사용하여 str 배열에 저장된 문자열을 출력하고 있다.

> **+ Key**
>
> 배열의 길이를 초과한 문자열의 저장은 잘못된 것으로 경우에 따라 추후 더 큰 문제를 야기할 수 있다.

이 예제에서는 한 줄의 길이가 80문자 이하(널 문자를 제외한다면 79문자 이하)로 가정하고 3라인과 같이 배열의 길이를 80으로 설정하였다. gets 함수의 경우 특별히 입력 문자의 개수에 제한을 두지 않는다. 따라서 80문자보다 더 많은 문자를 한 줄에 입력하더라도 순간적으로는 문제없이 실행될 수 있다. 그러나 +배열의 길이를 초과한 문자열의 저장은 잘못된 것으로 경우에 따라 추후 더 큰 문제를 야기할 수 있다. 이를 방지하기 위해 C 표준인 C11에서는 gets 함수를 삭제하고 대신 gets_s 함수를 추가하였다. gets_s 함수는 gets_s(str, 80)과 같이 입력받을 문자열의 최대 길이를 지정하여, 이 길이를 초과할 경우 바로 에러가 발생하도록 함으로써 이에 대한 문제를 수정할 수 있도록 하였다. 물론 널 문자를 저장해야 되기 때문에 gets_s(str, 80)라고 하면 최대 79문자까지 입력받게 된다. gets_s 함수는 아직까지 C++ 표준에는 반영이 되지 않은 상태이지만 Visual C++ 11.0의 경우 C 라이브러리를 그대로 사용하고 있기 때문에 gets 함수와 gets_s 함수의 사용이 모두 가능하다.

4라인의 gets(str) 대신 fgets 함수를 사용하여 fgets(str, 80, stdin)이라고 작성할 수도 있다. fgets 함수는 gets_s 함수와 같이 입력받을 문자의 최대 개수를 지정해야 하고 마지막 매개변수로 표준 입력 스트림인 stdin을 전달해야 한다. 8라인의 puts(str) 대신 fputs(str, stdout)과 같이 사용할 수도 있다. 이때는 fputs 함수의 마지막 매개변수로 표준 출력 스트림인 stdout을 전달해야 한다.

C++ 표준 입출력 스트림

cin 객체나 getchar 함수 및 gets 함수는 표준 입력 장치인 키보드로부터 데이터를 입력받는 데 사용되고, cout 객체나 putchar 함수 및 puts 함수는 표준 출력 장치인 모니터로 데이터를 출력하는 데 사용된다. 그런데 키보드로부터 데이터를 입력받거나 모니터로 데이터를 출력할 때, 데이터는 버퍼(buffer)라는 메모리 공간을 거쳐서 출력되도록 되어 있다. [그림 3.20]은 이와 같은 과정을 보여주고 있다. 키보드로부터 입력된 데이터는 입력 스트림 버퍼에 저장되고 이 데이터들이 입력 명령어에 의해 차례로 입력된다. 마찬가지로 모니터로 출력될 데이터들도 출력 스트림 버퍼를 거쳐 출력된다.

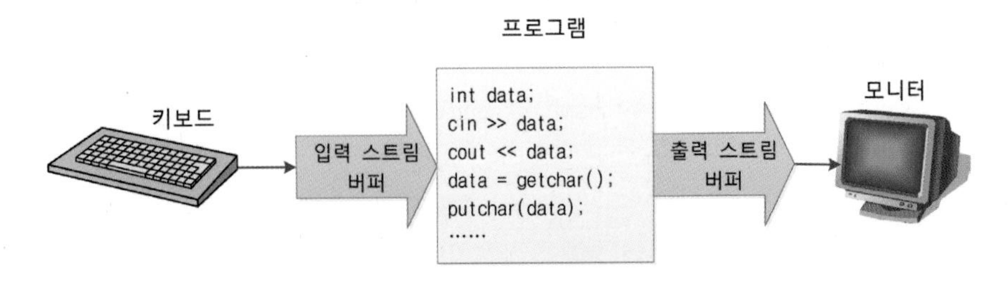

○ 그림 3.20 **표준 입출력 과정**

cin >> data와 같은 명령어가 실행되면 프로그램은 사용자 입력을 위해 대기하게 된다. 이때 사용자가 키보드 키를 누른다고 해서 바로 입력이 수행되는 것이 아니다. 사용자가 입력한 데이터들은 사용자가 엔터키를 입력해야 비로소 입력 스트림 버퍼에 저장되고 그 다음에 버퍼에 저장된 데이터를 대상으로 입력 명령이 실행된다. 이때 해당 명령에 필요한 데이터만큼만 입력 스트림 버퍼로부터 입력받고 나머지 데이터들은 그대로 버퍼에 남아있게 된다.

입출력 버퍼를 사용하는 이유는 실행 속도와 관련 있다. 입출력 작업은 다른 작업들에 비해 상대적으로 더 많은 시간을 필요로 한다. 따라서 데이터를 한꺼번에 버퍼에 저장한 후 필요할 때마다 버퍼를 통해 입출력 작업을 수행하게 된다.

입력 스트림 버퍼를 사용하는 입력 스트림의 이름은 stdin이고 출력 스트림 버퍼를 사용하는 출력 스트림의 이름은 stdout이다. 그리고 stderr라는 출력 스트림이 있는데 이 스트림은 오류를 출력하기 위한 스트림으로서 긴급한 출력을 요하기 때문에 버퍼를 사용하지 않고 바로 모니터로 데이터를 출력하게 된다. 아직까지 우리는 stdin, stdout, stderr 스트림을 명시적으로 사용해 보지 않았지만, cin 객체와 getchar, gets 함수가 내부적으로 stdin 표준 입력 스트림을 사용하고 있으며, cout 객체와 putchar, puts 함수가 stdout 표준 출력 스트림을 사용하고 있다. cerr라는 객체는 stderr 표준 오류 출력 스트림을 사용하는데 사용 방법은 cout 객체와 거의 동일하다.

예제 3.37 | 입력 스트림 버퍼

다음 프로그램의 실행 결과를 보면 입력 데이터가 제대로 저장되지 않았음을 알 수 있다. 무엇이 문제이고 어떻게 해결할 수 있는지 알아보도록 하자.

```
1   int main()
2   {
3       char name[20];
4       char phone[20];
5
6       cout << "Input your first name : ";
7       cin >> name;
8
9       //fflush(stdin);            // 표준 입력 버퍼의 내용을 모두 삭제
10
11      cout << "Input your phone number : ";
12      cin >> phone;
13
14      cout << "name  : " << name << endl;
15      cout << "phone : " << phone << endl;
16
17      return 0;
18  }
```

• **실행 결과**

```
Input your first name : Junha Hwang
Input your phone number : Name  : Junha
Phone : Hwang
```

6라인에서 사용자의 first name을 요구하고 있고 7라인에서 cin을 통해 first name을 읽어 들이고 있다. 11, 12라인에서는 전화번호를 읽어 들이고 있다. 그런데 실행 결과를 보면 사용자가 first name을 잘못 이해하여 first name뿐만 아니라 last name까지 입력하였다. 7라인에서 cin을 통해 문자열을 읽어 들이면 공백 문자 이전까지만 읽어 들이기 때문에 first name인 "Junha"를 Name 배열에 저장하게 된다. 문제는 이후의 입력 데이터인 "Hwang"이 입력 버퍼에 남아 있다는 것이다. 따라서 12라인에서 전화번호를 입력 받으려고 할 때 입력 버퍼에 데이터가 남아 있기 때문에, 남아 있는 데이터를 바로 읽어 들여 "Hwang"이란 문자열이 Phone 배열에 저장된다.

문제는 first name을 읽어 들인 후 입력 버퍼에 다른 데이터가 남아 있다는 것이다. 이 데이터를 강제로 제거해 주기 위해 9라인과 같이 fflush 함수를 사용할 수 있다. 이 함수를 실행시키면 매개변수에 해당하는 스트림의 버퍼에 남아 있는 모든 데이터가 삭제된다. 9라인의 주석을 해제한 후 프로그램을 실행해 보면 사용자가 "Junha Hwang"과 같은 실수를 하더라도 이후의 전화번호 데이터를 제대로 읽어 들일 수 있음을 확인할 수 있을 것이다.

예제 3.38 | 문자 처리 함수

사용자로부터 end-of-file이 입력될 때까지 영어 문장을 읽어 들이고 출력하되 소문자는 대문자로 대문자는 소문자로 변환하여 출력해 보도록 하자. 물론 알파벳 문자 이외의 문자들은 그대로 출력한다.

```
1   int main()
2   {
3       int ch;
4
5       ch = getchar();
6
7       while (ch != EOF)
8       {
9           if (islower(ch))                // 소문자 검사
10              putchar(toupper(ch));       // 대응되는 대문자 출력
11          else if (isupper(ch))           // 대문자 검사
12              putchar(tolower(ch));       // 대응되는 소문자 출력
13          else
14              putchar(ch);                // 그 외에는 그대로 출력
15
16          ch = getchar();
17      }
18
19      return 0;
20  }
```

• **실행 결과**

```
Good morning.
gOOD MORNING.
```

```
It's Saturday and sunny today.
iT'S sATURDAY AND SUNNY TODAY.
I will go to a park with my family.
i WILL GO TO A PARK WITH MY FAMILY.
^Z
```

9라인에서 islower 함수를 사용하여 해당 문자가 소문자인지 확인하고 있는데 소문자일 경우 true에 해당하는 값이 반환된다. 10라인의 toupper 함수는 매개변수의 값이 소문자이면 대응되는 대문자를 반환하고 소문자가 아니라면 기존 값을 그대로 반환한다. 9라인에서 소문자임을 확인하였으므로 10라인의 toupper 함수의 결과로 대응되는 대문자가 반환되며 이를 화면에 출력하고 있다.

11, 12라인에서는 isupper 함수를 사용하여 해당 문자가 대문자인지 확인하고 있다. 대문자인 경우 tolower 함수를 사용하여 대응되는 대문자를 반환받아 이를 화면에 출력하고 있다. 알파벳 문자가 아닌 경우에는 13, 14라인을 통해 해당 문자를 그대로 출력하고 있다.

[표 3.1]은 C++ 언어에서 제공하는 문자 조작 함수들을 정리한 것으로 이 예제에서 사용한 문자 조작 함수들을 모두 포함하고 있다. 사실은 [표 3.1]의 함수들은 C 언어에서 제공하는 함수들이며 C++ 언어에서 이를 그대로 사용하고 있다.

○ 표 3.1 **문자 조작 함수**

함수 프로토타입	기능
int isalnum(int c);	알파벳 문자 또는 숫자이면 true 반환(isalpha 또는 isdigit)
int isalpha(int c);	알파벳 문자이면 true 반환(isupper 또는 islower)
int isblank(int c);	스페이스 문자(' ') 또는 탭 문자('\t')이면 true 반환
int iscntrl(int c);	컨트롤 문자이면 true 반환
int isdigit(int c);	10진수 숫자에 해당하는 문자이면 true 반환
int isgraph(int c);	스페이스 문자(' ')를 제외한 출력 가능 문자이면 true 반환
int islower(int c);	소문자이면 true 반환
int isprint(int c);	스페이스 문자(' ')를 포함한 출력 가능 문자이면 true 반환
int ispunct(int c);	구두점 문자이면 true 반환(isspace와 isalnum이 아닌 출력 가능 문자)
int isspace(int c);	공백 문자이면 true 반환(' ', '\f', '\n', '\r', '\t', '\v')
int isupper(int c);	대문자이면 true 반환
int isxdigit(int c);	16진수 숫자에 해당하는 문자이면 true 반환
int tolower(int c);	문자 c가 대문자이면 대응되는 소문자를 반환하고 대문자가 아니면 문자 c를 그대로 반환
int toupper(int c);	문자 c가 소문자이면 대응되는 대문자를 반환하고 소문자가 아니면 문자 c를 그대로 반환

예제 3.39 | 문자열 처리 함수

문자열 2개를 만들고 또 다른 새로운 char 배열에 2개의 문자열을 연결한 결과를 저장해 보자. 예를 들어 str1이 "abc"이고 str2가 "def"이면 str3는 "abcdef"가 된다. 그리고 두 문자열의 동일 여부도 검사해 보자.

```
1   int main()
2   {
3       char str1[] = "Hi! ";
4       char str2[] = "C++ World";
5       char *str3 = new char[strlen(str1) + strlen(str2) + 1];
6
7       strcpy(str3, str1);            // str3에 str1 문자열 복사, 기존 문자열 삭제
8       strcat(str3, str2);            // str3 문자열 뒤에 str2 문자열 추가
9
10      cout << "str1 : " << str1 << endl;
11      cout << "str2 : " << str2 << endl;
12      cout << "str3 : " << str3 << endl;
13
14      if (strcmp(str1, str2) == 0)   // str1과 str2가 같으면 0 반환
15          cout << "str1과 str2는 같다." << endl;
16      else
17          cout << "str1과 str2는 다르다." << endl;
18
19      delete [] str3;
20
21      return 0;
22  }
```

- **실행 결과**

```
str1 : Hi!
str2 : C++ World
str3 : Hi! C++ World
str1과 str2는 다르다.
```

3, 4라인의 str1과 str2는 배열이다. 이와 같이 배열 선언 시 원소의 개수를 기술하지 않으면 대입문 오른쪽 값의 크기만큼 원소의 개수가 할당된다. 문자열 "Hi! "가 널 문자를 포함하여 총 5개의 문자로 구성되므로 str1의 배열 원소의 개수는 5가 된다.

5라인의 str3은 포인터이며 메모리 동적 할당을 통해 char 배열을 위한 메모리를 확보하고 있다. 사실은 이 예제의 경우 str1의 문자 개수가 4개이고 str2의 문자 개수가 9개이므로 두 문자열을 모두 저장하기 위해 char str3[14]와 같이 str3 배열을 선언하면 된다. 여기서 널 문자를 포함해야 하므로 str3의 원소 개수가 14가 되었다. 그러나 원소의 개수가 고정된 배열을 사용하면 문자열의 크기가 더 큰 문자열들을 다루기 힘들다. 이때는 5라인과 같이 포인터와 메모리 동적 할당을 사용하면 보다 쉽게 문자열들을 처리할

수 있다. 5라인에서 strlen 함수는 매개변수로 전달된 주소부터 시작되는 문자열의 길이를 반환하는데, 널 문자를 제외한 순수한 문자열의 길이를 반환한다. 메모리 동적 할당 시 원소의 크기를 설정하기 위해 두 문자열의 길이를 더한 후에 1을 더해 준 것은 널 문자를 저장하기 위한 메모리를 추가하기 위함이다.

7라인의 strcpy 함수는 첫 번째 문자열에 두 번째 문자열을 복사한다. 이때 첫 번째 매개변수로는 반드시 문자열 변수를 의미하는 char 배열의 주소가 전달되어야 하고, 두 번째 매개변수로는 char 배열뿐만 아니라 문자열 상수가 전달될 수도 있다. 8라인의 strcat 함수는 첫 번째 문자열의 마지막에 두 번째 문자열을 추가하는 함수이다. 이제 str3의 문자열을 출력해 보면 str1과 str2의 문자열을 결합한 결과임을 알 수 있다.

14라인의 strcmp 함수는 두 문자열을 비교하는 함수로서 첫 번째 문자열이 두 번째 문자열보다 크면 양수가 반환되고, 작으면 음수가 반환되며 같으면 0이 반환된다. 여기서 문자열 사이의 대소는 첫 번째 문자부터 비교하여 아스키코드 값이 더 큰 문자열이 최종적으로 더 큰 것으로 결정된다. 예를 들어 str1이 "abcde"이고 str2가 "abkd"이면 str2의 세 번째 문자가 str1의 세 번째 문자보다 더 크기 때문에 str2가 더 큰 것으로 결정되며, 이에 따라 strcmp(str1, str2)의 반환 값은 음수가 된다. 여기서 음수의 정확한 값은 정해져 있지 않으며 중요하지도 않다.

이 예제에서는 문자열을 처리하는 함수들 중 strlen, strcpy, strcat, strcmp 함수에 대해 살펴보았다. 다음 리스트는 이 함수들을 포함하여 문자열을 다루기 위한 주요 함수들의 프로토타입과 기능 및 예를 정리한 것이다. size_t 타입은 unsigned int 타입을 typedef 문에 의해 재정의한 것으로 개수를 의미하는 정수값을 저장할 때 사용된다.

- size_t strlen(const char *s); 널 문자를 제외한 문자열 s의 길이를 반환한다.

```
int count = strlen(str1);
```

- char *strcpy(char *s1, const char *s2); 문자열 s1에 문자열 s2를 복사한다. s1에 저장된 문자열의 내용이 변경되므로 s1에는 char 배열이 전달되어야 한다. s1의 값(문자열의 시작 주소)이 반환되는데 이는 결국 문자열 s1을 가리키는 포인터를 의미한다.

```
strcpy(str1, str2);
```

- char *strncpy(char *s1, const char *s2, size_t n); 문자열 s1에 문자열 s2를 복사하되 최대 n개까지만 복사한다.

```
strncpy(str1, str2);
```

- char *strcat(char *s1, const char *s2); 문자열 s1의 마지막에 문자열 s2를 추가한다.
- char *strncat(char *s1, const char *s2, size_t n); 문자열 s1의 마지막에 문자열 s2를 추가하되 최대 n개까지만 추가한다.
- int strcmp(const char *s1, const char *s2); 문자열 s1과 s2를 비교한다. s1이 s2보다 크면 양수, 작으면 음수, 같으면 0의 값이 반환된다.

- int strncmp(const char *s1, const char *s2, size_t n); 문자열 s1과 s2를 비교하되 첫 번째 문자부터 최대 n개의 문자까지 비교한다.
- int sprintf(char *s, const char *format, ...); format에 지정된 형식의 내용을 문자열 s에 저장한다. 널 문자를 제외한 저장된 문자의 개수가 반환되며 에러 발생 시 음수를 반환한다. printf의 사용 방법과 같으며 단지 출력 목표 지점이 서로 다른데 printf는 표준 출력 장치인 모니터, sprintf는 문자열로 출력된다.

```
sprintf(str1, "%d + %d = %d", num1, num2, num1 + num2);
```

- void *memset(void *s, int c, size_t n); 문자열 s의 모든 바이트를 c의 값으로 채우되 최대 n개까지만 채운다. s의 값이 반환된다.

```
memset(str1, 'a', strlen(str1));    // 배열의 문자들을 모두 'a'로 채움
```

- char *strchr(const char *s, int c); 문자열 s에서 문자 c가 나타나는 첫 번째 위치를 찾아 그 주소를 반환한다. 만약 해당 문자가 존재하지 않으면 널 문자가 반환된다.

```
char *p = strchar(str1, 'a');
```

- char *strrchr(const char *s, int c); 문자열 s에서 문자 c가 나타나는 마지막 위치를 찾아 그 주소를 반환한다.

```
char *p = strrchar(str1, 'a');
```

- char *strstr(const char *s1, const char *s2); 문자열 s1에서 문자열 s2가 나타나는 첫 번째 위치를 찾아 그 주소를 반환한다. 만약 문자열 s2가 없을 경우 널 포인터를 반환한다.

```
char *p = strstr(str1, "World");
```

- char *strtok(char *s1, const char *s2); s2에 있는 문자들을 구분자로 사용하여 s1의 문자열들을 나누고 분리된 문자열들을 strtok 함수가 호출될 때마다 하나씩 반환하게 된다. 매 호출 시마다 구분자는 달라질 수 있다. 첫 번째 호출 시에는 문자열 s1의 주소를 전달하고 두 번째 호출부터는 NULL을 전달한다.

```
char str[] = "abc,def,gh";
char *token = strtok(str, ",");     // token은 "abc"를 가리킴
token = strtok(NULL, ",");          // token은 "def"를 가리킴
token = strtok(NULL, ",");          // token은 "gh"를 가리킴
token = strtok(NULL, ",");          // token의 값은 NULL이 됨
```

C 언어나 C++ 언어에서의 기본적인 문자열 처리는 함수를 기반으로 하고 있는데 불행히도 직관적이지 못한 편이며 다소 복잡한 면도 있다. 만약 문자열을 나타내는 타입이 있다면 어떨까? 문자열을 처리하는 타입인 string이 있다고 가정하자. string s1 = "abc"; string s2 = "def"; string s3 = s1 + s2; if (s1 == s2) ... 과 같이 문자열을 정수 처리하듯 처리할 수 있다면 매우 편할 것이다. 다행히도 C++ 언

어에서는 이와 같은 문자열 처리가 가능하다. 바로 C++ 언어의 핵심인 클래스의 개념을 동원함으로써 이와 같은 처리가 가능하게 되었다. 이에 대해서는 클래스에 대해 공부한 후 14.10절에서 살펴볼 것이다.

문자 집합(Character Set)과 wchar_t 타입

문자는 내부적으로 특정 숫자로 맵핑되는데 이것을 문자 집합이라고 한다. 문자 집합의 대표적인 예로 아스키코드가 있다. 아스키코드는 총 128개의 문자로 구성되며 1바이트를 사용하여 표현된다. 이와 같이 1바이트로 표현되는 문자 집합을 Single Byte Character Set(SBCS)이라 한다. 지금까지 사용한 char 타입은 아스키 문자 또는 문자열을 표현하기 위해 사용되는 타입이다. 알파벳 문자를 기반으로 하는 나라에서는 아스키코드만으로 필요로 하는 문자들을 모두 표현할 수 있다.

그러나 알파벳 문자 외의 다른 문자를 사용하는 나라에서는 알파벳 문자 외에 더 많은 문자를 표현해야 할 필요가 있다. 주로 우리나라를 비롯한 아시아의 나라들이 여기에 포함된다. 그래서 도입된 것이 Multi Byte Character Set(MBCS)이다. MBCS에서는 하나의 문자를 1바이트 또는 2바이트로 표현한다. 이때 기존의 아스키코드에 해당하는 문자는 그대로 1바이트를 사용하고 값 또한 같으며, 그 외에 필요한 문자들은 2바이트를 사용하여 표현하게 된다. 따라서 SBCS처럼 MBCS 또한 char 타입을 사용하여 표현할 수 있도록 되어 있다. 원리는 하나의 바이트를 읽어 값이 아스키코드의 범위 내인 127 이하이면 해당 바이트를 아스키코드로 해석하고, 128 이상이면 다음 바이트를 포함하여 해당 시스템의 문자 집합으로 해석하는 것이다. 참고로 우리나라의 MBCS 문자 집합으로는 KSC-5601(EUC-KR)이 있다.

MBCS 문자 집합은 아스키코드 외의 자국의 문자를 표현하기 위해 각 국가 별로 개발되어 왔다. 그러다 보니 동일한 코드가 국가 별로 서로 다른 의미로 사용될 수 있기 때문에 여러 국가의 언어를 한꺼번에 고려한 프로그램 개발이 어렵다. 이에 따라 제안된 문자 집합이 유니코드(UNICODE)이다. 유니코드에서는 모든 국가의 문자들을 2바이트로 표현한다. 아스키코드에 포함된 문자 또한 2바이트로 표현된다. 물론 유니코드를 4바이트로 표현하는 방법도 있지만 주로 2바이트 표현 방법을 사용하고 있다. 유니코드와 관련된 표준 문자 집합으로는 ISO/IEC 10646(UCS-2)이 있다. 유니코드와 같이 모든 문자들을 동일한 크기로 표현하는 문자 집합을 Wide Byte Character Set(WBCS)이라 한다.

문제는 WBCS와 MBCS의 표현 방식이 서로 다르기 때문에 기존의 MBCS를 위한 문자 처리 방법과는 별도로 WBCS를 위한 문자 처리 방법이 필요하다는 것이다. WBCS와 MBCS의 차이점을 다시 한 번 살펴보면, 먼저 WBCS 문자 코드는 2바이트를 사용하고 MBCS 문자 코드는 1바이트 또는 2바이트를 사용한다. 뿐만 아니라 어떤 특정 문자 하나가 WBCS와 MBCS 각각에 대해 동일한 크기인 2바이트로 표현된다 하더라도 코드의 값이 서로 다를 수 있다. 따라서 WBCS 문자 또는 문자열을 표현하기 위해 기존의 char 타입 외의 또 다른 타입이 필요하게 되었으며, 문자 상수 및 문자열 상수를 표현하기 위해서도 또 다른 방법이 필요하게 되었다. 또한 이에 기인하여 WBCS 문자 또는 문자열을 출력하는 방법 및 조작하는 함수들 또한 별도로 필요하게 되었다. [표 3.2]는 기존의 MBCS를 처리하기 위해 사용되는 주요 방법들에 대응되는 WBCS의 처리 방법을 정리한 것이다. WBCS와 관련된 문자 및 문자열 처리 방법은 [표 3.2]에서 보는 바와 같이 타입 또는 함수의 이름만 달라질 뿐 사용 방법은 MBCS와 거의 동일하다.

○ 표 3.2 MBCS와 WBCS의 문자(열) 처리 방법

처리 내용	MBCS	WBCS
문자 상수	'a'	L'a'
문자열 상수	"안녕하세요."	L"안녕하세요."
변수 타입	char	wchar_t
출력	cout <<	wcout <<
입력	cin >>	wcin >>
C 스타일 출력	printf 함수	wprintf 함수
C 스타일 입력	scanf 함수	wscanf 함수
문자 입력	getchar 함수	getwc 함수
문자 출력	putchar 함수	putwc 함수
문자열 입력	gets, fgets 함수	fgetwc 함수
문자열 출력	puts, fputs 함수	fputwc 함수
문자열의 길이	strlen 함수	wcslen 함수
문자열 비교	strcmp 함수	wcscmp 함수
문자열 복사	strcpy 함수	wcscpy 함수
문자 찾기	strchr 함수	wcschr 함수
토큰 나누기	strtok 함수	wcstok 함수
서식 문자열 만들기	sprintf 함수	swprintf 함수
메모리 초기화	memset 함수	wmemset 함수
소문자 여부	islower 함수	iswupper 함수
대응되는 소문자 반환	tolower 함수	towlower 함수

wcout과 wcin을 사용하여 한글 입출력을 하기 위해서는 국가별 설정과 관련된 locale 설정을 해주어야 한다. 프로그램 소스 코드 내에 포함된 L"안녕하세요."라는 문자열에서 "안녕하세요."는 결국 MBCS 코드이기 때문에, 이를 WBCS 코드로 바꾸기 위해서는 해당 문자열이 어느 나라의 문자인지 알아야만 되기 때문이다. 이를 위해 wcout과 wcin을 각각 설정하는 방법도 있지만 다음과 같이 하나의 문장을 사용하면 된다.

```
locale::global(locale(""));
```

std 네임스페이스의 locale 클래스에 포함된 정적 함수인 global 함수를 사용하면 된다. locale("kor")와 같이 국가명을 설정해 줄 수도 있지만 locale("")과 같이 설정하면 현재 시스템의 설정을 따르게 되므로 훨씬 편리하다.

예제 3.40 | MBCS 문자열과 WBCS 문자열 처리 결과 비교

sizeof 함수와 strlen 함수를 MBCS 문자열과 WBCS 문자열에 적용해 보고 그 결과를 통해 두 문자열의 특징을 살펴보도록 하자.

```
1   int main()
2   {
3       locale::global(locale(""));
4       char str1[20];          // MBCS 문자열
5       wchar_t str2[20];       // WBCS 문자열
6
7       cout << "sizeof(str1) : " << sizeof(str1) << endl;
8       cout << "sizeof(str2) : " << sizeof(str2) << endl;
9
10      cout << "str1 문자열 입력 : ";
11      cin >> str1;
12      wcout << L"str2 문자열 입력 : ";
13      wcin >> str2;
14
15      cout << "strlen(str1) : " << strlen(str1) << endl;
16      cout << "wcslen(str2) : " << wcslen(str2) << endl;
17
18      return 0;
19  }
```

• **실행 결과**

```
sizeof(str1) : 20
sizeof(str2) : 40
str1 문자열 입력 : 안녕C++
str2 문자열 입력 : 안녕C++
strlen(str1) : 7
wcslen(str2) : 5
```

4, 5라인에는 각각 MBCS 문자열과 WBCS 문자열을 저장하기 위해 char 배열 str1과 wchar_t 배열 str2를 선언하였다. 둘 다 배열의 크기를 20으로 설정했는데, 7, 8라인에서 sizeof 연산자를 통해 크기를 확인해 본 결과 str2의 크기는 40으로 확인되었다. wchar_t 타입의 한 문자는 2바이트로 저장되기 때문이다.

11라인과 13라인에서는 cin과 wcin 객체를 사용하여 각각 "안녕C++"라는 문자열을 입력받았다. 15라인에서 strlen 함수를 통해 str1의 문자 개수를 확인한 결과 7이 출력되었다. MBCS 문자열에서 문자의 개수란 바이트 수를 의미한다. 한글 문자 하나는 2바이트로 표현되고 영문자 하나는 1바이트로 표현되기 때문에 "안녕C++" 문자열의 바이트 수는 7이 된다. 반면에 WBCS 문자열에서 모든 문자는 2바이트로 표현된다. 16라인에서 wcslen 함수를 통해 str2의 문자 개수를 확인한 결과 5가 출력되었다. wcslen 함수의 경우 한글 문자 하나를 영문자 하나와 마찬가지로 1로 계산하기 때문이다.

이 예제에서는 몇 가지 함수를 통해 WBCS 문자열의 특징을 간단하게 살펴보았다. 보다 복잡한 문자열 처리의 경우 앞서 연습했던 MBCS 문자열의 처리 방법과 동일하다. 단지 [표 3.2]에서와 같이 WBCS 문자열에 맞는 타입 및 함수만 사용하면 된다.

연습문제 | 3.23

사용자로부터 end-of-file이 입력될 때까지 문자를 입력받고 소문자의 개수와 대문자의 개수 그리고 그 외의 문자의 개수를 출력하는 프로그램을 작성하라.

- **실행결과**

```
Hi C++ Programming.
Have a nice day!
^Z
소문자 개수 : 22
대문자 개수 : 4
기타        : 11
```

Note

연습문제 | 3.24

다음 main 프로그램이 동작할 수 있도록 IsLower 함수와 ToUpper 함수를 직접 만들어 보도록 하라. IsLower 함수는 매개변수로 전달된 문자가 소문자인지를 검사하는 함수로 islower 함수의 기능과 같고, ToUpper 함수는 전달된 문자가 소문자인지 확인하여 소문자이면 대응되는 대문자를 반환하고 소문자가 아니면 원래 문자를 그대로 반환하는 함수로 toupper 함수와 동일하다.

참고로 소문자 'a'부터 'z'까지의 문자는 차례로 아스키코드 값이 부여되어 있고, 대문자 'A'의 아스키코드 값이 소문자 'a'의 아스키코드 값보다 작으며, 대응되는 소문자와 대문자 사이의 아스키코드 값의 차이는 일정하다.

```
1   int main()
2   {
3       int ch = getchar();
4
5       while (ch != EOF)
6       {
```

```
7          if (IsLower(ch))
8              cout << (char) ToUpper(ch);
9          else
10             cout << (char) ch;
11
12         ch = getchar();
13     }
14
15     return 0;
16 }
```

- **실행 결과**

```
Hello C++ Programming Plus!
HELLO C++ PROGRAMMING PLUS!
^Z
```

Note

연습문제 | 3.25

사용자로부터 end-of-file이 입력될 때까지 문자열을 입력받고 해당 문자열 내에 존재하는 단어들을 하나씩 출력해 보도록 하라. 단어는 스페이스 문자(‘ ’), 탭 문자(‘\t’), 새줄 문자(‘\n’), ‘.’, ‘,’, ‘!’, ‘?’ 문자들로 구분된다. 문자열의 길이는 100자를 넘지 않는 것으로 가정한다. strtok 함수를 사용하면 비교적 쉽게 해결할 수 있을 것이다.

- **실행결과**

```
Hi! C++ Programming.
What is         your name?
Hwang, Junha.
^Z
단어들 : Hi C++ Programming What is your name Hwang Junha
```

Note

연습문제 | 3.26

매개변수로 전달된 문자열(char *)의 길이를 반환하는 함수 StrLen을 직접 만들어 보라. 이 함수는 strlen과 동일하다. strlen 함수를 사용하지 않고 문자열의 구조를 활용하여 만들어 보도록 하라.

```
1  int main()
2  {
3      char str[] = "C++ Programming";
4      cout << StrLen(str) << endl;
5      cout << StrLen("Hi! C++") << endl;
6  
7      return 0;
8  }
```

• **실행 결과**

```
15
7
```

Note

연습문제 | 3.27

두 개의 문자열(char *)을 매개변수로 전달받아 두 번째 문자열을 첫 번째 문자열 뒤에 추가하는 StrCat 함수를 작성해 보라. 이 함수의 기능은 strcat 함수의 기능과 동일하다. 첫 번째 매개변수로 전달된 문자열의 버퍼(char 배열)는 두 번째 문자열까지 수용할 만큼 충분한 크기를 확보하고 있다고 가정하라.

```
1  int main()
2  {
3      char str1[100] = "C++ ";
4      char *str2 = "Programming";
5  
6      StrCat(str1, str2);
7      cout << "str1 : " << str1 << endl;
8  
9      StrCat(str1, " Plus");
```

```
10      cout << "str1 : " << str1 << endl;
11
12      return 0;
13  }
```

• **실행 결과**

```
str1 : C++ Programming
str1 : C++ Programming Plus
```

연습문제 | 3.28

두 개의 문자열(char *)을 매개변수로 전달받아 첫 번째 문자열과 두 번째 문자열을 결합한 결과로 만든 문자열을 반환하는 함수 MyStrCat 함수를 만들어 보라. 첫 번째 문자열과 두 번째 문자열은 변함이 없어야 한다. 두 개의 문자열을 모두 저장하기 위해서는 해당 크기만큼의 메모리를 동적으로 할당받을 필요가 있을 것이다.

```
1   int main()
2   {
3       char str1[100] = "C++ ";
4       char *str2 = "Programming";
5       char *str3;
6
7       str3 = MyStrCat(str1, str2);
8       cout << "str3 : " << str3 << endl;
9       delete [] str3;
10
11      str3 = MyStrCat("Hello, ", "C++");
12      cout << "str3 : " << str3 << endl;
13      delete [] str3;
14
15      return 0;
16  }
```

• 실행 결과

```
str3 : C++ Programming
str3 : Hello, C++
```

Note

3.10 main 함수의 매개변수

main 함수 프로토타입

main 함수의 기본 형태로는 다음 두 가지가 있다.

```
int main(void) {      }
int main(int argc, char *argv[]) {      }
```

첫 번째 main 함수에는 매개변수가 없으며 두 번째 main 함수에는 2개의 매개변수가 전달된다. 지금까지는 어떤 프로그램을 실행하면서 특별한 매개변수를 전달하지 않았지만 사실은 프로그램 실행과 동시에 매개변수를 전달할 수도 있다. 전달된 매개변수는 해당 프로그램의 시작 지점인 main 함수로 전달된다.

그러면 main 함수로 매개변수를 어떻게 전달하는 것일까? 프로그램이 문제없이 컴파일 및 링크가 되었다면 실행 파일이 생성된다. 예를 들어 실행 파일 이름이 Calc.exe라고 하자. 그러면 도스 창을 실행하여 Calc.exe가 존재하는 폴더로 이동한다. 그리고 해당 폴더에서 다음과 같이 명령어를 입력하면 실행 파일 이름인 Calc를 포함하여 명령어 전체가 main 함수의 매개변수로 전달된다. 프로그램을 실행하는 보다 상세한 방법에 대해서는 +1장을 참고하도록 하라.

```
Calc + 100 200
```

그런데 "Calc + 100 200"과 main 함수의 매개변수인 (int argc, char *argv[])가 개수와 타입에 있어서 전혀 부합되지 않고 있다. Calc 프로그램은 전달되는 매개변수의 개수가 3개이지만 다른 어떤 프로그램은 매개변수의 개수가 10개일 수도 있을 것이다. 따라서 이와 같이 다양한 개수의 매개변수가 (int argc, char *argv[])에 어떻게 대응되는지 알고 있어야만 한다.

실행 명령어인 "Calc + 100 200"이 main 함수의 매개변수인 argc와 argv에 대응된 모양을 그림으로 나타내면 [그림 3.21]과 같다. 프로그램 실행 명령어는 공백 문자를 기준으로 문자열들로 나뉜다. "Calc + 100 200"의 경우 "Calc", "+", "100", "200"으로 나누어지는 것이다. int 변수인 argc로는 이와 같이 나누어진 문자열의 개수가 전달된다. 예의 경우 4가 전달되는 것이다. 그리고 문자열들은 argv 변수로 전달되는데 argv 변수의 타입이 char 이중 포인터(char **)이다. char *argv[]로 선언되어 있지만 매개변수 전달 시 배열 모양은 포인터와 동일함을 알고 있을 것이다. char ** 변수로는 char * 변수를 가리킬 수 있다. 그리고 "Calc", "+", "100", "200"은 각각 char 문자열이므로 char * 변수가 가리킬 수 있다. 바로 argv 변수가 가리키는 char * 변수가 "Calc"를 가리키게 되는데, argv 변수가 가리키는 char * 변수란 argv의 첫 번째 원소인 argv[0]을 의미하는 것이다. 이와 같은 방식으로 그 다음 char * 변수인 argv[1]이 "+" 문자열을, argv[2]가 "100"을, argv[3]이 "200"을 가리키게 된다.

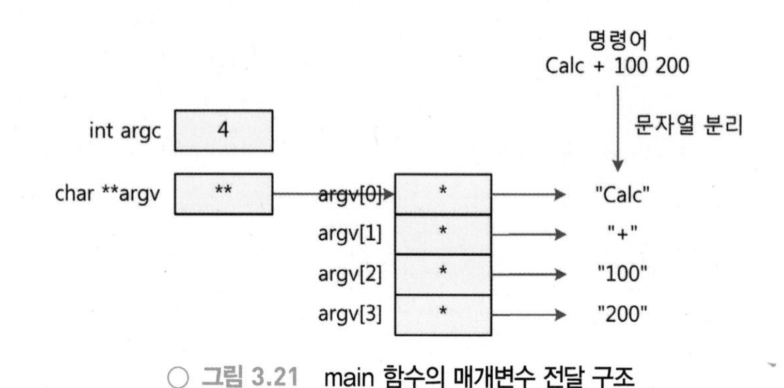

○ 그림 3.21 main 함수의 매개변수 전달 구조

예제 3.41 | main 함수의 매개변수 값 출력

main 함수로 전달되는 매개변수의 문자열들을 모두 출력해 보자.

```
1   int main(int argc, char *argv[])
2   {
3       for (int i = 0; i < argc; i++)
4           cout << "argv[" << i << "] " << argv[i] << endl;
5
6       return 0;
7   }
```

• 실행 결과

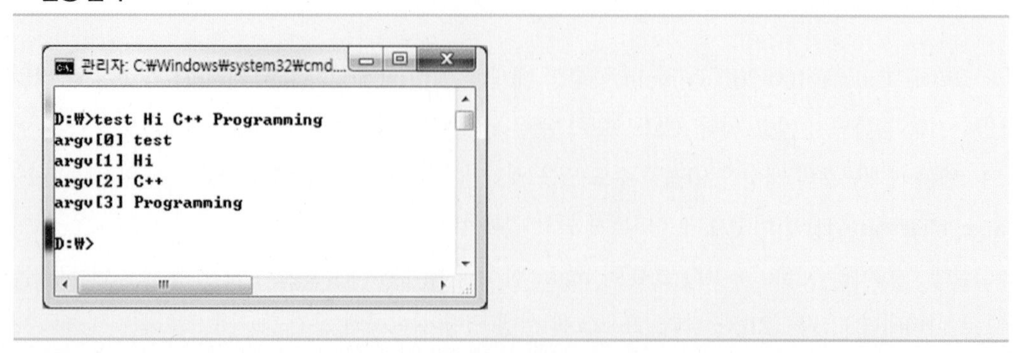

명령어에 포함된 문자열의 개수는 argc 변수로 전달된다. 3, 4라인에서는 argc 변수의 값을 사용하여 해당 개수만큼 문자열을 출력하고 있으며, 각각의 문자열은 argv[i]를 통해 접근하고 있다.

프로그램 이름은 test.exe이며 D: 폴더에 존재한다. 도스 창에서 실행한 실행 결과에서 보듯이 "test Hi C++ Programming"으로 실행한 결과 argv[0], argv[1], ... 의 char 포인터가 각각의 문자열을 가리키고 있음을 알 수 있다.

연습문제 | 3.29

다음 실행 결과와 같이 사칙연산자 중 하나와 두 개의 실수값을 전달하여 해당 연산을 수행한 결과를 출력하는 Calc 프로그램을 만들어 보라.

명령어는 모두 문자열(char *)로 전달됨에 주의해야 한다. 따라서 사칙연산을 적용하기 위해서는 문자열에 포함된 숫자를 실수값으로 변환할 필요가 있다. 이를 위해 atof 함수를 사용할 수 있으며, 이에 대해서는 5.1절을 참고하도록 하라. atof 함수에 대해서는 아직 배우지 않았지만 함수와 포인터에 대한 기본 지식만으로 사용 방법을 충분히 이해할 수 있을 것으로 판단된다.

- **실행결과**

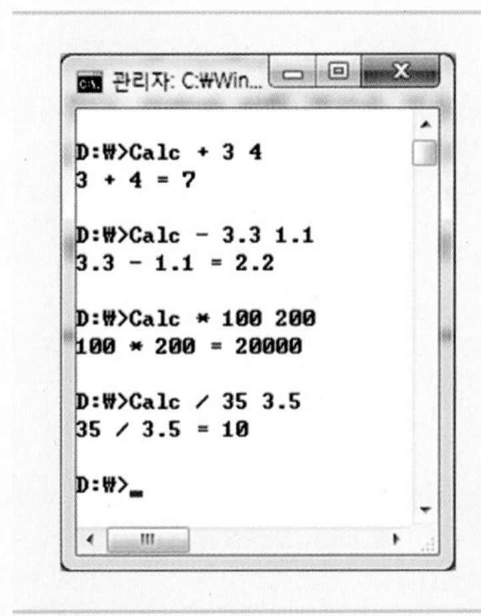

Note

3.11 함수의 가변 인자

가변 인자의 의미 및 필요성

1.5절과 3.6절을 통해 함수의 매개변수 전달과 관련하여 "값에 의한 전달"과 "참조에 의한 전달"에 대해 배웠다. 이 절에서는 매개변수 전달과 관련하여 가변 인자라는 것에 대해 설명할 것이다. 가변 인자는 내부적으로 포인터가 동작하게 되는데, 지금까지 포인터에 대해 충분히 학습하였으므로 가변 인자의 동작 방식에 대한 이해는 어렵지 않을 것이다.

매개변수로 넘어오는 정수들의 값을 합산하는 함수가 필요하다면 어떻게 작성해야 할까? 매개변수가 2개라면 int 값 2개를 매개변수로 받는 함수를 만들면 되고, 3개라면 3개의 매개변수를 받는 함수를 만들면 된다. 그런데 정수값들이 2개가 될 수도 있고 3개가 될 수도 있고 10개가 될 수도 있고 20개가 될 수도 있다면 어떻게 해야 할까? 바로 이러한 경우를 대비해 준비해 놓은 것이 가변 인자이다.

가변 인자는 함수로 전달되는 매개변수의 개수가 정해져 있지 않을 때 매개변수의 개수에 관계없이 처리할 수 있는 함수를 만들 수 있게 해 준다. 그러고 보니 우리는 이미 가변 인자에 대해 경험한 적이 있다. C 스타일의 출력 함수인 printf를 생각해 보라. printf 함수는 다음과 같이 전달되는 매개변수의 개수가 일정하지 않다. 첫 번째는 총 3개의 매개변수가 전달되고 있고 두 번째는 5개의 매개변수가 전달되고 있다. printf 함수 호출 시 다양한 개수의 매개변수를 전달할 수 있는 것은 printf 함수 자체가 가변 인자를 고려하여 만들어져 있기 때문이다. 이 절에서는 바로 이와 같은 함수를 만들고 활용하는 방법에 대해 살펴볼 것이다.

```
printf("출력 : %d, %d\n", num1, num2);                          // 3개의 매개변수
printf("출력 : %d, %d, %d, %d\n", num1, num2, num3, num4); // 5개의 매개변수
```

가변 인자와 관련된 프로그래밍 요소들은 [표 3.3]과 같이 총 5개가 존재한다. 이 중에서 va_copy를 제외한 4개의 프로그래밍 요소들이 주로 사용된다.

○ 표 3.3 가변 인자 관련 프로그래밍 요소

헤더 파일	관련 요소	구현 형태	용도
<cstdarg>	va_list	타입	가변 인자를 하나씩 가리키기 위한 포인터
	va_start	매크로 함수	va_list 포인터가 첫 번째 가변 인자를 가리킴
	va_arg	매크로 함수	va_list 포인터가 가리키는 포인터의 데이터를 읽음 포인터는 자동으로 다음 데이터로 이동
	va_end	매크로 함수	va_list 포인터를 무효화함
	va_copy	매크로 함수	기존 va_list 포인터 값을 새로운 va_list 포인터로 복사

예제 3.42 | 임의 개수의 정수값을 합산하는 가변 인자 함수 만들기

임의 개수의 정수값을 합산하여 반환하는 함수를 만들어 보자. 이때 가변 인자를 사용할 것이다.

```
1   #include <iostream>
2   #include <cstdarg>
3   using namespace std;
4
5   int Sum(int count, ...)          // count : 가변 인자의 개수
6   {
7       va_list ap;                  // ap 포인터 선언
8       va_start(ap, count);         // ap 포인터로 가변 인자의 첫 번째 변수를 가리킴
9       int sum = 0;
10
11      for (int i = 0; i < count; i++)
12          sum += va_arg(ap, int); // ap 포인터를 통해 현재 int 변수값을 읽음
13                                   // ap 포인터는 다음 int 변수를 가리킴
14      va_end(ap);                  // ap 포인터 무효화
15
16      return sum;
17  }
18
19  int main()
20  {
21      cout << "Sum(1~3) : " << Sum(3, 1, 2, 3) << endl;
22      cout << "Sum(1~6) : " << Sum(6, 1, 2, 3, 4, 5, 6) << endl;
23      cout << "Sum(1~9) : " << Sum(9, 1, 2, 3, 4, 5, 6, 7, 8, 9) << endl;
24
25      return 0;
26  }
```

• **실행 결과**

```
Sum(1~3) : 6
Sum(1~6) : 21
Sum(1~9) : 45
```

먼저 가변 인자의 사용을 위해 2라인에서 <cstdarg> 헤더 파일을 include하였다.

main 함수부터 살펴보도록 하자. 21~23라인에서는 각각 Sum 함수를 호출하고 있는데 매개변수의 개수가 서로 다르다. Sum 함수의 첫 번째 매개변수로는 뒤이어 나올 정수값들의 개수가 나오고 그 이후에 해당 개수만큼의 정수값이 나오게 된다. 21라인의 Sum 함수의 경우 총 3개의 정수값을 합산하기 위해 개수인 3이 먼저 나오고 그 다음에 3개의 정수값 1, 2, 3이 전달되고 있다. 22라인의 경우 총 6개의 정수값을 합산하기 위해 6 다음에 6개의 정수값이 나오고 있으며 23라인에서는 총 9개의 정수값을 합산하고 있다. 가변 인자라는 것이 임의 개수의 인자를 전달할 수 있는 것은 맞지만 전달된 가변 인자의 개수를 자동으로 알기는 힘들다. 따라서 Sum 함수에서와 같이 가변 인자를 전달하기 전에 해당 가변 인자의

개수를 먼저 전달하게 된다. 이와 같은 직접적인 방법이 아니라 하더라도 간접적인 방법을 통해 가변 인자의 개수를 전달할 수 있어야 한다. 예를 들면 printf 함수의 경우 첫 번째 문자열 내에 포함된 %d와 같은 서식 문자들의 개수를 통해 다음에 나올 가변 인자의 개수를 알 수 있다.

5라인의 Sum 함수에서는 첫 번째 매개변수로 count 변수를 사용하고 있는데, 이 변수의 값이 뒤이어 나올 가변 인자의 개수를 의미한다. 그 다음 매개변수로는 ...이 왔으며 이것이 바로 가변 인자가 전달됨을 의미한다.

이제부터 가변 인자의 값에 접근할 것이다. 가변 인자에 접근하기 위해서는 7라인과 같이 va_list 변수를 먼저 선언해야 한다. va_list 타입은 포인터 타입으로 Visual C++ 11.0의 경우 typedef 문을 통해 char * 타입을 va_list 타입으로 재정의하였다. va_list 변수 ap가 가변 인자들 중 첫 번째 가변 인자를 가리키도록 하기 위해서는 8라인과 같이 va_start 매크로 함수를 실행하면 된다. 이때 첫 번째 매개변수로는 va_list 변수 ap를 전달하고 두 번째 매개변수로는 가변 인자가 시작되기 바로 전의 매개변수인 count를 전달하면 된다. 이제 va_list 변수 ap는 가변 인자들 중 첫 번째 인자를 가리키게 된다. 다음으로 ap가 가리키는 가변 인자의 값을 가져오기 위해 12라인과 같이 va_arg 매크로 함수를 실행하면 된다. 이때 첫 번째 매개변수로는 ap가 전달되고 두 번째 매개변수로는 읽어오고자 하는 값의 타입을 전달한다. 가변 인자로 전달되는 인자들의 타입이 서로 다를 수 있기 때문에 ap가 현재 가리키는 가변 인자의 타입을 반드시 기술해야만 한다. va_arg 매크로 함수가 실행되고 난 후에는 ap가 자동으로 다음 가변 인자를 가리키게 된다. 11, 12라인에서는 va_arg 매크로 함수를 사용하여 가변 인자의 개수(count)만큼 해당 가변 인자의 값을 읽어 sum 변수에 합산하고 있다. 가변 인자에 대한 작업이 완료되고 난 후에는 ap 값을 무효화하기 위해 14라인과 같이 va_end 매크로 함수를 실행하면 되는데, 보통 ap의 값을 0으로 초기화하게 된다.

연습문제 | 3.30

일종의 계산기 역할을 하는 Calc 함수를 만들어 보라. Calc 함수로는 기본적으로 연산자와 실수값이 반복적으로 전달되는데, 연산자와 실수값의 쌍이 몇 개나 전달될지 모르기 때문에 가변 인자로 처리되어야 한다. 가변 인자가 전달되기 전에 첫 번째 매개변수로는 초기 값이 전달되고 그 다음으로는 연산자와 실수값 쌍의 개수가 전달된다. 다음 코드의 4라인의 경우 초기 값이 100.0이고 총 3개의 연산자와 실수값이 반복적으로 전달되고 있다. 최종 반환 결과는 100.0 + 1.1 − 1.0 * 2.0, 즉, 200.2가 된다. 연산의 편의를 위해 연산자 우선 순위는 고려하지 않으며 단순히 입력 순서대로 계산되는 것으로 가정한다. main 함수와 실행 결과를 참고하여 Calc 함수를 작성해 보라.

```
1   int main()
2   {
3       cout << Calc(0, 1, '+', 3.0) << endl;
4       cout << Calc(100.0, 3, '+', 1.1, '-', 1.0, '*', 2.0) << endl;
5       cout << Calc(0, 5, '-', 1.9, '/', 2.3, '*', 4.0, '/', 5.0, '+', 23.0)
            << endl;
6
7       return 0;
8   }
```

- **실행 결과**

```
3
200.2
22.3391
```

Note

구조체와 열거형 그리고 공용체

지금까지 우리는 데이터를 저장하기 위해 int, char, double과 같이 이미 존재하는 타입의 변수를 사용하였다. 그러나 때로는 몇 개의 데이터를 묶어 하나의 단위로 처리할 수 있다면 매우 편하게 프로그램을 작성할 수 있을 것이다. 예를 들면, 학생을 표현해야 한다고 가정해 보자. 학생 1명을 표현하기 위해서는 이름, 나이, 학번, 성적 등의 정보를 저장할 필요가 있다. 그러나 이 정보들을 따로 따로 처리한다면 매우 번거로울 것이다. 이때 Student라는 새로운 타입을 만들어 학생 단위로 처리할 수 있도록 도와주는 것이 구조체이다. 이 장에서는 구조체를 선언하고 사용하는 방법에 대해 설명한다. 그런데 C++ 언어에서 구조체는 사실상 클래스와 동일한 개념이며 동일하게 사용할 수 있다. 하지만 이 장에서는 데이터의 그룹이라는 측면과 관련된 구조체의 특징만을 살펴볼 것이며, 클래스와의 차이에 대해서는 2부를 통해 자연스럽게 알게 될 것이다. 이 장에서는 구조체와 아울러 또 다른 사용자 정의형이라 할 수 있는 열거형과 공용체의 사용 방법에 대해서도 다룰 것이다.

4.1 구조체 기초

예제 4.1 | 2차원 좌표를 저장하는 구조체 만들기

2차원 좌표를 표현하기 위해서는 x좌표 값과 y좌표 값이 필요하다. x좌표와 y좌표를 별도로 다루기보다는 2차원 좌표 자체를 하나의 타입으로 만들어 하나의 단위로 다룰 수 있다면 훨씬 편할 것이다. 좌표를 표현하기 위한 Point 구조체를 만들어 사용해 보도록 하자.

```
1   struct Point                // Point 구조체 선언
2   {
3       int x;                  // 멤버 변수 : x좌표
4       int y;                  // 멤버 변수 : y좌표
5   };
6
7   int main()
8   {
9       Point pt1;              // Point 구조체 변수 선언
10      Point pt2;
11
12      pt1.x = 3;              // 멤버 변수 x
13      pt1.y = 4;              // 멤버 변수 y
14
15      pt2 = pt1;              // 구조체 변수 대입
16
17      cout << "pt1 : (" << pt1.x << ", " << pt1.y << ")" << endl;
18      cout << "pt2 : (" << pt2.x << ", " << pt2.y << ")" << endl;
19
20      return 0;
21  }
```

• **실행 결과**

```
pt1 : (3, 4)
pt2 : (3, 4)
```

1~5라인에서는 Point라는 구조체를 선언하고 있다. 구조체를 선언하기 위해서는 struct라는 키워드 다음에 만들고자 하는 구조체 이름을 쓰고, 중괄호({}) 내에 포함하고자 하는 멤버 변수를 나열하면 된다. 멤버 변수는 마치 변수를 선언하듯이 나열하면 되는데, int x; int y;와 같이 변수를 하나씩 기술해도 되고 int x, y;와 같이 기술해도 된다. 구조체 선언을 위한 중괄호 다음에는 반드시 세미콜론(;)을 추가해야 한다.

이제 Point라는 타입이 하나 생겼으며, int 타입을 사용하듯이 사용하면 된다. 9라인과 10라인에는 Point 변수 pt1과 pt2를 선언하고 있다. [그림 4.1]은 pt1과 pt2를 개념적으로 표현한 것이다. pt1 안에는

멤버 변수 x와 y가 있으며 pt2 안에도 멤버 변수 x와 y가 있다. 궁극적으로 우리가 사용해야 할 변수는 구조체 변수 안에 존재하는 x와 y 변수이다.

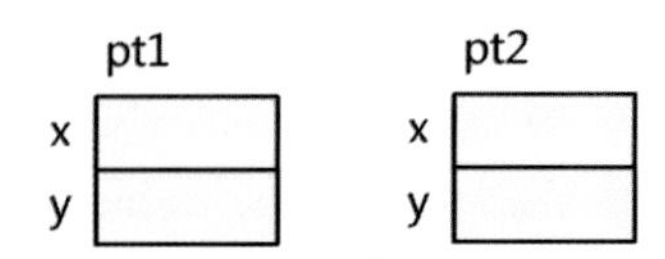

○ 그림 4.1 Struct 구조체 변수 pt1과 pt2의 모양

구조체 변수 pt1 안에 포함되어 있는 멤버 변수에 접근하기 위해서는 . 연산자를 사용하면 된다. 즉, pt1.x, pt1.y와 같이 사용한다. 이제는 x, y를 int 변수 사용하듯이 사용하면 된다. 12라인에서는 pt1의 x 값을 3으로 변경하였으며, 13라인에서는 pt1의 y 값을 4로 변경하였다.

15라인에서는 구조체 변수 pt1의 값을 구조체 변수 pt2로 대입하고 있다. 여기서 구조체의 강점이 드러난다. 만약 2차원 상의 좌표를 구조체로 표현하지 않았다면 int x1, y1; int x2, y2;와 같이 표현했을 것이다. 이에 따라 (x1, y1)의 값을 (x2, y2)로 대입하기 위해 다음과 같이 2개의 문장을 사용했을 것이다. 즉, x좌표와 y좌표를 별도로 처리해야만 한다.

```
x2 = x1;
y2 = y1;
```

그러나 구조체를 사용하면 15라인과 같이 2차원 상의 좌표 (x, y)를 하나의 단위로 취급하여 보다 간단하고 명료하게 사용할 수 있음을 알 수 있다. 17, 18라인을 통해 pt1의 좌표와 pt2의 좌표를 출력해 본 결과, 둘 다 (3, 4)가 되어 있는 것을 확인할 수 있다.

한 가지 주의할 사항은 C 언어의 경우 1~5라인과 같이 구조체 Point를 선언했을 경우, 타입의 이름이 Point가 아닌 struct Point라는 것이다. 따라서 Point 구조체 변수 pt1을 선언하기 위해서는 struct Point pt1;과 같이 선언해야 한다. 만약 이와 같이 매번 struct 키워드를 사용하는 것이 번거롭다면 다음과 같이 typedef 문을 사용하여 Point라는 이름의 타입을 만들면 된다. C++ 언어의 경우 기본적으로 구조체 변수 선언 시 struct 키워드를 사용할 필요가 없다. 물론 struct 키워드를 사용해도 된다.

```
typedef struct Point Point; // struct Point 타입을 Point로 사용 가능
```

구조체를 선언하고 해당 구조체의 변수를 선언하기 위해서는 다음과 같은 방법을 사용해도 된다. 구조체를 선언하면서 닫는 괄호(}) 다음에 바로 변수를 선언하는 것이다. 물론 이후에도 필요하다면 Point 구조체 변수를 선언하고 사용할 수 있다.

```
1  struct Point
2  {
3      int x;
4      int y;
5  } pt1, pt2;
```

예제 4.2 | 학생 정보를 저장하는 구조체 만들기

학생 정보를 저장하는 Student 구조체를 선언하고 학번, 이름, 나이, 성적을 저장할 수 있도록 만들어 보자.

```
1   struct Student            // 학생 정보 저장을 위한 구조체
2   {
3       int id;               // 학번
4       char name[20];        // 이름
5       int age;              // 나이
6       double score;         // 성적
7   };
8
9   int main()
10  {
11      Student student1;
12      student1.id = 11111111;
13      strcpy(student1.name, "Hong Kil Dong");
14      student1.age = 20;
15      student1.score = 95.8;
16
17      Student student2;
18      student2 = student1; // student1을 student2에 대입
19
20      cout << "student1 : " << student1.id << ", " << student1.name << ", "
21          << student1.age << ", " << student1.score << endl;
22      cout << "student2 : " << student2.id << ", " << student2.name << ", "
23          << student2.age << ", " << student2.score << endl;
24
25      return 0;
26  }
```

• **실행 결과**

```
student1 : 11111111, Hong Kil Dong, 20, 95.8
student2 : 11111111, Hong Kil Dong, 20, 95.8
```

1~7라인에는 학생 정보를 저장할 Student 구조체를 선언하였다. 3~6라인에서 보는 바와 같이 구조체의 멤버 변수로는 서로 상이한 타입의 변수들이 올 수도 있다. 또한 4라인과 같이 배열이 멤버 변수로도 올 수 있으며, 심지어는 포인터 변수나 다른 구조체 타입의 변수가 멤버 변수로 올 수도 있다. 계속해서 이와 같이 더 복잡한 구조체를 볼 수 있을 것이다.

11라인에서는 Student 구조체 변수 student1을 선언하였으며 12~15라인에서 각 멤버 변수의 값을 초기화하였다. 멤버 변수 name은 char 배열이므로 13라인과 같이 char 배열을 이용한 문자열을 다룰 때와 동일하게 strcpy 함수를 사용하여 문자열을 초기화할 수 있다.

17라인에서는 또 다른 Student 구조체 변수 student2를 선언하였으며 18라인에서 student1의 값을 그

대로 student2로 대입하였다. 기본적으로 배열에 대한 대입의 개념은 존재하지 않는다. 그러나 구조체의 경우 멤버 변수로 배열을 포함하고 있는 경우라 하더라도 대입이 가능하다. 실행 결과를 보면 student1과 student2의 멤버 변수들이 모두 동일한 값으로 초기화되어 있는 것을 확인할 수 있다.

예제 4.3 | 구조체 변수의 선언 시 초기화

int 변수를 선언하면서 바로 3의 값으로 초기화하려면 어떻게 해야 하는가? int num = 3;과 같이 기술하면 된다. 이와 마찬가지로 구조체 변수 또한 선언과 동시에 초기화가 가능하다. 구조체 Point의 변수를 선언하면서 동시에 초기화를 해 보도록 하자.

```
1   struct Point
2   {
3       int x;
4       int y;
5   };
6
7   int main()
8   {
9       Point pt1 = { 3, 4 };       // Point 구조체 변수 선언 및 초기화
10      cout << "pt1 : (" << pt1.x << ", " << pt1.y << ")" << endl;
11
12      return 0;
13  }
```

• **실행 결과**

```
point1 : (3, 4)
```

구조체 변수의 선언 시 초기화는 배열의 선언 시 초기화와 유사하다. 구조체 변수와 배열 모두 여러 개의 멤버를 가지고 있다는 공통점이 있기 때문이다. 9라인에서는 Point 구조체 변수 pt1을 선언하면서 동시에 x, y의 값을 각각 3, 4로 초기화하고 있다. 배열과 같이 중괄호({})를 사용하고 각 원소 별로 초기 값을 부여하면 된다.

구조체는 새로운 타입, int 타입처럼 사용!

지금까지 구조체의 선언 및 기본적인 사용 방법에 대해 알아보았다. 구조체는 새로운 타입을 만드는 것이다. 따라서 구조체를 선언한 후에는 int 타입과 동등한 자격을 가진 타입으로서 int 타입을 사용하듯이 사용하면 된다. int 타입을 통해 무엇을 했었는지 생각해 보자. 그러면 자신이 만든 구조체를 통해 무엇을 할 수 있는지 알 수 있을 것이다.

▶ **구조체 Point를 통해 int와 같이**

- 변수를 만들 수 있고, 선언 시 초기화도 가능하며
- 배열을 만들 수 있고, 2차원 배열도 만들 수 있으며
- 대입도 되고, 값에 의한 매개변수 전달도 가능하고 반환도 가능하며
- 포인터 변수를 만들 수 있고, 이중 포인터 변수도 만들 수 있으며
- 참조 변수를 만들 수 있고, 참조에 의한 매개변수 전달도 가능하고 반환도 가능하며
- 메모리 동적 할당도 가능하고
- 다른 구조체의 멤버 변수로 포함될 수도 있고, ……

이 중에서 첫 번째, 구조체 변수를 선언하고 동시에 초기화하는 방법에 대해서는 [예제 4.3]을 통해 살펴보았다. 나머지 내용들에 대해서는 본 장의 이후의 절들을 통해 확인할 것이다.

구조체를 활용하는 방법 중에는 단순한 변수 선언이나 배열 선언과 같이 비교적 쉬운 부분도 존재하며, 자기 참조 구조체와 같이 많은 연습을 필요로 하는 까다로운 부분도 존재한다. 그러나 int 타입을 통해 학습한 내용과 구조체의 기본 사용 방법에 대해 제대로 이해하고 있다면 구조체를 전체적으로 이해하는 데 크게 어렵지는 않으리라 생각된다. 지금까지 배운 내용의 응용이라 생각하고 이후의 내용들을 살펴보기 바란다.

연습문제 | 4.1

[예제 4.2]의 Student 구조체 변수를 선언하면서 동시에 각 멤버 변수의 값을 초기화해 보라. 그리고 초기화가 제대로 이루어졌는지 출력을 통해 확인해 보도록 하라.

Note

연습문제 | 4.2

책(Book)을 표현하기 위한 구조체를 선언하되 책의 제목, 저자, 페이지 수, ISBN Number, 발행일, 가격 정보를 저장할 수 있는 멤버 변수들을 포함하도록 하라. 그리고 해당 구조체 변수를 하나 선언하고 사용자로부터 각 멤버 변수의 값을 읽어 들인 후 확인을 위해 구조체 변수의 값을 출력해 보도록 하라.

Note

연습문제 | 4.3

중심 좌표와 반지름을 갖는 원을 표현하기 위한 구조체 Circle을 선언하고 Circle 구조체 변수 하나를 선언하라. 그리고 사용자가 반지름의 값으로 음수를 입력할 때까지 중심 좌표와 반지름을 입력받아 해당 구조체 변수에 저장하고, 중심좌표, 반지름, 면적을 출력하는 프로그램을 작성하라.

• 실행결과

```
x좌표, y좌표, 반지름 입력 : 3 4 1
좌표 (3, 4), 반지름 : 1, 면적 : 3.14
x좌표, y좌표, 반지름 입력 : 100 200 30
좌표 (100, 200), 반지름 : 30, 면적 : 2826
x좌표, y좌표, 반지름 입력 : 12 23 1.5
좌표 (12, 23), 반지름 : 1.5, 면적 : 7.065
x좌표, y좌표, 반지름 입력 : 1 1 -1
```

Note

4.2 구조체와 배열, 포인터, 참조

예제 4.4 | 1차원 구조체 배열의 선언 및 사용

struct Point 구조체의 1차원 배열을 선언하고 사용해 보도록 하자.

```
1  struct Point
2  {
3      int x;
4      int y;
5  };
6
7  int main()
```

```
8   {
9       Point pt[5] = { { 0, 0 }, { 1, 1 }, { 2, 2 }, { 3, 3 }, { 4, 4 } };
10      pt[2].x = 200;
11      pt[2].y = 200;
12  
13      for (int i = 0; i < 5; i++)
14          cout << "pt[" << i << "] = (" << pt[i].x << ", "
15              << pt[i].y << ")" << endl;
16  
17      return 0;
18  }
```

• **실행 결과**

```
pt[0] = (0, 0)
pt[1] = (1, 1)
pt[2] = (200, 200)
pt[3] = (3, 3)
pt[4] = (4, 4)
```

9라인에서는 5개의 Point 구조체 변수를 원소로 갖는 Point 구조체 배열 pt를 선언하고 있다. pt 배열의 원소들은 [그림 4.2]와 같이 연속적인 메모리상에 자리 잡게 되며 각 원소의 이름은 pt[0], pt[1], pt[2], pt[3], pt[4]가 된다. 구조체 배열을 선언함과 동시에 초기화를 하기 위해서는 9라인과 같이 중괄호({}) 내에 또 다시 중괄호를 사용하여 각 원소들에 대한 초기 값을 부여하면 된다. 만약 세 번째 원소의 x, y값을 변경하고자 한다면 10, 11라인의 pt[2].x, pt[2].y와 같이 사용하면 된다. 물론 14, 15라인에서 보듯이 pt[i]와 같이 변수를 사용하여 (i + 1)번째 원소에 접근할 수 있다. 사실상 int 타입 배열의 사용 방법과 동일함을 알 수 있다.

	pt[0]	pt[1]	pt[2]	pt[3]	pt[4]
pt	x	x	x	x	x
	y	y	y	y	y

○ 그림 4.2 1차원 구조체 배열

예제 4.5 | 2차원 구조체 배열의 선언 및 사용

이번에는 struct Point 구조체의 2차원 배열을 선언하고 사용해 보도록 하자.

```
1   struct Point
2   {
3       int x;
4       int y;
```

```
5   };
6
7   int main()
8   {
9       Point pt[3][5] =
10      {
11          { { 0, 0 }, { 0, 1 }, { 0, 2 }, { 0, 3 }, { 0, 4 } },
12          { { 1, 0 }, { 1, 1 }, { 1, 2 }, { 1, 3 }, { 1, 4 } },
13          { { 2, 0 }, { 2, 1 }, { 2, 2 }, { 2, 3 }, { 2, 4 } }
14      };
15      pt[1][2].x = 100;
16      pt[1][2].y = 100;
17
18      for (int i = 0; i < 3; i++)
19      {
20          for (int j = 0; j < 5; j++)
21              cout << "(" << pt[i][j].x << ", " << pt[i][j].y << ") ";
22          cout << endl;
23      }
24
25      return 0;
26  }
```

• **실행 결과**

```
(0, 0) (0, 1) (0, 2) (0, 3) (0, 4)
(1, 0) (1, 1) (100, 100) (1, 3) (1, 4)
(2, 0) (2, 1) (2, 2) (2, 3) (2, 4)
```

9~14라인에서는 Point 구조체 변수를 원소로 갖는 3행 5열의 2차원 배열 pt를 선언하고 있다. pt 배열의 구조는 [그림 4.3]과 같이 개념적으로는 2차원 형태가 되며, 실제로는 pt[0][0]부터 pt[2][4]까지 연속적인 메모리상에 자리 잡게 된다. 11라인에서는 pt[0][0]~pt[0][4]에 대한 초기화를 수행하고 있으며, 12라인과 13라인은 각각 pt[1] 행과 pt[2] 행에 대해서 초기화를 수행하고 있다. 2행 3열에 위치한 원소의 x, y에 접

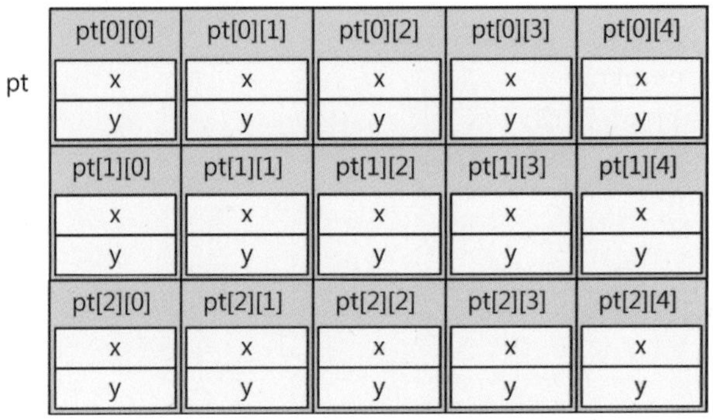

pt

pt[0][0]	pt[0][1]	pt[0][2]	pt[0][3]	pt[0][4]
x	x	x	x	x
y	y	y	y	y
pt[1][0]	pt[1][1]	pt[1][2]	pt[1][3]	pt[1][4]
x	x	x	x	x
y	y	y	y	y
pt[2][0]	pt[2][1]	pt[2][2]	pt[2][3]	pt[2][4]
x	x	x	x	x
y	y	y	y	y

○ 그림 4.3 2차원 구조체 배열

근하고자 한다면 15, 16라인과 같이 pt[1][2].x, pt[1][2].y를 사용하면 된다. 2차원 구조체 배열 또한 int 형의 2차원 배열과 다름이 없음을 알 수 있다.

예제 4.6 | 구조체 포인터 변수의 선언 및 사용

이번에는 struct Point 구조체 포인터를 선언하고 사용해 보도록 하자.

```
1   struct Point
2   {
3       int x;
4       int y;
5   };
6
7   int main()
8   {
9       Point pt1 = { 1, 1 };
10      Point *pt_ptr1 = &pt1;
11      pt_ptr1->x = 100;           // (*pt_ptr1).x = 300;과 동일
12      pt_ptr1->y = 100;           // (*pt_ptr1).y = 400;과 동일
13      cout << "pt_ptr1 : (" << pt_ptr1->x << ", " << pt_ptr1->y << ")" << endl;
14
15      Point *pt_ptr2;
16      pt_ptr2 = new Point(pt1);   // pt1의 값과 동일한 변수 생성
17      pt_ptr2->x = 200;
18      pt_ptr2->y = 200;
19      cout << "pt_ptr2 : (" << pt_ptr2->x << ", " << pt_ptr2->y << ")" << endl;
20
21      Point *pt_ptr3;
22      pt_ptr3 = new Point[4];     // 구조체 배열 동적 생성
23      for (int i = 0; i < 4; i++)
24      {
25          pt_ptr3[i].x = 3;
26          pt_ptr3[i].y = 3;
27      }
28      cout << "pt_ptr3 : ";
29      for (int i = 0; i < 4; i++)
30          cout << "(" << pt_ptr3[i].x << ", " << pt_ptr3[i].y << ") ";
31
32      delete pt_ptr2;
33      delete [] pt_ptr3;
34
35      return 0;
36  }
```

- **실행 결과**

```
pt_ptr1 : (100, 100)
```

```
pt_ptr2 : (200, 200)
pt_ptr3 : (3, 3) (3, 3) (3, 3) (3, 3)
```

10라인에서는 Point 구조체 포인터 pt_ptr1을 선언하고 이를 통해 Point 구조체 변수인 pt1을 가리키고 있다. [그림 4.4](a)는 이에 대한 구조를 보여주고 있다. pt_ptr1 포인터를 통해 현재 가리키고 있는 변수인 pt1을 지칭하기 위해서는 역참조 연산자를 사용하면 된다. 예를 들어, (*pt_ptr1).x라고 하면 바로 pt1.x와 동일한 의미가 된다. 주의할 사항은 연산자 우선순위 문제로 인해 역참조 연산자 주위에 괄호 연산자를 반드시 사용해야 한다는 것이다. 그런데 구조체 포인터 변수가 가리키고 있는 실제 변수의 멤버에 접근할 때는 11, 12라인에서 보듯이 -> 연산자를 사용하여 pt_ptr1->x, pt_ptr1->y와 같이 사용할 수 있도록 만들어 놓았다. -> 연산자의 모양 자체가 화살표 모양이기 때문에 포인터가 무엇인가를 가리키고 있는 것처럼 보이기도 한다. (*pt_ptr1).x와 pt_ptr1->x는 동일한 의미이지만 대부분의 프로그래머들이 pt_ptr1->x와 같이 사용하고 있으므로 이 문법에 익숙해지기 바란다.

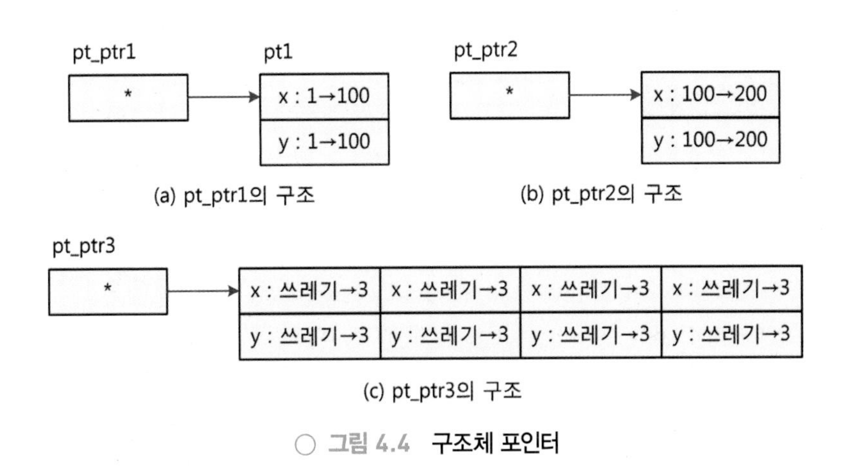

○ 그림 4.4 구조체 포인터

15~19라인에서는 Point 구조체 포인터 변수 pt_ptr2를 통해 Point 구조체 변수를 동적으로 생성한 예를 보여주고 있다. 16라인에서는 new 연산자를 통해 Point 변수 하나를 동적으로 생성하고 있으며 이를 Point 구조체 포인터 변수인 pt_ptr2가 가리키도록 하였다. int 타입의 경우, int *ptr = new int(3)과 같이 int 변수 하나를 동적으로 생성할 때 초기 값을 부여할 수 있듯이, 16라인과 같이 Point 구조체 변수 하나를 동적으로 생성할 때도 다른 Point 구조체 변수를 사용하여 초기화를 수행할 수 있다. 이 경우 [그림 4.4](b)와 같이 현재 pt1의 값과 동일하게 (100, 100)으로 초기화된다. 그 다음부터는 17~19라인과 같이 pt_ptr2를 통해 동적으로 생성한 구조체 변수를 사용할 수 있다.

22라인과 같이 구조체 포인터 변수를 사용하여 배열을 동적으로 생성하고 사용할 수도 있다. 22라인을 수행한 결과로 [그림 4.4](c)와 같이 쓰레기값을 가진 원소 4개의 배열이 생성되고 이를 포인터 변수 pt_ptr3이 가리키게 된다. 그 다음부터는 23~30라인처럼 포인터를 배열처럼 사용하면 된다.

포인터 변수를 통해 메모리를 동적으로 생성하고 사용한 후에는 32, 33라인과 같이 delete 연산자를 사용하여 메모리를 해제해야 한다.

구조체 포인터 변수의 사용 방법 또한 -> 연산자를 사용할 수 있다는 것 외에는 기본적으로 int 타입의 포인터 변수의 사용 방법과 차이가 없음을 알 수 있다.

예제 4.7 | 구조체 참조 변수의 선언 및 사용

이번에는 struct Point 구조체의 참조 변수를 선언하고 사용해 보도록 하자.

```
1   struct Point
2   {
3       int x;
4       int y;
5   };
6
7   int main()
8   {
9       Point pt1 = { 1, 1 };
10      Point &pt2 = pt1;       // pt2는 pt1과 동일한 변수
11
12      pt2.x = 100;
13      pt2.y = 100;
14
15      cout << "pt1 : (" << pt1.x << ", " << pt1.y << ")" << endl;
16      cout << "pt2 : (" << pt2.x << ", " << pt2.y << ")" << endl;
17
18      return 0;
19  }
```

- 실행 결과

```
pt1 : (100, 100)
pt2 : (100, 100)
```

10라인에서는 Point 구조체 참조 변수인 pt2를 만들고 기존의 Point 구조체 변수인 pt1을 대입하고 있다. 그 다음부터 pt2와 pt1은 완전히 동일한 변수를 의미하게 된다. 이 예제에서는 int 타입과 마찬가지로 구조체 또한 참조 변수를 만들어 사용할 수 있음을 보여주고 있다.

연습문제 | 4.4

[연습 문제 4.3]에서 만든 Circle 구조체를 그대로 사용하되 원소의 개수가 5개인 배열을 만들고, 각 원소의 중심 좌표와 반지름을 임의의 양수로 초기화한 후 확인을 위해 각 원소의 변수에 대한 중심 좌표, 반지름, 면적을 출력하라. 배열 선언 시 배열 선언과 동시에 초기화를 수행해 보도록 하라.

연습문제 | 4.5

가로 길이와 세로 길이를 멤버 변수로 갖는 직사각형 구조체인 Rectangle 구조체를 만들어 보라. 그리고 Rectangle 구조체 포인터를 사용하여 사용자로부터 입력받은 개수만큼의 Rectangle 변수를 동적으로 생성하라. 마지막으로 각 Rectangle 변수의 가로와 세로 길이에 임의의 양수를 대입하고, 각 변수의 가로, 세로, 면적을 출력해 보라.

4.3 구조체와 함수

예제 4.8 | 구조체 변수의 값에 의한 매개변수 전달 및 반환

int 타입과 마찬가지로 구조체 변수를 값에 의한 전달을 통해 매개변수 전달 및 반환이 가능하다. 물론 주소값의 전달 또한 가능하다. 이 예제를 통해 Point 구조체 변수에 대한 값에 의한 매개변수 전달을 테스트해 보도록 하자.

```
1   struct Point
2   {
3       int x;
4       int y;
5
6   };
7
8   Point Sum(Point pt1, Point *pt2)    // pt1 : 값 전달, pt2 : 주소 전달
9   {
10      Point pt3;
11      pt3.x = pt1.x + pt2->x;
12      pt3.y = pt1.y + pt2->y;
13      return pt3;
14  }
```

```
15
16  int main()
17  {
18      Point pt1 = { 1, 1 };
19      Point pt2 = { 2, 2 };
20      Point pt3;
21
22      pt3 = Sum(pt1, &pt2);        // pt1 : 값 전달, pt2 : 주소 전달
23
24      cout << "pt1 : (" << pt1.x << ", " << pt1.y << ")" << endl;
25      cout << "pt2 : (" << pt2.x << ", " << pt2.y << ")" << endl;
26      cout << "pt3 : (" << pt3.x << ", " << pt3.y << ")" << endl;
27
28      return 0;
29  }
```

• **실행 결과**

```
pt1 : (1, 1)
pt2 : (2, 2)
pt3 : (3, 3)
```

8~14라인에서 Sum 함수를 작성하였다. 첫 번째 매개변수로는 Point 구조체 변수를 값에 의한 전달로 전달받고 있고, 두 번째 매개변수로는 주소값을 전달받고 있기 때문에 포인터 변수로 받고 있다. 10~13라인에서는 지역 변수인 pt3을 선언한 후 멤버 변수 x, y의 값으로 매개변수로 전달받은 pt1과 pt2의 x, y의 힙을 대입하고 있다. pt2는 구조체 포인터 변수이기 때문에 11, 12라인에서 보듯이 pt2->x, pt2->y와 같이 작성함으로써 pt2가 가리키는 구조체 변수의 x, y에 접근하고 있다. 13라인에서는 Point 구조체 변수인 pt3을 반환하고 있고 이에 따라 8라인에서 Sum 함수의 반환형을 Point로 지정하였다.

22라인에서는 Sum 함수를 호출하기 위해 pt1과 pt2를 전달하고 있는데 pt2의 경우 주소값을 전달하고 있다. 그리고 반환값은 pt3 변수에 대입하였다. pt3의 좌표를 확인해 보면 pt1과 pt2의 값을 더한 (3, 3)임을 알 수 있다.

Point 구조체를 위한 매개변수의 값에 의한 전달, 주소값의 전달, 값의 반환 방법이 모두 기본적으로 int 타입을 위한 방법과 다르지 않음을 알 수 있다.

예제 4.9 | 구조체 배열의 매개변수 전달

int 배열을 전달하기 위해서는 배열의 첫 번째 원소의 주소를 전달해야 한다. 구조체 배열 또한 마찬가지이다. 구조체 배열을 매개변수로 전달해 보도록 하자.

```
1   struct Point
2   {
3       int x;
```

```
4      int y;
5  };
6
7  Point Sum(Point *ptr, int count)    // Point Sum(Point ptr[], int count)
8  {
9      Point pt = { 0, 0 };
10
11     for (int i = 0; i < count; i++)
12     {
13         pt.x = pt.x + ptr[i].x;
14         pt.y = pt.y + ptr[i].y;
15     }
16
17     return pt;
18 }
19
20 int main()
21 {
22     Point ary[5] = { { 1, 1 }, { 2, 2 }, { 3, 3 }, { 4, 4 }, { 5, 5 } };
23     Point pt;
24
25     pt = Sum(ary, 5);              // ary : &ary[0], 첫 번째 원소의 주소
26
27     cout << "pt : (" << pt.x << ", " << pt.y << ")" << endl;
28
29     return 0;
30 }
```

- **실행 결과**

```
pt : (15, 15)
```

25라인에서는 Sum 함수를 호출하면서 Point 구조체 배열 ary의 이름과 원소의 개수인 5를 전달하고 있다. 배열 이름은 첫 번째 원소의 주소를 의미한다. 7라인의 Sum 함수를 보면 ary의 첫 번째 원소의 주소를 Point 포인터 변수인 ptr 변수로 전달받고 있음을 알 수 있다. 그 다음부터는 Point 포인터인 ptr을 배열처럼 사용하면 된다. 9~17라인에서는 매개변수로 넘어온 ary 배열의 모든 원소에 대해 x, y 별로 합산하여 만든 Point 변수 pt를 반환하고 있다. 27라인에서 반환 결과를 저장한 pt 변수의 값을 출력한 결과 모든 원소의 합이 출력됨을 확인할 수 있다.

참고로 int 타입과 마찬가지로 7라인의 주석과 같이 매개변수 Point *ptr은 Point ptr[]로 작성할 수 있다. 이 예제를 통해 구조체 배열의 매개변수 전달 방법 역시 int 타입의 매개변수 전달 방법과 동일함을 알 수 있다.

예제 4.10 | 구조체 변수를 위한 Swap 함수 작성

int 변수의 값을 서로 교환하기 위한 Swap 함수를 작성한 적이 있다. 이번에는 Point 구조체 변수 2개의 값을 서로 교환하기 위한 Swap 함수를 작성해 보도록 하자.

```
1   struct Point
2   {
3       int x;
4       int y;
5   };
6
7   void Swap(Point *ptr1, Point *ptr2)            // 주소 전달
8   {
9       Point pt = *ptr1;
10      *ptr1 = *ptr2;
11      *ptr2 = pt;
12  }
13
14  void Swap(Point &ref1, Point &ref2)            // 참조에 의한 전달
15  {
16      Point pt = ref1;
17      ref1 = ref2;
18      ref2 = pt;
19  }
20
21  void Print(const Point &pt1, const Point &pt2)  // 좌표값 출력
22  {
23      cout << "pt1 : (" << pt1.x << ", " << pt1.y << ")" << endl;
24      cout << "pt2 : (" << pt2.x << ", " << pt2.y << ")" << endl;
25  }
26
27  int main()
28  {
29      Point pt1 = { 100, 100 };
30      Point pt2 = { 300, 300 };
31      Print(pt1, pt2);
32
33      Swap(&pt1, &pt2);                          // 주소 전달
34      cout << ">>> 주소 전달을 통한 Swap 함수 실행 후" << endl;
35      Print(pt1, pt2);
36
37      Swap(pt1, pt2);                            // 참조 전달
38      cout << ">>> 참조 전달을 통한 Swap 함수 실행 후" << endl;
39      Print(pt1, pt2);
40
41      return 0;
42  }
```

• **실행 결과**

```
pt1 : (100, 100)
pt2 : (300, 300)
>>> 주소 전달을 통한 Swap 함수 실행 후
pt1 : (300, 300)
pt2 : (100, 100)
>>> 참조 전달을 통한 Swap 함수 실행 후
pt1 : (100, 100)
pt2 : (300, 300)
```

7~12라인에서는 포인터 변수를 사용하여 값을 교환하고자 하는 변수의 주소를 전달받고 있으며, 33라인에서는 이 함수를 호출하기 위해 pt1과 pt2의 주소를 전달하고 있다. 구조체 변수는 대입이 가능하므로 9~11라인과 같이 역참조 연산자를 사용하여 포인터 변수 ptr1과 ptr2가 각각 가리키고 있는 구조체 변수인 pt1과 pt2의 값을 서로 교환하고 있다.

14~19라인에서는 참조 변수를 사용하여 7라인의 Swap 함수와 동일한 기능을 수행하는 Swap 함수를 작성하였다. 37라인에서 Swap 함수를 호출하고 있는데 바로 14라인의 Swap 함수가 수행된다. 이때 ref1과 pt1, 그리고 ref2와 pt2는 동일한 변수를 의미한다. 따라서 16~18라인에서 ref1과 ref2를 교환하면 결국 pt1과 pt2가 교환되는 것이다.

21라인의 Print 함수는 2개의 Point 변수를 참조로 전달받아 값을 출력하고 있다. 이 함수에서는 전달된 Point 변수의 값만 출력할 뿐 값을 변경하지 않는다. 이를 보장하기 위해 매개변수 앞에 const 키워드를 삽입하였다. 이 경우 Print 함수 내에서 누군가가 실수로 해당 변수의 값을 변경하려고 하면 컴파일 에러가 발생하게 되므로 바로 코드의 이상 여부를 검토해 볼 수 있다.

만약 Swap 함수를 주소값의 전달이나 참조에 의한 전달이 아닌 단순한 값에 의한 전달로 구현했다면 어떻게 될까? int 타입을 통해 배웠듯이 형식매개변수의 값은 교환된다 하더라도 실매개변수의 값은 전혀 변경되지 않음을 알고 있을 것이다. 구조체 또한 int 타입과 동작 방식이 동일하다.

예제 4.11 | 구조체 포인터를 이용한 메모리 동적 할당

필요한 개수만큼의 Point 구조체 변수를 동적으로 생성하여 시작 주소를 반환하는 함수 GeneratePoint를 만들고자 한다. 매개변수로는 필요한 Point 변수의 개수 외에 초기 값으로 사용할 좌표를 함께 전달받아 동적으로 생성한 모든 변수의 좌표를 해당 초기 좌표로 초기화할 수 있도록 해 보자.

```
1   struct Point
2   {
3       int x;
4       int y;
5   };
6
7   Point *GeneratePoint(int count, int x, int y)
8   {
```

```
9       Point *pt = new Point[count];           // Point 구조체 변수 동적 생성
10      for (int i = 0; i < count; i++)         // 모든 원소의 초기화 (x, y)
11      {
12          pt[i].x = x;
13          pt[i].y = y;
14      }
15      return pt;
16  }
17
18  int main()
19  {
20      Point *pt = GeneratePoint(5, 3, 4);     // 5개 원소를 갖는 배열 동적 생성
21
22      for (int i = 0; i < 5; i++)
23          cout << "[" << i << "] (" << pt[i].x << ", " << pt[i].y << ")" << endl;
24
25      delete [] pt;
26
27      return 0;
28  }
```

• **실행 결과**

```
[0] (3, 4)
[1] (3, 4)
[2] (3, 4)
[3] (3, 4)
[4] (3, 4)
```

7라인의 GeneratePoint 함수는 배열 원소의 개수(count)와 초기화를 위한 좌표(x, y)를 매개변수로 전달받고 이에 부합하는 배열을 동적으로 생성한 후, 시작 주소를 반환하는 함수이다. 9라인에서는 count 개수만큼 배열을 동적으로 생성하고 있으며 10~14라인에서 각 원소의 x, y 값을 매개변수로 전달된 x, y의 값으로 초기화하고 있다. 반환형은 Point 포인터로 동적으로 생성된 배열의 첫 번째 원소의 주소를 반환하고 있다.

20라인에서는 GeneratePoint 함수를 사용하여 원소의 개수가 5개이고 좌표가 (3, 4)인 배열을 동적으로 생성하였다. Point 포인터 변수 pt는 배열의 첫 번째 원소를 가리키게 되고 이후로는 1차원 배열처럼 사용할 수 있다. 동적으로 생성한 메모리가 더 이상 필요하지 않을 경우에는 25라인과 같이 delete 연산자를 사용하여 메모리를 해제해 주어야 한다.

구조체의 메모리 동적 할당 방법 또한 int 타입의 메모리 동적 할당 방법과 동일하다.

연습문제 | 4.6

Point 구조체 1차원 배열을 매개변수로 전달받아 x좌표와 y좌표의 합이 작은 원소부터 큰 원소의 순으로 정렬하는 함수 Sort를 만들어 보라.

```
1   int main()
2   {
3       Point pt[5] = { { 5, 2 }, { 2, 2 }, { 8, 1 }, { 1, 1 }, { 5, 5 } };
4       Sort(pt, 5);
5   
6       for (int i = 0; i < 5; i++)
7           cout << "pt[" << i << "] (" << pt[i].x << ", " << pt[i].y << ")" << endl;
8   
9       return 0;
10  }
```

• **실행결과**

```
pt[0] (1, 1)
pt[1] (2, 2)
pt[2] (5, 2)
pt[3] (8, 1)
pt[4] (5, 5)
```

Note

연습문제 | 4.7

다음 코드와 같이 Point 변수 pt1과 pt2를 각각 가리키고 있는 포인터 변수 ptr1과 ptr2가 있다. Swap 함수를 수행한 후에는 ptr1과 ptr2가 각각 pt2와 pt1을 가리킬 수 있도록 Swap 함수를 만들어 보라. 13라인을 위한 Swap 함수와 18라인을 위한 Swap 함수를 별도로 작성해야 한다. 참고로 int * 변수를 위한 참조 변수는 int *&로 선언하면 된다.

```
1   int main()
2   {
3       Point pt1 = { 1, 1 };
```

```
4      Point pt2 = { 2, 2 };
5
6      Point *ptr1 = &pt1;
7      Point *ptr2 = &pt2;
8      cout << ">>> Swap 수행 전                  : ";
9      cout << "*ptr1 = (" << ptr1->x << ", " << ptr1->y << "), ";
10     cout << "*ptr2 = (" << ptr2->x << ", " << ptr2->y << ")" << endl;
11
12     Swap(&ptr1, &ptr2);
13     cout << ">>> Swap(&ptr1, &ptr2) 수행 후 : ";
14     cout << "*ptr1 = (" << ptr1->x << ", " << ptr1->y << "), ";
15     cout << "*ptr2 = (" << ptr2->x << ", " << ptr2->y << ")" << endl;
16
17     Swap(ptr1, ptr2);
18     cout << ">>> Swap(ptr1, ptr2) 수행 후   : ";
19     cout << "*ptr1 = (" << ptr1->x << ", " << ptr1->y << "), ";
20     cout << "*ptr2 = (" << ptr2->x << ", " << ptr2->y << ")" << endl;
21
22     return 0;
23 }
```

• **실행결과**

```
>>> Swap 수행 전                  : *ptr1 = (1, 1), *ptr2 = (2, 2)
>>> Swap(&ptr1, &ptr2) 수행 후 : *ptr1 = (2, 2), *ptr2 = (1, 1)
>>> Swap(ptr1, ptr2) 수행 후   : *ptr1 = (1, 1), *ptr2 = (2, 2)
```

Note

연습문제 | 4.8

Point 구조체 변수를 원소로 갖는 3행 4열의 2차원 배열을 동적으로 생성해 보라. 그리고 각 원소의 x, y 값을 자신의 행과 열의 값으로 설정한 후 제대로 설정되었는지 출력을 통해 확인해 보라. 2차원 배열을 동적으로 생성하기 위해서는 이중 포인터를 사용하면 된다.

Note

4.4 내포 구조체

예제 4.12 | 구조체 변수를 멤버 변수로 포함

원을 나타내는 Circle 구조체를 만들고자 한다. Circle 구조체는 멤버 변수로 이름(name)과 원의 중심 좌표(x, y) 그리고 반지름(radius)을 갖는다. 이때 중심 좌표를 표현하기 위해 Point 구조체 변수를 사용해 보도록 하자.

```
1   struct Point
2   {
3       int x;
4       int y;
5   };
6
7   struct Circle
8   {
9       char name[20];      // 이름
10      Point center;       // 중심 좌표 (x, y)
11      double radius;      // 반지름
12  };
13
14  void Print(const Circle &cir)
15  {
16      cout << ">>> " << cir.name << " : ";
17      cout << "(" << cir.center.x << ", " << cir.center.y << "), ";
18      cout << cir.radius << endl;
19  }
20
21  int main()
22  {
23      Circle cir1 = { "원1", { 1, 1 }, 1.1 };
24      Circle cir2;
25
26      cout << "cir2를 위한 이름, 좌표(x, y), 반지름 입력 : ";
27      cin >> cir2.name >> cir2.center.x >> cir2.center.y >> cir2.radius;
28
29      Print(cir1);
30      Print(cir2);
31
32      return 0;
33  }
```

• **실행 결과**

```
cir2를 위한 이름, 좌표(x, y), 반지름 입력 : 원2 3 4 12.3
>>> 원1 : (1, 1), 1.1
>>> 원2 : (3, 4), 12.3
```

7~12라인에는 Circle 구조체가 선언되어 있으며 10라인에는 중심 좌표로 Point 변수가 멤버 변수로 포함되어 있다. 구조체는 int 타입과 같다. 구조체 선언 시 int 타입의 변수를 멤버 변수로 포함할 수 있듯이 다른 구조체 변수 또한 자신의 멤버 변수로 포함할 수 있다.

23라인에서는 Circle 구조체 변수 cir1을 선언하면서 동시에 초기화를 수행하고 있다. 각 멤버 변수의 초기 값들은 중괄호({}) 내에 나열하되 두 번째 멤버 변수인 Point 구조체 변수 center의 값을 기술하기 위해 또 다시 중괄호를 사용하면 된다.

17, 27라인에서는 Circle 구조체 변수의 멤버 변수인 center에 접근하는 방법을 보여주고 있다. 최종적으로 center의 멤버 변수인 x, y에 접근하기 위해서는 cir1.center.x, cir1.center.y와 같이 사용하면 된다.

구조체 선언 시 다른 구조체 변수를 멤버 변수로 포함하는 것은 드문 일이 아니므로 반드시 사용 방법을 익혀 두기 바란다. 참고로 당연한 얘기이지만 다음 Point 구조체의 선언 예에서 5라인과 같이 + 현재 선언하고 있는 구조체의 멤버 변수로 자신의 구조체 변수가 올 수는 없다.

+ Key

현재 선언하고 있는 구조체의 멤버 변수로 자신의 구조체 변수가 올 수는 없다.

```
1   struct Point
2   {
3       int x;
4       int y;
5       Point pt;    // X
6   };
```

예제 4.13 | 내포 구조체

구조체 선언 내에 포함된 구조체 선언을 내포 구조체(nested structure)라고 한다. 이번에는 Point 구조체를 Circle 구조체 선언 내에서 선언하고 사용해 보도록 하자.

```
1   struct Circle
2   {
3       char name[20];      // 이름
4       struct Point        // 내포 구조체 Point
5       {
6           int x;
7           int y;
8       };
```

```
9      Point center;        // 중심 좌표 (x, y)
10     double radius;       // 반지름
11 };
12
13 void Print(const Circle &cir)
14 {
15     cout << ">>> " << cir.name << " : ";
16     cout << "(" << cir.center.x << ", " << cir.center.y << "), ";
17     cout << cir.radius << endl;
18 }
19
20 int main()
21 {
22     Circle::Point pt1 = { 100, 200 };
23     Circle cir1 = { "원1", pt1, 1.1 };  // { "원1", { 100, 200 }, 1.1 }
24
25     Print(cir1);
26
27     return 0;
28 }
```

• **실행 결과**

```
>>> 원1 : (100, 200), 1.1
```

1~11라인에서 Circle 구조체를 선언하고 있으며 그 내부인 4~8라인에서 Point 구조체를 선언하고 있다. 이후로는 9라인과 같이 Circle 구조체 선언 내에서 Point 구조체 변수를 선언하는 것이 가능하다.

9라인의 Point 구조체 멤버 변수인 center에 접근하는 방법은 [예제 4.12]에서와 동일하다. 23라인에서는 Circle 구조체 변수 cir1을 선언하면서 초기화를 수행하고 있다. 이때 주석처럼 [예제 4.12]와 동일한 방법을 사용할 수도 있고 Point 구조체 변수를 먼저 선언한 후 해당 변수를 초기 값으로 사용할 수도 있다. 16라인에서는 center의 멤버 변수인 x, y에 접근하는 방법을 보여주고 있는데, 이 또한 [예제 4.12]와 동일하다.

한 가지 주의할 사항은 +Circle 구조체 선언 외부에서는 더 이상 Point라는 구조체가 존재하지 않는다는 것이다. Point 구조체는 Circle 구조체 내부에 내포 구조체로 선언되어 있다. 따라서 Point 구조체의 이름은 범위 지정 연산자(::)를 사용하여 Circle::Point가 된다. 예를 들어 22라인에서는 Circle::Point 구조체 변수인 pt1을 선언하고 있다.

Point 구조체가 Circle 구조체 내에서만 사용될 경우에는 Point 구조체를 Circle 구조체 내에 내포 구조체로 선언해도 좋다. 그러나 Point 구조체가 Circle 구조체 내부뿐만 아니라 다른 곳에서도 사용된다면, Circle 구조체와는 별도로 선언하는 것이 더 좋을 것으로 판단된다.

+ Key

Circle 구조체 선언 외부에서는 더 이상 Point라는 구조체가 존재하지 않으며, Circle::Point와 같이 범위 지정 연산자를 사용한다.

연습문제 | 4.9

Point 구조체 변수들을 멤버 변수로 포함하는 PointArray라는 구조체를 만들려고 한다. PointArray 구조체 내에는 Point 배열을 동적으로 생성하기 위해 Point 포인터가 포함되어 있고 배열 원소의 개수를 저장하는 변수가 포함되어 있다. 다음 main 함수가 실행 결과와 같이 실행될 수 있도록 PointArray 구조체와 필요한 함수들을 작성해 보라. Point 구조체는 PointArray 구조체의 내포 구조체로 선언하라.

```
1   int main()
2   {
3       PointArray pt_ary = { NULL, 5 };
4       GeneratePointArray(pt_ary);          // 동적 메모리 배열 생성
5
6       for (int i = 0; i < pt_ary.count; i++)
7       {
8           PointArray::Point pt = { i, i };
9           SetPointArray(pt_ary, i, pt);  // 원소[i]의 값 변경
10      }
12
13      PrintPointArray(pt_ary);             // 원소들 출력
14      DeletePointArray(pt_ary);            // 동적 메모리 배열 해제
15
16      return 0;
17  }
```

- **실행결과**

```
[0] (0, 0)
[1] (1, 1)
[2] (2, 2)
[3] (3, 3)
[4] (4, 4)
```

Note

4.5 자기 참조 구조체

예제 4.14 | 자기 참조 구조체의 개념

다음 코드에서 1~5라인의 구조체 DataList는 int 변수 하나와 DataList 구조체의 포인터 변수 하나를 멤버 변수로 가지고 있다. 기본적으로 어떤 구조체는 자신의 구조체 변수를 멤버 변수로 포함할 수는 없다. 그러나 DataList와 같이 자신의 구조체 포인터 변수를 멤버 변수로 포함하는 것은 얼마든지 가능하다. 포인터 변수란 주소값을 저장하는 4바이트 크기의 변수일 뿐이며 그것을 어떻게 활용할지는 이후의 문제이다. 이와 같이 자신의 구조체 포인터 변수를 멤버 변수로 포함하는 구조체를 자기 참조 구조체(self-referential structure)라고 한다. 자기 참조 구조체가 어떻게 동작하는지 이 예제를 통해 살펴보도록 하자.

```
1   struct DataList
2   {
3       int data;
4       DataList *next;     // DataList 구조체 변수를 가리키는 포인터
5   };
6
7   int main()
8   {
9       DataList data1 = { 1, NULL };
10      DataList data2 = { 2, NULL };
12
13      data1.next = &data2;
14
15      cout << "data1 : " << data1.data << endl;
16      cout << "data2 : " << data1.next->data << endl;
17
18      return 0;
19  }
```

- **실행 결과**

```
data1 : 1
data2 : 2
```

9, 10라인의 DataList 구조체 변수 data1, data2를 그림으로 나타내면 [그림 4.5](a)와 같다. 원래 data1과 data2는 전혀 무관한 별개의 변수이다. 그런데 13라인과 같이 data1의 next 포인터 변수에 data2의 주소를 대입함으로써 두 변수는 [그림 4.5](b)와 같이 next 포인터를 통해 서로 연결된다.

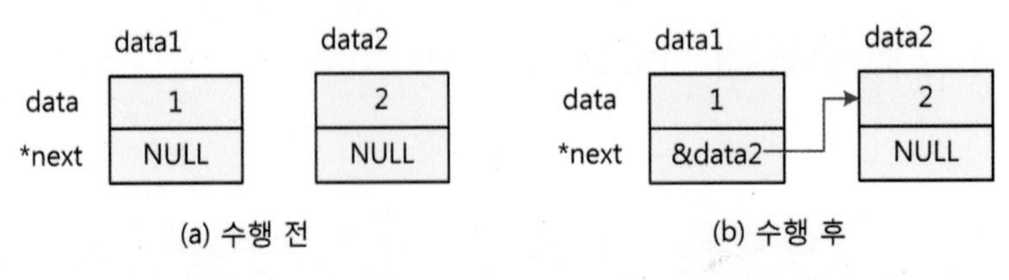

○ 그림 4.5 13라인 data1.next = &data2; 수행 전후 비교

data1.next 변수는 DataList 변수의 주소를 저장하는 변수이다. 그 이상도 그 이하도 아니다. 기존에 포인터를 사용하듯이 사용하면 된다. 따라서 13라인과 같이 다른 DataList 변수의 주소를 data1.next에 대입할 수 있다. 물론 필요하다면 data1.next = &data1;과 같이 자기 자신을 가리킬 수도 있다. 13라인을 수행한 후에 data1.next 변수는 data2를 가리키게 된다. 그렇다면 data1.next를 통해 data2의 data 값에 접근하려면 어떻게 해야 할까? (*data1.next)라고 하면 현재 data1.next가 가리키는 변수인 data2가 된다. 따라서 (*data1.next).data가 바로 data2.data가 된다. 구조체 포인터의 경우 -> 연산자를 사용하여 data1.next->data와 같이 사용할 수 있음을 알고 있을 것이다.

자기 참조 구조체가 복잡해 보이지만 특별히 어렵게 생각할 필요가 없다. 멤버 변수로 포함되어 있는 구조체 포인터 변수는 해당 구조체 변수의 주소를 저장하는 포인터 변수일 뿐이므로 앞서 배운 바와 같이 구조체 포인터 변수를 사용하듯이 사용하면 된다. 단, 보다 복잡하고 유용한 구조를 만들기 위한 자기 참조 구조체의 활용에 익숙해지기 위해서는 어느 정도의 연습이 필수적이다.

예제 4.15 | 단방향 링크드 리스트

[그림 4.6]과 같이 포인터를 통해 한쪽 방향으로 연결된 데이터 구조를 단방향 링크드 리스트라고 한다. 자기 참조 구조체를 사용하여 이와 같은 단방향 링크드 리스트를 만들어 보자. start 포인터 변수는 항상 리스트의 첫 번째 노드를 가리키며 end 포인터 변수는 항상 리스트의 마지막 노드를 가리킨다. 최종적으로 첫 번째 노드부터 마지막 노드까지의 데이터를 출력해 보도록 하자.

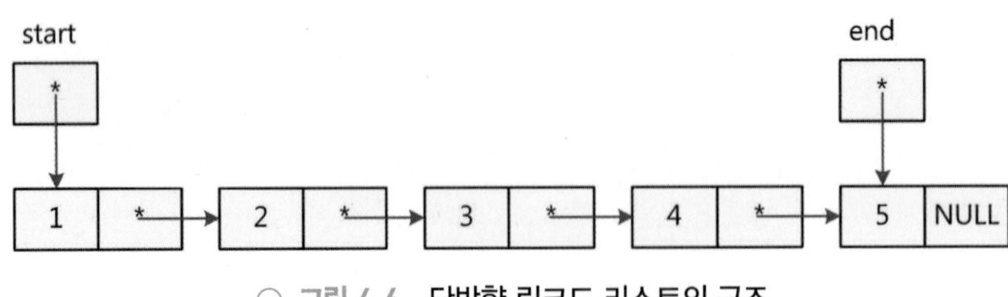

○ 그림 4.6 단방향 링크드 리스트의 구조

```
1  struct Node
2  {
3      int data;
4      Node *next;
5  };
```

```
6
7   int main()
8   {
9       Node *start = NULL;            // 첫 번째 노드 포인터
10      Node *end = NULL;              // 마지막 노드 포인터
11      Node *current;                 // 새로 추가할 노드 포인터
12
13      for (int i = 1; i <= 5; i++)
14      {
15          current = new Node;        // 노드 생성
16          current->data = i;
17          current->next = NULL;
18
19          if (start == NULL)         // 첫 번째 노드
20              start = end = current;
21          else                       // 노드 추가
22          {
23              end->next = current;
24              end = current;
25          }
26      }
27
28      current = start;               // 첫 번째 노드부터 출력
29      while (current != NULL)
30      {
31          cout << current->data << endl;
32          current = current->next;
33      }
34
35      return 0;
36  }
```

• **실행 결과**

```
1
2
3
4
5
```

4라인에서 Node 구조체는 멤버 변수로 Node 변수를 가리키는 포인터 변수 next를 포함하고 있다. 15~17라인에서는 새로 추가할 노드 하나를 동적으로 생성하고 있다. 그리고 19라인에서 start가 NULL이라면, 즉, 첫 번째로 추가되는 노드라면 단순히 추가만 하고 끝낸다. 만약 기존에 노드가 하나 이상 추가되어 있는 상태라면 23, 24라인과 같이 end 포인터 변수를 사용하여 새로 생성된 노드를 마지막 노드의 뒤에 추가하고, end 포인터 변수는 새로 추가된 노드를 가리키도록 한다. 28라인부터는 current 포인

터를 사용하여 start로부터 마지막 노드를 벗어날 때까지(NULL이 아닌 동안) 리스트 상의 데이터를 차례로 하나씩 출력하고 있다.

실제로는 동적으로 생성된 메모리를 해제하는 작업이 추가되어야 한다. start 포인터를 차례로 이동하면서 NULL이 될 때까지 현재 start 포인터가 가리키는 Node 구조체 변수를 삭제해 주면 된다. 직접 구현해 보도록 하라.

예제 4.16 | 양방향 링크드 리스트

[그림 4.7]과 같이 2개의 포인터를 통해 양쪽 방향으로 연결된 데이터 구조를 양방향 링크드 리스트라고 한다. 양방향 링크드 리스트를 사용하면 단방향 링크드 리스트를 사용할 때보다 전후에 있는 노드로의 이동이 훨씬 편리해진다. 자기 참조 구조체를 사용하여 이와 같은 양방향 링크드 리스트를 만들어 보자. 최종적으로 마지막 노드부터 첫 번째 노드까지 데이터를 역순으로 출력해 보도록 하자.

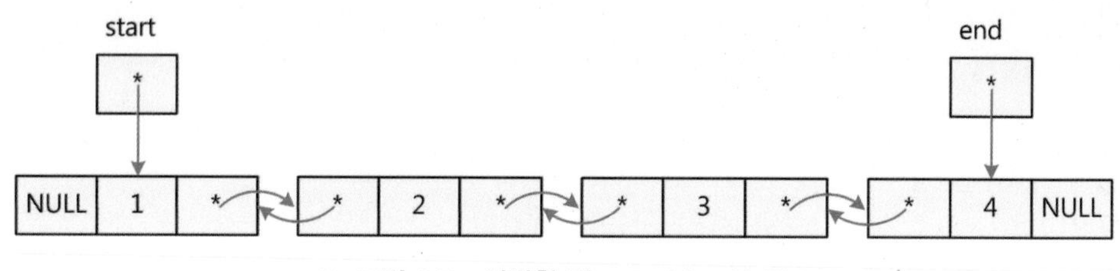

○ 그림 4.7 양방향 링크드 리스트의 구조

```
1   struct Node
2   {
3       int data;
4       Node *prev;                      // 이전 노드
5       Node *next;                      // 다음 노드
6   };
7
8   int main()
9   {
10      Node *start = NULL;              // 첫 번째 노드 포인터
11      Node *end = NULL;                // 마지막 노드 포인터
12      Node *current;                   // 새로 추가할 노드 포인터
13
14      for (int i = 1; i <= 4; i++)
15      {
16          current = new Node;          // 노드 생성
17          current->data = i;
18          current->prev = NULL;
19          current->next = NULL;
20
21          if (start == NULL)           // 첫 번째 노드
22              start = end = current;
```

```
23          else                            // 노드 추가
24          {
25              end->next = current;        // 마지막 노드의 다음 연결
26              current->prev = end;        // 현재 노드의 이전 연결
27              end = current;
28          }
29      }
30
31      current = end;                      // 마지막 노드부터 출력
32      while (current != NULL)
33      {
34          cout << current->data << endl;
35          current = current->prev;
36      }
37
38      return 0;
39  }
```

• **실행 결과**

```
4
3
2
1
```

1~6라인에서 보듯이 Node 구조체 내에는 다음 노드를 가리키기 위한 next 포인터 변수 외에도 이전 노드를 가리키기 위한 prev 포인터 변수가 추가되어 있다. 현재 추가되는 노드가 첫 번째 노드일 경우 22라인과 같이 단순히 start, end 포인터 변수가 현재 노드를 가리키도록 하였다. 만약 첫 번째 노드가 아니라면 25라인에서 마지막 노드의 next에 연결해 주고, 26라인에서 현재 노드의 prev에 마지막 노드를 연결해 준 다음 27라인에서 최종적으로 현재 노드를 마지막 노드로 설정해 준다. 이제 1, 2, 3, 4의 값을 가진 노드가 차례로 연결되어 있다. 31~36라인에서는 마지막 노드로부터 출발하여 prev 멤버 포인터 변수를 통해 이전 노드로 이동하면서 데이터를 하나씩 출력하고 있다.

연습문제 | 4.10

다음 프로그램은 사용자로부터 추가할 노드에 대한 값과 위치를 입력받아 해당 위치에 노드를 삽입하거나, 삭제할 위치를 입력받아 해당 위치의 노드를 삭제하는 프로그램이다. 추가 시 위치의 값이 0이면 첫 번째 노드의 앞을 의미하며 1이면 첫 번째 노드의 다음, 2이면 두 번째 노드의 다음을 의미한다. 위치의 값이 현재 노드의 개수보다 더 크다면 맨 마지막에 추가하면 된다. 삭제 시에는 위치의 값이 0이면 첫 번째 노드, 1이면 두 번째 노드를 의미하며 현재 노드의 개수보다 크다면 false를 반환하면 된다. 다음 프로그램과 실행 결과를 참고하여 Add, Delete, Print 함수를 추가해 보라.

```
1   struct Node
2   {
3       int data;
4       Node *next;
5   };
6
7   Node *start = NULL;
8
9   int main()
10  {
12      char add_del;
13      int data;
14      int position;                           // 삽입 또는 삭제 위치
15
16      cout << "[삽입(+), 값, 위치] 또는 [삭제(-), 위치] 입력 : ";
17      cin >> add_del;
18      if (add_del == '+')
19          cin >> data >> position;
20      else if (add_del == '-')
21          cin >> position;
22
23      while (add_del != 'q')
24      {
25          bool success = false;
26
27          if (add_del == '+')
28              success = Add(data, position);// data를 position 다음 위치에 추가
29          else if (add_del == '-')
30              success = Delete(position);   // position 위치의 데이터 삭제
31
32          if (success)
33              Print();
34
35          cout << "[삽입(+), 값, 위치] 또는 [삭제(-), 위치] 입력 : ";
36          cin >> add_del;
37          if (add_del == '+')
38              cin >> data >> position;
39          else if (add_del == '-')
40              cin >> position;
41      }
42
43      return 0;
44  }
```

- **실행결과**

```
[삽입(+), 값, 위치] 또는 [삭제(-), 위치] 입력 : + 1 1
1
[삽입(+), 값, 위치] 또는 [삭제(-), 위치] 입력 : + 2 3
1 2
[삽입(+), 값, 위치] 또는 [삭제(-), 위치] 입력 : + 3 1
1 3 2
[삽입(+), 값, 위치] 또는 [삭제(-), 위치] 입력 : + 4 0
4 1 3 2
[삽입(+), 값, 위치] 또는 [삭제(-), 위치] 입력 : - 1
4 3 2
[삽입(+), 값, 위치] 또는 [삭제(-), 위치] 입력 : - 0
3 2
[삽입(+), 값, 위치] 또는 [삭제(-), 위치] 입력 : + 100 1
3 100 2
[삽입(+), 값, 위치] 또는 [삭제(-), 위치] 입력 : q
```

Note

연습문제 | 4.11

양방향 링크드 리스트를 응용하여 [그림 4.8]과 같은 트리를 만들어 보라. 노드로 추가될 데이터는 int 형 변수이며 사용자로부터 5회 입력을 받아들인다. 각 입력 시마다 새로운 노드를 생성하고 현재 트리에 삽입하면 되는데 삽입 기준은 다음과 같다. 만약 추가해야 할 노드의 data 값이 root 노드의 data 값보다 작다면 왼쪽으로 이동하고, 같거나 크다면 오른쪽으로 이동하도록 하라. 그리고 이동한 노드

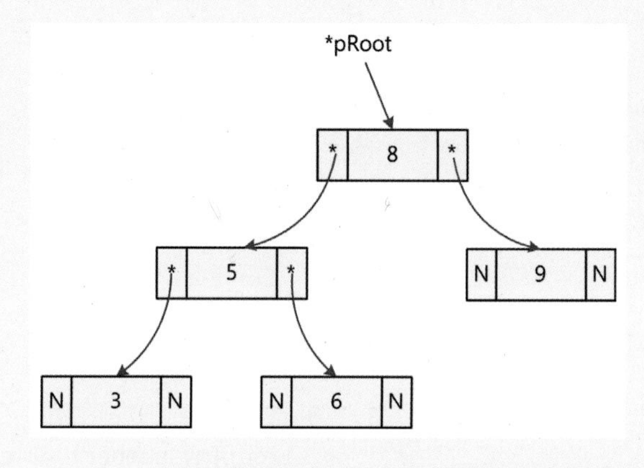

○ 그림 4.8 양방향 링크드 리스트를 응용하여 만든 트리

를 대상으로 동일한 과정을 반복하여 말단 노드까지 이동한 후 해당 위치에 삽입하면 된다. 마지막으로 트리 상의 가장 왼쪽 노드로부터 시작하여 오른쪽으로 이동하면서 차례로 해당 노드의 data 값을 출력해 보라. 삽입 기준에 맞게 노드가 제대로 추가되었다면 출력 결과는 data 값들의 오름차순으로 출력될 것이다. 그림의 경우 사용자가 8, 5, 9, 3, 6의 순으로 값을 입력한 예이다. N은 NULL 포인터를 의미한다.

Note

4.6 비트 필드

예제 4.17 | 정수 계열의 멤버 변수를 위한 비트 필드의 사용

구조체의 멤버 변수로는 비트 필드라는 것이 올 수 있다. 일반적으로 int형의 멤버 변수가 올 경우 해당 변수를 위해 4바이트(32비트)가 할당된다. 그런데 경우에 따라서는 정수값을 표현하되 32비트가 아닌 크기의 비트(예를 들면 3비트나 5비트 등) 단위로 정수값의 표현을 원할 수도 있다. 이때 사용할 수 있는 것이 비트 필드(bit−field)이다.

비트 필드는 정수 계열의 멤버 변수를 선언할 때 사용할 수 있다. char, short, int, long, unsinged char, unsigned short, unsigned int, unsigned long의 타입이 이에 해당된다. 비트 필드를 사용하면 하나의 int 값을 저장할 수 있는 4바이트 메모리를 나누어 여러 개의 변수를 표현할 수 있다. 참고로 비트 필드는 구조체뿐만 아니라 나중에 배울 클래스의 멤버로도 사용할 수 있다.

그러면 비트 필드의 간단한 예를 통해 사용 방법 및 특성을 살펴보도록 하자.

```
1   struct Numbers
2   {
3       int num1 : 2;    // 2비트 : -2~1
4       int num2 : 3;    // 3비트 : -4~3
5       int : 0;         // 현재 int 변수에 대한 비트 필드 종료
6       int num3 : 4;    // 4비트 : -8~7
7   };
8
9   int main()
10  {
11      Numbers my_number = { 1, 3, -8 };
12      cout << "my_number 크기 : " << sizeof(my_number) << endl;
13
```

```
14        cout << ">> 변경 전" << endl;
15        cout << "num1 : " << my_number.num1 << endl;
16        cout << "num2 : " << my_number.num2 << endl;
17        cout << "num3 : " << my_number.num3 << endl;
18
19        my_number.num1++;            // 2비트 : 1+1 => ?
20        my_number.num2++;            // 3비트 : 3+1 => ?
21        my_number.num3--;            // 4비트 : -8-1 => ?
22
23        cout << ">> 변경 후" << endl;
24        cout << "num1 : " << my_number.num1 << endl;
25        cout << "num2 : " << my_number.num2 << endl;
26        cout << "num3 : " << my_number.num3 << endl;
27
28        return 0;
29    }
```

• **실행 결과**

```
my_number 크기 : 8
>> 변경 전
num1 : 1
num2 : 3
num3 : -8
>> 변경 후
num1 : -2
num2 : -4
num3 : 7
```

1~7라인에서 구조체 Numbers를 선언하고 있다. 3~6라인이 바로 비트 필드이다. 3라인에서 int num1;과 같이 선언했다면 기존과 마찬가지로 4바이트를 차지하는 멤버 변수가 되었을 것이다. 그런데 int num1 다음에 콜론(:)이 오고 그 다음에 비트의 개수를 의미하는 정수값이 오고 있다. int num1 : 2;는 바로 멤버 변수 num1을 2비트의 변수값으로 표현하겠다는 의미이다. 2비트로 표현할 수 있는 정수값의 범위는 –2~1이기 때문에 num1에는 –2, –1, 0, 1의 값 중 하나가 저장될 수 있다. 4라인의 멤버 변수 num2는 3비트로 표현되므로 –4~3의 값을 저장할 수 있다.

5라인의 비트 필드에는 int형에 대한 변수명이 생략되어 있으며 콜론 뒤에는 0이 오고 있다. 이것은 그 다음 비트 필드부터는 새로운 int형 변수를 저장하기 위한 메모리 4바이트를 할당하여 그 곳에 저장하겠다는 의미이다. 멤버 변수를 선언하기 위해 비트 필드를 사용한다 하더라도 결국 메모리가 할당되는 단위는 int형의 크기인 32비트 단위이다. 5라인의 비트 필드가 오면 이전에 선언된 num1과 num2는 이전에 할당된 32비트 중 각각 2비트와 3비트를 사용하게 되고, 6라인의 num3은 새로운 32비트 중 4비트를 사용하게 되는 것이다. 만약 5라인이 없었다면 num1, num2, num3은 처음 할당된 32비트 내에서 각각 2비트, 3비트, 4비트를 사용했을 것이다. 12라인에서 Numbers 구조체 변수 my_number의 크기를 확인하고 있는데 실행 결과 8바이트, 즉, int 변수 2개의 크기가 할당되었음을 알 수 있다.

11라인에서는 Numbers 구조체 변수 my_number를 선언하면서 멤버 변수 num1, num2, num3의 값을 각각 1, 3, −8로 초기화하고 있다. 19, 20라인에서는 num1과 num2의 값을 1씩 증가시키고 있으며, 21라인에서는 num3의 값을 1만큼 감소시키고 있다. 2비트로 표현되는 num1의 경우 −2~1의 값을 표현할 수 있으므로 1에서 1을 증가시키면 오버플로우가 발생하여 −2의 값을 갖게 된다. num2도 마찬가지로 오버플로우가 발생하여 −4가 된다. 반면에 −8~7까지 표현이 가능한 num3의 경우 −8에서 1을 감소시키면 언더플로우가 발생하여 결국 7의 값을 갖게 된다.

연습문제 | 4.12

총 100개의 정수값을 저장해야 하는데 각 정수를 표현하기 위해 7비트만 사용하면 된다고 가정하자. 그리고 각 정수를 저장하기 위한 변수가 유효한지 아닌지를 저장하기 위해 bool 값을 저장할 필요가 있다고 가정하자. 이를 위해 다음 코드의 1~5라인과 같이 구조체 Data의 멤버 변수로 1비트를 사용하는 비트 필드 valid와 7비트를 사용하는 비트 필드 data를 선언하였다. 여기서 단 1비트만으로 참, 거짓을 의미하는 bool 타입의 값인 true, false를 문제없이 저장할 수 있다.

9~11라인과 같이 Data 구조체 변수 100개를 원소로 갖는 배열 my_data를 선언하였고 각 원소의 valid 값을 false로 설정하였다. 다음으로 사용자로부터 총 5개의 원소에 대한 값을 입력받고 해당 원소에 대한 값들을 다시 출력하고자 한다. 주석과 실행 결과를 참고하여 프로그램을 완성해 보라.

```
1   struct Data
2   {
3       char valid : 1;
4       char data : 7;
5   };
6
7   int main()
8   {
9       Data my_data[100];
10      for (int i = 0; i < 100; i++)
11          my_data[i].valid = false
12
13      // 사용자로부터 5개의 (인덱스, 값)을 읽어 들여 해당 원소의 값을 변경한다.
14      // 이때 해당 원소의 valid 값을 true로 만들어 유효한 데이터임을 표시하라.
15
16
17      // 유효한 데이터(원소)의 값만 출력하라.
18
19
20      return 0;
21  }
```

• **실행결과**

```
>> 인덱스, 값 입력 : 3 7
>> 인덱스, 값 입력 : 15 15
>> 인덱스, 값 입력 : 1 -8
>> 인덱스, 값 입력 : 87 30
>> 인덱스, 값 입력 : 50 -25
>>> 유효한 데이터 <<<
my_data[1] -8
my_data[3] 7
my_data[15] 15
my_data[50] -25
my_data[87] 30
```

참고로 sizeof 연산자를 사용하여 구조체 Data의 변수 1개가 차지하는 메모리의 크기도 확인해 보도록 하라.

Note

4.7 열거형

예제 4.18 | 열거형의 선언 및 사용

열거형은 구조체와 마찬가지로 사용자의 필요에 따라 새로운 타입을 만드는 기능을 한다. 하지만 내용상으로는 정수값을 나타내는 #define 문자열 상수 또는 const 문자열 상수를 정의하는 것과 더 가깝다고 할 수 있다. 몇 가지 열거형의 선언 예를 통해 열거형을 선언하고 사용하는 기본적인 방법에 대해 살펴보도록 하자.

```
1   enum Color
2   {
3       RED,                // 0
4       GREEN,              // 1
5       BLUE                // 2
6   };
7
8   enum Day
9   {
10      SUNDAY,             // 0
11      MONDAY,             // 1
```

```
12      TUESDAY = 100,          // 100
13      WEDNESDAY,              // 101
14      THURSDAY,               // 102
15      FRIDAY = 200,           // 200
16      SATURDAY                // 201
17  };
18
19  enum { JANUARY = 1, FEBRUARY, MARCH };
20
21  int main()
22  {
23      Color color1 = RED;
24      Color *color2 = new Color(GREEN);
25      //Color color3 = 2;     // C Ok, C++ X,
26                              // int=>Color 묵시적 형변환 X, 명시적 형변환 Ok
27      int color4 = BLUE;      // Ok, Color=>int 묵시적 형변환 O
28      Day day1 = WEDNESDAY;
29      //Day day2 = color;     // 묵시적 형변환 X, 명시적 형변환 Ok
30      int month1 = FEBRUARY;
31
32      cout << "color1  : " << color1 << endl;
33      cout << "*color2 : " << *color2 << endl;
34      cout << "color4  : " << color4 << endl;
35      cout << "day1    : " << day1 << endl;
36      cout << "month1  : " << month1 << endl;
37
38      delete color2;
39
40      return 0;
41  }
```

• **실행 결과**

```
color1  : 0
*color2 : 1
color4  : 2
day1    : 101
month1  : 2
```

1~6라인에는 열거형 Color가 선언되어 있으며 문자열 상수값으로는 RED, GREEN, BLUE를 가지고 있다. 이후로 Color라는 타입의 변수를 사용할 수 있고 해당 변수에 RED, GREEN, BLUE의 값을 저장할 수 있다. 예를 들어, 23라인에서는 Color 타입의 변수 color1을 만들고 RED를 대입하였다. 참고로 C 언어에서는 구조체와 마찬가지로 enum 키워드를 포함한 "enum Color"를 하나의 타입명으로 인식한다. 24라인에서는 Color 타입의 포인터 color2를 선언하고 이를 이용하여 Color 변수를 동적으로 생성하고 있다. 구조체와 마찬가지로 열거형 또한 int 타입과 같이 포인터를 만들어 사용할 수 있다.

Color 열거형에 포함된 열거형 문자열 상수들 RED, GREEN, BLUE는 원칙적으로 Color 열거형 타입의 값이지만 필요한 경우 int 값으로 자동으로 형변환될 수 있다. 그러나 역으로 int 타입에서 열거형으로의 묵시적 형변환은 수행되지 않는다. 다만 필요하다면 명시적 형변환을 사용하면 된다. 따라서 25라인의 경우 에러가 발생하며 27라인의 경우 문제없이 수행된다. 물론 서로 다른 열거형 사이의 묵시적 형변환도 불가능하기 때문에 29라인 또한 에러가 발생한다. 참고로 C 언어의 경우 양쪽 방향으로의 묵시적 형변환이 모두 가능하다.

Color 열거형의 첫 번째 문자열 상수인 RED는 0으로 변환되고, 두 번째 GREEN은 1, 세 번째 BLUE는 2로 변환된다. 8~17라인에는 열거형 Day가 선언되어 있는데 12라인과 같이 문자열 상수의 값을 지정할 수 있다. 이 경우 TUESDAY는 100, WEDNESDAY는 101, THURSDAY는 102, FRIDAY는 200, SATURDAY는 201이 된다. 19라인에서는 새로운 열거형을 선언하고 있는데 열거형의 이름이 생략되어 있다. 이 경우 이름이 없기 때문에 변수를 생성할 수는 없지만 문자열 상수인 JANUARY 등을 사용하는 데는 전혀 문제가 없다.

열거형 내의 특정 문자열 상수는 해당 열거형 내에서 뿐만 아니라 다른 열거형 내의 문자열 상수와도 중복되어 나타날 수 없다. 이제 실행 결과를 통해 각 변수의 값을 확인해 보도록 하라.

예제 4.19 | 열거형 변수의 연산

열거형 변수에 대해서도 연산자의 적용이 가능한데 기본 원리는 문자열 상수의 값이 int 값으로 변환되어 계산된다는 것이다. 따라서 int 값에 대해 적용 가능한 모든 연산자의 적용이 가능하다. 덧셈 연산자를 적용한 경우 열거형 변수의 값이 어떻게 변하는지 살펴보도록 하자.

```
1   enum Color
2   {
3       RED,                                    // 0
4       GREEN,                                  // 1
5       BLUE = 100,                             // 100
6       BLACK = 200                             // 200
7   };
8
9   int main()
10  {
11      Color color1 = RED;                     // 0
12      Color color2 = (Color) (color1 + 1);    // 1
13      Color color3 = (Color) (color2 + 1);    // 2? 100?
14      Color color4 = BLACK;                   // 200
15      Color color5 = (Color) (color4 + 1);    // 0? 201?
16      Color color6 = (Color) (color4 + color5);
17
18      cout << "color1 : " << color1 << endl;
19      cout << "color2 : " << color2 << endl;
20      cout << "color3 : " << color3 << endl;
21      cout << "color4 : " << color4 << endl;
22      cout << "color5 : " << color5 << endl;
```

```
23      cout << "color6 : " << color6 << endl;
24
25      return 0;
26  }
```

• **실행 결과**

```
color1 : 0
color2 : 1
color3 : 2
color4 : 200
color5 : 201
color6 : 401
```

1~7라인에는 열거형 Color가 선언되어 있으며 문자열 상수 RED, GREEN, BLUE, BLACK의 정수값은 각각 0, 1, 100, 200이다. 12라인에서는 (color1 + 1)의 값을 color2로 대입하고 있다. color1의 값이 RED, 즉, 0이므로 (color1 + 1)의 값은 1이 되고 이 값이 GREEN으로 변환되어 color2로 대입된다. int 타입의 값은 열거형으로 묵시적 형변환이 되지 않으므로 명시적 형변환을 적용하였다. color3의 값은 (color2 + 1), 즉 2가 된다. 그런데 열거형 Color에는 2에 해당하는 문자열 상수가 존재하지 않는다. 그렇다 하더라도 열거형 변수는 int형으로 표현할 수 있는 모든 정수값들을 수용할 수 있기 때문에 color3의 값은 2가 된다. color5는 (color4 + 1), 즉 (200 + 1)이 되어 결국 201이 된다. 16라인과 같이 열거형 변수 2개를 더할 수도 있으며 정수 연산 결과와 동일한 결과를 얻게 된다. 따라서 color6의 값은 (color4 + color5)로 (200 + 201)이 되어 401이 된다.

예제 4.20 | 범위 한정 열거형과 구조체 내에 선언된 열거형의 사용

구조체 선언 시 해당 구조체 내에 열거형 선언이 포함될 수 있다. 이 경우 구조체에 포함된 열거형을 어떻게 사용하는지 살펴보고 아울러 범위 한정 열거형에 대해서도 알아보자.

```
1   enum struct Color { RED, GREEN, BLUE };     // scoped enumeration type
2
3   struct Shape     // 원, 정사각형, 정삼각형 저장 가능
4   {
5       enum Type { CIRCLE, SQUARE, TRIANGLE };// 구조체 내에 열거형 선언
6
7       int x;
8       int y;
9       double length;
10      Type type;
11      Color color;
12  };
13
14  int main()
```

```
15  {
16      Shape shape1 = { 3, 4, 5, Shape::CIRCLE, Color::RED };
17      Shape::Type type1 = Shape::SQUARE;      // Type 열거형은 없음
18      Shape shape2 = { 6, 7, 8, type1, Color::GREEN };
19
20      if (shape1.type == Shape::CIRCLE)
21          cout << "원 면적 : " << 3.14 * shape1.length * shape1.length << endl;
22
23      if (shape2.type == Shape::SQUARE)
24          cout << "사각형 면적 : " << shape1.length * shape1.length << endl;
25
26      return 0;
27  }
```

• **실행 결과**

```
원 면적 : 78.5
사각형 면적 : 25
```

1라인에는 열거형 Color가 선언되어 있는데 enum 키워드와 열거형 이름 Color 사이에 struct 키워드가 추가되어 있다. 이와 같은 열거형을 범위 한정 열거형(scoped enumeration type)이라고 한다. 사실은 struct 키워드 대신 public 키워드가 올 수도 있다. 범위 한정 열거형 Color의 문자열 상수들은 열거형 이름인 Color와 함께 사용해야 한다. 예를 들면 16라인에서 보듯이 Color::RED와 같이 사용한다.

5라인에는 구조체 Shape 내에 열거형 Type이 선언되어 있다. 이후로는 구조체 Shape 내에서 10라인과 같이 Type 열거형을 사용할 수 있다. 열거형 Type은 구조체 Shape 외부에서도 사용할 수 있다. 다만 17라인에서 보듯이 열거형 Type은 Shape::Type이라는 이름으로 사용해야 되며 문자열 상수는 Shape::SQUARE와 같이 사용해야 한다. 즉, 구조체 Shape 내에 선언되어 있기 때문에 구조체 이름인 Shape를 사용해야만 하는 것이다.

범위 한정 열거형의 사용 빈도는 그리 높은 편이 아니지만 구조체 내에 열거형을 선언하는 경우는 종종 접할 수 있다. 열거형은 관련되는 문자열 상수를 하나의 묶음으로 처리할 때 유용하며, 프로그램의 가독성을 향상시키는 데 도움이 될 수 있다.

연습문제 | 4.13

1월부터 12월까지의 달을 문자열 상수로 나타낼 수 있도록 열거형을 선언한 후, 해당 열거형 변수 하나를 사용하여 사용자로부터 특정 달을 읽어 들이고 출력해 보라.

Note

연습문제 | 4.14

각 요일을 문자열 상수로 나타낼 수 있도록 열거형 WeekDay를 선언하라. 3라인의 오늘(today)은 일요일로 초기화되어 있다. 경과 일수(days)를 사용자로부터 반복적으로 읽어 들인 후, 오늘을 기준으로 경과 일수가 지난 후의 요일을 오늘로 다시 설정하려고 한다. 경과 일수는 양수 또는 음수가 가능하며 0이 입력되면 프로그램은 종료한다.

실행 결과를 참고하여 CalculateDay 함수를 만들고 g_day_name 전역 변수(요일명을 저장하는 문자열 배열)도 선언해 보도록 하라.

```
1   int main()
2   {
3       WeekDay today = SUNDAY;
4       int days;
5
6       cout << "### 오늘은 일요일입니다." << endl;
7       cout << ">>> 경과한 일수(양수 또는 음수) : "
8       cin >> days;
9
10      while (days != 0)
11      {
12          today = CalculateDay(today, days);
13          cout << "### 오늘은 " << g_day_name[today] << "입니다." << endl;
14
15          cout << ">>> 경과한 일수(양수 또는 음수) : ";
16          cin >> days;
17      }
18
19      return 0;
20  }
```

- **실행결과**

```
### 오늘은 일요일입니다.
>>> 경과한 일수(양수 또는 음수) : 1
### 오늘은 월요일입니다.
>>> 경과한 일수(양수 또는 음수) : -2
### 오늘은 토요일입니다.
>>> 경과한 일수(양수 또는 음수) : -8
### 오늘은 금요일입니다.
>>> 경과한 일수(양수 또는 음수) : 15
### 오늘은 토요일입니다.
>>> 경과한 일수(양수 또는 음수) : 3
### 오늘은 화요일입니다.
>>> 경과한 일수(양수 또는 음수) : 0
```

연습문제 | 4.15

다음 프로그램에서 16라인의 Data 공용체 변수 data에 대한 메모리 구조를 설명해 보라. 그리고 실행 결과를 예상해 보고 실제 실행을 통해 결과를 확인해 보라.

```
1   struct Point
2   {
3       int x;
4       int y;
5   };
6
7   union Data
8   {
9       Point pt;
10      int num;
11      char ch;
12  };
13
14  int main()
15  {
16      Data data = { 65, 66 };
17
18      cout << "pt  : " << data.pt.x << ", " << data.pt.y << endl;
19      cout << "num : " << data.num << endl;
20      cout << "ch  : " << data.ch << endl;
21
22      data.num = 67;
23
24      cout << "pt  : " << data.pt.x << ", " << data.pt.y << endl;
25      cout << "num : " << data.num << endl;
26      cout << "ch  : " << data.ch << endl;
27
28      return 0;
29  }
```

9라인과 같이 공용체의 멤버 변수로 구조체 등 다른 사용자 정의형을 포함할 수 있으며, 18라인의 data.pt.x와 같은 방식으로 구조체 멤버 변수의 멤버 변수에 접근할 수 있다. 참고로 아스키코드 값 65는 문자 'A'를 의미한다.

Note

참고

이 연습 문제의 결과는 시스템에 따라 달라질 수 있다. 이는 하나의 데이터를 메모리에 저장하는 방식에 따른 차이 때문이다. 데이터를 저장하는 방식으로는 빅 엔디언(big-endian)과 리틀 엔디언(little-endian)이 있다. 어떤 데이터를 바이트 단위로 나누어 메모리에 차례로 저장하게 되는데, 큰 단위의 바이트 값을 먼저 저장하는 방식이 빅 엔디언이고 작은 단위의 바이트 값을 먼저 저장하는 방식이 리틀 엔디언이다. 예를 들어 int 타입의 4바이트 16진수 값인 0x12345678을 메모리 주소 1000번지부터 저장한다고 가정해 보자. 빅 엔디언의 경우 [그림 4.10](a)와 같이 큰 단위의 바이트 값인 12부터 차례로 메모리에 저장되며, 리틀 엔디언의 경우 [그림 4.10](b)와 같이 작은 단위의 바이트 값인 78부터 역순으로 메모리에 저장된다. 현재 개인용 컴퓨터로 가장 많이 사용되고 있는 인텔 x86 계열의 컴퓨터는 리틀 엔디언을 사용하고 있다. 이를 참고하여 이 연습 문제를 풀어보도록 하라.

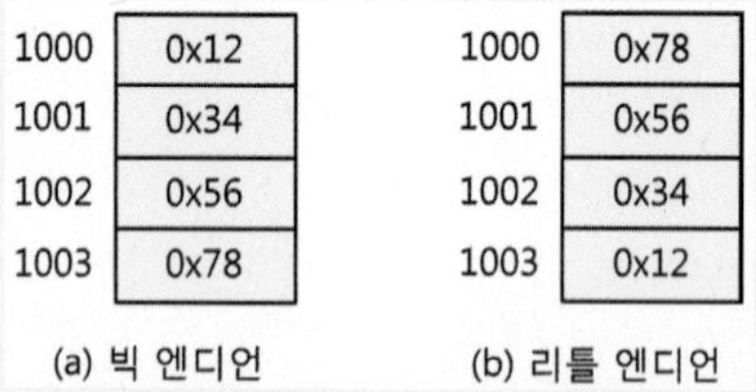

주소	(a) 빅 엔디언	주소	(b) 리틀 엔디언
1000	0x12	1000	0x78
1001	0x34	1001	0x56
1002	0x56	1002	0x34
1003	0x78	1003	0x12

○ 그림 4.10 16진수 0x12345678의 저장 방법

라이브러리 함수의 활용 및 다중 파일 프로그래밍

지금까지 우리는 별 어려움 없이 cout과 같은 클래스 객체와 strcpy와 같은 함수를 사용하였다. 이 클래스와 함수들은 표준 C++에 정의되어 있기 때문에 우리가 직접 구현할 필요가 없다. 이와 같이 미리 만들어 놓은 클래스와 함수의 집합을 라이브러리라고 하는데, 표준 C++는 다양한 클래스와 함수를 라이브러리로 포함하고 있다. 특히 표준 C++는 표준 C의 라이브러리 함수들을 그대로 사용할 수 있도록 정의하고 있다. 3.9절에서 살펴본 문자열 처리 함수가 표준 C 라이브러리 함수의 대표적인 예라 할 수 있다. 이 장에서는 그 외에 활용도가 높은 표준 C 라이브러리 함수들에 대해 살펴볼 것이다.

C++ 프로그램을 작성하기 위해 단 하나의 소스 파일을 사용할 수도 있지만 여러 개의 소스 파일과 헤더 파일을 사용할 수도 있다. 이와 같이 여러 개의 소스 파일과 헤더 파일을 동원하여 프로그램을 작성하는 것을 다중 파일 프로그래밍이라고 한다. 기본적으로 다중 파일 프로그래밍의 개념은 하나의 소스 파일에 포함될 내용을 여러 개로 나누어 각각 별도의 소스 파일이나 헤더 파일에 기록하는 작업이다. 그러나 이때 단순하게 분리한다면 문제가 발생할 수 있다. 이 장에서는 라이브러리 함수의 활용과 더불어 다중 파일 프로그래밍 시 주의해야 할 사항에 대해 설명한다.

5.1 표준 라이브러리 함수의 활용

주요 라이브러리 함수

3.9절에서 islower 함수를 비롯한 문자 조작 함수들과 strcpy 함수를 비롯한 문자열 조작 함수에 대해 설명하였다. 이 절에서는 [표 5.1]에 포함된 표준 라이브러리 함수들의 사용 방법에 대해 살펴볼 것이다.

○ 표 5.1 주요 표준 라이브러리 함수

헤더 파일	함수 프로토타입	기능
ctime	time_t time(time_t *timer);	1970년 1월 1일 0시를 기준으로 현재의 시각을 초단위로 반환. 달력 시간(calendar time)이라고 함
	struct tm *localtime (const time_t *timer);	달력 시간(timer)으로부터 struct tm 타입의 값을 반환. 지역 시간(local time)이라고 하며 년, 월, 일, 시, 분, 초의 값을 쉽게 알 수 있음
	double difftime (time_t time1, time_t time0);	(time1 – time0)의 값을 초 단위로 계산하여 반환함
	clock_t clock(void);	프로그램이 실행된 이후의 CPU time(clock) 값을 반환. 미리 정의된 CLOCKS_PER_SEC 문자열로 나눔으로써 초 단위 값을 알 수 있음
cstdlib	int rand(void);	0에서 RAND_MAX까지의 값들 중 무작위 값을 생성함
	void srand(unsigned int seed);	rand 함수를 사용하기 전에 랜덤 넘버 생성기를 초기화함
	int system(const char *string);	string 문자열에 해당하는 커맨드 명령어를 실행함
	int atoi(const char *nptr);	문자열에 포함된 정수값을 반환함
	double atof(const char *nptr);	문자열에 포함된 실수값을 반환함
cmath	double fabs(double x);	절대값을 반환함
	double round(double x);	반올림 결과를 반환함
	double sin(double x);	sin 값을 반환함
	double log(double x);	자연로그 값을 반환함
	double pow(double x, double y);	x의 y승 값을 반환함

본 절에서 설명하는 함수들은 표준 C 라이브러리에 포함되어 있는 함수들이며 표준 C++에 포함된 클래스 및 함수 라이브러리에 대해서는 클래스를 배운 다음에 접하게 될 것이다. 그런데 표준 C 라이브러리에 포함된 함수들만 하더라도 이 교재를 통해 모두 다루기 힘들 정도로 그 내용이 방대하다. 따라서 이 절에서는 주요 함수의 활용 방법을 습득하고 이를 통해 여기에 기술되지 않은 함수들까지 스스로 찾아서 활용할 수 있는 능력을 습득하길 바란다.

예제 5.1 | time, localtime, difftime 함수

사용자로부터 5개의 정수값을 입력받고 이를 다시 출력하는 프로그램을 작성해 보자. 단, 프로그램 시작 시간과 종료 시간을 출력하고 아울러 종료 시간과 시작 시간의 차이를 통해 프로그램 실행 시간도 출력해 보자.

```
1   #include <iostream>
2   #include <ctime>
3   using namespace std;
4
5   void PrintCurrentTime(time_t calendar_time)
6   {
7       // calendar time을 local_time으로 저장
8       tm *local_time = localtime(&calendar_time);
9
10      cout << ">>> 현재 시각 : " << local_time->tm_year + 1900 << "년"
11                            << local_time->tm_mon + 1 << "월"
12                            << local_time->tm_mday << "일"
13                            << local_time->tm_hour << "시"
14                            << local_time->tm_min << "분"
15                            << local_time->tm_sec << "초" << endl;
16  }
17
18  int main()
19  {
20      time_t start_time = time(NULL);      // 프로그램 시작 시각 저장
21      PrintCurrentTime(start_time);        // 시작 시각 출력
22
23      int number[5];                       // 값 입력 및 저장
24      cout << "5개의 값 입력 : ";
25      for (int i = 0; i < 5; i++)
26          cin >> number[i];
27      for (int i = 0; i < 5; i++)
28          cout << number[i] << " ";
29      cout << endl;
30
31      time_t current_time = time(NULL);    // 현재 시각 저장
32      PrintCurrentTime(current_time);      // 현재 시각 출력
33
34      cout << "실행 시간 : " << difftime(current_time, start_time) << "초" << endl;
35
36      return 0;
37  }
```

• **실행결과**

```
>>> 현재 시각 : 2013년 9월 4일 12시 53분 10초
5개의 값 입력 : 1 2 3 4 5
1 2 3 4 5
>>> 현재 시각 : 2013년 9월 4일 12시 53분 16초
실행 시간 : 6초
```

20라인의 time 함수를 실행하면 시스템의 현재 시각이 반환되는데, 그 값은 1970년 1월 1일 0시를 기준으로 현재까지의 초 단위 정수값이 된다. 만약 time 함수의 매개변수로 time_t 타입 변수의 주소를 전달하면 현재 시각이 반환값으로 전달될 뿐만 아니라 해당 변수로도 저장된다. 단순히 반환값만 사용하고자 한다면 20라인과 같이 NULL 포인터를 전달하면 된다. time_t 타입은 보통 long int를 typedef 문에 의해 재정의하여 사용하므로 정수 타입으로 생각하면 된다.

time 함수를 통해 알아낸 값은 하나의 정수값이기 때문에 이를 우리가 이해할 수 있는 시간으로 표현하기 위해서는 년, 월, 일, 시, 분, 초로 나누는 과정이 필요하다. 5~16라인에서는 이 과정을 포함하여 결과를 출력하는 과정을 보여주고 있다. 8라인과 같이 localtime 함수를 사용하면 tm 구조체 변수의 주소를 반환받게 되는데, 이 주소에 저장되어 있는 tm 구조체 변수는 매개변수로 전달된 time_t 변수의 값에 대응되는 시간을 보관하고 있다. 이제 tm 구조체 변수의 멤버 변수를 통해 구체적인 시각을 알아낼 수 있다. 10라인의 tm_year 멤버 변수는 현재 연도에서 1900을 뺀 값을 보관하고 있기 때문에 현재 연도를 알아내기 위해서는 tm_year의 값에 다시 1900을 더해야만 한다. 11라인의 tm_mon 멤버 변수는 현재 월에서 1을 뺀 값을 보관하고 있으므로 현재 월을 알기 위해서는 tm_mon의 값에 1을 더해 주면 된다. 이 외에 일, 시, 분, 초는 대응되는 멤버 변수를 통해 쉽게 알아낼 수 있다. 반환값으로 전달된 tm 구조체 포인터가 가리키는 tm 구조체 변수는 localtime 함수의 static 변수로 구현될 수 있다. 따라서 별도의 메모리 해제 작업이 불필요하며 해서도 안 된다. 또한 localtime 함수를 수행할 때마다 동일한 static 변수가 변하기 때문에 이전에 수행한 localtime 함수의 결과 또한 변한 이후의 tm 구조체 변수를 가리키고 있음에 주의해야 한다.

23~29라인은 단순한 값 입력 및 출력 작업을 수행하고 있다. 31라인에서는 또 다시 time 함수를 통해 입출력 작업을 완료한 후의 현재 시각을 알아내고 있다. 시작 시각과 종료 시각의 초 단위 차이는 단순히 (종료 시간 – 시작 시간)으로 알 수 있지만 34라인과 같이 difftime 함수를 통해서도 알아낼 수 있다.

예제 5.2 | clock 함수

총 1,000만 번 동안 0.0001을 더한 후 결과를 출력하려고 한다. 이때 clock 함수를 사용하여 실행 시간을 출력해 보도록 하자.

```
1   #include <iostream>
2   #include <ctime>
3   using namespace std;
4
5   int main()
6   {
7       clock_t initial_clock = clock();    // 초기 clock
8       cout << "초기 clock : " << initial_clock << endl;
9
10      double result = 0;                  // 덧셈 결과 저장
11      for (int i = 1; i <= 10000000; i++)
12          result = result + 0.0001;
13      cout << "합산 결과 : " << result << endl;
14
```

```
15      clock_t current_clock = clock();     // 현재 clock
16      cout << "현재 clock : " << current_clock << endl;
17
18      cout << "실행 시간 : ";              // 실행 시간 출력
19          << (double) (current_clock - initial_clock) /
                CLOCKS_PER_SEC << "초" << endl;
20
21      return 0;
22  }
```

• **실행 결과**

```
초기 clock : 0
합산 결과 : 1000
현재 clock : 31
실행 시간 : 0.031초
```

1,000만 번 동안 0.0001을 더하기 위해서는 얼마만큼의 시간이 필요할까? 실제로 프로그램을 실행해 보면 1초 미만의 시간이 소요됨을 알 수 있다. 따라서 초 단위 시간을 측정하는 time 함수로는 실행 시간을 측정하기 힘들다. 이때 clock 함수를 사용하면 밀리초 단위까지의 측정이 가능하다.

프로그램 실행 시 내부적으로 clock 값을 유지하게 되는데 초기 값은 0이며 일정 간격으로 이 값이 1씩 증가하게 된다. 초당 증가 횟수는 CLOCKS_PER_SEC 문자열 상수가 갖고 있으며 보통 1000의 값을 가지고 있다. 즉, clock 값은 초당 1000이 증가하게 되며 이는 0.001초(1밀리초)에 1씩 증가함을 의미한다.

7라인과 같이 clock 함수를 호출하면 현재의 clock 값이 반환된다. clock_t 타입은 보통 long int 타입을 재정의하여 사용하고 있다. 10~13라인에서는 단순히 1,000만 번 동안 0.0001을 더하는 작업을 수행하고 있다. 15라인에서는 덧셈 작업이 완료된 후의 clock 값을 알아내고 있으며 19라인에서는 프로그램 시작 시 clock 값과 덧셈 작업이 완료된 후의 clock 값을 이용하여 프로그램 수행 시간을 알아내고 있다. (current_clock − initial_clock)의 값이 clock 값의 변화를 의미하므로 이 값을 CLOCKS_PER_SEC로 나누어 주면 초단위 경과 시간을 얻을 수 있다. 정수 연산이 아닌 실수 연산을 수행하기 위해 명시적 형변환을 사용하고 있음에 주의하기 바란다.

예제 5.3 | rand, srand 함수

100부터 200까지의 값들 중 임의의 정수 10개를 생성 및 출력하고 최종적으로 합산한 결과를 출력해 보자.

```
1  #include <iostream>
2  #include <ctime>
3  #include <cstdlib>
```

```
4   using namespace std;
5
6   int main()
7   {
8       srand(time(NULL));              // 랜덤 넘버 생성기 초기화
9       int number;
10      int result = 0;
11
12      for (int i = 0; i < 10; i++)
13      {
14          number = rand() % 101 + 100; // 100~200 사이의 정수값 생성
15          cout << number << " ";
16          result += number;           // 합산
17      }
18      cout << endl;
19
20      cout << "합산 결과 : " << result << endl;
21
22      return 0;
23  }
```

• **실행 결과**

```
125 181 110 112 189 136 172 199 102 123
합산 결과 : 1449
```

14라인의 rand 함수는 1부터 RAND_MAX까지의 값 중에 무작위 값을 생성한다. RAND_MAX는 32767 이상의 값으로 정의되도록 되어 있는데 일반적으로는 32767로 정의되어 있다. 따라서 rand 함수는 1부터 32767까지의 값 중 하나를 반환한다. 그런데 이 예제에서 요구하는 무작위 값은 100 이상 200 이하이므로 14라인과 같이 (rand() % 101 + 100)이라는 수식을 사용하였다. 101로 나눈 나머지는 0~100의 값 중 하나가 되고 여기에 100을 더함으로써 최종적으로 100~200의 값 중 하나가 생성되는 것이다.

주의할 사항은 rand 함수를 사용하기 위해서는 8라인과 같이 srand 함수를 먼저 호출해야 한다는 것이다. 8라인을 삭제하고 프로그램을 실행해 보라. 다시 한 번 실행해 보라. 매번 실행할 때마다 항상 동일한 순서로 무작위 값이 생성되는 것을 확인할 수 있을 것이다. 우리가 원하는 것은 프로그램이 실행될 때마다 서로 다른 순서로 무작위 값이 생성되도록 하는 것이다. srand는 랜덤 넘버 생성기를 초기화하는 함수로서 srand 함수로 전달되는 매개변수의 값에 따라 생성되는 무작위 값의 순서가 달라진다. 예를 들어 srand(1)이라고 했을 때와 srand(2)라고 했을 때는 서로 다른 순서로 무작위 값이 생성되는 것이다. 그렇다고 해서 srand(1)이라고 프로그램을 작성하면 또 다시 프로그램을 실행할 때마다 동일한 순서로 무작위 값이 생성될 것이다. 따라서 8라인과 같이 srand 함수의 매개변수 값으로 time 함수의 반환값을 사용하였다. 프로그램을 실행할 때마다 현재 시각은 달라질 것이다. 따라서 time 함수의 반환값은 매번 달라지게 되고 이에 따라 매번 다른 순서의 무작위 값을 얻을 수 있게 된다.

예제 5.4 | system 함수

system 함수는 프로그램 내에서 커맨드 명령어를 실행하기 위한 함수이다. 윈도우즈 시스템의 경우 도스 명령어가 커맨드 명령어에 해당된다. system 함수를 통해 실행 화면의 크기를 변경해 보자.

```
1   #include <iostream>
2   #include <cstdlib>
3   using namespace std;
4
5   int main()
6   {
7       system("mode CON COLS=20 LINES=5");
8       cout << "안녕하세요" << endl;
9
10      return 0;
11  }
```

• **실행 결과**

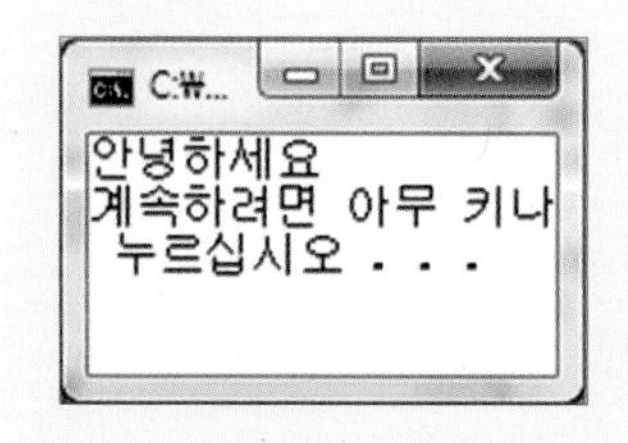

7라인의 문자열 "mode CON COLS = 20 LINES = 5"는 커맨드 명령어이다. 도스창(cmd.exe)을 실행하고 명령 프롬프트 상에서 이 문자열을 그대로 입력해 보도록 하라. 도스창이 줄어드는 것을 확인할 수 있을 것이다. mode 명령어는 COLS와 LINES의 값에 따라 도스창의 가로, 세로 크기를 각각 조정하게 된다. system 함수는 이와 같은 커맨드 명령어를 프로그램 내에서 사용할 수 있게 해 준다.

커맨드 명령어에는 mode 외에도 dir, cd, copy 등 매우 많은 명령어들이 포함되어 있다. C++ 프로그래밍을 위해 커맨드 명령어를 반드시 알고 있을 필요는 없다. 그러나 커맨드 명령어를 알고 있으면 시스템의 활용도를 향상시킬 수 있으므로 자주 사용되는 커맨드 명령어에 대해서는 알아두는 것이 좋다.

예제 5.5 | atoi, atof 함수

atoi 함수는 문자열 내에 포함된 숫자들을 int 정수값으로 반환하는 함수이고 atof 함수는 문자열 내에 포함된 숫자들을 double 실수값으로 반환하는 함수이다. 이 함수들을 사용하여 문자열에 포함된 숫자들을 int 또는 double 타입의 값으로 변환해 보도록 하자.

```
1   #include <iostream>
2   #include <cstdlib>
```

```
3    using namespace std;
4
5    int main()
6    {
7        char str1[] = "123cde456";
8        char str2[] = "123.456cde789.012";
9        char str3[] = "ab123cde";
10
11       int number1 = atoi(str1);
12       double number2 = atof(str2);
13       int number3 = atoi(str3);         // 숫자로 시작하지 않으므로 0
14
15       cout << "number1 : " << number1 << endl;
16       cout << "number2 : " << number2 << endl;
17       cout << "number3 : " << number3 << endl;
18
19       return 0;
20   }
```

• **실행 결과**

```
number1 : 123
number2 : 123.456
number3 : 0
```

11라인의 atoi 함수는 문자열 "123cde456"을 int 값으로 변환하고 있으며 그 결과 123이 반환된다. 12라인의 atof는 문자열 "123.456cde789.012"를 double 값으로 변환하고 있으며 결과는 123.456이 된다. 이와 같이 atoi와 atof 함수는 숫자로 시작되는 문자열에 대해 해당 정수값과 실수값을 각각 반환하는 함수이다. 13라인의 경우 변환하고자 하는 문자열 "ab123cde"가 숫자로 시작하지 않기 때문에 0이 반환되었다.

예제 5.6 | fabs, sin, log, pow 함수

사용자로부터 5개의 실수값을 입력받고 해당 값들에 대한 절대값, sin 값, log 값, 그리고 해당 값의 3승 값을 차례로 출력해 보자. 참고로 반올림 값을 반환하는 round 함수는 C11에 포함된 표준 함수이지만 아직까지 Visual C++ 11.0에서 지원되지 않는다.

```
1    #include <iostream>
2    #include <cmath>
3    using namespace std;
4
5    int main()
6    {
7        double ary[5];
8        cout << "실수 5개 입력 : ";
```

```
9        cin >> ary[0] >> ary[1] >> ary[2] >> ary[3] >> ary[4];
10
11       cout << "ary[i]" << ", " << "절대값" << ", " /* << "반올림값" << ", " */
12           << "sin 값" << ", " << "log 값" << ", " << "3승 값" << endl;
13
14       for (int i = 0; i < 5; i++)
15       {
16           cout << ary[i] << ", " << fabs(ary[i]) << ", "
                 /* << round(ary[i]) << ", " */
17               << sin(ary[i]) << ", " << log(ary[i]) << ", " << pow(ary[i], 3)
18               << endl;
19       }
20
21       return 0;
22   }
```

• **실행 결과**

```
실수 5개 입력 : -1.5 1.5 1 -1 0
ary[i], 절대값, sin 값, log 값, 3승 값
-1.5, 1.5, -0.997495, -1.#IND, -3.375
1.5, 1.5, 0.997495, 0.405465, 3.375
1, 1, 0.841471, 0, 1
-1, 1, -0.841471, -1.#IND, -1
0, 0, 0, -1.#INF, 0
계속하려면 아무 키나 누르십시오 . . .
```

실행 결과를 보면 각 입력 값에 대한 절대값, sin 값, log 값, 3승 값이 출력되고 있음을 알 수 있다. log 값의 음수에 대해 정의되어 있지 않으므로 –1.5와 –1에 대해 –1.#IND와 같이 정의되어 있지 않다는 문자열이 출력되었고, log 0의 경우 (–무한대)이기 때문에 –1.#INF와 같이 (–무한대)임을 의미하는 문자열이 출력되었다. IND와 INF는 각각 indefinite와 infinite를 의미한다.

연습문제 | 5.1

time 함수를 사용하여 현재 시각을 나타내는 시계를 구현해 보라. while 루프와 같은 반복문을 사용하여 현재 시각을 반복적으로 체크하면서 시각이 변경된 경우 현재 시각을 화면에 출력해 주면 된다. 현재 시각 출력을 위해 [예제 5.1]의 PrintCurrentTime 함수를 그대로 활용할 수 있다.

• **실행결과**

```
>>> 현재 시각 : 2013년 12월 19일 13시 33분 11초
>>> 현재 시각 : 2013년 12월 19일 13시 33분 11초
>>> 현재 시각 : 2013년 12월 19일 13시 33분 12초
```

```
>>> 현재 시각 : 2013년 12월 19일 13시 33분 13초
>>> 현재 시각 : 2013년 12월 19일 13시 33분 14초
>>> 현재 시각 : 2013년 12월 19일 13시 33분 15초
```

Note

연습문제 | 5.2

clock 함수를 사용하여 0.5초 간격으로 "Hello, C++ World" 문자열을 출력해 보라.

- **실행결과**

```
Hello, C++ World
Hello, C++ World
Hello, C++ World
Hello, C++ World
Hello, C++ World
```

Note

연습문제 | 5.3

rand 함수를 사용하여 0부터 1까지의 실수값 중 임의의 값을 10개 생성하여 출력하고 합산한 결과도 출력해 보라. rand 함수를 통해 생성되는 정수값의 최대값이 RAND_MAX 문자열 상수로 정의되어 있다. 따라서 무작위 정수값을 생성한 후 RAND_MAX 값으로 나누어 주면 0과 1 사이의 임의의 값을 얻을 수 있다. 이때 형변환에 주의하도록 하라.

- **실행결과**

```
0.152043 0.294687 0.711875 0.830866 0.145207 0.340007 0.386456 0.721274
0.694113 0.144169
합산 결과: 4.4207
```

Note

연습문제 | 5.4

가위, 바위, 보 게임을 하려고 한다. 사용자로부터 가위(0), 바위(1), 보(2) 중 하나를 입력받고 프로그램(컴퓨터) 역시 세 가지 중 하나를 임의로 생성한다. 그 결과 어느 쪽이 이겼는지 판단하도록 하라. 총 5게임을 진행하여 최종적으로 어느 쪽이 이겼는지 그 결과를 출력해 보라.

- **실행결과**

```
>>> 가위(0), 바위(1), 보(2) 입력: 2
제가 이겼습니다.
>>> 가위(0), 바위(1), 보(2) 입력: 1
비겼습니다.
>>> 가위(0), 바위(1), 보(2) 입력: 0
당신이 이겼습니다.
>>> 가위(0), 바위(1), 보(2) 입력: 2
제가 이겼습니다.
>>> 가위(0), 바위(1), 보(2) 입력: 1
당신이 이겼습니다.
Human : Computer = 2 : 2
비겼습니다.
```

Note

연습문제 | 5.5

커맨드 명령어 중 “cls”는 실행 화면 전체를 삭제하는 명령어이다. 사용자로부터 2개의 정수를 읽어 들여 더한 결과를 출력하는 작업을 총 5회 동안 수행하는 프로그램을 작성하되, 매 회를 수행한 후 “cls” 명령어를 사용하여 화면 전체를 삭제할 수 있도록 하라.

Note

연습문제 | 5.6

표준 C++에서 포함하고 있는 표준 C 함수들 중 ceil, floor, trunc, fmod 함수의 프로토타입과 기능에 대해 설명하라. 그리고 이 함수들을 사용한 간단한 예제를 작성하라. 이를 통해 자신이 사용하고 있는 컴파일러가 해당 함수들을 모두 지원하고 있는지 여부도 판단해 보라. 해당 함수들에 대해 알아내기 위해 표준 C 명세서나 MSDN 도움말 및 인터넷을 활용할 수 있다.

Note

연습문제 | 5.7

표준 C11에는 반올림 값을 반환하는 round 함수가 정의되어 있지만 Visual C++ 11.0에는 아직까지 포함되어 있지 않다. round 함수를 직접 구현하고 테스트해 보도록 하라. 다음 main 함수의 실행 결과와 같이 양수뿐만 아니라 음수에 대해서도 반올림이 가능하도록 round 함수를 구현토록 하라. 필요하다면 기존의 표준 C++ 함수를 사용할 수도 있다.

```
1   int main()
2   {
3       cout << "round(3.5) : " << round(3.5) << endl;
4       cout << "round(3.4) : " << round(3.4) << endl;
5       cout << "round(-3.4) : " << round(-3.4) << endl;
6       cout << "round(-3.5) : " << round(-3.5) << endl;
7       cout << "round(-3.6) : " << round(-3.6) << endl;
8
9       return 0;
10  }
```

• **실행결과**

```
round(3.5) : 4
round(3.4) : 3
round(-3.4) : -3
round(-3.5) : -3
round(-3.6) : -4
```

Note

5.2 linkage 지정

예제 5.7 | 표준 C 라이브러리 함수 pow의 사용 및 문제 제기

5.1절을 통해 표준 C 라이브러리에 포함된 여러 가지 함수의 사용 방법에 대해 살펴보았다. pow 함수 또한 표준 C 라이브러리 함수의 일종으로 앞서 배운 바와 같이 x의 y승을 반환하는 함수이다. 이 예제는 pow 함수를 사용하는 예로서 이전 예와는 달리 pow 함수의 프로토타입을 직접 기술하였다. 이에 따른 문제점이 무엇인지 살펴보고 표준 C++ 라이브러리에서는 이와 같은 문제를 해결하기 위해 어떤 방법을 사용하고 있는지 알아보자.

```
1   //#include <cmath>// cmath 헤더 파일의 함수 프로토타입을 사용하지 않음
2   //using namespace std;
3
4   double pow(double x, double y);      // 함수 프로토타입을 직접 기술
5
6   int main()
7   {
8       double value = pow(3, 4);        // 실행이 가능할까?
9
10      return 0;
11  }
```

이 프로그램을 컴파일해 보면 컴파일은 되지만 링크가 되지 않음을 확인할 수 있다. 1, 2라인과 같이 <cmath> 헤더 파일(사실상 <math.h> 헤더 파일)을 include하면 그 안에 pow 함수에 대한 프로토타입이 선언되어 있으며, 4라인의 함수 프로토타입은 이전의 함수 프로토타입을 그대로 따라가기 때문에 문제없이 프로그램이 실행될 수 있다. 그런데 1, 2라인과 같이 기존의 헤더 파일을 include하지 않고 4라인과 같이 함수 프로토타입을 직접 기술하면 링크가 되지 않는다. 왜 이런 현상이 발생하는지, 표준 C++에서는 왜 이런 문제가 발생하지 않는지, 어떻게 하면 이 예제의 프로그램이 실행될 수 있는지 자세히 살펴보도록 하자.

프로그램을 작성하다 보면 부득이하게 서로 다른 프로그래밍 언어를 혼합해서 사용해야 되는 경우가 있다. 예를 들면 C++ 프로그램을 작성하면서 부분적으로 C로 작성된 라이브러리를 사용할 수도 있다. 바로 이 예제가 그와 같은 경우이다. 그러나 하나의 프로그램을 위해 여러 가지 프로그래밍 언어를

✚ Key

C와 C++는 함수에 대한 정보를 서로 다른 방식으로 저장하게 된다. 이는 C와는 달리 C++가 함수 오버로딩을 허용하기 때문에 발생하는 차이점이다.

사용하는 것이 쉽지는 않다. 여기서는 C++ 프로그램 작성 시 C 라이브러리를 사용할 수 있는 방법, 즉, 이 예제의 문제점을 해결하는 방안에 대해 설명한다.

소스 파일로부터 실행 파일을 생성하기 위해서는 컴파일과 링크 과정을 거쳐야 한다. 컴파일 단계에서는 소스 파일 단위로 오브젝트 파일을 생성하게 되며, 링크 단계에서는 오브젝트 파일들과 라이브러리를 연결하여 실행 파일을 만들게 된다. 컴파일 단계에서 바로 실행 파일을 만들 수 없는 주된 이유는 소스 파일 내에서 호출하고 있는 함수가 해당 소스 파일 내에 정의되어 있지 않는 한 그 함수에 대한 실제 주소를 제대로 알 수 없기 때문이다. 따라서 컴파일 단계에서는 단순히 해당 함수에 대한 정보만을 기록해 두는데 이 정보를 linkage라 하며 이후의 연결 작업은 링크 단계에서 수행하게 된다.

그런데, ✚C와 C++는 함수에 대한 정보를 서로 다른 방식으로 저장하게 된다. 이는 C와는 달리 C++가 함수 오버로딩을 허용하기 때문에 발생하는 차이점이다. C는 함수를 이름만으로 구별하기 때문에 오브젝트 파일 생성 시 함수에 대한 정보로 함수 이름만을 사용하여 linkage를 구성하게 된다. 하지만 C++는 함수의 이름만으로 함수를 구별할 수 없기 때문에 함수 이름 외에 매개변수의 개수와 타입을 함께 사용하여 linkage를 구성하게 되며 이것을 mangled name이라고 부른다.

예를 들어 다음과 같은 C 함수가 있다고 가정하자. 이 함수가 포함된 라이브러리에는 Func라는 함수명으로 저장되어 있을 것이다.

```
int Func(int num);
```

그런데 C++ 프로그램에서 다음 코드와 같이 Func(3)이라고 이 함수를 호출하는 경우 linkage는 매개변수 정보를 포함한 mangled name으로 컴파일이 될 것이다. 즉, C 라이브러리에 있는 Func와는 다른 이름으로 저장되는 것이다. 따라서 결국 C 라이브러리에 있는 Func와 이름이 다르므로 서로 연결하지 못하게 된다.

```
Func(3);     // C++ 오브젝트 파일에는 Func가 아닌 다른 mangled name으로 저장됨
```

그렇다면 위의 함수 호출에 대한 C++ 컴파일 시 mangled name을 만들지 않고 함수명만으로 linkage를 구성할 수 있도록 하면 어떨까? 즉, C 스타일로 linkage를 구성하는 것이다. 이렇게 하기 위한 방법을 linkage 지정이라 하는데 다음과 같이 해당 함수의 함수 프로토타입 앞에 extern "C"라는 키워드를 추가하면 된다.

```
extern "C" int Func(int num);
```

이제는 Func라는 함수를 호출하면 C 방식으로 linkage를 만들게 되므로 기존 C 라이브러리와 원활하게 연결될 수 있다.

자 이제 이 예제의 문제점이 무엇인지, 어떻게 하면 프로그램이 실행되는지 알 수 있을 것이다. 표준

C 라이브러리의 pow 함수는 함수 이름만으로 linkage가 만들어져 있다. 그런데 4라인의 pow 함수 프로토타입에는 extern "C" 선언이 없으므로 C++ 방식에 따라 mangled name으로 linkage가 만들어지고 결국 C 라이브러리의 pow 함수와 이름이 다르게 된다. 이를 해결하는 방법은 4라인의 함수 프로토타입에 다음과 같이 extern "C" 키워드를 추가하는 것이다.

```
extern "C" double pow(double x, double y);
```

참고로 함수 프로토타입 앞에 extern "C" 키워드를 추가하지 않으면 디폴트로 extern "C++" 키워드가 추가된 것으로 간주하며 이는 C++ 방식의 mangled name으로 linkage를 만들라는 의미이다.

이제 이 예제의 문제점을 해결하였다. 그런데 지금까지 우리는 이와 같은 복잡한 내용에 신경 쓰지 않고도 표준 C 라이브러리 함수를 문제없이 사용할 수 있었다. 분명히 C 라이브러리의 헤더 파일 내에 extern "C" 키워드가 존재한다는 의미이다. 이에 대해서 조금 더 상세히 알아보도록 하자.

여러 개의 함수에 대해 한꺼번에 linkage 지정을 하기 위해서는 중괄호({})를 사용하면 된다.

```
extern "C"
{
      int Func(int num);
      int MyFunc(void);
      void MySort(int *ary, int count);
}
```

만약 C로 작성된 라이브러리의 헤더 파일이 있다면 다음과 같은 방법으로 해당 헤더 파일과 관련된 라이브러리 전체에 대해 linkage 지정을 할 수 있다.

```
extern "C"
{
      #include "clib.h"
}
```

그런데 이상한 점이 하나 있다. 지금까지 printf나 scanf 함수의 경우 단순히 다음과 같이 헤더 파일을 include했을 뿐이며 extern "C" 선언을 하지 않고도 사용할 수 있었다.

```
#include <stdio.h>
```

<stdio.h> 파일은 기본적으로 C 라이브러리를 위한 헤더 파일이다. 그런데 왜 extern "C"를 사용하지 않고도 바로 적용이 가능한 것일까? <stdio.h> 파일 대신 <cstdio> 파일을 사용할 수 있으나 이는 단순히 <stdio.h> 파일을 std 네임스페이스에 포함한 것이라 설명한 바 있다. 따라서 <cstdio> 파일을 include한다 하더라도 마찬가지 문제가 발생하게 된다.

사실은 <stdio.h> 파일 내에는 linkage 지정이 이미 되어 있다. 그렇다면 C 프로그램을 작성하는 경우에도 linkage 지정이 되어 있다는 얘기인가? 그것은 아니다. C 언어에는 extern "C"라는 키워드가 존재하지 않는다. 다음과 같이 전처리문을 사용하여 C++ 문법으로 컴파일이 수행되는 경우에만 extern "C" 접두어가 붙게 되어 있다. 참고로 C++ 컴파일의 경우 "__cplusplus" 문자열이 컴파일러에 의해 자

동으로 define된다. 직접 <stdio.h> 파일을 열어 확인해 보라. 이와 같은 내용이 포함되어 있음을 확인할 수 있을 것이다.

```
#ifdef __cplusplus
extern "C" {
#endif
......
#ifdef __cplusplus
}
#endif
```

연습문제 | 5.8

다음과 같은 프로그램이 있다. C++에서는 함수 오버로딩이 가능하므로 이와 같이 2개의 Sum 함수를 만들 수도 있다. 여기서 int형 Sum 함수와 double형 Sum 함수 중 어느 한 함수에만 extern "C" 선언을 한 후 컴파일해 보라. 그리고 두 함수 모두 extern "C" 선언을 한 후 컴파일해 보도록 하라. 두 경우의 컴파일 결과를 설명하고 왜 그런 결과가 나오는지 설명해 보라.

```
1   int Sum(int x, int y)
2   {
3       return (x + y);
4   }
5
6   double Sum(double x, double y)
7   {
8       return (x + y);
9   }
10
11  int main()
12  {
13      cout << Sum(1, 2) << endl;
14      cout << Sum(1.1, 2.2) << endl;
15
16      return 0;
17  }
```

참고로 함수 정의 앞에 extern "C"를 선언하면 C 언어와 같이 오브젝트 파일 생성 시 그 함수의 linkage 구성을 위해 함수 이름만 사용하게 된다. extern "C" 선언을 하는 경우 mangled name이 어떻게 되는지를 생각해 보면 쉽게 설명이 가능할 것이다.

Note

5.3 선언과 정의

선언과 정의의 의미

선언(declaration)이란 프로그램 파일 내에서 사용할 식별자의 이름을 기술하는 것으로서 해당 식별자의 속성을 기술한다. 하나의 파일 내에서 어떤 식별자를 사용하려면(컴파일이 되려면) 사용하기 전에 해당 식별자가 선언되어 있어야 한다. 선언이란 그 식별자에 대한 정보를 컴파일러에게 알리는 역할을 한다. 다음은 선언의 예이다.

```
int number;              // number라는 int 형 변수 선언
int Sum(int x, int y);   // Sum이라는 함수 선언
```

선언들 중 일부는 정의(definition)가 될 수 있는데 정의를 한 마디로 설명하기는 힘들다. 표준 C++ 명세서에는 선언들 중 정의인 경우를 나열해 놓았다. 예를 들면, 함수 몸체를 포함한 함수 선언은 정의인 것으로 설명하고 있다. 즉, 다음 Sum 함수 선언은 정의이다.

```
int Sum(int x, int y) { return (x + y); }        // Sum 함수 정의
```

확실한 것은 선언들 중 일부가 정의라는 것이며, 이 말은 정의인 것은 모두 선언이기도 하다는 것이다. 정의를 한 마디로 설명하기 힘들기 때문에 정의가 아닌 선언이 무엇인지 알아두는 것이 좋을 것 같다. 여기서는 정의가 아닌 선언을 순수 선언(just declaration)으로 부를 것이다.

⁺정의(definition)는 해당 식별자의 본질이라고 할 수 있으며, 순수 선언은 해당 식별자의 존재만을 알려주는 것이라 할 수 있다. 따라서 순수 선언만으로는 해당 식별자를 사용할 수 없으며 프로그램 내의 어딘가에 해당 식별자에 대한 정의가 존재해야만 한다. 예를 들면 Sum 함수 정의는 Sum 함수의 몸체를 포함한 Sum 함수 그 자체이다. 하지만 함수 몸체를 포함하지 않은 Sum 함수 프로토타입은 Sum 함수 자체는 아니지만 어딘가에 Sum 함수가 존재한다는 것을 알려주는 것이다. 정의와 순수 선언에 대한 다양한 예에 대해서는 [예제 5.8]을 통해 살펴보도록 하자.

이 시점에서 C++ 언어의 내용 중에서도 초반에나 나올 법한 선언과 정의에 대한 얘기를 꺼내는 이유는 뭘까? 우리는 이미 이 교재를 통해 변수 선언, 함수 선언, 구조체 선언 등에 대해 학습한 바 있다. 그러나 선언이란 것이 띄엄띄엄 나오기 때문에 선언에 대해 종합적으로 정리할 기회가 없었고 정의라는 용어와도 혼용해서 사용해 왔다. 지금까지는 선언과 정의를 특별히 구별하지 않아도 별 문제가 없었다. 그러나 보다 큰 프로그램을 만들기 위해서는 이에 대한 개념을 확실하게 잡아두는 것이 좋다. 특히 다중파일 프로그램을 작성하고자 할 경우에는 순수 선언과 정의의 구별이 필수적이다. 따라서 이 절을 통해 선언과 정의에 대해 종합적으로 정리하고 C++에서 나올 수 있는 선언과 정의를 나열해 보고자 한다. 이를 활용한 다중파일 프로그래밍에 대해서는 5.4절에서 설명할 것이다.

+ Key

정의는 해당 식별자의 본질이라고 할 수 있으며, 순수 선언은 해당 식별자의 존재만을 알려주는 것이라 할 수 있다. 따라서 순수 선언만으로는 해당 식별자를 사용할 수 없으며 프로그램 내의 어딘가에 해당 식별자에 대한 정의가 존재해야만 한다.

예제 5.8 | 순수 선언과 정의의 예

다음 프로그램에서 선언한 식별자들이 각각 순수 선언인지 또는 정의인지를 구별해 보도록 하자.

```
1   int a;
2   extern int count = 1;              // extern이라도 값이 대입된다면 선언 & 정의가 됨
3   int Func(int x) { return (x * x); } // 함수의 몸체가 오는 경우 선언 & 정의
4   struct Point { int x; int y; };
5   struct XCount
6   {
7       int x;
8       static int count;              // static 멤버변수는 선언일 뿐 정의는 아님
9   };
10  int XCount::count = 1;             // static 멤버변수는 명시적으로 외부에 정의해야 됨
11                                     // 초기화 값은 없어도 됨 => 이 경우 0으로 초기화
12  XCount an_x;
13  enum { UP, DOWN };
14  namespace NS { int var; }
15  namespace NAnother = NS;           // NAnother와 NS는 동일한 네임스페이스임
16
17  extern int count;                  // 순수 선언
18  extern const int order;            // 순수 선언
19  int Func(int);                     // 순수 선언
20  struct Point;                      // 순수 선언
21  extern Point po;                   // 순수 선언
22  typedef int my_int;                // 순수 선언
23  using NS::var;                     // 순수 선언
24  extern int Minus(int x, int y);    // 순수 선언
25
26  int main()
27  {
28      return 0;
29  }
```

이 예제에 등장하는 모든 식별자들은 선언이다. 그 중에서 17~24라인의 식별자들이 순수 선언에 해당하며 나머지는 정의에 해당한다. 단, 5~9라인에 있는 구조체 XCount의 멤버 변수들 중 정적 멤버 변수인 8라인의 count는 순수 선언에 해당한다.

순수 선언이 아닌 것들은 모두 정의에 해당하는 것들이라 할 수 있다. 따라서 순순 선언에 해당하는 경우에 대해 살펴보도록 하자. 순수 선언은 다음과 같다.

1. **함수 몸체를 기술하지 않은 함수. 즉, 함수 프로토타입**: 19라인의 Func 함수 프로토타입이 이에 해당하며 Func 함수의 정의는 3라인에 나와 있다.
2. **extern 변수. 단, 초기화 구문을 포함하면 정의가 됨**: 초기화 구문을 포함하지 않는 extern 변수는 순수 선언으로서 프로그램의 어딘가에 동일한 변수에 대한 실체(정의)가 존재함을 의미한다. 17, 18,

21라인의 count, order, po 변수가 이에 해당하며 count에 대한 정의는 2라인에 나와 있다. order와 po 변수에 대한 정의는 이 예제에 나와 있지 않지만 해당 식별자를 사용하는 곳이 없으므로 실행에는 문제가 없다. 만약 프로그램 내에서 order 변수나 po 변수를 사용하려고 하면 링크 에러가 발생하게 된다.

3. **extern 함수. 단, 함수 몸체를 포함하면 정의가 됨**: 24라인의 Minus 함수가 이에 해당하는데 Minus 함수의 정의는 포함되어 있지 않다. extern 함수 프로토타입은 사실상 extern을 제외한 함수 프로토타입과 동일한 의미이다.
4. **클래스 또는 구조체 내에 선언된 static 멤버 변수**: 8라인의 count 변수가 이에 해당한다. 사실은 XCount 구조체에 포함된 count 변수이며 범위 지정 연산자(::)를 사용하여 XCount::count라고 한다. 이 변수의 정의는 10라인에 나와 있다. static 멤버 변수에 대해서는 클래스와 관련하여 7.11절에서 설명할 것이다.
5. **클래스명 또는 구조체명 선언**: 20라인의 Point 구조체가 이에 해당하며 Point 구조체의 정의는 4라인에 나와 있다.
6. **typedef 선언**: 22라인의 my_int가 이에 해당하며 my_int의 실체, 즉, 정의는 int이다.
7. **using 선언** : 23라인의 NS::var 변수가 이에 해당하며 이에 대한 정의는 14라인에 나와 있다.

아직까지 클래스에 대해 배운 적이 없으므로 클래스와 관련된 내용은 신경 쓰지 않아도 된다. 단지 여기서는 클래스를 구조체와 같은 것으로 간주하면 된다.

5.4 다중 파일 프로그래밍

선언과 정의를 고려한 다중 파일 프로그래밍

다중 파일 프로그래밍, 즉 여러 개의 파일을 사용하여 프로그램을 작성하고자 할 경우에는 선언과 정의에 대한 개념을 알고 있어야만 한다. 5.3절을 통해 선언과 정의에 대해 설명한 주된 이유가 바로 다중 파일 프로그래밍에 활용하기 위해서이다.

앞서 하나의 파일 내에서 식별자를 사용하고 컴파일이 되려면 최소한 파일 내에서 사용하기 전에 해당 식별자에 대한 선언이 나와 있어야 한다고 했다. 그런데 동일한 식별자에 대한 순수 선언은 반드시 한 번만 나와야 되는 것은 아니고 2번 이상 여러 번 나올 수도 있다. 단, 당연히 해당 식별자의 타입은 동일해야 한다.

```
extern int count;
extern int count;  // (O) 선언은 2번 이상 나올 수 있음
extern char count; // (X)
```

그렇다면 순수 선언만으로 충분한 것일까? 컴파일까지는 충분하다. 그러나 링크가 되어 실행파일을 만들기 위해서는 하나의 프로그램 내에 있는 소스 파일들 중 어딘가에 해당 식별자에 대한 정의가 반드

시 있어야만 하며, 그것도 프로그램 내에서 단 한 번만 나와 있어야 한다. 이것을 ODR(One-Definition Rule)이라 한다. 예를 들면 다음과 같이 하나의 변수에 대한 정의가 하나의 프로그램 내에(다른 소스 파일이라 하더라도) 2번 이상 존재할 수는 없다.

```
int x;
int x;        // (X) 중복해서 정의되어 있음, C 언어에서는 됨
```

이 예의 경우 C 언어에서는 조금 다른 방식으로 해석된다. 초기화되지 않은 변수의 정의를 임시 정의(tentative definition)이라 하는데, 임시 정의는 프로그램 내에 여러 번 나올 수 있도록 되어 있다. 따라서 앞의 예는 C 언어에서는 가능하다. 그러나 다음과 같은 경우는 C 언어에서도 불가능하다.

```
int x = 5;
int x = 3;  // (X)
```

다시 C++로 돌아가서 선언과 정의에 대해 정리해 보도록 하자. 하나의 파일 내에서 어떤 식별자를 사용하기 위해서는 해당 식별자에 대한 선언(순수 선언과 정의 모두 포함)이 한 번 이상 포함되어야 한다. 그리고 ODR을 달성하기 위해 해당 식별자에 대한 정의는 프로그램 전체적으로 단 한 번만 포함되어야 한다.

이제 어떤 식별자를 사용하기 위한 선언 및 ODR에 대해 어느 정도 이해가 가능하다. 그런데 정의의 범위가 너무 넓기 때문에 초보자의 경우 다중 파일 프로그래밍과 관련한 실전에 있어서 ODR을 달성하기가 쉬운 일은 아니다. #include문을 생각해 보라! [그림 5.1]에서는 int형 변수 g_var1과 g_var2 그리고 Sum 함수를 프로그램 내에서 전역적으로 사용하기 위해 my_header.h 헤더 파일에 전역 변수 또는 함수로 선언하였는데, 이들은 선언인 동시에 정의이기도 하다. 그런데 "main.cpp"와 "another.cpp"에서 "my_header.h" 파일을 include하고 있다. 이와 같이 여러 개의 소스 파일에서 "my_header.h" 헤더 파일을 include하여 사용할 경우 컴파일러는 벌 불만이 없다. 소스 코드 단위(cpp)로는 g_var1, g_var2, Sum이라는 선언이 하나씩 존재하기 때문이다. 그러나 링커는 프로그램 전체적으로 g_var1, g_var2,

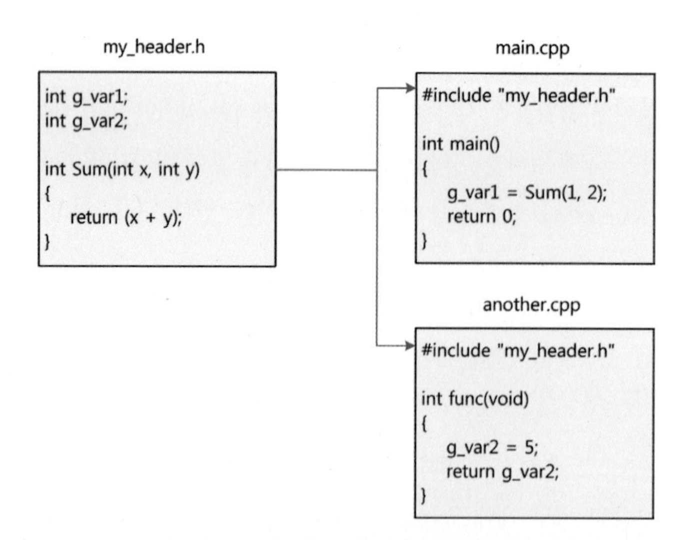

○ 그림 5.1 전역 변수와 함수를 포함한 헤더 파일을 include하는 경우

Sum이 여러 번 정의되어 있다고 불평할 것이다. 왜냐하면 g_var1, g_var2, Sum의 정의가 "main.cpp"에도 있고 "another.cpp"에도 있기 때문이다. 즉, ODR을 위배한 것이다.

보통 이와 같은 상황을 방지하기 위해 함수에 대해서는 함수 프로토타입만을 헤더 파일에 남겨두고 함수 정의는 별도의 소스 파일에 작성하게 된다. 그리고 전역 변수의 경우 단 하나의 소스 파일에만 정의가 포함되고 그 외의 소스 파일에서는 extern 선언이 포함되도록 전처리문(#ifdef 등)을 사용하면 된다. 이에 대해서는 [예제 5.9]에서 살펴보도록 하자.

어쨌든 ODR을 달성하는 것이 쉽지는 않다. 그래서 C++에서는 구조체, 열거체, 인라인 함수, 그리고 앞으로 배우게 될 클래스, 템플릿에 대해서는 하나의 프로그램 내에서 두 번 이상의 정의를 포함하는 것이 가능하도록 하였다. 단, 하나의 유일한 정의로 인식되기 위해서는 하나의 소스 파일 내에는 반드시 단 한 번의 정의가 와야 하고, 서로 다른 소스 파일에 정의되어 있을 경우에는 그 구조가 동일해야만 한다. 만약 다음 예와 같이 구조체 이름이 같더라도 내부 구조가 다른 채로 서로 다른 파일에 정의되어 있다면 그것은 전혀 다른 구조체 정의를 의미하는 것이 된다. 이 경우 각각의 구조체는 해당 소스 파일 내에서 문제없이 사용될 수 있고 링크도 가능하지만 프로그램 전체적으로는 서로 다른 구조체로 동작하게 된다.

```
main.cpp : struct Point { int x; int y; };
another.cpp : struct Point { int x; };
```

예제 5.9 | 다중 파일 프로그래밍의 예

다음 프로그램은 "main.cpp"와 "point.cpp"로 구성되어 있다. 여기서 구조체 Point와 int형 변수 num 그리고 Print 함수 프로토타입을 하나의 헤더 파일(my_header.h)에 선언하고, 이를 공통적으로 "main.cpp"와 "point.cpp" 파일에서 include하여 사용하고자 한다. my_header.h 파일을 추가하여 프로그램을 수정해 보자.

```
1  // main.cpp
2  int num;                    // 전역 변수
3
4  struct Point                // 구조체 선언
5  {
6      int x;
7      int y;
8  };
9
10 void Print(Point pt);// 함수 원형
11
12 int main()
13 {
14     Point pt1 = { 3, 4 };
15     num = 100;
16     Print(pt1);
17
18     return 0;
19 }
```

```
1  // point.cpp
2  #include <iostream>
3  using namespace std;
4
5  extern int num;         // extern 변수
6
7  struct Point            // 구조체 선언
8  {
9      int x;
10     int y;
11 };
12
13 void Print(Point pt) // 함수 정의
14 {
15     cout << "num : " << num << endl;
16     cout << pt.x << ", " << pt.y;
17 }
```

헤더 파일을 추가한 결과는 다음과 같다.

```
1   // my_header.h
2   #ifdef MYMAIN_CPP
3   #define EXTERN
4   #else
5   #define EXTERN extern
6   #endif
7
8   EXTERN int num;          // MYMAIN_CPP 정의 여부에 따라 extern 추가 또는 삭제
9
10  struct Point             // 구조체 선언
11  {
12      int x;
13      int y;
14  };
15
16  void Print(Point pt);    // 함수 프로토타입
```

```
1   // main.cpp
2   #define MYMAIN_CPP
3   #include "my_header.h"
4
5   int main()
6   {
7       Point pt1 = { 3, 4 };
8       num = 100;
9       Print(pt1);
10
11      return 0;
12  }
```

```
1   // point.cpp
2   #include <iostream>
3   #include "my_header.h"
4   using namespace std;
5
6   void Print(Point pt) // 함수 정의
7   {
8       cout << "num : " << num << endl;
9       cout << pt.x << ", " << pt.y;
10  }
```

count 변수와 Point 구조체 선언 그리고 Print 함수 프로토타입을 "my_header.h" 파일로 옮겼으며 각각의 소스 파일에서는 "my_header.h" 파일을 include하였다. 먼저 함수의 경우 간단하게 해결될 수 있다. 함수 프로토타입은 여러 파일에 선언될 수 있으므로 헤더 파일에 포함시킨 후 필요한 소스 파일에서 해당 헤더 파일을 include하여 사용할 수 있다. 그러나 함수 정의의 경우에는 프로그램 내에서 단 한 번만 정의될 수 있으므로 "point.cpp" 파일의 6~10라인과 같이 하나의 소스 파일에 포함시키면 된다. 구조체 선언 또한 동일한 구조체 선언이 여러 파일에 포함될 수 있으므로 "my_header.h" 파일의 10~14라인과 같이 단순히 하나의 헤더 파일에 포함시킨 후 필요한 소스 파일에서 해당 헤더 파일을 include하여 사용하면 된다.

문제는 전역 변수이다. 전역 변수 num을 "my_header.h" 헤더 파일에 포함시킬 때 특별한 조치를 취하지 않을 경우 전역 변수 num이 각각의 소스 파일에 포함되기 때문에 ODR을 위배하게 되어 링크가 되지 않는다. 이를 방지하기 위해 "main.cpp"에서는 헤더 파일을 include하기 전에 2라인에서

MYMAIN_CPP를 정의하였다. 이 정의문과 "my_header.h" 파일의 2~6라인의 전처리문에 의해 8라인에 있는 EXTERN int num;은 그대로 int num;으로 포함되도록 되어 있다. 반면 "point.cpp"에서는 MYMAIN_CPP에 대한 별도의 정의문이 없으므로 EXTERN int num;은 extern int num;으로 포함된다. 따라서 프로그램 전체적으로 num에 대한 정의는 단 하나만 존재하게 된다.

+ Key

다중파일 프로그래밍과 관련하여 또 한 가지 주의해야 할 사항은 하나의 소스 파일에서 특정 헤더 파일을 여러 번 include하지 않도록 하는 것이다.

이 방법은 다중파일 프로그래밍 시 전역 변수의 사용을 위한 한 가지 응용 예일 뿐 절대적으로 준수해야 하는 것은 아니다. 다른 방법을 사용하더라도 ODR만 달성할 수 있으면 된다.

+다중파일 프로그래밍과 관련하여 또 한 가지 주의해야 할 사항은 하나의 소스 파일에서 특정 헤더 파일을 여러 번 include하지 않도록 하는 것이다. 예를 들면 이 예제에서 "main.cpp" 파일 내에 다음과 같이 #include "my_header.h"를 여러 번 기술하지 않도록 해야 한다.

```
#include "my_header.h"
#include "my_header.h"
```

물론 일부러 또는 실수로 이렇게 작성하는 경우는 드물 것이다. 그러나 하나의 파일에서 여러 개의 헤더 파일을 include하고, 또 다시 그 헤더 파일들이 다른 헤더 파일들을 include하다 보면 의도하지 않았지만 동일한 헤더 파일이 여러 번 include되는 상황이 발생할 수도 있다.

이러한 상황을 방지하는 방법은 매우 간단하다. 하나의 헤더 파일을 작성할 때 다음 코드의 2, 3라인과 같이 헤더 파일의 시작 부분에 #ifndef문과 #define문을 추가하고 7라인과 같이 마지막에 #endif문을 추가하는 것이다. 물론 MY_HEADER_H라는 문자열은 헤더 파일의 이름 등을 활용하여 프로그래머가 자유롭게 작성할 수 있다. 여기서 #ifndef문과 #define문 뒤에 나오는 문자열은 동일해야 한다.

```
1  // header.h
2  #ifndef MY_HEADER_H
3  #define MY_HEADER_H
4
5  헤더 파일의 기존 내용 (생략)
6
7  #endif
```

이와 같은 조치를 취하게 되면 이 헤더 파일을 처음으로 include할 때는 MY_HEADER_H가 정의되어 있지 않으므로 이 문자열을 정의한 후 헤더 파일의 기존 내용을 포함하게 된다. 그러나 이후로 또 다시 이 파일을 include하게 되면 MY_HEADER_H가 이미 정의되어 있기 때문에 #endif까지의 내용이 포함되지 않게 된다. 이와 같은 방법을 통해 해당 헤더 파일의 내용이 특정 소스 파일에 단 한 번만 포함되도록 보장할 수 있다.

예제 5.10 | static 전역 변수

앞서 2.4절에서 변수의 사용 가능 영역과 관련하여 전역 변수와 지역 변수에 대해 설명하였으며, 변수의 수명과 관련하여 정적 변수, 자동 변수, 동적 변수에 대해 설명하였다. 이때 static 지역 변수에 대해서도 설명하였는데 이 예제에서는 static 전역 변수의 동작 방식에 대해 살펴볼 것이다. static 전역 변수의 경우 다중 파일 프로그래밍에 있어서 그 의미를 찾을 수 있기 때문에 이 절에서 별도로 설명하고자 한다.

그러면 다음 프로그램의 실행 결과를 통해 static 전역 변수가 어떻게 동작하는지 살펴보도록 하자. 본 프로그램은 main.cpp와 another.cpp 파일로 이루어진다.

```
1   // main.cpp
2   #include <iostream>
3   using namespace std;
4
5   int g_var1;              // 전역 변수
6   static int g_var2;       // static 전역 변수
7
8   void SetVar1(int value);
9   void SetVar2(int value);
10  void PrintVar1(void);
11  void PrintVar2(void);
12
13  int main()
14  {
15      g_var1 = 100;        // main.cpp의 g_var1 변경
16      SetVar1(200);        // another.cpp의 g_var1 변경 = main.cpp의 g_var1
17      g_var2 = 300;        // main.cpp의 g_var2 변경
18      SetVar2(400);        // another.cpp의 g_var2 변경
19
20      cout << ">> g_var1과 g_var2의 주소와 값 출력" << endl;
21      cout << "main.cpp - g_var1    : " << &g_var1 << ", " << g_var1 << endl;
22      PrintVar1();
23      cout << "main.cpp - g_var2    : " << &g_var2 << ", " << g_var2 << endl;
24      PrintVar2();
25
26      return 0;
27  }
```

```
1   // another.cpp
2   #include <iostream>
3   using namespace std;
4
5   extern int g_var1;       // 전역 변수 = main.cpp의 g_var1
6   static int g_var2;       // static 전역 변수
7
```

```
8   void SetVar1(int value)
9   {
10      g_var1 = value;
11  }
12
13  void PrintVar1(void)    // 변수의 주소와 값 출력
14  {
15      cout << "another.cpp - g_var1 : " << &g_var1 << ", " << g_var1 << endl;
16  }
17
18  void SetVar2(int value)
19  {
20      g_var2 = value;
21  }
22
23  void PrintVar2(void)
24  {
25      cout << "another.cpp - g_var2 : " << &g_var2 << ", " << g_var2 << endl;
26  }
```

• **실행 결과**

```
>> g_var1과 g_var2의 주소와 값 출력
main.cpp - g_var1    : 00290230, 200
another.cpp - g_var1 : 00290230, 200
main.cpp - g_var2    : 00290238, 300
another.cpp - g_var2 : 0029021C, 400
```

main.cpp의 5라인에는 전역 변수 g_var1이 선언되어 있고 another.cpp의 5라인에는 이 변수를 another.cpp 내에서 사용하기 위해 extern 선언을 사용하였다. 즉, main.cpp의 g_var1과 another.cpp의 g_var1은 완전히 동일한 변수이다. main.cpp의 15, 16라인에서 main.cpp에 포함된 g_var1의 값을 100으로 변경한 후 SetVar1 함수를 통해 another.cpp에 포함된 g_var1의 값을 200으로 변경하고 있다. main.cpp의 21, 22라인의 실행 결과를 보면 main.cpp와 another.cpp에 포함된 g_var1의 값은 물론 주소값까지 동일함을 알 수 있다. 여기까지는 전역 변수에 대한 복습이라 할 수 있다.

그런데 main.cpp의 6라인과 another.cpp의 6라인에는 각각 static 키워드를 동반한 g_var2 전역 변수가 선언되어 있다. 이와 같이 선언된 static 전역 변수는 해당 파일 내에서의 전역 변수를 의미한다. 즉, main.cpp의 g_var2는 main.cpp 내에서 사용 가능한 전역 변수이고 another.cpp의 g_var2는 another.cpp 내에서 사용 가능한 전역 변수로서 서로 무관한 변수이다. main.cpp의 17라인에서는 main.cpp에 선언된 g_var2의 값을 300으로 변경하고 있으며, 18라인에서는 SetVar2 함수를 통해 another.cpp에 선언된 g_var2의 값을 400으로 변경하고 있다. main.cpp의 23, 24라인의 출력 결과를 보면 두 변수의 값이 각각 300과 400으로 서로 다르며 각 변수의 주소값 또한 다름을 확인할 수 있다.

다시 한 번 정리하자면 static 전역 변수는 해당 파일 내에서만 사용 가능한 전역 변수를 의미하며, 다른 전역 변수와 마찬가지로 프로그램이 시작될 때 생겼다가 프로그램이 종료될 때 사라지게 된다.

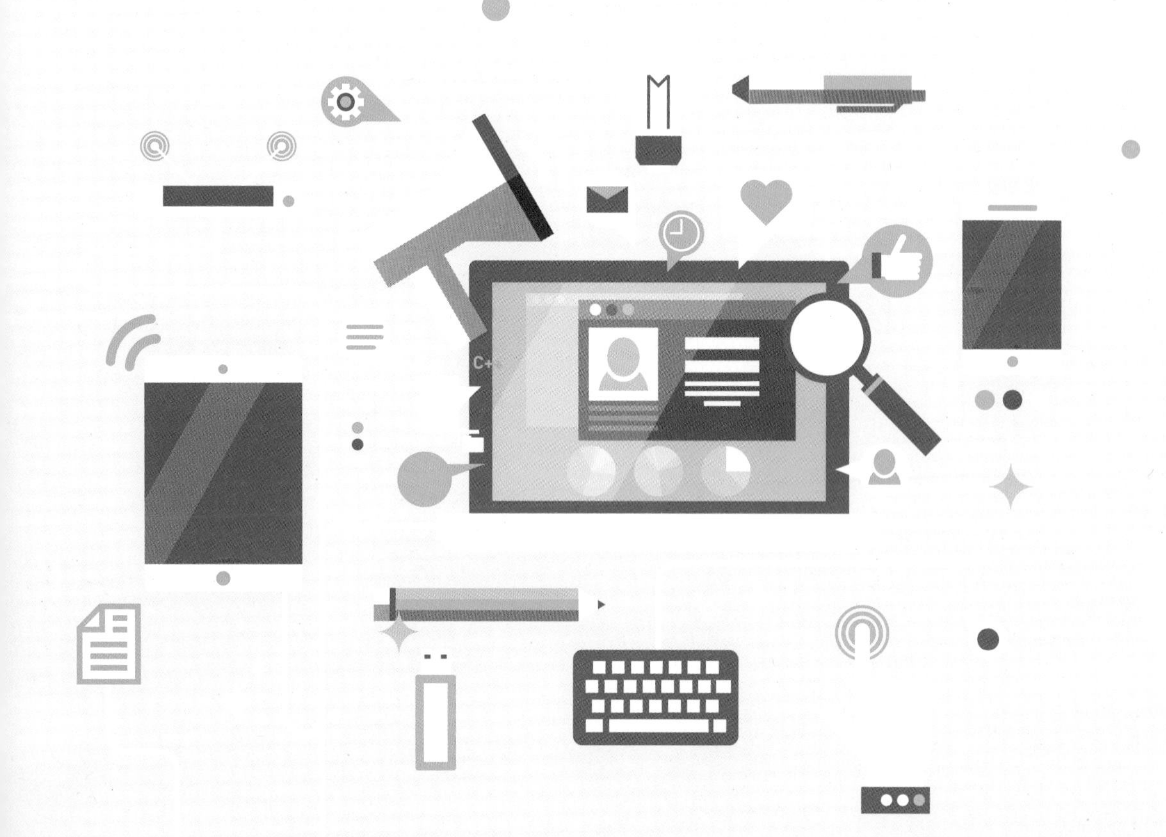

C++

PART 02

클래스 중심의 객체지향 프로그래밍

클래스와 객체

C++의 핵심은 객체지향 프로그래밍이며 객체지향 프로그래밍의 중심에는 클래스가 있다. C++를 배운다는 것은 클래스의 작성 방법과 사용 방법을 배우는 것이라고 해도 과언이 아니다. 이 장에서는 클래스에 대한 기초에 대해 설명한다. 그리고 다음 장부터 클래스와 관련된 세부적인 사항들을 다룰 것이며 이 책의 마지막까지 클래스에 관한 얘기는 계속해서 나올 것이다. 우선 이 장에서는 멤버 변수와 멤버 함수로 구성되는 클래스의 기본 구조에 대해 설명하고 객체의 개념 및 클래스로부터 객체를 생성하는 방법에 대해 설명할 것이다. 그리고 객체 생성 및 소멸 시 수행되는 생성자와 소멸자에 대해서도 설명할 것이다.

6.1 객체지향 프로그래밍 개념

객체지향의 개념적 사례 1: 레고 블록 조립

[그림 6.1]은 레고 회사에서 제공하는 "LEGO Digital Designer"라는 프로그램의 실행 화면 중 일부로서 실제 레고 블록을 조립하듯이 여러 가지 모양의 블록들을 조립하여 더 큰 구조물을 만들 수 있다. 일반인들은 자신이 만든 모형을 레고 회사의 홈페이지에 등록할 수도 있다. 레고 회사에서는 심사를 거쳐 이를 상품화하기도 한다. 레고 블록과 같이 다양한 조각들이 존재할 경우 이 조각들을 적절히 사용하면 자동차를 만들 수도 있고 집을 만들 수도 있다. 개별 블록을 잘 만들어 놓으면 더 큰 구조물을 만들기가 더욱 쉬울 것이다.

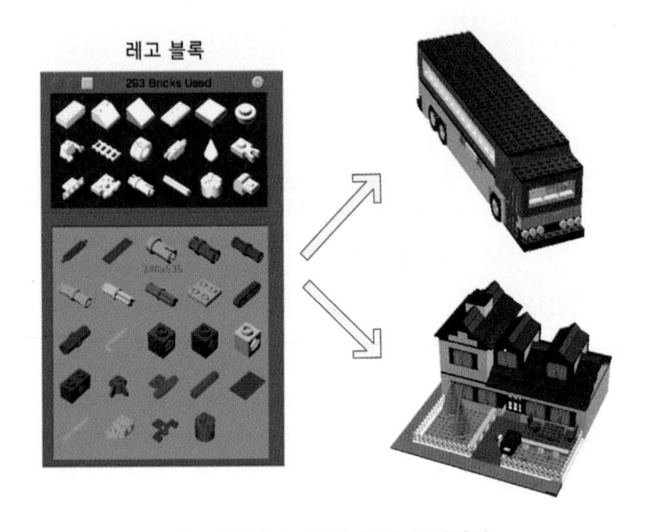

○ 그림 6.1 레고 블록 조립하기

객체지향의 개념적 사례 2: 컴퓨터 조립

컴퓨터를 조립하기 위해서는 많은 부품들이 필요하다. 메인 보드, CPU, 메모리, 그래픽카드, 사운드카드, 하드디스크 등의 부품들이 있으며 각 부품들의 종류 또한 다양하다. 어떤 부품들을 사용하여 조립하느냐에 따라 컴퓨터의 성능이 달라지기도 하며 때로는 성능 향상을 위해 기존 부품을 새로운 부품으로 교체하기도 한다. 이때 각 부품들은 서로의 약속에 따라 데이터를 주고받게 되는데 종류가 다르더라도 이 약속을 따르기만 하면 부품들 간의 의사소통이 가능해진다.

객체지향 프로그래밍의 3요소 및 일반화 프로그래밍

객체지향 프로그래밍의 3요소로 데이터 추상화(data abstraction), 상속(inheritance), 다형성(polymorphism)이 있으며, 이와는 별도로 C++ 언어는 일반화 프로그래밍(generic programming)이라는 개념을 포함하고 있다.

객체지향 프로그래밍에서 데이터 추상화(data abstraction)란 구현하고자 하는 대상을 개념화하여 새로운 데이터 타입을 만드는 것이라 할 수 있다. 이때 데이터 추상화를 통해 만들어진 새로운 데이터 타입을 추상 데이터형(abstract data type)이라고 하는데, 추상 데이터형은 데이터와 그 데이터를 조작하는 메서드로 구성된다. C++에서는 추상 데이터형을 클래스(class)라고 하며 해당 클래스로부터 생성된 변수를 객체(object)라고 한다. 레고 블록 조립의 예에서는 각 블록을 찍어내는 틀이 클래스에 해당되고 그 틀로 만든 각 블록들이 객체가 된다. 컴퓨터 조립의 예에서는 각 부품들을 만들기 위한 설계도가 클래스에 해당되고 실제로 생산된 각각의 부품들이 객체가 된다. 이렇게 잘 만들어진 클래스는 더 큰 프로그램을 만들기 위한 효과적인 단위 블록이 될 수 있다. 데이터 추상화는 데이터 캡슐화(data encapsulation)라고도 불린다.

상속은 기존의 추상 데이터형을 참고하여 이와 유사한 새로운 추상 데이터형을 손쉽게 만드는 방법이다. 컴퓨터 조립의 예에서 특정 부품의 개선이 요구될 경우 새로운 부품으로 교체하듯이 특정 클래스의 기능을 개선하고자 한다면 해당 클래스의 내부 구조를 수정할 수 있다. 이때 해당 클래스와 프로그램 전체와의 인터페이스가 변한다면 해당 클래스뿐만 아니라 전체 프로그램 측면에서도 수정이 되어야 하지만, 인터페이스에 변화가 없다면 해당 클래스의 수정만으로도 그 프로그램은 잘 동작할 것이다. 물론 재컴파일이 필요할 것이다. 그런데 어떤 프로그램에서는 현재의 클래스로 충분한 반면 또 다른 프로그램에서는 그 클래스와 대부분 유사하면서도 조금씩 다르거나 추가된 기능을 필요로 하는 경우가 있다. 이 경우 해당 클래스를 수정한다면 이전의 프로그램에 맞지 않게 될 수도 있다. 객체지향 프로그래밍에서는 이와 같은 경우를 대비하여 기존 클래스를 쉽게 수정 및 확장할 수 있도록 상속(inheritance)이라는 개념을 도입하고 있으며 C++에서도 상속을 지원하고 있다. +상속의 기본 개념은 기존 클래스의 내용을 그대로 가져오면서 필요에 따라 기존 내용을 수정하거나 새로운 내용을 추가할 수 있도록 만드는 것이다.

상속과 관련하여 다형성(polymorphism)이라는 개념이 등장한다. 컴퓨터 조립의 예에서 특정 부품 A를 개선하기 위해 해당 부품을 상속받아 새로운 부품 B와 C를 만들고 특정 기능 f를 각각 수정했다고 가정하자. 기능 f는 부품 A, B, C에 동시에 존재하는 기능이며 성능에서 차이가 날 뿐이다. 컴퓨터 입장에서는 부품 A를 쓰든 B를 쓰든 또는 C를 쓰든 f라는 기능을 수행함에는 차이가 없다. 그러나 부품 A가 부착되어 있는지 아니면 B나 C가 부착되어 있는지를 신경 쓰고 그에 따라 f를 수행해야 한다면 작업이 귀찮아질 것이다. 따라서 항상 A를 기준으로 하되 단순히 f라는 기능만 수행하면 실제로 붙어있는 부품에 따라 해당 부품의 f가 자동으로 수행될 수 있도록 하면 편할 것이다. 즉, 실제 부품이 A이면 A의 f가, B이면 B의 f가, C이면 C의 f가 자동으로 수행되는 것이다. 이것을 가능하게 하는 것이 다형성이며 이를 해결하기 위한 기술적 방법으로 동원되는 것이 동적 바인딩(dynamic binding)이다.

+ **Key**

> 상속의 기본 개념은 기존 클래스의 내용을 그대로 가져오면서 필요에 따라 기존 내용을 수정하거나 새로운 내용을 추가할 수 있도록 만드는 것이다.

객체지향 프로그래밍과는 별도로 C++에서는 일반화 프로그래밍(generic programming)을 지원하기 위해 템플릿이라는 개념을 사용하고 있다. 템플릿은 하나의 함수나 클래스가 특정 타입에 구속되지 않고 다양한 타입을 위해 사용될 수 있도록 만드는 방법이다.

이제부터 객체지향 프로그래밍의 핵심 내용인 클래스와 객체, 상속, 다형성과 더불어 일반화 프로그래밍을 가능하도록 만드는 템플릿에 대해 얘기하려고 한다. 6장부터 9장까지는 클래스와 객체를 만들고 사용하는 방법에 대해 설명하고 10장에서는 상속에 대해 설명하며 11장에서는 다형성에 대해 알아볼 것이다. 그리고 13장에서는 템플릿에 대해 설명하고 그 이후의 내용으로는 표준 C++에서 제공하는 클래스 라이브러리의 적용 방법에 대해 살펴본다.

6.2 클래스와 객체

예제 6.1 | 자동차에 대한 클래스 만들기

추상 데이터형은 속성(attribute)과 메서드(method)로 이루어지는데 추상 데이터형을 표현하기 위한 표현 방법으로 클래스를 사용한다. 자동차에 대한 추상 데이터형, 즉 클래스를 만들어 보자.

자동차를 표현하기 위해서는 색상, 배기량, 현재속도와 같은 속성이 필요하고 자동차의 동작과 관련하여 가속하라, 멈춰라, 시동을 켜라와 같은 메서드가 필요하다. 이것을 클래스로 표현하면 [그림 6.2]와 같다. 참고로 [그림 6.2]의 코드는 개념적 설명을 위한 것이며 실제로 수행되는 코드는 아니다.

○ 그림 6.2 자동차의 속성과 메서드

클래스뿐만 아니라 구조체와 typedef 또한 새로운 타입을 만드는 것이라 할 수 있다. 이들을 기본 타입과 구별하기 위해 사용자 정의형(user defined type)이라고 부르기도 한다. 사용자 정의형은 새로운 타입일 뿐 메모리에 저장된 변수는 아니다. 마치 int라는 것이 타입일 뿐이고 int num;과 같이 변수를 선언해야만 num이라는 변수가 메모리에 생성되는 것과 같다. 마찬가지로 Car 클래스를 통해 Car 변수를 만들어야만 특정 자동차를 표현하기 위한 변수를 사용할 수 있게 되는 것이다. 이때 어떤 클래스의 변수를 객체라고 부른다. 기본적으로 객체의 생성 방법은 기존의 변수 생성 방법과 동일하다. 4장에서 배운 구조체를 생각하면 된다.

```
Car my_car, your_car;
my_car.색상 = Red;
```

실제로는 클래스의 속성과 메서드는 각각 변수와 함수로 표현된다. 속성은 그 성격상 어떤 값을 저장하는 역할을 하기 때문에 변수로 표현되며, 메서드는 기능적인 측면을 표현하는 것이므로 함수로 표현되는 것이다.

예제 6.2 | C++에서 Car 클래스 만들기

[예제 6.1]의 Car 클래스를 C++의 클래스로 표현해 보자. 그리고 Car 클래스의 객체를 생성하고 사용해 보자.

```
1   class Car
2   {
3       int color_;                          // 색상
4       int CC_;                             // 배기량
5       int speed_;                          // 속도
6
7       void Accelerate() { speed_++; }      // 가속
8       void Stop() {}                       // 멈춤
9       void TurnOn() {}                     // 시동 켜기
10  };
11
12  int main()
13  {
14      Car my_car1, my_car2;                // 객체 생성
15      my_car1.speed_ = 0;
16      my_car2.CC_ = 1000;
17      my_car1.Accelerate();                // 멤버 함수 호출
18
19      return 0;
20  }
```

이 예제의 클래스에는 더 이상 어떤 것이 속성이고 어떤 것이 메서드인지 명시적으로 나타나 있지 않다. 속성은 변수로, 메서드는 함수로 표현되기 때문이다. 클래스 내에 포함되어 있는 변수와 함수를 각각 그 클래스의 멤버 변수(member variable), 멤버 함수(member function)라고 한다.

참고로 클래스의 멤버 변수명 작성 시 마지막에는 항상 underscore 문자(_)를 추가할 것이다. 이는 단순히 다른 지역 변수나 전역 변수와의 구별을 쉽게 하기 위한 것이며 프로그램 실행 가능 여부에는 영향을 미치지 않는다.

int형 변수 num을 만들면 4바이트 크기의 메모리가 생성되듯이 하나의 클래스 객체를 만들면 그 객체가 메모리에 생성된다. 14라인에서 my_car1과 my_car2 객체가 메모리에 생성되는 모습을 개념적으로 표현하면 [그림 6.3]과 같다.

my_car1	my_car2
color_	color_
CC_	CC_
speed_	speed_
Accelerate()	Accelerate()
Stop()	Stop()
TurnOn()	TurnOn()

○ 그림 6.3 my_car1, my_car2 객체의 개념적 메모리 구조

my_car1과 my_car2는 각각 자신의 멤버 변수들과 멤버 함수들을 포함하고 있어서 my_car1.Accelerate()를 수행하게 되면 my_car1의 멤버 변수 speed_의 값이 증가하게 된다. 그러나 [그림 6.3]은 말 그대로 개념 설명을 위한 메모리 구조를 의미하는 것이며 실제 메모리 구조는 이와는 다르다. 실제로는 각 객체 당 별도의 멤버 변수들이 메모리에 생성되는 것은 맞지만, 멤버 함수는 객체 별로 생성되는 것이 아니라 단 하나만 생성되고 그 클래스의 모든 객체들이 이를 공유하게 된다. 이에 대해서는 7.3절에서 자세히 설명할 것이므로 당분간은 객체 별로 멤버 변수와 멤버 함수가 따로 생성된다고 생각해도 무방하다.

불행히도 이 예제는 아직까지 컴파일 및 실행이 불가능하다. 바로 다음 절을 통해 무엇이 문제인지 그리고 어떻게 실행이 가능하도록 만드는지 살펴볼 것이다.

연습문제 | 6.1

텔레비전을 클래스로 표현하라. 그리고 이 클래스로부터 객체를 생성하고 사용해 보라.

텔레비전을 표현하기 위해서는 브랜드, 가격, 제조회사, 제조일자 등의 속성이 필요하고 켜다, 끄다, 채널을 돌리다, 볼륨을 조정하다 등의 메서드가 필요하다. 이외에도 필요한 속성과 메서드를 생각해 보고 [예제 6.2]의 클래스와 같이 작성해 보라.

Note

6.3 public 멤버와 private 멤버

예제 6.3 | [예제 6.2] 컴파일 하기

[예제 6.2]의 프로그램을 컴파일해 보고 그 결과를 살펴보도록 하자.

- **컴파일 결과**

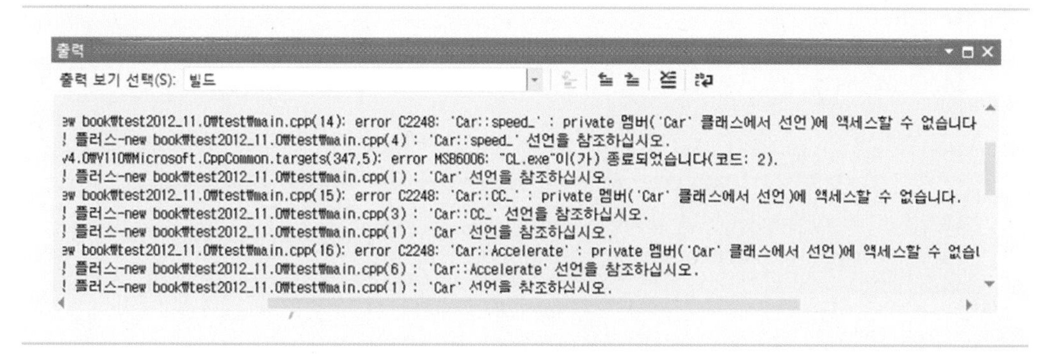

[예제 6.2]를 컴파일해 보면 컴파일이 되지 않고 에러가 발생함을 알 수 있다. 모든 에러에 있어서 각각의 멤버 변수에 대해 "private 멤버에 액세스할 수 없습니다."라는 메시지가 발생함을 확인할 수 있다.

객체지향 프로그래밍의 한 가지 특징인 데이터 추상화 또는 데이터 캡슐화에 있어서 등장하는 중요한 개념으로 정보 은닉(information hiding)이라는 것이 있다. 정보 은닉이란 자신이 가진 데이터에 대해 외부로부터의 접근을 차단하겠다는 것이다. [예제 6.2]의 프로그램에서는 현재 Car 클래스 내부에 포함된 멤버 변수와 멤버 함수 모두 외부로부터의 접근이 차단되어 있는 상태이다. 따라서 main 함수의 my_car1.speed_와 같이 Car 클래스를 벗어난 영역에서는 멤버에 대한 접근을 허용하지 않기 때문에 컴파일 에러가 발생하는 것이다. my_car1 객체 입장에서는 자신의 데이터에 대해 외부에서 마음대로 변경하는 것을 허용하지 않겠다는 것이며 이를 통해 자신의 데이터를 안전하게 보호하겠다는 것이다.

데이터 보호라는 측면은 이해하겠다. 그러나 객체가 어떤 기능을 수행하도록 하기 위해서는 외부로부터의 조정이 불가피하다. 따라서 클래스는 자신의 멤버들을 외부로부터 보호할 대상과 외부로 공개할 대상으로 나누어 설정할 수 있도록 되어 있어야 하고, 외부로 공개된 대상을 통해 보호하고 있는 멤버들에 대한 합법적인 조정 경로를 제공해야만 한다. C++에서는 외부로 공개할 멤버는 public으로 구분하고 외부로부터의 접근을 차단할 멤버는 private으로 구분한다. 만약 클래스 내의 멤버들에 대해 private과 public을 명시하지 않으면 모두 private으로 간주된다.

예제 6.4 | [예제 6.2] 수정하기

[예제 6.2]의 클래스 멤버들을 private과 public으로 구분하고, 이에 따라 main 함수도 수정해 보자.

```
1  class Car
2  {
3  public :
```

```
4      void Accelerate() { speed_++; }       // 가속
5      void Stop() {}                        // 멈춤
6      void TurnOn() {}                      // 시동켜기
7
8  private :
9      int color_;                           // 색상
10     int CC_;                              // 배기량
11     int speed_;                           // 속도
12 };
13
14 int main()
15 {
16     Car my_car1, my_car2;
17     //my_car1.speed_ = 0;
18     //my_car2.CC_ = 1000;
19     my_car1.Accelerate();
20
21     return 0;
22 }
```

3라인의 "public :"이 등장한 이후로는 public 멤버가 되고 8라인의 "private :"이 등장한 이후로는 private 멤버가 된다. "public :"과 "private :"은 여러 번 등장할 수도 있다. 즉, public 이후의 멤버들은 public 멤버가 되고 private 이후의 멤버들은 private 멤버가 되는 것이다.

이 예제에서 멤버 변수는 모두 private 영역에 포함되어 있고 멤버 함수는 모두 public 영역에 포함되어 있지만 반드시 그렇게 될 필요는 없다. 멤버 변수가 public 영역에 나타날 수도 있으며 멤버 함수가 private 영역에 나타날 수도 있다. 그러나 데이터 보호라는 측면에서 봤을 때 멤버 변수는 private 영역에 포함되며, 멤버 함수들(특히, 외부로부터의 접근을 위한 멤버 함수)은 public 영역에 포함되는 것이 일반적이다. 이때 외부로부터의 접근을 위한 멤버 함수들이 외부와의 인터페이스 역할을 담당하게 된다.

main 함수에서는 클래스 외부에서의 멤버에 대한 접근 예를 보여 주고 있다. 17, 18라인은 주석으로 처리하였다. 왜냐하면 main 함수는 Car 클래스의 외부이므로 Car 클래스의 private 멤버에 대한 접근이 허용되지 않기 때문이다. 그러나 19라인과 같이 public 멤버에 대한 접근은 허용된다.

+클래스 외부에 있는 함수로부터 해당 클래스 내에 포함된 멤버에 접근하는 것을 외부 접근이라고 하며, 클래스 내에 포함된 멤버 함수에서 해당 클래스 내에 포함된 멤버에 접근하는 것을 내부 접근이라 한다. public 멤버들에 대해서는 외부 접근과 내부 접근이 모두 허용되며 private 멤버에 대해서는 내부 접근만 허용된다. 이 예제의 4라인은 내부 접근의 예를 보여주고 있다.

+ Key

> 클래스 외부에 있는 함수로부터 해당 클래스 내에 포함된 멤버에 접근하는 것을 외부 접근이라고 하며, 클래스 내에 포함된 멤버 함수에서 해당 클래스 내에 포함된 멤버에 접근하는 것을 내부 접근이라 한다.

여기서 class의 외형 스타일에 대해 생각해 보고 넘어가자. public 멤버가 먼저 등장할 수도 있고 private 멤버가 먼저 등장할 수도 있다. 데이터를 보호하고 외부로는 인터페이스만을

공개한다는 클래스의 취지를 감안할 경우에는 public 멤버가 먼저 오고 private 멤버가 뒤에 오는 것이 맞을 것이다. 그러나 함수 정의를 포함한 public 멤버(함수들)가 먼저 올 경우에는 프로그래머가 코드를 읽는 데 불편함을 느낄 수 있기 때문에 private 멤버를 먼저 기술할 수도 있다. 둘 다 장단점이 존재하지만 많은 C++ 코딩 표준들이 public 멤버를 먼저 기술하고 private 멤버를 나중에 기술하도록 규정하고 있다. 따라서 이 교재에서는 public 멤버, private 멤버의 순으로 기술하였으며 해당 범위 내에서는 멤버 변수를 먼저 기술하고 멤버 함수를 나중에 기술하였다.

연습문제 | 6.2

다음 프로그램의 문제점을 파악하여 프로그램이 컴파일 될 수 있도록 수정해 보라.

SoccerTeam 클래스는 축구의 한 팀에 대한 정보를 클래스로 표현한 것이다. 실제 축구와는 논리적으로 맞지 않는 부분이 있지만, 이는 단지 멤버 변수와 멤버 함수 그리고 private과 public의 개념을 이해하기 위한 문제이므로 신경 쓸 필요는 없다.

```
1   class SoccerTeam
2   {
3       int player_no_[11];
4       bool possess_;
5       int score_;
6   
7       void KickOff() { possess_ = true; }
8       void Shoot() {}
9   
10  public :
11      void KickBall() {}
12      void Pass() {}
13  
14  private :
15      char team_name_[20];
16  };
17  
18  int main()
19  {
20      SoccerTeam red, blue;
21  
22      red.score_ = 0;
23      blue.score_ = 0;
24      red.KickOff();
25      red.Pass();
26      red.Shoot();
27  
28      return 0;
29  }
```

6.4 구조체와 클래스

예제 6.5 | 구조체 멤버에 대한 외부 접근

추상 데이터형을 만드는 방법으로는 클래스 외에도 구조체가 있다. 구조체를 사용하여 2차원 평면상에 존재하는 하나의 점을 표현하기 위한 사용자 정의형 Point를 만들고 사용해 보자.

```
1   struct Point              // 평면상의 좌표(x, y)를 나타내는 구조체
2   {
3       int x;
4       int y;
5   };
6
7   int main()
8   {
9       Point pt1;
10      pt1.x = 3;
11      pt1.y = 4;
12
13      cout << pt1.x << " " << pt1.y << endl;
14
15      return 0;
16  }
```

• **실행 결과**

```
3 4
```

구조체와 클래스는 모양이 매우 비슷하게 생겼다. 하지만 구조체의 경우 기본적으로 멤버에 대한 외부 접근을 허용한다. 10~13라인과 같이 pt1 객체의 멤버 변수인 x와 y로의 외부 접근이 가능함을 알 수 있다.

그런데 구조체의 경우 멤버에 대해 무조건 외부 접근을 허용하는 것일까? C 언어를 얘기하는 것이라면 답은 Yes이다. 그러나 C++ 언어에서의 구조체는 C 언어에서의 구조체의 개념이 확장되어 클래스의 개념과 99.8% 동일한 개념이 되었다. 즉, 구조체에 대해서도 private 영역과 public 영역을 지정할 수 있으며, 클래스에서와 같이 public 영역에 대한 외부 접근만을 허용한다. 또한 구조체는 멤버 함수를 포함할 수도 있다.

예제 6.6 | 구조체를 클래스처럼 사용하기

[예제 6.5]에서 멤버 변수(x, y)를 private 영역으로 선언하고 x, y의 값을 변경할 수 있는 멤버 함수 SetXY와 x, y 값을 출력하는 멤버 함수 Print를 추가해 보자.

```
1   struct Point
2   {
3   public :
4       void SetXY(int a, int b) { x = a; y = b; }
5       void Print() { cout << "(" << x << ", " << y << ")" << endl; }
6
7   private :
8       int x;
9       int y;
10  };
11
12  int main()
13  {
14      Point pt1;
15      pt1.SetXY(3, 4);
16      pt1.Print();
17
18      return 0;
19  }
```

• **실행 결과**

```
(3, 4)
```

3~5라인의 public 영역에 SetXY, Print 멤버 함수를 추가하였고, 7~9라인의 private 영역에 좌표 x, y 멤버 변수를 선언하였다. 15라인에서는 public 멤버 함수인 SetXY를 호출함으로써 pt1의 x, y를 변경하고 있으며 16라인의 Print 멤버 함수를 통해 x, y값을 출력하고 있다. 이 예제의 프로그램에서 Point 구조체를 보면 C++에서 구조체와 클래스가 동일함을 알 수 있다.

C++에서 구조체와 클래스는 99.8% 동일하다고 하였다. 그러면 0.2%의 차이는 무엇일까? 0.1%는 private 또는 public 영역을 지정하지 않을 경우, 클래스는 디폴트로 private 영역으로 지정되고 구조체는 디폴트로 public 영역으로 지정된다는 것이다. 이는 클래스가 데이터 보호라는 측면과 밀접한 관련이 있는 반면, 구조체는 단순히 데이터들의 집합이라는 측면과 밀접한 관련이 있기 때문이다. 나머지 0.1%의 차이는 상속과 관련된 것으로서 10장에서 설명할 것이다.

두 가지 미묘한 차이를 제외하면 C++에서 구조체와 클래스는 동일한 것이다. 그러면 어떤 것을 쓸 것인가? 정답이 있는 것은 아니다. 그러나 일반적인 가이드라인은 다음과 같다. 구조체는 변수들만을 포함하고 그 변수들이 public 멤버들일 때 사용한다. 그 외의 경우, 즉 변수들 외에 함수들을 포함하거나 private 멤버들을 포함할 경우에는 클래스를 사용하면 된다.

연습문제 | 6.3

[예제 6.6]의 구조체(struct)를 클래스(class)로 변경하고 실행해 보라. 그리고 Move 함수를 추가해 보라. Move 함수는 int형 변수 2개를 매개변수 a, b로 전달받아 x, y 좌표의 값을 각각 a, b 만큼씩 이동하는 것이다. main 함수에서 Move 함수를 호출한 후 제대로 이동이 되는지 Print 함수를 통해 확인해 보도록 하라.

이 문제는 클래스의 멤버 함수를 작성하는 방법과 멤버 함수를 통해 멤버 변수를 수정하는 방법에 대해 학습하기 위한 문제이다.

Note

6.5 객체의 생성과 생성자

예제 6.7 | 구조체 변수 선언 및 멤버 변수의 초기화

구조체 Point의 변수를 만들고 멤버 변수 x, y의 값을 각각 3, 4로 초기화해 보자.

```
1   struct Point
2   {
3       int x;
4       int y;
5   };
6
7   int main()
8   {
9       Point pt1 = { 3, 4 };        // 구조체 변수의 초기화
10
11      return 0;
12  }
```

이미 알고 있는 바와 같이 구조체 변수에 대한 초기화 문법은 9라인과 같이 배열에서의 초기화 문법과 유사하다.

그런데 Point 구조체의 멤버 변수 x, y를 private 영역에 위치시키면 어떻게 될까? 당연히 컴파일이 되지 않는다. private 멤버의 경우 외부 접근을 허용하지 않으므로 9라인과 같이 pt1 변수를 생성하면서 x, y의 값에 직접적으로 접근할 수는 없다.

구조체와 클래스는 동일한 것이라고 하였으므로 클래스에 대해서도 마찬가지 현상이 발생한다. 즉, private 멤버를 포함하고 있는 경우에는 Point pt1 = { 3, 4 }와 같은 형식의 초기화를 사용하지 못한다.

예제 6.8 | 클래스 객체 선언 및 멤버 변수의 초기화

다음은 [예제 6.7]의 구조체를 클래스로 수정한 것이다. 이 프로그램의 문제점에 대해 생각해 보자.

```
1   class Point
2   {
3   public :
4       int x_;
5
6   private :
7       int y_;
8   };
9
10  int main()
11  {
12      Point pt1 = { 3, 4 };  // X, 멤버 변수 y_가 private이므로 외부 접근 불가
13
14      return 0;
15  }
```

7라인의 멤버 변수 y_는 private 영역에 포함되어 있다. 따라서 12라인과 같이 멤버 변수 y_에 대한 외부 접근이 불가능하다.

그렇다면 멤버 변수가 private 영역에 포함되어 있을 경우 클래스 객체를 생성하면서 동시에 멤버 변수의 값을 초기화하는 방법은 무엇일까? 이것을 가능하게 하는 것이 바로 생성자(constructor)이다.

생성자는 객체 생성 시 반드시 한 번 호출되는 일종의 멤버 함수이다. 그러나 일반 멤버 함수와는 모양이 다르며 몇 가지 제약사항이 있다. 생성자의 형태는 다음과 같다.

- 생성자 이름은 클래스 이름과 같다.
- 반환형이 없으며 어떤 것도 반환하지 않는다.
- 매개변수는 일반 함수와 마찬가지로 자유롭게 줄 수 있다.
- 생성자 오버로딩을 통해 다양한 생성자를 만들 수 있다.
- 디폴트 매개변수를 사용할 수 있다.

클래스 Point에 대한 생성자를 추가해 보자. 생성자는 int형 변수 2개를 전달받고 멤버 변수 x_, y_의 값을 각 매개변수 값으로 설정한다. 이와 같은 Point 클래스는 다음과 같다.

```
1   class Point
2   {
3   public :
```

```
4       Point(int x, int y) { x_ = x; y_ = y; }         // 생성자
5       void Print() { cout << "(" << x_ << ", " << y_ << ")" << endl; }
6
7   private :
8       int x_;
9       int y_;
10  };
```

4라인을 보면 Point 클래스의 생성자 Point는 생성자의 작성 원칙에 따라 클래스 이름과 동일하며 반환형 및 반환값이 존재하지 않는다. 그 외에는 일반 멤버 함수와 다를 바가 없다.

이번에는 객체 생성 시 해당 생성자가 호출될 수 있도록 2개의 정수값을 전달하는 방법을 살펴보자. 만약 기존과 마찬가지로 다음과 같이 객체를 생성한다면 컴파일 에러가 발생할 것이다.

```
Point pt1 = { 3, 4 };
```

이것은 앞에서 설명한 바와 같이 pt1.x_와 pt1.y_에 직접적으로 접근하는 것이기 때문이다. 그렇다면 생성자를 호출할 수 있는 별도의 방법이 필요하다.

int형 변수 i 값을 초기화하기 위해서 int i = 3;과 같은 구문을 사용하였다. 이와 비슷하게 한번 해보자. 다음 코드의 3라인과 같은 방식이다. 그러나 이와 같은 방식보다는 4라인과 같이 객체명 바로 다음에 매개변수를 기술해 주는 방식을 더 많이 사용한다. 둘 다 현재 생성되는 객체에 대한 초기화 구문으로서 100% 동일한 것이다. 다음 코드와 같이 수정한 후 실행해 보면 문제없이 실행됨을 확인할 수 있을 것이다.

```
1   int main()
2   {
3       Point pt1 = Point(3, 4);
4       Point pt2(5, 6);
5
6       pt1.Print();
7       pt2.Print();
8
9       return 0;
10  }
```

3라인에서 대입 연산이 수행된다고 오해하지 않도록 주의해야 한다. 그냥 객체 초기화일 뿐이다. 3라인과 4라인 중 어떤 형태를 쓸 것인가는 여러분들의 자유지만 대부분 4라인의 방식을 따른다. 따라서 4라인과 같이 작성하는 것이 좋을 것이다.

예제 6.9 | 생성자 오버로딩을 통한 여러 개의 생성자 만들기

Point 클래스에 새로운 생성자를 추가해 보자. 새로운 생성자는 int형 변수 1개를 매개변수로 전달 받아 x_의 값을 매개변수의 값으로 초기화하고 y_의 값은 0으로 초기화한다. 그리고 이 생성자를 사용하는 객체를 만들어 사용해 보자.

```
1   class Point
2   {
3   public :
4       Point(int x, int y) { x_ = x; y_ = y; }    // 생성자1, 2개의 매개변수
5       Point(int x) { x_ = x; y_ = 0; }           // 생성자2, 1개의 매개변수
6       void Print() { cout << "(" << x_ << ", " << y_ << ")" << endl; }
7   
8   private :
9       int x_;
10      int y_;
11  };
12  
13  int main()
14  {
15      Point pt1(3, 4);    // 생성자1 사용
16      Point pt2(5);       // 생성자2 사용
17      Point pt3 = 6;      // 6 => Point(6) 변환, 변환 시 생성자2 사용
18  
19      pt1.Print();
20      pt2.Print();
21      pt3.Print();
22  
23      return 0;
24  }
```

• **실행 결과**

```
(3, 4)
(5, 0)
(6, 0)
```

4라인의 기존 생성자1과 더불어 5라인에 새로운 생성자2가 추가되어 있다. 생성자2는 하나의 값을 매개변수로 전달받아 멤버 변수 x_에 대입하고, y_의 값은 0으로 초기화하였다.

15라인과 같이 Point 객체 생성 시 매개변수가 2개일 경우에는 자동으로 생성자1이 수행되고 16라인과 같이 매개변수가 1개일 경우에는 생성자2가 수행된다. 이와 같이 필요하다면 다양한 형태의 생성자를 만들어 사용할 수 있다.

그런데 17라인은 조금 이상한 구문이다. 앞에서 배운 바에 의하면 Point pt3(6)으로 쓰든지 아니면

Point pt3 = Point(6)이라고 써야 할 것 같다. 그러나 컴파일해 보면 문제없이 컴파일이 됨을 알 수 있다. 이것은 생성자의 매개변수가 단 하나일 경우(타입에 관계없이)에는 이와 같은 초기화 구문이 가능하기 때문이다. 내부적으로는 6이 묵시적 형변환에 의해 Point로 형변환이 된 후 Point pt3 = Point(6)이 수행되는 것이다. 이때 역시 생성자2가 수행된다. 그러나 이때의 생성자2는 6을 Point(6)으로 변환할 때 호출되고, pt3 객체를 위한 별도의 생성자는 호출되지 않으며 그냥 Point(6) 객체를 사용하게 된다. 다소 복잡한 면이 있으므로 17라인과 같은 경우에도 생성자2가 수행된다고 알아두면 된다. 이에 대해서는 8.7절의 임시객체를 통해 다시 한 번 설명할 것이다. 참고로 매개변수가 2개 이상일 경우에는 이와 같은 방식을 사용할 수 없다.

2.6절에서 배운 디폴트 매개변수를 사용하면 4, 5라인의 생성자1과 생성자2는 다음과 같은 하나의 생성자로 대체될 수 있으며, 이를 통해 15~17라인과 같은 객체 생성이 모두 가능하다.

```
Point(int x, int y = 0) { x_ = x; y_ = y; }
```

연습문제 | 6.4

Student라는 클래스를 만들어 보라. Student 클래스는 이름(char name_[20]), 학번(int number_), 나이(int age_)를 저장하기 위한 멤버 변수를 포함하고 있다. 그리고 생성자와 멤버 변수의 값을 변경하기 위한 멤버 함수, 데이터를 출력하기 위한 멤버 함수가 필요하다. main 함수와 실행 결과를 참고하도록 하라.

3, 4라인과 같은 객체 생성이 가능하려면 2개의 생성자를 만들거나 디폴트 매개변수를 사용한 1개의 생성자를 만들면 된다. 2가지 방법 모두 시도해 보도록 하라.

```
1   int main()
2   {
3       Student st1("홍길동", 11111111, 25);
4       Student st2;
5
6       st1.Print();
7       st2.Print();
8
9       st2.SetName("이순신");
10      st2.SetNumber(22222222);
11      st2.SetAge(30);
12
13      st2.Print();
14
15      return 0;
16  }
```

- **실행결과**

```
이름 : 홍길동
학번 : 11111111
나이 : 25
이름 : noname
학번 : 0
나이 : 0
이름 : 이순신
학번 : 22222222
나이 : 30
```

Note

6.6 객체의 소멸과 소멸자

객체의 소멸과 소멸자

객체가 생성될 때 생성자가 호출되는 것처럼 객체가 소멸될 때는 소멸자(destructor)가 호출된다. 소멸자는 생성자와 마찬가지로 하나의 객체가 사라질 때 반드시 한 번은 호출되게 되어 있다.

객체가 소멸되는 시점은 기본적으로 일반 변수의 소멸 시점과 동일하며 이는 다음과 같다.

1. 지역 변수 : 해당 지역(함수 또는 블록)의 수행이 완료될 때
2. 전역 변수 : 프로그램이 종료될 때

소멸자의 모양과 특징은 다음과 같다.

1. 소멸자 이름은 클래스 이름과 동일하다. 단, 생성자와의 구별을 위해 이름 앞에 '~' 문자가 붙는다.
2. 반환형 및 반환값이 없다.
3. 매개변수가 존재하지 않는다. 따라서 단 하나의 소멸자만 존재할 수 있다.

생성자와의 차이점은 소멸자는 단 하나만 존재할 수 있다는 것이다. 생성자의 경우 객체 선언 시 매개변수를 전달함으로써 특정 생성자에 대한 명시적인 호출이 가능하다. 하지만 소멸자에 대한 호출은 특정한 조건(변수 소멸)에 따라 이루어질 뿐 사용자가 명시적으로 호출할 수 있는 것은 아니다. 따라서 어떤 매개변수도 전달할 수 없으며 이에 따라 단 하나의 소멸자만 존재할 수 있다.

예제 6.10 | Point 클래스의 소멸자 만들기

Point 클래스의 소멸자를 만들어 보자.

```
1   class Point
2   {
3   public :
4       Point(int x, int y) { x_ = x; y_ = y; }            // 생성자
5       ~Point() { cout << "소멸자 : "; Print(); }          // 소멸자
6       void Print() { cout << "(" << x_ << ", " << y_ << ")" << endl; }
7
8   private :
9       int x_;
10      int y_;
12  };
13
14  int main()
15  {
16      Point pt1(1, 2);
17      Point pt2(3, 4);
18
19      return 0;
20  }
```

- **실행 결과**

```
소멸자 : (3, 4)
소멸자 : (1, 2)
```

Point 클래스의 소멸자는 5라인에 작성되어 있다. 소멸자에서는 문자열 "소멸자 : "를 출력한 후 x_, y_ 좌표를 출력하기 위해 Print 함수를 호출하고 있다. 지금까지는 멤버 함수 내에서 멤버 변수에 접근하는 예만 봐왔지만, 이와 같이 멤버 함수 내에서 다른 멤버 함수 또는 자신을 호출(재귀호출)할 수도 있다. main 함수에서는 단순히 Point 객체 pt1과 pt2를 생성하고 있지만 실행 결과를 보면 각 객체에 대한 소멸자가 실행된 것을 확인할 수 있다.

그런데 위 프로그램의 경우 소멸자가 특별히 하는 일은 없다. 소멸자는 어디에 사용하는 것일까? 소멸자가 가장 많이 사용되는 경우는 객체 내에서 메모리를 동적으로 할당하여 사용할 때이다. 이 경우 객체가 소멸되기 전에 사용하던 메모리를 해제시켜줘야 하는데, 소멸자를 통해 이 작업을 수행하면 보다 편하게 메모리 해제 작업을 수행할 수 있다.

예제 6.11 | Array 클래스 객체 소멸 시 멤버 함수를 이용한 메모리 해제

int형 배열을 흉내 내기 위한 Array 클래스를 만들어 보자. 멤버 변수로는 배열의 첫 번째 원소를 가리키기 위한 int형 포인터 변수와 원소의 개수를 저장하는 int형 변수를 포함한다. 생성자를 통해 원소의 개수가 전달되고 new를 사용하여 해당 개수만큼의 메모리를 동적으로 생성해야 한다. 그리고 해당 객체가 소멸되기 전에 동적으로 생성한 메모리를 해제하는 멤버 함수를 추가하자.

```
1   class Array
2   {
3   public :
4       Array(int count) { count_ = count; ary_ = new int[count_]; } // 생성자
5       void Delete() { delete [] ary_; }                          // 메모리 해제
6       void Print()
7       {
8           for (int i = 0; i < count_; i++)
9               cout << ary_[i] << endl;
10      }
11
12  private :
13      int count_;
14      int *ary_;
15  };
16
17  int main()
18  {
19      Array ary(5);
20      ary.Print();
21      ary.Delete();
22
23      return 0;
24  }
```

4라인의 생성자에서 매개변수로 넘어온 크기(count)에 따라 동적으로 메모리를 할당하고 있다. 5라인에는 메모리를 해제하기 위한 멤버 함수 Delete를 추가하였다. 21라인과 같이 더 이상 동적으로 할당한 메모리가 필요하지 않을 때 Delete 함수를 호출하면 된다.

예제 6.12 | Array 클래스 객체 소멸 시 소멸자를 이용한 메모리 해제

[예제 6.11]과 같이 별도의 멤버 함수(Delete)를 만들어 객체 소멸 시 그 함수를 호출해 주면 되지만, 이 경우 항상 메모리 해제에 대해 신경을 써야만 한다. 그러나 이와 같은 작업을 소멸자가 담당하도록 한다면 더 이상 메모리 해제에 대해 신경 쓸 필요가 없어지게 된다.

[예제 6.11]에서 동적으로 할당된 메모리를 해제하는 기능을 소멸자로 처리해 보자.

```
1   class Array
2   {
3   public :
4       Array(int count) { count_ = count; ary_ = new int[count_]; } // 생성자
5       ~Array() { delete [] ary_; }                                  // 메모리 해제
6       void Print()
7       {
8           for (int i = 0; i < count_; i++)
9               cout << ary_[i] << endl;
10      }
11
12  private :
13      int count_;
14      int *ary_;
15  };
16
17  int main()
18  {
19      Array ary(5);
20      ary.Print();
21
22      return 0;
23  }
```

5라인에 소멸자가 추가되었는데 그 내용은 [예제 6.11]의 Delete 함수와 동일하다. 더 이상 Delete 함수는 불필요하므로 삭제하였다. 또한 객체가 소멸할 때 소멸자를 통해 메모리 해제 작업이 자동으로 수행되므로 더 이상 명시적으로 메모리 해제와 관련된 함수를 호출할 필요가 없다.

6.7 생성자와 소멸자의 호출 순서

예제 6.13 | 생성자와 소멸자의 호출 순서

여러 개의 객체가 생성되고 소멸될 경우 각 객체에 대한 생성자와 소멸자의 호출 순서를 제대로 파악할 수 있어야만 한다. 다음 예제의 실행 결과를 분석해 봄으로써 생성자와 소멸자의 호출 순서를 파악해 보도록 하자.

```
1   class Point
2   {
3   public :
4       Point(int x,int y) { x_ = x; y_ = y; cout << "생성자 : "; Print(); }
5       ~Point() { cout << "소멸자 : "; Print(); }
```

```
6       void Print() { cout << "(" << x_ << ", " << y_ << ")" << endl; }
7
8   private :
9       int x_;
10      int y_;
11  };
12
13  Point pt1(1, 1);        // 전역 객체
14  Point pt2(2, 2);        // 전역 객체
15
16  int main()
17  {
18      Point pt3(3, 3);    // 지역 객체
19      Point pt4(4, 4);    // 지역 객체
20
21      return 0;
22  }
```

• **실행 결과**

```
생성자 : (1, 1)
생성자 : (2, 2)
생성자 : (3, 3)
생성자 : (4, 4)
소멸자 : (4, 4)
소멸자 : (3, 3)
소멸자 : (2, 2)
소멸자 : (1, 1)
```

우선 4라인과 5라인에서 해당 객체의 좌표값을 출력하기 위해 멤버 함수인 Print를 호출하고 있다.

이 예제에서는 총 4개의 Point 객체가 생성된다. pt1, pt2는 전역 객체이며 pt3, pt4는 지역 객체이다. 객체가 생성되는 순서는 전역 객체가 우선한다. 그리고 하나의 객체에 대해서는 당연히 생성자가 먼저 호출되고 소멸자가 나중에 호출된다. 객체들 사이의 생성자 호출 순서는 객체가 생성되는 순서와 동일하다. 따라서 객체의 생성 순서인 pt1, pt2, pt3, pt4의 순으로 각 객체에 대한 생성자가 호출된다. 소멸자의 호출은 생성자 호출 순서의 역순으로 수행된다. 이것은 객체가 스택(LIFO)에 쌓이는 방식으로 저장되기 때문이며, 이에 따라 나중에 생긴 객체부터 먼저 소멸하게 된다.

연습문제 | 6.5

다음 프로그램의 출력 결과에 대해 설명해 보라.

```
1  class MyClass
2  {
3  public :
4      MyClass(int a) { i = a; cout << "생성자 : " << i << endl; }
5      ~MyClass() { cout << "소멸자 : " << i << endl; }
6  
7  private :
8      int i;
9  };
10 
11 MyClass m(0);                  // 전역객체
12 
13 void F(MyClass local_m) {}     // 함수
14 
15 int main()
16 {
17     MyClass m1(1);
18     MyClass m2[3] = { 2, 3, 4 };
19     F(5);
20 
21     return 0;
22 }
```

이 연습 문제는 전역 객체와 지역 객체는 물론이고 지역 객체 배열과 함수의 형식매개변수로 사용되고 있는 지역 객체까지 연관되어 있다. 기본 원칙은 객체 생성은 프로그램의 수행 순서에 따라 결정되며 객체 소멸은 객체 생성의 역순이라는 것이다. 19라인의 F 함수 호출에 의해 전달되는 5의 값은 13라인에 있는 F 함수의 local_m 변수로 전달되는데, 이는 MyClass local_m = 5;를 수행하는 것과 같다. 함수의 형식매개변수 역시 지역 변수임에 주의하라.

Note

6.8 디폴트 생성자와 디폴트 소멸자

예제 6.14 | 디폴트 생성자와 디폴트 소멸자

다음 프로그램을 수행시켜 보고 지금까지 배운 생성자 및 소멸자와 관련하여 문제가 없는지 생각해 보자.

```
1   class Point
2   {
3   public :
4       void SetXY(int x, int y) { x_ = x; y_ = y; }
5       void Print() { cout << "(" << x_ << ", " << y_ << ")" << endl; }
6
7   private :
8       int x_, y_;
9   };
10
11  int main()
12  {
13      Point pt1;
14      pt1.SetXY(3, 4);
15      pt1.Print();
16
17      return 0;
18  }
```

• **실행 결과**

```
(3, 4)
```

프로그램을 수행시켜 보면 전혀 문제없이 잘 수행됨을 알 수 있다. 그런데 앞에서는 하나의 객체가 생성되고 소멸될 때 반드시 하나의 생성자와 소멸자가 호출된다고 하였는데, 이 예제의 프로그램에는 생성자와 소멸자가 하나도 보이지 않는다.

생성자와 소멸자가 명시적으로 존재하지 않지만 pt1 객체가 생성되고 소멸될 때 분명히 생성자와 소멸자가 수행되고 있다. 디폴트 생성자(default constructor)와 디폴트 소멸자(default destructor)라는 것이 있어서 별도의 생성자와 소멸자를 만들어주지 않을 경우 디폴트 생성자와 디폴트 소멸자가 동작하게 되어 있다.

Point 클래스에 대한 디폴트 생성자와 디폴트 소멸자를 명시적으로 기술하면 다음과 같다.

```
Point() {}          // 디폴트 생성자
~Point() {}         // 디폴트 소멸자
```

디폴트 생성자와 디폴트 소멸자는 특별히 하는 일이 없는 생성자와 소멸자이다. 보는 바와 같이 매개변수도 없고 함수 내에서 하는 일도 없다.

+ Key

> 만약 하나 이상의 새로운 생성자를 명시적으로 작성한다면 더 이상 디폴트 생성자는 존재하지 않는다.

주의할 사항은 +만약 하나 이상의 새로운 생성자를 명시적으로 작성한다면 더 이상 디폴트 생성자는 존재하지 않는다는 것이다. 이는 디폴트 소멸자도 마찬가지이다.

사실은 원칙적으로 "디폴트 생성자"란 매개변수가 없는 생성자를 의미한다. 하지만 여기서는 내재적으로 정의된 생성자를 사용자에 의해 추가된 생성자와 구분하기 위해 "디폴트 생성자"라는 용어를 사용하였다. 앞으로도 내재적으로 정의된 생성자를 가리키기 위해 "디폴트 생성자"라는 용어를 사용할 것이다. 디폴트 생성자를 포함하여 매개변수가 없는 생성자를 가리키기 위해서는 말 그대로 "매개변수가 없는 생성자"라는 용어를 사용할 것이다. 한편 원래는 "디폴트 소멸자"라는 용어 자체도 존재하지 않는다. 여기서는 단지 사용자에 의해 추가된 소멸자와 구분하기 위해 이 용어를 사용하였다. 앞으로도 내재적으로 정의된 소멸자를 지칭하기 위해 "디폴트 소멸자"라는 용어를 사용할 것이다.

예제 6.15 | 매개변수가 없는 생성자의 명시적 작성이 필요한 경우

다음 프로그램의 문제점에 대해 생각해 보자.

```
1   class Point
2   {
3   public :
4       Point(int x, int y) { x_ = x; y_ = y; }           // 생성자
5       void Print() { cout << "(" << x_ << ", " << y_ << ")" << endl; }
6
7   private :
8       int x_;
9       int y_;
10  };
11
12  int main()
13  {
14      Point pt1(3, 4);
15      Point pt2;
16
17      pt1.Print();
18      pt2.Print();
19
20      return 0;
21  }
```

15라인에서 객체 pt2를 생성할 때 매개변수를 전달하지 않고 있으므로 매개변수가 없는 생성자가 필요하다. 그러나 4라인에서 생성자를 명시적으로 추가하였기 때문에 더 이상 디폴트 생성자는 존재하지 않는다. 그렇다고 매개변수가 없는 생성자를 추가하지도 않았으므로 pt2 객체는 생성될 수 없다. 필요하다면 함수 오버로딩 또는 디폴트 매개변수를 사용하여 매개변수가 없는 경우를 위한 생성자를 추가해야만 한

다. 예를 들어, 다음과 같은 생성자를 추가하면 된다.

```
Point() { _x = 0; _y = 0; }          // 매개변수가 없는 생성자 추가
```

디폴트 생성자와 관련하여 오해의 소지가 있는 내용을 한 가지 살펴보자. 다음 코드의 의미는 무엇일까?

```
Point pt1();
```

pt1 객체를 생성하는 것일까? 그렇다면 그 의미는 "Point 객체 pt1을 만드는 것이며 매개변수가 없는 생성자를 호출"하는 것으로 생각할 수도 있다. 하지만 그것은 잘못된 것이다. 매개변수가 없는 생성자를 호출하기 위해서는 Point pt1;과 같이 괄호가 없는 문법을 사용해야만 한다.

그러면 Point pt1();이란 무엇일까? 이것은 "매개변수가 없고 Point 객체를 반환하는 pt1이라는 함수 프로토타입을 선언"하는 것이다. 함수 선언이나 함수 정의 시 매개변수가 없다면 그것은 void를 뜻하는 것임을 알고 있을 것이다. 아래와 같이 좀 더 명확히 써 보자. 이제 함수 프로토타입처럼 보이는가? 아직도 애매하다면 Func 함수의 프로토타입과 비교해 보라.

```
Point pt1(void);
int Func(void);
```

연습문제 | 6.6

다음 main 함수와 실행 결과를 참고하여 좌표(x, y)를 나타내는 Point 클래스를 만들어 보라. 매개변수가 3개인 경우 x 값은 합으로, y 값은 곱으로 초기화하면 된다.

```
1   int main()
2   {
3       Point pt1;
4       Point pt2(1);
5       Point pt3(2, 3);
6       Point pt4(4, 5, 6);
7
8       pt1.Print();
9       pt2.Print();
10      pt3.Print();
11      pt4.Print();
12
13      return 0;
14  }
```

• **실행결과**

```
(0, 0)
(1, 1)
```

```
(2, 3)
(15, 120)
```

Note

생성자를 작성하는 간단한 문제이다. 매개변수가 없는 생성자, 1개인 생성자, 2개인 생성자, 3개인 생성자가 필요하다. 중요한 것은 생성자를 명시적으로 추가할 경우 디폴트 생성자는 더 이상 존재하지 않는다는 것이다. 따라서 3라인과 같이 객체를 생성하고자 한다면 매개변수가 없는 생성자를 추가해야만 한다.

6.9 멤버 초기화 구문

예제 6.16 | 멤버 초기화 구문을 이용한 Point 클래스의 생성자 작성

생성자는 주로 멤버 변수들의 값을 초기화하는 데 사용된다. 그런데 멤버 변수들의 값을 초기화하기 위해 생성자를 두 가지 방법으로 작성할 수 있다. 첫 번째 방법은 기존에 봐 왔던 것처럼 생성자 함수 내부에서 값을 대입하는 것이고, 두 번째는 멤버 초기화(member initializer) 구문을 사용하는 것이다.

이 예제에서는 Point 클래스의 생성자를 멤버 초기화 구문을 사용하여 재작성해 보자.

```
1   class Point
2   {
3   public :
4       Point(int x, int y) : x_(x), y_(y) {}      // 멤버 초기화 구문
5       // Point(int x, int y) { x_ = x; y_ = y; }
6       void Print() { cout << "(" << x_ << ", " << y_ << ")" << endl; }
7
8   private :
9       int x_;
10      int y_;
11  };
12
13  int main()
14  {
15      Point pt1(3, 4);
16      pt1.Print();
```

```
17
18      return 0;
19  }
```

멤버 초기화 구문은 4라인과 같이 함수 몸체가 시작되기 전에 콜론(:)이 들어가고 그 다음에 콤마(,)를 기준으로 초기화하고자 하는 멤버 변수들에 대해 "멤버변수명(값)"을 나열하면 된다.

이때 멤버 변수들의 초기화 순서는 생성자의 멤버 초기화 구문에 나와 있는 변수의 나열 순서를 따르는 것이 아니라 클래스 내에 변수들이 선언되어 있는 순서를 따른다. 예를 들어 4라인의 생성자에서 다음과 같이 y_, x_ 순으로 변수를 나열했다 하더라도, 실제로 변수의 생성 및 초기화 순서는 9, 10라인의 변수 선언 순서인 x_, y_ 순으로 진행된다.

```
Point(int x, int y) : y_(y), x_(x) {}
```

생성자 작성 시 5라인과 같이 함수 내부에서 멤버 변수를 초기화할 때와 4라인과 같이 멤버 초기화 구문을 사용하여 초기화할 때, 모두 객체를 생성하는 방법에는 변함이 없으며 실행 결과에도 차이가 없다. 그러나 미세한 차이는 있다. 함수 내부에서 초기화를 할 경우에는 멤버 변수가 메모리에 생성될 때 쓰레기값을 가지고 있다가 대입문을 통해 초기화되는 순간에 값이 변하게 된다. 반면 멤버 초기화 구문을 사용할 경우에는 변수가 메모리에 생성되면서 바로 해당 초기 값으로 초기화된다. 이것은 int 타입에 있어서 다음 두 가지 경우의 차이와 유사하다.

```
int num; num = 5;     // 변수 생성 시 쓰레기값을 가지며 대입을 통해 초기화
int num = 5;          // 변수 생성과 동시에 초기화
```

중요한 것은 멤버 초기화 구문을 사용하지 않으면 안 되는 경우가 있다는 것이다. 예를 들면 클래스 내의 멤버 변수로서 다른 클래스의 객체가 올 경우이며, 그 외에 const 멤버 변수를 사용할 때 그리고 상속 관계에 있어서도 멤버 초기화 구문을 사용해야만 할 때가 있다. 이와 같은 주제들에 대해서는 7.6절, 7.12절, 10.4절에서 보다 자세히 설명할 것이다. 일단 멤버 초기화 구문이라는 것의 의미와 사용 방법을 알아두고 실제로도 많이 사용되고 있다는 것을 염두에 두도록 하라. 앞으로는 생성자를 통한 멤버 변수 초기화 시 주로 멤버 초기화 구문을 사용할 것이다.

연습문제 | 6.7

[연습 문제 6.6]에서 만든 모든 생성자를 멤버 초기화 구문을 사용하여 재작성해 보라.

참고로 [예제 6.16]에서는 멤버 변수의 값을 형식매개변수의 값으로 초기화하는 예만을 살펴보았지만, 멤버 초기화 구문 사용 시 초기화 값으로는 형식매개변수 뿐만 아니라 다음과 같이 상수 또는 수식도 사용할 수 있다.

```
Point(int x, int y) : x_(100), y_(100) {}
Point(int x, int y) : x_(x * x), y_(y * y) {}
```

6.10 멤버 함수의 외부 정의

멤버 함수의 외부 정의

지금까지 작성한 모든 클래스들은 멤버 함수를 클래스 내부에 포함하고 있었다. 그러나 멤버 함수를 클래스 외부에 만들 수도 있다. 이것은 일반 함수에 있어서 함수의 프로토타입과 함수의 몸체를 별도로 만드는 것과 유사한 것이다. 클래스 내부에는 멤버 함수의 프로토타입만을 선언하고 실제 함수의 몸체는 클래스 외부에 만드는 것이다. 이것을 멤버 함수의 외부 정의라 한다.

외부 정의로 함수를 구현하는 방법은 다음과 같다. 클래스 내부에 있는 함수 프로토타입을 그대로 기술하되 함수 이름 앞에 그 함수가 포함되어 있는 클래스 이름과 범위 지정 연산자(::)를 삽입하는 것이다. 예를 들면 Point 클래스의 멤버 함수 Print에 대한 외부 정의는 다음과 같다.

```
void Point::Print() { ... }
```

Print라는 함수는 Point 클래스에 포함되어 있지만 또 다른 클래스에도 존재할 수 있다. 따라서 지금 구현하고 있는 Print 함수가 어느 클래스에 포함되어 있는 Print 함수인지 범위 지정 연산자를 사용하여 표현해 주어야 한다. 하나의 멤버 함수에 대해 내부 정의와 외부 정의를 동시에 가질 수는 없다.

예제 6.17 | Point 클래스의 멤버 함수들에 대한 외부 정의

Point 클래스를 작성하되 멤버 함수를 외부 정의로 만들어 보자. 이전과 마찬가지로 점을 표현하기 위한 x_, y_를 선언하고 생성자를 통해 초기화할 수 있도록 한다. 초기 값이 넘어오지 않을 경우에는 (0, 0)으로 초기화한다. Print 함수를 통해 x_, y_ 값을 출력할 수 있도록 한다. 그리고 int형 변수 2개를 매개변수로 받아 각각의 크기만큼 x_, y_ 좌표를 이동하는 함수 Move를 추가한다. 단, 생성자를 포함한 모든 멤버 함수는 외부 정의로 구현해 보자. 그리고 생성자 작성 시 멤버 초기화 구문을 사용하자.

```
1   class Point
2   {
3   public :
4       Point(int x, int y);
5       void Move(int y, int x);
6       void Print();
7
8   private :
9       int x_, y_;
10  };
11
12  Point::Point(int x, int y) : x_(x), y_(y) // 생성자의 외부 정의
13  {
14  }
15
16  void Point::Move(int x, int y)            // 멤버 함수의 외부 정의
17  {
```

```
18        x_ = x_ + x;
19        y_ = y_ + y;
20    }
21
22    void Point::Print()                          // 멤버 함수의 외부 정의
23    {
24        cout << "(" << x_ << ", " << y_ << ")" << endl;
25    }
26
27    int main()
28    {
29        Point pt1(3, 4);
30        pt1.Move(5, 6);
31        pt1.Print();
32
33        return 0;
34    }
```

• **실행 결과**

```
(8, 10)
```

12라인에서는 생성자를 외부 정의로 구현하였으며 멤버 초기화 구문을 사용하였다. 그리고 Move와 Print 함수 모두 외부 정의로 구현하였다. 이 책에서는 클래스 구현 시 주로 내부 정의를 사용하고 있다. 그것은 코드의 길이를 줄이고 설명의 편의를 위한 것이다. 실전에 있어서는 멤버 함수의 외부 정의가 더 많이 사용되고 있다. 따라서 이 예제를 통해 외부 정의에 대한 문법을 확실하게 연습해 놓도록 하라.

6.11 멤버 함수의 인라인 함수 선언

멤버 함수의 내부 정의와 외부 정의의 차이

클래스의 멤버 함수를 클래스 내부에 정의(내부 정의)하는 것과 클래스 외부에 정의(외부 정의)하는 것의 차이는 무엇일까? 프로그램의 논리적인 동작 순서에는 전혀 차이가 없다. 하지만 내부적인 동작 방식에 차이가 있을 수 있다.

2.8절에서 인라인 함수에 대해 설명했었다. 인라인 함수는 일반 함수 호출과는 달리 매크로처럼 함수 호출 문장을 해당 함수의 코드로 대치한 후 수행하는 것이다. 따라서 일반 함수처럼 함수 호출이 불필요하기 때문에 수행 속도가 향상될 수 있다. 물론 대치 여부는 컴파일러가 결정하게 된다.

멤버 함수를 클래스 내부에 정의하게 되면 그 함수는 자동으로 인라인 함수로 선언된다. 이것 역시 컴파일러에게 매크로와 같이 동작되도록 요구하는 것이지 반드시 매크로처럼 동작하는 것은 아니다.

멤버 함수를 클래스 외부에 정의할 경우에도 인라인 함수로 만들 수 있다. 외부 정의 시 함수 반환

타입 앞에 inline 키워드만 추가하면 된다. 단, 한 가지 제약조건이 있다. 일반 멤버 함수의 경우 컴파일 시에는 함수 프로토타입만 알려져 있으면 되고 함수 정의 부분은 별도의 파일에 존재할 수도 있다. 즉, 함수 정의는 링크 시에만 존재하면 된다. 그러나 인라인 멤버 함수의 경우 일반 멤버 함수와는 달리 사용하기 전에 해당 파일 내에 함수 정의 부분이 나와 있어야 한다. 따라서 일반적으로는 클래스를 선언하는 파일(보통은 헤더 파일) 내에 인라인 멤버 함수의 함수 정의 부분을 함께 포함시키고 있다.

예제 6.18 | Point 클래스의 멤버 함수에 대한 인라인 함수 선언

Point 클래스의 Print 함수를 인라인 함수로 만들어 보자. 단, 외부 정의를 사용하도록 하자.

```
1   class Point
2   {
3   public :
4       Point(int x, int y) : x_(x), y_(y) {}
5       inline void Print();            // 인라인 함수 선언
6
7   private :
8       int x_;
9       int y_;
10  };
11
12  inline void Point::Print()          // 인라인 함수 선언
13  {
14      cout << "(" << x_ << ", " << y_ << ")" << endl;
15  }
```

멤버 함수를 인라인 함수로 선언하기 위해서는 5라인과 같이 멤버 함수 선언 시 inline 키워드를 추가하거나 12라인과 같이 외부 정의 시에 inline 키워드를 삽입하면 된다.

멤버 함수가 단순히 수치 계산을 한다거나 값을 반환하는 것과 같이 짧은 코드를 포함하는 경우에 내부 정의를 많이 사용하게 되고 그에 따라 자동으로 인라인 함수로서 동작하게 된다. 반면에 코드의 길이가 긴 경우에는 외부 정의를 많이 사용하게 된다. 외부 정의를 인라인 함수로 작성할 것인지는 프로그래머의 몫이지만 주로 코드의 길이가 짧은 경우에 인라인 함수로 선언하게 된다.

클래스의 활용

멤버 변수와 멤버 함수, 생성자와 소멸자 등 클래스에 대한 기본적인 내용에 대해 배웠다. 하지만 클래스를 클래스답게 사용하기까지는 아직까지 많은 고비가 남아 있다. 이제 그 첫 번째 고개를 넘으려 한다. 이 장에서는 클래스 활용과 관련된 내용으로서 먼저 객체 배열, 객체 포인터와 같이 그 자체로서 활용도가 높은 주제를 다룬다. 그러고 나서 this 포인터, friend 등 향후 다른 주제들을 구현하는 데 적용될 개념들에 대해 설명할 것이다. 그 외에도 내포 클래스, 지역 클래스, static, const 등 클래스와 관련된 다양한 용어와 주제들에 대해 다룰 것이다.

7.1 클래스와 배열

예제 7.1 | int형 배열 복습

5개의 원소를 포함하는 int 형 배열을 선언하고 각 원소의 값을 1, 2, 3, 4, 5로 초기화한 후 출력해 보자.

```
1  int main()
2  {
3      int ary[5] = { 1, 2, 3, 4, 5 };
4
5      for (int i = 0; i < 5; i++)
6          cout << "ary[" << i << "] = " << ary[i] << endl;
7
8      return 0;
9  }
```

• **실행 결과**

```
ary[0] = 1
ary[1] = 2
ary[2] = 3
ary[3] = 4
ary[4] = 5
```

int형에 대한 배열에 대해서는 이미 잘 알고 있을 것이다. 3라인에서는 배열을 선언하면서 선언과 동시에 값을 초기화하고 있으며 6라인에서 각 원소의 값을 출력하고 있다. 배열에 대한 구체적인 내용은 3장을 참고하도록 하라.

그렇다면 Point 클래스에 있어서 5개의 Point 객체를 포함하는 배열을 선언하고 초기화할 수 있을까? 그리고 각 원소에 포함된 객체를 사용하려면 어떻게 해야 할까? 이에 대한 답을 한 마디로 한다면 "int 타입 변수와 같은 일반 변수의 사용 방법과 같다"이다. 진짜 일반 변수의 사용 방법과 같은지 다음 예제들을 통해 확인해 보도록 하자.

예제 7.2 | Point 클래스의 1차원 객체 배열

5개의 Point 클래스 객체를 원소로 포함하는 객체 배열을 만들고 각 원소를 사용해 보자.

```
1  class Point
2  {
3  public :
4      void SetXY(int x, int y) { x_ = x; y_ = y; }
```

```
5       void Print() { cout << "(" << x_ << ", " << y_ << ")" << endl; }
6
7   private :
8       int x_, y_;
9   };
10
11  int main()
12  {
13      Point pt[5];                // 5개 원소를 갖는 Point형 객체 배열
14      int i;
15
16      for (i = 0; i < 5; i++)
17          pt[i].SetXY(i, i);
18
19      for (i = 0; i < 5; i++)
20          pt[i].Print();
21
22      return 0;
23  }
```

• **실행 결과**

```
(0, 0)
(1, 1)
(2, 2)
(3, 3)
(4, 4)
```

13라인에서 Point형 객체 배열을 만들고 있다. int형 배열을 만들 때와 마찬가지로 "클래스명 배열명[원소의 개수]"를 따르며 내부적으로 해당 개수만큼의 객체가 만들어진다. 사용 방법 역시 기존 타입과 동일하다. 17라인과 같이 pt[i]라고 하면 (i + 1)번째의 Point 객체가 되며 그 다음부터는 기존의 객체를 사용하던 방법과 동일하게 사용하면 된다. 16~20라인을 살펴보도록 하라.

예제 7.3 | Point 클래스의 1차원 객체 배열 선언 및 초기화

[예제 7.2]와 같이 Point형 객체 배열을 선언하면서 각 원소의 값을 (0, 0), (1, 1), (2, 2), (3, 3), (4, 4)로 초기화해 보자.

```
1   class Point
2   {
3   public :
4       Point(int x, int y) : x_(x), y_(y) {}
5       void Print() { cout << "(" << x_ << ", " << y_ << ")" << endl; }
6
```

```
7   private :
8       int x_, y_;
9   };
10
11  int main()
12  {
13      Point pt[5] = { Point(0, 0), Point(1, 1), Point(2, 2),
14          Point(3, 3), Point(4, 4) };     // 객체 배열 선언 & 초기화
15
16      for (int i = 0; i < 5; i++)
17          pt[i].Print();
18
19      return 0;
20  }
```

6.5절에서 배웠던 생성자와 관련된 객체 초기화 구문을 생각해 보자. 어떤 객체를 초기화하는 방법으로는 다음 두 가지가 있다.

```
Point pt1(3, 4);
Point pt2 = Point(3, 4);
```

주의할 사항은 이와 같은 초기화가 가능하려면 각각에 맞는 생성자가 존재해야만 한다는 것이다. 이를 감안하면 객체 배열 생성과 동시에 각 원소의 값을 초기화하기 위해 13, 14라인과 같은 방법을 사용할 수 있음을 예상할 수 있다. 즉, Point pt[5]를 통해 5개의 객체를 만들게 되며 각 원소는 Point(0, 0), Point(1, 1), ...과 같은 생성자에 의해 초기화된다. 물론 4라인에는 이를 위한 생성자가 추가되어 있다.

그렇다면 [예제 7.2]에서는 객체 배열 생성 시 어떤 생성자가 동작하는 것일까? 그렇다. 매개변수가 없는 생성자가 수행되는데, [예제 7.2]에서는 바로 디폴트 생성자가 수행된 것이다. 결론적으로 객체 배열 생성 시 해당 원소의 객체가 생성되기 위해서는 거기에 맞는 생성자가 존재해야만 한다. 다음과 같은 경우에 필요한 생성자가 무엇인지 생각해 보라.

```
Point pt[3] = { Point(), Point(1), Point(2, 3) };
```

이 경우에는 매개변수가 없는 생성자, 1개의 정수를 매개변수로 전달받는 생성자, 2개의 정수를 매개변수로 전달받는 생성자가 필요하다.

```
Point pt[3] = { Point(2, 3) };
```

이 경우에는 2개의 정수를 매개변수로 전달받는 생성자와 매개변수가 없는 생성자가 필요하다. 왜냐하면 첫 번째 객체는 Point(2, 3)으로 초기화되고 그 이후로는 기술되어 있지 않으므로 매개변수가 없는 생성자로 초기화되기 때문이다.

```
Point pt[3] = { 1, 2, Point(3, 4) };
```

이 경우에는 1개의 정수를 매개변수로 전달받는 생성자와 2개의 정수를 매개변수로 전달받는 생성자가 필요하다. 생성자의 매개변수가 하나일 경우에는 클래스명을 생략할 수 있다.

예제 7.4 | Point 클래스의 2차원 객체 배열

2차원 객체 배열에 대해서도 살펴보도록 하자. 2차원 객체 배열 역시 int 타입과 같은 기본 타입과 동일한 방식으로 사용할 수 있다.

3행 2열의 Point 클래스의 2차원 객체 배열을 선언하고 선언과 동시에 각 원소의 값을 초기화해 보자.

```
1   class Point
2   {
3   public :
4       Point(int x, int y) : x_(x), y_(y) {}
5       void Print() { cout << "(" << x_ << ", " << y_ << ")"; }
6
7   private :
8       int x_, y_;
9   };
10
11  int main()
12  {
13      Point pt[3][2] = { { Point(0, 0), Point(0, 1) },
14                         { Point(1, 0), Point(1, 1) },
15                         { Point(2, 0), Point(2, 1) } };  // 2차원 배열 & 초기화
16
17      for (int i = 0; i < 3; i++)
18      {
19          for (int j = 0; j < 2; j++)
20          {
21              pt[i][j].Print();
22              cout << "\t";
23          }
24          cout << endl;
25      }
26
27      return 0;
28  }
```

• **실행 결과**

```
(0, 0)  (0, 1)
(1, 0)  (1, 1)
(2, 0)  (2, 1)
```

13~15라인에서 3행 2열의 객체 배열을 선언하고 각 원소의 값을 초기화하고 있다. 그리고 21라인에서 pt[i][j]를 통해 각 원소(객체)를 사용하고 있다. 프로그램을 보면 int형과 같은 기본 타입의 2차원 배열을 만들어 사용할 때와 사용 방법이 거의 동일함을 알 수 있다.

객체 배열의 각 원소를 선언과 동시에 초기화하는 구문이 조금은 생소하게 느껴질 수 있다. 그러나 기본적으로는 int형과 같은 기본 타입의 배열을 생성하고 사용하는 방법과 동일하다고 생각하면 된다.

연습문제 | 7.1

[예제 7.4]의 프로그램에서 3행 2열의 Point 객체 배열을 생성하되, 배열 선언 시에는 별도의 초기화를 하지 않고 단지 선언만 한 후, 사용자로부터 각 원소의 x_, y_값을 차례로 입력받도록 하라. 그리고 제대로 입력이 되었는지 출력을 통해 확인해 보도록 하라.

객체 배열을 선언(초기화 없이)하기 위해 Point 클래스에서 생성자와 관련된 수정이 필요할 수 있으며, 객체의 값을 변경하기 위해서도 수정이 필요할 수 있다.

Note

7.2 객체 포인터

예제 7.5 | int형 포인터를 이용한 메모리 동적 할당 복습

int형 포인터를 통해 int형 변수 또는 배열을 동적으로 생성하고 사용하는 프로그램을 작성해 보자.

```
1   int main()
2   {
3       int *ptr;
4       int i;
5
6       ptr = new int(3);       // 동적 생성과 동시에 초기화 가능
7       cout << *ptr << endl;
8       delete ptr;
9
10      ptr = new int[5];       // 배열의 동적 생성은 초기화 불가능
11      for (i = 0; i < 5; i++)
12          ptr[i] = i;
13      for (i = 0; i < 5; i++)
14          cout << ptr[i] << endl;
15      delete [] ptr;
16
```

```
17        return 0;
18    }
```

- **실행 결과**

```
3
0
1
2
3
4
```

기본 타입에 대한 메모리 동적 할당 역시 이미 배운 내용이다. 6라인에서는 int형 포인터를 사용하여 int형 변수 하나를 생성하고 있으며 생성과 동시에 3으로 초기화하고 있다. 그리고 8라인에서 delete를 통해 메모리를 해제하고 있다. 10라인에서는 5개의 int형 원소를 가진 배열을 동적으로 생성하고 있으며 15라인에서 delete []를 통해 메모리를 해제하고 있다. new와 delete를 이용한 메모리의 동적 생성에 대한 자세한 내용은 3.8절을 참고하도록 하라.

그렇다면 클래스 객체 포인터를 사용하여 객체 또는 객체 배열을 동적으로 생성하고 사용하려면 어떻게 해야 할까? 7.1절에서 살펴본 클래스와 배열의 관계와 마찬가지로 int와 같은 일반 변수와 동일하게 처리할 수 있다. 정말 동일한지 다음 예제들을 통해 살펴보도록 하자.

예제 7.6 | 메모리 동적 할당을 통한 Point 클래스의 객체 생성

Point 클래스의 객체 포인터를 통해 하나의 객체를 동적으로 생성하고 사용해 보도록 하자.

```
1     class Point
2     {
3     public :
4         Point() : x_(0), y_(0) {}
5         Point(int x) : x_(x), y_(x) {}
6         Point(int x, int y) : x_(x), y_(y) {}
7         void SetXY(int x, int y) { x_ = x; y_ = y; }
8         void Print() { cout << "(" << x_ << ", " << y_ << ")" << endl; }
9
10    private :
11        int x_, y_;
12    };
13
14    int main()
15    {
16        Point *ptr;              // 객체 포인터 선언
```

```
17
18      ptr = new Point;          // 포인터를 이용한 객체 동적 생성
19      ptr->Print();
20      delete ptr;               // 메모리 해제
21
22      ptr = new Point();
23      ptr->Print();
24      delete ptr;
25
26      ptr = new Point(1);
27      ptr->Print();
28      delete ptr;
29
30      ptr = new Point(2, 3);
31      ptr->Print();
32      delete ptr;
33
34      return 0;
35  }
```

• **실행 결과**

```
(0, 0)
(0, 0)
(1, 1)
(2, 3)
```

18, 22라인에서는 매개변수가 없는 생성자를 사용하여 객체를 생성하고 있고, 26라인에서는 1개의 정수를 매개변수로 전달하여 객체를 생성하고 있으며, 30라인에서는 2개의 정수를 매개변수로 전달하여 객체를 생성하고 있다. 물론 각각에 필요한 생성자가 준비되어 있어야만 제대로 동작이 가능하며 4~6라인에 필요한 생성자들이 준비되어 있다.

예제 7.7 | 메모리 동적 할당을 통한 Point 클래스의 객체 배열 생성

이번에는 객체 포인터를 통해 5개의 원소를 포함하는 객체 배열을 동적으로 생성하고 사용해 보자. 다음 코드에서 Point 클래스는 [예제 7.6]과 동일하므로 생략하였다.

```
1   int main()
2   {
3       Point *ptr;
4       int i;
5
6       ptr = new Point[5];        // 객체 포인터를 이용한 배열 동적 생성
7
```

```
8        for (i = 0; i < 5; i++)
9            ptr[i].SetXY(i, i);
10
11       for (i = 0; i < 5; i++)
12           ptr[i].Print();
13
14       delete [] ptr;
15
16       return 0;
17   }
```

• **실행 결과**

```
(0, 0)
(1, 1)
(2, 2)
(3, 3)
(4, 4)
```

6라인에서 Point 객체 배열을 생성하고 있다. 그런데 객체 배열을 동적으로 생성할 경우에는 생성과 동시에 각 객체에 대한 초기화가 불가능하다. 이는 객체 배열을 동적으로 생성하기 위해서는 해당 클래스에 매개변수가 없는 생성자가 반드시 존재해야 한다는 것을 의미한다. Point 클래스에서 매개변수가 없는 생성자만 제거하고 수행해 보라. 컴파일 에러가 발생함을 확인할 수 있을 것이다.

연습문제 | 7.2

다음과 같은 main 함수가 실행 결과와 같이 수행될 수 있도록 Point 클래스와 GetSumX, GetSumY 함수를 작성해 보라.

```
1   int main()
2   {
3       Point ary[5] = { Point(1, 2), Point(3, 4), Point(5, 6) };
4       Point sum;
5
6       sum.SetXY(GetSumX(ary, 5), GetSumY(ary, 5));
7
8       sum.Print();
9
10      return 0;
11  }
```

• 실행결과

```
(9, 12)
```

3, 4라인으로부터 필요한 생성자가 무엇인지 생각하고 이를 Point 클래스에 포함시켜야 한다. 그리고 GetSumX, GetSumY 함수는 Point 객체 배열을 전달받고 있음에 주의하라.

Note

연습문제 | 7.3

Point **ptr;가 있다. 이 이중 포인터를 통해 2행 3열의 Point형 2차원 객체 배열을 동적으로 생성하라. 그리고 rand 함수를 사용하여 각 원소의 x_, y_ 값을 무작위 값으로 채운 후 출력해 보라. main 함수가 끝나기 전에 delete를 사용하여 동적으로 생성된 모든 객체의 메모리를 해제해야 한다.

Note

7.3 this 포인터

예제 7.8 | Point 클래스와 객체들의 메모리 구조

6.2절에서 클래스 객체가 생성될 때 해당 객체에 대한 멤버 변수와 멤버 함수가 메모리에 생성된다고 하였다. 그러나 그러한 설명은 이해의 편의를 위한 것이었으며 실제로는 이와는 다르게 동작한다. 이 예제를 통해 이에 대해 좀 더 정확히 알아보도록 하자.

하나의 생성자와 멤버 함수 Move 및 Print를 포함하는 Point 클래스를 만들고 2개의 객체를 만들어 사용해 보자.

```
1   class Point
2   {
3   public :
4       Point(int x, int y) : x_(x), y_(y) {}
```

```
5        void Move(int x, int y) { x_ += x; y_ += y; }
6        void Print() { cout << "(" << x_ << ", " << y_ << ")" << endl; }
7
8    private :
9        int x_, y_;
10   };
11
12   int main()
13   {
14       Point pt1(1, 2);
15       Point pt2(3, 4);
16
17       pt1.Move(1, 1);
18       pt2.Move(2, 2);
19
20       pt1.Print();
21       pt2.Print();
22
23       return 0;
24   }
```

• **실행 결과**

```
(2, 3)
(5, 6)
```

14, 15라인에서 Point 객체 pt1, pt2를 생성하고 있다. 이 예제를 기반으로 객체와 관련된 메모리 구조를 살펴보자.

이 예제에서 Point 클래스는 2개의 멤버 변수와 3개의 멤버 함수를 포함하고 있으며 main 함수에서 생성된 Point 객체는 총 2개이다. pt1과 pt2 객체가 메모리에 생성되는 구조를 표현하면 [그림 7.1]과 같다. 멤버 함수는 설명의 편의상 Move 함수만 함수 내용까지 나타내었으며 나머지 멤버 함수의 내용은 생략하였다.

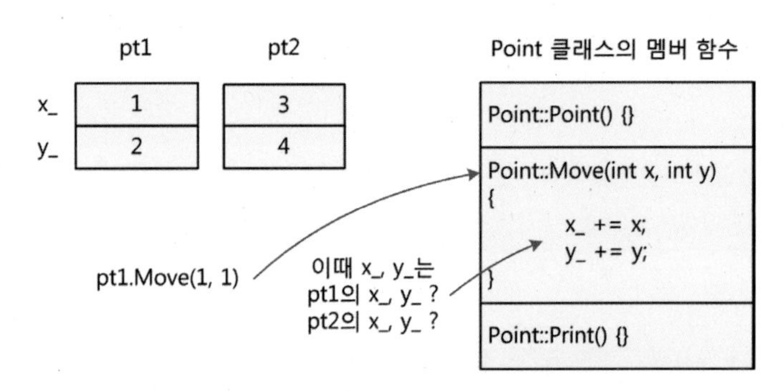

○ 그림 7.1 Point 클래스 및 객체 pt1, pt2의 메모리 구조

[그림 7.1]에서 알 수 있듯이 멤버 변수인 x_, y_는 각 객체 별로 메모리에 생성되지만 멤버 함수는 객체의 개수에 관계없이 단 하나씩만 생성된다. 즉 pt1.Move(1, 1)와 pt2.Move(2, 2)는 모두 Point 클래스에 있는 동일한 Move 함수가 호출되어 수행되는 것이다. 그렇다면 Move 함수 입장에서 봤을 때 x_ += x;라는 문장에서 x_는 pt1의 x_를 말하는 것인지 pt2의 x_를 말하는 것인지 구별할 수 있어야만 한다. 현재 코드 상으로는 이 둘을 구별할 어떤 힌트도 들어있지 않다.

사실 눈에는 보이지 않지만 멤버 함수가 호출될 때마다 함께 넘어오는 값이 하나 있다. 그것은 바로 해당 멤버 함수를 호출하고 있는 객체의 주소이다. 그리고 그 주소는 this라는 포인터 변수에 저장된다. 예를 들면 [그림 7.2]와 같이 pt1.Move(1, 1)라고 했을 때 Move 함수 내에는 개념적으로 this라는 포인터 형식매개변수가 존재하며 이 포인터 변수를 통해 해당 함수를 호출하는 객체의 주소를 전달받게 된다. 따라서 this 포인터를 통해 멤버 변수 x_가 어떤 객체의 x_를 뜻하는 것인지 알 수 있게 된다. [그림 7.2]의 경우 this의 타입은 Point *가 된다. this는 객체가 아니라 객체 포인터임을 명심하라.

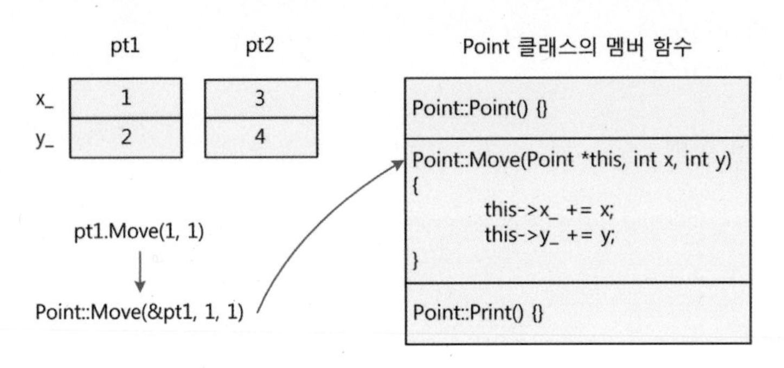

○ 그림 7.2 멤버 함수의 개념적 구조

실제로 this라는 키워드를 멤버 함수 내에서 명시적으로 사용할 수도 있다. 다음 코드는 이 예제의 Point 클래스 멤버 함수들에 대해 명시적으로 this 포인터를 사용한 예이며 이는 기존 코드에서 만든 Point 클래스와 100% 동일하게 동작하는 코드이다.

```
1   class Point
2   {
3   public :
4       Point(int x, int y) : x_(x), y_(y) {}
5       void Move(int x, int y) { this->x_ += x; this->y_ += y; }
6       void Print() { cout << "(" << this->x_ << ", " << this->y_ << ")" << endl; }
7
8   private :
9       int x_, y_;
10  };
```

예제 7.9 | 구조체를 이용한 this 포인터 개념의 구현 및 이해

[예제 7.8]의 예제를 클래스를 사용하지 않고 x_, y_ 변수만을 포함하고 있는 구조체를 사용하여 재구현

해 보자. 이때 멤버 함수들은 전역 함수들로 구현된다. 이 예제는 this 포인터의 개념을 이해하기 위한 것으로 실전에서 이와 같이 사용할 필요는 없다.

```
1   struct Point
2   {
3       int x_, y_;
4   };
5
6   void Move(Point *This, int x, int y)
7   {
8       This->x_ += x;
9       This->y_ += y;
10  }
11
12  void Print(Point *This)
13  {
14      cout << "(" << This->x_ << ", " << This->y_ << ")" << endl;
15  }
16
17  int main()
18  {
19      Point pt1 = { 1, 2 };
20      Point pt2 = { 3, 4 };
21
22      Move(&pt1, 1, 1);
23      Move(&pt2, 2, 2);
24
25      Print(&pt1);
26      Print(&pt2);
27
28      return 0;
29  }
```

[예제 7.8]과는 달리 Move, Print 멤버 함수가 전역 함수로 구현되어 있다. 이 함수들을 수행하기 위해 22~26라인에서 대상이 되는 객체의 주소를 넘기고 있으며, 각 함수는 This라는 Point 포인터 변수로 전달받아 처리하고 있다. 여기서 객체(구조체 변수)는 여러 개이지만 이 객체들과 관련된 함수들은 종류 별로 단 하나씩만 존재한다는 것을 바로 알 수 있다. 즉, 여러 개의 객체가 하나의 함수를 공유하고 있는 구조를 보여주고 있다.

지금까지 객체의 생성 원리와 관련하여 this 포인터에 대해서 설명하였다. 그런데 this 포인터를 명시적으로 사용할 이유가 있을까? [예제 7.8]과 같은 경우에는 Move 함수와 Print 함수에 this 포인터를 사용할 이유가 없다. 그러나 9장에서 연산자 오버로딩과 관련하여 this 포인터를 사용할 때가 있을 것이다. 여기서는 우선 그 원리를 이해하도록 하자.

예제 7.10 | this 포인터를 사용하여 호출 객체의 주소 반환

this 포인터를 사용하여 멤버 함수를 호출한 객체의 주소를 다시 반환하는 예를 살펴보도록 하자.

```
1   class Point
2   {
3   public :
4       Point(int x, int y) : x_(x), y_(y) {}
5       Point *MoveX(int x) { x_ += x; return this; }
6       Point *MoveY(int y) { y_ += y; return this; }
7       void Print() { cout << "(" << x_ << ", " << y_ << ")" << endl; }
8
9   private :
10      int x_, y_;
11  };
12
13  int main()
14  {
15      Point pt1(1, 2);
16      pt1.MoveX(3)->MoveY(4);          // MoveX의 결과가 pt1 포인터
17      pt1.Print();
18
19      return 0;
20  }
```

• **실행 결과**

```
(4, 6)
```

Move 함수를 x_와 y_에 대해 각각 별도로 이동할 수 있도록 5, 6라인에 MoveX, MoveY 함수로 분리하여 구현하였다. 그런데 반환형으로 Point 포인터형을 반환하고 있고 반환값으로는 this를 반환하고 있다. 멤버 함수 내에서 this는 해당 멤버 함수를 호출한 객체의 주소를 가지고 있으므로 여기서는 그 멤버 함수를 호출한 Point 객체의 주소값을 의미하고 이 값이 반환되는 것이다.

이제는 MoveX를 호출하는 main 함수를 살펴보자. 16라인에서 pt1.MoveX(3)의 호출 결과가 Point 포인터이고, 특히 MoveX 함수를 호출한 pt1의 주소가 다시 반환되므로 pt1에 대한 포인터를 의미하게 된다. 따라서 코드에서와 같이 또 다시 멤버 함수의 호출이 가능해지는 것이다. 물론 포인터이기 때문에 다음 멤버 함수를 호출하기 위해 -> 연산자를 사용해야 한다는 것은 쉽게 이해될 것이다.

예제 7.11 | this 포인터를 사용하여 호출 객체의 참조 반환

이번에는 this 포인터를 사용하여 멤버 함수를 호출한 객체를 참조로 반환해 보자. 즉, 호출 객체 그 자체를 반환하는 것이다.

```
1   class Point
2   {
3   public :
4       Point(int x, int y) : x_(x), y_(y) {}
5       Point &MoveX(int x) { x_ += x; return (*this); }
6       Point &MoveY(int y) { y_ += y; return (*this); }
7       void Print() { cout << "(" << x_ << ", " << y_ << ")" << endl; }
8
9   private :
10      int x_, y_;
11  };
12
13  int main()
14  {
15      Point pt1(1, 2);
16      pt1.MoveX(3).MoveY(4);          // MoveX 결과가 pt1 그 자체
17      pt1.Print();
18
19      return 0;
20  }
```

- **실행 결과**

```
(4, 6)
```

이 예제는 Point 포인터를 반환하는 대신에 객체에 대한 참조를 반환하는 예이다. 참조, 즉 객체 그 자체를 반환해야 하므로 5, 6라인과 같이 this가 아닌 (*this)를 반환하도록 하였으며 반환형도 Point &로 수정하였다. 이제는 반환값이 포인터가 아닌 멤버 함수를 호출한 객체 그 자체가 된다. 따라서 16라인과 같이 -> 연산자가 아닌 . 연산자를 사용하여 멤버 함수를 연속적으로 호출할 수 있다. [예제 7.10]에서와 같이 포인터를 반환하는 것보다 훨씬 자연스러움을 느낄 수 있을 것이다.

연습문제 | 7.4

다음 main 함수가 수행될 수 있도록 Point 클래스에 SetX와 SetY 멤버 함수를 추가해 보라.

```
1   int main()
2   {
3       Point pt1;
4
5       pt1.SetX(3).SetY(4);
6       pt1.Print();
7
```

```
8        pt1.SetY(6).SetX(5);
9        pt1.Print();
10
11       return 0;
12   }
```

• **실행결과**

```
(3, 4)
(5, 6)
```

this 포인터의 개념 이해를 위한 간단한 문제이다. [예제 7.11]을 참고하면 쉽게 작성이 가능할 것이다.

Note

연습문제 | 7.5

다음 main 함수가 수행될 수 있도록 Array 클래스를 작성해보라. Array 클래스는 멤버 변수로 int형 배열(int ary(5))을 가지고 있다.

```
1   int main()
2   {
3       int i;
4       Array my_ary;
5
6       for (i = 0; i < 5; i++)
7           my_ary.GetElem(i) = i;
8
9       my_ary.Increase(0).Increase(1).Increase(2).Increase(3).Increase(4);
10
11      for (i = 0; i < 5; i++)
12          cout << "my_ary[" << i << "] " << my_ary.GetElem(i) << endl;
13
14      return 0;
15  }
```

• **실행결과**

```
my_ary[0] 1
my_ary[1] 2
my_ary[2] 3
my_ary[3] 4
my_ary[4] 5
```

먼저 7라인의 GetElem 멤버 함수를 통해 참조를 반환하는 방법에 대해 다시 한 번 연습하도록 하라. 9라인에서 Increase 멤버 함수는 특정 index에 해당하는 원소의 값을 1 증가시키는 기능을 수행한다. 그리고 그 결과로 Increase 멤버 함수를 호출한 객체 그 자체를 반환하게 된다. 이 연습문제를 통해 this 포인터의 개념에 대해 숙지하기 바란다.

Note

7.4 멤버 함수 오버로딩

예제 7.12 | Point 클래스의 Move 멤버 함수 오버로딩

Point 클래스에서 다음과 같은 2개의 Move 함수를 작성해 보자. 첫 번째 Move 함수는 매개변수를 1개만 받으며 x_ 값만 매개변수만큼 이동한다. 두 번째 Move 함수는 2개의 매개변수를 받으며 x_, y_의 값을 대응되는 매개변수만큼 이동한다.

```
1   class Point
2   {
3   public :
4       Point() : x_(0), y_(0) {}
5       Point(int x, int y) : x_(x), y_(y) {}
6       void Move(int x) { x_ += x; }                  // Move 함수
7       void Move(int x, int y) { x_ += x; y_ += y; }  // Move 함수 오버로딩
8       void Print() { cout << "(" << x_ << ", " << y_ << ")" << endl; }
9   
10  private :
11      int x_, y_;
12  };
13  
14  int main()
15  {
16      Point pt1(1, 2);
17      pt1.Move(3);
```

```
18      pt1.Move(4, 5);
19      pt1.Print();
20
21      return 0;
22  }
```

• **실행 결과**

```
(8, 7)
```

우리는 이미 2.5절에서 함수 오버로딩에 대해 배웠다. C++에서는 C와는 달리 한 프로그램 내에 동일한 이름의 함수가 여러 개 존재할 수 있다. 단, 함수명이 같을 경우 매개변수의 개수 또는 타입이 달라야 한다. 클래스의 멤버 함수 역시 매개변수가 다르다면 함수명이 동일한 함수가 여러 개 존재할 수 있다. 이는 생성자도 마찬가지이며 생성자 오버로딩에 대해서는 6.5절에서 이미 설명하였다.

이 예제는 생성자의 오버로딩과 함께 멤버 함수의 오버로딩에 대한 예를 보인 것이다. 4, 5라인에서는 생성자의 오버로딩을 통해 매개변수가 없는 생성자와 2개의 매개변수가 전달되는 생성자를 작성하였다. 그리고 6, 7라인에서는 멤버 함수의 오버로딩을 통해 2개의 Move 함수를 작성하였다.

7.5 멤버 함수를 위한 디폴트 매개변수의 활용

예제 7.13 | 멤버 함수 작성 시 디폴트 매개변수의 활용

2.6절에서 배운 디폴트 매개변수를 적절히 활용하면 하나의 멤버 함수로 여러 개의 함수가 수행하던 기능을 그대로 수행할 수 있도록 만들 수 있다.

[예제 7.12]의 생성자와 Move 함수를 디폴트 매개변수를 사용하여 작성해 보자. main 함수와 실행 결과는 [예제 7.12]와 동일하기 때문에 Point 클래스의 코드만 표시하였다.

```
1   class Point
2   {
3   public :
4       Point(int x = 0, int y = 0) : x_(x), y_(y) {}      // 디폴트 매개변수 사용
5       void Move(int x, int y = 0) { x_ += x; y_ += y; } // 디폴트 매개변수 사용
6       void Print() { cout << "(" << x_ << ", " << y_ << ")" << endl; }
7
8   private :
9       int x_, y_;
10  };
```

```
22        Point center_;            // Point 객체를 멤버 변수로 선언
23        double radius_;
24    };
25
26    int main()
27    {
28        Circle cir(1, 2, 3);
29        cir.Print();
30
31        return 0;
32    }
```

• **실행 결과**

```
(1, 2) : 3
```

Circle 클래스는 22라인과 같이 중심 좌표를 나타내기 위해 Point 클래스 객체 하나를 멤버 변수로 선언하고 있다. 한 가지 주의할 사항은 28라인과 같이 Circle 객체가 생성될 때이다. 이때 cir 객체가 생성되면서 멤버 변수인 center_ 객체가 같이 생성되는데, 이 경우에도 역시 center_ 객체의 생성을 위한 생성자가 호출된다는 점이다. 클래스 객체가 생성되는 곳에 생성자가 빠질 수는 없다. 14라인을 자세히 들여다보면 Circle 클래스의 생성자에서 center_(x, y)와 같이 멤버 초기화 구문을 사용하여 Point 객체인 center_ 객체를 위한 생성자를 명시적으로 호출하고 있는 것을 알 수 있다.

만약 center_(x, y)와 같이 명시적인 생성자 호출을 생략할 경우에는 center_ 객체 생성 시 매개변수가 없는 생성자가 동작하게 된다. 그러나 1~9라인의 Point 클래스에는 매개변수가 없는 생성자가 존재하지 않으므로 에러가 발생하게 된다. 필요하다면 명시적으로 매개변수가 없는 생성자를 추가하도록 하라. 이와 같이 생성자의 호출 방법에 대해서만 주의하면 클래스 내에 또 다른 클래스의 객체를 멤버 변수로 선언하여 사용하는 데 어려움이 없을 것이다.

다른 클래스의 객체를 멤버 변수로 사용하는 것은 has-a 관계인 두 클래스들 사이에 자연스럽게 적용될 수 있다. 이 예제에서는 "원은 점을 가지고 있다"가 성립한다. 이때 원 클래스를 만들면서 점이라는 클래스의 객체를 멤버 변수로 선언하면 되는 것이다.

마지막으로 다음 2가지 질문에 답해 보도록 하자.

- Point 클래스의 멤버 변수로 Point 클래스 객체가 올 수 있을까?
- Point 클래스의 멤버 변수로 Point 클래스의 포인터 변수가 올 수 있을까?

첫 번째 질문의 답은 No이고 두 번째 질문의 답은 Yes이다. 아마도 구조체가 떠올랐다면 쉽게 답을 할 수 있었을 것이다. 다음 구조체는 링크드 리스트라는 것을 만들 때 많이 봤던 데이터 구조일 것이다.

```
struct Node
{
    int data;
```

```
        Node *next;     // C 언어에서는 struct Node *next;
    };
```

하나의 Node 구조체 변수는 다음 Node 구조체 변수가 저장된 주소를 가리킬 수 있는 next라는 포인터를 포함하고 있다. 이를 통해 여러 개의 Node 구조체 변수를 하나의 리스트로 묶을 수 있는 것이다. C++에서 구조체와 클래스는 동일한 것이므로 클래스 역시 이와 같이 구현될 수 있다. 그러나 구조체이든 클래스이든 해당 타입의 변수를 멤버 변수로 가질 수는 없다.

연습문제 | 7.7

다음 프로그램의 출력 결과는 무엇인가?

```
1   class ClassA
2   {
3   public :
4       ClassA() { cout << "ClassA::ClassA()" << endl; }
5       ClassA(int n) { cout << "ClassA::ClassA(" << n << ")" << endl; }
6   };
7
8   class ClassB
9   {
10  public :
11      ClassB() { cout << "ClassB::ClassB()" << endl; }
12      ClassB(int n) : obj_a1(n)
13      {
14          ClassA temp_a(-n);
15          ClassB temp_b;
16          cout << "ClassB::ClassB(" << n << ")" << endl;
17      }
18
19  private :
20      ClassA obj_a1;
21      ClassA obj_a2;
22  };
23
24  int main()
25  {
26      ClassB obj_b(3);
27
28      return 0;
29  }
```

멤버 객체를 사용하는 경우의 객체 생성 및 생성자의 호출 순서를 물어보는 문제이다. ClassB 객체가 생성되면 멤버 변수로 포함된 ClassA의 객체인 obj_a1, obj_a2 객체가 먼저 생성됨에 주의하라. 그리고 15라인과 같이 ClassB의 생성자 내에서 또 다시 ClassB 객체가 생성되고 있는데, 이때 역시 ClassA의 객체들이 생성된다는 점에 주의해야 한다.

클래스의 멤버 변수로 다른 클래스의 객체를 사용하는 것이 어려운 것은 아니다. 하지만 이 연습문제와 같이 여러 객체가 동반될 경우 객체의 생성 및 생성자의 호출 순서가 매우 복잡해질 수 있다. 이 연습문제를 면밀히 분석하고 실행해 봄으로써 이에 대한 개념을 확실히 이해하기 바란다.

Note

7.7 전방 선언

예제 7.15 | 상호 참조하는 클래스 사이의 문제점

다음 프로그램을 컴파일해 보면 에러가 발생하는 것을 확인해 볼 수 있다. 문제점을 찾아 이를 해결해 보도록 하자.

```
1   class ClassA
2   {
3   public :
4       ClassA(int a) : a_(a) {}
5       void FuncA(ClassB &b) { b.Print(); }    // ClassB의 객체 사용
6       void Print() { cout << "ClassA : " << a_ << endl; }
7
8   private :
9       int a_;
10  };
11
12  class ClassB
13  {
14  public :
15      ClassB(int b) : b_(b) {}
16      void FuncB(ClassA &a) { a.Print(); }    // ClassA의 객체 사용
17      void Print() { cout << "ClassB : " << b_ << endl; }
18
19  private :
20      int b_;
21  };
22
23  int main()
24  {
25      ClassA obj_a(3);
26      ClassB obj_b(4);
27      obj_a.FuncA(obj_b);
28      obj_b.FuncB(obj_a);
```

```
29
30      return 0;
31  }
```

ClassA는 5라인의 FuncA 함수에서 ClassB의 객체를 매개변수로 전달받아 이 객체를 사용하고 있다. 마찬가지로 ClassB는 16라인의 FuncB 함수에서 ClassA의 객체를 매개변수로 전달받아 이 객체를 사용하고 있다. 먼저 이와 같이 어떤 클래스의 객체가 int 변수와 마찬가지로 어떤 함수의 매개변수로 전달될 수 있다는 것을 알아두기 바란다. 이에 대해서는 8장에서 보다 자세히 설명할 것이다.

이 예제의 문제점을 파악해 보도록 하자. 16라인의 경우 전혀 문제가 없다. ClassA에 대한 정보는 ClassB가 선언되기 이전에 선언되어 있기 때문이다. 그러나 5라인에 있는 FuncA의 경우 문제가 발생하게 된다. FuncA가 문제없이 실행되기 위해서는 ClassB에 대한 정보가 이전에 나와 있어야 하는데, ClassB는 ClassA 이후에 선언되어 있기 때문이다.

그렇다면 12~21라인의 ClassB를 ClassA의 선언 앞으로 이동시켜 보도록 하자. 이제 ClassA의 FuncA의 문제는 해결되었다. 그러나 ClassB의 FuncB 함수가 또 다시 ClassA에 대한 정보를 필요로 한다. 에러가 발생하는 대상만 바뀌었을 뿐 동일한 문제가 발생하게 되는 것이다.

이와 같이 두 클래스 사이에 상호 참조 관계가 성립할 경우 사용할 수 있는 방법이 전방 선언(forward declaration)이다. 전방 선언은 어떤 클래스의 존재만을 알리기 위한 방법으로써 다음과 같이 클래스 이름만을 선언하는 것이다. 물론 해당 클래스의 선언 자체(사실상 정의)는 프로그램 내의 다른 곳에 기술되어 있어야 한다.

```
class ClassB;            // 클래스 선언(정의가 아님)
```

이는 함수 프로토타입과 유사한 개념으로서 함수 정의가 별도로 존재하는 상태에서 함수에 대한 존재를 알리기 위한 것이다.

예제 7.16 | 전방 선언을 활용한 상호 참조하는 클래스 사이의 문제점 해결

전방 선언을 사용하여 [예제 7.15]의 문제를 해결해 보자. main 함수는 [예제 7.15]와 동일하므로 생략하였다.

```
1   class ClassB;                                   // 전방 선언
2
3   class ClassA
4   {
5   public :
6       ClassA(int a) : a_(a) {}
7       void FuncA(ClassB &b);                      // ClassB의 객체 사용, 외부 정의로 구현
8       void Print() { cout << "ClassA : " << a_ << endl; }
9
10  private :
```

```
11        int a_;
12    };
13
14    class ClassB
15    {
16    public :
17        ClassB(int b) : b_(b) {}
18        void FuncB(ClassA &a) { a.Print(); } // ClassA의 객체 사용
19        void Print() { cout << "ClassB : " << b_ << endl; }
20
21    private :
22        int b_;
23    };
24
25    void ClassA::FuncA(ClassB &b)            // ClassB의 객체 사용
26    {                                        // ClassB 선언 이후에 외부 정의로 구현
27        b.Print();
28    }
```

• **실행 결과**

```
ClassB : 4
ClassA : 3
```

1라인에서 전방 선언을 사용하여 ClassB를 선언하였다. 이제 7라인의 FuncA 함수에서는 ClassB의 존재를 알 수 있다. 그러나 이것만으로 문제를 모두 해결할 수는 없다. [예제 7.15]에서는 FuncA 함수 내에서 b.Print()와 같이 ClassB 객체를 통해 ClassB의 멤버 함수를 호출하였다. 1라인에 ClassB에 대한 전방 선언이 되어 있다 하더라도 아직까지 ClassB 클래스의 멤버 함수로 Print 함수가 있는지 여부를 알 수 없는 것이다. 이 문제를 해결하기 위해 7라인에는 FuncA 함수의 프로토타입만 기술하고 함수 정의는 ClassB 클래스의 선언(사실상 정의) 이후인 25~28라인에 외부 정의로 구현하였다. 이제 모든 문제가 해결되었다.

프로그램의 규모가 커지고 복잡해지다 보면 이와 같이 클래스 사이에 서로 물고 물리는 상황이 발생할 수 있다. 이때 여기서 배운 전방 선언을 활용하면 된다.

7.8 friend 선언

friend 선언의 의미와 종류

클래스의 private 멤버에 대한 접근은 해당 클래스의 멤버 함수에 의해서만 가능했다. 그러나 멤버 함수가 아니면서 그 클래스의 private 멤버에 대한 접근이 가능한 또 한 가지 경우가 있다. 바로 friend 선언이며, friend 선언의 종류로는 다음 3가지가 있다.

1. friend 전역 함수 선언
2. friend 클래스 선언
3. friend 멤버 함수 선언

첫 번째로 friend 전역 함수 선언은 어떤 전역 함수를 특정 클래스의 friend로 선언하는 것이다. 이 경우 해당 전역 함수 내에서는 그 클래스의 private 멤버에 대한 접근이 자유로워진다. ClassA라는 클래스가 있을 경우 ClassA의 private 멤버에는 classA의 멤버 함수들만 접근할 수 있다. 그러나 ClassA가 다음과 같이 전역 함수 Func를 자신의 friend로 선언한다면 Func 함수 내에서는 ClassA의 객체를 통한 private 멤버로의 접근이 가능해진다.

```
class ClassA
{
private :
     int a_;
     friend void Func(ClassA &obj_a, int a);
};
void Func(ClassA &obj_a, int a) { obj_a.a_ = a; }// private 멤버에 접근 가능
```

클래스 ClassA에서 Func 함수를 friend로 선언하는 방법은 코드에서 보는 바와 같이 클래스 선언 내에 일반 멤버 함수와 같이 프로토타입을 기술하되 반환형 앞에 friend라는 키워드만 추가하면 된다.

두 번째로 friend 클래스 선언은 어떤 클래스 입장에서 또 다른 클래스를 자신의 friend로 선언하는 것이다. 예를 들어 자동차를 의미하는 Car 클래스와 자동차를 조종하기 위한 컨트롤러를 의미하는 Controller 클래스가 있다고 하자. Controller 클래스 객체를 통해 자동차의 시동을 켜거나 끌 수 있어야 하고 속도를 변화시킬 수도 있어야 한다. 이때 이와 같은 작업을 수행하기 위한 Controller 클래스의 멤버 함수들이 특정 Car 클래스 객체의 private 멤버들에 접근할 수 있다면 보다 편리하게 프로그램을 작성할 수 있을 것이다. 그러나 원칙적으로는 Car 클래스의 private 멤버로의 접근은 Car 클래스의 멤버 함수에서만 가능하다. Controller 클래스의 멤버 함수에서 Car 클래스의 private 멤버에 직접 접근할 수 있도록 하기 위해서는 Car 클래스 입장에서 Controller 클래스에 대해 자신의 friend 클래스임을 선언해 주어야 한다. Car 클래스 내에 다음과 같이 선언하면 된다.

```
class Car
{
     friend class Controller;
};
```

Controller의 friend 선언 위치는 friend 전역 함수 선언과 마찬가지로 private 영역이든 public 영역이든 그 의미에 차이가 없다. 또한 Controller 클래스 선언이 Car 클래스 선언 앞에 나오든 뒤에 나오든 상관없다.

마지막으로 friend 멤버 함수 선언은 어떤 클래스 전체를 friend로 선언하는 것이 아니라 어떤 클래스의 특정 멤버 함수 하나만을 friend 함수로 선언하는 것이다. 다음 코드는 ClassA에서 ClassB의

Func 함수를 자신의 friend 멤버 함수로 선언한 예이다. 이제 ClassB의 Func 함수 내에서는 ClassA 객체를 통한 private 멤버로의 접근이 자유로워진다.

```
class ClassA
{
private :
    int a_;
    friend void ClassB::Func();
};
class ClassB
{
private :
    int b_;
    void Func(void) { ClassA obj_a; obj_a.a_ = 3; }// private 멤버에 접근 가능
};
```

예제 7.17 | friend 전역 함수 선언

Point 객체 2개를 매개변수로 전달받아 두 점의 중심점을 구하여 출력하는 전역 함수 Center를 구현해 보자. 이때 Point 클래스의 x, y 좌표는 private 멤버로 포함되어 있음에 주의하자.

```
1   class Point
2   {
3   public :
4       Point(int x = 0, int y = 0) : x_(x), y_(y) {}
5       friend void Center(Point pt1, Point pt2);  // Center 함수를 friend로 선언
6   
7   private :
8       int x_;
9       int y_;
10  };
11  
12  void Center(Point pt1, Point pt2)
13  {
14      Point pt;
15      pt.x_ = (pt1.x_ + pt2.x_) / 2;              // private 멤버 접근 가능
16      pt.y_ = (pt1.y_ + pt2.y_) / 2;
17      cout << "중심 : " << "(" << pt.x_ << ", " << pt.y_ << ")" << endl;
18  }
19  
20  int main()
21  {
22      Point pt1(1, 2), pt2(3, 4);
23      Center(pt1, pt2);
24  
25      return 0;
26  }
```

- **실행 결과**

```
중심 : (2, 3)
```

구현 방법은 2가지가 있을 수 있다. 첫 번째는 Point 클래스 멤버 함수로 GetX, GetY와 같이 x_, y_ 값을 반환하는 함수를 제공하는 것이다. 또 하나는 friend 함수 선언을 이용하는 것이다. 여기서는 friend 함수 선언을 사용하여 구현하였다.

5라인에서는 Center 함수를 Point 클래스의 friend 함수로 선언하고 있으며, 이에 따라 12~18라인에서 보는 바와 같이 Center 함수에서 Point 객체를 통한 private 멤버 변수로의 접근이 가능하다.

참고

friend 선언과 관련하여 다음과 같은 사항들을 참고하도록 하라. 첫 번째는 friend 함수 선언의 위치이다. friend 함수 선언 위치는 private 영역이나 public 영역에 관계없이 그 의미는 동일하며 friend 함수 선언 이상도 이하도 아니다. 두 번째는 함수의 정의 시에는 friend라는 키워드가 추가되지 않는다는 것이다. friend 함수 선언은 선언하는 클래스의 필요에 의한 것일 뿐, 해당 함수 입장에서는 단지 전역 함수일 뿐이다. 따라서 일반적인 전역 함수를 작성하는 방법과 동일하게 작성하면 된다. 마지막으로 friend 함수 선언은 멤버 함수를 선언하는 것이 아니라는 것이다. friend 키워드만을 제외하면 멤버 함수 선언과 동일하기 때문에 멤버 함수로 착각하기 쉽지만 friend 함수 선언은 단지 클래스 외부에 존재하는 함수에 대한 friend 선언일 뿐이다. 따라서 객체를 통한 접근도 불가능하다.

예제 7.18 | friend 클래스 선언

Car 클래스와 Controller 클래스를 구현해 보자. Car 클래스는 시동 상태(bool on_off_), 가격(int price_), 현재속도(int speed_)를 멤버 변수로 가지고 있으며 생성자를 통해 이 값들을 초기화한다. 그리고 PrintSpeed 멤버 함수를 통해 현재 속도를 출력한다.

Controller 클래스는 가격(int price_)을 멤버 변수로 가지고 있으며 생성자를 통해 이 값을 초기화한다. TurnOn 멤버 함수에서는 매개변수로 전달된 Car 참조 객체의 시동을 켜고, TurnOff 멤버 함수에서 시동을 끈다. 그리고 SpeedChange 함수를 통해 현재 속도를 변경시킨다.

```
1   class Car
2   {
3   public :
4       Car(int price) : on_off_(false), price_(price), speed_(0) {}
5       void PrintSpeed() { cout << "현재 속도 : " << speed_ << endl; }
6
7       friend class Controller;            // friend 클래스 선언
8
9   private :
10      bool on_off_;
11      int price_;
12      int speed_;
13  };
14
```

```
15  class Controller
16  {
17  public :
18      Controller(int price) : price_(price) {}
19      void TurnOn(Car &car) { car.on_off_ = true; } // Car의 private 접근 가능
20      void TrunOff(Car &car) { car.on_off_ = false; }
21      void SpeedChange(Car &car, int v) { car.speed_ += v; }
22  
23  private :
24      int price_;
25  };
26  
27  int main()
28  {
29      Car my_car(100);
30      Controller my_controller(10);
31  
32      my_controller.TurnOn(my_car);
33      my_controller.SpeedChange(my_car, 5);
34      my_car.PrintSpeed();
35      my_controller.TrunOff(my_car);
36  
37      return 0;
38  }
```

• **실행 결과**

```
현재 속도 : 5
```

7라인에서 Car 클래스는 Controller 클래스를 자신의 friend로 선언하였다. 따라서 Controller 클래스의 멤버 함수들에서는 19~21라인에서와 같이 Car 클래스 객체에 대한 private 멤버로의 접근이 자유로움을 알 수 있다.

예제 7.19 | 전방 선언의 활용

[예제 7.18]의 예제에서 Car 클래스의 멤버 함수로 다음과 같은 함수를 추가하였다. 이 함수는 특정 컨트롤러의 가격을 변경하는 함수이다. 프로그램이 수행될 수 있도록 만들어 보자.

```
void SetPrice(Controller &controller, int price) { controller.price_ = price; }
```

```
1   class Controller;                    // 전방 선언
2   
3   class Car
4   {
```

```
5   public :
6       Car(int price) : on_off_(false), price_(price), speed_(0) {}
7       void PrintSpeed() { cout << "현재 속도 : " << speed_ << endl; }
8       void SetPrice(Controller &controller, int price); // 함수 프로토타입
9
10      friend class Controller;                          // friend 클래스 선언
11
12  private :
13      bool on_off_;
14      int price_;
15      int speed_;
16  };
17
18  class Controller
19  {
20  public :
21      Controller(int price) : price_(price) {}
22      void TurnOn(Car &car) { car.on_off_ = true; }  // Car의 private 접근 가능
23      void TrunOff(Car &car) { car.on_off_ = false; }
24      void SpeedChange(Car &car, int v) { car.speed_ += v; }
25
26      friend class Car;                                 // friend 클래스 선언
27
28  private :
29      int price_;
30  };
31
32  void Car::SetPrice(Controller &controller, int price) // Controller 이후에 작성
33  {
34      controller.price_ = price;
35  }
```

main 함수는 [예제 7.18]과 동일하므로 생략하였다. 추가된 함수는 8라인에 추가하였다.

우선 새로 추가한 Car 클래스의 SetPrice 멤버 함수에서 Controller의 private 멤버에 접근할 수 있도록 하기 위해, Controller 클래스에 26라인과 같이 Car 클래스에 대한 friend 선언을 추가하였다.

그리고 8라인에서 Car 클래스의 멤버 함수가 매개변수로 Controller 클래스 객체를 참조로 받고 있으므로 Car 클래스 선언 이전에 Controller 클래스의 존재를 알려야만 한다. 따라서 1라인에 전방 선언을 사용하여 Controller 클래스를 선언하였다.

마지막으로 원래는 새로 추가한 8라인의 SetPrice 멤버 함수 내에서 Controller 객체의 멤버에 접근하고 있는데, Controller 클래스의 전체 선언(정의)이 나오기 전까지는 이와 같은 접근이 허용되지 않는다. 따라서 Car 클래스의 SetPrice 멤버 함수를 외부 정의로 구현하되 Controller 선언 이후인 32라인에 위치시켰다.

이 경우에는 Car 클래스와 Controller 클래스의 선후 관계에 상관없이 전방 선언 및 멤버 함수의 외부 정의가 사용되어야만 한다. Car 클래스와 Controller 클래스의 순서를 바꾸어 구현해 보도록 하라.

예제 7.20 | friend 멤버 함수 선언

[예제 7.19]에서는 Car 클래스의 멤버 함수들 중 SetPrice 함수만 Controller 클래스의 private 멤버에 대한 접근이 필요한 상태이다. 따라서 Controller 클래스에서 Car 클래스의 SetPrice 함수만 friend로 선언해 보자.

```
1   class Controller
2   {
3   public :
4       Controller(int price) : price_(price) {}
5       void TurnOn(Car &car) { car.on_off_ = true; }  // Car의 private 접근 가능
6       void TrunOff(Car &car) { car.on_off_ = false; }
7       void SpeedChange(Car &car, int v) { car.speed_ += v; }
8
9       friend void Car::SetPrice(Controller &controller, int price); // friend 선언
10
11  private :
12      int price_;
13  };
```

9라인과 같이 범위 지정 연산자(::)를 이용하여 SetPrice 함수가 포함된 클래스를 지정해 주면 되며, 그 외는 friend 전역 함수를 선언할 때와 동일하다. 사실상 Car 클래스의 멤버 함수들 중 SetPrice 함수만 Controller 클래스 객체에 대한 private 멤버 접근이 필요한 상태이므로 Controller 입장에서는 Car 전체에 대해 private 멤버 접근 권한을 부여하기보다는 Car 클래스의 SetPrice 함수에게만 private 멤버 접근 권한을 부여하는 것이 데이터 보호 차원에서 더 적절한 것이라 할 수 있다.

여기서 주의할 사항은 9라인은 그 자체로 Car 클래스의 멤버 함수를 사용하는 것과 같다는 것이다. 따라서 9라인 이전에 Car 클래스 내에 SetPrice 멤버 함수가 존재한다는 것을 알 수 있어야 한다. 즉, SetPrice 함수의 프로토타입이 선언되어 있어야 한다는 뜻이며, 이것은 Car 클래스가 그 전에 선언되어야 함을 뜻하는 것이다. 따라서 Controller 클래스의 선언 위치를 Car 클래스의 선언 이전으로 이동하면 안 된다.

그렇다면 Car 클래스의 SetPrice 함수를 Controller 클래스에서 friend로 선언하는 동시에 Controller 클래스의 SpeedChange 함수를 Car 클래스에서 friend로 선언할 수 있을까? 이와 같은 선언은 불가능하다. 앞서 설명한 바와 같이 + 어떤 클래스의 멤버 함수를 friend로 선언하기 위해서는 해당 클래스가 먼저 선언되어 있어야만 한다. 따라서 Car 클래스와 Controller 클래스 모두 상대방 클래스에 대한 선언이 선행되어야 함을 요구하고 있으므로 모순이 발생하게 된다. 이와 같은 상황을 피하는 한 가지 방법은 [예제 7.19]와 같이 어느 한 쪽을 friend 클래스로 선언하는 것이다.

지금까지 friend 선언에 대해 살펴보았다. friend는 언제 사용될까? 우선 지금까지 살펴본 것처럼 프로그램 설계 시 클래스와 함수들 또는 클래스와 클래스가 밀접한 관계를 맺고 있을 때, 부득이하게 타 클래스의 private 멤버에 접근해야 한다면 friend 선

+ Key

어떤 클래스의 멤버 함수를 friend로 선언하기 위해서는 해당 클래스가 먼저 선언되어 있어야만 한다.

언을 사용할 수 있다. 그러나 이것은 부득이한 경우에 해당할 뿐 정보 은닉이라는 클래스의 주된 역할을 감안한다면 friend의 사용은 권장할 만한 사항은 아니다. 따라서 가능하다면 friend의 사용을 피하는 것이 바람직하다. 하지만 friend가 사용되는 전형적인 예가 있다. 그 예를 9.9절에서 보게 될 것이다. 여기서는 friend의 개념에 대해 숙지해 놓기 바란다.

연습문제 | 7.8

다음 프로그램의 문제점을 설명하고 수정해 보라. 단, 현재 나와 있는 멤버 변수 및 함수 외에는 따로 변수나 함수를 추가할 수 없다. PointArray 클래스는 3개의 원소를 갖는 Point 객체 배열을 포함하고 있으며, 18라인에서 생성자를 통해 (1, 1), (2, 2), (3, 3)으로 초기화하고 있다. 26라인의 SetSum 멤버 함수는 지정한 index의 원소 값(x, y)을 모든 원소들의 합으로 지정하는데, Point 클래스에 준비되어 있는 SetSum 함수를 호출하여 달성하고 있다. 이때 Point 클래스는 6라인과 같이 PointArray 객체를 참조로 받게 된다. 실행 결과를 보면 첫 번째 원소의 값이 이전 3개의 원소의 값의 합으로 변경되어 있는 것을 볼 수 있다.

```
1   class Point
2   {
3   public :
4       void SetSum(PointArray &pt_ary)
5       {
6           x_ = (pt_ary.ary_[0].x_ + pt_ary.ary_[1].x_ + pt_ary.ary_[2].x_);
7           y_ = (pt_ary.ary_[0].y_ + pt_ary.ary_[1].y_ + pt_ary.ary_[2].y_);
8       }
9       void Print() { cout << "(" << x_ << ", " << y_ << ")" << endl; }
10
11  private :
12      int x_, y_;
13  };
14
15  class PointArray
16  {
17  public :
18      PointArray()
19      {
20          for (int i = 0; i < 3; i++)
21          {
22              ary_[i].x_ = i + 1;
23              ary_[i].y_ = i + 1;
24          }
25      }
26      void SetSum(int index) { ary_[index].SetSum(*this); }
27      void Print()
28      {
```

```
29          for (int i = 0; i < 3; i++)
30              ary_[i].Print();
31      }
32
33  private :
34      Point ary_[3];
35  };
36
37  int main()
38  {
39      PointArray pt_ary;
40
41      pt_ary.SetSum(0);
42      pt_ary.Print();
43
44      return 0;
45  }
```

• 실행결과

```
(6, 6)
(2, 2)
(3, 3)
```

문제가 너무 복잡해진 것 같다. 각 클래스의 내용에는 큰 의미를 부여하지 않아도 된다. 단지 이 연습문제에서는 friend 클래스 선언 및 전방 선언과 관련된 내용이 적용되어야 하므로 이에 대한 연습으로 충분하다.

Note

7.9 내포 클래스 선언

예제 7.21 | Circle 클래스 내에 Point 클래스를 내포 클래스로 선언 및 사용

어떤 클래스 내에 또 다른 클래스 선언이 올 수도 있다. 이와 같이 다른 클래스 내에 선언된 클래스를 내포 클래스(nested class)라고 한다.

Circle 클래스 내에 Point 클래스를 내포 클래스로 선언해 보자. 그리고 Circle 클래스 객체를 선언하여 사용해 보자.

```
1   class Circle
2   {
3   public :
4       Circle(int x, int y, double radius) : radius_(radius) { center_.Move(x, y); }
5       void Print()
6       {
7           center_.Print();     // 멤버 객체 center_의 사용
8           cout << "반지름 : " << radius_ << endl;
9       }
10
11  private :
12      class Point              // 내포 클래스
13      {
14      public :
15          Point(int x = 0, int y = 0) : x_(x), y_(y) {}
16          void Move(int x, int y) { x_ += x; y_ += y; }
17          void Print() { cout << "중심 : (" << x_ << ", " << y_ << ")" << endl; }
18
19      private :
20          int x_;
21          int y_;
22      };
23
24      Point center_;           // 내포 클래스 객체를 멤버 객체로 선언
25      double radius_;
26  };
27
28  int main()
29  {
30      Circle cir(3, 4, 5);
31      cir.Print();
32
33      return 0;
34  }
```

• **실행 결과**

```
중심 : (3, 4)
반지름 : 5
```

12~22라인에 Point 클래스 선언이 Circle 클래스 내에 포함되어 있다. 이제 Circle 클래스에서는 멤버 변수 또는 멤버 함수의 지역 변수로 Point 클래스 객체를 생성하여 사용할 수 있다. 바로 24라인에서 멤버 변수로 Point 클래스 객체를 선언하여 사용하는 예를 보여주고 있다.

예제 7.22 | 내포 클래스의 객체 선언 및 사용

[예제 7.21]의 경우에 Circle 클래스 이외의 영역에서는 Point 클래스를 사용할 수 없다. 이유는 Point 클래스가 Circle의 private 영역에 포함되어 있기 때문이다. 만약 Point 클래스가 Circle 클래스의 public 영역에 선언되어 있다면, Circle 클래스 이외의 영역에서도 Point 클래스 객체를 생성하고 사용할 수 있다. 단, Point 클래스는 Circle 영역 내에 포함되어 있으므로 Circle::Point와 같이 접근하여야만 한다.

이 예제에서는 [예제 7.21]의 Point 클래스를 Circle 클래스의 public 영역에 선언한 후, main 함수에서 Point 클래스 객체를 생성하고 사용하는 예를 살펴보자.

```
1   class Circle
2   {
3   public :
4       Circle(int x, int y, double radius) : radius_(radius) { center_.Move(x, y); }
5       void Print()
6       {
7           center_.Print();                    // 멤버 객체 center_의 사용
8           cout << "반지름 : " << radius_ << endl;
9       }
10
11      class Point                             // 내포 클래스
12      {
13      public :
14          Point(int x = 0, int y = 0) : x_(x), y_(y) {}
15          void Move(int x, int y);
16          void Print();
17
18      private :
19          int x_;
20          int y_;
21      };
22
23  private :
24      Point center_;                          // 내포 클래스 객체를 멤버 객체로 선언
25      double radius_;
26  };
27
28  void Circle::Point::Move(int x, int y)  // 내포 클래스 멤버 함수의 외부 정의
29  {
30      x_ += x;
31      y_ += y;
32  }
33
34  void Circle::Point::Print(void)
35  {
36      cout << "중심 : (" << x_ << ", " << y_ << ")" << endl;
37  }
38
```

```
39  int main()
40  {
41      Circle cir(3, 4, 5);
42      cir.Print();
43
44      Circle::Point pt(100, 200);            // 내포 클래스 객체 생성
45      pt.Print();
46
47      return 0;
48  }
```

• **실행 결과**

```
중심 : (3, 4)
반지름 : 5
중심 : (100, 200)
```

11~21라인과 같이 Point 클래스는 public 영역에 선언되어 있으며, 이에 따라 44라인과 같이 Circle 이외의 영역에서도 Point 클래스 객체를 선언하여 사용할 수 있다. Point 클래스의 이름이 Circle::Point임에 주의하도록 하라. 아울러 이 예제는 28~37라인과 같이 내포 클래스의 경우에도 내부 정의뿐만 아니라 외부 정의가 가능함을 보여주고 있는데, Circle:Point::Move와 같이 Circle 클래스 내에 포함되어 있음을 명시하여야 한다. 내포 클래스의 외부 정의는 해당 내포 클래스가 private 영역에 선언되어 있을 경우에도 가능하다.

실전에 있어서 내포 클래스가 자주 사용되는 것은 아니지만, 특정 클래스 내에서만 사용되는 클래스가 있을 경우에 그 클래스 내에 선언하고 사용함으로써 프로그램의 복잡도를 최소화하는 경우를 볼 수 있다.

7.10 지역 클래스 선언

예제 7.23 : Point 클래스를 main 함수의 지역 클래스로 선언하기

클래스는 어떤 지역(함수 또는 제어문) 내부에 선언될 수도 있는데 이와 같은 클래스를 지역 클래스(local class)라고 한다. 지역 클래스를 만들 경우에는 멤버 함수의 내부 정의만을 허용하고 외부 정의를 허용하지 않는다. 또한 지역 클래스는 그 지역 내에서만 사용할 수 있다.

Point 클래스를 main 함수의 지역 클래스로 선언하고 객체를 만들어 사용해 보자.

```
1   int main()
2   {
3       class Point      // 지역 클래스 선언, main 함수 내에서만 사용 가능
4       {
```

```
5         public :
6             Point(int x, int y) : x_(x), y_(y) {}
7             void Print() { cout << "(" << x_ << ", " << y_ << ")" << endl; }
8 
9         private :
10            int x_, y_;
11        };
12
13        Point pt1(1, 2);
14        pt1.Print();
15
16        return 0;
17    }
```

• **실행 결과**

```
(1, 2)
```

main 함수 내인 3~11라인에 Point 클래스를 선언하였으며 13라인에서 Point 객체를 선언하여 사용하고 있다. 당연한 얘기지만 Point 클래스 객체를 생성하기 전에 클래스 선언이 되어 있어야만 한다.

7.11 static 멤버

static 멤버 변수와 static 멤버 함수

클래스 멤버로 static 멤버 변수와 static 멤버 함수가 올 수 있다. static 멤버는 클래스 단위의 전역 변수 또는 전역 함수 역할을 하는 것으로서 각각 클래스 변수, 클래스 함수라고도 불린다.

static 멤버 변수는 기존 멤버 변수와는 달리 각 객체별로 생성되는 것이 아니라 클래스당 단 하나만 생성된다. static 멤버에 대해서는 특정 객체를 통해서도 접근이 가능하지만 클래스 이름을 통해서도 접근이 가능하다. 단, 당연히 public 멤버일 경우에 한해서다. 객체를 통하든 클래스명을 통하든 모두 동일한 멤버 변수를 의미한다. 한 가지 주의할 사항은 static 멤버 변수가 생성되는 시점이다. static 멤버 변수는 명시적으로 해당 변수를 초기화하는 과정을 거쳐야만 생성되며 그 이후로 사용이 가능하게 된다.

static 멤버 함수는 static 멤버(멤버 변수 또는 멤버 함수)에만 접근이 가능하며 static 멤버 변수와 마찬가지로 객체 또는 클래스명을 통해 호출이 가능하다. 물론 public 멤버일 경우에 한해서다.

 **예제 7.24 | Point 클래스에 static 멤버 변수와 static 멤버 함수 추가**

Point 클래스에 static 멤버 변수와 static 멤버 함수를 추가하고 사용하는 예를 살펴보도록 하자.

```
1   class Point
2   {
3   public :
4       Point(int x = 0, int y = 0) : x_(x), y_(y) { count_++; }
5       ~Point() { count_--; }
6       void Print() { cout << "(" << x_ << ", " << y_ << ")" << endl; }
7       static int GetCount() { return count_; }        // static 멤버 함수
8   
9   private :
10      int x_, y_;
11      static int count_;      // static 멤버 변수
12  };
13  
14  int Point::count_ = 0;      // 초기 값이 없을 경우 0으로 초기화
15  
16  int main()
17  {
18      Point pt1(1, 2);
19      Point *pt2 = new Point(3, 4);
20  
21      cout << "count : " << Point::GetCount() << endl; // static 함수 호출
22      delete pt2;
23      cout << "count : " << pt1.GetCount() << endl;
24  
25      return 0;
26  }
```

• 실행 결과

```
count : 2
count : 1
```

11라인에서 static 멤버 변수를 선언하였으며 14라인과 같이 명시적 초기화를 통해 이 변수를 생성하였다. 초기화 문법은 count_ 변수의 앞에 클래스명과 범위 지정 연산자(::)를 추가하면 된다. 만약 초기 값이 주어지지 않는다면 자동으로 0으로 초기화된다.

7라인의 GetCount 함수는 static 멤버 변수인 count_의 값을 읽어오기 위한 함수이다. 만약 GetCount 함수 내에서 비정적 멤버 변수인 x_값에 대해 읽거나 쓰기 위해 접근한다면 바로 컴파일 에러가 발생하게 된다. static 멤버 함수는 static 멤버에만 접근이 가능하기 때문이다.

21, 23라인은 각각 클래스명을 통해 GetCount 함수를 호출하는 예와 객체를 통해 호출하는 예를 보인 것이다. 두 경우 모두 동일한 count_ 멤버 변수의 값이 반환된다.

이 예제는 static 멤버에 대한 재미있는 예를 보여 주고 있다. static 멤버 변수인 count_의 값은 생성자가 수행될 때, 즉 객체가 생성될 때 1씩 증가하며, 소멸자가 수행될 때, 즉 객체가 소멸될 때 1씩 감소한다(4, 5라인). 따라서 count_의 값은 현재 생성되어 있는 Point 클래스 객체의 개수를 나타내는 것이다. 수

행 결과를 보면 delete를 통해 객체가 하나 소멸된 후 count의 값이 1이 됨을 확인할 수 있다.

7.12 const 멤버와 const 객체

예제 7.25 | Circle 클래스에 const 멤버 함수와 const 멤버 변수 추가하기

const란 변수가 아닌 상수를 선언할 때 사용하는 것임을 잘 알고 있을 것이다. 그런데 클래스의 멤버 변수로 const 변수가 올 수도 있으며 클래스의 멤버 함수로 const 함수가 올 수도 있다.

이 예제에서 Circle 클래스를 만들고 면적을 계산하기 위한 원주율 PI를 const 변수로 선언해 보자. 그리고 원의 면적을 계산하는 멤버 함수인 GetArea를 const 멤버 함수로 만들어 보자.

```
1   class Circle
2   {
3   public :
4       Circle(double radius = 0) : radius_(radius), PI(3.14) {}
        // const 변수 PI 초기화
5       void SetRadius(double radius) { radius_ = radius; }
6       double GetArea() const { return (PI * radius_ * radius_); } // const 함수
7
8   private :
9       double radius_;
10      const double PI;
11  };
12
13  int main()
14  {
15      Circle cir(1);
16      cout << "면적 : " << cir.GetArea() << endl;
17
18      return 0;
19  }
```

- **실행 결과**

```
면적 : 3.14
```

10라인에서는 const 멤버 변수인 PI를 선언하고 있는데 const 멤버 변수라 하여 클래스 내에 다음과 같이 초기화 구문이 들어가서는 안 된다.

```
const double PI = 3.14;
```

그러면 어떻게 초기화해야 할까? const 변수는 해당 변수가 메모리에 생성되는 즉시 어떤 값으로 초기

화되어야만 하고 그 이후로는 값이 변경될 수 없다. 그렇다면 변수 PI가 메모리에 생성될 때 초기화하면 된다. 즉, Circle 객체가 생성될 때 생성자의 멤버 초기화 구문을 사용하여 초기화하면 되는 것이다. 4라인의 생성자에서는 멤버 초기화 구문을 사용하여 const 멤버 변수 PI의 값을 초기화하고 있다.

const 멤버 함수는 6라인에서와 같이 함수명과 함수 몸체 사이에 const 키워드를 삽입함으로써 만들어진다. const 멤버 함수는 멤버 변수의 값을 읽을 수는 있으나 변경할 수는 없다. 따라서 멤버 변수의 주소를 반환하는 것도 안 되며 const 멤버 함수가 아닌 일반 멤버 함수의 호출도 불가능하다. 두 경우 모두 멤버 변수의 값을 변경할 소지가 있기 때문이다. 6라인에 나와 있는 GetArea 함수는 멤버 변수의 값에 대한 읽기만 시도하고 있으므로 const 멤버 함수로서의 자격이 충분하다.

const 멤버 함수는 이 함수를 통해서는 멤버 변수의 값을 변경하지 않겠다는 프로그래머의 의지를 표명한 것이다. 만약 다른 프로그래머가 그 함수를 수정할 때 const 멤버 함수로 되어 있다면 해당 함수 내에서 멤버 변수를 변경할 것인지 말 것인지를 다시 한 번 고려해 볼 것이다. 변경하려고 생각했다면 먼저 const 멤버 함수로부터 const를 삭제하여 일반 멤버 함수로 변경해야만 한다.

예제 7.26 | Circle 클래스에 대한 const 객체 만들기

객체 생성 시 const 키워드를 앞에 추가할 수 있는데 이를 const 객체라고 한다. const 객체는 const 변수와 성격이 유사하다. const 객체는 멤버 변수의 값이 한 번 결정되면 그 이후로는 값을 변경할 수 없다. 이를 보장하기 위해 멤버 함수들 중 const 멤버 함수 이외의 멤버 함수에 대한 호출이 불가능하도록 되어 있다.

다음 코드는 [예제 7.25]의 Circle 클래스로부터 const 객체를 생성하는 예를 보여주고 있다. 3라인에서 const 객체를 선언하고 있으며 5라인에서 const 멤버 함수인 GetArea 함수를 호출하고 있다. 그러나 4라인과 같이 const 멤버 함수가 아닌 일반 멤버 함수인 SetRadius 함수를 호출할 수는 없다.

```
1  int main()
2  {
3      const Circle cir(1);                            // const 객체
4      // cir.SetRadius(2);                            // X, 비const 함수 호출 불가
5      cout << "면적 : " << cir.GetArea() << endl;   // const 함수 호출 가능
6
7      return 0;
8  }
```

연습문제 | 7.9

정사각형과 원을 동시에 표현할 수 있는 Shape 클래스를 만들어 보자. Shape 클래스는 멤버 변수로 정사각형 또는 원을 의미하는 타입 변수(int type_)를 가지고 있으며, double형 변수 하나(double len_)를 통해 정사각형의 경우 한 변의 길이를 나타내고 원의 경우 반지름을 나타내도록 하라. 원의

경우 반지름을 나타내도록 하라. 생성자를 통해 타입과 한 변의 길이(반지름)를 지정할 수 있으며 멤버 함수로는 각 도형의 면적을 계산하는 GetArea 함수가 있다.

이때 도형의 타입 값으로 정사각형은 1, 원은 2로 가정하라. 원의 면적 계산을 위한 PI 값은 const 멤버 변수로 선언하라. 그리고 현재 생성된 객체들 중 각 타입의 도형이 몇 개인지 알 수 있도록 static 멤버 변수를 사용해 보라.

다음 main 함수와 실행 결과를 참고하라.

```
1   int main()
2   {
3       Shape shape1(1, 5);                    // 정사각형
4       Shape shape2(2, 5);                    // 원
5       Shape *p_rect = new Shape[3];          // 디폴트로 정사각형
6
7       cout << "사각형 개수    : " << Shape::GetRectCount() << endl;
8       cout << "원 개수        : " << Shape::GetCircleCount() << endl;
9       cout << "shape1의 면적 : " << shape1.GetArea() << endl;
10
11      delete [] p_rect;
12
13      cout << "사각형 개수    : " << Shape::GetRectCount() << endl;
14      cout << "원 개수        : " << Shape::GetCircleCount() << endl;
15      cout << "shape2의 면적 : " << shape2.GetArea() << endl;
16
17      return 0;
18  }
```

• **실행결과**

```
사각형 개수    : 4
원 개수        : 1
shape1의 면적 : 25
사각형 개수    : 1
원 개수        : 1
shape2의 면적 : 78.5
```

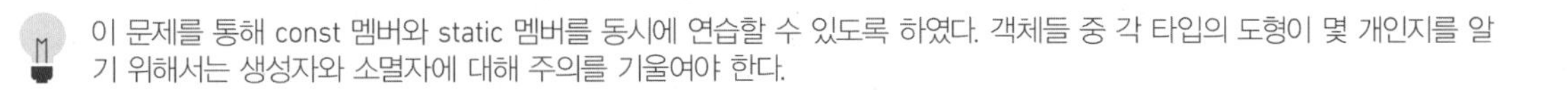
이 문제를 통해 const 멤버와 static 멤버를 동시에 연습할 수 있도록 하였다. 객체들 중 각 타입의 도형이 몇 개인지를 알기 위해서는 생성자와 소멸자에 대해 주의를 기울여야 한다.

Note

7.13 explicit 생성자

예제 7.27 | explicit 생성자에 대한 객체 생성 방법

생성자를 만들 때 explicit 키워드를 생성자 앞에 추가하면 explicit 생성자가 된다. explicit 생성자를 사용하여 객체를 생성할 경우에는 Point pt = 3;과 같은 묵시적 형변환에 의한 객체 생성을 할 수 없게 된다.

다음 프로그램의 13~16라인의 객체 생성들 중 불가능한 경우가 어떤 것인지 살펴봄으로써 다시 한 번 이에 대해 확인해 보도록 하자.

```
1   class Number
2   {
3   public :
4       Number() : x_(0) {};
5       explicit Number(int x) : x_(x) {}
6
7   private :
8       int x_;
9   };
10
11  int main()
12  {
13      Number num1;                  // Ok!
14      Number num2(1);               // Ok!
15      Number num3 = Number(2);      // Ok!
16      Number num4 = 3;              // No! 불가능
17
18      return 0;
19  }
```

5라인에서 int 값 하나를 매개변수로 받는 생성자를 explicit 생성자로 선언하였다. 따라서 16라인과 같이 묵시적 형변환에 의해 int 값 3이 Number 객체로 변환된 후 객체 초기화가 수행되는 객체 생성은 더 이상 불가능하다.

복사 생성자

7장에서는 객체 배열, 객체 포인터, this 포인터, friend, static, const 등 클래스와 관련된 다양한 주제에 대해 설명하였다. 이제부터는 지금까지 다루지 않은 주제들 중에 복사 생성자, 연산자 오버로딩, 상속에 대해 차례로 다룰 것이다. 그런데 이 주제들은 7장의 다양한 주제들과는 달리 각 주제마다 다루어야 될 내용들이 많이 포함되어 있다. 따라서 각 주제별로 하나의 장 또는 2개의 장에 걸쳐 설명할 것이다. 먼저 이 장에서는 복사 생성자에 대해 학습해 보기로 하자. 복사 생성자는 생성자의 한 종류로서 C++ 프로그램을 작성하다 보면 자신도 모르는 사이에 이것을 사용하게 된다. 그러나 경우에 따라서는 복사 생성자를 용도에 맞게 사용해야만 프로그램이 제대로 동작하게 된다. 따라서 우리는 복사 생성자의 세부적인 작성 방법 및 사용 방법을 이해하고 있어야만 한다. 지금부터 복사 생성자가 무엇인지 어떻게 사용하는 것인지 살펴보도록 하자.

8.1 객체의 생성과 대입

예제 8.1 | 객체의 생성 복습

int형 변수 1개를 선언하는 동시에 특정 값으로 초기화하는 방법은 다음 두 가지 방식이 있다.

```
int num = 3;
int num(3);
```

첫 번째 방법은 기존 C 언어에서의 변수 선언 및 초기화 방법이며 두 번째 방법은 C++ 언어에서 추가된 방법이다. 두 번째 방법을 보면 int형과 같은 기본 타입들 역시 클래스와 유사한 방식으로 생성될 수 있다는 느낌을 받을 수 있다.

이 예제에서는 클래스 객체의 생성에 대해 복습을 하고 넘어가도록 하자.

x_, y_를 포함하는 Point 클래스를 작성하되 생성자로는 1개의 int형 값을 매개변수로 전달받아 x_, y_ 모두 해당 값으로 초기화하는 생성자만을 포함하도록 하자. 그리고 이 생성자를 통해 객체를 생성하는 다양한 모양을 관찰해 보자.

```
1   class Point
2   {
3   public :
4       Point(int num) : x_(num), y_(num) { }
5       void Print() { cout << "(" << x_ << ", " << y_ << ")" << endl; }
6
7   private :
8       int x_, y_;
9   };
10
11  int main()
12  {
13      Point pt1(3);
14      Point pt2 = Point(4);
15      Point pt3 = 5;
16
17      pt1.Print();
18      pt2.Print();
19      pt3.Print();
20
21      return 0;
22  }
```

- 실행 결과

```
(3, 3)
(4, 4)
(5, 5)
```

13, 14, 15라인의 객체 생성 중 가장 일반적인 방법은 첫 번째이며 두 번째 방법은 객체 배열 생성 시 초기화를 위해 많이 사용하는 것이다. 세 번째는 생성자의 매개변수가 1개일 경우 적용 가능한 초기화 방법으로서 묵시적 형변환에 의해 5가 Point(5)로 변환된 후 초기화가 수행된다.

예제 8.2 | 복사 생성과 대입의 구별

복사 생성과 대입에 대한 예를 통해 둘 사이의 차이를 알아보도록 하자. Point 클래스는 [예제 8.1]의 코드를 그대로 사용한다.

```
1   int main()
2   {
3       Point pt1(3);         // 객체 생성, P1 : (3, 3)
4       Point pt2(4);         // 객체 생성, P2 : (4, 4)
5       Point pt3 = pt2;      // 복사 생성, P3 : (4, 4)
6       Point pt4(pt2);       // 복사 생성, P4 : (4, 4)
7
8       pt1 = pt2;            // 객체 대입, P1 : (4, 4)
9
10      pt1.Print();
11      pt2.Print();
12      pt3.Print();
13      pt4.Print();
14
15      return 0;
16  }
```

- **실행 결과**

```
(4, 4)
(4, 4)
(4, 4)
(4, 4)
```

3, 4라인에서는 매개변수가 1개인 생성자를 통해 pt1과 pt2를 각각 (3, 3)과 (4, 4)로 초기화하고 있다. 5라인과 6라인은 둘 다 기존 객체인 pt2를 바탕으로 초기화를 하고 있는데 이 둘은 모양만 다를 뿐 동일한 의미이다. 따라서 pt3, pt4 객체의 x_, y_ 값은 pt2와 같이 (4, 4)일 것으로 예상된다. 8라인은 pt2 객체의 값을 pt1 객체로 대입하고 있으므로 pt1 객체 역시 (4, 4)가 될 것으로 예상된다.

출력 결과를 확인해 보자. pt1, pt2, pt3, pt4 객체 모두 (4, 4)가 되어 있다. 예상한 결과와 동일하다.

[예제 8.1]과 [예제 8.2]를 통해 객체의 생성과 객체의 대입을 구별해 보자. [예제 8.1]에서 13~15라인은 모두 객체의 생성이며 [예제 8.2]에서 3~6라인 역시 객체의 생성이다. 반면에 [예제 8.2]에서 8라인은 객체의 대입이다.

객체의 생성과 대입을 구분하는 이유는 객체의 생성 시에는 이미 배워서 알고 있는 것처럼 생성자라는 멤버 함수가 동작하게 되어 있고, 객체의 대입 시에는 대입 연산자라는 멤버 함수가 동작하게 되어 있는데, 이때 필요하다면 생성자와 대입 연산자를 직접 만들어야만 하기 때문이다. 특히 [예제 8.2]의 5, 6라인과 같이 기존 객체를 기반으로 새로운 객체를 생성하는 경우를 복사 생성이라 하는데, 이때 복사 생성자라고 하는 특수한 생성자가 동작하게 되어 있다.

[예제 8.2] 8라인의 대입 연산과 관련하여 "pt2의 값이 pt1로 대입된다"라고 했는데 이에 대해 좀 더 자세히 분석해 보도록 하자. 대입 과정은 [그림 8.1]과 같다. 객체 pt1과 pt2는 각각 별도의 멤버 변수들을 가지고 있으며 별도의 메모리를 차지하고 있다. pt1 = pt2의 대입 연산이 일어날 경우 pt2의 각 멤버 변수의 값이 그대로 pt1의 대응되는 멤버 변수로 대입되며, 이와 같은 대입 방식을 멤버 단위 복사(member-wise copy)라고 부른다.

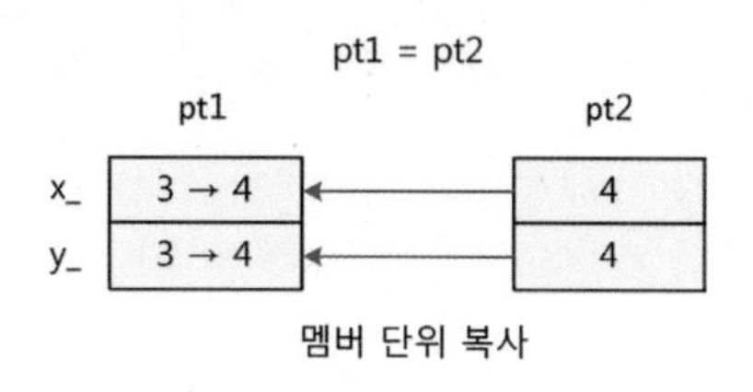

○ 그림 8.1 대입 연산의 멤버 단위 복사

[예제 8.2]의 5라인 Point pt3 = pt2;와 같은 복사 생성의 경우에도 [그림 8.1]과 동일한 방식으로 멤버 변수의 초기화가 이루어진다. 즉, pt2의 x_, y_ 값이 pt3의 x_, y_값으로 그대로 복사되는 것이다. 다시 한 번 얘기하지만 [예제 8.2]의 5라인의 경우 모양 자체는 대입과 동일하게 생겼지만, 대입이 아니라 복사 생성임에 주의해야 한다.

예제 8.3 | 객체의 복사 생성 및 대입 시 멤버 단위 복사의 문제점

[예제 8.2]를 통해 알아본 객체의 복사 생성 또는 대입 시의 기본 동작 방식인 멤버 단위 복사의 개념은 어렵지도 않고 이상하지도 않다. 당연히 멤버 단위로 복사되어야 한다. 그런데 경우에 따라서는 멤버 단위 복사로 인해 큰 문제가 발생할 수도 있다. 이 예제는 멤버 단위 복사로 인해 문제가 발생할 수 있는 예를 보여주고 있다.

C 언어에서는 문자열을 다루는 것이 상당히 불편하게 느껴질 수 있다. 그래서 String이라는 클래스를 만들어 좀 더 편하게 문자열을 다루어 보고자 한다. 궁극적으로는 문자열 2개를 연결하기 위해 str1 + str2와 같은 산술식을 사용할 수 있도록 만들려고 한다. 다음 장인 9장을 마치고 나면 이것이 어떻게 가능한지를 알 수 있게 될 것이다. 여기서는 String 클래스 객체의 생성과 대입에만 초점을 맞추어 보자.

```
1   #include <iostream>
2   #include <cstring>       // strlen, strcpy 함수
3   using namespace std;
4
5   class String
6   {
```

```
7   public :
8       String(char *str = "Unknown")
9       {
10          len_ = strlen(str);
11          str_ = new char[len_ + 1];
12          strcpy(str_, str);
13      }
14      ~String() { delete [] str_; }
15      void Print() { cout << str_ << endl; }
16
17  private :
18      int len_;           // 문자열의 길이
19      char *str_;         // 문자열 포인터
20  };
21
22  int main()
23  {
24      String str1 = "C++ Programming";
25      String str2 = str1;         // 복사 생성
26      String str3;
27
28      str3 = str1;                // 대입 연산
29
30      str1.Print();
31      str2.Print();
32      str3.Print();
33
34      return 0;
35  }
```

• **실행 결과**

```
C++ Programming
C++ Programming
C++ Programming
```

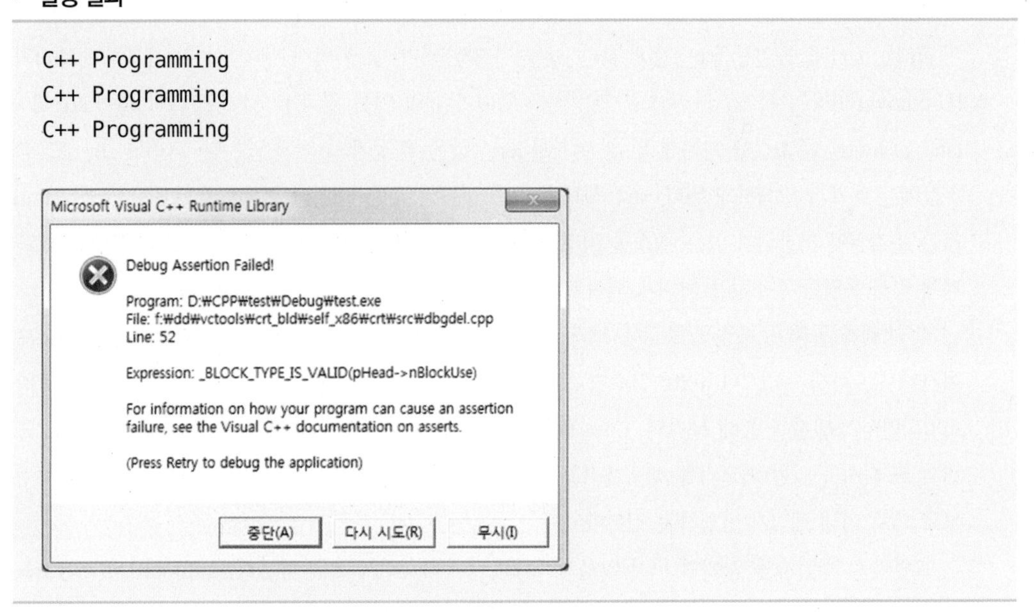

18라인에서는 현재 문자열의 길이를 저장할 수 있도록 int형 변수를 선언하고 있으며, 19라인에서는 문자열을 처리하기 위해서 내부적으로 char 포인터를 가지고 있다. 8라인의 생성자에서는 전달된 문자열을 저장하기 위해 메모리를 할당받고(new) strcpy 함수를 통해 문자열을 복사한다. 14라인의 소멸자에서는 해당 객체가 소멸될 때 동적으로 할당받은 메모리를 해제한다. 24, 26라인은 8라인의 생성자에 의한 생성이고 25라인은 복사 생성이며 28라인은 대입 연산이다.

이 예제를 컴파일하고 수행해 보면 str1, str2, str3의 문자열을 출력한 후에 에러가 발생함을 알 수 있다. 이 프로그램은 어디서 잘못된 것일까? String 객체인 str1, str2, str3의 메모리 구조를 그림으로 표현하면 [그림 8.2]와 같다. (a)는 대입 연산을 수행하기 전인 26라인까지의 수행 결과이며 (b)는 대입 연산을 수행한 후의 결과이다.

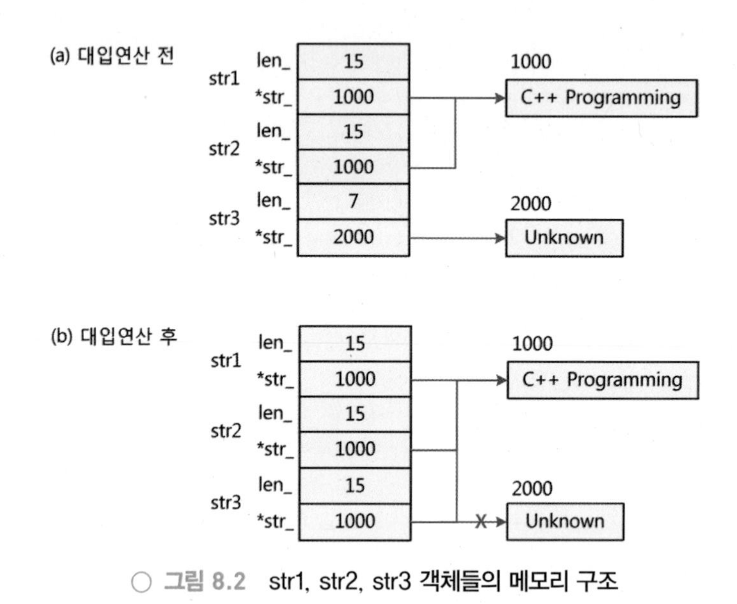

○ 그림 8.2 str1, str2, str3 객체들의 메모리 구조

복사 생성과 대입 연산 시에는 멤버 단위 복사가 일어난다고 하였다. 따라서 [그림 8.2](a)와 같이 str2는 str1과 동일한 len_ 값과 str_ 값을 가지게 되며, str3 역시 생성 시에는 [그림 8.2](a)와 같이 "Unknown"이라는 문자열의 주소를 저장하고 있다가 대입 연산 결과 [그림 8.2](b)와 같이 str1과 동일한 len_ 값과 str_ 주소값을 가지게 된다. 여기서 len_ 값은 별 문제가 되지 않는다. 그러나 str_ 포인터의 주소값에는 문제가 발생하게 된다. str1 객체의 멤버 변수인 str은 포인터 변수로서 "C++ Programming"이라는 문자열이 저장되어 있는 주소를 저장하고 있다. 그런데 복사 생성과 대입 연산의 결과로 str2와 str3 객체 역시 동일한 주소값을 가지게 되어 모두 동일한 주소를 가리키게 되는 것이다.

각 객체를 통해 문자열을 출력해 보면 별 문제 없이 "C++ Programming"이라는 문자열이 출력된다. 여기까지는 문제가 없으나 main 함수가 종료될 때 문제가 발생한다. 먼저 생성 순서의 역순인 str3이 먼저 소멸되면서 소멸자를 통해 문자열 "C++ Programming"의 메모리를 해제한다. 그러고 나서 str2가 소멸되면서 또 다시 동일한 메모리를 해제하려고 한다. 그러나 이미 해제된 메모리를 또 다시 해제할 수는 없으므로 이로 인해 에러가 발생하는 것이다.

그렇다고 "소멸자를 없애면 되지 않을까?"라고 생각하지 않았으면 좋겠다. malloc이 있으면 free가 있어야 하고 new가 있으면 delete가 있어야 하는 것은 당연한 일이다. 동적으로 생성된 메모리는 언젠가는 어딘가에서 해제해 주어야만 한다.

이 예제의 문제점을 정리하면 다음과 같다. 첫 번째는 "C++ Programming" 문자열이 저장되어 있는 메모리 주소를 여러 개의 객체가 동시에 가리키고 있다는 것이다. 두 번째는 str3이 가리키고 있던 "Unknown" 문자열의 메모리를 더 이상 어떤 객체도 가리키고 있지 않다는 것이다.

이러한 문제가 발생한 이유는 객체의 복사 생성과 대입 연산 시 멤버 단위 복사를 사용했기 때문이다. 따라서 해결 방법 역시 복사 생성과 대입 연산 시 멤버 단위 복사를 하지 않고 주어진 문제에 맞게 복사 작업을 수행하도록 만드는 것이다.

클래스 내에서 포인터 변수를 통해 메모리를 동적으로 할당하고 해제하는 일은 매우 흔한 일이다. 따라서 이와 같은 문제를 반드시 해결하고 넘어가야만 한다. 복사 생성과 대입 연산 시 모두 이와 같은 문제가 발생할 수 있다. 복사 생성에 의한 문제 해결 방안은 이 장에서 설명할 것이고 대입 연산에 의한 문제 해결 방안은 9.10절에서 설명할 것이다.

연습문제 | 8.1

다음 프로그램의 문제점이 무엇인지 메모리 구조와 관련하여 설명해 보라.

```
1  class Array
2  {
3  public :
4      Array(int count = 1)
5      {
6          count_ = count;
7          ary_ = new int[count_];
8          for (int i = 0; i < count_; i++) ary_[i] = i;
9      }
10     ~Array() { delete [] ary_; }
11     void Print()
12     {
13         for (int i = 0; i < count_; i++) cout << ary_[i] << " ";
14         cout << endl;
15     }
16
17 private :
18     int *ary_;
19     int count_;
20 };
21
22 int main()
23 {
24     Array *ary1 = new Array(3);
25     Array ary2(*ary1);
```

```
26      Array ary3;
27      ary3 = *ary1;
28
29      ary1->Print();
30      ary2.Print();
31      ary3.Print();
32
33      delete ary1;
34
35      return 0;
36  }
```

기본적인 문제점은 [예제 8.3]과 동일하지만 객체를 동적으로 생성하였기 때문에 전체적인 메모리 구조나 에러가 발생하는 시점이 다를 수 있다. 이 문제를 통해 복사 생성과 대입 연산의 디폴트 동작 방식에 대해 이해하도록 하라.

Note

8.2 객체의 값에 의한 전달

예제 8.4 | Point 클래스 객체의 값에 의한 전달 시 복사 생성 발생

프로그램을 작성할 때 복사 생성이 가장 빈번히 발생하는 경우는 함수 매개변수 전달 시 객체를 값에 의한 전달을 통해 전달하는 경우이다. 이 예제를 통해 함수 매개변수 전달 시 Point 객체를 값에 의한 전달로 전달하는 예를 살펴보자.

```
1   class Point
2   {
3   public :
4       Point(int x = 0, int y = 0) : x_(x), y_(y) {}
5       void Print() { cout << "(" << x_ << ", " << y_ << ")" << endl; }
6
7   private :
8       int x_, y_;
9   };
10
11  void ShowPoint(Point pt)     // 값에 의한 객체 전달
12  {
13      pt.Print();
```

```
14  }
15
16  int main()
17  {
18      Point pt1(1, 2);
19      ShowPoint(pt1);          // 값에 의한 객체 전달
20
21      return 0;
22  }
```

• 실행 결과

```
(1, 2)
```

11라인의 ShowPoint 함수는 Point 객체를 값에 의한 전달로 전달받고 있다. 19라인에서는 ShowPoint 함수를 호출하면서 실매개변수인 pt1 객체를 전달하고 있다. 프로그램 실행에도 문제가 없다.

이 예제의 11라인에 있는 형식매개변수인 pt 객체는 매개변수 전달 시 새로 생성되는 객체로서 19라인의 함수 호출을 통해 pt1 객체를 기반으로 생성되며, 이는 [그림 8.3]과 같이 Point pt(pt1)을 수행하는 것과 동일하다. 따라서 복사 생성이 일어나게 되며 복사 생성의 디폴트 동작 방식인 멤버 단위 복사가 수행되는 것이다.

Point 클래스의 복사 생성 시에는 멤버 단위 복사만으로 충분하다. 그러나 8.1절에서 살펴 본 바와 마찬가지로 멤버 단위 복사만으로는 해결되지 않는 문제가 발생할 수 있다.

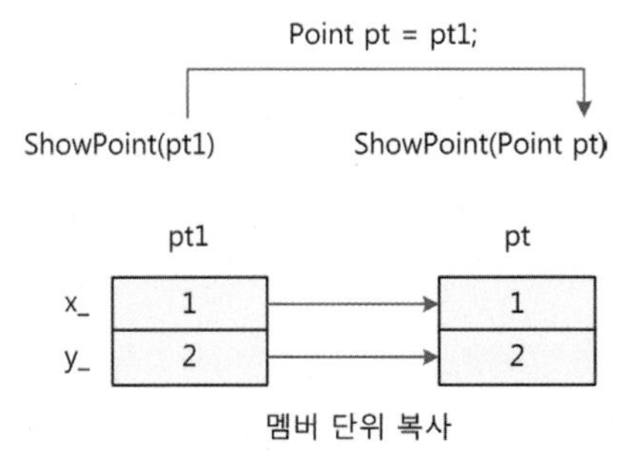

○ 그림 8.3 값에 의한 전달의 메모리 구조

예제 8.5 | String 클래스 객체의 매개변수 전달 시 복사 생성 발생 및 문제점

[예제 8.4]에서 Point 클래스를 String 클래스로 대치하여 재작성해 보자. 전체적인 흐름은 [예제 8.4]와 동일하다. 이 예제를 통해 복사 생성과 관련하여 8.1절에서 살펴본 바와 같은 동일한 문제가 발생할 수 있음을 이해하도록 하자.

```
1   #include <iostream>
2   #include <cstring>      // strlen, strcpy 함수
3   using namespace std;
4
5   class String
6   {
7   public :
8       String(char *str = "Unknown")
9       {
10          len_ = strlen(str);
11          str_ = new char[len_ + 1];
12          strcpy(str_, str);
13      }
14      ~String() { delete [] str_; }
15      void Print() { cout << str_ << endl; }
16
17  private :
18      int len_;                   // 문자열의 길이
19      char *str_;                 // 문자열 포인터
20  };
21
22  void ShowString(String str)     // 값에 의한 전달
23  {
24      str.Print();
25  }
26
27  int main()
28  {
29      String str1 = "C++ Programming";
30      ShowString(str1);
31
32      return 0;
33  }
```

• **실행 결과**

```
C++ Programming
```

Microsoft Visual C++ Runtime Library

Debug Assertion Failed!

Program: D:₩CPP₩test₩Debug₩test.exe
File: f:₩dd₩vctools₩crt_bld₩self_x86₩crt₩src₩dbgdel.cpp
Line: 52

Expression: _BLOCK_TYPE_IS_VALID(pHead->nBlockUse)

For information on how your program can cause an assertion failure, see the Visual C++ documentation on asserts.

(Press Retry to debug the application)

중단(A) 다시 시도(R) 무시(I)

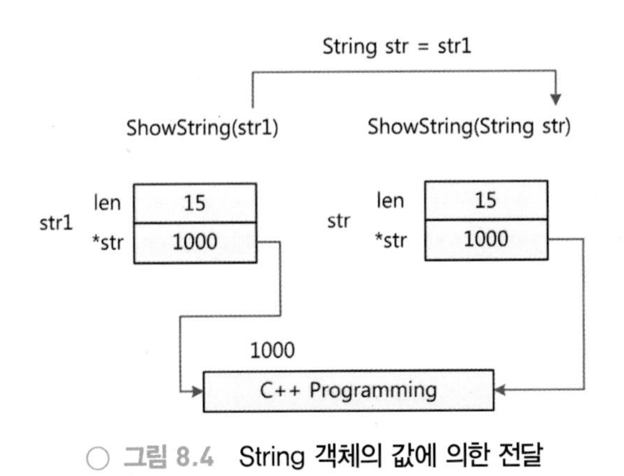

○ 그림 8.4 String 객체의 값에 의한 전달

22라인에서 ShowString 함수는 String 객체를 값에 의한 전달로 받고 있으며 30라인에서 str1 객체를 전달하고 있다.

프로그램을 실행해 보면 [예제 8.3]과 마찬가지로 수행 중 에러가 발생한다. 어디서 잘못된 것일까? [예제 8.3]의 문제점을 제대로 인식하고 있다면 여기에서의 문제점도 쉽게 분석이 가능할 것이다. [그림 8.4]는 ShowString 함수 호출 시 발생하는 문제를 나타낸 것이다.

str1 객체로부터 str 객체로의 복사 생성이 일어나게 되는데, str의 멤버 변수값은 멤버 단위 복사에 의해 str1의 멤버 변수와 동일한 값을 가지게 된다. 따라서 str 객체의 str_ 포인터 변수는 str1과 마찬가지로 "C++ Programming"의 문자열이 저장된 주소를 가리키게 된다. str.Print()를 통해 문자열을 출력해 보면 별 문제 없이 문자열이 출력되는 것을 알 수 있다. 문제는 그 다음으로 ShowString 함수가 종료될 때 발생한다. 형식매개변수인 str 객체는 ShowString 함수 내에서의 지역 변수이므로 함수가 종료될 때 소멸하게 된다. 따라서 소멸자가 호출되며 소멸자를 통해 현재 가리키고 있는 문자열이 저장된 메모리가 해제된다. 함수가 반환된 후 main 함수가 종료될 때 main 함수의 지역 변수인 str1 객체 역시 소멸되며 이때도 소멸자가 호출된다. 그런데 소멸자에서 문자열이 저장된 메모리를 해제하려 하지만 이미 해제가 되었기 때문에, 이는 유효하지 못한 처리가 되어 에러가 발생하게 된다.

이 상황은 [예제 8.3]에서 발생한 상황과 동일하며 이 문제 역시 복사 생성자의 명시적 구현을 통해 해결될 수 있다. 8.3절부터 복사 생성자에 대해 살펴보도록 하자.

연습문제 | 8.2

다음 프로그램의 지역 객체들에 대한 메모리 구조를 설명해 보고 출력 결과가 무엇인지, 문제가 있다면 왜 문제가 발생하는지에 대해 설명해 보라. [예제 8.5]의 String 클래스를 그대로 사용한다고 가정하라.

```
1  void ShowString(String str, int count)
2  {
3      if (count <= 0)
```

```
4            return;
5
6        cout << "count : " << count << endl;
7        str.Print();
8        ShowString(str, count - 1);
9    }
10
11   int main()
12   {
13       String str1 = "C++ Programming";
14       ShowString(str1, 3);
15
16       return 0;
17   }
```

ShowString 함수는 재귀호출을 사용하고 있다. 출력 결과와 함께 언제, 어디서, 왜 에러가 발생하는지 정확한 메모리 구조를 설명할 수 있어야 한다.

Note

8.3 복사 생성자

복사 생성자의 모양

복사 생성 시에는 복사 생성자(copy constructor)라고 하는 특수한 생성자가 호출된다. 우리는 이미 복사 생성이 발생하는 상황을 알고 있으므로 이로부터 복사 생성자의 모양을 유추해 볼 수 있을 것 같다. 객체가 복사 생성되는 경우를 살펴보도록 하자. 우선 Point 클래스에 있어서 정수 2개를 매개변수로 전달받는 생성자의 모양을 살펴보자.

```
Point pt1(3, 4);
```

이 경우 생성자의 모양은 다음과 같다.

```
Point(int x, int y);
```

int형 값 2개를 전달받으므로 당연히 int형 변수 2개를 매개변수로 받는 생성자가 필요하다.

이번에는 복사 생성의 경우를 살펴보자. 복사 생성을 통해 객체를 생성하는 구문은 다음과 같다.

```
Point pt2(pt1);
```

```
Point pt2 = pt1;
```

그렇다면 복사 생성자를 유추해 낼 수 있겠는가? 다음과 같이 만들면 될까?

```
Point(Point pt) { x_ = pt.x_; y = pt.y_; }
```

그럴듯하다. Point 객체 1개가 전달되므로 Point 객체 1개를 전달받는 생성자를 만들었다. 그러나 이것은 정답이 아니다. [그림 8.5]를 통해 무엇이 문제인지 살펴보도록 하자.

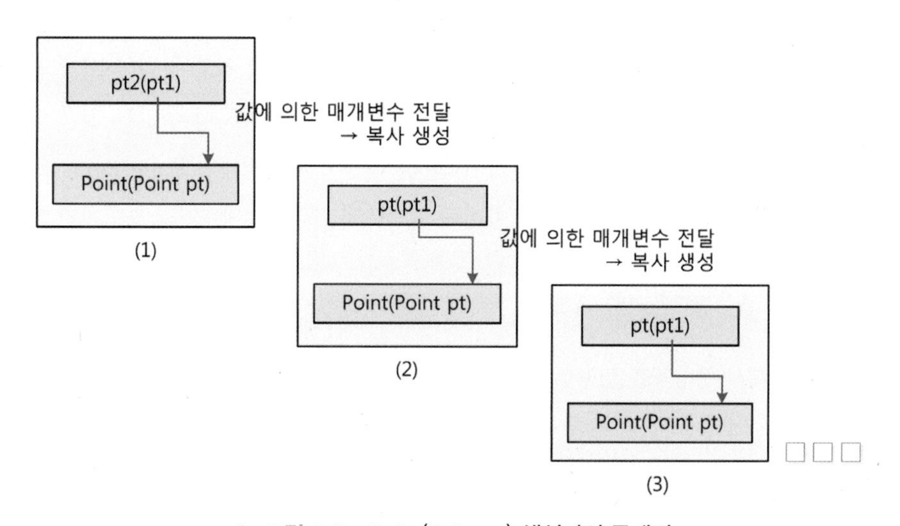

그림 8.5 Point(Point pt) 생성자의 문제점

Point pt2(pt1); 문장을 수행시키면 Point(Point pt); 생성자가 호출된다. 이때 [그림 8.5]의 (1)처럼 실매개변수인 pt1 객체가 형식매개변수인 pt 객체로 전달되는데, 이때의 전달 방식은 값에 의한 전달이다. 그렇다면 pt 객체 입장에서 생각해 보도록 하자. pt 객체 입장에서는 자신이 메모리에 생성되면서 값을 초기화하기 위해 pt1 객체의 값을 그대로 복사해 오고 있다. 이를 알기 쉬운 코드로 작성하면 다음과 같다.

```
Point pt = pt1;
```

자 이렇게 쓰면 어떤 느낌이 드는가? 어! pt 객체는 기존 객체인 pt1 객체를 기반으로 또 다시 복사 생성이 수행되는 것이다. 그러면 이 복사 생성을 수행하기 위해서는 어떻게 해야 하는가? 복사 생성이 수행되니 당연히 복사 생성자 Point(Point pt);가 호출되어야 하고, 이때 형식매개변수 pt 객체는 [그림 8.5]의 (2)처럼 또 다시 실매개변수 pt1 객체를 값에 의한 전달에 의해 전달받게 된다. 그러면 또 다시 (3)처럼 복사 생성이 수행되어야 한다. 이와 같은 식으로 복사 생성자가 무한히 반복 호출되는 것이다.

+복사 생성자가 반복 호출되지 않도록 하기 위해서는 값에 의한 전달이 일어나지 않도록 해야 한다. 어떻게 하면 될까? 답은 바로 다음 구문과 같이 참조에 의한 전달을 사용하는 것이다.

```
Point(Point &pt);
```

+ Key

복사 생성자가 반복 호출되지 않도록 하기 위해서는 값에 의한 전달이 일어나지 않도록 해야 하며 이를 위해 참조에 의한 전달을 사용한다.

이제는 Point pt2(pt1);에 의해서 생성자가 호출되는 경우 형식매개변수인 pt 객체는 실매개변수인 pt1 객체와 동일한 객체가 되며, 그 사이에 어떤 부가적인 동작도 일어나지 않는다.

마지막으로 한 가지만 더 생각해 보도록 하자. Point pt2 = pt1;과 같이 pt2 객체를 초기화할 경우 상식적으로는 pt1의 값은 변하지 않을 것으로 기대된다. 그러나 Point(Point &pt);와 같이 복사 생성자를 만든 경우에 pt의 값을 변경한다 하더라도 컴파일러는 전혀 불평하지 않을 것이다. 이를 방지하고 싶다면 다음과 같이 const 키워드를 추가하면 된다.

```
Point(const Point &pt);
```

일반적인 복사 생성자의 모양은 바로 Point(const Point &pt)와 같이 참조에 의한 전달과 const 키워드를 사용하는 것이다. 그러나 const 키워드를 무조건 사용하도록 제약 사항이 있는 것은 아니다. 따라서 필요하다면, 즉 복사 생성자 내에서 실매개변수의 값 변경이 요구된다면 Point(Point &pt);와 같이 복사 생성자를 만들어 사용해도 된다. 그러나 아마도 실전에서 그런 경우는 거의 경험하지 못할 것이다.

예제 8.6 | Point 클래스의 복사 생성자 구현

Point 클래스의 복사 생성자를 명시적으로 구현해 보자. 그리고 복사 생성자와 같이 Point 객체 참조를 매개변수로 전달받지만 부가적으로 다른 매개변수도 전달받는 생성자를 만들어 보자. 즉, 복사 생성자처럼 생긴 일반 생성자도 경험해 보도록 하자.

```
1   class Point
2   {
3   public :
4       Point(const Point &pt) { x_ = pt.x_; y_ = pt.y_; }  // 복사 생성자
5       // 일반 생성자
6       Point(const Point &pt, int num) { x_ = pt.x_ * num; y_ = pt.y_ * num; }
7       Point(int x = 0, int y = 0) : x_(x), y_(y) {}        // 일반 생성자
8       void Print() { cout << "(" << x_ << ", " << y_ << ")" << endl; }
9
10  private :
11      int x_, y_;
12  };
13
14  int main()
15  {
16      Point pt1(1, 2);
17      Point pt2(pt1);
18      Point pt3(pt1, 3);
19
20      pt1.Print();
21      pt2.Print();
22      pt3.Print();
23
24      return 0;
25  }
```

- **실행 결과**

```
(1, 2)
(1, 2)
(3, 6)
```

4라인에 구현한 것이 복사 생성자이다. 여기서는 단순히 멤버 단위 복사를 수행하고 있다. 17라인의 객체 생성 시 복사 생성자가 수행된다. 6라인의 경우 Point 객체를 참조로 전달받고 있지만 부가적으로 int형 변수 1개를 전달받고 있으므로 이는 복사 생성자가 아닌 일반 생성자이다. 복사 생성자의 모양은 유일하며 바로 4라인과 같다. 사실 이 프로그램에서 6라인의 생성자는 Point 객체를 반드시 참조로 받을 필요는 없다. 18라인의 경우 바로 6라인의 생성자가 수행된다. 7라인은 일반 생성자이며 16라인을 통해 이 생성자가 수행된다. 수행 결과를 확인하도록 하라.

연습문제 | 8.3

다음 main 함수에서 Point 객체 생성을 위해 필요한 모든 생성자를 포함하도록 Point 클래스를 작성해 보라. 필요한 모든 생성자는 명시적으로 구현해야만 한다.

```
1   int main()
2   {
3       Point pt1;
4       Point pt2(1);
5       Point pt3(2, 3);
6       Point pt4 = pt3;
7       Point pt5(2, pt3);
8       Point pt6(pt4, pt5);
9
10      pt1.Print();
11      pt2.Print();
12      pt3.Print();
13      pt4.Print();
14      pt5.Print();
15      pt6.Print();
16
17      return 0;
18  }
```

- **실행결과**

```
(0, 0)
(1, 1)
(2, 3)
```

```
(2, 3)
(4, 6)
(6, 9)
```

 이 문제를 통해 복사 생성자를 포함한 다양한 생성자를 만들어 보도록 하라.

Note

8.4 디폴트 복사 생성자

디폴트 복사 생성자

C++에는 클래스와 관련하여 프로그래머가 작성하지 않아도 자동으로 내부적으로 생성되는 멤버 함수 4가지가 존재한다. 앞서 6.8절에서 설명한 디폴트 생성자와 디폴트 소멸자 외에 디폴트 복사 생성자와 디폴트 대입 연산자가 있다. 이 절에서는 디폴트 복사 생성자에 대해 설명하고, 디폴트 대입 연산자에 대해서는 9.10절에서 자세히 설명할 것이다.

디폴트 복사 생성자(default copy constructor)는 8.1절에서 설명한 바와 같이 기존의 객체를 기반으로 새로운 객체를 생성할 때 호출되며 멤버 단위 복사 방식으로 동작한다. Point 클래스에서 디폴트 복사 생성자를 명시적으로 구현한 결과는 다음과 같으며, 이는 [예제 8.6]의 4라인과 같다. 물론 [예제 8.6]의 경우에는 복사 생성자가 명시적으로 존재하지 않을 경우에도 디폴트 복사 생성자에 의해 멤버 단위 복사가 일어나기 때문에 실행 결과에는 영향을 미치지 않는다.

```
Point(const Point &pt) { x_ = pt.x_; y_ = pt.y_; }
```

주의할 사항은 새로운 복사 생성자를 추가하면 기존의 디폴트 복사 생성자는 더 이상 존재하지 않는다는 것이다. 물론 디폴트 생성자도 더 이상 존재하지 않게 된다. 만약 [예제 8.6]에서 Point 객체의 복사 생성 시 기존 객체의 x_ 값만으로 새로 생성되는 객체의 x_, y_ 값 모두를 초기화하고 싶다면, 다음과 같은 복사 생성자를 명시적으로 구현하면 된다.

```
Point(const Point &pt) { x_ = pt.x_; y_ = pt.x_; }
```

이 경우 이제 더 이상 Point 클래스에 대한 멤버 단위 복사를 수행하는 디폴트 복사 생성자는 존재하지 않게 된다. 그리고 디폴트 생성자도 존재하지 않게 된다.

연습문제 | 8.4

다음 프로그램의 문제점은 무엇인가?

```
1   class Point
2   {
3   public :
4       Point(const Point &pt) { x_ = pt.x_; y_ = pt.y_; }  // 복사 생성자
5       void Print() { cout << "(" << x_ << ", " << y_ << ")" << endl; }
6
7   private :
8       int x_, y_;
9   };
10
11  int main()
12  {
13      Point pt1;
14      Point pt2(pt1);        // 복사 생성
15
16      pt1.Print();
17      pt2.Print();
18
19      return 0;
20  }
```

복사 생성자와 디폴트 생성자의 관계를 생각해 보도록 하라.

Note

8.5 복사 생성자의 재정의

복사 생성자의 재정의를 통한 [예제 8.3]과 [예제 8.5]의 문제점 해결

복사 생성자를 명시적으로 작성하는 방법을 배웠다. 이제 드디어 [예제 8.3]과 [예제 8.5]에서 발생한 문제를 해결해 볼 차례이다. 우선 다음과 같이 복사 생성이 발생할 경우 어떻게 동작해야 옳은 것인지 생각해 보자.

```
String str1 = "C++ Programming";      // 일반 생성
String str2 = str1;                   // 복사 생성
```

[그림 8.6]은 디폴트 복사 생성자에 의한 동작 방식과 새로 추가할 복사 생성자의 동작을 함께 나타낸 것이다. 디폴트 복사 생성자가 동작할 경우에는 [그림 8.6](a)와 같이 str1과 str2의 멤버 포인터가 모두 동일한 메모리 공간을 가리킴으로써 소멸 시 치명적인 오류가 발생하였다. 이렇게 되지 않기 위해서는 [그림 8.6](b)와 같이 복사 생성 시 str2를 위해 "C++ Programming"을 저장할 수 있는 새로운 공간을 할당한 후, str1의 문자열을 복사해 주면 될 것이다. 이제 각각의 객체가 소멸하더라도 해당 객체가 가리키는 메모리 공간만 해제될 뿐 다른 객체에는 전혀 영향을 미치지 않는다.

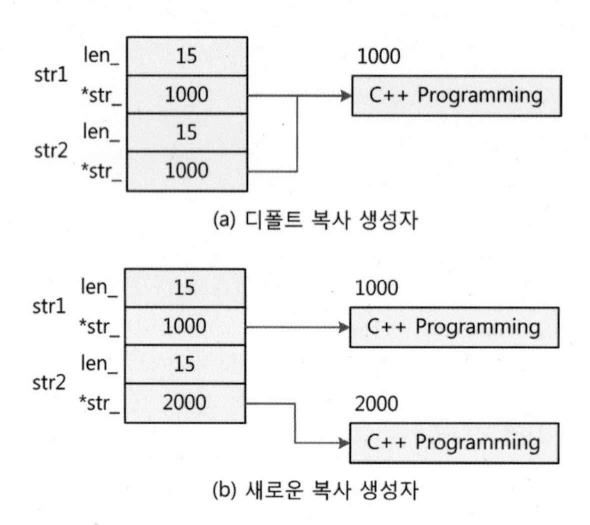

○ 그림 8.6 String str2 = str1;에 대한 복사 생성자의 동작 방식

해결 방안은 찾았다. 이제 남은 것은 [그림 8.6](b)와 같이 동작할 수 있도록 복사 생성자를 만드는 것뿐이다.

예제 8.7 | String 클래스의 복사 생성자 구현

[예제 8.5]의 문제점을 해결해 보자. String 클래스에서 String str2(str1);과 같은 복사 생성이 제대로 동작할 수 있도록 복사 생성자를 명시적으로 구현하면 된다.

```
1   #include <iostream>
2   #include <cstring>
3   using namespace std;
4
5   class String
6   {
7   public :
8       String(const String &str)                    // 복사 생성자
9       {
10          len_ = str.len_;
11          str_ = new char[len_ + 1];
12          strcpy(str_, str.str_);
```

```
13      }
14      String(char *str = "Unknown")              // 일반 생성자
15      {
16          len_ = strlen(str);
17          str_ = new char[len_ + 1];
18          strcpy(str_, str);
19      }
20      ~String() { delete [] str_; }
21      void Print() { cout << str_ << endl; }
22
23  private :
24      int len_;
25      char *str_;
26  };
27
28  void ShowString(String str)                    // 값에 의한 전달, 복사 생성
29  {
30      str.Print();
31  }
32
33  int main()
34  {
35      String str1 = "C++ Programming";
36      String str2 = str1;                        // 복사 생성
37
38      str1.Print();
39      ShowString(str2);                          // 값에 의한 전달
40
41      return 0;
42  }
```

- **실행 결과**

```
C++ Programming
C++ Programming
```

복사 생성자는 8~13라인에 나와 있다. 앞서 설명한 바와 같이 우선 36라인의 복사 생성 시 매개변수로 전달된 str1의 길이만큼 새로운 메모리를 확보하며(11라인), 이곳에 str1에 저장되어 있는 문자열을 복사한다(12라인). 이제는 더 이상 str1과 str2 객체의 문자열이 동일한 메모리를 가리키지 않는다. 복사 생성자를 이와 같이 작성함으로써 36라인과 같은 객체 생성 시뿐만 아니라 39라인과 같은 객체의 값에 의한 전달 시의 문제도 완전하게 해결하였다.

그런데 [예제 8.3]의 내용 중 아직 해결하지 못한 문제가 남아 있다. 그것은 [예제 8.3]의 28라인(str3 = str1;)과 같은 대입 문제이다. 다시 한 번 말하지만 지금까지 이 절에서 해결한 것은 복사 생성 시 발생하는 문제이며 아직 대입과 관련된 문제점은 해결하지 못했다. 대입에 대해서는 9.10절에서 설명할 것이다.

연습문제 | 8.5

Array 클래스는 임의 개수의 int형 원소를 저장할 수 있는 클래스이다. 이를 위해 배열을 가리키는 포인터 변수(int *ary_)와 원소의 개수를 의미하는 int형 변수(int count_)를 멤버 변수로 가지고 있다. 다음 main 함수와 실행 화면을 참고하여 Array 클래스를 작성해 보라. 단, 객체 소멸 시 소멸자를 통해 해당 객체를 위해 동적으로 생성한 메모리를 해제해야만 한다.

```
1   int main()
2   {
3       Array ary1(5);
4       Array ary2(7);
5       Array ary3(ary1);
6
7       ary2.Set(0, 11).Set(1, 12).Set(2, 13);
8
9       ary1.Print();
10      ary2.Print();
11      ary3.Print();
12
13      return 0;
14  }
```

- 실행결과

```
0 1 2 3 4
11 12 13 3 4 5 6
0 1 2 3 4
```

복사 생성자에 대한 연습과 참조에 대한 복습을 할 수 있는 문제이다. 5라인을 위한 복사 생성자와 7라인을 위한 참조를 적절히 사용하도록 하라.

Note

8.6 객체의 값에 의한 반환

복사 생성자가 호출되는 경우 정리

복사 생성자가 호출되는 경우는 다음과 같이 3가지 경우가 있다.

1. 객체의 선언 및 초기화
2. 객체의 값에 의한 전달
3. 객체의 값에 의한 반환

객체의 선언 및 초기화에 대해서는 8.1절에서 설명하였고, 객체의 값에 의한 전달에 대해서는 8.2절에서 이미 설명하였다. 이 절에서는 객체의 값에 의한 반환 시에도 복사 생성이 수행되는 이유와 문제점에 대해 설명하고, 이것 역시 명시적 복사 생성자를 문제에 맞게 작성함으로써 해결될 수 있음을 설명할 것이다.

예제 8.8 | Point 클래스 객체의 반환

임의의 Point 지역 객체를 생성하고 이를 반환하는 GetPoint 전역 함수를 작성해 보자.

```
1   class Point
2   {
3   public :
4       Point(int x = 0, int y = 0) : x_(x), y_(y) {}
5       void Print() { cout << "(" << x_ << ", " << y_ << ")" << endl; }
6   
7   private :
8       int x_, y_;
9   };
10  
11  Point GetPoint(void)
12  {
13      Point pt(3, 4);                          // 지역 객체 Po 생성
14      return pt;                               // 지역 객체값 반환
15  }
16  
17  int main()
18  {
19      Point pt1 = GetPoint();                  // GetPoint 함수 호출
20      pt1.Print();
21  
22      return 0;
23  }
```

11라인의 GetPoint 함수는 13라인에서 지역 객체 pt를 생성하고 14라인에서 이 객체를 반환하고 있다. 이때의 반환은 pt 객체 자체가 아닌, 값을 반환하고 있음을 이해할 수 있어야 한다.

이 예제를 통해 클래스 객체의 값이 반환되는 원리를 살펴보자. 19라인의 함수 호출 및 14라인의 객체 반환과 관련된 동작 원리는 [그림 8.7]과 같다.

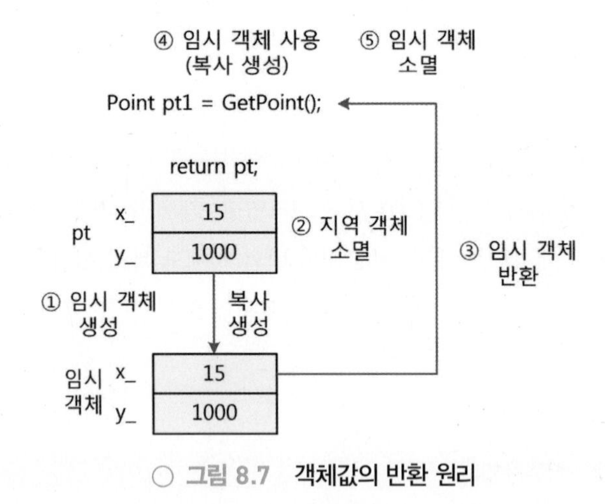

○ 그림 8.7 객체값의 반환 원리

GetPoint 함수의 pt는 지역 객체이므로 함수가 종료되면 사라지게 된다. 그러나 그 값은 함수를 호출한 곳에서 사용되어야 하므로 함수가 종료되기 전에 ① 임시 객체를 하나 만들게 된다. 그 후 ② 지역 객체 pt는 사라지게 되고 ③ 임시 객체가 반환된다. 임시 객체는 ④ 반환된 곳에서 사용되어진 후 ⑤ 메모리에서 사라지게 된다.

예제 8.9 | String 클래스 객체 반환 시 문제점 및 해결 방안

[예제 8.8]에서 Point 클래스 대신 String 클래스를 대상으로 하여 프로그램을 재작성해 보고 문제점 및 해결 방안에 대해 살펴보자.

```
1   class String
2   {
3   public :
4       String(char *str = "Unknown")
5       {
6           len_ = strlen(str);
7           str_ = new char[len_ + 1];
8           strcpy(str_, str);
9       }
10      ~String() { delete [] str_; }
11      void Print() { cout << str_ << endl; }
12
13  private :
14      int len_;
15      char *str_;
16  };
17
18  String GetString(void)
19  {
20      String str("Current String");    // 객체 생성
21      return str;                      // 객체값 반환, 임시객체 생성
```

```
22  }
23
24  int main()
25  {
26      String str1 = GetString();       // GetString 호출
27      str1.Print();
28
29      return 0;
30  }
```

• 실행 결과

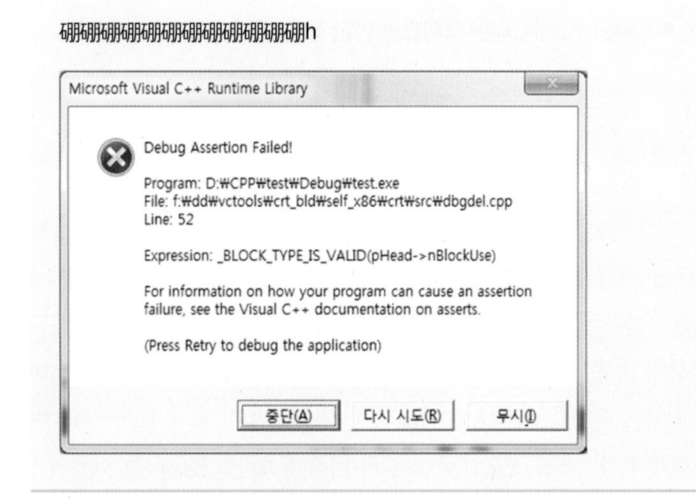

main 함수 내 26라인에서 GetString 함수를 호출하며, GetString 함수에서는 20라인에서 String 객체를 생성한 후 21라인에서 이 객체를 반환하고 있다. main 함수에서는 반환된 객체를 기반으로 str1 객체를 복사 생성하고 있다.

예상대로 문제없이 수행된다면 27라인에서 "Current String"이라는 문자열을 출력한 후 정상적으로 종료해야 할 것이다. 그러나 복사 생성자가 존재하지 않기 때문에 26라인에서 문제가 발생하리란 것을 알고 있다. 불행히도 문제는 여기서만 발생하는 것이 아니다. 바로 GetString 함수에서 객체를 반환하는 21라인에서도 문제가 발생하게 된다. GetString 함수의 21라인(return str;)이 수행되는 동작 방식은 [그림 8.8]과 같으며, 이는 기본적으로는 [그림 8.7]의 동작 원리와 동일하다.

str 객체는 GetString 함수 내에서만 존재하는 지역 객체이기 때문에 GetString 함수가 종료되면 메모리에서 사라지게 된다. 그러나 str 객체의 값 자체는 반환되어 사용되어야 하기 때문에 ① str 객체의 값을 그대로 복사하여 임시 객체를 생성한 후, ② str 객체는 메모리에서 사라지게 되며, ③ 임시 객체가 반환된다. 그리고 함수를 호출한 곳에서는 ④ 반환된 임시 객체를 사용하게 되며, 그 후 사용된 ⑤ 임시 객체 역시 메모리에서 사라지게 된다. 그런데 문제는 임시 객체를 만드는 첫 번째 과정 역시 복사 생성자를 사용한다는 것이다. 따라서 다음과 같은 문장이 수행된다고 생각하면 된다.

```
String 임시객체 = str;
```

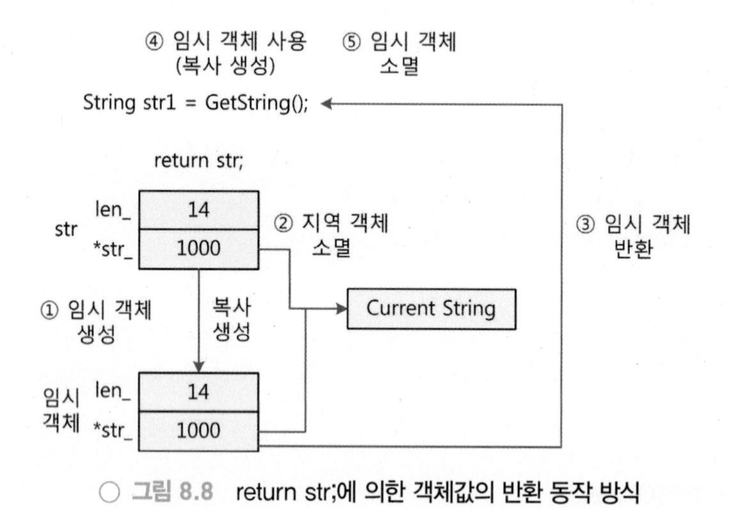

○ 그림 8.8 return str;에 의한 객체값의 반환 동작 방식

그러면 언제 어디서 에러가 발생하게 되는지 분석이 가능할 것이다. 임시 객체가 생성되고 소멸되는 과정 역시 [그림 8.8]을 참고하도록 하라. ① 임시 객체가 생성될 때 디폴트 복사 생성자가 동작하여 멤버 단위 복사가 수행되므로, 임시 객체는 지역 객체인 str이 가리키는 메모리 위치와 동일한 위치를 가리키게 된다. 그 후 함수가 종료되면 ② str 객체가 소멸되는데, 이때 "Current String" 문자열의 메모리가 해제된다. 그러면 더 이상 임시 객체가 가리키는 메모리는 유효하지 않은 메모리가 되는 것이다. 그렇다 하더라도 수행은 되니 계속해서 수행시켜 보자. ③ 임시 객체가 반환된 후 main 함수에서는 ④ str1에 대한 복사 생성이 수행되어 이제 임시 객체는 자신의 임무를 다하였다. 따라서 ⑤ 임시 객체가 소멸되며 이에 따라 소멸자가 수행되는데, 임시 객체가 가리키는 문자열 주소는 더 이상 유효하지 않으므로 에러가 발생하게 되는 것이다.

한 가지만 더 추가로 설명하도록 하자. 원칙적으로는 ⑤의 임시 객체가 소멸되는 것이 맞지만, 이 예제의 경우 26라인에서 임시 객체를 통해 새로운 객체 str1을 생성하고 있다. 이와 같은 경우에는 별도로 str1 객체를 생성하지 않고 임시 객체를 그대로 사용하게 된다. 따라서 실제로는 ⑤에서 임시 객체가 소멸되지 않으며, 결국 main 함수 종료 시 str1 객체가 소멸되면서 문제가 발생하게 된다. 임시 객체에 대한 자세한 사항은 바로 다음 절을 참고하도록 하라.

이에 대한 해결책은 객체의 생성 및 초기화, 객체의 값에 의한 전달의 경우와 마찬가지로 적절한 복사 생성자를 명시적으로 만드는 것이다. 이 예제의 경우 다음 복사 생성자만 추가하면 된다. 이는 [예제 8.7]의 복사 생성자와 동일하다. 즉, 적절한 복사 생성자만 추가하면 이 예제의 21, 26라인의 문제가 동시에 해결된다.

```
String(const String &str)            // 복사 생성자
{
     len_ = str.len_;
     str_ = new char[len_ + 1];
     strcpy(str_, str.str_);
}
```

복사 생성자를 추가함으로써 21라인의 객체 반환 시 생성되는 임시 객체의 동작 방식은 [그림 8.9]와 같이 바뀌게 된다. 임시 객체의 문자열을 저장하기 위한 별도의 메모리가 할당되며 지역 객체 str 소멸 시

임시 객체에는 영향을 미치지 않는다. 또한 임시 객체 소멸 시에도 main 함수에 있는 str1 객체에는 영향을 미치지 않는다. 다시 한 번 말하지만 이 예제의 경우 실제로는 임시 객체는 소멸하지 않으며, str1이 그대로 임시 객체를 사용하게 된다.

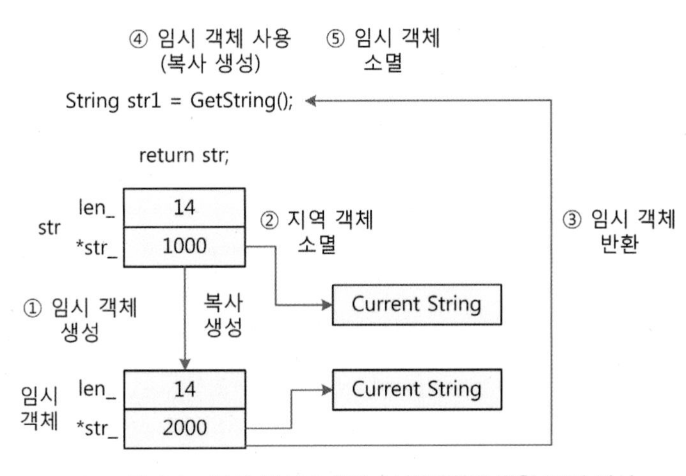

그림 8.9 복사 생성자 추가 시 객체값의 반환 동작 방식

지금까지 복사 생성자와 관련하여 발생될 수 있는 문제점과 복사 생성자를 통한 해결 방법을 살펴보았다. 복사 생성자는 멤버 변수로 포인터를 포함하는 대부분의 경우에 있어서 명시적으로 정의되어야 한다. 실전에 있어서 멤버 변수로 포인터를 포함하는 클래스의 사용은 매우 흔한 일이다. 그만큼 복사 생성자의 사용도 필수적이라 할 수 있다. 따라서 복사 생성자의 역할과 구현 방법에 대해 반드시 숙지하고 넘어가길 바란다.

연습문제 | 8.6

main 함수가 실행 결과와 같이 수행될 수 있도록 Array 클래스와 Sum 함수를 작성해 보라.

```
1   Array Sum(Array ary1, Array ary2)
2   {
3       // 같은 원소끼리 더한 결과로 만든 Array 객체를 반환한다.
4
5   }
6
7   int main()
8   {
9       Array ary1(5);
10      Array ary2(7);
11      ary2.Set(0, 11).Set(1, 12).Set(2, 13);
12
13      Array ary3 = Sum(ary1, ary2);
```

```
14
15      ary1.Print();
16      ary2.Print();
17      ary3.Print();
18
19      return 0;
20  }
```

• 실행결과

```
0 1 2 3 4
11 12 13 3 4 5 6
11 13 15 6 8 5 6
```

Array 클래스는 [연습문제 8.5]와 거의 동일할 것이다. Sum 함수의 결과로 같은 원소끼리 더한 값으로 만든 Array 객체가 반환된다. 새로 만든 객체의 길이는 매개변수로 넘어온 2개의 객체 중 길이가 긴 것으로 설정된다. 이 문제에서는 Sum 함수가 매개변수로 객체값을 받고 있으며 또한 객체값을 반환하고 있다. 따라서 복사 생성자가 필수적으로 요구된다. 그 외에 Sum 함수가 다소 복잡할 수 있다. 이에 주의해서 프로그램을 작성해 보도록 하라.

Note

8.7 임시 객체

예제 8.10 | 임시 객체가 생성되는 예

객체의 값을 반환하기 위해 임시 객체(temporary object)라는 것이 생성된다고 하였다. 임시 객체는 객체의 값을 반환하기 위해서만 사용되는 것은 아니며, 그 외에도 의외로 다양한 상황에서 사용될 수 있다. 이 예제는 임시 객체가 사용될 수 있는 다양한 상황의 예를 보여주고 있다. 아마도 일부는 프로그래머가 편의상 사용하는 경우도 있을 것이며, 일부는 프로그래머가 의식하지 못하는 사이에 내부적으로 사용되는 경우도 있을 것이다. 임시 객체가 언제 생성되는지 자세히 살펴보도록 하자.

```
1   class Point
2   {
3   public :
4       Point(const Point &pt) : x_(pt.x_), y_(pt.y_) {
5           cout << "복사 생성자 : " << x_ << ", " << y_ << endl; }
6       Point(int x = 0, int y = 0) : x_(x), y_(y) {
```

```
7            cout << "생성자1 : " << x_ << ", " << y_ << endl; }
8        Point(const Point &pt, int x, int y) {
9            x_ = pt.x_ + x; y_ = pt.y_ + y;
10           cout << "생성자2 : " << x_ << ", " << y_ << endl; }
11       ~Point() { cout << "소멸자 : " << x_ << ", " << y_ << endl; }
12       void Print() { cout << "(" << x_ << ", " << y_ << ")" << endl; }
13
14   private :
15       int x_;
16       int y_;
17   };
18
19   Point GetPoint(Point pt)
20   {
21       return Point(pt, 2, 2);             // 임시객체 생성 및 반환
22   }
23
24   int main()
25   {
26       Point pt1 = GetPoint(Point(1, 1));  // GetPoint 함수 호출
27       Point pt2 = Point(100, 100);        // 임시객체 생성, P2 초기화
28       Point &pt3 = Point(200, 200);       // 임시객체 생성, P3이 참조
29       Point pt4;                          // 일반 생성
30       pt4 = Point(300, 300);              // 임시객체 생성 및 대입
31
32       pt1.Print();
33       pt2.Print();
34       pt3.Print();
35       pt4.Print();
36       Point(300, 300).Print();            // 임시객체 생성 & 멤버 함수 호출
37
38       cout << "프로그램 종료" << endl;
39
40       return 0;
41   }
```

• **실행 결과**

```
생성자1 : 1, 1
생성자2 : 3, 3
소멸자 : 1, 1
생성자1 : 100, 100
생성자1 : 200, 200
생성자1 : 0, 0
생성자1 : 300, 300
소멸자 : 300, 300
(3, 3)
(100, 100)
```

```
(200, 200)
(300, 300)
생성자1 : 300, 300
(300, 300)
소멸자 : 300, 300
프로그램 종료
소멸자 : 300, 300
소멸자 : 200, 200
소멸자 : 100, 100
소멸자 : 3, 3
```

출력 결과를 보면서 언제 임시 객체가 생성되고 소멸되는지 분석해 보도록 하자. Point 클래스는 2개의 일반 생성자와 1개의 복사 생성자, 1개의 소멸자 그리고 Print 멤버 함수를 포함하고 있다. 그리고 이 프로그램은 Point 클래스 외에 1개의 GetPoint 전역 함수를 포함하고 있다.

26라인에서 GetPoint 함수를 호출하고 있다. 1개의 Point 객체를 필요로 하고 있기 때문에 Point(1, 1)이라는 구문을 사용하여 임시 객체를 만들고, 이 객체를 매개변수로 전달하였다. 여기서 임시 객체를 만들기 위해 호출되는 함수(출력 결과)가 "생성자1"이다. 이와 같이 명시적으로 임시 객체를 만드는 방법은 클래스명 다음에 객체명이 없이 바로 생성자 호출과 유사하게 매개변수를 전달하는 것이다.

임시 객체를 만든 후에 임시 객체를 GetPoint 함수로 전달하게 된다. 이때 원칙적으로는 형식매개변수인 pt 객체를 복사 생성자에 의해 생성해야 하지만 표준 C++에서는 이에 대한 구현은 컴파일러의 구현 방식에 맡기고 있다. 즉, pt 객체를 새로 생성할 수도 있고 또는 해당 임시 객체를 그대로 사용할 수도 있는 것이다. 어떻게 구현할지는 컴파일러를 제작하는 프로그래머의 몫이다. Visual C++에서는 별도의 pt 객체를 생성하지 않고 임시 객체를 그대로 사용하고 있다. 따라서 어떠한 생성자도 수행되지 않는다.

그러고 나서 GetPoint 함수에서는 21라인에서 return 문을 수행하여 Point 객체를 반환하고 있는데, 이때 역시 임시 객체가 생성되며 "생성자2"를 통해 생성된다. 그리고 이 임시 객체가 반환된다. 여기서도 마찬가지도 원칙적으로는 반환을 위한 새로운 임시 객체를 생성해야 하나, Visual C++에서는 별도의 임시 객체를 생성하지 않고 현재 임시 객체를 그대로 반환한다. 이제 GetPoint 함수가 종료되었으니 지역 객체의 메모리를 정리하도록 하자. 지역 객체는 pt 객체가 있는데 이 객체는 실제로는 매개변수로 넘어온 Point(1, 1) 임시 객체이다. GetPoint 함수가 종료되면 Point(1, 1) 임시 객체 역시 더 이상 사용되지 않는다. 따라서 이 객체는 GetPoint 함수의 종료와 동시에 소멸하게 되며, 따라서 "소멸자"가 호출된다.

26라인에서 GetPoint 함수의 호출이 끝났다. Point(Po, 2, 2) 임시 객체가 반환되었고 그 객체를 기반으로 pt1 객체가 생성된다. 그런데 여기서도 복사 생성이 일어나야 할 것 같지만 복사 생성이 일어나지 않는다. 왜냐하면 앞의 경우들과 마찬가지로 임시 객체 자체를 pt1 객체가 사용하면 되기 때문이다. 기억이 날지 모르겠다. 6.5절에서 생성자에 대해 설명할 때 다음 두 문장은 동일한 것이라고 말한 적이 있다.

```
Point pt1 = Point(1, 1);
Point pt1(1, 1);
```

첫 번째의 경우 내부적으로는 임시 객체가 생긴다 하더라도(그렇지 않을 수도 있지만) 복사 생성이 일어나지 않기 때문에 결과적으로 두 번째 경우와 동일한 것이 되는 것이다. 드디어 26라인의 수행이 완료되었다.

27라인에서는 먼저 "생성자1"을 사용하여 임시 객체가 생성되고 그 임시 객체를 기반으로 pt2 객체가 생성된다. 그러나 복사 생성자는 수행되지 않는다. 마찬가지로 그냥 임시 객체를 사용하면 되기 때문이다. 이때 생성된 임시 객체는 pt2 객체의 생명 주기와 함께 하게 된다. 즉, main 함수 종료 시 소멸된다.

28라인은 27라인과 유사하다. "생성자1"을 사용하여 임시 객체가 생성되고, pt3 객체 참조를 통해 그 임시 객체를 참조하게 된다. 당연히 복사 생성이 발생하지 않으며 이때 생성된 임시 객체는 참조 변수인 pt3의 생명 주기와 함께 해야 한다. 따라서 main 함수가 종료될 때까지 존재하게 된다.

29라인은 "생성자1"을 통해 pt4 객체를 생성한다. 30라인은 이미 생성되어 있는 pt4 객체에 임시 객체를 대입하는 것이다. 먼저 Point(300, 300)에 대한 임시 객체가 생성되며 이를 위해 "생성자1"이 호출된다. 그리고 이 객체값이 pt4 객체에 대입된다. 대입이 완료된 후 Point(300, 300) 임시 객체는 더 이상 존재할 필요성이 없어진다. pt4 객체는 임시 객체와는 별도의 객체이므로 임시 객체와는 무관하게 존재할 수 있다. 따라서 대입 완료와 동시에 임시 객체는 소멸되며 "소멸자"가 호출된다.

이제 필요한 모든 객체가 생성되었고 각 객체의 값을 출력하여 확인해 볼 수 있다.

36라인은 "생성자1"을 통해 임시 객체를 생성하고 그 임시 객체를 통해 멤버 함수를 호출한다. 그런데 임시 객체는 멤버 함수를 호출한 후로는 참조할 방법이 없다. 따라서 멤버 함수를 수행한 후에 바로 소멸되는데 이때 "소멸자"가 호출된다.

마지막으로 main 함수가 종료되면서 아직까지 소멸되지 않은 모든 객체가 소멸되는데, 이때 객체들 간의 소멸 순서는 생성자 호출 순서의 역순, 즉 나중에 생긴 객체부터 소멸된다.

다소 복잡해 보이지만 그 원리는 간단하다. 필요한 곳에서 임시 객체를 만들어 사용할 수 있으며 그 임시 객체의 생명 주기는 임시 객체가 필요한 기간 동안, 즉 그 임시 객체를 지칭하고 사용하는 객체 또는 참조 객체가 존재하는 기간과 동일하다. 명시적인 임시 객체가 많이 사용되는 경우의 예로는 이 예제의 21라인과 같이 객체 반환 시 별도의 객체를 생성하지 않고 바로 임시 객체를 반환하는 경우가 있다.

연습문제 | 8.7

main 함수와 실행 결과를 참고하여 2개의 Point 객체를 매개변수로 전달받아, 두 점에 대한 합과 차에 대한 새로운 Point 객체를 만들어 반환하는 Sum, Sub 함수를 각각 작성해 보라. 객체 반환 시에는 임시 객체를 사용하도록 하라.

```
1   int main()
2   {
3       Point pt1(1, 2);
4       Point pt2(3, 4);
5       Point pt3 = Sum(pt1, pt2);
6       Point pt4 = Sub(pt1, pt2);
7
8       pt1.Print();
```

```
9        pt2.Print();
10       pt3.Print();
11       pt4.Print();
12
13       return 0;
14   }
```

• **실행결과**

```
(1, 2)
(3, 4)
(4, 6)
(-2, -2)
```

임시 객체를 사용하는 간단한 예이다. 향후로 Point(1, 1)과 같은 형식의 임시 객체가 많이 사용되므로 이에 익숙해지도록 하라.

Note

연산자 오버로딩

복사 생성자, 연산자 오버로딩, 상속이라는 3가지 큰 주제들 중 8장에서 복사 생성자에 대해 살펴보았다. 이 장에서는 연산자 오버로딩이란 주제에 대해 설명할 것이다. C++의 세부 주제들 중 중요하지 않은 것은 하나도 없지만, 개인적으로는 연산자 오버로딩이 가장 재미있고, 신기하고, 실용적이라 생각된다. 아마도 제일 쉬워서 그럴지도 모르겠다. 연산자 오버로딩은 (1 + 1)과 같이 int형 값에 대한 + 연산이 가능하듯이 클래스 객체들 사이의 연산을 가능하게 해 주는 도구이다. 내부적으로는 함수가 동작하는 것이므로, 함수만 작성할 수 있다면 연산자 오버로딩의 의미와 기본 동작 원리의 이해만으로도 거의 모든 연산자에 대한 응용이 가능하다. 이 장에서는 1, 2, 3절을 통해 연산자 오버로딩의 의미와 원리에 대해 설명하며, 그 이후로는 다양한 연산자들에 대한 오버로딩의 예를 보일 것이다. 일관되게 얘기하는 것은 기본 원리만 제대로 이해하면 된다는 것이다. 지금부터 연산자 오버로딩이 무엇인지 하나씩 살펴보도록 하자.

9.1 연산자 오버로딩의 의미

예제 9.1 | 2개의 Point 클래스 객체를 더하기 위한 멤버 함수 추가

Point 클래스에서 2개의 점(Point 객체)을 더하는 멤버 함수를 추가해 보자. 두 점을 더한 결과 역시 점으로 표현되며, x좌표는 x좌표끼리 y좌표는 y좌표끼리 더함으로써 만들어진다. 지금까지 배운 내용만으로도 이와 같은 멤버 함수를 쉽게 추가할 수 있을 것이다.

```
1   class Point
2   {
3   public :
4       Point(int x = 0, int y = 0) : x_(x), y_(y) { }
5       Point Sum(const Point &pt) { return Point(x_ + pt.x_, y_ + pt.y_); }  // +
6       void Print() { cout << "(" << x_ << ", " << y_ << ")" << endl; }
7
8   private :
9       int x_, y_;
10  };
11
12  int main()
13  {
14      Point pt1(1, 1);
15      Point pt2(2, 2);
16      Point pt3 = pt1.Sum(pt2);      // Sum 함수 호출
17
18      pt3.Print();
19
20      return 0;
21  }
```

• **실행 결과**

```
(3, 3)
```

5라인과 같이 Sum이라는 멤버 함수를 만들었다. 이 함수는 매개변수로 넘어온 객체와 자신의 멤버 변수를 사용하여 새로운 Point 객체를 만든 후 이를 반환하고 있다. 그리고 16라인에서는 이 멤버 함수를 호출하고 있다. 출력 결과를 보면 pt1과 pt2의 합인 (3, 3)이 출력되었음을 확인할 수 있다.

이 예제에는 한 가지 부족한 점이 있다. 여기서는 Point 객체 pt1과 pt2를 더하기 위해 Sum이라는 멤버 함수를 사용하고 있지만, 더하기 하면 떠오르는 것이 + 연산자이다. int형 변수 2개를 더하기 위해 (a + b)라고 쓰듯이 (pt1 + pt2)라고 쓰면 좀 더 직관적으로 쉽게 이해할 수 있으리라 생각된다.

이것을 가능하게 하는 것이 연산자 오버로딩(operator overloading)이며, 이를 통해 다음과 같이 프로그램을 작성할 수 있게 된다.

```
Point pt3 = pt1 + pt2;
```

연습문제 | 9.1

[예제 9.1]에서 Point 클래스에 덧셈뿐만 아니라 빼셈(Sub), 부호 반대(Invert), 이동(Move), 1씩 증가(Inc)를 위한 멤버 함수들을 추가해 보라. main 함수와 실행 결과를 참고하라.

```
1  int main()
2  {
3      Point pt1(1, 1);
4      Point pt2(2, 2);
5      Point pt3 = pt1.Sum(pt2);
6      Point pt4 = pt1.Sub(pt2);
7      Point pt5 = pt1.Invert();
8      Point pt6 = pt1.Inc();
9
10     pt1.Print();
11     pt2.Print();
12     pt3.Print();
13     pt4.Print();
14     pt5.Print();
15     pt6.Print();
16
17     return 0;
18 }
```

• **실행결과**

```
(1, 1)
(2, 2)
(3, 3)
(-1, -1)
(-1, -1)
(2, 2)
```

모든 멤버 함수의 경우 수행 결과로 피연산자의 멤버 변수값은 변경되지 않고 단지 새로운 객체를 생성하는 데만 사용된다고 가정한다. 이 문제는 향후 연산자 오버로딩을 학습하기 위한 출발점이 되는 내용이므로 반드시 풀어보도록 하라.

Note

9.2 덧셈(+) 연산자 오버로딩

예제 9.2 | 연산자 오버로딩의 원리 1 – 멤버 함수에 의한 연산자 오버로딩

이항 연산자 중 하나인 덧셈(+) 연산자를 통해 연산자 오버로딩의 기본 법칙을 살펴보도록 하자. 연산자 오버로딩을 구현하는 방법은 두 가지가 있다. 첫 번째는 멤버 함수에 의한 연산자 오버로딩이며, 두 번째는 전역 함수에 의한 연산자 오버로딩이다.

멤버 함수에 의한 연산자 오버로딩부터 살펴보자. 우선 Point 클래스 객체인 pt1과 pt2의 덧셈 수식 (pt1 + pt2)가 내부적으로 어떻게 해석되는지 알아보자. [그림 9.1]은 내부 수행 원리를 나타낸 것이다.

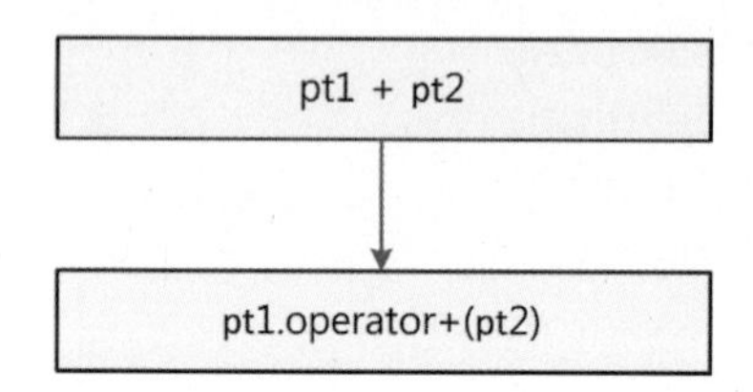

○ 그림 9.1 멤버 함수에 의한 연산자 오버로딩의 수행 원리

(pt1 + pt2)는 내부적으로 pt1.operator+(pt2)와 같이 operator+ 멤버 함수의 호출문으로 바뀌어 수행된다. operator+라는 함수명이 생소하긴 하지만 모든 연산자는 해당 연산자의 접두어로 operator라는 키워드를 추가함으로써 대응되는 멤버 함수명이 된다. 그렇다면 결론은 (pt1 + pt2)가 수행될 수 있도록 하기 위해서는 Point 클래스 객체 하나를 매개변수로 받는 operator+ 멤버 함수를 추가해 주면 되는 것이다.

그러면 [예제 9.1]의 Sum 함수를 + 연산자 오버로딩을 사용하여 수정해 보자.

```
1   class Point
2   {
3   public :
4       Point(int x = 0, int y = 0) : x_(x), y_(y) {}
5       Point operator+(const Point &pt) { return Point(x_ + pt.x_, y_ + pt.y_); }
6       void Print() { cout << "(" << x_ << ", " << y_ << ")" << endl; }
7
8   private :
9       int x_, y_;
10  };
11
12  int main()
13  {
14      Point pt1(1, 1);
15      Point pt2(2, 2);
16      Point pt3 = pt1 + pt2;          // + 연산자 호출
17
```

```
18        pt3.Print();
19
20        return 0;
21    }
```

5라인에서는 Sum 함수명을 operator+ 멤버 함수명으로 수정하였다. 이제 16라인과 같이 (pt1 + pt2)의 형태로 사용이 가능하다. [예제 9.1] 5라인과 이 예제의 5라인을 비교해 보면 함수명만 달라졌을 뿐 그 외의 내용은 동일함을 알 수 있다. 따라서 연산자 오버로딩의 원리만 이해한다면 연산자 오버로딩이 멤버 함수를 작성하는 것만큼 쉽게 느낄 수 있을 것이다.

한 가지 부연하여 설명한다면, 실제로 다음과 같이 명시적으로 operator+ 멤버 함수를 호출할 수도 있다는 것이다. 직접 테스트해 보도록 하라.

```
Point pt3 = pt1.operator+(pt2);
```

예제 9.3 | 연산자 오버로딩의 원리 2 – 전역 함수에 의한 연산자 오버로딩

두 번째 연산자 오버로딩 방법은 전역 함수에 의한 연산자 오버로딩이다. (pt1 + pt2)는 pt1.operator+(pt2)와 같이 해석될 수 있지만 [그림 9.2]와 같이 전역 함수로도 해석될 수 있다.

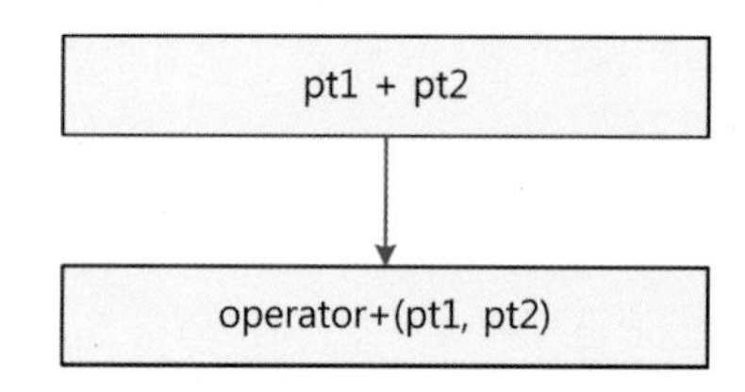

○ 그림 9.2 전역 함수에 의한 연산자 오버로딩의 수행 원리

그렇다면 전역 함수에 의한 연산자 오버로딩도 어떻게 하면 되는지 짐작이 될 것이다. Point 객체 2개를 매개변수로 전달받아 각각의 x_, y_ 값으로 만든 새로운 Point 객체를 반환해 주면 된다.

그러면 이번에는 [예제 9.2]의 + 연산자 오버로딩을 전역 함수에 의한 연산자 오버로딩을 사용하여 수정해 보자.

```
1    class Point
2    {
3    public :
4        Point(int x = 0, int y = 0) : x_(x), y_(y) {}
5        void Print() { cout << "(" << x_ << ", " << y_ << ")" << endl; }
6
7        friend Point operator+(const Point &pt1, const Point &pt2);   // friend
8
9    private :
```

```
10        int x_;
11        int y_;
12    };
13
14    Point operator+(const Point &pt1, const Point &pt2)    // + 연산자 전역 함수
15    {
16        return Point(pt1.x_ + pt2.x_, pt1.y_ + pt2.y_);    // private 접근 가능
17    }
18
19    int main()
20    {
21        Point pt1(1, 1);
22        Point pt2(2, 2);
23        Point pt3 = pt1 + pt2;
24
25        pt3.Print();
26
27        return 0;
28    }
```

기존의 멤버 함수인 operator+를 삭제하고 14라인에 전역 함수에 의한 + 연산자 오버로딩 함수를 추가하였다. 전역 함수로 연산자 오버로딩을 구현하더라도 멤버 함수의 연산자 오버로딩과 동일하게 동작한다. 그러나 여기까지만 수정한다면 이 프로그램에는 한 가지 문제가 발생하게 된다. operator+ 전역 함수는 Point 클래스의 멤버 함수가 아니기 때문에 Point 객체의 private 멤버에 접근할 권한이 없다.

해결 방법은 여러 가지가 있을 수 있다. 첫 번째로는 private 멤버를 public 멤버로 변경할 수 있고, 두 번째로는 private 멤버에 대한 접근 멤버 함수를 제공할 수 있으며, 세 번째로는 Point 클래스 내에 operator+ 전역 함수에 대한 friend 전역 함수 선언을 추가할 수 있다. 어떤 것이 바람직할까? 정보 은닉을 달성하면서 코드의 수정을 최소화하는 가장 적절한 방법은 friend 전역 함수 선언이라고 판단된다. 따라서 Point의 외부 함수인 operator+ 함수에서 private 영역으로의 접근이 가능하도록 하기 위해 7라인과 같이 friend 선언을 추가하였다.

만약 멤버 함수에 의한 연산자 오버로딩과 전역 함수에 의한 연산자 오버로딩이 둘 다 존재한다면 어떤 함수가 수행될까? C++ 표준에는 이에 대한 내용이 구체적으로 기술되어 있지 않다. 하나의 연산자에 대한 두 개의 연산자 오버로딩이 동시에 존재할 필요는 없다고 생각된다. 따라서 멤버 함수와 전역 함수에 의한 연산자 오버로딩이 동시에 존재한다면 컴파일러가 이와 같은 모호한 상황에 대해 컴파일 에러를 발생시키는 것이 타당하다고 생각되며, Visual C++ 6.0에서는 이와 같이 동작하고 있다. 그러나 Visual C++ 11.0에서는 6.0과는 달리 별도의 컴파일 에러가 발생되지 않으며, 두 개의 연산자 오버로딩 중 멤버 함수에 의한 연산자 오버로딩이 수행됨을 확인할 수 있었다. 각자 자신의 프로그램 개발 환경에서는 어떻게 동작하는지 두 가지 연산자 오버로딩을 추가한 후 테스트해 보도록 하라.

그렇다고 해서 전역 함수에 의한 연산자 오버로딩만 존재하는데 pt1.operator+(pt2)와 같은 명시적 멤버 함수 호출이 수행될 수 있는 것은 아니다. (pt1 + pt2) 형태일 경우에만 자동으로 호출 순서에 따른 연산자 오버로딩을 찾아 수행하게 된다.

연습문제 | 9.2

시간을 나타내는 Time 클래스를 만들어 보자. Time 클래스는 시(int hour_), 분(int minute_), 초(int second_)를 나타내는 멤버 변수를 포함하고 있다. 다음 main 함수와 실행 결과를 참고하여 두 객체 사이의 + 연산이 가능하도록 만들어 보라. 첫 번째 구현 시에는 멤버 함수에 의한 연산자 오버로딩을 사용하고, 두 번째 구현 시에는 전역 함수에 의한 연산자 오버로딩을 사용해 보라.

```
1   int main()
2   {
3       Time time1(4, 50, 40);
4       Time time2(3, 40, 30);
5       Time time3 = time1 + time2;
6   
7       time1.Print();
8       time2.Print();
9       time3.Print();
10  
11      return 0;
12  }
```

• 실행결과

```
4시 50분 40초
3시 40분 30초
8시 31분 10초
```

\+ 연산자 오버로딩 자체는 어렵지 않을 것이다. 다만 시간을 더하는 알고리즘에 주의하도록 하라.

Note

9.3 연산자 오버로딩 시 주의 사항

연산자 오버로딩 시 주의 사항 요약

다양한 연산자에 대한 오버로딩을 경험해 보기 전에 연산자 오버로딩 시 주의해야 할 몇 가지 사항에 대해 알아보자. [표 9.1]은 이를 요약한 것이다.

○ 표 9.1 연산자 오버로딩 시 주의 사항

일련번호	주의 사항	예
1	기본 타입에 대한 의미 변경 불가	1 + 1에 대한 의미 변경 불가
2	연산자 오버로딩이 불가능한 연산자	.　　.*　　::　　?:
3	C++ 연산자 이외의 오버로딩 불가	pt1 @ pt2 불가
4	디폴트 대입 연산자 디폴트 주소 연산자	연산자 오버로딩 없이 대입(pt1 = pt2), 주소 연산(Point ptr = &pt1;) 가능
5	연산자 우선순위 변경 불가	곱셈(*)이 덧셈(+)보다 우선순위가 높음
6	결합 법칙 변경 불가	덧셈(+)은 왼쪽에서 오른쪽으로 진행
7	피연산자 개수 변경 불가	++ 연산자의 피연산자는 1개
8	디폴트 매개변수 불가	pt1 + ; 불가

주의 사항 1: 기본 타입에 대한 의미를 변경할 수 없다.

연산자 오버로딩은 어떤 클래스에 대해 연산자의 의미를 재정의하는 것이다. 따라서 int, double과 같은 기본 타입에 대한 의미를 변경할 수는 없다. 즉, (a + b)의 의미를 재정의하기 위해서는 최소한 a 또는 b가 기본 타입이 아닌 사용자가 정의한 클래스이어야 한다. (1 + 1)의 결과가 3이 되도록 할 수는 없는 것이다. 다음과 같이 피연산자 중의 하나로 클래스 객체가 등장할 때만 연산자 오버로딩이 가능하다.

```
intA + intB          // 불가능
objectA + intA       // 가능
intA + objectA       // 가능
objectA + objectB    // 가능
```

주의 사항 2: 모든 연산자들에 대한 연산자 오버로딩이 가능한 것은 아니다.

연산자 오버로딩이 가능한 연산자는 [표 9.2]와 같다. 사실상 거의 대부분의 C++ 연산자들에 대한 오버로딩이 가능하다. 이 연산자들 중에서 +, −, *, & 연산자는 단항 연산자로도 사용될 수 있으며 이항 연산자로도 사용될 수 있다.

○ 표 9.2 연산자 오버로딩이 가능한 연산자

new	delete	new[]	delete[]					
+	−	*	/	%	^	&	|	~
!	=	<	>	+=	−=	*=	/=	%=
^=	&=	|=	<<	>>	>>=	<<=	==	!=
<=	>=	&&	||	++	−−	,	−>*	−>
()	[]							

C++ 연산자들 중 연산자 오버로딩이 불가능한 연산자로는 멤버 접근 연산자(.), 멤버 포인터 연산자(.*), 범위 지정 연산자(::), 조건 연산자(?:)가 있다. 이 중에서 멤버 포인터 연산자(.*)를 제외하고는 모두 경험해 본 적이 있다. 멤버 접근 연산자(.)는 클래스 객체의 멤버를 지정할 때 많이 사용하며, 범위 지정 연산자(::)는 클래스 멤버 함수를 외부 정의로 구현할 때나 네임스페이스를 구별할 때 많이 사용한다. 조건 연산자(?:)는 (조건식) ? (식1) : (식2)로 표현되며, 조건식이 참일 경우 (식1)의 평가 값을 반환하고 거짓일 경우 (식2)의 평가 값을 반환한다.

멤버 포인터 연산자(.*)는 많이 사용되는 것은 아니므로 간단하게 개념만 알아두도록 하자. 앞으로의 학습과는 무관하므로 건너뛰어도 무방하다. 원칙적으로 포인터는 변수 또는 객체와 같이 메모리에 존재하는 대상의 주소를 저장하는 것이다. 그런데 멤버 포인터 연산자는 특정 객체의 멤버 변수 또는 멤버 함수가 아닌 클래스의 멤버 변수 또는 멤버 함수의 주소를 가리킬 수 있다. 그 후로는 해당 포인터를 사용하는 실제 객체가 무엇이냐에 따라 그 객체의 멤버 변수 또는 함수를 가리키게 되는 것이다.

예제 9.4 | 멤버 포인터 연산자의 사용 예

이 예제는 멤버 포인터 연산자를 사용한 예이다. 이를 통해 멤버 포인터 연산자의 개념을 이해하도록 하자.

```
1   class Point
2   {
3   public :
4       Point(int x = 0, int y = 0) : x_(x), y_(y) { }
5       void Print() { cout << "(" << x_ << ", " << y_ << ")" << endl; }
6
7       int x_, y_;
8   };
9
10  int main()
11  {
12      Point pt1(1, 1);
13      Point pt2(2, 2);
14
15      int Point::* ptr_x = &Point::x_;
16      void (Point::* ptr_Print)(void) = &Point::Print;
17
18      cout << "pt1의 x_ : " << pt1.*ptr_x << endl;     // pt1.x_와 동일
19      (pt1.*ptr_Print)();                              // pt1.Print()와 동일
20
21      cout << "pt2의 x_ : " << pt2.*ptr_x << endl;     // pt2.x_와 동일
22      (pt2.*ptr_Print)();                              // pt2.Print()와 동일
23
24      return 0;
25  }
```

• 실행 결과

```
pt1의 x_ : 1
(1, 1)
pt2의 x_ : 2
(2, 2)
```

15, 16라인의 변수 ptr_x와 ptr_Print는 각각 Point 클래스의 멤버 변수 x_와 멤버 함수 Print에 대한 포인터이다. 이때 18라인의 pt1.*ptr_x와 같이 사용하면 pt1 객체의 x_를 의미하고, 21라인의 pt2.*ptr_x와 같이 사용하면 pt2 객체의 x_를 의미하게 된다. 멤버 포인터 지정은 public 멤버에 대해서만 가능하므로 이 예에서는 편의상 x_, y_를 public 영역에 포함시켰다.

주의 사항 3: 기존 C++ 연산자가 아닌 문자들에 대한 연산자 오버로딩은 불가능하다.

예를 들면 특정 클래스에 대해서 문자 '@'에 대한 의미를 부여할 수는 없다.

주의 사항 4: 대입(=) 연산자와 주소(&) 연산자는 연산자 오버로딩을 하지 않아도 모든 클래스 객체에 대해 사용이 가능하다.

Point 클래스 객체 pt1과 pt2가 있을 경우 덧셈 연산자 오버로딩을 구현해 주지 않으면 (pt1 + pt2)와 같은 형태의 코딩이 불가능하다. 그러나 (pt1 = pt2)와 같은 대입 연산이나, &pt1과 같은 주소 연산의 사용은 가능하다. 대입 연산자의 경우 디폴트 대입 연산자가 내부적으로 생성되어 사용되며 멤버 단위의 복사를 수행하게 된다. 대입 연산자에 대해서는 이 장의 10절에서 자세히 설명한다. 주소 연산자는 다른 변수에 대해서도 그렇듯이 해당 객체가 저장되어 있는 메모리의 주소를 반환한다. 대입 연산자와 주소 연산자 모두 명시적인 연산자 오버로딩을 통해 새로운 의미를 부여할 수 있다. 그러나 대입 연산자의 경우에는 명시적 연산자 오버로딩이 반드시 필요한 경우가 있으나, 주소 연산자의 경우에는 아마도 연산자 오버로딩을 할 이유가 없을 것이다.

주의 사항 5: 연산자의 우선순위를 바꿀 수 없다.

Point 클래스 객체 pt1, pt2, pt3이 있을 경우, (pt1 + pt2 * pt3)을 수행하면 곱셈 연산이 먼저 수행되고 그 다음에 덧셈 연산이 수행된다. 이와 같은 연산자의 우선순위를 연산자 오버로딩을 통해 변경할 수는 없다. 연산자의 우선순위 변경이 필요하거나 연산자들 간의 우선순위를 잘 모를 경우에는 괄호 연산자 ()를 사용하는 것이 가장 안전한 방법이다.

주의 사항 6: 하나의 연산자에 대한 결합법칙 역시 바꿀 수 없다.

(pt1 + pt2 + pt3)을 수행하면 항상 앞에 있는 덧셈 연산부터 수행하게 된다. (pt1 = pt2 = pt3)은 어떻

게 수행되는가? 대입 연산의 결합법칙은 오른쪽에서 왼쪽으로 진행되므로 클래스 객체들 간의 대입 역시 뒤에서부터 수행된다.

주의 사항 7: 피연산자의 개수를 변경할 수 없다.

증가(++), 감소(−−) 연산자와 같은 연산자는 단항 연산자이므로 1개의 피연산자를 필요로 한다. 곱셈(*) 연산자와 같은 이항 연산자는 2개의 피연산자를 필요로 한다. 이것은 클래스에 대해서도 마찬가지로 적용된다. 예를 들어 Point 클래스 객체에 대해서 곱셈 연산자를 (pt1 *)와 같이 피연산자 하나만을 사용하여 수행할 경우, 내부적으로(x의 제곱, y의 제곱)을 사용하여 새로운 Point 객체를 만들어 반환하고 싶어도 이와 같은 곱셈 연산자 오버로딩은 불가능하다. 물론 덧셈(+) 연산자나 뺄셈(−) 연산자와 같이 단항 연산자로도 사용될 수 있고 이항 연산자로도 사용될 수 있는 경우에는 용도에 맞게 1개의 피연산자 또는 2개의 피연산자가 올 수도 있다.

주의 사항 8: 연산자 오버로딩을 위한 멤버 함수는 디폴트 매개변수를 가질 수 없다.

디폴트 매개변수를 가질 수 있다는 것은 사실상 주의 사항 7에서 피연산자의 개수를 변경할 수 있다는 말과 같다. 예를 들어 덧셈 연산자 오버로딩을 하는 데 있어서 다음과 같이 디폴트 매개변수를 사용한다고 생각해 보자.

```
Point operator+(const Point &pt = Point(0, 0)) { ... }
```

그렇다면 다음과 같은 덧셈 연산이 가능할 것이다.

```
Point pt3 = pt1 +;
```

이것은 덧셈 연산자의 피연산자 개수가 1개인 것과 같은 효과로, 주의 사항 7을 위배하는 것이다. 결론적으로 연산자 오버로딩을 위한 멤버 함수는 디폴트 매개변수를 가질 수 없다.

연산자 오버로딩과는 무관한 내용이지만 바로 위의 예에서처럼 디폴트 매개변수 값으로 어떤 클래스의 객체가 올 수도 있다는 사실을 알아 두자. 이와 관련하여 아래에 일반 함수에 대한 예를 나타내었다. 참고하도록 하라.

```
void Print(const Point &pt = Point(0, 0)) { ... }
```

9.4 이항 연산자 오버로딩

예제 9.5 | Point 클래스에 대한 덧셈, 뺄셈, 곱셈, 나눗셈 연산자 오버로딩

이항 연산자의 오버로딩에 대해서는 이미 9.2절의 덧셈(+) 연산자를 통해 배웠다. 여기서는 덧셈 연산자를 포함하여 뺄셈(−), 곱셈(*), 나눗셈(/) 연산자 오버로딩을 통해 연산자 오버로딩에 대해 익숙해질 수 있도록 연습할 것이다. + 연산자 오버로딩을 제대로 이해했다면 쉽게 작성할 수 있을 것이다.

Point 클래스 객체에 대한 덧셈, 뺄셈, 곱셈, 나눗셈 연산자를 다음과 같이 정의한다. 여기서 pt1과 pt2는 Point 클래스 객체이고, num은 int형 변수이며 0이 아니라고 가정한다.

1. pt1 + pt2 : Point(pt1.x_ + pt2.x_, pt1.y_ + pt2.y_) 객체 반환
2. pt1 + num : Point(pt1.x_ + num, pt1.y_ + num) 객체 반환
3. pt1 − pt2 : Point(pt1.x_ − pt2.x_, pt1.y_ − pt2.y_) 객체 반환
4. pt1 − num : Point(pt1.x_ − num, pt1.y_ − num) 객체 반환
5. pt1 * num : Point(pt1.x_ * num, pt1.y_ * num) 객체 반환
6. pt1 / num : Point(pt1.x_ / num, pt1.y_ / num) 객체 반환

이상의 연산자를 제공하는 Point 클래스를 만들고 테스트해 보자.

```
1   class Point
2   {
3   public :
4       Point(int x = 0, int y = 0) : x_(x), y_(y) {}
5       Point operator+(const Point &pt) { return Point(x_ + pt.x_, y_ + pt.y_); }
6       Point operator+(int num) { return Point(x_ + num, y_ + num); }
7       Point operator-(const Point &pt) { return Point(x_ - pt.x_, y_ - pt.y_); }
8       Point operator-(int num) { return Point(x_ - num, y_ - num); }
9       Point operator*(int num) { return Point(x_ * num, y_ * num); }
10      Point operator/(int num) { return Point(x_ / num, y_ / num); }
11      void Print()
12          { cout << "(" << x_ << ", " << y_ << ")" << endl; }
13
14  private :
15      int x_, y_;
16  };
17
18  int main()
19  {
20      Point pt1(2, 2), pt2(4, 4);
21      int num = 2;
22
23      (pt1 + pt2).Print();        // 임시객체를 이용한 멤버 함수 호출
24      (pt1 + num).Print();
25      (pt1 - pt2).Print();
26      (pt1 - num).Print();
27      (pt1 * num).Print();
28      (pt1 / num).Print();
29
30      return 0;
31  }
```

• **실행 결과**

```
(6, 6)
(4, 4)
(-2, -2)
(0, 0)
(4, 4)
(1, 1)
```

특별히 어려운 것은 없다. 연산자 모두 첫 번째 피연산자가 Point 클래스 객체이므로 멤버 함수로 구현이 가능하다. 그리고 5, 6라인은 모두 덧셈 연산자 오버로딩이지만 매개변수의 타입이 다르므로 함수 오버로딩이 가능함을 보여주고 있다.

23~28라인에서는 연산자 오버로딩 함수들을 호출하고 있는데 모두 임시 객체를 사용하고 있다. 즉, (pt1 + pt2)의 결과가 Point 객체이므로 바로 멤버 변수인 Print 함수를 수행할 수 있다. 그러나 이때 생성된 임시 객체는 해당 문장을 수행한 후 바로 사라지게 됨을 알고 있을 것이다.

연습문제 | 9.3

[예제 9.5]의 모든 연산자 오버로딩 함수들을 전역 함수로 구현해 보라.

아마도 멤버 함수에 의한 연산자 오버로딩을 더 많이 사용하게 될 것이다. 그러나 부득이하게 전역 함수에 의한 연산자 오버로딩을 사용해야만 하는 경우가 있으며, 바로 다음 절에서 접하게 될 것이다. 따라서 이 연습문제를 통해 전역 함수에 의한 연산자 오버로딩에도 익숙해지도록 하라.

Note

9.5 이항 연산자에서 피연산자의 교환 문제

이항 연산자에서 피연산자 교환의 문제점 및 해결 방안

int형 변수의 덧셈 연산 시 (a + b)와 (b + a)의 결과는 동일한 반면 (a − b)와 (b − a)의 결과는 동일하지 않다. 덧셈 연산의 경우 교환법칙이 성립하지만 뺄셈 연산의 경우 교환법칙이 성립하지 않기 때문이다. 여기서 중요한 것은 교환법칙의 성립 여부보다는 피연산자의 위치를 교환함으로써 의도한 결과를 생성해 낼 수 있느냐 하는 것이다. 예를 들면 int형 변수의 경우 (2 + 3)이나 (3 + 2) 모두 5라는 올바른 결과를 만들어낼 수 있어야 하며, (2 − 3)과 (3 − 2) 역시 결과는 각각 −1과 1로 다르지만 각각 의도한 바와 일치하는 결과를 만들어낼 수 있어야 하는 것이다.

Point 클래스 객체에 대해서도 이와 같이 피연산자를 교환하더라도 원하는 결과를 생성해 낼 수 있는지 [예제 9.5]의 덧셈과 뺄셈 연산자 오버로딩의 예를 통해 생각해 보자. 다음에 나오는 pt1과 pt2는 Point 클래스 객체이며 num은 int형 변수이다.

1. pt1 + pt2: 5라인의 덧셈 연산자 오버로딩에 의해 수행되며, (pt2 + pt1) 역시 5라인의 덧셈 연산자 오버로딩에 의해 수행된다. 이 경우 기본 타입의 덧셈 연산과 마찬가지로 교환법칙이 성립하고 있다.
2. pt1 + num: 6라인의 덧셈 연산자 오버로딩에 의해 수행되지만, (num + pt1)은 수행될 수 없다. 이 연산을 내부적인 수행 형태로 변경하면 num.operator+(pt1)과 같은 형태가 되지만, num이 Point 클래스 객체가 아니므로 수행될 수 없는 것이다.
3. pt1 – pt2: 7라인의 뺄셈 연산자 오버로딩에 의해 수행되며, (pt2 – pt1) 역시 7라인의 뺄셈 연산자 오버로딩에 의해 수행된다. 기본 타입(int형 등)의 속성과 마찬가지로 교환법칙은 성립하지 않지만 이것은 의도한 결과이다.
4. pt1 – num: 8라인의 뺄셈 연산자 오버로딩에 의해 수행되지만, (num – pt1)은 수행될 수 없다. 이유는 2번의 pt1 + num과 동일하다.

[예제 9.5]에서 main 함수를 다음 코드와 같이 변경하고 수행해 보라. 컴파일 에러가 발생함을 확인할 수 있을 것이다.

```
1   int main()
2   {
3       Point pt1(2, 2), pt2(4, 4);
4       int num = 2;
5
6       Point pt3 = num + pt1;      // 수행 불가능
7       Point pt4 = num - pt2;      // 수행 불가능
8
9       pt3.Print();
10      pt4.Print();
11
12      return 0;
13  }
```

그렇다면 (num + pt1)이 수행되도록 하려면 어떻게 해야 할까? 우리는 이미 9.2절에서 이에 대한 답을 본 적이 있다. 왼쪽에 나타나는 변수가 클래스 객체가 아니므로 num.operator+(pt1)과 같은 형태로 동작할 수는 없다. 즉, 멤버 함수로는 이에 대한 연산자 오버로딩이 불가능하다. 그렇다면 나머지 한 가지 방법은 무엇인가? 바로 전역 함수에 의한 연산자 오버로딩을 사용하면 된다.

예제 9.6 | 피연산자 교환 문제 해결을 위한 전역 함수에 의한 연산자 오버로딩

(num + pt1)과 (num − pt1)의 연산이 가능하도록 [예제 9.5]의 Point 클래스를 수정해 보자.

```
1   class Point
2   {
3   public :
4       Point(int x = 0, int y = 0) : x_(x), y_(y) {}
5       Point operator+(const Point &pt) { return Point(x_ + pt.x_, y_ + pt.y_); }
6       Point operator+(int num) { return Point(x_ + num, y_ + num); }
7       Point operator-(const Point &pt) { return Point(x_ - pt.x_, y_ - pt.y_); }
8       Point operator-(int num) { return Point(x_ - num, y_ - num); }
9       Point operator*(int num) { return Point(x_ * num, y_ * num); }
10      Point operator/(int num) { return Point(x_ / num, y_ / num); }
11      void Print() { cout << "(" << x_ << ", " << y_ << ")" << endl; }
12
13      friend Point operator+(int num, const Point &pt);
14      friend Point operator-(int num, const Point &pt);
15
16  private :
17      int x_, y_;
18  };
19
20  Point operator+(int num, const Point &pt)        // num + pt1
21  {
22      return Point(num + pt.x_, num + pt.y_);
23  }
24
25  Point operator-(int num, const Point &pt)        // num - pt1
26  {
28      return Point(num - pt.x_, num - pt.y_);
29  }
30
31  int main()
32  {
33      Point pt1(2, 2), pt2(4, 4);
34      int num = 2;
35
36      Point pt3 = num + pt1;      // 수행 가능
37      Point pt4 = num - pt2;      // 수행 가능
38
39      pt3.Print();
40      pt4.Print();
41
42      return 0;
43  }
```

• **실행 결과**

```
(4, 4)
(-2, -2)
```

우선 (num + pt1)과 (num − pt1)의 연산이 가능하도록 20라인과 25라인에 각각 operator+ 연산자와 operator− 연산자에 대한 전역 함수를 추가하였다. 그러나 이것만으로는 부족하다. 왜냐하면 전역 함수에서 Point 클래스의 private 멤버에 접근하고 있기 때문이다. 따라서 Point 클래스에 13, 14라인과 같이 operator+와 operator− 전역 함수에 대한 friend 선언을 해 줌으로써 이 문제를 해결하였다. 이제 (pt1 + num), (pt2 − num)뿐만 아니라 (num + pt1), (num − pt2)에 대한 실행이 가능하다.

연습문제 | 9.4

복소수를 나타내는 Complex 클래스를 만들어 보라. 복소수는 (a + bi)로 표현되며 a와 b는 각각 double로 표현된다고 가정하자. 이때 다음과 같은 연산이 가능하도록 클래스를 만들어 보라. 복소수 A = (a + bi), B = (c + di), x는 실수로 가정한다.

- A + B = (a + c) + (b + d)i
- A + x = (a + x) + bi;
- x + A = (x + a) + bi;
- A − B = (a − c) + (b − d)i
- A − x = (a − x) + bi;
- x − A = (x − a) + bi;

다음 main 함수와 출력 결과를 참고하라.

```
1   int main()
2   {
3       Complex complex1(1, 2), complex2(3, 4);
4       double x = 2;
5   
6       Complex complex3 = complex1 + complex2;
7       Complex complex4 = complex1 - complex2;
8       Complex complex5 = complex1 - x;
9       Complex complex6 = x - complex1;
10  
11      complex3.Print();
12      complex4.Print();
13      complex5.Print();
```

```
14      complex6.Print();
15
16      return 0;
17  }
```

• **실행결과**

```
4 + 6i
-2 + -2i
-1 + 0i
1 + 2i
```

이 문제는 클래스의 해석만 달라질 뿐 Point의 예와 거의 동일하다. 따라서 [예제 9.6]만 이해한다면 쉽게 풀 수 있을 것이다.

Note

9.6 단항 연산자 오버로딩

단항 연산자 오버로딩의 원리

이항 연산자에 대한 연산자 오버로딩을 배웠다. (pt1 + pt2)가 내부적으로 pt1.operator+(pt2) 형태로 변환되며, 이에 따라 operator+ 멤버 함수(또는 전역 함수)가 호출된다는 것만 이해하면 된다.

단항 연산자의 경우는 어떻게 하면 될까? 결론부터 얘기하면 이항 연산자와 동일하다. 단항 연산자 중 대표적인 연산자로는 부호 연산자(+, –)가 있다. 이 중에서 – 부호 연산자에 대해 살펴보자.

int형 변수 num1에 대해 (–num1)이라고 하면, num1의 부호가 변경된 값이 반환된다.

```
int num1 = 3;
int num2 = -num1;
```

num1의 값 자체가 변하는 것은 아니다. 단지 (–num)의 연산에 의해 –3이 반환되는 것이다.

Point 클래스 객체에도 적용해 보도록 하자. Point 클래스 객체 pt1에 대해 (–pt1)이라고 쓰면 pt1의 멤버 변수인 x_, y_의 값이 모두 부호가 변경된 값으로 새로운 객체를 만들어 반환하고자 한다. 예를 들면 pt1이 (3, 4)라면 (–pt1)의 결과로 (–3, –4)의 Point 객체가 반환되도록 하려는 것이다.

(–pt1)은 내부적으로 다음과 같이 해석된다.

```
-pt1 → pt1.operator-()
```

마이너스(–) 부호가 왼쪽에 있다고 하여 부호의 왼쪽에 객체가 없다고 당황하지 않도록 하라. 부호 연산자는 뒤에 나오는 객체에 적용되는 것이다. 따라서 뒤에 나오는 객체가 바로 operator– 연산에 대한 주체가 되는 것이다. 그 다음으로 operator– 함수의 매개변수를 생각해 보자. (–pt1)에서 pt1에 대해 operator–가 적용되면 남는 것은 없다. 따라서 operator– 함수에 대한 매개변수도 더 이상 필요하지 않다. 즉, 매개변수는 void가 되는 것이다. 여기까지가 단항 연산자 오버로딩에 대한 전부이다.

예제 9.7 | Point 클래스를 위한 – 부호 연산자 오버로딩

Point 클래스를 위한 – 부호 연산자 오버로딩을 구현해 보자.

```
1  class Point
2  {
3  public :
4      Point(int x = 0, int y = 0) : x_(x), y_(y) {}
5      Point operator-() { return Point(-x_, -y_); }   // - 부호 연산자
6      void Print() { cout << "(" << x_ << ", " << y_ << ")" << endl; }
7
8  private :
9      int x_, y_;
10 };
11
12 int main()
13 {
14     Point pt1(2, 2);
15     Point pt2 = -pt1;           // P1 (2, 2), P2 (-2, -2)
16     Point pt3 = -(-pt1);        // P1 (2, 2), P3 (2, 2)
17
18     pt1.Print();
19     pt2.Print();
20     pt3.Print();
21
22     return 0;
23 }
```

- **실행 결과**

```
(2, 2)
(-2, -2)
(2, 2)
```

– 부호 연산자 오버로딩은 5라인과 같다. 15라인의 경우 pt2는 (–2, –2)가 되고 16라인의 경우 pt3은 (2, 2)가 된다. 16라인의 경우 먼저 (–P1)이 수행되어 (–2, –2)의 임시객체가 반환되며, 이 임시객체를 기반으로 또 다시 operator– 멤버 함수가 수행되어 결국 (2, 2)의 임시객체가 반환된다.

단항 연산자 오버로딩에 대해서는 이 예제의 내용만 제대로 이해하면 충분한다.

예제 9.8 | this 포인터와 참조의 반환에 대한 연습

이번에는 단항 연산자 오버로딩과는 별도로 단항 연산자 오버로딩을 활용하여 this 포인터와 참조의 반환에 대한 연습을 다시 한 번 해 보도록 하자.

이를 위해 마이너스(-) 부호 연산자의 의미를 조금 변경해 보자. [예제 9.7]에서는 (−pt1)의 경우 pt1 자체의 x_, y_ 값은 변경되지 않고 −x_, −y_ 값을 사용하여 새로 만든 객체를 반환하였다. 이제 새로운 값을 반환하는 것은 물론 pt1 자체의 x_, y_ 값도 각각 −x_, −y_로 변경해 보자. 예를 들어 다음과 같은 문장이 수행된다면 pt1은 x_, y_의 부호가 두 번 변경되어 다시 (2, 2)가 되어야 하고 pt2 역시 (2, 2)가 되어야 한다.

```
Point pt1(2, 2);
Point pt2 = -(-pt1);
```

얼핏 보면 쉬울 것 같지만 그리 만만한 문제는 아니다. 아마도 깊이 생각하지 않는다면 다음과 같은 연산자 오버로딩 함수를 만들게 될 것이다.

```
Point operator-() { x_ = -x_; y_ = -y_; return Point(x_, y_); }
```

자신의 x_, y_는 부호가 변경되고 새로 변경된 값으로 새로운 객체를 만들어 반환하였다. 이와 같은 연산자 오버로딩이라면 다음과 같은 코드는 제대로 동작할 것이다.

```
Point pt2 = -pt1;
```

결과는 pt1은 (−2, −2), pt2는 (−2, −2)이며 이는 원하던 결과이다. 즉, pt1의 x_, y_는 부호가 변경되며 pt2는 변경된 부호로 만든 객체가 반환된다. 그렇다면 다음 코드의 수행 결과는 무엇일까?

```
Point pt2 = -(-pt1);
```

결과는 pt1은 (−2, −2), pt2는 (2, 2)이 된다. pt2는 원하던 결과가 맞지만 pt1은 부호가 한 번만 바뀌고 또 다시 바뀌지 않는다. 문제는 (−pt1)의 반환값에 있다. (−pt1)의 수행 결과 operator− 멤버 함수에 의해 pt1의 x_, y_ 값은 분명히 변경되었다. 그러나 그 반환값은 새로운 임시 객체이다. 따라서 두 번째 − 연산자는 (−임시객체)와 같이 수행되고 그 결과 임시객체의 x_, y_ 부호가 변경되어 pt2에 반영되지만, 정작 pt1 객체의 x_, y_ 부호에는 어떤 영향도 미치지 않는 것이다.

해결 방안은 무엇일까? 바로 참조를 사용하면 된다. (−pt1)의 반환값으로 pt1 그 자체가 반환되도록 하는 것이다. 그러면 두 번째 − 연산 역시 (−pt1)이 되어 또 다시 pt1 객체의 x_, y_ 부호가 바뀌게 된다.

이상의 내용을 반영하여 [예제 9.7]의 − 부호 연산자 오버로딩을 수정한 결과는 다음과 같다.

```
1  class Point
2  {
3  public :
4      Point(int x = 0, int y = 0) : x_(x), y_(y) {}
5      Point &operator-() { x_ = -x_; y_ = -y_; return (*this); }
```

```
6       void Print() { cout << "(" << x_ << ", " << y_ << ")" << endl; }
7
8   private :
9       int x_, y_;
10  };
11
12  int main()
13  {
14      Point pt1(2, 2);
15      Point pt2 = -(-pt1);        // pt1 (2, 2) 두 번 변함, pt2 (2, 2)
16
17      pt1.Print();
18      pt2.Print();
19
20      return 0;
21  }
```

• 실행 결과

```
(2, 2)
(2, 2)
```

5라인의 – 연산자 오버로딩을 자세히 살펴보도록 하라. 최종 반환값이 (*this)로서 연산자 오버로딩을 호출한 객체가 되며, 반환형이 참조(Point &)이므로 결국 최종 반환값은 호출한 객체 그 자체가 된다. 따라서 –(–pt1)은 또 다시 (–pt1)을 수행하게 되며 pt1의 x_, y_ 부호는 두 번 변경되어 원래대로 (2, 2)가 되는 것이다.

this 포인터에 대해서는 7.3절에서 이미 배웠었다. 그 당시에는 this 포인터라는 것이 어디에 어떻게 쓰일지 불분명했지만, 이 예제에서 본 것처럼 멤버 함수 호출 시 멤버 함수를 호출한 객체 자체를 반환하는데 많이 쓰이고 있다. 이러한 사용 방식은 앞으로 설명하게 될 다른 연산자 오버로딩을 위해서도 사용하게 될 것이니 this 포인터에 대한 원리를 제대로 이해하고 넘어가도록 하자.

연습문제 | 9.5

Array 클래스가 있다. 클래스의 멤버 변수로는 5개의 원소를 갖는 배열이 포함되어 있다. 생성자를 통해 각 원소의 값을 0, 1, 2, 3, 4로 초기화하라. 그리고 + 부호 연산자 오버로딩과 – 부호 연산자 오버로딩을 구현하라. + 부호 연산자는 각 원소의 값을 오른쪽으로 1씩 이동시키는 것이며, – 부호 연산자는 각 원소의 값을 왼쪽으로 1씩 이동시키는 것이다. 단, 부호 연산자를 연속으로 적용시킬 수 있도록 해야 한다. 물론 가장 오른쪽 또는 왼쪽 원소의 값은 반대쪽 끝 원소로 이동한다. 다음 main 함수와 출력 결과를 참고하라.

```
1  int main()
2  {
3      Array ary1;
4      ary1.Print();
5
6      Array ary2 = +ary1;
7      ary1.Print();
8      ary2.Print();
9
10     -(-ary1);
11     ary1.Print();
12
13     return 0;
14 }
```

• **실행결과**

```
0 1 2 3 4
4 0 1 2 3
4 0 1 2 3
1 2 3 4 0
```

이 문제에서는 부호 연산자에 대한 단항 연산자 오버로딩과 참조에 대한 활용을 함께 요구하고 있다.

Note

연습문제 | 9.6

[연습문제 9.5]에서 +, – 부호 연산자 오버로딩을 전역 함수로 구현해 보라.

이항 연산자를 전역 함수로 구현하는 경우 2개의 매개변수가 전달된다. 그렇다면 단항 연산에서는 1개의 매개변수가 전달될 것이다. 기본 원리는 이항 연산자 오버로딩과 동일하다.

Note

9.7 증가, 감소 단항 연산자 오버로딩

전위 증가 연산자 오버로딩과 후위 증가 연산자 오버로딩의 원리

부호 연산자 외에 대표적인 단항 연산자인 증가(++), 감소(--) 연산자의 오버로딩에 대해 알아보도록 하자. 기본 원리는 9.6절에서 설명한 부호 연산자의 오버로딩과 동일하다. 하지만 부호 연산자가 변수의 앞에만 올 수 있는 반면에 증감 연산자는 변수의 앞과 뒤 모두에 올 수 있다. 뿐만 아니라 증감 연산자가 앞 또는 뒤에 올 때 그 의미가 다르다는 점이 연산자 오버로딩 시 주의해야 할 사항이다.

int형 변수에 대한 증가 연산자의 동작에 대해 복습해 보자. 다음 코드의 수행 결과 num1과 num2의 값은 무엇인가?

```
int num1 = 1;
int num2 = ++num1;     // (1) 전위 증가 연산자
```

그리고 다음 코드의 수행 후 num1, num2의 값은 무엇인가?

```
int num1 = 1;
int num2 = num1++;     // (2) 후위 증가 연산자
```

전위 증가 연산자의 경우 증가 연산이 먼저 수행되어 그 결과가 다음 연산에 반영된다. 따라서 (1)의 수행 결과 num1은 2, num2 역시 2가 된다. 후위 증가 연산자의 경우 증가 연산이 수행되긴 하지만 다음 연산에 대해서는 증가되기 이전의 값이 반영된다. 따라서 (2)의 수행 결과 num1은 2, num2는 증가되기 이전 값인 1이 된다.

Point 클래스에 대해서도 증가 연산자를 구현해 보도록 하자. 먼저 전위 증가 연산자를 구현해 보자. 다음과 같은 증가 연산이 가능하게 하려면 어떻게 해야 할까?

```
Point pt1(1, 1);
Point pt2 = ++pt1;          // (1)
Point pt3 = ++(++pt1);      // (2)
```

(1)의 수행 결과로 pt1은 (2, 2)가 되며 pt2 역시 (2, 2)가 된다. (2)의 수행 결과로 pt1은 (4, 4)가 되고 pt3 역시 (4, 4)가 된다.

전위 증가 연산자의 구현은 9.6절에서 본 단항 연산자의 오버로딩과 동일하다. 이제 구현이 가능한가? (2)에 주의하여 프로그램을 작성하면 된다. 9.6절에서 this 포인터를 통한 객체 참조의 반환에 대해 경험하였으니 충분히 해결이 가능하리라 생각된다. 잠시 후 예제를 통해 살펴보도록 하자.

이번에는 후위 증가 연산자에 대해 생각해 보자. 다음 코드의 수행 결과는 무엇인가?

```
Point pt1(1, 1);
Point pt2 = pt1++;          // (1)
Point pt3 = (pt1++)++;      // (2)
```

우선 (2)에 대해서는 논외로 해야 한다. 왜냐하면 int형 역시 (num1++)++와 같은 문법을 허용하지

않기 때문이다. 증가 연산자가 적용될 수 있는 피연산자로는 lvalue만 허용되며 rvalue는 허용되지 않는다.

lvalue와 rvalue에 대해서는 이미 1.4절에서 설명하였으며, 전위 증가 및 후위 감소 연산자에 대해서도 이미 1.4절에서 설명하였다. 요점만 간단히 설명하면 다음과 같다. lvalue와 rvalue는 각각 변수와 값이라고 이해해도 좋다. 증가 연산자의 피연산자로 lvalue만 허용된다고 하였으니 (++3), (3++), ((num1+num2)++), (++(num1+num2))와 같은 수식은 허용되지 않는다는 뜻이다. 그런데 전위 증가 ++num1의 경우 반환값 자체가 num1로서 lvalue이며, 후위 증가 num1++의 경우 반환값이 num1의 값으로서 rvalue이다. 따라서 lvalue인 (++num1)에 대한 ++ 연산이 가능한 반면, rvalue인 (num1++)에 대한 ++ 연산은 불가능한 것이다. 다음의 예를 통해 증가 연산자에 대해 다시 한 번 생각해 보도록 하라.

```
(++num1)++;     // 가능
++(num1++);     // 불가능
```

물론 어떤 클래스 객체에 대해 (pt1++)와 같이 후위 증가 연산을 수행할 경우 pt1에 대한 객체 참조를 반환하게 만들 수도 있는데, 이 경우 lvalue가 되므로 (pt1++)++가 수행될 수 있도록 만들 수도 있다. 그러나 곧 보게 되겠지만 그렇게 할 경우에는 우리가 의도하는 기능을 수행할 수 없게 된다. (1)을 해결한 후에 다시 한 번 이에 대해 생각해 보도록 하자.

자, 이제 (1) 후위 증가 연산자를 해결해 보자. (pt1++)는 pt1.operator++()와 같이 해석될 것이다. 그래서 다음과 같이 operator++ 연산자 오버로딩을 하려고 한다.

```
Point operator++() { ... }
```

그런데 이 멤버 함수는 전위 증가 연산자 (++pt1)의 모양과 동일하다. 함수명도 같고 매개변수가 없는 것도 동일하다. 만약 프로그램 내에 (pt1++)와 (++pt1) 연산이 동시에 발생한다면 operator++() 함수는 언제 호출되게 되는 걸까? 둘 다 동일한 함수를 호출할 수는 없다. 분명히 전위 증가 연산자와 후위 증가 연산자는 그 기능이 다르기 때문이다. 따라서 C++에서는 전위 증가 연산자 오버로딩과 후위 증가 연산자 오버로딩을 구별하기 위해 해석 방법을 달리 하고 있다. [그림 9.3]은 (++pt1)과 (pt1++)의 해석 방법을 표현한 것이다.

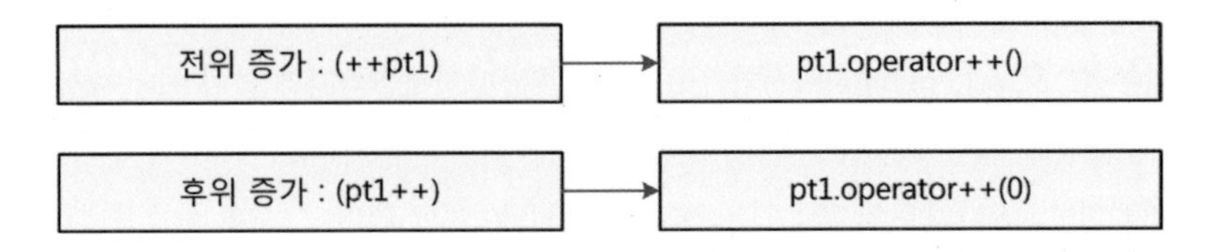

○ 그림 9.3 전위 증가 연산자와 후위 증가 연산자의 내부 해석 방법

후위 증가 연산자의 매개변수로는 0이라는 int형 값이 전달되고 있으므로 받는 곳에서는 int형 변수로 받으면 된다. 이제 전위 증가 연산자 오버로딩 함수와 후위 증가 연산자 오버로딩 함수를 구별할 수

있으므로 이에 대한 구현도 가능하다.

예제 9.9 | Point 클래스의 ++ 전위 증가 연산자 오버로딩

Point 클래스에 대한 ++ 전위 증가 연산자 오버로딩을 구현해 보자.

```
1   class Point
2   {
3   public :
4       Point(int x = 0, int y = 0) : x_(x), y_(y) {}
5       Point &operator++() { x_++; y_++; return (*this); } // 전위 증가 연산자
6       void Print() { cout << "(" << x_ << ", " << y_ << ")" << endl; }
7   
8   private :
9       int x_, y_;
10  };
11  
12  int main()
13  {
14      Point pt1(1, 1);
15      Point pt2 = ++pt1;          // P1 (2, 2), P2 (2, 2)
16      Point pt3 = ++(++pt1);      // P1 (4, 4), P3 (4, 4)
17  
18      pt1.Print();
19      pt2.Print();
20      pt3.Print();
21  
22      return 0;
23  }
```

• 실행 결과

```
(4, 4)
(2, 2)
(4, 4)
```

++pt1은 내부적으로 pt1.operator++()와 같이 해석된다. 따라서 5라인과 같이 이에 대한 operator++ 멤버 함수를 작성해 주기만 하면 된다. 단, 15라인뿐만 아니라 16라인과 같이 증가 연산의 연속적인 수행이 가능하게 하려면 (++pt1)의 수행 결과가 pt1 그 자체가 되어야만 한다. 그렇게 해야 또 다시 pt1에 대한 증가 연산자의 적용이 가능하게 된다. 따라서 5라인과 같이 연산자 오버로딩 구현 시 x_, y_ 값이 모두 증가된 이후에 this 포인터를 사용하여 객체 참조(*this)를 반환하도록 하였다. 반환형이 Point &임에 주의하라.

예제 9.10 | Point 클래스의 ++ 후위 증가 연산자 오버로딩

이번에는 Point 클래스에 대한 ++ 후위 증가 연산자 오버로딩을 구현해 보자.

```
1   class Point
2   {
3   public :
4       Point(int x = 0, int y = 0) : x_(x), y_(y) {}
5       Point operator++(int NotUsed)                // 후위 증가 연산자
6           { Point temp = (*this); x_++; y_++; return temp; }
7       void Print() { cout << "(" << x_ << ", " << y_ << ")" << endl; }
8
9   private :
10      int x_, y_;
11  };
12
13  int main()
14  {
15      Point pt1(1, 1);
16      Point pt2 = pt1++;                           // pt1 (2, 2), pt2 (1, 1)
17      Point pt3 = (pt1++)++;                       // pt1 (3, 3), pt3 (2, 2)
18
19      pt1.Print();
20      pt2.Print();
21      pt3.Print();
22
23      return 0;
24  }
```

• 실행 결과

```
(3, 3)
(1, 1)
(2, 2)
```

5, 6라인의 증가 연산자 오버로딩은 매개변수로 int형 값을 받고 있으므로 후위 증가 연산자 오버로딩임을 알 수 있다. 먼저 기존 객체의 값을 temp 객체에 저장한 후 x_, y_의 값을 증가시키고 있다. 그러고 나서 반환값으로는 증가되기 이전의 값이 저장되어 있는 temp 객체를 반환하는 것이다. 주의할 사항은 temp 객체에 대한 참조를 반환하는 것이 아니라는 것이다. 지역 변수에 대한 참조를 반환하는 것은 논리적으로 옳지 않다.

16라인의 수행 결과로서 pt1은 (2, 2)로 변경되며 pt2는 변경되기 이전의 값인 (1, 1)을 갖게 된다. 그런데 17라인의 경우 수행되지 않는다고 하였는데, 문제없이 수행은 되고 있다. 수행되지 않는다고 한 것은 int형 변수 num1에 대한 (num1++)++의 예에서이다. (num1++) 자체가 rvalue이므로 더 이상 증가 연산자를 적용할 수 없는 것이다. 그러나 이 예제에서 5라인 operator++ 연산자의 반환형을 보면 Point 객체

로 임시 객체가 반환되는데 임시 객체라 하더라도 여전히 Point 객체임에는 틀림없으며, lvalue로서의 자격도 충분한다. 따라서 (pt1++)++ 연산도 가능해지는 것이다.

그러나 그 결과가 문제이다. 첫 번째 후위 증가 연산으로 인해 pt1의 값은 (3, 3)이 되었다. 그러나 우리는 두 번째 후위 증가 연산으로 인해 pt1이 (4, 4)가 되길 원하지만 그렇지 않고 그대로 한 번만 증가된 (3, 3)이다. 두 번째 후위 증가 연산이 적용된 객체는 첫 번째 연산에 의해 반환된 임시 객체이기 때문에 pt1 객체와는 무관하다. pt3은 17라인 첫 번째 (pt1++)의 반환 결과인 임시 객체 (2, 2)에 의한 ++ 연산 결과이므로, 이 값 역시 ++ 후위 증가가 적용되기 이전 값인 (2, 2)가 된다.

int와 마찬가지로 17라인의 (pt1++)++를 컴파일러에 의해 오류로 인식할 수 있도록 만들려면 다음과 같이 후위 증가 연산자 앞에 const 키워드를 추가하면 된다. 이 경우 (pt1++)에 의해 반환된 임시 객체가 상수, 즉, 값(rvalue)으로 인식되기 때문에 더 이상 ++ 연산자의 적용이 불가능하게 된다.

```
const Point operator++(int Unused) { ... }
```

연습문제 | 9.7

Point 클래스가 [예제 9.9]와 [예제 9.10]에 구현된 전위 증가 연산자와 후위 증가 연산자를 모두 포함하도록 구현하고, 두 가지 증가 연산자를 함께 테스트해 볼 수 있도록 main 함수를 작성해 보라.

예 : (++pt)++;

Note

연습문제 | 9.8

Point 클래스에 전위 감소 연산자와 후위 감소 연산자를 추가하고 이를 테스트해 보라.

Note

9.8 입출력 연산자 오버로딩의 원리 이해를 위한 cin, cout의 직접 구현

예제 9.11 | 입출력 연산자 오버로딩을 포함하는 cin, cout 관련 클래스의 구현

입출력 연산자 오버로딩에 대해 제대로 이해하기 위해서는 cout과 cin에 대한 구현 원리부터 이해하는 것이 좋다. 따라서 이 예제에서는 printf와 scanf 함수를 사용하여 입출력 객체인 cin, cout을 직접 만들어 보자.

```
1   #include <cstdio>
2   using namespace std;                    // VC++ 6.0에서는 삭제
3
4   char *endl = "\n";
5   char *tab = "\t";
6
7   class ostream
8   {
9   public :
10      ostream &operator<<(int val)     // int 값에 대한 출력 연산자(<<) 오버로딩
11      {
12          printf("%d", val);
13          return (*this);
14      }
15      ostream &operator<<(char *str)   // char * 값에 대한 << 연산자 오버로딩
16      {
17          printf("%s", str);
18          return (*this);
19      }
20  };
21
22  class istream
23  {
24  public :
25      istream &operator>>(int &val)    // int 값에 대한 >> 연산자 오버로딩
26      {
27          scanf("%d", &val);
28          return (*this);
29      }
30      istream &operator>>(char *str)   // char * 값에 대한 >> 연산자 오버로딩
31      {
32          scanf("%s", str);
33          return (*this);
34      }
35  };
36
```

```
37  ostream cout;
38  istream cin;
39
40  int main()
41  {
42      int num = 5;
43      char str[] = "C++ Programming";
44
45      cout << num << tab << str << endl;
46
47      cout << "정수와 문자열 입력 : ";
48      cin >> num >> str;
49
50      cout << num << tab << str << endl;
51
52      return 0;
53  }
```

• **실행 결과**

```
5       C++ Programming
정수와 문자열 입력 : 100 HelloC++
100     HelloC++
```

이 예제는 std 네임스페이스에 포함되어 있는 cin, cout 객체를 사용하지 않고 직접 ostream 클래스와 istream 클래스를 만들고 이로부터 cin, cout 객체를 생성하여 사용하는 예를 보인 것이다. 따라서 여기서는 <iostream> 헤더 파일을 사용하지 않고 있으며 <cstdio> 헤더 파일만을 사용하고 있다. 즉, 내부적으로는 printf와 scanf 함수만을 사용하여 입출력을 하고 있지만, main 함수에서는 지금까지 했던 것처럼 cin, cout 객체를 사용하여 쉽게 입출력을 수행하고 있다. 다소 복잡해 보이지만 지금까지 연산자 오버로딩에 대한 기본적인 내용을 배웠으므로 전체적인 내용을 이해하는 데 크게 어려움은 없을 것이다.

10라인에 있는 ostream 클래스의 출력 연산자(<<) 오버로딩 함수를 살펴보자. int형 변수를 매개변수로 받아서 printf문을 통해 int형 값을 화면에 출력한다. 그리고 출력 연산자를 호출한 객체 그 자체(*this)를 반환하고 있다. 37라인에서 ostream 클래스 객체 cout을 생성하였다. 이제 (cout << 3)과 같이 사용할 수 있다. 또한 그 결과가 cout 객체이므로 (cout << 3 << 4)와 같이 연속으로 출력 연산자의 사용이 가능하다. 15라인에서 char *형에 대한 출력 연산자 오버로딩을 구현하였으므로 문자열에 대한 출력도 가능하다. 구현 내용은 쉽게 이해할 수 있을 것이다.

이번에는 istream 클래스를 살펴보도록 하자. 25라인에서 int형 변수에 대한 입력 연산자 오버로딩을 하고 있다. 그리고 38라인과 같이 istream 클래스 객체 cin을 선언하였으므로 (cin >> num)과 같이 사용할 수 있다. 그런데 왜 매개변수를 참조로 받았을까? 값에 의한 전달을 하면 소기의 목적을 달성할 수 없다. 왜냐하면 (cin >> num)에서 num의 값이 scanf 함수를 통해 변경되어야 하는데, 값에 의한 전달을 하면 실매개변수 num의 값을 변경시킬 방법이 없기 때문이다. 변수 num의 주소를 받으면 가능하지 않을까? 주소를 포인터로 받으면 num의 값을 변경할 수는 있다. 그러나 48라인과는 달리 (cin >> &num)과 같이 주소를 전달하여야 한다. 보기 좋지 않다. 이제 왜 참조 변수로 받고 있는지 이해가 될 것이다.

부가적으로 '\n' 문자와 '\t' 문자를 위해 4, 5라인에 endl과 tab이라는 char *형 변수를 만들어 놓음으로써, 다음 줄로의 이동을 위해 (cout << endl)과 같이 사용 가능하도록 만들었다.

<iostream> 헤더 파일에는 실제로 ostream과 istream이라는 클래스가 이미 std라는 네임스페이스 내에 구현되어 있으며, cout과 cin이라는 객체도 선언되어 있다. 지금까지 우리는 이 cout과 cin을 거의 모든 프로그램에서 사용해 왔다. 그러나 이 예제에서는 std에 있는 cout과 cin을 사용하지 않고도 직접 만들어서 사용할 수 있음을 보였다. std에 있는 ostream과 istream이 이 예제와 동일하게 구현되어 있는 것은 아니지만 개념 자체는 유사하다. 물론 std에 있는 ostream과 istream 클래스는 이 예제와는 비교할 수 없을 만큼 많은 기능을 제공하고 있으며 그만큼 복잡한 것도 사실이다. std에 정의되어 있는 ostream과 istream 및 cout과 cin에 대한 구체적인 사용 방법은 14장에서 설명할 것이다. 여기서는 cout과 cin의 구현 원리만 이해하도록 하자.

연습문제 | 9.9

[예제 9.11]에서 double형 변수와 char형 변수에 대한 출력 연산자 오버로딩 및 입력 연산자 오버로딩도 구현해 보도록 하라. 또한 이를 테스트하기 위한 main 함수를 작성해 보라.

Note

9.9 friend 함수를 사용한 입출력 연산자 오버로딩

예제 9.12 | [예제 9.11]을 이용한 Point 클래스의 출력 및 입력 연산자 오버로딩

Point 클래스 객체에 대한 출력 연산자 오버로딩 및 입력 연산자 오버로딩을 구현해 보자. 즉, 다음과 같은 코드의 수행이 가능하도록 하고 싶은 것이다.

```
Point pt1(3, 4);
cout << pt1;
cin >> pt1;
```

[예제 9.11]의 ostream과 istream 클래스를 이용하여 Point 클래스 객체에 대한 <<, >> 연산자의 적용이 가능하도록 프로그램을 작성해 보자.

```
1   #include <cstdio>
2   using namespace std;                          // VC++ 6.0에서는 삭제
3   
4   class Point
5   {
6   public :
7       Point(int x, int y) : x_(x), y_(y) {}
8   
9       friend class ostream;
10      friend class istream;
11  
12  private :
13      int x_, y_;
14  };
15  
16  class ostream
17  {
18  public :
19      ostream &operator<<(const Point &pt)  // Point 객체의 << 오버로딩
20      {
21          printf("(%d, %d)\n", pt.x_, pt.y_);
22          return (*this);
23      }
24  };
25  
26  class istream
27  {
28  public :
29      istream &operator>>(Point &pt)        // Point 객체의 >> 오버로딩
30      {
31          printf("좌표 입력 : ");
32          scanf("%d %d", &pt.x_, &pt.y_);
33          return (*this);
34      }
35  };
36  
37  ostream cout;
38  istream cin;
39  
40  int main()
41  {
42      Point pt1(3, 4);
43      cout << pt1;        // Point 객체에 대한 << 연산자 사용 가능
44  
45      cin >> pt1;         // Point 객체에 대한 >> 연산자 사용 가능
46      cout << pt1;
47  
48      return 0;
49  }
```

• **실행 결과**

```
(3, 4)
좌표 입력 : 5 6
(5, 6)
```

19라인에 출력 연산자 오버로딩이 구현되어 있으며, 29라인에 입력 연산자 오버로딩이 구현되어 있다. Point 객체의 x_, y_ 값을 출력하거나 또는 입력을 받아들이는 멤버 함수들이다. 그런데 Point 클래스의 멤버 함수가 아닌 곳에서 Point 클래스의 private 멤버에 접근하고 있으므로 9, 10라인과 같이 ostream, istream 클래스를 Point 클래스의 friend 클래스로 선언하였다. 이제 43라인과 같이 출력 연산자에 의한 출력도 가능하며 45라인과 같이 입력 연산자에 의한 입력도 가능해졌다. 더 이상 지금까지 사용해 왔던 Point 클래스의 Print 멤버 함수가 필요 없게 되었다.

그런데 이 예제에는 한 가지 문제가 있다. 여기서는 [예제 7.11]을 바탕으로 ostream 클래스와 istream 클래스를 직접 만들어 사용하였기 때문에, 그 내부에 Point 클래스 객체를 매개변수로 받는 멤버 함수의 작성이 가능하였다. 그러나 [예제 7.11]은 ostream 클래스와 istream 클래스의 구현 원리를 설명하기 위해서 직접 구현해 봤을 뿐이며, 실전에서 ostream 클래스와 istream 클래스를 직접 구현해서 사용하는 경우는 없을 것이다. 표준 C++의 명세에 따라 훨씬 더 좋은 ostream 클래스와 istream 클래스를 이미 라이브러리로 만들어 놓았기 때문이다. 프로그래머는 단지 표준 C++ 라이브러리에 포함되어 있는 ostream 객체 cout과 istream 객체 cin을 사용하기만 하면 된다.

그렇다면 [예제 7.12]에서는 무엇이 잘못 된 것일까? 만약 ostream 클래스와 istream 클래스가 라이브러리에 포함되어 있는 클래스라면 이를 수정하는 것은 어려운 일이다. 더군다나 사용자가 만든 Point 클래스 객체에 대한 처리 코드를 포함시킬 수도 없다. 따라서 보통 Point 클래스 객체에 대한 입출력 연산자 오버로딩 함수를 ostream 클래스나 istream 클래스의 멤버 함수로 포함시키지 않는다. 아니 포함시킬 수 없다. 그렇다면 남은 한 가지 방법은 무엇인가? 바로 전역 함수에 의한 연산자 오버로딩이다. 다음의 내부적인 해석 방식을 생각해 보자.

```
cout << pt1; → operator<<(cout, pt1);
```

그렇다면 이와 같은 operator<< 전역 함수를 구현해 주면 되는 것이다.

예제 9.13 | 전역 함수를 이용한 Point 클래스의 입력 및 출력 연산자 오버로딩

전역 함수에 의한 연산자 오버로딩을 사용하여 Point 클래스 객체에 대한 <<, >> 연산자 오버로딩을 구현해 보자.

```
1  #include <iostream>
2  using namespace std;
3
4  class Point
5  {
```

```
6   public :
7       Point(int x, int y) : x_(x), y_(y) {}
8   
9       friend ostream &operator<<(ostream &out, const Point &pt);
10      friend istream &operator>>(istream &in, Point &pt);
11  
12  private :
13      int x_, y_;
14  };
15  
16  ostream &operator<<(ostream &out, const Point &pt)  // 전역 함수 << 오버로딩
17  {
18      out << "(" << pt.x_ << ", " << pt.y_ << ")" << endl;
19      return out
20  }
21  
22  istream &operator>>(istream &in, Point &pt)         // 전역 함수 >> 오버로딩
23  {
24      cout << "좌표 입력 : ";
25      in >> pt.x_ >> pt.y_;
26      return in
27  }
28  
29  int main()
30  {
31      Point pt1(3, 4);
32      cout << pt1;
33  
34      cin >> pt1;
35      cout << pt1;
36  
37      return 0;
38  }
```

다시 표준 C++ 라이브러리에 포함되어 있는 ostream과 istream 클래스로 돌아왔으며 이를 활용한 연산자 오버로딩을 구현하였다. 16라인의 출력 연산자 오버로딩에서 첫 번째 매개변수로 ostream 클래스 객체, 즉 cout을 전달받고 있는데 이때 주의할 사항은 cout을 매개변수로 전달받을 때 반드시 참조에 의한 전달로 전달받아야 된다는 것이다. 이는 ostream 클래스의 경우 외부에서 복사 생성을 할 수 없도록 설계되어 있기 때문이다. 그리고 출력 후에는 cout을 다시 반환함으로써 연속적인 출력 연산의 적용이 가능하도록 만들었다. 18라인에서는 Point 클래스의 외부에서 Point 클래스의 private 멤버에 접근하고 있다. 이를 위해 9라인과 같이 출력 연산자 오버로딩 전역 함수에 대해 friend 함수 선언을 추가하였다.

22라인의 입력 연산자 오버로딩 또한 출력 연산자 오버로딩과 유사하게 작성할 수 있다. 단, 이 경우에는 cin 객체뿐만 아니라 입력값을 저장할 Point 객체에 대한 형식매개변수 또한 반드시 참조로 선언함으로써 입력값 저장 시 실매개변수의 값이 변경될 수 있도록 해야 한다. 물론 Point 객체의 값을 변경해야

하기 때문에 const 선언을 추가해서도 안된다. 그 외에 입력 연산자 오버로딩 또한 출력 연산자 오버로딩과 마찬가지로 Point 클래스 객체의 private 멤버에 대한 접근을 위해 10라인과 같이 friend 선언을 추가하였다.

입출력 연산자의 오버로딩에 대해 정리해 보자. 기본 원리는 이항 연산자의 오버로딩과 동일하지만 왼쪽의 피연산자인 cout, cin의 클래스에 대한 수정이 불가능하므로 전역 함수에 의한 연산자 오버로딩으로 구현해야 한다. 이때 만약 private 멤버에 대한 접근이 불가피하다면 해당 클래스 내에 friend 선언을 추가하면 된다.

연습문제 | 9.10

[연습문제 9.4]에서 구현한 Complex 클래스에 대해 Print 멤버 함수를 대체할 수 있도록 출력 연산자 오버로딩을 구현해 보라. 그리고 복소수의 값(실수 2개)을 입력받을 수 있도록 입력 연산자 오버로딩을 구현하고, 이를 테스트하기 위한 main 함수를 작성해 보라.

Note

9.10 대입 연산자 오버로딩

대입 연산자 오버로딩의 원리

대입 연산자(=)와 주소 연산자(&)는 오버로딩을 하지 않아도 모든 클래스의 객체에 대해 사용이 가능하다고 하였다. 하지만 대입 연산자의 경우 연산자 오버로딩을 하지 않으면 안 되는 상황이 발생할 수도 있다.

우선 디폴트 대입 연산자에 대해 살펴보기로 하자. 대입 연산자를 명시적으로 오버로딩하지 않는다면 다음과 같은 내용의 디폴트 대입 연산자가 수행된다. 즉, 멤버 단위 복사를 수행하게 된다.

```
void operator=(const Point &pt) { x_ = pt.x_; y_ = pt.y_; }
```

그런데 이와 같은 대입 연산자를 명시적으로 추가하였을 경우, 다음 두 가지 형태의 대입문 중 첫 번째는 수행되지만 두 번째는 수행되지 않는 것을 확인할 수 있다.

```
pt1 = pt2;              // 수행 가능
pt1 = pt2 = pt3;        // 수행 불가능
```

그러나 대입 연산자 오버로딩을 삭제하고 내부적으로 생성되는 디폴트 대입 연산자를 사용할 경우에는 두 번째 형태의 대입문이 제대로 수행됨을 알 수 있다. 이것은 디폴트 대입 연산자의 형태가 위에서 작성한 것과는 다르다는 것을 의미한다.

두 번째 형태의 대입문이 수행될 수 있도록 대입 연산자를 수정해 보자. int형 변수 num1, num2, num3에 대해서 num1 = num2 = num3;과 같은 대입문의 결합법칙은 오른쪽에서 왼쪽으로 적용된다. 즉, (num2 = num3)이 먼저 수행되고 그 결과 값(결국은 num3의 값과 동일하다)이 num1에 대입된다. pt1 = pt2 = pt3;도 이와 같이 수행될 수 있도록 만들어 주면 된다. 고려해 볼 수 있는 첫 번째 방법은 다음과 같이 대입 연산의 결과로 매개변수의 객체값을 반환하는 것이다.

```
Point operator=(const Point &pt) { x_ = pt.x_; y_ = pt.y_; return pt; }      // (1)
```

이것으로도 소기의 목적을 달성할 수 있다. (pt2 = pt3)의 수행 결과 값으로 pt3의 값이 반환되면, 연이어 (pt1 = pt3의 값)이 수행되므로 우리가 원하는 대로 모든 객체의 값이 pt3의 값으로 변하게 된다. 그러면 이와 동일한 효과를 발휘할 수 있는 또 다른 형태의 대입 연산자 오버로딩들도 살펴보도록 하자. 바로 다음 연산자 오버로딩들과 같이 참조를 반환하는 경우들이다.

```
const Point &operator=(const Point &pt) { x_ = pt.x_; y_ = pt.y_; return pt; } // (2)
Point &operator=(const Point &pt) { x_ = pt.x_; y_ = pt.y_; return (*this); }  // (3)
```

(2)는 (pt2 = pt3)의 연산 결과로 pt3의 객체 그 자체를 반환하고 있는데, 주의할 사항은 매개변수를 const 객체로 받고 있고 이를 또 다시 반환하고 있기 때문에 반드시 const 타입으로 객체를 반환해야 한다는 것이다. (3)은 (pt2 = pt3)의 연산 결과로 pt2 객체 그 자체를 반환하게 된다. 이 두 가지 연산자 오버로딩 모두 pt1 = pt2;와 pt1 = pt2 = pt3;에 대해 우리가 원하는 대로 수행될 수 있도록 해 준다. 그러나 실제 대입 연산자 오버로딩은 (3)과 같은 형태를 취하고 있다. 왜냐하면 ⁺C++ 표준에서 (pt2 = pt3)의 평가 값은 왼쪽 피연산자, 즉 pt2 객체의 참조로 대치된다고 밝히고 있기 때문이다. C++ 표준에서의 이와 같은 정의가 무엇을 뜻하는지 int형 변수를 통해 조금 더 깊이 생각해 보도록 하자.

int형 변수 num1, num2, num3이 있다고 가정하자. (num1 = num2) = num3;이라는 문장은 어떻게 수행될까? C++ 표준에서의 정의에 따라 먼저 (num1 = num2)가 수행되어 num1의 값이 num2의 값으로 변경되고 그 결과로 왼쪽 피연산자인 num1의 변수 그 자체가 반환된다. 그 다음에 (num1 = num3)이 수행되어 num1의 값이 num3의 값으로 변경되는 것이다. 이상의 내용은 이미 1.4절을 통해 살펴본 내용이다. 그렇다면 Point 객체 pt1, pt2, pt3에 있어서 (pt1 = pt2) = pt3; 또한 이와 동일한 방식으로 수행될 수 있도록 하기 위해서는 대입 연산자 오버로딩을 (3)과 같이 구현해야 한다. 다시 한 번 말하지만 C 언어에서는 대입문의 결과로 항상 값이 반환되도록 되어 있기 때문에 (num1 = num2) = num3;과 같은 문장이 허용되지 않는다.

+ Key

C++ 표준에서 (pt2 = pt3)의 평가 값은 왼쪽 피연산자, 즉 pt2 객체의 참조로 대치된다

참고

한 가지 주의할 사항은 대입 연산자는 멤버 함수에 의한 오버로딩만 가능하며 전역 함수에 의한 오버로딩은 불가능하다는 것이다. 대입 연산자와 같이 멤버 함수에 의한 오버로딩만 가능한 연산자로는 []와 -> 연산자가 있다. [] 연산자에 대해서는 바로 다음 절을 참고하도록 하라.

예제 9.14 | Point 클래스의 디폴트 대입 연산자에 대한 명시적 구현

Point 클래스의 디폴트 대입 연산자를 명시적으로 구현해 보자.

```
1   class Point
2   {
3   public :
4       Point(int x = 0, int y = 0) : x_(x), y_(y) {}
5       Point &operator=(const Point &pt)     // 대입 연산자 오버로딩
6           { x_ = pt.x_; y_ = pt.y_; return (*this); }
7       void Print() { cout << "(" << x_ << ", " << y_ << ")" << endl; }
8   
9   private :
10      int x_, y_;
11  };
12  
13  int main()
14  {
15      Point pt1(1, 1), pt2(2, 2), pt3(3, 3);
16      pt1 = pt2;                // 대입 연산
17      pt1 = pt2 = pt3;          // 연속적인 대입 연산
18  
19      pt1.Print();
20      pt2.Print();
21      pt3.Print();
22  
23      return 0;
24  }
```

• **실행 결과**

```
(3, 3)
(3, 3)
(3, 3)
```

5, 6라인에서는 대입 연산자를 명시적으로 구현하고 있다. 17라인과 같이 연속적인 대입 연산이 왜 가능한지 다시 한 번 생각해 보도록 하라.

Point 클래스와 같이 포인터 멤버 변수를 포함하지 않을 경우에는 디폴트 대입 연산자를 사용하더라도 전혀 문제가 되지 않는다. 그러나 포인터 멤버 변수를 포함하면서 동적 메모리 할당을 요구할 경우에는 그 용도에 맞는 대입 연산자를 구현해야만 하는 상황이 발생할 수 있다. 이는 8.5절에서 설명한 디폴트 복사 생성자의 문제점 및 해결 방안과 유사하다.

예제 9.15 | String 클래스에서 디폴트 대입 연산자의 문제 및 해결 방안

String 클래스를 통해 디폴트 대입 연산자의 문제점을 살펴보자.

```
1   class String
2   {
3   public :
4       String(char *str = "Unknown")
5       {
6           len_ = strlen(str);
7           str_ = new char[len_ + 1];
8           strcpy(str_, str);
9       }
10      ~String() { delete [] str_; }
11      void Print() { cout << str_ << endl; }
12
13  private :
14      int len_;
15      char *str_;
16  };
17
18  int main()
19  {
20      String str1 = "C++ Programming";
21      String str2 = "Hello C++";
22
23      str2 = str1;    // 대입 연산
24
25      str1.Print();
26      str2.Print();
27
28      return 0;
29  }
```

• 실행 결과

```
C++ Programming
C++ Programming
```

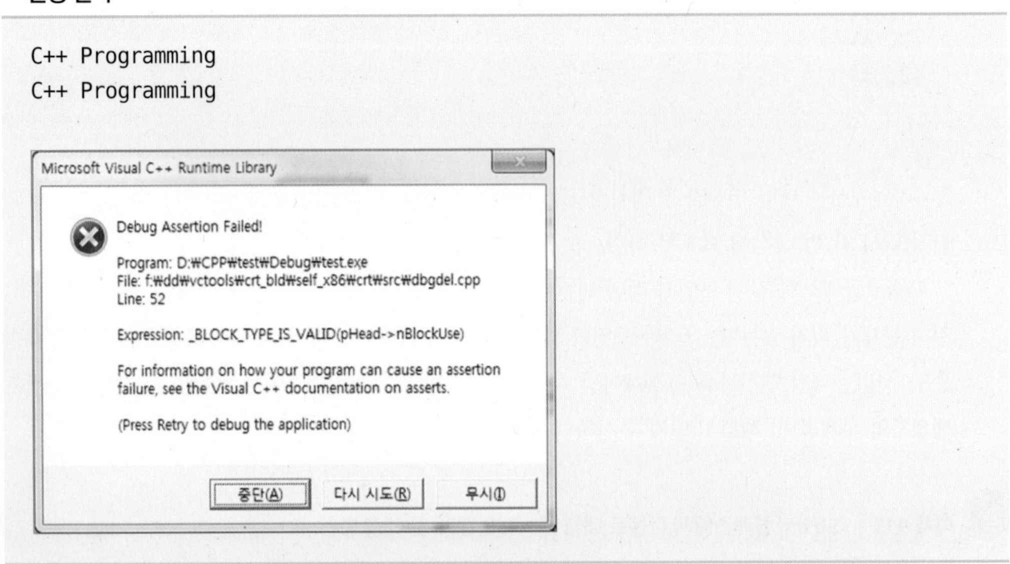

여기서는 복사 생성은 발생하지 않으므로 복사 생성자는 구현하지 않았으며, 4라인에 기본적인 생성자만을 포함하고 있다. 생성자에서 new를 사용하였으므로 10라인의 소멸자에서 delete를 통해 메모리를 해제하고 있다.

프로그램을 실행해 보면 실행 결과와 같이 "C++ Programming"이 2번 출력되고 에러가 발생함을 알 수 있다.

이 예제에서 에러가 발생하는 이유를 분석해 보도록 하자. 23라인의 대입 연산의 실행 결과 메모리 구조는 [그림 9.4](a)와 같다.

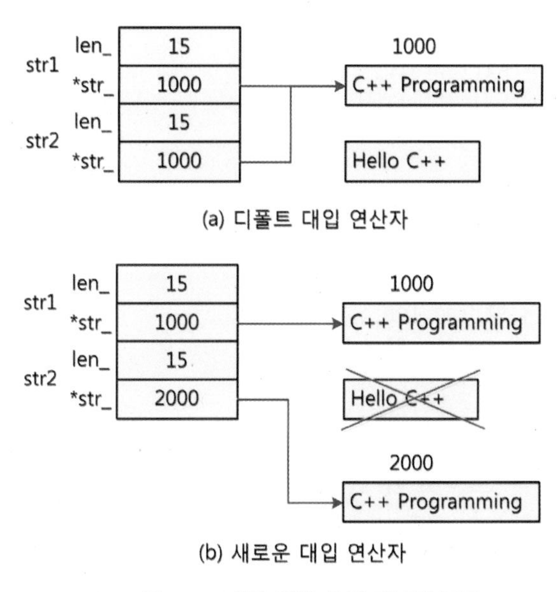

○ 그림 9.4 대입 연산 후의 메모리 구조

대입 연산이 수행되기 전에 str1과 str2의 str 포인터는 각각 별도의 메모리를 가리키게 된다. 그리고 대입 연산이 수행되면 멤버 단위 복사가 수행되므로 str2의 str 포인터는 str1의 str 포인터와 동일한 메모리를 가리키게 된다. 문제는 이제 더 이상 "Hello C++"의 메모리를 가리키는 포인터는 존재하지 않게 되며 "C++ Programming"을 가리키는 포인터는 2개가 된다는 것이다. 이제 대입 연산은 끝나고 이 상태에서 str1과 str2의 문자열을 출력하면 둘 다 "C++ Programming"을 출력하게 된다. 에러는 main 함수가 종료되면서 발생한다. 먼저 str2 객체에 대한 소멸자가 수행되며 "C++ Programming"이 저장되어 있는 메모리를 해제한다. 그 다음으로 str1 객체가 소멸하게 되는데, 이때 역시 "C++ Programming"이 저장되어 있는 동일한 메모리를 해제하려고 시도한다. 그러나 해당 메모리가 이미 해제된 후이므로 더 이상 해제가 불가능하며 따라서 에러가 발생하는 것이다.

그렇다면 대입 연산은 어떻게 수행되어야 할까? 우리가 원하는 것은 [그림 9.4](b)와 같이 수행되는 것이다. 대입 연산이 수행될 때 먼저 str2의 str이 가리키고 있는 "Hello C++"의 메모리를 해제해야 한다. 그리고 str1의 str이 가리키는 문자열의 길이만큼 새로 메모리를 확보한 후 그 문자열을 그대로 복사해 오는 것이다. 그렇게 되면 str1, str2 객체는 각각 별도의 메모리를 차지하고 있는 "C++ Programming" 문자열을 가리키게 된다. 이 경우 각각 소멸되더라도 문제가 발생하지 않는다.

예제 9.16 | String 클래스를 위한 대입 연산자 오버로딩의 명시적 구현

[예제 9.15]의 대입 연산이 [그림 9.4](b)와 같이 수행될 수 있도록 대입 연산자 오버로딩을 구현해 보자. 이때 str1 = str2 = str3;과 같이 연속적인 대입이 가능하도록 만들어야 한다.

```
1   class String
2   {
3   public :
4       String(char *str = "Unknown")
5       {
6           len_ = strlen(str);
7           str_ = new char[len_ + 1];
8           strcpy(str_, str);
9       }
10      String &operator=(const String &string)     // 대입 연산자 오버로딩
11      {
12          delete [] str_;
13          len_ = string.len_;
14          str_ = new char[len_ + 1];
15          strcpy(str_, string.str_);
16          return (*this);
17      }
18      ~String() { delete [] str_; }
19      void Print() { cout << str_ << endl; }
20
21  private :
22      int len_;
23      char *str_;
24  };
25
26  int main()
27  {
28      String str1 = "C++ Programming";
29      String str2 = "Hello C++";
30      String str3 = "Operator Overloading";
31
32      str1 = str2 = str3;     // 연속적인 대입 연산
33
34      str1.Print();
35      str2.Print();
36      str3.Print();
37
38      return 0;
39  }
```

• **실행 결과**

```
Operator Overloading
Operator Overloading
Operator Overloading
```

10~17라인의 대입 연산자 오버로딩을 눈여겨보도록 하자. [그림 9.4](b)에서와 같이 먼저 자신이 가리키는 메모리를 해제한 후(12라인), 매개변수의 객체에 따라 동적 메모리를 확보하고(14라인) 문자열을 복사하고 있다(15라인). 또한 16라인에서 객체 자신을 참조로 전달함으로써 32라인과 같이 연속적인 대입 연산이 가능하도록 하였다.

연습문제 | 9.11

임의 길이의 int형 배열을 다룰 수 있는 Array 클래스를 작성해 보라. 멤버 변수로는 배열의 크기(int count_), 배열 포인터(int *ary_)를 가지고 있다. 객체 생성 시 각 원소의 값은 rand 함수를 사용하여 임의의 값(0~9)으로 채우도록 하라. 소멸자에서는 동적으로 생성한 메모리를 해제해야 한다. 다음 main 함수와 같이 실행될 수 있도록 만들어 보라.

```
1   int main()
2   {
3       srand((unsigned) time(NULL));
4   
5       Array ary1(3);
6       Array ary2(5);
7   
8       cout << ary1 << endl;
9       cout << ary2 << endl;
10  
11      ary1 = ary2;
12  
13      cout << ary1 << endl;
14      cout << ary2 << endl;
15  
16      return 0;
17  }
```

• **실행결과**

```
5    4    3
5    9    9    7    9
```

```
5          9          9          7          9
5          9          9          7          9
```

이 연습문제는 대입 연산자 오버로딩과 출력 연산자 오버로딩을 필요로 한다.

Note

연습문제 | 9.12

[연습문제 9.11]에서 작성한 Array 클래스를 대상으로 다음 main 함수가 수행되는지 확인해 보라. 수행되지 않는다면 그 원인을 설명하고 수행될 수 있도록 Array 클래스를 수정해 보라. 덧셈 연산은 2개의 배열을 연결하는 기능을 수행한다.

```
1   int main()
2   {
3       srand((unsigned) time(NULL));
4   
5       Array ary1(3);
6       Array ary2(5);
7       Array ary3(7);
8   
9       cout << ary1 << endl;
10      cout << ary2 << endl;
11      cout << ary3 << endl;
12  
13      ary3 = ary1 + ary2;
14  
15      cout << ary1 << endl;
16      cout << ary2 << endl;
17      cout << ary3 << endl;
18  
19      return 0;
20  }
```

• 실행결과

```
6          6          7
```

```
1    8    7    0    7
9    5    3    6    2    2    2
6    6    7
1    8    7    0    7
6    6    7    1    8    7    0    7
```

13라인의 경우 덧셈 연산자 오버로딩을 필요로 한다. 그러나 덧셈 연산자 오버로딩을 하였다 하더라도 프로그램은 제대로 수행되지 않을 것이다. 덧셈 결과 반환되는 값이 문제가 된다. 결과적으로 복사 생성자가 필요할 것이다. 복사 생성자를 추가하고 왜 복사 생성자가 필요한지 생각해 보도록 하라.

Note

9.11 배열 첨자 연산자 오버로딩

배열 첨자 연산자 오버로딩의 원리

마지막으로 배열 첨자 연산자([])에 대한 오버로딩 방법에 대해 알아보자. 배열 첨자 연산자는 기본적으로 배열의 특정 원소를 가리킬 때 사용하는 것이다. int형 배열에 대한 다음 예를 보면 쉽게 이해될 것이다.

```
int ary[10];
int a = ary[0];      // 배열 첨자 연산자 : 첫 번째 원소의 값
ary[3] = 5;          // 배열 첨자 연산자 : 네 번째 원소(int형 변수 그 자체)
```

Point 클래스 객체 pt가 있을 때 다음과 같이 배열 첨자 연산자를 사용할 수 있다고 하자. 여기서 index 0은 x_를, index 1은 y_를 의미하는 것으로 가정한다.

```
int num = pt[0];     // pt의 x_ 값
pt[1] = 5;           // pt의 y_ 값을 5로 변경
```

이렇게 수행될 수 있도록 배열 첨자 연산자 오버로딩을 만들려고 한다. pt[0]이 내부적으로 어떻게 해석되는지 변환해 보자. 바로 pt.operator[](0)으로 해석되어 수행된다. 그렇다면 다음과 같이 구현하면 될 것으로 판단된다.

```
int operator[](int index)         // index는 0 또는 1이라고 가정
{
     if (index == 0) return x_;
     else if (index == 1) return y_;
}
```

그러나 이와 같이 구현하면 num = pt[0]은 수행되지만 pt[1] = 5는 여전히 수행되지 않는다. 왜냐 하면 pt[1]은 pt의 y_ 값으로서 lvalue가 될 수 없기 때문이다. pt[1]은 pt의 y_ 변수 그 자체가 되어야 한다. 따라서 y_ 변수의 참조를 반환하면 해결된다.

예제 9.17 | Point 클래스에 대한 배열 첨자 연산자 오버로딩

Point 클래스의 배열 첨자 연산자 오버로딩을 구현해 보자.

```
1   class Point
2   {
3   public :
4       Point(int x = 0, int y = 0) : x_(x), y_(y) {}
5       int &operator[](int index)      // 배열 첨자 연산자 오버로딩, 참조 반환
6       {
7           if (index == 0) return x_;
8           else if (index == 1) return y_;
9       }
10      void Print() { cout << "(" << x_ << ", " << y_ << ")" << endl; }
11
12  private :
13      int x_, y_;
14  };
15
16  int main()
17  {
18      Point pt1(1, 1);
19      pt1[0] = 2;       // pt1의 x 변수 그 자체
20      pt1[1] = 3;       // pt1의 y 변수 그 자체
21
22      pt1.Print();
23
24      return 0;
25  }
```

- **실행 결과**

```
(2, 3)
```

5~9라인에 배열 첨자 연산자 오버로딩 함수를 구현하였으며, 반환값으로 x_ 또는 y_ 변수 그 자체를 반환하기 위해 참조(int &)를 반환하고 있다.

연습문제 | 9.13

[연습문제 9.12]에서 작성한 프로그램에서 다음과 같은 코드가 수행될 수 있도록 Array 클래스를 수정해 보라.

```
Array ary1(5);
ary1[0] = 5;
ary1[1] = 7;
ary1[5] = 9;        // 범위를 벗어나므로 에러 메시지를 출력해야 함
```

마지막의 경우에는 ary1이 가지고 있는 배열의 범위를 벗어나므로 에러 메시지를 출력해야 한다. 이를 활용하면 클래스를 사용하여 보다 안전한 배열을 구현할 수 있을 것이다.

Note

연습문제 | 9.14

[연습문제 9.13]에서 작성한 프로그램에서 다음 코드와 같이 배열 첨자 연산자 대신 함수 호출 연산자를 사용하여 배열의 각 원소에 접근할 수 있도록 Array 클래스를 수정해 보라.

```
Array ary1(5);
ary1(0) = 5;    // 함수 호출 연산자 사용
ary1(1) = 7;
ary1(5) = 9;    // 범위를 벗어나므로 에러 메시지를 출력해야 함
```

함수 호출 연산자의 구현 원리는 배열 첨자 연산자의 구현 원리와 동일하다.

Note

연습문제 | 9.15

다음과 같은 main 함수가 수행될 수 있도록 String 클래스를 작성해 보라.

```
1   int main()
```

```
2   {
3       String str1 = "Good ";
4       String str2 = "morning";
5       String str3;
6       str3 = str1 + str2;
7   
8       cout << str1 << endl;
9       cout << str2 << endl;
10      cout << str3 << endl;
11  
12      str1 += str2;
13      if (str1 == str3)
14          cout << "equal!" << endl;
15  
16      String str4;
17      cout << "문자열 입력 : ";
18      cin >> str4;
19      cout << "입력한 문자열 : " << str4 << endl;
20  
21      return 0;
22  }
```

- **실행결과**

```
Good
morning
Good morning
equal!
문자열 입력 : Hello!!
입력한 문자열 : Hello!!
```

지금까지 배운 다양한 연산자 오버로딩과 복사 생성자를 필요로 하는 종합적인 문제이다. 이 장을 정리한다는 마음으로 시간을 갖고 문제를 풀어보도록 하라.

Note

상속

지금까지 복사 생성자와 연산자 오버로딩을 비롯하여 하나의 클래스를 작성하기 위한 다양한 방법들에 대해 배웠다. 이 내용들만으로도 필요로 하는 클래스, 클래스다운 클래스를 얼마든지 만들 수 있다. 그러나 유사한 클래스가 여러 개일 경우 중복되는 내용을 반복적으로 작성해야 한다면 그것은 시간 낭비일 것이다. 이런 문제를 해결할 수 있는 기술이 상속(inheritance)이다. 상속은 새로운 클래스를 작성해야 하는 경우, 이미 이와 유사한 클래스가 존재한다면 해당 클래스의 내용을 다시 기술하지 않고도 그 내용을 그대로 사용할 있도록 해 주는 것이다. 물론 필요하다면 새로운 내용을 추가할 수도 있고 기존 내용을 수정할 수도 있다. 상속은 코드의 재활용을 위한 필수적인 기술 요소로 자리 잡고 있으며, 데이터 캡슐화, 상속, 다형성으로 대변되는 객체지향 프로그래밍의 3가지 요소들 중 한 요소이기도 하다. 앞으로 여러분들이 하나의 프로그램을 개발할 때 상속을 활용하여 클래스들을 구성할 수도 있다. 또한 누군가가 작성해 놓은 클래스 라이브러리를 사용하는 경우에도 직접 그 클래스를 사용할 수도 있고, 해당 클래스로부터 상속받아 새로운 클래스를 만들어 사용할 수도 있다. 이처럼 다양한 측면에서 상속이라는 기술이 사용될 수 있다. 이 장을 통해 상속의 개념과 기본적인 구현 방법을 살펴볼 것이다.

10.1 상속의 기본 개념

관련된 개념들을 위한 클래스 작성 방법

6.2절에서 클래스와 객체의 개념을 설명하기 위해 자동차(Car)를 예를 들어 설명한 적이 있다. 자동차에는 색상과 배기량 그리고 현재속도와 같은 속성이 있으며, 가속하라, 멈춰라, 시동을켜라와 같은 메서드가 존재한다. 자동차를 표현하기 위한 클래스인 Car를 만들었다고 가정하자. 그런데 자동차의 종류가 한두 가지가 아니다. 승용차, 트럭, 택시, 버스 등등. 이 중에서 트럭과 택시에 대한 정보를 다룰 필요성이 생겼다. 트럭에는 물건 적재를 위한 "최대중량"이라는 속성이 필요하고 택시를 위해서는 "요금"과 "주행거리"라는 속성이 필요하다. 어떻게 할 것인지 생각해 보자.

첫 번째로는 트럭과 택시 모두에서 필요로 하는 속성들을 Car 클래스에 추가시키는 것이다. 다음과 같은 모양의 클래스가 될 것이다.

```
1   class Car
2   {
3   속성 :
4       색상, 배기량, 현재속도, 최대중량, 요금, 주행거리;
5   메서드 :
6       가속하라, 멈춰라, 시동을켜라;
7   };
```

이렇게 하면 Car 객체를 통해 최대중량을 표현할 수도 있고 요금과 주행거리를 표현할 수도 있다. 그러나 현재 객체가 트럭이라면 요금과 주행거리는 필요 없는 속성이 될 것이고 마찬가지로 택시라면 최대중량이 필요 없는 속성이 될 것이다.

두 번째로는 트럭과 택시에 해당하는 클래스를 별도로 만드는 것이다. 이때 트럭과 택시 모두 자동차(Car)임에는 틀림없으므로 Car 클래스가 가지고 있는 속성과 메서드를 모두 포함하고 있어야 한다. 그렇다면 다음과 같은 클래스들이 만들어진다. Truck은 트럭을 나타내는 클래스이고 Taxi는 택시를 나타내는 클래스이다.

```
1   class Car
2   {
3   속성 :
4       색상, 배기량, 현재속도;
5   메서드 :
6       가속하라, 멈춰라, 시동을켜라;
7   };
8
9   class Truck
10  {
11  속성 :
12      색상, 배기량, 현재속도, 최대중량;
```

```
13  메서드 :
14      가속하라, 멈춰라, 시동을켜라;
15  };
16
17  class Taxi
18  {
19  속성 :
20      색상, 배기량, 현재속도, 요금, 주행거리;
21  메서드 :
22      가속하라, 멈춰라, 시동을켜라;
23  };
```

이제는 트럭을 다루려면 Truck 클래스 객체를 만들어 사용하면 되고 택시를 다루려면 Taxi 클래스 객체를 만들어 사용하면 된다. 첫 번째 방법보다는 더 효과적일 것으로 판단된다.

그런데 한 가지 불만 사항이 있다. 색상, 배기량, 현재속도 속성은 Car 클래스뿐만 아니라 Truck, Taxi 클래스에도 중복하여 등장하고 있다. 여기까지는 봐 주겠는데 가속하라, 멈춰라, 시동을켜라와 같은 메서드까지 중복하여 등장하고 있다. 만약 이 메서드들이 C++의 멤버 함수로 표현된다면 똑같은 함수를 몇 번이나 작성하는 꼴이 되고 만다. 생각해 보면 Truck의 색상, 배기량, 현재속도는 Car에 있는 것들과 동일한 의미를 가지는 것이며 Taxi도 마찬가지다. 또한 각각 세 번씩 기술되어 있는 가속하라, 멈춰라, 시동을켜라라는 메서드도 모두 동일한 것들이다. 이렇게 같은 것을 여러 번 기술하는 것은 대단히 비효율적인 작업이라 할 수 있는데, 이러한 비효율성을 제거해 주는 것이 바로 상속이다.

상속의 개념과 필요성 및 기본 문법

새로운 클래스를 만들 때 기존 클래스의 특징을 모두 상속받을 수 있다. [그림 10.1]과 같이 Truck 클래스와 Taxi 클래스는 색상, 배기량, 현재속도, 가속하라, 멈춰라, 시동을켜라에 대해서는 다시 언급할 필요가 없다. 이에 대해서는 이미 Car 클래스에 언급되어 있으므로 이를 상속받기만 하면 된다.

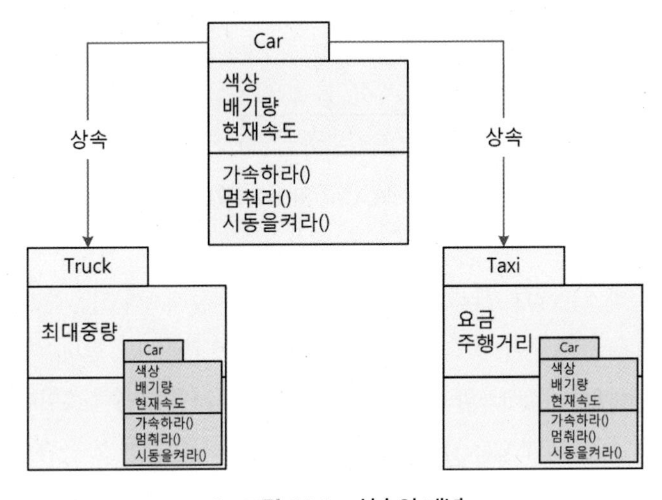

○ 그림 10.1 상속의 개념

상속을 받는 기본적인 문법은 다음과 같다.

```
1  class Truck : public Car
2  {
3  속성 :
4      최대중량;
5  메서드 :
6  };
```

1라인과 같이 클래스명 다음에 콜론(:)이 오고 그 다음에 public, protected, private 세 가지 중에 하나가 나오게 되는데, 이를 액세스 지정자(access specifier)라고 한다. 이에 대해서는 차차 얘기하도록 하자. 그러고 나서 마지막으로 상속받고자 하는 클래스 이름을 적어주면 된다. 이제 Car 클래스에 있는 속성과 메서드에 대해서는 언급해 줄 필요가 없다. Truck 클래스 객체를 만들면 그 객체에는 최대중량은 물론이고 색상과 배기량 등 Car 클래스에 있는 속성과 메서드도 포함된다.

Truck 클래스는 Car 클래스로부터 모든 특성을 물려받았다. 이때 Car 클래스를 base 클래스라고 하고 Truck 클래스를 derived 클래스라고 한다. base 클래스와 derived 클래스는 상속 관계에 있는 두 클래스 사이의 상대적인 관계이며 절대적인 개념은 아니다. 만약 차량을 의미하는 Vehicle이라는 클래스가 있고 Car 클래스는 Vehicle로부터 상속받아 만들었다면, Vehicle 클래스는 base 클래스가 되고 Car 클래스는 derived 클래스가 된다. 이와 같이 Car 클래스는 상황에 따라 base 클래스가 될 수도 있고 derived 클래스가 될 수도 있는 것이다. [그림 10.2]는 Vehicle, Car, Truck 클래스 사이의 상속 관계를 보여주고 있다.

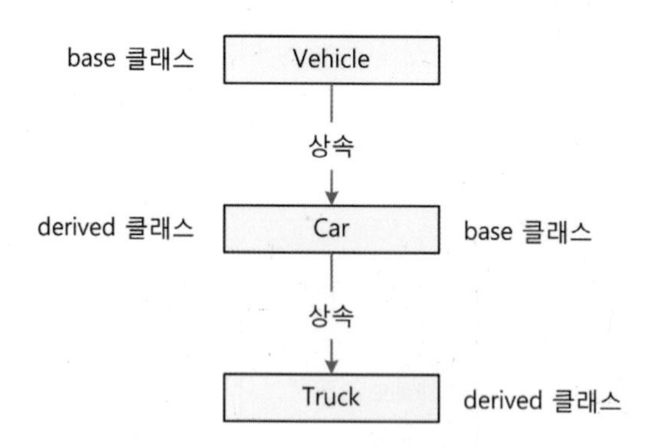

○ 그림 10.2 Vehicle, Car, Truck 클래스의 상속 관계

일반적으로 base 클래스는 기초 클래스, 기저 클래스, 부모 클래스라고도 불리며 derived 클래스는 파생 클래스, 유도 클래스, 자식 클래스라는 이름으로 번역되어 불리기도 한다. 이 책에서는 C++ 표준 명세에 나와 있는 그대로 base 클래스와 derived 클래스라는 용어를 사용할 것이다.

이제 Truck 클래스를 만들 때 Car 클래스로부터 상속받아 구현하면 보다 손쉽게 구현이 가능하다는 사실을 알았을 것이다. 그렇다면 구체적으로 두 클래스가 어떤 관계에 있을 때 상속을 사용하여 구현하면 유리할까? 보통 두 클래스가 is-a 관계일 경우 자연스럽게 상속의 적용이 가능해진다. "트럭은 자동차이다", "택시는 자동차이다"와 같이 "A is a B"라는 관계가 성립할 경우 B가 base 클래스가 되고 A가 derived 클래스가 된다.

한 가지 예를 더 들어 보자. "과일과 사과에 대해 각각 설명해 보라"라는 질문을 받았다고 가정하자. 과일과 사과 중 어떤 것부터 설명하겠는가? 아마도 과일부터 설명할 것이다. 과일의 특징에 대해 설명한 후 사과에 대해 설명할 때는 "사과는 과일이고 ..."와 같이 설명하면 된다. 사과를 설명하면서 더 이상 과일에 대해서 설명할 필요는 없을 것이다. 이와 같이 과일과 사과를 클래스로 표현한다면 사과 클래스는 과일 클래스로부터 상속받아 구현하면 된다. 실전에 있어서는 개념상으로 is-a 관계에 있지 않다 하더라도 기존 클래스의 모든 특성을 상속받고자 할 때 상속을 사용할 수 있다.

상속은 코드의 재활용이라는 측면에서 객체지향 프로그래밍의 중요한 특징 중 하나로 인식되고 있다. C 언어에서도 함수 단위의 라이브러리를 만들 수 있고 이를 통해 코드의 재활용을 어느 정도 달성할 수 있지만, 여기에는 한계가 있다. 일차적으로는 함수의 소스 코드를 제공하지 않는다면 사용자의 요구에 따른 수정이 불가능하며, 소스 코드를 제공한다 하더라도 해당 함수를 수정하면 기존에 그 함수를 사용하는 코드에 문제가 발생할 수도 있다. 그러나 클래스 라이브러리의 경우 클래스 선언만 제공된다면 그 클래스를 상속받아 자신에게 필요한 클래스를 별도로 만들어 사용할 수 있다. 이와 같이 사용한다면 기존의 클래스를 사용하는 프로그램에도 전혀 문제가 발생하지 않게 된다.

지금까지 상속의 필요성과 기본적인 개념에 대해 설명하였다. 이제부터 C++에서 상속을 통해 클래스를 구현하는 방법에 대해 하나씩 배워보도록 하자.

10.2 상속 관련 문제 제기

예제 10.1 | 원을 의미하는 Circle 클래스 구현

[예제 10.1]과 [예제 10.2]를 통해 상속과 관련된 문제들을 제기할 것이다.

먼저 이 예제에서는 2차원 평면상의 원을 표현하는 Circle 클래스를 만들어 보자. 멤버 변수로는 중심 좌표와 반지름을 포함하며 멤버 함수로는 면적을 구하는 함수를 포함한다.

```
1   #define PI 3.14
2
3   class Circle
4   {
5   public :
6       double GetArea() { return (PI * radius_ * radius_); }   // 면적
7
8   public :
9       int x_, y_;                                              // 중심
10      double radius_;                                          // 반지름
11  };
```

```
12
13  int main()
14  {
15      Circle cir;
16      cir.x_ = 1;  cir.y_ = 1;  cir.radius_ = 5;
17
18      cout << cir.GetArea() << endl;
19
20      return 0;
21  }
```

여기서는 편의상 모든 멤버 변수와 함수를 public 영역에 포함시켰다. 15라인에서는 Circle 객체 하나를 생성하였으며, 16라인과 18라인에서 해당 객체를 통해 멤버 변수 및 멤버 함수에 접근하고 있다.

예제 10.2 | 상속을 이용하여 구를 의미하는 Sphere 클래스 구현

이번에는 구를 표현하는 Sphere 클래스를 구현해 보자. 구를 표현하기 위해서는 3차원 상의 중심 좌표(x, y, z)가 필요하고 반지름이 필요하며 표면적을 구하는 멤버 함수와 부피를 구하는 멤버 함수가 필요하다.

그런데 이미 구현되어 있는 Circle 클래스에는 중심 좌표 중 x, y와 반지름이 포함되어 있고 면적(표면적은 아니지만)을 계산하는 함수까지 들어있다. Circle 클래스를 상속받아 만든다면 중심 좌표 중 z와 부피를 구하는 멤버 함수만 추가하면 된다. 사실은 "구는 원이다"라는 is-a 관계가 성립하는 것은 아니지만 상속을 받아 구현하면 효율적일 수 있는 예라고 할 수 있다.

그러면 Circle 클래스를 상속받아 Sphere 클래스를 만들어 보자.

```
1   #define PI 3.14
2
3   class Circle
4   {
5   public :
6       double GetArea() { return (PI * radius_ * radius_); }// 면적
7
8   public :
9       int x_, y_;                                          // 중심
10      double radius_;                                      // 반지름
11  };
12
13  class Sphere : public Circle                             // Circle로부터 상속
14  {
15  public :
16      double GetVolume() { return ((4.0/3.0) * PI * radius_ * radius_ * radius_); }
17
18  public :
19      int z_;
```

```
20  };
21
22  int main()
23  {
24      Sphere sph;
25      sph.x_ = 1; sph.y_ = 1; sph.z_ = 1;              // sph : x_, y_ 상속
26      sph.radius_ = 5;                                 // sph : radius_ 상속
27
28      cout << "구의 표면적 : " << sph.GetArea() << endl; // sph : GetArea 상속
29      cout << "구의 부피   : " << sph.GetVolume() << endl;
30
31      return 0;
32  }
```

• **실행 결과**

```
구의 표면적 : 78.5
구의 부피   : 523.333
```

13라인에서 Sphere 클래스는 Circle 클래스로부터 상속을 받고 있으므로, Sphere 클래스는 x_, y_, z_, radius_ 변수와 GetArea, GetVolume 함수를 모두 포함하게 된다. 따라서 24~29라인과 같이 Sphere 객체 sph를 통해 모든 멤버 변수 및 멤버 함수에 대한 접근이 가능해진다. 이 예제를 컴파일하고 수행해 보라. 별 문제없이 수행됨을 알 수 있다.

[예제 10.2]의 문제점 및 상속 관련 문제 제기

그러나 [예제 10.2]는 해결해야 할 많은 문제점들을 안고 있다. 단지 여기서 보여주는 것이라고는 상속을 할 경우 base 클래스의 모든 멤버 변수와 함수가 상속된다는 것뿐이다. 즉, Sphere 객체 sph는 Sphere 클래스에서 선언한 변수 z_와 함수 GetVolume뿐만 아니라 Circle 클래스에 있는 모든 변수 및 함수를 포함하게 된다. 상속의 기본적인 개념에 딱 들어맞는다. 하지만 이 코드로부터 확인할 수 있는 것은 여기까지이다.

지금부터 해결해야 할 문제점들을 나열할 것이며 이에 대한 해결책은 이 장을 통해 하나씩 설명해 나갈 것이다.

첫 번째, [예제 10.2]의 13라인에 나타나 있는 액세스 지정자에 대한 것이다. 현재는 public이라는 액세스 지정자를 사용하여 Circle 클래스를 상속받고 있다. 이외에도 protected와 private이라는 액세스 지정자가 존재한다. 액세스 지정자는 base 클래스의 멤버들이 선언된 영역과 관련되어 있다. [예제 10.2]의 Circle 멤버들은 모두 public 영역에 포함되어 있다. 멤버 변수들을 private 영역에 선언하고 컴파일해 보라. 당장 에러가 발생할 것이다. 이에 대해서는 10.3절에서 설명한다.

두 번째, 생성자와 소멸자에 관한 것이다. [예제 10.2]에서는 Circle과 Sphere의 생성자와 소멸자가

존재하지 않는다. 모든 멤버 변수들을 public 영역에 선언하였기 때문에 25라인에서와 같이 외부 접근이 가능하다. 그러나 멤버 변수들이 private 영역에 선언된다면 이와 같은 직접적인 접근은 불가능하다. 따라서 객체 생성과 동시에 적절한 초기화를 위해 생성자를 만들어야 한다. 이에 대해서는 10.4절에서 설명한다.

세 번째, [예제 10.2]의 28라인에서 호출하고 있는 GetArea 함수에 관한 것이다. Sphere 클래스에는 Circle 클래스로부터 상속받은 GetArea 함수가 포함되어 있다. 그래서 28라인과 같이 Sphere 클래스 객체로부터 GetArea 함수 호출이 가능한 것이다. 그러나 Circle 클래스에 있는 GetArea 함수는 Sphere 클래스에서 원하는 구의 표면적을 계산하는 함수는 아니다. 구의 표면적 계산은 (4 * PI * radius^2)으로 계산되기 때문이다. 따라서 Sphere를 위해서는 그에 맞는 GetArea 함수가 따로 있어야만 한다. 이에 대해서는 10.5절에서 설명한다.

10.3 base 클래스의 접근 제어와 protected 멤버

base 클래스 멤버에 대한 접근 권한 설정을 위한 액세스 지정자: public, private

[예제 10.2]에서 base 클래스의 모든 멤버들이 derived 클래스로 상속됨을 확인할 수 있었다. 그런데 base 클래스인 Circle에 포함되어 있는 멤버들 중 private 영역에 있는 멤버들은 derived 클래스인 Sphere로 상속될 때 어느 영역으로 포함되는 것일까? 마찬가지로 Circle의 public 영역에 있는 멤버들은 Sphere의 어느 영역으로 포함되는 것일까? 이에 대한 판단은 액세스 지정자와 밀접한 관련이 있다.

액세스 지정자는 derived 클래스에서 base 클래스 멤버들의 접근 권한을 설정하기 위한 지정자로서 [그림 10.3]과 같이 base 클래스명 앞에 붙게 된다. 액세스 지정자의 종류로는 public, protected, private 3가지가 있다. protected에 대한 설명은 잠시 뒤로 미루고 public과 private 액세스 지정자에 대한 의미부터 살펴보자.

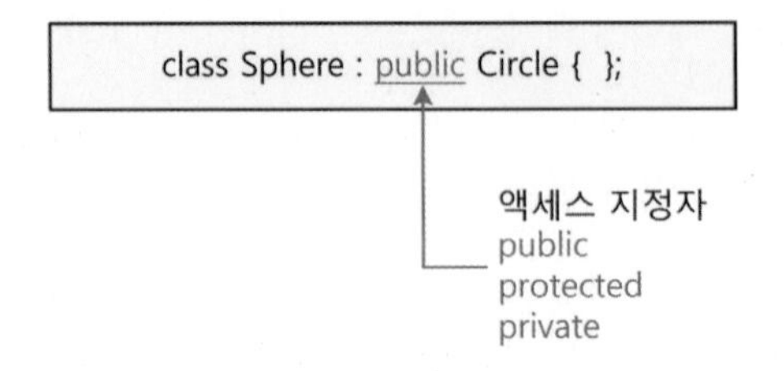

○ 그림 10.3 액세스 지정자의 위치 및 종류

public, private 액세스 지정자 각각에 대해 base 클래스의 멤버들은 [표 10.1]과 같이 상속된다.

○ 표 10.1 액세스 지정자 public과 private에 대한 상속 접근 권한

base 멤버 / 액세스 지정자	public		private	
	포함 영역	내부 접근	포함 영역	내부 접근
public	public	O	private	X
private	private	O	private	X

액세스 지정자가 public인 경우, 즉, public 상속일 경우에는 base 클래스의 public 멤버는 derived 클래스에서도 여전히 public 멤버이며 base 클래스의 private 멤버 역시 derived 클래스에서도 private 멤버이다. 따라서 derived 클래스 객체를 통한 외부 접근 시 public 영역에 대한 접근은 허용되며 private 영역에 대한 접근은 허용되지 않는다.

[표 10.1]에는 내부 접근이란 칼럼 정보를 포함하고 있다. 일반적으로는 어떤 클래스에서의 내부 접근은 private 멤버든 public 멤버든 모두 허용된다. 그러나 상속받은 멤버들에 대해서는 포함 영역이 private 영역이라 하더라도 base 클래스에서의 포함 영역이 private이었다면 derived 클래스에서의 내부 접근이 허용되지 않는다. 다시 말하자면 ⁺base 클래스의 private 멤버는 상속되기는 하지만 derived 클래스 내에서의 직접적인 접근은 허용되지 않는다. 이는 어떤 클래스의 private 멤버에 대한 정보 은닉이란 기본 취지에도 부합하는 것이다. 아무리 상속을 받는다 하더라도 private 멤버에 대한 직접적인 접근은 그 멤버가 직접 선언되어 있는 원래 클래스의 멤버 함수에서만 가능하다. 한 가지 예외가 있는데 이미 알고 있는 것처럼 friend이다.

[표 10.1]에서 private 상속인 경우에는 base 클래스의 public 멤버와 private 멤버 모두 derived 클래스의 private 멤버로 포함된다. 그러나 이때 역시 base 클래스의 private 멤버에 대해서는 derived 클래스에서의 접근이 허용되지 않는다.

+ Key

> base 클래스의 private 멤버는 상속되기는 하지만 derived 클래스 내에서의 직접적인 접근은 허용되지 않는다.

예제 10.3 | base 클래스의 멤버에 대한 private 영역으로의 선언 시 문제점 및 해결

자, 이제 [예제 10.2]의 멤버 변수들을 private 영역에 포함시키도록 하자. 이때 멤버 변수들에 대한 외부 접근이 허용되지 않으므로 잠시 main 함수의 내용도 지워보도록 하자.

```
1   #define PI 3.14
2
3   class Circle
4   {
5   public :
6       double GetArea() { return (PI * radius_ * radius_); }
7
8   private :                // 멤버 변수를 private으로 선언
9       int x_, y_;          // 중심
10      double radius_;      // 반지름
```

```
11  };
12
13  class Sphere : public Circle
14  {
15  public :
16      double GetVolume() { return ((4.0/3.0) * PI * radius_ * radius_ * radius_); }
17
18  private :
19      int z_;
20  };
21
22  int main()
23  {
24      return 0;
25  }
```

이 프로그램을 컴파일해 보면 컴파일 에러가 발생한다. 어디서 잘못 된 것일까? public 상속을 하였으니 Circle의 private 멤버는 private 영역으로, public 멤버는 public 영역으로 포함될 것이다. 그러나 문제는 Sphere에서는 Circle의 private 멤버로의 접근이 허용되지 않는다는 것이다. 따라서 16라인의 GetVolume 함수에서 직접 radius_ 변수를 사용하는 것은 허용되지 않는다.

GetVolume 함수가 제대로 동작할 수 있도록 해결책을 찾아보자. 단, Circle의 private 멤버들을 public 영역에 위치시킴으로써 외부로 노출될 수 있도록 하는 위험한 경우는 제외한다.

먼저 생각할 수 있는 방법은 다음과 같다. Circle 클래스의 public 멤버 함수로 radius_ 값을 반환하는 GetRadius 함수를 추가하는 것이다. 이 경우 radius_ 값에 대한 읽기는 가능할 것이지만 여전히 쓰기는 불가능하다. 그렇다면 SetRadius라는 쓰기 전용 멤버 함수를 추가하면 될 것이다. 이렇게 되면 결국 radius_ 변수에 대한 외부 접근을 허용하는 것과 마찬가지다. derived 클래스인 Sphere 클래스에서 x_, y_, radius_ 변수로의 직접 접근이 가능하면서도 Circle과 Sphere 클래스 외의 외부 접근을 방지할 수 있는 방법이 있으면 좋겠다.

이와 같은 경우를 대비하여 준비되어 있는 접근 영역이 protected이다. 즉, 클래스 내의 접근 영역은 private과 public 외에도 protected라는 접근 영역이 있다. protected 멤버에 대해서는 외부 접근이 허용되지 않는다. 따라서 이 점에서는 private과 동일하다. 그러나 derived 클래스에서의 접근은 허용된다. 이 점에서는 public과 동일하다. 자 이제 base 클래스의 멤버 함수들을 protected 영역에 포함시켜 보자.

예제 10.4 | protected 멤버의 상속

[예제 10.2]에서 base 클래스인 Circle의 멤버 변수들은 protected에 위치시키고 derived 클래스인 Sphere의 멤버 변수들은 private에 위치시키도록 하자.

```
1   #define PI 3.14
2
```

```
3   class Circle
4   {
5   public :
6       double GetArea() { return (PI * radius_ * radius_); }
7
8   protected :             // 멤버 변수를 protected로 선언
9       int x_, y_;         // 중심
10      double radius_;     // 반지름
11  };
12
13  class Sphere : public Circle
14  {
15  public :
16      double GetVolume() { return ((4.0/3.0) * PI * radius_ * radius_ * radius_); }
17
18  private :
19      int z_;
20  };
21
22  int main()
23  {
24      Circle cir;
25      cir.x_ = 5;          // 여전히 외부 접근이 허용되지 않음
26
27      return 0;
28  }
```

9, 10라인의 x_, y_, radius_ 멤버 변수는 Circle 클래스의 protected 영역에 포함되어 있다. 이제 16라인과 같이 Sphere 클래스의 GetVolume 함수에서 radius_에 대한 직접 접근이 허용된다. 그러나 이 프로그램은 여전히 컴파일이 되지 않는다. 25라인과 같은 protected 멤버에 대한 외부 접근은 여전히 허용되지 않기 때문이다. 이와 같이 protected는 derived 클래스를 제외한 외부 접근을 허용하지 않는다.

base 클래스 멤버에 대한 접근 권한 설정을 위한 액세스 지정자: protected

protected에 대해서 배웠으니 액세스 지정자에 대해서도 다시 정리를 하고 넘어가도록 하자. 액세스 지정자로는 public, private 외에 protected가 올 수 있다. protected를 포함하여 [표 10.1]을 다시 정리하면 [표 10.2]와 같다.

public, protected, private 영역들 중 public의 접근 범위가 가장 넓고 그 다음이 protected, private 순이다. public 영역은 내부 접근뿐만 아니라 외부 접근까지 허용하며, protected 영역은 내부 접근 외에 derived 클래스에서의 접근을 허용한다. private은 내부 접근만 가능하다.

public, protected, private 상속을 하게 되면 base 클래스의 멤버들에 대한 접근 범위가 해당 액세스 지정자 이하로 축소된다고 생각하면 된다. 예를 들면 protected 상속의 경우 base 클래스 멤버들의 접근

○ 표 10.2 액세스 지정자들의 상속 접근 권한

base 멤버 / 액세스 지정자	public		protected		private	
	포함 영역	내부 접근	포함 영역	내부 접근	포함 영역	내부 접근
public	public	O	protected	O	private	X
protected	protected	O	protected	O	private	X
private	private	O	private	O	private	X

영역은 protected 이하로, 즉 public은 protected로, protected는 protected로, private은 private으로 포함된다.

protected 상속이나 private 상속은 base 클래스의 모든 멤버를 상속받되 derived 클래스 객체를 통해 해당 멤버들로 접근하는 외부 접근을 금지하고자 할 때 사용할 수 있을 것이다. 그러나 실전에 있어서는 public 상속 외에 protected 상속이나 private 상속을 사용하는 경우는 매우 드물 것으로 생각된다. 이 책에서도 모든 상속 문제들에 있어서 public 상속만을 사용하고 있다.

연습문제 | 10.1

다음 프로그램에서 잘못된 부분을 지적하고 수정해 보라. 현재 상속 액세스 지정자가 public으로 되어 있다. 액세스 지정자가 protected와 private일 때는 어떻게 달라지는지 생각해 보라.

```
1   class Base
2   {
3   private :
4       int a_;
5
6   protected :
7       int b_;
8
9   public :
10      int c_;
11  };
12
13  class Derived : public Base
14  {
15  private :
16      int d_;
17      void func1() { a_ = 1; b_ = 2; c_ = 3; d_ = 4; e_ = 5; f_ = 6; }
18
19  protected :
20      int e_;
```

```
21     void func2() { a_ = 1; b_ = 2; c_ = 3; d_ = 4; e_ = 5; f_ = 6; }
22
23 public :
24     int f_;
25     void func3() { a_ = 1; b_ = 2; c_ = 3; d_ = 4; e_ = 5; f_ = 6; }
26 };
27
28 int main()
29 {
30     Derived d_obj;
31     d_obj.a_ = 1; d_obj.b_ = 2; d_obj.c_ = 3;
32     d_obj.d_ = 4; d_obj.e_ = 5; d_obj.f_ = 6;
33
34     return 0;
35 }
```

액세스 지정자에 대한 인위적인 문제로서 모든 영역에 대한 내부 접근 및 외부 접근을 포함하고 있다. 먼저 잘못된 부분을 생각해 보고 수정을 통해 검증해 보라.

Note

10.4 상속 관계에서의 생성자와 소멸자

예제 10.5 | Sphere 클래스에 생성자 추가하기

여기서는 [예제 10.2]의 두 번째 문제인 객체의 초기화 문제에 대해 살펴볼 것이다. 이미 알고 있는 바와 같이 객체의 생성과 동시에 객체를 초기화하기 위해서는 생성자를 사용하면 된다. 현재 관심사는 Sphere 객체의 생성이며 이와 동시에 멤버 변수들의 값을 초기화하는 것이다. 따라서 이를 위해 Sphere 클래스에 생성자를 추가해 보자.

```
1  #define PI 3.14
2
3  class Circle
4  {
5  public :
6      double GetArea() { return (PI * radius_ * radius_); }
7
8  protected :
```

```
9        int x_, y_;                                          // 중심
10       double radius_;                                      // 반지름
11   };
12
13   class Sphere : public Circle
14   {
15   public :
16       Sphere(int x, int y, int z, double radius)           // 생성자
17           { x_ = x; y_ = y; z_ = z; radius_ = radius; }
18       double GetVolume() { return ((4.0/3.0) * PI * radius_ * radius_ * radius_); }
19
20   private :
21       int z_;
22   };
23
24   int main()
25   {
26       Sphere sph(1, 2, 3, 4);
27       cout << sph.GetVolume() << endl;
28
29       return 0;
30   }
```

• **실행 결과**

```
267.947
```

16라인에 Sphere 클래스의 생성자를 추가하였다. 생성자를 추가하는 것도 어렵지 않고 Sphere 클래스에서 x_, y_, radius_에 대한 접근도 가능하니 초기화하는 데는 전혀 문제가 없다. 이 예제를 컴파일하고 수행해 보면 문제없이 제대로 수행된다. 너무 쉬운가? 하지만 아직 안심하긴 이르다. 이제 시작일 뿐이다.

상속 관계에 있는 클래스들 중 derived 클래스의 객체를 생성할 때 내부적으로는 base 클래스의 객체가 먼저 생성되고, 그 다음으로 derived 클래스의 객체가 생성된다. 물론 base 클래스의 객체가 생성될 때는 순수하게 base 클래스에 있는 멤버들만 생성된다. 이 순서를 이해하는 것이 매우 중요하다. 이 예제의 경우 26라인에서 sph 객체가 생성되는 모양은 [그림 10.4]와 같이 x_, y_, radius_가 먼저 생성되고 그 다음으로 z_가 생성된다.

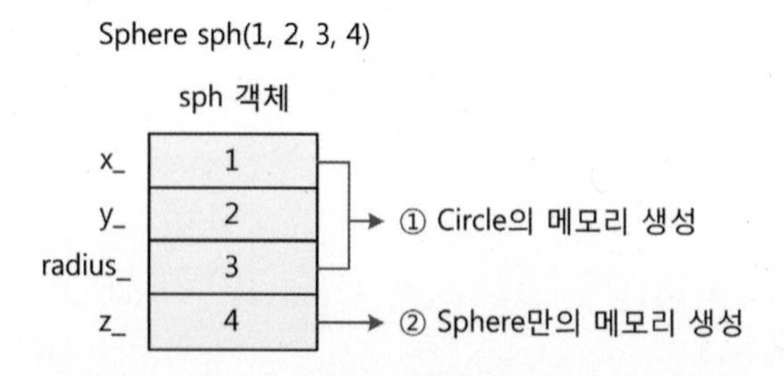

○ 그림 10.4 derived 클래스 객체 생성 시 메모리 생성 순서

그렇다면 생성자는 어떻게 수행되어야 하겠는가? Sphere의 객체가 생성되기 위해서는 Circle 객체가 먼저 생성된다고 하였으니, Circle 클래스의 생성자가 먼저 수행되고 그 다음으로 Sphere의 생성자가 수행되는 것이다. 이 예제에서는 Circle 클래스의 생성자가 수행된 것 같아 보이지 않는데 어떻게 된 것일까? 그렇다. Circle 클래스의 디폴트 생성자가 먼저 수행된 후 Sphere의 생성자가 수행된 것이다. 그래서 단지 표가 나지 않을 뿐이다. derived 클래스의 생성자 수행 시 먼저 수행되어야 할 base 클래스의 생성자를 특별히 지정하지 않으면 매개변수가 없는 생성자가 수행되도록 되어 있다. 그렇다면 derived 클래스의 생성자에서 base 클래스의 생성자를 호출하는 구문이 있을 것 같다. 바로 멤버 초기화 구문을 사용하면 된다. 멤버 초기화 구문은 많이 사용해 왔으므로 쉽게 알 수 있을 것이다.

예제 10.6 | base 클래스의 생성자 호출하기

[예제 10.5]에서 Circle 클래스의 생성자를 추가하고 이를 명시적으로 호출해 보자.

```
1   #define PI 3.14
2
3   class Circle
4   {
5   public :
6       Circle(int x, int y, double radius) : x_(x), y_(y), radius_(radius) {}
7       double GetArea() { return (PI * radius_ * radius_); }
8
9   protected :
10      int x_, y_;          // 중심
11      double radius_;      // 반지름
12  };
13
14  class Sphere : public Circle
15  {
16  public :
17      Sphere(int x, int y, int z, double radius) : Circle(x, y, radius), z_(z) {}
18      double GetVolume() { return ((4.0/3.0) * PI * radius_ * radius_ * radius_); }
19
20  private :
21      int z_;
22  };
23
24  int main()
25  {
26      Sphere sph(1, 2, 3, 4);
27      cout << sph.GetVolume() << endl;
28
29      return 0;
30  }
```

6라인에는 Circle 클래스의 생성자를 추가하였고, 17라인에 있는 Sphere 생성자를 통해 Circle(x, y, radius)와 같이 멤버 초기화 구문을 사용하여 Circle 클래스의 생성자를 호출하고 있다.

여기서 몇 가지 생각해 보고 넘어가야 될 문제들이 있다. 첫 번째는 Sphere의 생성자 구현 시 다음과 같은 멤버 초기화 구문을 사용하지 않았다는 것이다.

```
Sphere(int x, int y, int z, double radius) : x_(x), y_(y), z_(z), radius_(radius) {}
```

이와 같이 사용할 수는 없다. 왜냐하면 변수 x_, y_, radius_는 Circle 객체가 생성되어야만 존재하게 되는 것이다. 그러나 아직까지 Circle의 생성자가 수행되기 전이므로 x_, y_, radius_의 값을 초기화하는 것은 불가능하다. 여기서는 z_에 대한 멤버 초기화 구문만이 가능하다.

두 번째는 이 예제에서 Sphere의 생성자를 이전 상태로, 즉 다음과 같이 바꾼다면 어떻게 될 것인가 하는 문제이다.

```
Sphere(int x, int y, int z, double radius) { x_ = x; y_ = y; z_ = z; radius_ =
radius; }
```

문제가 발생한다는 것을 알 수 있겠는가? Sphere의 생성자가 수행되기 전에 반드시 base 클래스인 Circle의 생성자가 수행된다. Sphere 생성자에서 Circle 클래스의 생성자에 대한 명시적인 호출이 없으니 디폴트 생성자가 수행되어야 한다. 그러나 현재 Circle 클래스에는 디폴트 생성자가 없으므로 에러가 발생하게 된다.

예제 10.7 | 상속 관계에 있어서 생성자와 소멸자의 호출 순서

각 클래스에 생성자를 추가해 봤으니 소멸자도 추가해 보도록 하자. 물론 여기서 소멸자가 특별한 기능을 수행하는 것은 아니다. 단지 상속 관계에 있어서 derived 클래스 객체의 생성과 소멸 시 생성자들과 소멸자들의 호출 순서를 따져 보고자 한다.

```
1   #define PI 3.14
2   
3   class Circle
4   {
5   public :
6       Circle(int x, int y, double radius) : x_(x), y_(y), radius_(radius)
7           { cout << "Circle 생성자" << endl; }
8       ~Circle() { cout << "Circle 소멸자" << endl; }
9       double GetArea() { return (PI * radius_ * radius_); }
10  
11  protected :
12      int x_, y_;           // 중심
13      double radius_;       // 반지름
14  };
15  
16  class Sphere : public Circle
17  {
```

```
18  public :
19      Sphere(int x, int y, int z, double radius) : Circle(x, y, radius), z_(z)
20          { cout << "Sphere 생성자" << endl; }
21      ~Sphere() { cout << "Sphere 소멸자" << endl; }
22      double GetVolume() { return ((4.0/3.0) * PI * radius_ * radius_ * radius_); }
23
24  private :
25      int z_;
26  };
27
28  int main()
29  {
30      Sphere sph(1, 1, 1, 1);
31
32      cout << sph.GetArea() << endl;
33      cout << sph.GetVolume() << endl;
34
35      return 0;
36  }
```

• **실행 결과**

```
Circle 생성자
Sphere 생성자
3.14
4.18667
Sphere 소멸자
Circle 소멸자
```

8라인과 21라인에 Circle 클래스와 Sphere 클래스의 소멸자를 각각 추가하였다.

실행 결과를 살펴보면 앞에서 설명한 바와 같이 Sphere의 생성자가 수행되기 전에 Circle 클래스의 생성자가 먼저 수행된 것을 알 수 있다. 소멸 시에는 거꾸로 Sphere의 소멸자가 먼저 수행되고 Circle의 소멸자가 나중에 수행되었다.

소멸자의 호출 순서에 대해 상식적으로 한번 생각해 보자. Circle 클래스의 멤버 변수인 x_, y_, radius_가 Circle 클래스 생성자가 수행될 때 생성되는 것처럼 Circle 클래스의 소멸자가 호출될 때 메모리에서 사라지게 된다. 만약 Circle 클래스의 소멸자가 먼저 호출되고 그 다음에 Sphere 클래스의 소멸자가 호출된다고 가정하자. 그렇다면 Circle 클래스의 소멸자가 호출되어 x_, y_, radius_ 변수가 사라진 상태에서 Sphere 클래스의 소멸자가 수행될 때를 생각해 보자. Sphere 클래스의 소멸자에서는 다른 멤버 함수들과 마찬가지로 x_, y_, radius_ 변수가 보이기 때문에 x_ = 0;과 같이 접근할 가능성이 있지만, 이미 x_, y_, radius는 메모리에서 사라진 상태이다. 따라서 이것은 논리적으로 말이 되지 않는다.

반대로 Sphere 클래스의 소멸자가 먼저 호출되고 그 다음으로 Circle 클래스의 소멸자가 호출된다고 가정하자. Sphere 클래스의 소멸자가 수행된 후에는 z_가 이미 사라진 상태이다. 그렇다 하더라도 다음으로 수행되는 Circle 클래스의 소멸자에서는 Sphere 클래스에만 있는 z_가 보이지 않으므로, z_ = 0;과 같은 접근이 불가능하며 접근할 이유도 없다. 따라서 Sphere 클래스의 소멸자가 먼저 호출되더라도 전혀 문제가 없다.

상속 관계에 있어서 생성자와 소멸자의 호출 순서는 이와 같이 논리적으로도 이해가 가능하며 외우기도 쉽다. 생성자는 base 클래스 그리고 derived 순이며, 소멸자는 생성자의 역순이다. 소멸자의 호출 순서가 생성자의 호출 순서의 역순이라는 것은 6.7절에서도 이미 설명한 적이 있다.

연습문제 | 10.2

다음 프로그램의 출력 결과가 무엇인지 설명해 보라.

```
1   class Base
2   {
3   public :
4       Base() : num_(0) { cout << "생성자 Base(" << num_ << ")" << endl; }
5       Base(int n) : num_(n) { cout << "생성자 Base(" << num_ << ")" << endl; }
6       ~Base() { cout << "소멸자 Base(" << num_ << ")" << endl; }
7
8   protected :
9       int num_;
10  };
11
12  class Derived : public Base
13  {
14  public :
15      Derived() { cout << "생성자 Derived(" << num_ << ")" << endl; }
16      Derived(int num) : Base(num)
17          { cout << "생성자 Derived(" << num_ << ")" << endl;}
18      ~Derived() { cout << "소멸자 Derived(" << num_ << ")" << endl;}
19  };
20
21  Derived d1;
22
23  void main()
24  {
25      Derived *d2 = new Derived(1);
26      Derived d3(2);
27
28      delete d2;
29  }
```

상속 관계에 있어서 생성자와 소멸자의 호출 순서와 함께 전역 객체와 지역 객체, 동적 객체에 대한 생성자와 소멸자의 호출 순서를 복습하는 문제이다.

Note

10.5 함수 재정의

Circle 클래스의 GetArea 함수에 대한 상속의 문제점 및 해결

[예제 10.2]에서 제기한 문제들 중 어디까지 해결되었는지 짚어보도록 하자. 먼저 10.3절에서는 정보 은닉을 달성하기 위해 protected라는 액세스 지정자를 배웠으며, 이를 통해 derived 클래스에서는 접근이 허용되지만 외부 접근은 허용되지 않도록 만들 수 있었다. 그리고 10.4절에서는 객체 생성과 동시에 초기화를 하기 위해 base 클래스와 derived 클래스의 생성자와 소멸자를 만드는 방법 및 동작 원리에 대해 배웠다.

여기까지 배운 내용으로 작성한 프로그램이 [예제 10.7]이다. 그러나 [예제 10.7]의 프로그램에는 아직도 한 가지 문제가 남아 있다. Circle 클래스의 GetArea 멤버 함수를 상속받았기 때문에 sph.GetArea()와 같은 호출이 가능하였다. 그러나 GetArea 함수는 Sphere에서 원하는 구의 표면적 계산 방식을 사용하지 않고 있다. 즉, 원의 면적을 구하는 함수로서 결과가 $PI * radius^2$으로 계산되어 3.14가 출력된 것이다. Sphere 클래스의 경우 GetArea 함수를 통해 구의 표면적을 계산하기를 원하고 있으며 계산 수식은 $4 * PI * radius^2$과 같다. 따라서 12.56이 출력되어야 한다.

지금부터 이를 가능하게 하는 함수 재정의(function overriding)에 대해 설명할 것이다. base 클래스에 있는 함수가 derived 클래스에 적합하지 않을 경우 해당 함수를 derived 클래스에서 재정의할 수 있는데, 이것을 함수 재정의라 한다.

Key

base 클래스에 있는 함수가 derived 클래스에 적합하지 않을 경우 해당 함수를 derived 클래스에서 재정의할 수 있는데, 이것을 함수 재정의라 한다.

예제 10.8 | Sphere 클래스를 위한 GetArea 함수의 재정의

[예제 10.7]에서 Sphere 클래스의 GetArea 멤버 함수를 구의 표면적을 계산하는 방식으로 재정의해 보자.

```
1  #define PI 3.14
2
3  class Circle
4  {
5  public :
6      Circle(int x, int y, double radius) : x_(x), y_(y), radius_(radius)
7          { cout << "Circle 생성자" << endl; }
```

```
8       ~Circle() { cout << "Circle 소멸자" << endl; }
9       double GetArea() { return (PI * radius_ * radius_); }
10
11  protected :
12      int x_, y_;         // 중심
13      double radius_;     // 반지름
14  };
15
16  class Sphere : public Circle
17  {
18  public :
19      Sphere(int x, int y, int z, double radius) : Circle(x, y, radius), z_(z)
20          { cout << "Sphere 생성자" << endl; }
21      ~Sphere() { cout << "Sphere 소멸자" << endl; }
22      double GetArea() { return (4 * PI * radius_ * radius_); }  // 함수 재정의
23      double GetVolume() { return ((4.0/3.0) * PI * radius_ * radius_ * radius_); }
24
25  private :
26      int z_;
27  };
28
29  int main()
30  {
31      Sphere sph(1, 1, 1, 1);
32
33      cout << sph.GetArea() << endl;
34      cout << sph.GetVolume() << endl;
35
36      return 0;
37  }
```

• **실행 결과**

```
Circle 생성자
Sphere 생성자
12.56
4.18667
Sphere 소멸자
Circle 소멸자
```

22라인과 같이 Sphere 클래스에서 GetArea 함수를 재정의하였다. 이제 33라인에서 Sphere 클래스 객체에 대해 GetArea 함수를 호출하면, Circle 클래스로부터 상속된 GetArea 함수가 수행되는 것이 아니라 Sphere에서 새로 정의한 GetArea 함수가 수행됨을 확인할 수 있다.

다시 한 번 설명하면 base 클래스의 어떤 멤버 함수를 derived 클래스에서 다른 내용으로 구현하는 것을 함수 오버라이딩 또는 우리말로 함수 재정의라고 한다.

여기서 함수 오버로딩과 함수 오버라이딩을 구분하도록 하자. 함수 오버로딩은 우리말로는 함수 중복 정의라고도 하는데, 이것은 동일한 함수명이지만 매개변수의 타입 또는 개수를 달리하여 또 다른 의미를 부여하는 것이다. 예를 들어 다음과 같은 Print 함수들이 Circle 클래스에 있다면 둘 다 Circle 객체에 의해 호출될 수 있다. 단, 매개변수에 따라 호출되는 함수가 달라진다. 이것이 함수 오버로딩이다. 멤버 함수 오버로딩에 대해서는 7.4절을 참고하도록 하라.

```
int Print(int a) { cout << a << endl; }
int Print(int a, int b) { cout << a << b << endl; }
```

하나의 클래스 내에 GetArea(void) 함수가 있을 경우 이 함수와 이름도 같고 매개변수도 동일한 함수가 또 다시 존재할 수는 없다. 그러나 derived 클래스에서는 GetArea(void) 함수를 재정의할 수 있으며, 이를 함수 오버라이딩 또는 함수 재정의라고 한다.

Circle 클래스의 GetArea 함수 호출 방법

Sphere 클래스에서 GetArea 함수를 재정의함으로써 Circle에 있던 GetArea 함수는 사라지는 것일까? 그런 것은 아니다. Circle의 GetArea 함수 역시 메모리에 남아 있으며 일차적으로는 Circle 클래스 객체를 위한 멤버 함수로서 동작한다. 그런데 Circle 클래스의 GetArea 함수가 여전히 Sphere 클래스 또는 Sphere 클래스 객체를 위해서도 동작할 수 있다는 사실에 주목해야 한다.

첫 번째로 Sphere 클래스의 멤버 함수 내에서 Circle 클래스의 GetArea 함수를 호출하는 방법부터 알아보자. Sphere의 GetArea 함수 내에서 다음과 같이 호출하면 어떤 의미가 될까?

```
double GetArea() { return (4 * GetArea()); }
```

나는 GetArea 함수 호출이 Circle의 GetArea 함수를 호출할 것으로 기대했다. 그 결과가 4 * PI * $radius^2$이 되기 때문이다. 그러나 결과는 Sphere 클래스의 GetArea 함수를 무한히 재귀호출하는 것이 되어 프로그램이 제대로 동작하지 않게 된다.

Sphere 멤버 함수 내에서 Circle의 GetArea 함수를 호출하기 위해서는 다음과 같이 범위 지정 연산자(::)를 사용하면 된다. 이제 제대로 수행된다.

```
double GetArea() { return (4 * Circle::GetArea()); }
```

두 번째는 Sphere 클래스의 외부에서 Sphere 클래스 객체를 통해 접근할 경우이다. 이 경우 GetArea 함수를 호출하면 디폴트로 Sphere의 GetArea 함수가 호출된다. 만약 Circle의 GetArea 함수를 호출하고 싶다면 다음과 같이 마찬가지로 범위 지정 연산자(::)를 사용하면 된다.

```
sph.Circle::GetArea();
```

에러 없이 수행이 잘 될 것이다. 그러나 수행 결과 Circle의 GetArea 함수가 수행되므로 면적은 3.14의 값을 갖게 된다.

이와 같은 현상은 멤버 함수에 국한된 것만은 아니다. 멤버 변수에 대해서도 동일하게 적용될 수 있다. 만약 Sphere에 x_와 y_ 변수를 추가한다면 이제 Sphere 내에서의 x_, y_에 대한 접근은 Sphere에 선언된 x_, y_를 의미한다. 이때 Circle에 있는 x_, y_에 접근하고자 한다면 다음과 같이 사용해야 한다.

```
Circle::x_
Circle::y_
```

연습문제 | 10.3

다음 설명에 부합하는 Point 클래스와 Circle 클래스를 작성하되, Circle 클래스는 Point 클래스로부터 상속받아 구현하고 이를 테스트하기 위한 main 함수도 구현해 보라.

Point 클래스의 멤버 변수로는 좌표(int x_, y_)를 포함하고 Move, Draw 멤버 함수를 포함한다. Circle 클래스는 멤버 변수로 중심 좌표(int x_, y_)와 반지름(double radius_)을 포함하고 멤버 함수로는 Move, Draw, GetArea 함수를 포함한다. 이때 Move는 두 클래스 모두 동일한 역할을 하며 Draw는 두 클래스가 서로 다른 내용으로 구현되어야 한다. 함수의 내용은 각자 나름대로 정의하여 구현하면 된다.

상속과 함수 재정의를 적절히 사용하여 구현하도록 하라.

10.6 디폴트 액세스 지정자와 구조체

예제 10.9 | dervied 클래스 구현 시 디폴트 액세스 지정자

derived 클래스를 구현할 때 액세스 지정자를 생략할 수 있다. 이때는 디폴트 액세스 지정자가 있기 때문에 디폴트 액세스 지정자가 기술된 것과 동일하게 동작한다. 문제는 derived 클래스가 클래스일 때와 구조체일 때의 디폴트 액세스 지정자가 다르다는 것이다.

6.4절에서 C++에서 클래스와 구조체는 99.8% 동일한 개념이라고 설명하였다. 0.1%의 차이는 멤버 선언 시 public, protected, private 영역을 지정하지 않을 경우, 클래스는 디폴트로 private 영역으로 인식하며 구조체는 public 영역으로 인식한다는 것이다. 이에 대해서는 6.4절에서 이미 설명하였다. 그리고 나머지 0.1%의 차이가 바로 상속과 관련하여 derived 클래스 구현 시 디폴트 액세스 지정자의 차이이다.

결론부터 얘기하자면 derived 클래스가 클래스라면 base 클래스가 클래스이든 구조체이든 관계없이 디폴트 액세스 지정자는 private이며, derived 클래스가 구조체라면 디폴트 액세스 지정자는 public이다. 이는 클래스가 정보 은닉을 우선으로 하고 구조체가 데이터 묶음의 제공을 우선으로 하는 원칙과도 일치하는 것이다.

다음 프로그램과 같이 Sphere 클래스 구현 시 액세스 지정자를 제거하여 실행시켜 보고 어떻게 동작하는지 확인해 보도록 하자.

```
1   #define PI 3.14
2
3   class Circle
4   {
5   public :
6       Circle(int x, int y, double radius) : x_(x), y_(y), radius_(radius) {}
7       double GetArea() { return (PI * radius_ * radius_); }
8
9   protected :
10      int x_, y_;         // 중심
11      double radius_;     // 반지름
12  };
13
14  class Sphere : Circle   // derived가 class이므로 디폴트로 private 상속
15  {
16  public :
17      Sphere(int x, int y, int z, double radius) : Circle(x, y, radius), z_(z) {}
18      double GetVolume() { return ((4.0/3.0) * PI * radius_ * radius_ * radius_); }
19
20  private :
21      int z_;
22  };
23
24  int main()
25  {
26      Sphere sph(1, 1, 1, 1);
27      cout << sph.GetArea() << endl;        // GetArea는 private 멤버, 접근 불가
28      cout << sph.GetVolume() << endl;
29
30      return 0;
31  }
```

이 프로그램의 경우 액세스 지정자가 private으로 동작하게 된다. 따라서 Circle의 GetArea 함수가 Sphere의 private 멤버로 포함되어 27라인과 같은 외부 접근이 불가능하게 된다.

이번에는 14라인 Sphere 클래스를 구조체(struct)로 변경하여 실행시켜 보자. 이 경우에는 디폴트 액세스 지정자가 public으로 동작한다. 따라서 GetArea 함수는 public 영역에 포함되어 27라인과 같이 외부 접근이 가능하다.

결론적으로 하고 싶은 말은 상속 구현 시 액세스 지정자를 항상 지정해 주라는 것이다. 명시적으로 기술해 주는 것이 코드의 이해도를 높이거나 실수를 방지하기 위해 더 도움이 될 수 있다.

10.7 derived 클래스로부터의 상속

예제 10.10 | derived 클래스로부터 상속받아 새로운 클래스 만들기

지금까지는 상속 관계에 있는 두 클래스를 대상으로 derived 클래스를 구현하는 방법에 대해 살펴보았다. 이 절과 다음 절에서는 3개 이상의 클래스가 상속 관계에 있을 때의 구현 방법과 동작 원리에 대해서 살펴볼 것이다. 우선 derived 클래스로부터 상속을 받아 또 다른 derived 클래스를 만들어 보자.

[그림 10.5]와 같이 Point2 클래스는 Point1 클래스로부터 상속받아서 만들고, Point3 클래스는 또 다시 Point2 클래스로부터 상속받아서 만들어 보자.

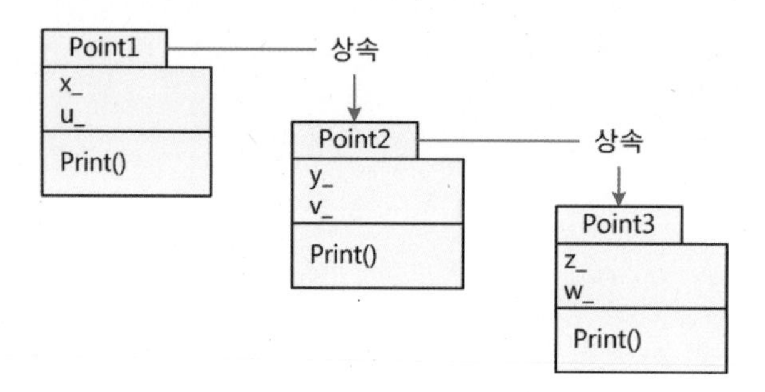

그림 10.5 derived 클래스로부터의 상속

```
1   class Point1
2   {
3   public :
4       Point1(int x) : x_(x) { cout << "Point1 생성자" << endl; }
5       ~Point1() { cout << "Point1 소멸자" << endl; }
6       void Print() { cout << "Point1" << endl; }
7   
8   protected :
9       int u_;
10  
11  private :
12      int x_;
13  };
14  
15  class Point2 : public Point1
16  {
17  public :
18      Point2(int x, int y) : Point1(x), y_(y)
19          { cout << "Point2 생성자" << endl; }
20      ~Point2() { cout << "Point2 소멸자" << endl; }
21      void Print() { cout << "Point2" << endl; }
22  
```

```
23  protected :
24      int v_;
25
26  private :
27      int y_;
28  };
29
30  class Point3 : public Point2
31  {
32  public :
33      Point3(int x, int y, int z) : Point2(x, y), z_(z)
34          { cout << "Point3 생성자" << endl; }
35      ~Point3() { cout << "Point3 소멸자" << endl; }
36      void Print()
37      {
38          Point1::Print();        // Point1의 Print 함수 호출
39          Point2::Print();        // Point2의 Print 함수 호출
40          cout << "Point3" << endl;
41      }
42
43  protected :
44      int w_;
45
46  private :
47      int z_;
48  };
49
50  int main()
51  {
52      Point3 p3(1, 2, 3);
53      p3.Print();
54
55      return 0;
56  }
```

• **실행 결과**

```
Point1 생성자
Point2 생성자
Point3 생성자
Point1
Point2
Point3
Point3 소멸자
Point2 소멸자
Point1 소멸자
```

이 예제의 프로그램에는 지금까지 배운 상속에 대한 거의 모든 내용이 포함되어 있다. 30라인의 Point3 클래스는 Point2 클래스의 모든 멤버들을 상속받는다. 15라인에서 Point2 클래스는 Point1 클래스의 모든 멤버들을 상속받았으니, 결국 Point3 클래스는 Point1과 Point2 클래스의 모든 멤버들을 포함하게 된다. 현재 Point2와 Point3 클래스 모두 public 상속을 사용하고 있으므로 base 클래스의 private 멤버는 private 멤버로, protected 멤버는 protected 멤버로, public 멤버는 public 멤버로 포함된다. 예를 들면 Point3 클래스에서 x_는 private 멤버, u_는 protected 멤버로 동작한다. 물론 base 클래스의 private 멤버들에 대해서는 직접적인 접근이 불가능하다. 만약 protected 상속 또는 private 상속을 받을 경우에는 base 클래스의 멤버들에 대한 접근 제어가 어떻게 되는지 따져 보도록 하라.

실행 결과를 보면 생성자와 소멸자 역시 앞서 배운 내용과 동일하게 동작하고 있음을 알 수 있다. Point3 클래스 객체 생성 시 Point3 클래스 생성자가 동작하기 전에 base 클래스인 Point2의 생성자가 동작한다. 그런데 Point2는 Point1로부터 상속을 받았기 때문에 Point2의 생성자가 수행되기 전에 Point1의 생성자가 수행되는 것이다. 결과적으로 Point1의 생성자, Point2의 생성자, Point3의 생성자 순으로 수행되며 소멸자의 수행 순서는 Point3, Point2, Point1, 즉 생성자의 역순이다.

멤버 함수인 Print 함수는 Point2와 Point3 모두에서 재정의되어 있다. 따라서 Point3 클래스 멤버 함수나 Point3 클래스 객체에 의한 Print 함수 접근은 Point3의 Print 함수를 의미하게 된다. 그러나 Point1과 Point2의 Print 함수가 사라지는 것은 아니며 38, 39라인에서 보인 바와 같이 Point1::Print(), Point2::Print()와 같은 형식으로 호출이 가능하다.

10.8 다중 상속

다중 상속의 의미

이번에는 하나의 클래스를 만들 때 2개 이상의 클래스로부터 동시에 상속받는 경우를 생각해 보도록 하자. 예를 들면 [그림 10.6]과 같은 형태이다.

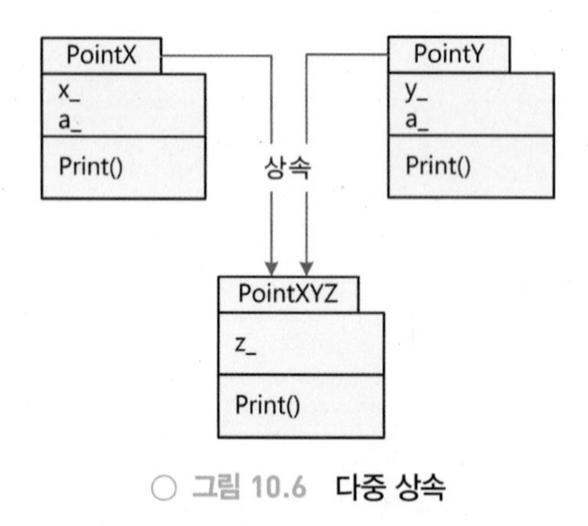

○ 그림 10.6 다중 상속

여기서는 간단한 예로 PointXYZ를 만들기 위해 PointX와 PointY를 상속받아 만드는 예이지만 실제로 이와 같은 상황은 빈번히 발생할 수 있다. 예를 들어 남자라는 클래스가 있고 학생이라는 클래스가 있을 경우 남학생이라는 클래스를 만들려고 할 때 "남학생은 남자이다"와 "남학생은 학생이다"가 모두 성립되므로 남자와 학생 클래스 모두로부터 상속받아 만들면 된다. 이와 같이 *2개 이상의 클래스로부터 상속받아 새로운 클래스를 만드는 것을 다중 상속(multiple inheritance)이라 한다.

+ Key

2개 이상의 클래스로부터 상속받아 새로운 클래스를 만드는 것을 다중 상속(multiple inheritance)이라 한다.

예제 10.11 | PointX 클래스와 PointY 클래스를 상속받아 PointXYZ 클래스 만들기

이 예제를 통해 다중 상속의 구현 방법과 동작 원리를 이해하도록 하자.

[그림 10.6]과 같이 PointX와 PointY 클래스를 작성하고, PointX와 PointY 클래스를 상속받아 PointXYZ 클래스를 작성해 보자.

```
1   class PointX
2   {
3   public :
4       PointX(int x) : x_(x) { cout << "PointX 생성자" << endl; }
5       ~PointX() { cout << "PointX 소멸자" << endl; }
6       void Print() { cout << "PointX" << endl; }
7
8   protected :
9       int x_;
10      int a_;
11  };
12
13  class PointY
14  {
15  public :
16      PointY(int y) : y_(y) { cout << "PointY 생성자" << endl; }
17      ~PointY() { cout << "PointY 소멸자" << endl; }
18      void Print() { cout << "PointY" << endl; }
19
20  protected :
21      int y_;
22      int a_;
23  };
24
25  class PointXYZ : public PointX, public PointY        // 다중 상속
26  {
27  public :
28      PointXYZ(int x, int y, int z) : PointX(x), PointY(y), z_(z)
29          { cout << "PointXYZ 생성자" << endl; }
30      ~PointXYZ() { cout << "PointXYZ 소멸자" << endl; }
31      void Print()
32      {
33          // cout << "a_ : " << a_ << endl;    // 에러발생, 어떤 a_?
34          PointX::Print();         // PointX의 Print 함수 호출
```

```
35            PointY::Print();        // PointY의 Print 함수 호출
36            cout << "PointXYZ" << endl;
37        }
38
39    private :
40        int z_;
41    };
42
43    int main()
44    {
45        PointXYZ p_xyz(1, 2, 3);
46        p_xyz.Print();
47
48        return 0;
49    }
```

- **실행 결과**

```
PointX 생성자
PointY 생성자
PointXYZ 생성자
PointX
PointY
PointXYZ
PointXYZ 소멸자
PointY 소멸자
PointX 소멸자
```

다중 상속을 받을 경우에는 25라인과 같이 콤마(,)를 기준으로 base 클래스들을 나열하되 각각의 base 클래스에 대한 액세스 지정자와 함께 기술하면 된다. 여기서는 PointX, PointY 클래스 모두로부터 public 상속을 받고 있다. 3개 이상인 경우도 이와 마찬가지로 계속해서 액세스 지정자와 클래스명을 나열하면 된다.

동작 원리 역시 다를 바가 없다. PointXYZ에는 PointX의 멤버와 PointY의 멤버가 모두 상속된다. 몇 가지 주의할 사항만 짚어보고 넘어가자. 28라인 PointXYZ 클래스에서 생성자의 멤버 초기화 구문을 보면 base 클래스들의 생성자를 호출하는 순서가 PointX(x), PointY(y)로 되어 있다. 이에 따라 PointX의 생성자가 먼저 호출되고 그 다음으로 PointY의 생성자가 호출된 것처럼 보이지만 사실은 그런 것이 아니라 base 생성자의 호출 순서는 25라인의 PointXYZ 클래스 시작 부분에서 선언한 base 클래스의 순서에 따라 호출된다. 참고로 그럴 리는 없겠지만 동일한 클래스를 두 번 이상 상속받을 수는 없다. 예를 들면 다음과 같이 쓸 수는 없는 것이다.

```
class PointXYZ : public PointX, protected PointX { ... }
```

여기서도 Print 멤버 함수가 모든 클래스에서 재정의되어 있는데 이에 대한 구분 또한 34, 35라인과

같이 클래스명을 통해 구별이 가능하다.

PointX와 PointY 각각에 모두 포함되어 있는 int a_ 변수에 주목해 보자. 둘 다 동일한 변수명으로 선언되어 있다. PointXYZ 클래스에서는 PointX의 a_와 PointY의 a_를 모두 상속받게 된다. 그러나 33라인과 같이 사용한다면 2개의 a_ 중 어떤 a_를 의미하는지 알 수 없게 되어 에러가 발생하게 된다. 즉, 모호성 문제가 발생하게 된다. 해결 방법은 이미 알고 있다. PointX::a_ 또는 PointY::a_와 같이 base 클래스명까지 밝혀주면 된다.

연습문제 | 10.4

[그림 10.7]과 같은 클래스들이 존재한다. Date는 날짜를 저장하기 위한 클래스이고 Time은 시간을 저장하기 위한 클래스이며 DateTime은 날짜와 시간을 동시에 저장할 수 있다. to_do_ 변수는 해당 시간에 해야 할 일을 의미하는 문자열이다. 이 클래스들의 상속 관계를 따져 보고 그에 따라 프로그램을 작성해 보라.

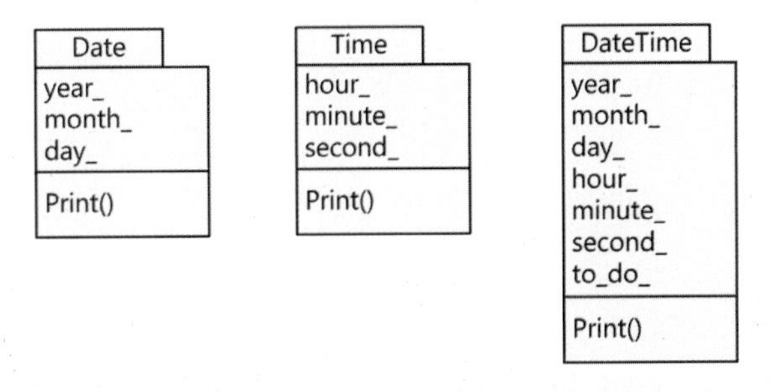

○ 그림 10.7 [연습문제 10.4]의 클래스 구성

다중 상속을 연습하기 위한 간단한 문제이다. 이 외에 현실 생활에 존재하는 다중 상속의 예를 생각해 보도록 하라.

Note

10.9 virtual base 클래스

예제 10.12 | 다중 상속 관계에 있어서 virtual base 클래스의 의미 및 필요성

[그림 10.8]과 같은 다중 상속 관계를 프로그램으로 작성해 보자. PointXY와 PointXZ는 PointX로부터 상속받아 만들어지며 PointXYZ는 PointXY와 PointXZ로부터 상속받아 만들어진다.

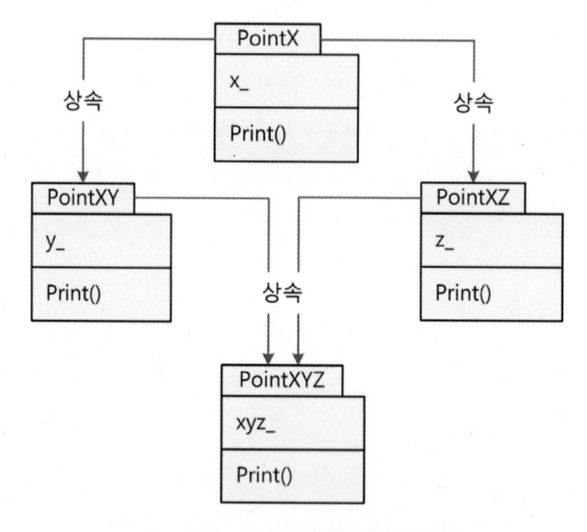

○ 그림 10.8 다중 상속의 예

이 예제를 통해 virtual base 클래스에 대해 알아보고 아울러 상속에 대한 내용을 복습해 보도록 하자.

다음 프로그램은 [그림 10.8]에 대한 프로그래밍 결과이다.

```
1   class PointX
2   {
3   public :
4       PointX(int x) : x_(x) { cout << "PointX 생성자" << endl; }
5       ~PointX() { cout << "PointX 소멸자" << endl; }
6       void Print() { cout << "PointX" << endl; }
7
8   protected :
9       int x_;
10  };
11
12  class PointXY : public PointX
13  {
14  public :
15      PointXY(int x, int y) : PointX(x), y_(y)
16          { cout << "PointXY 생성자" << endl; }
17      ~PointXY() { cout << "PointXY 소멸자" << endl; }
18      void Print() { cout << "PointXY" << endl; }
19
20  protected :
21      int y_;
22  };
23
24  class PointXZ : public PointX
25  {
26  public :
27      PointXZ(int x, int z) : PointX(x), z_(z)
```

```
28          { cout << "PointXZ 생성자" << endl; }
29      ~PointXZ() { cout << "PointXZ 소멸자" << endl; }
30      void Print() { cout << "PointXZ" << endl; }
31  
32  protected :
33      int z_;
34  };
35  
36  class PointXYZ : public PointXY, public PointXZ
37  {
38  public :
39      PointXYZ(int x, int y, int z) : PointXY(x, y), PointXZ(x, z), xyz_(0)
40          { cout << "PointXYZ 생성자" << endl; }
41      ~PointXYZ() { cout << "PointXYZ 소멸자" << endl; }
42      void Print()
43      {
44          // cout << "x_ : " << x_ << endl;   // 에러 발생, 어떤 x?
45          PointX::Print();                    // VC++ 6.0에서는 에러 발생
46          PointXY::Print();
47          PointXZ::Print();
48          cout << "PointXYZ" << endl;
49      }
50  
51  private :
52      int xyz_;
53  };
54  
55  int main()
56  {
57      PointXYZ Pxyz(1, 2, 3);
58      Pxyz.Print();
59  
60      return 0;
61  }
```

• **실행 결과**

```
PointX 생성자
PointXY 생성자
PointX 생성자
PointXZ 생성자
PointXYZ 생성자
PointX
PointXY
PointXZ
PointXYZ
PointXYZ 소멸자
PointXZ 소멸자
```

```
PointX 소멸자
PointXY 소멸자
PointX 소멸자
```

대단히 복잡해 보이지만 기본 동작 원리는 이전과 동일하며 한 가지 사항에 대해서만 유의하면 된다.

PointXYZ 클래스 객체 생성 시 base 클래스에 있는 변수 x_는 몇 개나 존재하게 될까? PointXY에서 한 번 상속을 받았으니 PointXY 객체를 만들면서 변수 x_가 하나 만들어졌을 것이고, PointXZ에서 또 한 번 상속을 받았으니 PointXZ 객체를 만들면서 변수 x_가 또 하나 만들어졌을 것이다. 그러므로 최종적으로 PointXYZ 클래스에는 2개의 x_ 변수가 존재할 것이다. 따라서 PointXYZ 클래스의 멤버 함수에서 44라인과 같이 x_라는 이름으로 접근하려고 하면 모호성 문제로 인해 에러가 발생하게 된다. 해결책은 이미 알고 있다. PointXY::x_ 또는 PointXZ::x_라고 사용하면 된다.

실행 화면을 보면 PointX 클래스의 생성자가 두 번이나 수행된 것을 확인할 수 있다. PointXY 생성자가 수행되면서 한 번, PointXZ 생성자가 수행되면서 또 한 번 수행된 것이다. 이 말은 내부적으로 2개의 PointX 클래스 객체가 생성되었다는 뜻이며 이에 따라 소멸자도 두 번 호출되고 있다.

45라인의 PointX::Print() 함수의 호출에는 논란의 여지가 있다. 만약 PointX의 Print 함수에서 x_를 출력한다고 가정하면 과연 어떤 x_ 값을 출력하게 될까? Visual C++ 11.0의 경우 먼저 상속받은 PointXY로 전달된 x_ 값이 출력되고 있다. 여기서는 2개의 x_ 값이 모두 동일하여 표가 나지 않지만 값을 변경하여 출력해보면 먼저 상속받은 PointXY로 전달된 x_ 값이 출력된다는 것을 확인할 수 있다. 그러나 Visual C++ 6.0의 경우에는 44라인의 x_ 변수와 마찬가지로 모호한 상황이므로 컴파일 에러를 통해 알려주고 있다. 필자가 생각하기에는 일관성을 유지하기 위해서는 Visual C++ 6.0과 같이 에러 처리를 하는 것이 명확하다고 판단된다. 그리고 좀 더 정확하게 하기 위해서는 PointX의 Print 함수도 PointXY와 PointXZ를 통해 다음과 같이 구별해야만 할 것이다. Visual C++ 11.0의 경우 이와 같은 방식으로 PointX 클래스의 Print 함수를 명확히 구별할 수 있다. 그러나 불행히도 Visual C++ 6.0에서는 이와 같은 구문의 실행이 불가능한 것으로 보인다.

```
PointXY::PointX::Print();
PointXZ::PointX::Print();
```

지금까지 [그림 10.8]에 대한 구현 프로그램을 살펴보았다. 그런데 진정으로 이와 같이 동작하기를 원하고 있는지 생각해 봐야 한다. PointXYZ 클래스에서 2개의 x_ 변수를 갖기를 원하는가? 그렇다면 이것으로 충분하다. 그러나 PointX 클래스가 서로 다른 경로를 거쳐 여러 번 상속된다 하더라도 PointXYZ 클래스에는 PointX 클래스의 멤버 변수가 단 한 번만 나타나기를 원할 수도 있다. 이와 같은 경우를 위해 virtual base 클래스라는 것을 지정해 줄 수 있다.

이 예제에서 PointXYZ 클래스 객체에 PointX 클래스 객체가 단 한번만 포함되게 하려면 PointXY와 PointXZ 클래스 선언 시 다음과 같이 PointX 클래스를 virtual base 클래스로 지정하면 된다.

```
class PointXY : virtual public PointX { ... };
class PointXZ : virtual public PointX { ... };
```

여기서 어느 한 쪽이라도 virtual이 빠지게 된다면 PointXYZ에는 2개의 PointX 객체가 존재하게 된다. 그리고 virtual과 액세스 지정자(public)의 순서는 바뀔 수 있으며 의미에는 변함이 없다. 또 한 가지, 어떤 base 클래스를 virtual base 클래스로 선언하려면 그 base 클래스에는 반드시 디폴트 생성자가 존재해야 하며 항상 디폴트 생성자가 동작하게 된다.

연습문제 | 10.5

[예제 10.12]의 프로그램에서 PointXY와 PointXZ 클래스 작성 시 PointX 클래스를 virtual base 클래스로 상속받고, 이에 따라 프로그램이 동작할 수 있도록 수정하라. 그리고 출력 결과를 분석해 보고 어떻게 달라졌는지 설명해 보라.

Note

연습문제 | 10.6

[그림 10.9]와 같은 상속 관계에 대해 생각해 보자. 최종적으로 클래스 B에는 2개의 A 클래스 객체가 존재해야 한다. 클래스 X, Y, Z, B를 어떻게 구현해야 할까? 상속 관계(virtual base 클래스 여부)에 대해서 답해 보도록 하라.

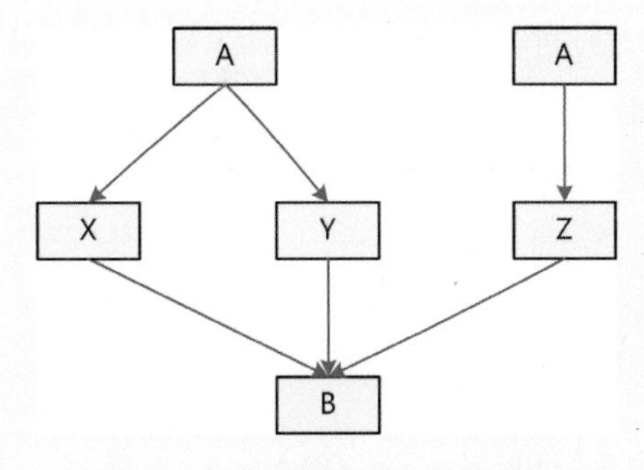

○ 그림 10.9 [연습문제 10.6]의 클래스 구성

왼쪽 A 클래스가 단 한 번만 상속되면 된다는 점에 주의하면 쉽게 해결할 수 있을 것이다.

Note

10.10 derived 클래스의 디폴트 복사 생성자와 디폴트 대입 연산자

기본적인 디폴트 복사 생성자와 디폴트 대입 연산자

상속 관계에 있지 않은 클래스의 경우 디폴트 복사 생성자와 디폴트 대입 연산자의 의미상 내용은 다음 Point 클래스의 예와 같이 멤버 단위 복사를 수행하는 것이다.

```
1   class Point
2   {
3   public :
4       Point(const Point &pt) { x_ = pt.x_; y_ = pt.y_; }       // 복사 생성자
5       Point &operator=(const Point &pt)                        // 대입 연산자
6           { x_ = pt.x_; y_ = pt.y_; return (*this); }
7
8   private :
9       int x_, y_;
10  };
```

derived 클래스의 디폴트 복사 생성자와 디폴트 대입 연산자

그런데 Point로부터 상속을 받아 Point3이라는 클래스를 만든다면 Point3 클래스의 디폴트 복사 생성자와 디폴트 대입 연산자의 모양은 어떻게 될까? 만약 단순히 x_, y_, z_의 값을 복사하고자 한다면 복사 생성자의 경우 다음과 같이 하면 될 것이다.

```
Point3(const Point3 &pt) { x_ = pt.x_; y_ = pt.y_; z_ = pt.z_; }
```

그러나 문제는 x_, y_는 Point의 private 멤버이기 때문에 Point3에서는 접근이 불가능하다는 것이다. 따라서 다음 코드와 같이 Point3 클래스에 대한 디폴트 복사 생성자와 디폴트 대입 연산자 모두 base 클래스의 복사 생성자와 대입 연산자를 먼저 호출하게 된다.

```
1   class Point3 : public Point
2   {
3   public :
4       Point3(const Point3 &pt) : Point(pt) { z_ = pt.z_; }
5       Point3 &operator=(const Point3 &pt)
6       {
7           Point::operator=(pt);
8           z_ = pt.z_;
9           return (*this);
10      }
11
12  private :
13      int z_;
14  };
```

여기서 4라인의 Point(pt)와 7라인의 Point::operator=(pt)를 보면 Point3의 객체 pt를 Point 클래스의 생성자와 Point 클래스의 대입 연산자 오버로딩 함수로 각각 전달하고 있는 것을 알 수 있다. 그런데 Point 클래스의 생성자와 대입 연산자 오버로딩 함수의 매개변수 타입은 Point3이 아닌 Point이다. Point3 타입의 실매개변수를 Point 타입의 형식매개변수로 전달할 수 있을까? 가능하다. 일단 derived 클래스 객체를 base 클래스 객체로 대입할 수는 있지만, base 클래스 객체를 derived 클래스 객체로 대입할 수는 없다는 사실에 대해 알고 있기 바란다. 이와 관련된 내용에 대해서는 11.2절에서 보다 자세히 설명할 것이다.

물론 derived 클래스의 복사 생성자와 대입 연산자를 명시적으로 추가한다면 어떤 형태로든 작성이 가능하다. 예를 들어, derived 클래스의 복사 생성자에서 반드시 base 클래스의 복사 생성자를 호출할 필요는 없다. 어쨌든 여기서는 derived 클래스의 디폴트 복사 생성자와 디폴트 대입 연산자의 동작 원리를 이해하도록 하라.

다음과 같은 경우에는 어떻게 동작할까? base 클래스의 복사 생성자와 대입 연산자를 명시적으로 작성하되 private 멤버로 추가하였다. 그리고 derived 클래스의 복사 생성자와 대입 연산자는 작성하지 않고 디폴트 복사 생성자와 디폴트 대입 연산자를 사용한다. 이와 같은 상황에서는 derived 클래스 객체의 복사 생성이나 derived 클래스 객체 사이의 대입이 불가능해진다. derived 클래스의 디폴트 복사 생성자와 대입 연산자는 base 클래스의 복사 생성자와 대입 연산자를 호출하려고 하지만, base 클래스의 복사 생성자와 대입 연산자가 private에 포함되어 있어 호출이 불가능하기 때문이다. 사실상 실전에 있어서 이와 같이 프로그램을 작성할 경우는 드물 것이라 생각된다. 그러나 표준 C++의 일부 라이브러리에서는 이와 같은 원리를 활용하고 있으므로 원리 정도는 알아두면 좋을 것이다.

10.11 private 생성자의 활용

예제 10.13 | private 생성자의 문제점

private 생성자를 사용하는 또 한 가지 경우를 살펴보도록 하자. 사실은 이 절은 상속과는 상관이 없다. 그러나 이 장을 통해 public, protected, private의 3가지 액세스 지정자를 모두 배웠으므로 여기서 설명하고자 한다. 생성자 및 소멸자와 관련된 6장에서 다루어도 무방하나 조금은 어려운 내용이라 생각되어 여기까지 미루게 되었다. 향후에 전개되는 전체적인 내용과는 큰 관련이 없으므로 다음 장으로 바로 넘어가도 상관없다. 그러나 다음 문단을 읽어보면 궁금해서 그냥 지나치기 어려울 것이다.

지금까지의 모든 프로그램에서는 생성자를 public 멤버에 포함시켰다. 만약 생성자를 private이나 protected 영역에 위치시키면 어떻게 될까? 이와 관련하여 다음 프로그램의 문제점에 대해 생각해 보자.

```
1  class Point
2  {
3  public :
4      void Print() { cout << "(" << x_ << ", " << y_ << ")" << endl; }
```

```
5
6    private :
7        int x_, y_;
8        Point(int x, int y) : x_(x), y_(y) {}    // 생성자, private 멤버임
9    };
10
11   int main()
12   {
13       Point pt1(3, 4);
14       pt1.Print();
15
16       return 0;
17   }
```

이 예제를 컴파일해 보면 Point 객체를 만드는 13라인에서 에러가 발생함을 확인할 수 있다. 이유는 객체 생성 시 생성자가 호출되어 수행되어야 하는데, 8라인과 같이 생성자가 private 멤버에 포함되어 있으니 외부에서 접근할 방법이 없기 때문이다.

예제 10.14 | private 생성자의 활용

[예제 10.13]으로부터 어떤 클래스의 객체를 만들기 위해서는 해당 클래스의 생성자를 public 멤버에 포함시켜야 한다고 생각할 수도 있다. 아마도 대부분의 경우에 있어서는 맞는 말일 수도 있다. 그러나 생성자를 private 멤버로 포함시켜 사용하는 경우도 있다. 물론 객체도 생성되어 사용된다.

생성자를 private 멤버로 포함시켜 사용하는 한 가지 응용 예는 다음과 같다. 해당 클래스의 객체를 프로그램 내에서 단 하나만 만들어 사용하고자 한다. 물론 단 하나만 만들 수 있다는 것을 보장할 수 있어야 한다. 이 예제를 통해 정말 그렇게 할 수 있는지 살펴보도록 하자.

그러면 단 하나의 객체만 생성할 수 있는 Point 클래스를 만들어 보자.

```
1    class Point
2    {
3    public :
4        static Point *GetPoint()              // only_point_를 반환하는 함수
5        {
6            if (only_point_ == NULL)          // 최초 수행 시 객체 생성
7                only_point_ = new Point(3, 4);
8            return only_point_;
9        }
10       void Print() { cout << "(" << x_ << ", " << y_ << ")" << endl; }
11
12   private :
13       int x_, y_;
14       Point(int x, int y) : x_(x), y_(y) {}
15       static Point *only_point_;             // 유일한 Point 객체를 가리킬 포인터
```

```
16  };
17
18  Point *Point::only_point_ = NULL;           // 초기화, 아직 객체 생성 전
19
20  int main()
21  {
22      Point::GetPoint()->Print();
23      Point *pt1 = Point::GetPoint();
24      pt1->Print();
25
26      return 0;
27  }
```

- **실행 결과**

```
(3, 4)
(3, 4)
```

이 예제는 길이는 짧지만 처음 접하는 경우 대단히 복잡하게 느껴질 것이다. 이에 대해 분석을 해 보자. 먼저 static 멤버에 익숙하지 않다면 7.11절을 다시 한 번 본 후 이후의 설명을 읽어보도록 하라.

Point 클래스의 생성자는 private 영역인 14라인에 포함되어 있다. 그리고 15라인에는 private 멤버로 static Point 객체 포인터가 준비되어 있다. 유일하게 생성되는 Point 객체를 가리킬 포인터이다. Point 클래스 객체로부터 접근 가능한 멤버는 4라인의 GetPoint 함수와 10라인의 Print 함수가 있다. 그런데 GetPoint 함수의 경우 static 함수이므로 클래스 객체가 아닌 클래스명을 통한 접근이 가능하다. 바로 이 GetPoint 함수가 핵심이다. GetPoint 함수에서는 only_point_ 포인터 변수를 반환하는데 만약 이 값이 NULL이라면, 즉 아직 어떤 객체를 가리키고 있지 않다면 새로운 객체를 생성한 후 반환하게 되며 NULL이 아니라면, 즉 이미 어떤 객체를 가리키고 있다면 그냥 그 객체의 주소를 반환한다.

일단 Point 클래스의 외부에서 Point 객체를 만들 수는 없다. 왜냐하면 생성자가 private 영역에 있기 때문이다. 그런데 GetPoint 함수에서는 어떻게 Point 객체를 만들 수 있을까? Point 클래스의 멤버 함수에서는 private, public에 관계없이 모두 접근이 가능하기 때문이다. 즉, private 멤버라 하더라도 내부 접근은 가능하다.

Point 클래스 외부에서 접근 가능한 멤버는 GetPoint와 Print 멤버 함수가 있다. 그런데 외부에서 Point 객체를 만들 수 없기 때문에 어떤 경우라도 정적 멤버 함수인 GetPoint 멤버 함수를 통해서만 Point 객체의 생성 및 접근이 가능하다. 그래서 main 함수에서는 22라인에서 클래스명을 통해 GetPoint 함수를 호출하고 있는데, 첫 번째 호출 시에는 GetPoint 함수 내에서 Point 객체가 하나 만들어지고 그 주소가 반환된다. 두 번째 호출부터는 첫 번째 호출 시 만들어진 Point 객체의 주소가 반환될 뿐이며 또 다시 새로운 객체가 만들어지지는 않는다. 23라인에서 Point 포인터를 통해 only_point_가 가리키는 Point 객체에 접근하고 있는데, 이때 역시 첫 번째 GetPoint 함수 호출 시 만들어진 Point 객체에 접근하게 된다. 이제 Point 클래스의 객체가 어떻게 오직 하나만 존재할 수 있도록 제한되는지 이해가 될 것이다.

참고

디자인 패턴

객체지향 프로그래밍을 공부하다 보면 디자인 패턴이란 말을 들을 기회가 있을 것이다. 디자인 패턴이란 반복적으로 발생하는 어떤 문제에 대한 해법을 제시하는 것이다. [예제 10.14]에서 배운 "객체가 오직 하나인 문제"에 대한 해결책이 디자인 패턴의 예라 할 수 있으며 실제로는 Singleton 패턴이라고 부른다. 디자인 패턴은 반드시 C++에만 관련된 개념은 아니며 객체지향 설계라는 소프트웨어 공학적 개념과 더 관련이 깊다. 사실상 디자인 패턴과 관련된 내용은 이 책의 범위를 벗어난 것이며, 여기서는 단지 디자인 패턴에 대한 한 가지 응용 예로 Singleton 패턴을 소개한 것이다. 이후로는 디자인 패턴에 대한 언급은 하지 않을 것이다. 디자인 패턴은 그 자체가 또 하나의 책으로 구성될 수 있는 큰 주제이므로 이에 대해 공부하고자 한다면 관련 도서를 별도로 참고하기 바란다. 참고로 표준 C++ 명세 역시 디자인 패턴에 대한 명시적인 언급은 어디에도 나타나 있지 않음을 밝힌다.

연습문제 | 10.7

다음 프로그램이 동작할 수 있도록 Point 클래스에 필요한 멤버 함수를 작성해 보라. Point 클래스의 생성자가 private 영역에 포함되어 있는 상태로 구현해야만 한다.

```
1   class Point
2   {
3   public :
4   
5   private :
6       int x_, y_;
7       Point(int x, int y) : x_(x), y_(y) {}
8   };
9   
10  int main()
11  {
12      Point pt1 = Point::GetPoint(1, 2);
13      Point pt2 = Point::GetPoint(3, 4);
14  
15      pt1.Print();
16      pt2.Print();
17  
18      return 0;
19  }
```

[예제 10.14]를 이해했다면 본 문제는 쉽게 해결할 수 있을 것이다. 이 예제에서는 생성자가 private 멤버에 있더라도 또 다른 방식으로 객체를 생성할 수 있음을 보여주고 있다. 하지만 [예제 10.14]만큼 실용적인 예는 아닌 것으로 생각된다.

Note

상속과 다형성

데이터 캡슐화, 상속, 다형성이라는 객체지향 프로그래밍의 3가지 특징 중 C++에서 제공하는 데이터 캡슐화와 상속에 대해서 배웠다. 이제 나머지 하나인 다형성에 대해서 배울 차례이다. 다형성의 사전적 의미는 "같은 종의 생물이면서도 어떤 형태나 형질이 다양하게 나타나는 현상"이라고 되어 있다. 다형성은 상속을 떼어놓고는 설명할 수 없는 개념이다. 상속 관계에 있는 클래스들의 객체가 바로 같은 종의 생물이기 때문이다. 또한 상속과 함께 포인터, 참조, 대입과 관련된 내용이 필수적으로 동반되어야 한다. 다형성에 대해 설명하기 위해 대입에 대한 얘기부터 시작할 것이다. base 클래스 객체 포인터에는 base 클래스 객체의 주소가 대입될 수도 있지만 derived 클래스 객체의 주소가 대입될 수도 있다. 그리고 base 클래스와 derived 클래스는 멤버 함수 재정의에 의해 같은 멤버 함수를 포함할 수 있다. 그렇다면 base 클래스 객체 포인터를 통해 해당 멤버 함수를 호출한다면 base 클래스의 멤버 함수와 derived 클래스의 멤버 함수 중 어떤 것이 수행되어야 할까? 바로 이것이 이 장의 주제이다. 다형성, 즉 "같은 포인터이면서도 경우에 따라 다른 클래스의 함수가 수행되는 현상"을 경험하게 될 것이다. 다형성을 통해 상속의 진정한 가치를 발견할 수 있을 것이며, 아울러 프로그래밍의 유연성을 향상시킬 수 있다는 사실을 느낄 수 있을 것이다.

아울러 이 장에서는 다형성과 밀접한 관련이 있는 주제인 변환 함수, cast 연산자에 의한 명시적 형변환, 실행시간 타입 정보에 대해서도 살펴볼 것이다.

11.1 기본형의 형변환 정리

기본형에 대한 묵시적 형변환 정리

우리는 이미 기본형에 대한 묵시적 형변환(또는 자동 형변환)과 명시적 형변환(또는 강제 형변환)에 대해 공부했었다. 그렇다면 클래스 객체들 사이의 형변환에 대해서도 고려해 봐야 한다. 특히 상속 관계에 있는 클래스 객체들 사이의 형변환은 상속과 다형성이라는 매우 중요한 얘기의 출발점이 된다. 이 절에서는 객체들 사이의 형변환에 대해 살펴보기 전에 기본형에 대한 묵시적 형변환에 대해 정리하려고 한다. 다시 한 번 묵시적 형변환에 대해 확인하고 넘어가도록 하자.

① **배열 to 포인터 변환(array-to-pointer conversion)**: T형 배열은 T형 포인터로의 변환이 가능하며 그 결과는 해당 배열의 첫 번째 원소의 주소이다.

```
int ary[10];
int *p_ary = ary;    // ary[0]의 주소가 대입됨
```

② **함수 to 포인터 변환(function-to-pointer conversion)**: T형 함수는 T형 포인터로 변환이 가능하며 그 결과는 해당 함수에 대한 포인터이다.

```
int Sum(int num1, int num2);
int (*p_sum)(int, int);
p_sum = Sum;            // p_sum은 함수 Sum에 대한 포인터
```

③ **정수 승격(integral promotion)**: char, signed char, unsigned char, short int, unsigned short int 타입의 값은 수식에서 사용될 경우 int형 값으로 변환되어 처리되는데 이를 정수 승격이라 한다. 단, 원래 값이 int형으로 표현이 가능해야 하며 그렇지 않다면 unsigned int형으로 변환된다. 만약 어떤 시스템에서 short와 int를 표현하는 바이트의 수가 같다면 unsigned short int형 변수의 값을 int형 변수가 수용하지 못할 수도 있다. 이때는 unsigned int형으로 변환된다. bool 타입의 true는 1로 변환되고 false는 0으로 변환되는 것도 정수 승격의 한 예이다.

```
char ch1 = 1, ch2 = 2;
char ch3 = ch1 + ch2;            // int형으로 변환된 후 계산됨
```

④ **실수 승격(floating point promotion)**: 실수 계산의 경우 float형의 값은 double형의 값으로 변환되어 처리된다. ③, ④로부터 정수 계산이나 실수 계산 시 메모리 문제만 아니라면 각각 int형과 double형으로 처리하는 것이 속도가 가장 빠르다는 것을 알 수 있다.

```
float pi = 3.14f;
float area = pi * 5.0 * 5.0;     // pi는 double형으로 변환된 후 계산됨
```

⑤ **정수 변환(integral conversion)**: 하나의 정수 계열 타입의 값은 또 다른 정수 계열 타입의 값으로 변환될 수 있다. 이때 변환 후의 타입이 변환 전의 값을 수용할 수 없다면 문제가 발생할 수

도 있으니 주의해야 한다.

```
int num1 = 5;
char ch1 = num1;                    // num1은 char형으로 변환됨
```

⑥ **실수 변환(floating point conversion)**: 하나의 실수 계열 타입의 값은 또 다른 실수 계열 타입의 값으로 변환될 수 있다. 이때 역시 변환 후의 타입이 변환 전의 값을 수용할 수 있는지 주의를 기울일 필요가 있다.

```
float pi = 3.14f;
double d_pi = pi;                   // pi는 double형으로 변환됨
```

⑦ **실수와 정수 사이의 변환(floating-integral conversion)**: 실수형 타입의 값은 정수형 타입의 값으로 변환될 수 있다. 이때 소수점 이하 부분은 잘려나가게 된다. 역으로 정수형 타입의 값은 실수형 타입의 값으로 변환될 수 있다. 이때 변환 후의 실수형의 정밀도가 원래 정수값을 처리할 수 없는 상황이라면 문제가 발생할 수도 있다.

```
int num1 = 123456;
float num2 = num1;                 // num1은 float형으로 변환됨
```

⑧ **포인터 변환(pointer conversion)**: 널 포인터 상수(NULL)는 평가 값이 0인 int형 포인터 상수이며, 널 포인터는 다른 타입의 포인터로 변환될 수 있다. 포인터 변환과 관련하여 주목할 사실은 널 포인터를 제외한 서로 다른 포인터 형들 사이의 묵시적 형변환은 허용되지 않는다는 것이다. 단, void 포인터 이외의 포인터로부터 void 포인터로의 묵시적 형변환은 가능하며 역으로 void 포인터로부터 다른 포인터로의 묵시적 형변환은 불가능하다. C 언어에서는 void 포인터와 다른 포인터 사이의 묵시적 형변환이 양방향 모두 허용된다.

```
double *ptr1 = NULL;
```

기본형에 대한 명시적 형변환 정리

기본형에 대한 묵시적 형변환에 대해 살펴보았다. 이미 알고 있는 것처럼 묵시적 형변환이 안 되는 상황에서 형변환이 필요하다면 명시적으로 형변환을 할 수도 있다.

```
int num1 = 1, num2 = 2;
double num3 = (double) num1 / (double) num2; // num1, num2는 double형 변환 후 계산
```

그리고 C++에서는 다음과 같이 2가지 형태의 명시적 형변환 문법을 제공하고 있다. 두 번째 문법은 함수 호출과 모양이 비슷하며, 한편으로는 double 형에 대한 생성자 모양과도 비슷하다. 어떤 문법을 사용하든 그 의미는 동일하다.

```
double num2 = (double) num1;
double num2 = double (num1);
```

11.2 서로 다른 클래스 객체들 사이의 대입

"서로 다른 클래스 객체들 사이의 대입"의 의미

11.1절에서 살펴본 바와 같이 미리 정해진 규칙에 따라 기본형들 사이에 묵시적 형변환이 일어날 수 있다. 그렇다면 서로 다른 클래스 객체들 사이의 묵시적 형변환은 가능할까? 이것에 대해 정확히 답변하기 위해서는 다음 3가지로 나누어 질문을 보다 구체화해야 한다.

① 서로 다른 클래스 A와 B가 있으며 각각에 대한 객체 obj_a와 obj_b가 있다. obj_a = obj_b와 같은 대입문이 자동으로 수행될 수 있는 경우는 언제인가?

② ①과 같이 obj_a = obj_b가 자동으로 수행 가능한 경우 이외에 obj_a = obj_b가 가능하도록 만들려면 어떻게 해야 되는가?

③ obj_a의 값을 클래스 B 값으로 만들 수 있을까? 즉, obj_a 객체를 기반으로 클래스 B 객체를 만들 수 있을까?

아마도 "서로 다른 클래스 객체들 사이의 묵시적 형변환은 가능할까?"란 질문에 대해 대부분은 ①을 생각하고 있었을 것이다. 그러나 이것은 동작 원리상 묵시적 형변환과는 무관한 것이다. ②에 대한 한 가지 해결 방법은 이미 알고 있다. 바로 연산자 오버로딩을 사용하는 것이다. 그리고 ③이 실질적으로 묵시적 형변환, 엄밀히 말하자면 포괄적인 형변환과 관련된 내용으로서 이것이 가능하다면 ②도 자동으로 해결된다. 이 절에서는 ①에 대해 설명할 것이며 ②와 ③에 대해서는 11.9절에서 설명할 것이다. 그 때까지는 ①의 경우만 생각하도록 하자. 사실상 상속과 다형성은 ①과 관련된 것이다.

예제 11.1 | derived 클래스 객체를 base 클래스의 참조 객체로 대입하기

앞서 설명한 내용 중 ①에 대해 더 자세히 살펴보자. 과연 어떤 경우에 obj_a = obj_b와 같은 대입문의 사용이 가능할까? 기본 원리는 "derived 클래스 객체는 base 클래스의 참조 객체로 대입될 수 있다"이다. 그 외의 관계에 있는 클래스 객체와 참조 객체 사이의 대입은 허용되지 않는다.

다음 프로그램을 통해 derived 클래스 객체가 base 클래스의 참조 객체로 대입될 수 있는지 확인해 보자.

```
1   #define PI 3.14
2
3   class Circle
4   {
5   public :
6       Circle(int x, int y, double radius) : x_(x), y_(y), radius_(radius) {}
7       double GetArea() { return (PI * radius_ * radius_); }
8
9   protected :
```

```
10        int x_, y_;                        // 중심
11        double radius_;                    // 반지름
12    };
13
14    class Sphere : public Circle
15    {
16    public :
17        Sphere(int x, int y, int z, double radius) : Circle(x, y, radius), z_(z) {}
18        double GetArea() { return (4 * PI * radius_ * radius_); }
19        double GetVolume() { return ((4.0/3.0) * PI * radius_ * radius_ * radius_); }
20
21    private :
22        int z_;
23    };
24
25    int main()
26    {
27        Sphere sph(1, 1, 1, 1);
28        Circle &cir = sph;                  // ok! derived 객체를 base 참조로 대입
29
30        cout << "표면적 : " << cir.GetArea() << endl;   // 어떤 GetArea 함수?
31        //cout << cir.GetVolume() << endl;  // Circle은 GetVolume을 볼 수 없음
32
33        return 0;
34    }
```

- **실행 결과**

```
표면적 : 3.14
```

우선 14라인과 같이 Sphere 클래스는 Circle 클래스로부터 상속받아 만들었으며, 18라인에서 GetArea 멤버 함수를 재정의하고 있음에 주목하자.

28라인에서 derived 클래스 객체인 sph를 base 클래스 참조 객체인 cir로 대입하고 있다. 이때 30라인과 같이 cir 참조 객체를 통해 멤버 함수의 수행이 가능하다. 단, 이때 수행되는 GetArea 함수는 Sphere 클래스의 멤버 함수가 아닌 Circle 클래스의 멤버 함수이다. 실행 결과를 보면 확인할 수 있다. cir이 실제로 참조하고 있는 객체가 Sphere 객체일지라도 현재 컴파일러가 인식하는 cir 객체의 클래스는 Circle이기 때문이다. 따라서 31라인과 같이 cir 객체를 통해 Sphere 클래스에만 있는 멤버 함수의 수행도 불가능하다.

어쨌든 여기서 우리는 derived 클래스 객체를 base 클래스 참조 객체로 대입할 수 있음을 알 수 있다. 거꾸로 Circle 클래스 객체를 Sphere 클래스 참조 객체로 대입해 보라. 컴파일 에러가 발생함을 확인할 수 있을 것이다.

서로 다른 클래스 객체들 사이의 대입

이제는 다음과 같은 질문에 대해 답해 보도록 하자. [그림 11.1]과 같이 클래스 Point, Circle, Sphere 클래스가 있다.

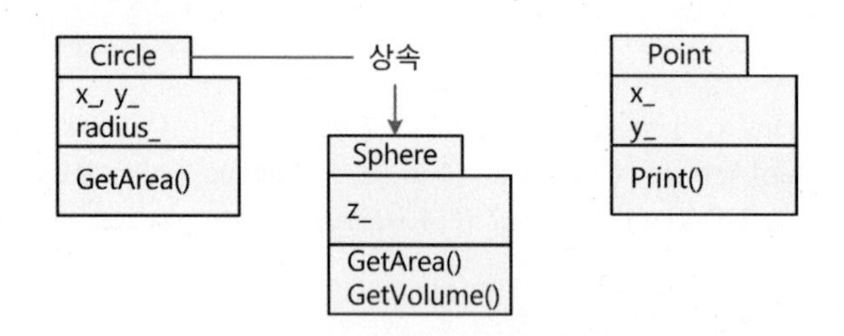

○ 그림 11.1 대입을 위한 클래스 구성

Sphere는 Circle로부터 상속받아 만들었으며 Point는 다른 클래스들과는 무관하다. Circle 객체 cir, Sphere 객체 sph, Point 객체 pt가 있을 때 다음 중 가능한 것은 어느 것인가? 물론 동일한 클래스 객체에 대한 대입은 당연히 가능하므로 이에 대한 얘기는 제외한다.

```
① pt = cir;     // 서로 무관한 클래스 객체 사이의 대입
② cir = sph;    // derived 클래스 객체로부터 base 클래스 객체로의 대입
③ sph = cir;    // base 클래스 객체로부터 derived 클래스 객체로의 대입
```

아마도 [예제 11.1]을 통해 derived 클래스 객체를 base 클래스 참조 객체로 대입하는 것이 가능하다는 것을 배웠으니 마찬가지로 ②와 같은 대입이 가능하다고 답하는 경우가 많을 것이다. 답은 맞다. 그렇다면 ①, ③과 같은 경우는 왜 안 되는지에 대한 대답이 필요할 것이다. 이에 대한 답까지 해 보도록 하자.

한 가지 힌트를 준다면 각 클래스에 대한 대입 연산자 멤버 함수를 기술해 보라는 것이다. 대입 연산자가 명시적으로 존재하지 않는다 하더라도 다음과 같은 디폴트 대입 연산자가 존재한다는 것을 9.10절에서 이미 배웠다.

```
Point &operator=(const Point &pt) { ... }
Circle &operator=(const Circle &cir) { ... }
Sphere &operator=(const Sphere &sph) { ... }
```

대입 연산자를 본 후에 다시 ①, ②, ③에 대해 생각해 보자. ①은 다음과 같이 변환되어 수행될 것이다.

```
① pt = cir; → pt.operator=(cir);
```

그렇다면 cir 객체가 Point 클래스의 대입 연산자 함수의 매개변수로 전달될 수 있는가? 즉, Point &pt = cir;과 같은 대입이 가능한가? Circle과 Point는 서로 무관한 클래스들이므로 이와 같은 대입이 허용되지 않는다. 따라서 Point 클래스의 대입 연산자도 수행될 수 없다.

②는 다음과 같이 변환되어 수행된다.

```
② cir = sph; → cir.operator=(sph);
```

Sphere 클래스의 객체는 Circle 클래스의 derived 클래스이므로 sph 객체를 Circle 클래스의 참조 객체로 대입하는 것이 가능하다. 따라서 ②는 문제없이 수행될 수 있다.

마지막으로 ③은 다음과 같이 변환되어 수행된다.

```
③ sph = cir; → sph.operator=(cir);
```

Circle 클래스는 Sphere 클래스의 base 클래스이다. 따라서 Circle 클래스 객체를 Sphere 클래스의 참조 객체로 대입할 수는 없다.

이제부터는 이렇게 생각하면 된다. derived 클래스 객체는 base 클래스 객체로 대입이 가능하며 그 외의 경우는 불가능하다. 즉, 서로 다른 클래스 객체 사이의 대입은 물론이고 base 클래스 객체를 derived 클래스 객체로 대입하는 것도 불가능하다. 물론 이것은 자동 대입이 불가능하다는 것이며 억지로 대입이 가능하도록 만들 수는 있다. 이에 대해서는 11.9절에서 설명할 것이다.

+ Key

derived 클래스 객체는 base 클래스 객체로 대입이 가능하며 그 외의 경우는 불가능하다. 즉, 서로 다른 클래스 객체 사이의 대입은 물론이고 base 클래스 객체를 derived 클래스 객체로 대입하는 것도 불가능하다.

예제 11.2 | derived 클래스 객체를 base 클래스 객체로 대입하기

derived 클래스 객체를 base 클래스 객체로 대입하는 것이 가능하다고 했는데 수행 내용은 어떻게 될까? 그것은 base 클래스의 대입 연산자 함수를 따른다고 보면 된다.

base 클래스인 Circle 클래스에 명시적으로 대입 연산자 오버로딩을 구현하고 Sphere 객체를 Circle 객체 참조로 대입할 때 이 연산자 오버로딩 함수가 수행됨을 확인해 보자.

```
1   #define PI 3.14
2
3   class Circle
4   {
5   public :
6       Circle(int x, int y, double radius) : x_(x), y_(y), radius_(radius) {}
7       double GetArea() { return (PI * radius_ * radius_); }
8       Circle &operator=(const Circle &cir) // 대입 연산자 오버로딩
9       {
10          cout << "Circle 대입 연산자" << endl;
11          x_ = cir.x_; y_ = cir.y_; radius_ = cir.radius_;
12          return (*this);
13      }
14
15  protected :
16      int x_, y_;                         // 중심
```

```
17      double radius_;                        // 반지름
18  };
19
20  class Sphere : public Circle
21  {
22  public :
23      Sphere(int x, int y, int z, double radius) : Circle(x, y, radius), z_(z) {}
24      double GetArea() { return (4 * PI * radius_ * radius_); }
25      double GetVolume() { return ((4.0/3.0) * PI * radius_ * radius_ * radius_); }
26
27  private :
28      int z_;
29  };
30
31  int main()
32  {
33      Sphere sph(1, 1, 1, 1);
34      Circle cir(2, 2, 100);
35      cir = sph;                             // ok! derived 객체를 base 객체로 대입
36
37      cout << cir.GetArea() << endl;
38
39      return 0;
40  }
```

• **실행 결과**

```
Circle 대입 연산자
3.14
```

Circle 클래스의 대입 연산자 오버로딩은 8~13라인에 구현되어 있으며 디폴트 대입 연산자와 마찬가지로 멤버 단위 복사를 수행하고 있다. 이제 35라인의 대입문을 수행하는 경우 8라인의 대입 연산자 함수가 수행되며 sph 객체의 x_, y_, radius_ 값이 cir 객체의 x_, y_, radius_로 대입된다. 여기서 sph의 z_는 대입 연산에 관여하지 않는다. 이를 그림으로 나타내면 [그림 11.2]와 같다.

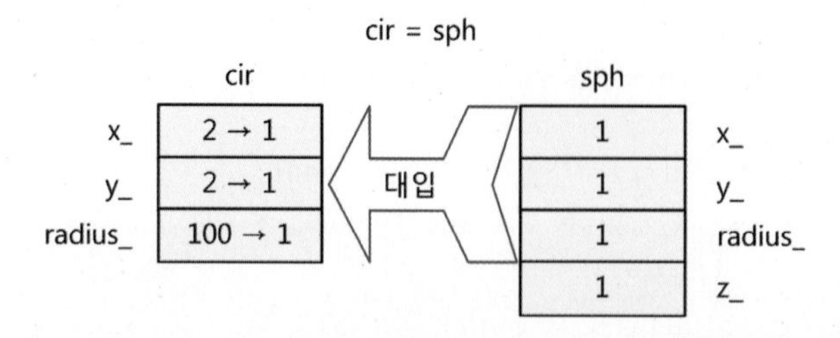

○ 그림 11.2 derived 클래스 객체의 base 클래스 객체로의 대입

Sphere 객체에 있는 멤버 변수들 중 Circle 객체에 있는 멤버 변수의 내용만 그대로 복사되는 것이다. 여기서 base 클래스의 대입 연산자 오버로딩을 다른 내용으로 구현하면 그 내용에 따라 대입 연산이 수행된다.

derived 클래스의 대입 연산자를 생각해 보면 기본적으로 base 클래스 객체로부터 derived 클래스 객체로의 대입이 왜 불합리한지 알 수 있다. 가령 base 클래스 객체가 derived 클래스의 대입 연산자의 매개변수인 참조 객체로 전달이 된다 하더라도 다음 코드와 같이 derived 클래스 입장에서는 derived 클래스에만 있는 멤버 변수로의 접근을 서슴지 않을 것이다.

```
Sphere &operator=(const Sphere &sph) { z_ = sph.z_; ... }
```

그러나 현재 전달된 객체가 base 클래스 객체라면 z_라는 변수는 존재하지 않으므로 이는 잘못된 것이다.

서로 다른 클래스 객체들 사이의 복사 생성

대입 연산의 원리를 적용하면 복사 생성과 관련된 유사한 상황에 대한 수행 가능 여부도 쉽게 판단할 수 있다. 다음과 같은 경우의 수행이 가능한지 불가능한지 답해 보라.

```
Point pt(1, 2);
Circle cir = pt;    // 복사 생성
```

Circle 클래스의 복사 생성자는 다음과 같은 모양을 하고 있다.

```
Circle(const Circle &cir) { ... }
```

여기서 Circle 참조 객체는 Point 객체를 받을 수 없으므로 이와 같은 복사 생성은 불가능하다.
그렇다면 다음과 같은 복사 생성은 가능한가?

```
Sphere sph(1, 1, 1, 1);
Circle cir = sph;
```

물론 가능하다. Circle 참조 객체에 derived 클래스인 Sphere의 객체를 대입할 수 있기 때문이다. 같은 원리에 의해 다음과 같이 base 클래스 객체를 참조하여 derived 객체를 생성하는 것은 불가능하다.

```
Circle cir(1, 1, 1);
Sphere sph = cir;
```

연습문제 | 11.1

[그림 11.1]과 같은 클래스 구성에 있어서 클래스 객체들 간의 복사 생성이 수행될 수 있는지 테스트해 보도록 하라. 다음과 같은 코드가 수행 가능한지 생각해 보면 된다.

```
1   int main()
2   {
3       Point pt(1, 1);
4       Circle cir(2, 2, 2);
5       Sphere sph(3, 3, 3, 3);
6
7       Point pt2 = cir;      // 무관한 클래스 객체 간 복사 생성
8       Circle cir2 = sph;    // derived로부터 base 객체의 복사 생성
9       Sphere sph2 = cir;    // base로부터 derived 객체의 복사 생성
10
11      return 0;
12  }
```

[예제 11.2]에 Point 클래스를 추가하여 테스트해 보도록 하라.

Note

연습문제 | 11.2

[연습문제 11.1]에서 7라인은 수행되지 않는다. 서로 무관한 클래스 객체 사이의 복사 생성 또는 대입은 기본적으로 허용되지 않기 때문이다. 그러나 이것이 가능하도록 만들 수는 있다. Circle 객체로부터 Point 객체를 복사 생성할 수 있도록 만들고 또한 Circle 객체를 Point 객체로 대입할 수 있도록 만들어 보라. 사실상 복사 생성만으로 문제를 해결할 수 있을 것이다. 그러나 대입과 관련된 유사한 상황에서 대입 연산자를 사용할 수 있으므로 대입에 대해서도 연습해 보기 바란다.

대입 또는 복사 생성의 의미는 각자 알아서 부여하도록 하라. 예를 들면 Circle 객체의 x_, y_ 값을 Point 객체의 x_, y_ 값으로 각각 대입할 수도 있다.

이 문제는 현재의 논점과는 조금 거리가 있는 문제이다. 여기서는 강제 대입이나 강제 복사 생성도 가능하게 만들 수 있다는 정도만 알아두고, 원칙적으로는 "derived 객체로부터 base 객체로의 대입만 허용된다"는 것을 잘 알아두도록 하라.

Note

11.3 상속 관계인 객체와 포인터의 관계

상속 관계인 클래스 포인터들 사이의 대입

base 클래스 Circle과 이로부터 상속받아 만든 derived 클래스 Sphere가 있으며 각 클래스에 대한 객체 cir과 sph가 있다고 하자. 이때 다음 중 가능한 것은 무엇일까?

```
① Circle *p_cir = &sph;     // derived 객체의 주소를 base 포인터 변수로 대입
② Sphere *p_sph = &cir;     // base 객체의 주소를 derived 포인터 변수로 대입
```

기본적으로 C++에서는 서로 다른 타입의 포인터들 사이의 묵시적 형변환에 의한 대입은 허용되지 않는다. 그러나 예외적인 경우로서 앞서 설명한 바와 같이 널 포인터(NULL)는 다른 타입의 포인터로 변환될 수 있다. 또 한 가지 예외적인 경우가 있는데 바로 "derived 클래스에 대한 포인터는 묵시적으로 base 클래스의 포인터로 변환될 수 있다"라고 규정하고 있다. 따라서 ①은 가능하며 ②는 불가능하다.

우리 주변에서 볼 수 있는 예를 들어 생각해 보자. 과일이라는 클래스와 사과라는 클래스가 있을 경우 "사과는 과일이다"라는 관계가 성립하므로 과일은 base 클래스로 만들고 사과는 derived 클래스로 구현할 수 있다. 자 이제 [그림 11.3]과 같이 실 객체들에 해당하는 개별 사과, 배, 바나나와 같은 과일들이 있는데 여기에 도장을 찍으려고 한다. 도장은 모든 과일들에 공통적으로 찍을 수 있는 과일 도장과 사과에 찍을 수 있는 사과 도장이 있다. 이때 과일 도장으로는 사과뿐만 아니라 배, 바나나에 찍더라도 전혀 문제가 없다. 그러나 사과 도장으로는 사과에 찍는 것은 문제가 없지만, 일반적인 과일에 찍다보면 사과가 아닌데도 배나 바나나와 같은 과일에 사과 도장을 찍는 실수를 범할 수 있다.

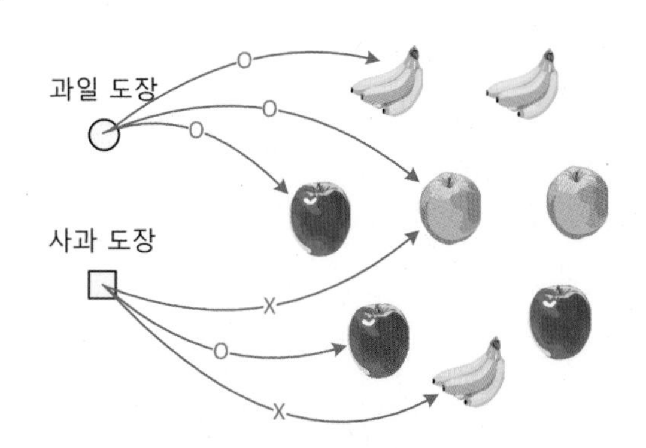

그림 11.3 포인터와 객체의 관계에 대한 비유적 표현(과일)

여기서 과일 도장이 base 클래스 객체 포인터에 해당하며 사과 도장이 derived 클래스 객체 포인터에 해당한다. 즉, base 클래스 객체 포인터인 과일 도장으로는 derived 클래스 객체인 모든 사과 객체들을 찍을 수 있다. 그러나 derived 클래스 객체 포인터인 사과 도장으로는 base 클래스 객체인 모든 과일들을 찍을 수는 없다. 잘못되면 배를 사과라고 할 수도 있기 때문이다.

예제 11.3 | Circle 클래스 객체 포인터로 Sphere 클래스 객체 가리키기

base 클래스인 Circle 클래스와 derived 클래스인 Sphere 클래스 사이의 포인터와 객체의 관계를 확인해 보자.

```
1   #define PI 3.14
2
3   class Circle
4   {
5   public :
6       Circle(int x, int y, double radius) : x_(x), y_(y), radius_(radius) {}
7       double GetArea() { return (PI * radius_ * radius_); }
8
9   protected :
10      int x_, y_;          // 중심
11      double radius_;      // 반지름
12  };
13
14  class Sphere : public Circle
15  {
16  public :
17      Sphere(int x, int y, int z, double radius) : Circle(x, y, radius), z_(z) {}
18      double GetArea() { return (4 * PI * radius_ * radius_); }
19      double GetVolume() { return ((4.0/3.0) * PI * radius_ * radius_ * radius_); }
20
21  private :
22      int z_;
23  };
24
25  int main()
26  {
27      Sphere sph(1, 1, 1, 1);
28      Circle *p_cir = &sph;        // ok! derive 객체 주소를 base 포인터로 대입
29
30      cout << "표면적 : " << p_cir->GetArea() << endl;      // 어떤 GetArea 함수?
31      // cout << p_cir->GetVolume() << endl; // Circle 포인터는 GetVolume 안보임
32
33      return 0;
34  }
```

• **실행 결과**

```
표면적 : 3.14
```

28라인에서는 derived 클래스 객체의 주소를 base 클래스 포인터로 대입하고 있으며, 30라인에서는 Circle 클래스 포인터를 사용하여 Circle의 멤버 함수인 GetArea 함수를 호출하고 있다. 여기서 한 가지

주목할 만한 점은 Circle과 Sphere 클래스 모두 GetArea 멤버 함수를 포함하고 있는데 과연 어떤 함수가 수행되느냐 하는 것이다. 수행 결과를 보면 알 수 있듯이 base 클래스인 Circle의 GetArea 함수가 수행되고 있다. 이것은 외형적으로 Circle 클래스 포인터인 p_cir이 GetArea 함수를 호출하고 있기 때문이다.

이에 대해서는 조금 더 깊이 생각해 볼 필요가 있다. 과연 이 프로그램을 작성한 프로그래머가 이렇게 동작하기를 원한 것일까? 아니면 포인터 타입에 관계없이 그 포인터가 실제로 가리키고 있는 객체의 타입에 따라서 동작하기를 원한 것일까? 후자의 경우 Circle 클래스 포인터인 p_cir 포인터가 Circle 객체를 가리키고 있다면 Circle의 GetArea 함수가 수행되어야 하고 derived 클래스인 Sphere 객체를 가리키고 있다면 Sphere의 GetArea 함수가 수행되어야 한다. 어떻게 동작해야 되는지에 대한 결정은 프로그램을 작성하는 프로그래머가 결정해야 한다. 그리고 그 결정에 따라 그에 맞게 동작할 수 있도록 조치를 취해야 한다. 이것이 이 장의 주제이기도 하다. 이에 대해서는 다음 절인 11.4절에서 설명할 것이다. 여기서는 디폴트로는 겉으로 보이는 포인터의 타입에 따라 수행된다고 알고 있으면 된다.

31라인의 경우 Circle 클래스 포인터를 통해 Circle 클래스에 포함되어 있지 않는 멤버 함수를 수행시키려고 하고 있다. 아마도 실제로 가리키는 객체가 Sphere 객체이기 때문에 이와 같은 호출이 가능할 것이라고 생각한 것 같다. 그러나 Circle 클래스 포인터를 통해서는 Circle 클래스의 public 멤버들만을 볼 수 있으며 derived 클래스에만 정의된 멤버를 볼 수 있는 방법은 없다. 이것은 다음 절에서 30라인의 문제를 해결하기 위해 사용하는 방법으로도 해결할 수 없는 문제이다. 유일한 방법은 다음과 같이 Circle 클래스 포인터를 Sphere 클래스 포인터로 명시적 형변환을 한 후 Sphere의 멤버 함수를 호출하는 것이다. 포인터 변수 사이의 명시적 형변환은 어느 경우든 가능하다.

```
cout << ((Sphere *) p_cir)->GetVolume() << endl;
```

그런데 여러분들 중에는 이 방법이 30라인의 문제에 대한 답이라고 생각할 수도 있을 것이다. 왜냐하면 ((Sphere *) p_cir)->GetArea()를 수행하면 Circle의 GetArea 함수가 아닌 Sphere의 GetArea 함수가 수행되기 때문이다. 그러나 이것은 30라인과는 별개의 문제이다. 30라인에서 얘기하는 것은 프로그래머가 명시적으로 형변환을 하지 않아도(의식하지 않아도) 상황에 따라, 포인터가 가리키는 실제 객체가 무엇이냐에 따라 그 클래스의 GetArea 멤버 함수가 수행되도록 하려는 것이다. p_cir 포인터가 실제로 어떤 클래스의 객체를 가리키는지 프로그래머가 미리 인지할 수 없는 상황도 있으며 미리 인지할 필요도 없기 때문이다. 그러나 31라인에서 얘기하는 것은 사용자가 실 객체의 타입을 미리 인지하고 거기에 맞게 명시적 형변환을 하는 것이다. 만약 31라인에서 p_cir이 가리키는 객체가 Sphere 객체가 아닌데도 Sphere 포인터로 명시적 형변환을 했다면, 문법적인 오류는 없기 때문에 컴파일과 수행이 되고 그 결과가 지금 당장은 옳다 하더라도 이것은 논리적으로 잘못된 것이라 할 수 있다.

여기서 알아둬야 될 내용을 정리하면 원칙적으로 base 클래스 포인터로부터 볼 수 있는 범위는 base 클래스에 정의된 내용이지만, 필요하다면 명시적 형변환을 통해 derived 클래스 포인터로 변환한 후 derived 클래스에 대한 멤버 호출을 할 수 있다는 것이다. 이에 따른 수행 결과에 대한 책임은 프로그래머의 몫이다.

부가적으로 한 가지 주의할 사항은 -> 연산자가 형변환보다 먼저 수행되기 때문에 반드시 ((Sphere *) p_cir)->GetVolume()과 같이 형변환이 먼저 수행될 수 있도록 괄호로 묶어줘야 한다는 것이다.

Sphere 클래스 객체를 Circle 참조로 대입하기

다음 main 함수와 [예제 11.3]의 main 함수를 비교해 보자.

```
1  int main()
2  {
3      Sphere sph(1, 1, 1, 1);
4      Circle &cir = sph;                        // derived 객체를 base 참조로 대입
5  
6      cout << cir.GetArea() << endl;            // 어떤 GetArea 함수?
7  
8      return 0;
9  }
```

[예제 11.3]에서는 derived 객체의 주소를 포인터로 받았지만, 여기서는 4라인과 같이 Sphere의 객체를 Circle의 참조 객체로 대입하였다. derived 클래스의 객체를 base 클래스의 참조 객체로 대입하는 것이 가능하므로 별 문제가 없다. 그런데 6라인에서는 Circle 참조 객체를 통해 GetArea 함수를 호출하고 있으며, 이때 실제로 참조하고 있는 객체는 Sphere 객체이다. 어떤 GetArea 함수가 실행될까? [예제 11.3]에서 설명한 바와 같이 포인터의 경우와 동일하다. 즉, 디폴트로는 외형상으로 보이는 Circle 클래스의 GetArea 함수가 호출된다. 그렇다면 실제 참조하고 있는 실 객체의 타입에 따라 멤버 함수가 호출되게 하려면 어떻게 해야 할까? 이에 대한 대답 역시 "포인터의 경우와 동일하다"이다. 다음 절인 11.4절을 통해 [예제 11.3]의 30라인과 관련하여 살펴본 문제점을 해결할 것이다. 이는 참조와 포인터에 있어서 동일하게 적용이 가능하다.

연습문제 | 11.3

[그림 11.4]와 같은 클래스들이 존재한다. 다음 중 가능한 대입은 어느 것인가?

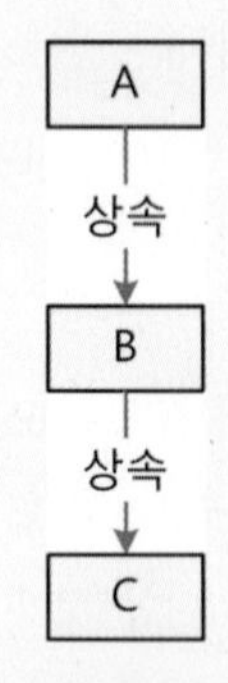

○ 그림 11.4 [연습문제 11.3]의 클래스 구성도

```
1   A obj_a;
2   C obj_c;
3
4   A *p_a = &obj_c;
5   C *p_c = &obj_a;
```

A는 C의 base 클래스이며 C는 A의 derived 클래스이다. 동작 원리는 직접적인 base, derived 클래스 관계일 때와 동일하다.

Note

11.4 가상 함수

가상 함수와 다형적 클래스

프로그래밍 언어와 관련하여 정적 바인딩과 동적 바인딩이라는 용어가 있다. 바인딩이란 프로그램을 구성하는 요소들의 속성을 결정하는 것을 의미하는데, 정적 바인딩은 어떤 속성이 컴파일 시에 결정되는 것을 말하며 동적 바인딩은 실행 중에 결정되는 것을 말한다. 예를 들면 C/C++ 언어에서는 var라는 변수를 사용하려면 int var;와 같이 사용하기 전에 미리 선언해 줘야 한다. 이때 var 변수의 데이터형은 프로그램을 실행해 보지 않아도 컴파일 시간에 미리 결정되는 것이다. 이와 같은 바인딩이 정적 바인딩이다. 반면에 javascript와 같은 언어에서는 var라는 변수를 선언할 때 정확한 데이터형을 선언하지 않아도 된다. 왜냐하면 수행 중에 저장되는 값에 따라 해당 변수의 데이터형이 자동으로 변경될 수 있기 때문이다. 즉, 변수의 데이터형이 실행 시간에 결정된다. 이와 같은 바인딩이 동적 바인딩이다.

다시 [예제 11.3]의 30라인으로 돌아가도록 하자. p_cir->GetArea()라는 코드가 있을 때 GetArea 함수가 어느 클래스에 포함되어 있는 멤버 함수인지는 언제 결정될까? 기본적으로 멤버 함수는 정적 바인딩에 의해 결정된다. 그러므로 컴파일 시에 결정되는데 이때는 해당 멤버 함수를 호출하는 객체 또는 포인터의 타입에 의해 결정된다. 다음의 예들을 살펴보자.

```
Circle cir(1, 1, 1); Sphere sph(1, 1, 1 ,1);
Circle *p_cir; Sphere *p_sph;
① Cir.GetArea();                          // Circle의 GetArea 함수
② Sph.GetArea();                          // Sphere의 GetArea 함수
③ p_cir = &cir; p_cir->GetArea();         // Circle의 GetArea 함수
④ p_cir = &sph; p_cir->GetArea();         // Circle의 GetArea 함수
⑤ Circle &r_cir = Cir; r_cir.GetArea();   // Circle의 GetArea 함수
⑥ Circle &r_cir = Sph; r_cir.GetArea();   // Circle의 GetArea 함수
```

위의 예들 모두 정적 바인딩에 의해 GetArea 함수가 결정되는데 바로 GetArea 함수를 호출하고 있는 객체, 포인터, 참조의 타입을 그대로 따라간다. 그렇다면 이것이 원하는 것인지 다시 한 번 생각해 보자. ④와 ⑥의 경우 겉으로 보기에는 Circle 클래스의 포인터 또는 참조 객체에 의해 함수가 호출되고 있으나, 실제로 가리키거나 참조하는 실 객체는 Sphere 객체이다. 이때 Circle의 GetArea 함수가 수행되기를 원했다면 상관없지만 아마도 대부분의 경우 실 객체의 클래스인 Sphere의 GetArea 함수가 수행되기를 원할 것이다.

이것을 가능하게 하는 방법이 바로 동적 바인딩이다. 어떤 GetArea 함수인지에 대한 결정을 컴파일 시간에 하지 않고 실제로 함수 호출이 수행되는 시점까지 미루는 것이다. 실행 시점에 해당 포인터가 가리키는 실 객체가 Circle 객체라면 Circle의 GetArea 함수를 호출하고 실 객체가 Sphere 객체라면 Sphere의 GetArea 함수를 호출하게 된다. C++에서 이것을 가능하게 하는 수단이 가상 함수(virtual function)이다. 그리고 가상 함수를 포함하고 있는 클래스를 다형적 클래스(polymorphic class)라고 한다.

예제 11.4 | base 클래스 포인터가 가리키는 실 객체의 타입이 실행 시점에 결정되는 예

[예제 11.3]의 경우 p_cir이 가리키는 객체가 Sphere 객체라는 것을 컴파일러가 컴파일 시간에 미리 알 수 있다. 그렇다면 이 예제를 통해 base 클래스의 포인터가 가리키는 실 객체의 타입(base 객체 또는 derived 객체)이 실행 시점이 되어서야 결정되는 예를 살펴보도록 하자.

```
1   int main()
2   {
3       int input;
4       Circle *p_cir;
5
6       cout << "입력(1-Circle, 2-Sphere) : ";
7       cin >> input;
8
9       if (input == 1)
10          p_cir = new Circle(1, 1, 1);
11      else
12          p_cir = new Sphere(1, 1, 1, 1);
13
14      cout << "면적 : " << p_cir->GetArea() << endl;
15
16      return 0;
17  }
```

• **실행 결과**

```
입력(1-Circle, 2-Sphere) : 2
면적 : 3.14
```

이 예제의 경우 14라인에서 Circle의 GetArea 함수를 호출해야 할지 Sphere의 GetArea 함수를 호출해야 할지 프로그램을 실행하지 않고는 알 수가 없다. p_cir 포인터가 실제로 Circle 객체를 가리킬지 Sphere 객체를 가리킬지는 수행 중 사용자의 입력에 의해 결정되기 때문이다.

그러나 본 프로그램의 실행 화면을 보면 2라고 선택했지만 여전히 Circle의 GetArea 함수가 수행되고 있다는 것을 알 수 있다. 아직까지 실 객체의 클래스를 따르도록 조치를 취해주지 않았기 때문이다. 이제 가상 함수를 사용하여 실 객체가 무엇이냐에 따라 해당 객체 클래스의 멤버 함수가 수행되도록 만들 것이다.

예제 11.5 | base 클래스인 Circle의 멤버 함수를 가상 함수로 만들기

base 클래스인 Circle의 멤버 함수를 가상 함수로 만들면 base 클래스 포인터를 통해 해당 함수를 호출하는 경우 실행 시점까지 정확한 함수에 대한 결정이 유보된다. 가상 함수로 만드는 방법은 매우 간단하다. 가상 함수로 만들고자 하는 함수의 반환형 앞에 virtual이란 키워드만 추가하면 된다.

[예제 11.3]에서 Circle 클래스의 GetArea 함수를 가상 함수로 만들어 보자. main 함수는 [예제 11.4]와 동일하다.

```
1   #define PI 3.14
2
3   class Circle
4   {
5   public :
6       Circle(int x, int y, double radius) : x_(x), y_(y), radius_(radius) {}
7       virtual double GetArea() { return (PI * radius_ * radius_); }
8
9   protected :
10      int x_, y_;          // 중심
11      double radius_;      // 반지름
12  };
13
14  class Sphere : public Circle
15  {
16  public :
17      Sphere(int x, int y, int z, double radius) : Circle(x, y, radius), z_(z) {}
18      virtual double GetArea() { return (4 * PI * radius_ * radius_); }
19      double GetVolume() { return ((4.0/3.0) * PI * radius_ * radius_ * radius_); }
20
21  private :
22      int z_;
23  };
```

• **실행 결과**

```
입력(1-Circle, 2-Sphere) : 2
면적 : 12.56
```

7라인에서 Circle 클래스의 GetArea 멤버 함수를 가상 함수로 선언하였다. base 클래스의 GetArea 함수가 가상 함수인 경우 derived 클래스인 Sphere에서 재정의되는 GetArea 함수는 virtual 키워드를 붙이지 않더라도 자동으로 가상 함수가 된다. 따라서 18라인에서 Sphere의 GetArea 함수 앞에 virtual 키워드가 있을 때와 없을 때 모두 가상 함수로 인식된다. 이제 [예제 11.4]의 main 함수를 실행시켜 보면 실행 결과와 같이 Circle 클래스 포인터인 p_cir 포인터가 Sphere 객체를 가리킬 경우 Sphere의 GetArea 함수가 수행됨을 알 수 있다.

예제 11.6 | 함수의 형식매개변수로 base 클래스의 참조로 받는 경우

[예제 11.5]를 통해 가상 함수를 만드는 방법에 대해 살펴보았는데 의외로 간단하다. 가상 함수가 적용될 수 있는 또 다른 경우를 살펴보도록 하자.

함수의 형식매개변수로 base 클래스의 참조로 받을 경우 실매개변수로는 base 클래스의 객체뿐만 아니라 derived 클래스의 객체까지 전달할 수 있음을 확인해 보자.

```
1   void PrintArea(Circle &cir)
2   {
3       cout << "면적 : " << cir.GetArea() << endl;
4   }
5
6   int main()
7   {
8       Circle cir(1, 1, 1);
9       Sphere sph(1, 1, 1, 1);
10
11      PrintArea(cir);
12      PrintArea(sph);
13
14      return 0;
15  }
```

• **실행 결과**

```
면적 : 3.14
면적 : 12.56
```

Circle 클래스와 Sphere 클래스는 [예제 11.5]와 동일하다. 1라인에서는 PrintArea 함수의 형식매개변수로서 base 클래스를 사용하였다. 실행 결과를 보면 Circle 객체의 경우 Circle 클래스의 GetArea 함수가 수행되고, Sphere 객체의 경우 Sphere 클래스의 GetArea 함수가 수행됨을 알 수 있다. 이 예제를 통해 가상 함수와 관련하여 참조에 대해서도 포인터와 동일하게 적용될 수 있음을 알 수 있다.

연습문제 | 11.4

다음 프로그램의 출력 결과는 무엇인가?

```
1  class B
2  {
3  public :
4      B() {}
5      virtual void p() { cout << "B::p()" << endl; }
6      void q() { cout << "B::q()" << endl; }
7  };
8
9  class D : public B
10 {
11 public :
12     D() {}
13     virtual void p() { cout << "D::p()" << endl; }
14     void q() { cout << "D::q()" << endl; }
15 };
16
17 int main()
18 {
19     B b;
20     D d;
21     B *pb = new B
22     B *pd = new D
23     D *pd2 = new D
24
25     b.p(); b.q();
26     d.p(); d.q();
27     pb->p(); pb->q();
28     pd->p(); pd->q();
29     pd2->p(); pd2->q();
30
31     return 0;
32 }
```

가상 함수의 동작 방식에 대한 기본적인 내용에 대해 묻고 있다.

Note

11.5 가상 함수의 동작 원리

가상 함수 테이블을 이용한 가상 함수의 동작 원리

지금까지 가상 함수의 의미와 동작 방식에 대해 살펴보았다. 표준 C++에서는 가상 함수의 동작 방식에 대해 정의하고 있지만 세부적인 구현 방법에 대해서는 기술하고 있지 않다. 이는 C++ 컴파일러를 구현하는 프로그래머의 몫이며 어떤 방식으로든 표준 C++에서 요구하는 동작 방식을 따를 수 있으면 된다.

일반적으로는 가상 함수 테이블(virtual function table)이라는 것을 사용하여 구현하게 된다. 이 절에서는 가상 함수 테이블을 이용한 가상 함수의 구현 원리에 대해 설명하고자 한다. C++ 응용 프로그래머 입장에서 가상 함수의 구현 원리까지 알아야 될 필요는 없다. 그러나 구현 원리를 이해함으로써 가상 함수에 대해 보다 상세히 이해할 수 있는 기회를 얻을 수 있을 것이다.

가상 함수에 대한 구현 원리의 기본은 가상 함수를 1개 이상 포함하는 클래스의 경우 모든 멤버 가상 함수에 대한 주소를 저장해 두는 것이다. 이 저장 장소를 가상 함수 테이블이라고 한다. 그리고 해당 클래스의 모든 객체는 자신의 클래스에 대한 가상 함수 테이블을 가리키게 된다. 그렇게만 된다면 그 객체를 가리키는 포인터가 해당 클래스 포인터이든 base 클래스의 포인터이든 관계없이 항상 그 객체에 해당하는 클래스의 멤버 함수가 호출될 수 있는 것이다.

예제 11.7 | 가상 함수의 동작 원리 이해를 위한 예제

Base 클래스와 이 클래스로부터 상속받은 클래스인 Derived 클래스를 포함하는 예제를 통해 가상 함수 테이블의 구조 및 동작 원리에 대해 보다 자세히 살펴보도록 하자.

```
1   class Base
2   {
3   public :
4       void Func1() { cout << "Base::Func1" << endl; }
5       virtual void Func2() { cout << "Base::Func2" << endl; }
6       virtual void Func3() { cout << "Base::Func3" << endl; }
7
8   private :
9       int x_;
10  };
11
12  class Derived : public Base
13  {
14  public :
15      void Func1() { cout << "Derived::Func1" << endl; }
16      void Func2() { cout << "Derived::Func2" << endl; }
17      void Func4() { cout << "Derived::Func4" << endl; }
18
19  private :
20      int y_;
```

```
21  };
22
23  int main()
24  {
25      Base *p_base1 = new Base();
26      Base *p_base2 = new Derived();
27
28      p_base2->Func1();
29      p_base2->Func2();
30      p_base2->Func3();
31      //p_base2->Func4();// 호출 불가
32
33      delete p_base1;
34      delete p_base2;
35
36      return 0;
37  }
```

• **실행 결과**

```
Base::Func1
Derived::Func2
Base::Func3
```

Base 클래스에서 4라인의 Func1 함수는 일반 함수로, 5라인과 6라인의 Func2와 Func3 함수는 가상 함수로 선언하였다. Base 클래스로부터 상속받아 만든 Derived 클래스에서는 15, 16라인에 Func1과 Func2 함수를 재정의하였고, 17라인에 Func4 함수를 새로 추가하였다. Derived 클래스에는 Base 클래스의 Func3도 상속된다는 것을 알고 있을 것이다. main 함수에서는 Base 클래스 포인터를 통해 p_base1은 Base 객체를, p_base2는 Derived 객체를 가리키도록 하였다.

p_base1을 통한 함수 호출은 모두 Base 클래스에 대한 함수가 호출된다. 이는 이론의 여지가 없다. p_base2에 대한 함수 호출의 경우 Func1은 Base, Func2는 Derived, Func3은 Base, Func4는 호출 불가이다. Func1은 일반 멤버 함수이므로 포인터 변수의 타입인 Base를 따르고 Func2는 가상 함수이므로 실제 객체의 클래스인 Derived를 따른다. Func3은 가상 함수의 여부를 떠나 재정의되지 않았으므로 Base를 따른다. 마지막으로 Func4는 실 객체의 멤버 함수이긴 하지만 Base 포인터 변수의 가시권 안에 있지 않으므로 논의 대상에서 제외한다.

이 예제의 포인터 변수와 실 객체, 가상 함수 테이블 및 각 클래스 멤버 함수의 개념적인 메모리 구조는 [그림 11.5]와 같다.

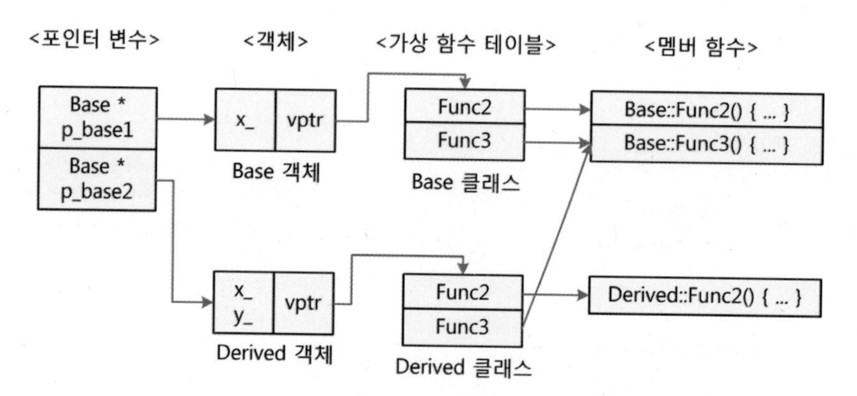

○ 그림 11.5 [예제 11.7]에 대한 가상 함수 테이블 구조

실행 결과와 같이 수행되는지 확인해 보도록 하자. 먼저 Base와 Derived 클래스에 대한 가상 함수 테이블이 생성된다. Base 클래스의 가상 함수 테이블에는 가상 함수인 Func2와 Func3 함수에 대한 주소를 저장하게 되고, Derived 클래스 역시 가상 함수인 Func2와 Func3의 주소를 저장하게 된다. 이때 Derived 클래스 가상 함수 테이블의 경우 Func2는 재정의하였으므로 자신의 Func2 함수를 가리키고, Func3은 재정의하지 않았으므로 Base 클래스의 Func3을 가리키게 된다.

new를 통해 생성된 각 객체는 자신의 클래스에 해당하는 가상 함수 테이블을 가리키기 위한 포인터(vptr)를 객체 멤버 변수와 함께 저장한다.

main 함수의 코드 순서에 따라 실행시켜 보자. p_base2는 Derived 객체를 가리키고 있으므로 가상 함수의 경우 항상 Derived 클래스의 가상 함수 테이블을 따라가게 된다. p_base2->Func1()의 경우 Func1이 가상 함수가 아니므로 p_base2의 클래스인 Base 클래스의 Func1이 수행되고, p_base2->Func2()는 가상 함수 테이블을 따라 Derived의 Func2가 수행되며, p_base2->Func3()의 경우 가상 함수 테이블을 따라 Base의 Func3이 수행된다. 이는 예상한 실행 결과와 동일하다.

연습문제 | 11.5

다음 프로그램의 가상 함수 테이블을 비롯한 메모리 구조를 그려 보라. Base 클래스와 Derived 클래스는 [예제 11.7]과 동일하다.

```
1   int main()
2   {
3       Base base[2];
4       Derived derived[2];
5       Base *p_base;
6       int i, j;
7
8       for (i = 0; i < 2; i++)
9       {
10          for (j = 0; j < 2; j++)
```

```
11          {
12              if (i == 0)
13                  p_base = &base[j];
14              else
15                  p_base = &derived[j];
16
17              p_base->Func1();
18              p_base->Func2();
19              p_base->Func3();
20          }
21      }
22
23      return 0;
24  }
```

p_base 포인터가 실행 중에 동적으로 변하고 있는 상황을 설명할 수 있어야 한다.

Note

11.6 추상 클래스와 순수 가상 함수

예제 11.8 | Circle 클래스와 Rect 클래스의 공통부분 분석하기

다음과 같은 클래스들을 만들어 보자. 원을 나타내는 Circle 클래스는 중심(x_, y_), 반지름(radius_), 생성자, 중심을 변경하는 Move 멤버 함수, 면적을 계산하는 GetArea 멤버 함수를 포함하고 있다. 직사각형을 나타내는 Rect 클래스는 중심(x_, y_) 및 가로, 세로(garo_, sero_)와 생성자, Move 함수, GetArea 함수를 포함하고 있다. main 함수에서는 Circle 객체와 Rect 객체를 만든 후 중심을 이동해 보고 면적 계산 결과를 출력해 보자.

```
1   class Circle
2   {
3   public :
4       Circle(int x, int y, double radius) : x_(x), y_(y), radius_(radius) {}
5       void Move(int x, int y) { x_ += x; y_ += y; }
6       double GetArea() { return (3.14 * radius_ * radius_); }
7
8   private :
```

```
9          int x_, y_;
10         double radius_;
11     };
12
13     class Rect
14     {
15     public :
16         Rect(int x, int y, int garo, int sero) : x_(x), y_(y), garo_(garo),
           sero_(sero) {}
17         void Move(int x, int y) { x_ += x; y_ += y; }
18         double GetArea() { return (garo_ * sero_); }
19
20     private :
21         int x_, y_;
22         int garo_, sero_;
23     };
24
25     int main()
26     {
27         Circle cir(1, 1, 1);
28         Rect rect(2, 2, 2, 2);
29
30         cir.Move(1, 1);
31         rect.Move(2, 2);
32
33         cout << "원의 면적 : " << cir.GetArea() << endl;
34         cout << "사각형의 면적 : " << rect.GetArea() << endl;
35
36         return 0;
37     }
```

- **실행 결과**

```
원의 면적 : 3.14
사각형의 면적 : 4
```

이제 이 정도는 쉽게 프로그래밍이 가능할 것이다. 여기서는 문제를 간략화하기 위해 중심 이동(Move) 결과에 대한 출력은 생략하였다.

이 예제에서 중요한 것은 Circle 클래스와 Rect 클래스의 구조이다. Circle 클래스와 Rect 클래스에는 중복되는 부분이 많이 있다. 중심을 나타내는 x_, y_ 변수와 면적을 계산하는 Move 함수 그리고 면적을 계산하는 GetArea 함수가 중복되어 있다. 그런데 Move 함수는 그 내용까지도 동일한 반면 GetArea 함수는 함수명만 같을 뿐 내용은 동일하지 않다.

만약 중복되는 부분을 base 클래스로 만들고 Circle 클래스와 Rect 클래스를 base 클래스로부터 상속받아 만든다면 중복되는 부분을 많이 제거할 수 있을 것 같다. 그런데 어디까지 base 클래스로 넣어야 하는 것일까? 얼핏 보기에 동일한 멤버 변수는 base 클래스로 들어가면 되고, 멤버 함수 중에서는 함수 내용이 동일한 함수들을 base 클래스로 넣는 것이 좋을 듯하다. 함수 내용이 다르다면 어떤 것을 넣을지 판단이 서지 않기 때문이다. 이와 같은 내용을 바탕으로 다음 예제를 살펴보도록 하자.

예제 11.9 | Circle 클래스와 Rect 클래스의 base 클래스로 Shape 클래스 만들기

[예제 11.8]에서 Circle과 Rect 클래스의 base 클래스로 Shape 클래스를 만들고 Circle과 Rect의 공통 부분을 Shape 클래스로 옮기도록 하자. 그리고 Circle과 Rect 클래스는 Shape 클래스로부터 상속받아서 만들도록 하자.

```
1   class Shape
2   {
3   public :
4       Shape(int x, int y) : x_(x), y_(y) {}
5       void Move(int x, int y) { x_ += x; y_ += y; }
6
7   protected :
8       int x_, y_;
9   };
10
11  class Circle : public Shape          // Shape로부터 상속
12  {
13  public :
14      Circle(int x, int y, double radius) : Shape(x, y), radius_(radius) {}
15      double GetArea() { return (3.14 * radius_ * radius_); }
16
17  private :
18      double radius_;
19  };
20
21  class Rect : public Shape            // Shape로부터 상속
22  {
23  public :
24      Rect(int x, int y, int garo, int sero) : Shape(x, y), garo_(garo),
        sero_(sero) {}
25      double GetArea() { return (garo_ * sero_); }
26
27  private :
28      int garo_, sero_;
29  };
```

1~9라인에 Shape 클래스를 추가하였다. 그럴 듯하다. 물론 [예제 11.8]의 main 함수도 문제없이 수행된다.

그런데 이 예제에서 한 가지만 더 생각해 보도록 하자. Shape 클래스는 단지 Circle과 Rect 클래스의 공통적인 부분을 기술하기 위해서 임의로 도입한 클래스일 뿐이며, 이 예제 안에서는 Shape 클래스의 객

+ Key

어떤 클래스를 추상 클래스로 만드는 방법은 순수 가상 함수(pure virtual function)를 추가하는 것이다. 순수 가상 함수를 선언하기 위해서는 가상 함수에 대한 함수 프로토타입 다음에 "= 0" 을 추가하면 된다.

체가 별도로 존재할 수는 없다. 이와 같이 해당 클래스의 객체가 존재하지 않고 다른 클래스의 base 클래스로서의 역할만 할 수 있는 클래스를 추상 클래스(abstract class)라고 한다. 그러나 이 예제에는 Shape가 추상 클래스의 역할을 할 수 있도록, 즉 Shape 클래스의 객체가 존재할 수 없도록 하는 강제적인 장치가 마련되어 있지 않다.

+어떤 클래스를 추상 클래스로 만드는 방법은 순수 가상 함수(pure virtual function)를 추가하는 것이다. 순수 가상 함수를 선언하기 위해서는 다음과 같이 가상 함수에 대한 함수 프로토타입 다음에 "= 0"을 추가하면 된다. 그리고 순수 가상 함수는 함수 몸체를 포함할 수 없다.

```
virtual double GetArea() = 0;
```

만약 어떤 클래스가 추상 클래스를 상속 받았다면 추상 클래스에 선언되어 있는 모든 순수 가상 함수를 재정의해야만 한다. 그렇지 않으면 새로 만든 클래스 역시 추상 클래스로 동작하게 되어 그 클래스의 객체를 생성할 수 없게 된다.

그렇다면 이 예제에서 Shape라는 클래스명이 명시적으로 사용되는 경우는 없을까? 아니다. Shape 객체를 만들지 못할 뿐, 다음 예와 같이 Shape 클래스의 객체 포인터를 통해 derived 클래스 객체들을 얼마든지 조종할 수 있다.

```
Shape *p_spe = new Circle(1, 1, 1, 1);
cout << p_spe->GetArea() << endl;
```

사실 이 예제에서 Shape 객체 포인터를 통해 Circle과 Rect 클래스 객체의 모든 기능을 사용하기 위해서는 GetArea 함수까지도 Shape 클래스에 정의되어 있어야만 한다. 앞서 Shape 클래스를 추상 클래스로 만들기 위한 목적으로 Shape에게 있어서는 무의미하다고 할 수 있는 GetArea 함수를 순수 가상 함수로 만든 것은 이와 같은 목적을 달성하기 위한 적절한 조치라 할 수 있다.

참고로 Visual C++ 6.0과 11.0 모두 순순 가상 함수가 정의 부분(함수 몸체)을 포함할 수 있도록 되어 있으나 표준 C++에서는 이를 허용하지 않는다.

연습문제 | 11.6

[예제 11.9]에서 Shape 클래스를 추상 클래스로 만들어 보라. 그리고 Shape, Circle, Rect 클래스 모두 객체의 면적을 출력하기 위한 Print 함수를 추가하라. 이때 Shape 클래스의 경우 Print 함수를 순수 가상 함수로 선언하라. 마지막으로 Shape 클래스에 출력 연산자(<<) 오버로딩을 추가하라. 이것만으로 다음 main 함수가 실행 결과와 같이 수행될 수 있어야 한다. Shape 이외의 클래스에는 출력 연산자 오버로딩이 없다는 것에 주의하라.

```
1  int main()
2  {
```

```
3       Circle cir(1, 1, 1);
4       Rect rect(2, 2, 2, 2);
5       Shape *p_spe;
6   
7       p_spe = &cir;
8       cout << *p_spe;
9   
10      p_spe = &rect;
11      cout << *p_spe;
12  
13      return 0;
14  }
```

- **실행결과**

```
원의 면적 : 3.14
사각형의 면적 : 4
```

추상 클래스와 base 클래스를 이용한 derived 클래스들의 조작 등 이 장에서 배운 지식들을 복합적으로 필요로 한다. 프로그램을 작성한 후 프로그램이 동작되는 방식에 대해 생각해 보도록 하라.

Note

11.7 virtual 소멸자

예제 11.10 | 상속 관계인 String 클래스에 있어서 소멸자의 문제점 및 해결 방법

다음 예제를 살펴보고 문제점 및 해결 방법을 찾아보자. String과 MyString 클래스는 상속 관계에 있으며 String 클래스를 상속받아 MyString 클래스를 만들었다. 두 클래스 모두 문자열을 다루고 있기 때문에 내부적으로는 char 포인터를 가지고 있으며, 생성자를 통해 필요한 메모리를 동적으로 생성하고 소멸자를 통해 메모리를 해제하고 있다.

```
1   class String
2   {
3   public :
4       String(char *str)
5       {
```

```
6          len_ = strlen(str);
7          p_str_ = new char[len_ + 1];
8          strcpy(p_str_, str);
9          cout << "String 생성자" << endl;
10     }
11     ~String() { delete [] p_str_; cout << "String 소멸자" << endl; }
12
13 private :
14     char *p_str_;
15     int len_;
16 };
17
18 class MyString : public String
19 {
20 public :
21     MyString(char *str1, char *str2) : String(str1)
22     {
23         mylen_ = strlen(str2);
24         p_mystr_ = new char[mylen_ + 1];
25         strcpy(p_mystr_, str2);
26         cout << "MyString 생성자" << endl;
27     }
28     ~MyString() { delete [] p_mystr_; cout << "MyString 소멸자" << endl; }
29
30 private :
31     char *p_mystr_;
32     int mylen_;
33 };
34
35 int main()
36 {
37     String *p_str = new MyString("String", "MyString");
38     delete p_str;
39
40     return 0;
41 }
```

- **실행 결과**

```
String 생성자
MyString 생성자
String 소멸자
```

main 함수의 37라인에서 derived 클래스인 MyString 클래스의 객체를 동적으로 생성하고 있으며, 이 객체의 주소를 base 클래스인 String 클래스의 포인터 변수로 대입하였다. Derived 클래스 객체를 생성할 경우 생성자의 수행 순서는 base 클래스, derived 클래스의 순으로 진행된다. 실행 결과 역시 "String 생성자", "MyString 생성자"로 이와 일치한다.

그러고 나서 38라인에서는 delete를 사용하여 동적으로 생성한 MyString 객체의 메모리를 해제하고 있다. 문제는 MyString 객체를 String 클래스 포인터가 가리키고 있다는 것이다. delete를 수행하면 분명히 p_str 포인터가 가리키는 객체가 소멸하게 된다. 따라서 해당 객체에 대한 소멸자가 수행된다. 만약 String 클래스 객체가 소멸된다면 String 클래스의 소멸자만 수행될 것이고, MyString 클래스 객체가 소멸된다면 내부적으로 base 클래스 객체가 포함되어 있으므로, 생성자 호출의 역순인 MyString 클래스의 소멸자, String 클래스의 소멸자의 순으로 소멸자가 호출될 것이다. 그런데 실행 결과에는 String 클래스의 소멸자만 호출되고 종료되었다. 문제는 p_str 포인터가 겉으로 보기에 String 클래스의 포인터라는 것이다. 따라서 delete p_str;에 대해 정적 바인딩이 적용되어 String 클래스의 소멸자만을 호출하도록 컴파일이 된 것이다.

그러나 여기서는 p_str 포인터가 가리키는 실 객체의 타입에 따라 소멸자가 호출되기를 원하며 이를 위해서는 수행되어야 할 소멸자를 실행 시간에 결정해야 한다. 이렇게 하기 위해서는 다른 멤버 함수와 마찬가지로 소멸자를 가상 함수로 선언하면 된다. 단순히 다음과 같이 String의 소멸자 앞에 virtual 키워드만 추가하면 된다.

```
virtual ~String() { ... }
```

11.8 상속 관계와 포함 관계

예제 11.11 | 클래스의 재활용을 위한 상속 관계와 포함 관계

상속과 관련된 내용은 사실상 모두 끝이 났다. 상속은 클래스의 재활용이라는 측면에서 C++의 장점을 보여주는 특성이라고 할 수 있다. 그런데 우리는 이미 클래스 재활용의 또 한 가지 예를 공부한 적이 있다. 바로 7.6절을 통해 클래스를 만들 때 다른 클래스의 객체를 멤버 변수로 포함하는 경우를 살펴보았으며, 이와 같은 클래스 간의 관계를 포함 관계라고 한다. 아마도 포함 관계는 상속 관계보다 더 흔히 접할 수 있는 상황이라 할 수 있다.

상속 관계가 is-a 관계인 두 클래스들 사이에 자연스럽게 적용될 수 있다면, 포함 관계는 has-a 관계인 두 클래스들 사이에 자연스럽게 적용될 수 있다. 예를 들어 7.6절에서 살펴본 바와 같이 원(Circle)이라는 클래스와 점(Point)이라는 클래스가 있을 때 "원은 점을 가지고 있다"가 성립한다. 따라서 원 클래스를 만들면서 점이라는 클래스의 객체를 멤버 변수로 선언하면 되는 것이다.

has-a 관계를 상속 관계로 표현할 수 없는 것은 아니다. 예를 들어 원(Circle)과 점(Point)의 관계에 있어서 Point를 base 클래스로, Circle을 derived 클래스로 표현해 보자. Point 클래스와 Circle 클래스를 다음과 같이 만들 수 있다.

```
1   class Point
2   {
3   public :
4       Point(int x, int y) : x_(x), y_(y) {}
5       void Print() { cout << "(" << x_ << ", " << y_ << ")"; }
6
7   private :
8       int x_, y_;
9   };
10
11  class Circle : public Point
12  {
13  public :
14      Circle(int x, int y, int radius) : Point(x, y), radius_(radius) {}
15      void Print()
16      {
17          Point::Print();
18          cout << " : " << radius_ << endl;
19      }
20
21  private :
22      double radius_;
23  };
24
25  int main()
26  {
27      Circle cir(1, 2, 3);
28      cir.Print();
29
30      return 0;
31  }
```

14라인에서는 멤버 초기화 구문을 사용해 base 클래스인 Point 클래스의 생성자를 실행하고 있으며, 17라인에서는 Point 클래스의 Print 함수를 호출하고 있다. 모두 10장을 통해 배운 내용들이다. 여기서는 단지 has-a 관계를 상속 관계로 표현할 수도 있음을 보여 주고 있다.

is-a 관계도 마찬가지로 반드시 상속에 의해서 구현해야만 된다는 법칙은 없다. 그러나 논리적으로 따져봤을 때, is-a 관계는 상속 관계로 구현하는 것이 더 좋고 has-a 관계는 포함 관계로 구현하는 것이 더 좋다는 것은 분명한 사실이다. 예를 들어 "타원은 2개의 점을 가지고 있다"라는 관계를 어떻게 구현해야 할까? 이와 같은 경우 Point 클래스를 상속받는 것보다 멤버 객체로 포함하는 것이 올바른 선택임을 쉽게 이해할 수 있을 것이다.

연습문제 | 11.7

다음 프로그램의 출력 결과는 무엇인가?

```
1  class Base
2  {
3  public :
4      Base() { cout << "Base::Base()" << endl; }
5      Base(int n) { cout << "Base::Base(" << n << ")" << endl; }
6  };
7
8  class Derived : public Base
9  {
10 public :
11     Derived() { cout << "D::D()" << endl; }
12     Derived(int n) : Base(n)
13     {
14         Base btemp(-n);
15         b_ = btemp;
16         cout << "Derived::Derived(" << n << ")" << endl;
17     }
18
19 private :
20     Base b_;
21 };
22
23 int main()
24 {
25     Derived d(3);
26
27     return 0;
28 }
```

상속 관계와 포함 관계를 동시에 사용하는 경우의 예이다. main 함수에서는 단 하나의 Derived 객체가 생성되고 있지만 생각보다 까다로울 수 있다. 이 문제를 통해 멤버 객체와 base 클래스의 생성자 그리고 지역 객체 사이의 호출 순서를 생각해 보도록 하라.

Note

11.9 변환 함수

예제 11.12 | 연산자 오버로딩을 이용한 (base 객체 = derived 객체) 이외의 대입

우리는 11.2절에서 상속 관계에 있는 클래스 객체들 사이의 대입에 대해 살펴보았다. derived 클래스 객체의 경우 base 클래스 객체로의 대입이 가능하며, 그 외의 경우에는 원칙적으로는 불가능하다고 설명하였다. 그러나 그 어떤 경우의 대입이라도 가능하도록 만들 수 있다.

다음과 같은 다양한 상황에 대한 대입이 가능하도록 만들려면 어떻게 해야 하는지 생각해 보자.

```
class Base { ... };
class Derived : public Base { ... };
class Another { ... };
Base b; Derived d; Another a; int i;
b = d;      // ① O, Base 객체 = Derived 객체
d = b;      // ② X, Derived 객체 = Base 객체
a = b;      // ③ X, Another 객체 = Base 객체
b = i;      // ④ X, Base 객체 = int 변수
i = b;      // ⑤ X, int 변수 = Base 객체
```

특별한 조치를 취하지 않아도 ①은 가능하다. 그러나 다른 대입의 경우에는 모두 불가능하다. 그렇다면 모두 가능하게 하려면 어떻게 해야 할까? 지금까지 배운 내용들을 동원해 보자. 잘 생각해 보면 ②, ③, ④의 경우에는 연산자 오버로딩을 통해 해결이 가능함을 알 수 있다. 그러면 먼저 ②, ③, ④의 대입이 가능하도록 프로그램을 만들어 보자.

```
1   class Base
2   {
3   public :
4       Base(int x = 0) : x_(x) {}     // ④의 해결, int=>Base 형변환
5       void Show(void) { cout << "Base : " << x_ << endl; }
6
7       int x_;
8   };
9
10  class Derived : public Base
11  {
12  public :
13      Derived(int x = 0, int y = 0) : Base(x), y_(y) {}
14      void show(void)
15      {
16          Base::Show();
17          cout << "Derived : " << y_ << endl;
18      }
19      void operator=(const Base &b) // ②의 해결, 대입 연산자 오버로딩
20          { x_ = b.x_; y_ = b.x_; }
21
```

```
22      int y_;
23  };
24
25  class Another
26  {
27  public :
28      Another(double z = 0) { z_ = z; }
29      void Show(void) { cout << "Another : " << z_ << endl; }
30      void operator=(const Base &b) // ③의 해결, 대입 연산자 오버로딩
31          { z_ = b.x_; }
32
33      double z_;
34  };
35
36  int main()
37  {
38      Base b; Derived d; Another a; int i = 1;
39      b = d;          // ① O, Base 객체 = Derived 객체
40      d = b;          // ② O, Derived 객체 = Base 객체
41      a = b;          // ③ O, Another 객체 = Base 객체
42      b = i;          // ④ O, Base 객체 = int 변수
43      //i = b;        // ⑤ X, int 변수 = Base 객체
44
45      return 0;
46  }
```

(Derived 객체 = Base 객체)는 Derived 클래스 입장에서 대입 연산 시 Base 객체를 매개변수로 받아 처리하면 된다. 따라서 19라인과 같이 Derived 클래스에 대입 연산자 오버로딩을 추가함으로써 해결이 가능하다. (Another 객체 = Base 객체) 역시 원리는 동일하다. 따라서 30라인과 같이 Another 클래스에 대입 연산자 오버로딩을 추가함으로써 해결이 가능하다. (Base 객체 = int 변수) 또한 동일한 원리로 구현할 수 있다. 즉, Base 클래스에 int형 변수를 매개변수로 받는 대입 연산자 오버로딩을 구현하면 된다. 그러나 4라인과 같은 생성자만으로도 충분하다. 이 경우 int 값이 Base 객체로 묵시적 형변환을 통해 변환된 후 (Base 객체 = Base 객체)가 수행된다.

그러나 ⑤ (int 변수 = Base 객체)는 지금까지 배운 어떤 방법을 동원하더라도 해결이 불가능하다. 이와 같은 경우에 변환 함수(conversion function)를 사용할 수 있다. ⁺변환 함수는 어떤 클래스 입장에서 그 클래스의 객체가 변환될 수 있는 값을 기술하는 것이다. 변환 후의 값은 int와 같은 기본 타입의 값은 물론이고 다른 클래스 객체가 될 수도 있다. 변환 함수의 형태는 다음과 같이 반환형이 존재하지 않고 operator 다음에 변환 후의 타입을 기술하면 되며 매개변수 역시 존재하지 않는다.

+ Key

변환 함수는 어떤 클래스 입장에서 그 클래스의 객체가 변환될 수 있는 값을 기술하는 것이다. 변환 후의 값은 int와 같은 기본 타입의 값은 물론이고 다른 클래스 객체가 될 수도 있다.

```
operator int() { ...; return int값; }
```

예제 11.13 | 변환 함수를 이용한 (int 변수 = 클래스 객체) 대입

변환 함수를 사용하여 (int 변수 = 클래스 객체)와 같은 대입이 가능하도록 만들어 보자. 여기서는 (int 변수 = Base 객체)의 대입이 가능하도록 만드는 것이다. 이와 같은 대입이 가능하려면 Base 클래스 객체가 int형 변수값으로 변환될 수 있어야 한다. 따라서 Base 클래스에 int형으로의 변환함수를 작성해 주면 된다.

```
1   class Base
2   {
3   public :
4       Base(int x = 0) : x_(x) {}
5       void Show(void) { cout << "Base : " << x_ << endl; }
6       operator int();     // { return (x_ * x_); }        // ⑤의 해결, 변환함수
7
8       int x_;
9   };
10
11  Base::operator int()    // 외부 정의
12  {
13      return (x_ * x_);
14  }
15
16  int main()
17  {
18      Base b; int i = 1;
19      i = b;              // ⑤ 0, int 변수 = Base 객체
20
21      return 0;
22  }
```

6라인에 int형으로의 변환 함수를 구현하였다. 내부 정의로 구현할 수도 있으나 예에서는 11~14라인에 외부 정의를 사용하여 함수를 구현하였다. Base 클래스 객체를 int 값으로 변환한 결과로 x_의 제곱이 반환되도록 하였다.

연습문제 | 11.8

사실은 [예제 11.12]의 ⑤ 뿐만 아니라 ②, ③ 또한 변환 함수를 사용하여 변환이 가능하다. [예제 11.12]에서 대입 연산자 오버로딩을 사용하지 않고 변환 함수만을 사용하여 ②, ③의 대입이 모두 가능하도록 수정해 보라.

Note

연습문제 | 11.9

Point 클래스와 Circle 클래스를 만들고 하나의 클래스 객체가 다른 클래스 객체로 대입될 수 있도록 하라. Point 객체가 Circle 객체로 변환될 때는 x_, y_는 각각의 x_, y_로 대입되고 (x_ + y_)가 반지름(radius_)으로 대입된다. 거꾸로 Circle 객체가 Point 객체로 변환될 때는 (x_ + y_)가 x_로, 면적이 y_로 대입되도록 하라. y_값으로 대입 시 소수점 이하 자리는 무시한다.

대입 연산자 오버로딩을 통해서 작성해 보고, 변환 함수를 통해서도 만들어 보라.

Note

11.10 cast 연산자에 의한 명시적 형변환

C 스타일의 명시적 형변환의 문제점

1.4절과 11.1절에서 살펴본 바와 같이 C 언어의 명시적 형변환은 단 한 가지 형태를 취하고 있으며 C++에서도 사용이 가능하다. 그러나 문제는 이와 같은 명시적 형변환의 범위가 너무 넓다는 것이다.

```
(타입명) 변수명;                // C 스타일의 명시적 형변환
```

예를 들면, 다음과 같은 명시적 형변환이 모두 허용된다. 그러나 논리적으로 맞는 것인지는 의문의 여지가 있다.

```
class Base { };
class Derived : public Base { };
class Another { };
int i; int *p_i; double d; Base *p_b; Derived *p_b; Another *p_a;
i = (int) d;                // ① 가능, 묵시적 형변환 가능
p_i = (int *) &d;           // ② 가능
p_i = (int *) p_b;          // ③ 가능
p_b = (Base *) p_d;         // ④ 가능, 묵시적 형변환 가능
p_d = (Derived *) p_b;      // ⑤ 가능
p_b = (Base *) p_a;         // ⑥ 가능
```

기존의 명시적 형변환만을 사용할 경우 실제로 프로그래머가 의도한 형변환이 어떤 것인지 모호해질

수 있다. 예를 들어 ⑤의 경우 base 클래스 객체 포인터를 derived 클래스 객체 포인터로 대입하고 있는데 원칙적으로는 논리에 맞지 않는다. 그러나 base 포인터인 p_b가 현재 실제로 가리키고 있는 객체가 derived 객체일 가능성이 있으므로 무조건 논리에 맞지 않는다고 할 수는 없다. 만약 프로그래머가 이것을 의도하고 형변환을 했다면 이는 올바른 프로그램이 되는 것이다.

C++에서는 이와 같은 다양한 형변환의 경우를 구별하고 프로그래머의 의도를 제대로 파악할 수 있도록 4개의 명시적 형변환 연산자를 추가하였다. 추가된 형변환 연산자는 dynamic_cast, const_cast, static_cast, reinterpret_cast이다.

예제 11.14 | 상속 관계인 클래스 객체 포인터 사이의 dynamic_cast

dynamic_cast는 상속 관계인 클래스 객체 포인터 또는 참조일 경우 적용될 수 있다. 단, 이 클래스들은 가상 함수를 포함하고 있어야만 한다. 기본 문법은 다음과 같이 <>내에 변환 목표 타입이 들어가고 ()내에 변환 대상 변수명이 들어간다.

```
dynamic_cast<MyClass *> (ptrClass);
```

Base 클래스와 Base 클래스로부터 상속받아 만든 Derived 클래스를 사용하여 dynamic_cast를 적용해 보도록 하자.

```
1   class Base
2   {
3   public :
4       virtual void Func() { cout << "Base" << endl; };
5       int b_;
6   };
7
8   class Derived : public Base
9   {
10  public :
11      virtual void Func() { cout << "Derived" << endl; }
12      int d_;
13  };
14
15  int main()
16  {
17      Base *p_b = new Derived(); //Base *p_b = new Base(); // 바꾸어 수행해 보라
18      Derived *p_d = dynamic_cast<Derived *> (p_b); // p_b가 가리키는 주소 대입
19
20      if (p_d == NULL)
21          cout << "형변환 실패" << endl;
22      else
23          cout << "형변환 성공" << endl;
24
25      return 0;
26  }
```

• **실행 결과**

```
형변환 성공
```

프로그램 수행 중에 17라인에서 Base 포인터인 p_b가 실제로 가리키고 있는 객체가 Derived 객체라면 18라인의 형변환이 성공할 것이다. 그러나 p_b가 가리키고 있는 객체가 Derived 객체가 아니고 Base 객체라면 형변환은 실패할 것이며, 이로 인해 NULL 포인터 값이 대입된다.

이 장을 통해 상속 및 다형성에 대해 배워서 알고 있듯이, 실전에 있어서 base 클래스 포인터를 사용하여 base 클래스뿐만 아니라 derived 클래스 객체들을 다루는 경우가 많음을 알고 있을 것이다. 이때 base 포인터가 가리키는 객체가 derived 객체일 경우, base 클래스에는 없고 derived 객체에만 존재하는 멤버함수를 수행하기 위해서는, base 객체 포인터를 derived 객체 포인터로 명시적 형변환을 한 후 수행해야만 한다. 이와 같은 경우에 dynamic_cast를 사용하여 명시적 형변환의 성공 여부를 먼저 확인할 수 있을 것이다.

Visual C++ 6.0에서 cast 연산자를 사용하기 위해서는 /GR 옵션을 추가해야 한다. 메뉴 [Project] → [Settings] → [C/C++] 탭에서 [Category] 중 "C++ Language"를 선택한 후 RTTI 체크 박스를 체크하면 /GR 옵션이 자동으로 추가된다. 또는 [C/C++] 탭의 [Project Options]에 직접 "/GR"을 추가해도 된다. RTTI에 대해서는 다음 절에서 설명한다.

상속 관계인 클래스 객체 포인터 사이의 static_cast

static_cast는 dynamic_cast와 마찬가지로 상속 관계인 클래스 객체 포인터 또는 참조에 대해 적용될 수 있는데, dynamic_cast와는 달리 base 클래스와 derived 클래스 사이의 양방향 형변환 모두 가능하다. 예를 들면 [예제 11.14]에서 17라인이 Base *p_b = new Base()인 경우에도 다음과 같은 static_cast는 성공적으로 형변환을 수행한다.

```
Derived *p_d = static_cast<Derived *> (p_b);
```

이는 실행 중에 p_b가 가리키는 객체가 무엇이냐에 관계없이 컴파일 시간에 정적(static)으로 상속 관계인 포인터에 대해서는 어떤 방향으로든 형변환이 가능하다고 판단하기 때문이다. 그 외에 기존의 묵시적 형변환이 가능한 모든 형변환에 대해서는 static_cast 형변환 연산자의 사용이 가능하다. 예를 들면 int와 double 사이의 변환, int와 열거값 사이의 변환 등이 해당된다.

예제 11.15 | const 포인터형과 일반 포인터형 사이의 const_cast

const_cast는 어떤 포인터 변수값을 const형에서 일반형으로 또는 일반형에서 const형으로 변환할 때 사용된다. 다음 프로그램은 const_cast의 사용 예이다.

```
1  int main()
2  {
```

```
3       const double *pi = new double(3.14);
4       double *pi2 = const_cast<double *> (pi);
5       *pi2 = 3.14159;
6
7       cout << *pi << endl;
8       cout << *pi2 << endl;
9
10      return 0;
11  }
```

• **실행 결과**

```
3.14159
3.14159
```

3라인에서 포인터 변수 pi를 통해 동적으로 할당받는 double 변수의 값을 변경할 수는 없다. 변수 pi가 const 포인터로 선언되어 있기 때문이다. 그러나 4라인과 같이 const_cast를 통해 일반 포인터형으로 형변환을 한 후에는 pi2 포인터 변수를 통해 해당 double 변수의 값을 변경할 수 있게 된다.

사실은 4라인을 다음과 같이 변환해도 결과는 동일하다.

```
double *pi2 = (double *) (pi);
```

그러나 이 경우 동일한 타입의 const 포인터를 일반 포인터로 변환하는 것인지 또는 다른 타입의 포인터(예를 들면 int형 포인터)를 double형 포인터로 변환하는 것인지 이 코드만으로는 판단하기 힘들다. 그러나 4라인과 같이 사용한다면 그것만으로 double형 const 포인터를 double형 일반 포인터로 변환하고자 하는 프로그래머의 의도를 알 수 있을 것이다. 만약 const_cast 연산자를 사용하여 int형 const 포인터를 double형 일반 포인터로 변환할 경우에는 컴파일 에러가 발생하게 된다.

무관한 포인터 타입 사이의 reinterpret_cast

reinterpret_cast는 주로 서로 무관한 포인터 타입 사이의 형변환을 수행하기 위해 사용될 수 있으며, int형과 포인터형 사이의 형변환을 위해서도 사용될 수 있다.

[예제 11.14]에서 Base 클래스 및 Derived 클래스와 무관한 Another 클래스가 있다고 가정할 경우 다음과 같은 형변환이 가능하다. reinterpret_cast는 형변환에 있어서 자유가 많은 만큼 위험한 형변환이 될 수 있으므로 주의를 요한다.

```
Base *p_b = new Base();
Another *p_a = reinterpret_cast<Another *> (p_b);
```

지금까지 살펴본 4개의 명시적 형변환 연산자는 기존의 C 스타일의 명시적 형변환 연산자보다 더 안전한 형변환을 제공해 주며 상황을 보다 쉽게 파악할 수 있도록 해준다. 아마도 여기서 살펴본 명시적 형변환 연산자를 사용해 볼 기회가 많지는 않을 것이다. C++를 공부하는 현재 단계에서는 더욱더 그럴 것이다. 그러나 이미 많은 C++ 프로그램들이 이와 같은 형변환 연산자를 사용하여 작성되고 있으므로 최소한 형변환 연산자의 의미와 사용 방법에 대해서는 익혀두길 바라며, 이를 바탕으로 향후 실전에서 활용해 보길 바란다.

연습문제 | 11.10

다음 프로그램에서 RunFunc 함수가 주석과 같이 수행될 수 있도록 RunFunc 함수를 완성해 보라.

```
1   class Base
2   {
3   public :
4       virtual void Func() { cout << "Base" << endl; };
5       int b_;
6   };
7
8   class Derived : public Base
9   {
10  public :
11      void Func() { cout << "Derived" << endl; }
12      void Func2() { cout << "Derived::Func2" << endl; }
13      int d_;
14  };
15
16  void RunFunc(Base *p_b)
17  {
18      // p_b가 가리키는 객체가 Base 객체라면 Func를 수행하고
19      // Derived 객체를 가리키고 있다면 Func2를 수행하라
20
21  }
22
23  int main()
24  {
25      Base *p_b = new Derived();
26      RunFunc(p_b);
27
28      return 0;
29  }
```

• **실행결과**

```
Derived::Func2
```

RunFunc 함수 입장에서는 p_b가 가리키는 객체가 Base 객체인지 Derived 객체인지 판단을 내릴 필요가 있다. 이때 어떤 cast 연산자를 사용해야 하는지 생각해 보라.

사실 이 문제는 다음 절의 내용과 직결되며 답도 나와 있다. 다음 절을 보기 전에 스스로 풀어보고 넘어가도록 하라.

Note

연습문제 | 11.11

다음 프로그램의 출력 결과는 무엇인가? 16라인을 주석 처리하고 대신 15라인을 수행시키면 어떻게 되는가? 6라인에서는 Print 멤버 함수를 왜 const 함수로 만들었는가? 14라인의 Point 객체 the_point를 const 객체로 만든다는 전제하에 이 모든 질문에 대해 답하도록 하라. 그리고 이 문제의 핵심인 16라인에 대해서 자세히 설명해 보도록 하라.

```
1   class Point
2   {
3   public :
4       Point(int x = 0, int y = 0) : x_(x), y_(y) {};
5       void SetXY(int x, int y) { x_ = x; y_ = y; }
6       void Print() const { cout << "(" << x_ << ", " << y_ << ")" << endl; }
7
8   private :
9       int x_, y_;
10  };
11
12  int main()
13  {
14      const Point the_point(100, 100);
15      //the_point.SetXY(200, 200);
16      const_cast<Point *> (&the_point)->SetXY(200, 200);
17
18      the_point.Print();
19
20      return 0;
21  }
```

const_cast에 대한 이해 및 클래스로의 활용과 관련된 연습문제이다.

Note

11.11 실행시간 타입 정보 알아내기(RTTI)

예제 11.16 | dynamic_cast를 이용한 간접적인 타입 정보 알아내기

프로그램을 작성하다 보면 어떤 변수의 현재 타입이 무엇인지 알아내고 싶은 경우가 있다. 예를 들어 설명하면 다음과 같은 상황이다. base 클래스와 derived 클래스가 있다. base 클래스 포인터 변수인 p_b가 있을 때, 이 변수로는 base 객체를 가리킬 수도 있고 derived 객체를 가리킬 수도 있다. 만약 현재 객체가 derived 객체라면 derived 클래스에만 존재하는 멤버 함수를 호출하고자 한다. 이를 위해 p_b가 가리키는 실 객체의 타입을 알아내고 싶은 것이다.

p_b가 가리키는 실 객체의 타입을 명시적으로 알아내지 못한다 하더라도 dynamic_cast를 사용하면 이와 같은 목적을 달성할 수 있다. 다음 프로그램은 dynamic_cast를 이용하여 간접적으로 객체의 타입을 알아낸 예로서 [예제 11.14]와 유사하니 쉽게 이해할 수 있을 것이다.

```
1   class Base
2   {
3   public :
4       virtual void Func() { cout << "Base" << endl; };
5       int b_;
6   };
7
8   class Derived : public Base
9   {
10  public :
11      void Func() { cout << "Derived" << endl; }
12      void Func2() { cout << "Func2" << endl; }
13      int d_;
14  };
15
16  int main()
17  {
18      Base *p_b = new Derived();
19      Derived *p_d = dynamic_cast<Derived *> (p_b); // 가능하다면 Derived로 변환
20
21      if (p_d == NULL)
22          cout << "형변환 실패" << endl;
23      else
24          p_d->Func2();
25
26      return 0;
27  }
```

• **실행 결과**

```
Func2
```

19라인의 형변환 수행이 실패할 경우에는 NULL이 반환되는데, 이것은 p_b 포인터가 가리키는 객체가 derived 객체가 아니라는 의미이다. 반면, 성공했다면 p_b가 가리키는 객체가 derived 객체라는 의미이며, 따라서 24라인과 같이 derived 클래스에만 있는 Func2 함수를 수행할 수 있다.

typeid 연산자를 이용한 타입 정보 알아내기

C++에서는 dynamic_cast 연산자를 이용한 간접적인 방법이 아니더라도 어떤 변수, 포인터, 타입에 대한 정보를 알아낼 수 있는 직접적인 방법으로 typeid 연산자를 제공하고 있다. 이와 같이 dynamic_cast 또는 typeid 연산자를 통해 타입 정보를 획득하는 것을 RTTI(RunTime Type Information)라고 한다.

typeid 연산자를 통해 어떤 변수의 정보를 알아내는 방법에 대해 알아보자. 먼저 typeid 연산자를 사용하면 type_info 클래스 객체의 참조가 반환된다. type_info 클래스를 사용하기 위해서는 <typeinfo> 헤더 파일을 include해야 한다. type_info 클래스의 멤버 함수로는 name 함수, == 연산자 오버로딩, != 연산자 오버로딩이 있다. name 함수로부터 해당 변수의 타입명을 알아낼 수 있으며 ==, != 연산자를 통해 두 변수 또는 타입 사이의 일치 여부를 판단할 수 있다. 한 가지 주의할 사항은 type_info 클래스의 복사 생성자와 대입 연산자가 private 멤버로 포함되어 있기 때문에 type_info 클래스 객체를 직접 생성하여 사용할 수가 없다는 것이다. typeid의 기본적인 사용 예는 다음과 같다.

```
int a, b;
cout << typeid(a).name() << endl;     // 변수가 올 수도 있다.
cout << typeid(int).name() << endl;  // 타입이 올 수도 있다.
if (typeid(a) == typeid(b)) { ... }  // 두 변수의 타입이 같은지 비교할 수 있다.
if (typeid(a) == typeid(int)) { ... }// 변수의 타입이 int인지 알아낼 수 있다.
```

예제 11.17 | typeid 연산자를 사용한 타입 정보 알아내기

typeid 연산자와 type_info 클래스를 사용하여 base 클래스 포인터가 가리키고 있는 객체의 타입을 명시적으로 알아보도록 하자. Base 클래스와 Derived 클래스의 내용은 [예제 11.16]과 동일하다.

```
1   int main()
2   {
3       Base *p_b = new Derived();
4       Derived *p_d;
5
6       if (typeid(*p_b) == typeid(Derived))  // p_b 객체가 Derived 객체인지 검사
7       {
8           p_d = (Derived *) p_b;
9           cout << typeid(*p_d).name() << endl;
10          p_d->Func2();
11      }
12      else
13          cout << "Derived 객체가 아닙니다" << endl;
14
```

```
15      return 0;
16  }
```

• **실행 결과**

```
class Derived
Func2
```

6라인에서 현재 p_b 포인터가 가리키고 있는 객체가 Derived 클래스 객체인지를 판단하고 있으며, Derived 객체일 경우 8~10라인에서 명시적 형변환을 수행한 후 타입명을 출력하고 Func2 함수를 수행하고 있다.

앞서 설명한 dynamic_cast 연산자와 마찬가지로 Visual C++ 6.0에서 typeid 연산자를 사용하기 위해서는 환경 설정을 통해 /GR 옵션을 추가해야 한다.

[예제 11.17]은 [예제 11.16]과 기능상의 큰 차이점은 없다. 이 문제만을 고려한다면 typeid 연산자보다는 dynamic_cast 연산자를 사용하는 것이 바람직할 수도 있다. 그러나 typeid 연산자는 이와 같은 경우 외에도 디버깅 시 유용하게 사용될 수 있다. 만약 어떤 포인터 변수가 가리키는 실 객체가 수행 중에 계속 변경될 경우 화면상에 해당 객체의 클래스명을 출력해 봄으로써 객체가 제대로 변경되고 있는지 확인해 볼 수 있을 것이다.

연습문제 | 11.12

다음 프로그램에서 main 함수의 p_b[i]는 Base 객체 또는 Derived 객체를 가리키는 포인터이다. 사용자의 입력에 따라 Base 객체 또는 Derived 객체를 동적으로 생성하여 p_b[i] 포인터가 가리키도록 하라. 그리고 제대로 생성되었는지 typeid 연산자를 통해 확인해 보라.

```
1   int main()
2   {
3       int i, input;
4       Base *p_b[5];
5
6       // p_b[i] 포인터를 사용하여 사용자가 원하는 클래스 객체를 동적으로 생성하라.
7       // 그리고 제대로 만들어졌는지 각 객체의 타입명을 출력해 보라.
8
9       return 0;
10  }
```

• **실행결과**

```
0번째 객체 (Base:1, Derived:2) : 2
```

```
1번째 객체 (Base:1, Derived:2) : 1
2번째 객체 (Base:1, Derived:2) : 1
3번째 객체 (Base:1, Derived:2) : 2
4번째 객체 (Base:1, Derived:2) : 2
p_b[0] : class Derived
p_b[1] : class Base
p_b[2] : class Base
p_b[3] : class Derived
p_b[4] : class Derived
```

실행 결과를 보면 사용자가 원하는 대로 p_b[0] 포인터를 통해 Derived 객체가 동적으로 생성되었고 p_b[1] 포인터를 통해 Base 객체가 생성되는 등 p_b[0]~p_b[4] 모두 입력에 맞게 객체가 생성되었음을 확인할 수 있다.

Note

11.12 다중 파일 프로그래밍

클래스 중심의 다중 파일 프로그래밍 시 고려해야 할 클래스 관련 구성 요소

이 절은 상속 또는 다형성이라는 주제와는 큰 관련이 없다. 하지만 지금까지 클래스를 작성하고 사용하는 거의 모든 방법에 대해 배웠으므로 이 시점에서 클래스를 기반으로 하는 다중 파일 프로그래밍의 스타일에 대해 생각해 보고자 한다.

지금까지 작성한 모든 프로그램들은 각각 하나의 소스 파일(cpp)만으로 작성되어 있다. 하나의 소스 파일로 작성하면 링크 과정에 대해 고려할 필요가 없기 때문에 편리한 점이 있으나, 프로그램의 크기가 조금만 커지더라도 소스 코드가 너무 복잡해져 관리의 어려움이 발생할 수 있다.

C 언어에서도 마찬가지 문제가 발생할 수 있는데 C 언어에서는 주로 함수 단위의 그룹별로 소스 파일을 작성하게 된다. 우리는 이미 5.4절을 통해 함수를 중심으로 한 다중 파일 프로그래밍에 대해 알아보았다. 그룹에 포함된 함수들의 프로토타입은 헤더 파일에 포함시키고 함수 정의는 별도의 소스 파일에 포함시킨다. 그리고 해당 함수를 호출하는 소스 파일에서는 그 함수의 프로토타입이 포함된 헤더 파일만 include하면 컴파일에는 문제가 없으며, 실제 함수와의 연결 작업은 링크 과정을 통해 이루어진다. 결국 선언과 정의의 의미를 제대로 파악하고 있다면 다중 파일 프로그래밍이 결코 어려운 것이 아니다.

여기서는 클래스를 중심으로 프로그램을 작성할 때의 일반적인 다중 파일 프로그래밍에 대해 살펴보고자 한다. 클래스를 중심으로 한 C++ 프로그램을 작성할 때는 주로 클래스 별로 소스 파일을 작성하게 된다. 클래스 및 클래스 관련 구성 요소를 다음과 같이 분류할 수 있다.

1. **단순 클래스 선언**: class Point;
2. **클래스 선언, 멤버 선언, 멤버 함수의 내부 정의**: class Point { ... };
3. **클래스 멤버 함수의 외부 정의**: void Point::GetArea() { ... }

첫 번째, 단순 클래스 선언은 7.8절에서 전방 선언을 위해 사용한 적이 있다. 단순 클래스 선언은 프로그램 어딘가에 존재하는 클래스의 존재 여부만을 알리기 위해 사용하는 것으로서 하나의 프로그램 내에 여러 번 등장할 수 있을 뿐만 아니라 하나의 소스 파일 내에도 여러 번 등장할 수도 있다.

두 번째, 클래스 선언 시 해당 클래스 내에 멤버 변수와 멤버 함수를 선언하고 멤버 함수를 내부 정의로 구현하는 경우이다. 이러한 클래스 선언은 지금까지 사용한 가장 일반적인 클래스 선언 방법으로서 하나의 프로그램 내에 여러 번 등장할 수 있지만, 그 내부 구조가 동일해야만 동일한 클래스 선언으로 인식될 수 있다. 그러나 하나의 소스 파일 내에는 단 한 번만 등장할 수 있다.

세 번째, 클래스 선언 시에는 멤버 함수의 프로토타입만을 선언하고 그 함수에 대한 몸체는 외부 정의로 구현하는 것이다. 이와 같은 멤버 함수의 외부 정의는 하나의 프로그램 내에 단 한 번만 등장할 수 있다.

우선 지금까지 작성한 방법이 이 모든 것을 만족하는지 생각해 보자. 하나의 소스 파일 내에 클래스 선언과 멤버 함수 정의를 포함하였다. 그러므로 하나의 클래스 선언과 멤버 함수 정의는 프로그램 또는 소스 파일 내에서 단 한 번만 등장하고 있다. 이 모든 것을 만족하고 있는 것이다.

예제 11.18 | Point 클래스에 대한 다중 파일 프로그래밍

Point 클래스를 포함하는 프로그램을 관리하기 쉽도록 소스 파일을 나누어 보도록 하자. Point 클래스에 대한 전형적인 C++ 프로그램 소스 파일은 "Point.h", "Point.cpp", "main.cpp"로 나누어진다.

```
1  // Point.h
2  #ifndef __MY_POINT
3  #define __MY_POINT
4
5  class Point
6  {
7  public :
8      Point(int x = 0, int y = 0) : x_(x), y_(y) {}
9      void Print();
10
11 private :
12     int x_, y_;
13 };
14
15 #endif
```

```
1  // Point.cpp
2  #include <iostream>
3  #include "Point.h"
4  using namespace std;
5
6  void Point::Print()
7  {
8      cout << "(" << x_ << ", " << y_ << ")" << endl;
9  }
```

```
1   // main.cpp
2   #include <iostream>
3   #include "Point.h"
4   using namespace std;
5
6   int main()
7   {
8       Point pt(1, 2);
9       pt.Print();
10
11      return 0;
12  }
```

Point 클래스 선언은 "Point.h"에 별도로 구현하였다. 이 파일은 Point 클래스를 사용하고자 하는 모든 소스 파일에서 include할 수 있다. 그런데 만약 이 헤더 파일에 멤버 함수의 외부 정의를 포함시킨다면 여러 개의 소스 파일이 "Point.h" 파일을 include할 경우, 세 번째 조건인 멤버 함수의 외부 정의는 단 하나라는 조건을 위배하게 된다. 따라서 "Point.h"는 클래스 선언만을 포함하고 있으며 멤버 함수의 외부 정의는 "Point.cpp"에 구현하고 있다. "Point.cpp"에서는 멤버 함수의 외부 정의 시 Point 클래스명이 명시적으로 나오게 되므로 "Point.h" 파일을 include해야만 한다. 마지막으로 "main.cpp"에서는 "Point.h" 파일만 include하고 Point 클래스를 사용하면 된다. 만약 또 다른 소스 파일에서 Point 클래스를 사용하고자 한다면 단순히 "Point.h" 파일만 include하고 사용하면 된다.

한 가지 추가로 설명할 사항은 "Point.h" 파일의 2, 3, 15라인에 있는 #ifndef __MY_POINT와 관련된 것이다. 만약 이 부분이 없다고 가정해 보자. 어떤 소스 파일이 "Point.h" 파일을 include하였다. 그런데 include문을 통해 포함시킨 또 다른 헤더 파일이나 소스 파일에서 또 다시 "Point.h" 파일을 include한다면 하나의 소스 파일 내에 Point 클래스 선언이 2번이나 등장하게 되어 두 번째 조건을 위배하는 것이므로 컴파일이 되지 않는다. "Point.h"의 2, 3, 15라인은 이러한 상황을 대비한 것이다. 첫 번째 include 시에만 __MY_POINT가 선언되어 있지 않으므로 #endif 내의 모든 내용을 포함하게 되며, 두 번째 include부터는 이미 __MY_POINT가 선언되어 있으므로 #endif 내의 내용이 포함되지 않는다. 이러한 방식으로 하나의 소스 파일에는 어떤 복잡한 include 상황이 발생하더라도 Point 클래스 선언이 단 한 번만 나오도록 보장하고 있다. 이 방식은 5.4절에서 설명한 방식과 동일하다.

예외 처리

예외(exception)란 프로그램을 실행하는 도중에 발생할 수 있는 문제를 의미한다. 우리는 지금까지 주어진 문제를 어떻게 해결할 것인가의 관점에서 코드를 작성하는 방법을 배웠지만, 상용 프로그램을 작성하는 대부분의 프로그래머들이 실행 중 발생하는 문제를 예측하고 이를 제거하기 위해 많은 노력을 기울이고 있다. 이 노력의 결과로 프로그램의 많은 부분이 정상적인 수행에서 벗어나는 상황을 검사하고 처리하기 위한 if문을 포함하게 되는데, 그로 인해 프로그램은 점점 더 복잡해지고 해석하기 힘들어지게 된다. C++의 예외 처리는 정상적인 흐름과 예외 처리 부분을 분리함으로써 예외 상황을 보다 명확하게 처리할 수 있는 메커니즘을 제공하고 있다. 또한 C++ 예외 처리는 라이브러리를 작성하는 프로그래머에게는 예외가 발생하였음을 알려줄 수 있는 기능을 제공하며, 라이브러리를 사용하는 프로그래머에게는 이 예외를 처리할 수 있는 기회를 제공함으로써 보다 안정화된 라이브러리 제작 및 사용 환경을 만들어 주고 있다. 이 장에서는 예외 처리의 개념과 필요성을 먼저 설명한 후 예외 처리를 위한 다양한 기법들을 소개할 것이다.

12.1 에러 처리

에러 처리의 의미

프로그램을 작성하는 경우 에러를 찾아 수정한다는 의미로 디버깅(debugging)이란 말을 많이 사용한다. 일반적으로 디버깅 대상이 되는 에러는 컴파일 시간 에러와 실행 시간 에러로 나뉜다. 컴파일 시간 에러는 주로 문법과 관련된 것으로서 컴파일 시간에 비교적 쉽게 발견되고 수정될 수 있다. 반면에 실행 시간 에러는 실행 파일이 만들어진 후 수행을 하는 도중에 발견되는 논리적인 에러를 의미한다. 예를 들어 int형 연산에서 0으로 나누는 것은 명백한 산술 에러에 포함된다. 어떠한 경우에도 이러한 상황은 발생해서는 안 된다. 이를 보장하기 위해서는 프로그램 코드를 사용하여 0으로 나누는 상황을 발견하고 적절한 처리를 할 수 있어야 한다. 결론적으로 얘기하자면 여기서 얘기하는 에러 처리라는 것은 실행 중 발생할 수 있는 논리적인 에러를 예측하여 이를 발견할 수 있는 코드와 처리하는 코드를 추가하는 것이라 할 수 있다.

예제 12.1 | int 형 값들에 대한 사칙연산 결과 출력하기

사용자로부터 int형 값 2개를 입력받아 사칙연산(+, −, *, /) 결과를 출력하는 프로그램을 작성해 보자.

```
1   int main()
2   {
3       int num1, num2;
4   
5       cout << "2개의 정수 입력 : ";
6       cin >> num1 >> num2;
7   
8       cout << "+ : " << num1 + num2 << endl;
9       cout << "- : " << num1 - num2 << endl;
10      cout << "* : " << num1 * num2 << endl;
11      cout << "/ : " << num1 / num2 << endl;
12  
13      cout << "사칙연산 종료" << endl;
14  
15      return 0;
16  }
```

• **실행 결과**

```
2개의 정수 입력 : 4 0
+ : 4
- : 4
* : 0
```

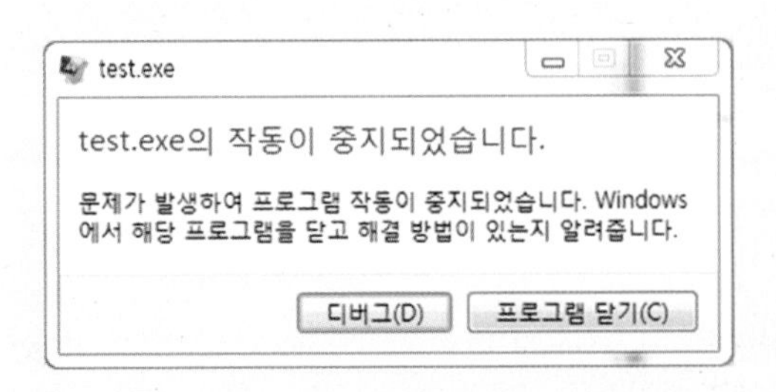

이 예제의 경우 사용자가 제대로만 사용한다면 문제가 발생하지 않을 수도 있다. 그러나 사용자가 실행 결과와 같이 입력 값을 입력했다면 프로그램은 비정상적으로 종료하게 된다. 프로그래머 입장에서는 (가능하다면) 사용자가 취할 수 있는 사용가능한 모든 패턴들에 대한 논리적 오류 여부를 고려하고 그러한 상황에 대해 대처할 수 있는 코드를 준비해야만 한다.

예제 12.2 | int 형 값들에 대한 나눗셈 연산 시 제수가 0인 경우에 대한 에러 처리

[예제 12.1]에서 가장 먼저 생각할 수 있는 에러는 num2의 값이 0이 되는 경우이다. 이 경우 0으로 나누는 것이 되므로 나눗셈은 성립하지 않는다. 그렇다면 num2의 값이 0인지 아닌지를 판단한 후 0이 아니라면 나눗셈을 수행하면 된다. 만약 0이라면 어떻게 할 것인가? 경우에 따라서는 프로그램을 종료할 수도 있고 재입력을 요구할 수도 있으며 또는 나눗셈 이후의 문장을 계속 수행할 수도 있다.

[예제 12.1]에서 num2의 값이 0인 경우에 대한 에러 처리를 추가해 보도록 하자.

```
1   int main()
2   {
3       int num1, num2;
4
5       cout << "2개의 정수 입력 : ";
6       cin >> num1 >> num2;
7
8       if (num2 == 0)                          // 에러 처리
9           cout << "0으로 나눌 수는 없습니다." << endl;
10      else
11      {
12          cout << "+ : " << num1 + num2 << endl;
13          cout << "- : " << num1 - num2 << endl;
14          cout << "* : " << num1 * num2 << endl;
15          cout << "/ : " << num1 / num2 << endl;
16      }
17
18      cout << "사칙연산 종료" << endl;
19
20      return 0;
21  }
```

• **실행 결과**

```
2개의 정수 입력 : 4 0
0으로 나눌 수는 없습니다.
사칙연산 종료
```

여기서는 8~16라인과 같이 num2의 값이 0인 경우 사칙연산 전체를 수행하지 않고 다음 문장으로 넘어가도록 하였다. 경우에 따라서는 나눗셈을 제외한 사칙연산 결과를 출력할 수도 있을 것이다. 에러 처리를 위해서는 if문을 사용하였는데, 일반적으로도 if문을 많이 사용한다. 이제 실행 결과와 같이 num2의 값으로 0이 입력된다 하더라도 프로그램은 정상적으로 종료하게 된다.

12.2 예외 처리의 개념적 이해

예외 처리의 의미

예외 처리(exception handling)는 에러 처리를 포함하여 프로그램의 정상적인 흐름에 위배되는 예외 상황에 대한 처리를 말한다. 여기서 예외 상황이란 문제마다 또는 프로그래머마다 서로 다르게 해석될 수 있다. 예를 들어 주어진 사칙연산의 문제에서 num1, num2 모두 0 이상이어야 한다는 제약조건이 있다고 하자. 사용자가 음수를 입력하는 경우 프로그램 수행에는 전혀 문제가 없지만 주어진 문제에 대해서는 올바른 상황이 아니다. 이런 경우가 예외 상황이라 할 수 있다. 지금부터는 에러 및 예외 처리를 모두 예외 처리라는 용어로 사용할 것이다.

예제 12.3 | if 문을 이용한 예외 처리의 개념 이해

예외 처리의 기본 개념은 프로그램의 정상적인 수행 흐름과 예외를 처리하는 부분을 분리하는 것이다. 이 예제를 통해 이러한 예외 처리의 특징을 개념적으로 나타내 보도록 하자. 즉, 프로그램의 정상적인 수행 흐름과 예외 처리 부분을 별도로 표현하는 것이다.

```
1   int main()
2   {
3       int num1, num2;
4
5       cout << "2개의 정수 입력 : ";
6       cin >> num1 >> num2;
7
8       if (num2 == 0)          // 예외 상황 감지 => 예외 처리로 이동
9           goto error;
10
11      cout << "+ : " << num1 + num2 << endl;
12      cout << "- : " << num1 - num2 << endl;
13      cout << "* : " << num1 * num2 << endl;
14      cout << "/ : " << num1 / num2 << endl;
```

```
15
16      cout << "사칙연산 종료" << endl;
17
18      return 0;
19
20  error :                          // 예외 처리 부분
21      cout << "0으로 나눌 수는 없습니다." << endl;
22      cout << "사칙연산 종료" << endl;
23
24      return 0;
25  }
```

num2의 값이 0인 경우 이에 대한 예외 처리 부분은 20라인에 있는 error 레이블 이후로 옮겼으며 8라인에서 num2의 값이 0인 경우 goto문을 사용하여 예외 처리 부분으로 이동하고 있다.

이 예제에서는 예외 처리의 장점이 크지 않지만 예외 처리 부분의 코드가 많을 경우, 기존의 에러 처리 방식을 사용한다면 프로그램의 정상적인 흐름과 예외 처리 부분을 쉽고 명확하게 구분하기 힘들어질 수 있다. 그러나 이 예제에서와 같이 예외 처리 부분을 별도의 영역으로 처리한다면 프로그램의 정상적인 수행 흐름과 쉽게 구분할 수 있을 것이다.

불행히도 이 예제에서 if문이나 goto문과 같이 예외를 감지하고 예외 처리 영역으로 수행 흐름을 변경하는 부분까지 없앨 수는 없다. 그러나 C++에서는 클래스 및 상속을 적절히 사용하여 라이브러리를 개발한다면 해당 라이브러리를 사용하는 프로그래머에게는 어느 정도 자동화된 예외 처리 방식을 제공해 줄 수도 있다. 이에 대해서는 실제 예외 처리 구문을 배운 후 12.5절과 12.6절에서 설명할 것이다.

12.3 예외 처리 구문

예외 처리 구문의 기본 형태

앞서 [예제 12.3]에서는 예외 처리를 위해 goto문을 사용했지만 C++에서는 이를 위해 try 구문을 제공하고 있다. 구체적으로는 try 키워드와 함께 throw, catch 키워드가 사용된다. 각각에 대한 의미는 [그림 12.1]과 같다.

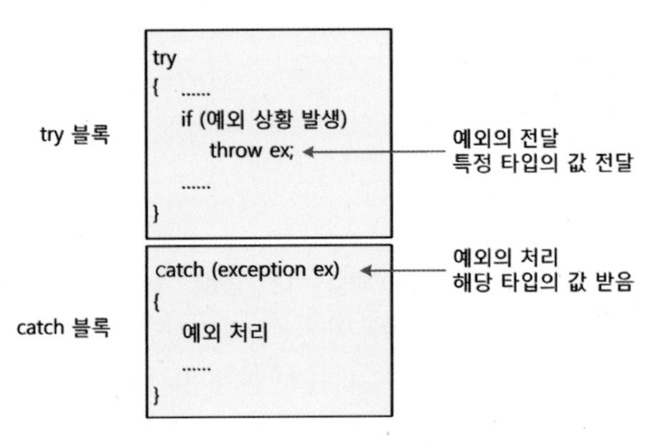

○ 그림 12.1 예외 처리 구조

try 블록은 예외가 발생할 것으로 예상되는 영역을 의미하며 예외가 발생하면 throw문을 통해 예외를 전달하게 된다. throw문은 수행 흐름을 예외 처리 핸들러로 변경하는 역할을 담당하는데, 이때 예외 처리 핸들러에게 특정 값을 전달할 수 있으며 그 값은 함수 호출 시 매개변수를 전달하는 방식과 유사하다. 따라서 int, double, 클래스 등 어떤 타입의 값이든 전달이 가능하다. 단, 함수와 마찬가지로 예외 처리 핸들러가 해당 타입의 값을 전달받을 수 있어야 한다. catch 블록이 바로 예외 처리 핸들러이다. catch 블록은 반환형이 기술되어 있지 않다는 것만 제외하고는 함수와 그 모양이 매우 흡사하다. 매개변수로 특정 값을 전달받을 수 있으며 이 값을 예외 처리 핸들러 내에서 사용할 수도 있다.

예제 12.4 | 예외 처리 구문을 이용한 사칙연산에서의 예외 처리

[예제 12.3]의 사칙연산에서의 예외 처리를 if 문이 아닌 예외 처리 구문을 사용하여 재작성해 보자.

```
1   int main()
2   {
3       int num1, num2;
4
5       cout << "2개의 실수 입력 : ";
6       cin >> num1 >> num2;
7
8       try                                 // try 블록 : 예외 감시
9       {
10          if (num2 == 0)
11              throw num2;                 // throw문 : 예외 전달
12
13          cout << "+ : " << num1 + num2 << endl;
14          cout << "- : " << num1 - num2 << endl;
15          cout << "* : " << num1 * num2 << endl;
16          cout << "/ : " << num1 / num2 << endl;
17      }
18      catch (int ex)                      // catch 블록 : 예외 처리
19      {
20          cout << "0으로 나눌 수는 없습니다."  << endl;
21      }
22
23      cout << "사칙연산 종료" << endl;
24
25      return 0;
26  }
```

10라인에서 예외 상황이 발생하였는지를 판단하고 예외 상황이 발생하였다면 throw문을 통해 예외 처리 핸들러인 18라인으로 이동한다. 여기서는 예외 처리 핸들러로 전달된 값을 사용하고 있지는 않다.

[그림 12.2]를 통해 이 예제의 수행 흐름을 다시 한 번 따져보도록 하자. try 문이 시작된 후 throw문을 만나기 전까지는 정상적으로 문장이 수행된다. 만약 try문이 종료될 때까지 throw문을 만나지 못하면

catch 블록을 지나친 후 그 다음 문장을 수행한다. 만약 throw문을 만나게 되면 throw문 이후의 try 블록을 지나친 후 catch 블록을 수행하며, catch 블록의 수행이 완료되면 catch 블록 다음의 문장들을 계속해서 수행하게 된다.

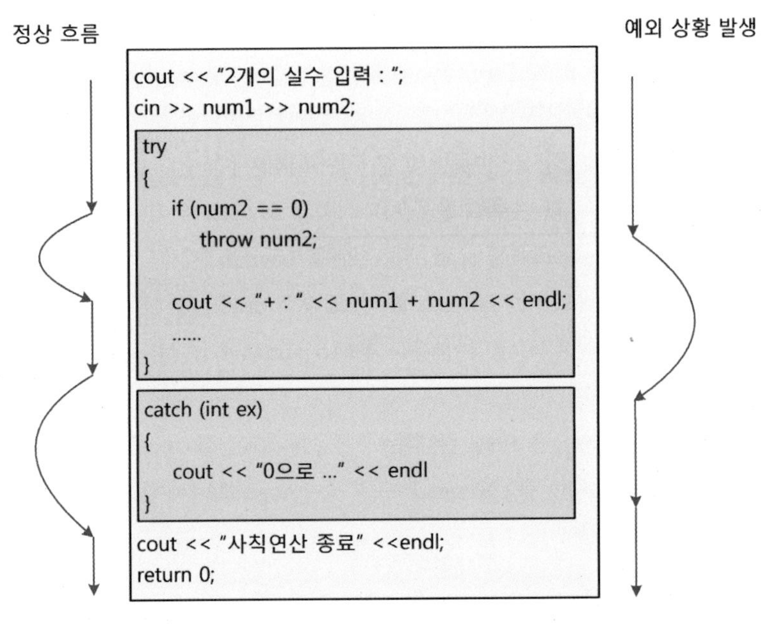

○ 그림 12.2 [예제 12.4]의 수행 흐름

연습문제 | 12.1

사용자로부터 1부터 10까지의 정수 중 하나를 입력받고 제곱값을 출력하려고 한다. 사용자가 이 범위를 벗어난 정수값을 입력할 경우 예외 처리를 통해 잘못 입력하였음을 알리도록 하라.

- **실행결과**

```
1개의 정수 입력 (1~9) : -1
-1을 입력하셨네요! 잘못 입력하셨습니다.
```

이 연습문제를 통해 기본적인 예외 처리 구문을 익히도록 하라.

Note

연습문제 | 12.2

[연습문제 12.1]에서 예외 상황이 발생했을 경우 예외 처리를 한 후에 재입력을 요구하도록 하라.

- **실행결과**

```
1개의 정수 입력 (1~9) : 0
0을 입력하셨네요! 잘못 입력하셨습니다.
다시 입력해 주세요.
1개의 정수 입력 (1~9) : 100
100을 입력하셨네요! 잘못 입력하셨습니다.
다시 입력해 주세요.
1개의 정수 입력 (1~9) : 5
제곱값 : 25
```

참고로 try ~ catch 블록은 반복문 내에 존재할 수도 있다.

Note

12.4 throw문과 다중 예외 처리 핸들러의 사용

throw문을 통해 전달되는 값의 타입

throw문을 통해 전달될 수 있는 값은 int, char, char *, double 등 기본형의 값을 비롯하여 사용자가 만든 클래스 객체까지도 가능하다. 만약 throw문을 통해 전달된 값을 catch 예외 처리 핸들러가 수용하지 못한다면 표준 C++ 라이브러리에 포함되어 있는 terminate 함수가 자동으로 수행된다. 예를 들어 문자열을 전달하는 throw "exception"에 대한 예외 처리 핸들러가 catch (int ex)로 되어 있을 경우, throw문이 수행된다면 catch (int ex)가 문자열을 받을 수 없으므로 terminate 함수가 수행되는 것이다. terminate 함수는 프로그램을 종료하도록 되어 있다.

경우에 따라서는 예외의 성격에 따라 throw문을 통해 전달하는 값의 타입이 여러 가지일 수도 있다. 이런 경우를 대비하여 각각의 타입에 부합하는 여러 개의 예외 처리 핸들러를 만들 수도 있다.

예제 12.5 | 다중 예외 처리 핸들러의 작성 방법

0으로 나누는 에러 외에 num1, num2의 값이 모두 양수라는 제약을 위배하는 예외도 처리할 수 있도록 예외 처리 핸들러 2개를 만들고, 각각의 상황에 대해 서로 다른 예외 처리 핸들러가 처리할 수 있도록 해보자.

```
int main()
{
    int num1, num2;

    cout << "2개의 정수 입력 : ";
    cin >> num1 >> num2;

    try
    {
        if (num2 == 0)
            throw 1;

        if (num1 <= 0 || num2 <= 0)
            throw 1.0;

        cout << "+ : " << num1 + num2 << endl;
        cout << "- : " << num1 - num2 << endl;
        cout << "* : " << num1 * num2 << endl;
        cout << "/ : " << num1 / num2 << endl;
    }
    catch (int ex)              // 예외 처리 핸들러 : int형
    {
        cout << "0으로 나눌 수는 없습니다." << endl;
    }
    catch (double ex)           // 예외 처리 핸들러 : double형
    {
        cout << "num1과 num2는 음수가 될 수 없습니다." << endl;
    }
    catch (...)                 // 예외 처리 핸들러 : 모든 타입
    {
        cout << "모든 throw문을 수용할 수 있는 예외처리 핸들러입니다" << endl;
    }

    cout << "사칙연산 종료" << endl;

    return 0;
}
```

- **실행 결과**

```
2개의 실수 입력 : -1 -2
num1과 num2는 음수가 될 수 없습니다.
사칙연산 종료
```

21~32라인과 같이 catch 블록이 여러 개 올 수 있으며, 11라인에서 throw를 통해 전달되는 값이 int형인 경우 21라인에 있는 첫 번째 catch 블록에 의해 처리(catch라고 함)되며, 14라인과 같이 double형이

throw될 경우 25라인의 두 번째 catch 블록에 의해 처리된다. 29라인의 마지막 catch 블록의 경우 매개변수가 (...)으로 되어 있다. 이것은 어떤 타입이든 관계없이 처리가 가능함을 의미한다. 따라서 int와 double형을 제외한 타입의 값이 throw될 경우 29라인의 마지막 catch 블록에 의해 처리된다.

주의할 사항은 throw문에 의해 전달되는 값을 처리할 catch 블록을 선택하는 방식이 해당 값과 가장 잘 맞는 catch 블록을 선택하는 것이 아니라, 코드 상에 나와 있는 순서대로 부합 여부를 판단한다는 것이다. 부합하는 catch 블록을 만나면 해당 블록을 수행하고 나머지 catch 블록은 건너뛰게 된다. 그렇다면 만약 이 예제에서 catch (...) 블록을 가장 먼저 위치시키게 되면 어떤 일이 발생할까? int형이나 double형에 관계없이 항상 catch (...) 블록만 수행된다. 사실 이 경우에는 컴파일러에 의해 두 번째와 세 번째 catch 블록이 수행될 수 없다는 것이 발견되므로 컴파일 자체가 불가능하다. 그러나 바로 다음 절에서 설명할 예외 처리 클래스의 경우 catch 블록의 등장 순서가 수행 흐름에 영향을 미칠 수도 있으니 주의해야 한다.

연습문제 | 12.3

[예제 12.5]에서 catch (...) 블록이 수행될 수 있도록 예외를 발생시켜 보라.

int형이나 double 형이 아닌 다른 타입의 값으로 throw문을 수행하면 된다.

Note

12.5 예외 처리 클래스

예제 12.6 | 예외 처리 클래스 객체를 예외 처리 핸들러로 전달하기

throw문을 통해 클래스 객체의 전달이 가능하다고 하였다. 이에 대한 테스트를 위해 [예제 12.5]에서 예외 처리 부분을 클래스로 변환해 보자.

```
1   class DivideZero
2   {
3   public :
4       void What() { cout << "0으로 나눌 수는 없습니다." << endl; }
5   };
6
7   class NegativeNumber
8   {
```

```
9   public :
10      void What() { cout << "num1과 num2는 음수가 될 수 없습니다." << endl; }
11  };
12
13  int main()
14  {
15      int num1, num2;
16
17      cout << "2개의 정수 입력 : ";
18      cin >> num1 >> num2;
19
20      try
21      {
22          if (num2 == 0)
23              throw DivideZero();         // CDivideZero 임시 객체 전달
24
25          if (num1 <= 0 || num2 <= 0)
26              throw NegativeNumber();     // CNegativeNumber 임시 객체 전달
27
28          cout << "+ : " << num1 + num2 << endl;
29          cout << "- : " << num1 - num2 << endl;
30          cout << "* : " << num1 * num2 << endl;
31          cout << "/ : " << num1 / num2 << endl;
32      }
33      catch (DivideZero ex)       // CDivideZero 객체를 값에 의한 전달로 받음
34      {
35          ex.What();
36      }
37      catch (NegativeNumber ex)  // CNegativeNumber 객체 받음
38      {
39          ex.What();
40      }
41      catch (...)
42      {
43          cout << "모든 throw문을 수용할 수 있는 예외처리 핸들러입니다" << endl;
44      }
45
46      cout << "사칙연산 종료" << endl;
47
48      return 0;
49  }
```

• **실행 결과**

```
2개의 정수 입력 : 4 -1
num1과 num2는 음수가 될 수 없습니다.
사칙연산 종료
```

1~5라인에서는 0으로 나누는 예외를 처리하기 위해 DivideZero라는 클래스를 만들었고, 7~11라인에서는 num1, num2의 값에 대한 음수 예외를 처리하기 위해 NegativeNumber라는 클래스를 추가하였다. 그리고 예외가 발생하는 경우 23, 26라인과 같이 각 클래스의 임시 객체를 만들어 예외 처리 핸들러로 전달하였으며, 각각에 대한 예외 처리 핸들러를 33, 37라인과 같이 만들어서 사용하였다.

예제 12.7 | base 클래스를 통한 derived 예외 처리 클래스들의 처리

[예제 12.6]에서 35, 39라인의 경우 객체의 클래스는 다를지라도 수행 내용이 ex.What()으로 동일하다. 만약 DivideZero와 NegativeNumber 객체 모두를 전달받을 수 있는 예외 처리 핸들러를 만들 수 있다면 여기에서의 중복을 피할 수 있을 것 같다. 이를 달성하기 위한 힌트는 base 클래스의 참조(또는 포인터)는 derived 클래스의 참조(또는 포인터)를 받을 수 있다는 것이다. 바로 DivideZero와 NegativeNumber 클래스의 base 클래스를 만들어 base 클래스 참조 또는 포인터로 처리하는 것이다.

그러면 DivideZero와 NegativeNumber 예외 클래스를 동시에 처리할 수 있는 base 클래스를 만들어 보자. 클래스명은 MyException으로 하였다.

```
1   class MyException                 // DivideZero와 NegativeNumber의 base 클래스
2   {
3   public :
4       virtual void What() = 0;    // 추상 클래스로 만듦. base 클래스 역할만.
5   };
6
7   class DivideZero : public MyException
8   {
9   public :
10      void What() { cout << "0으로 나눌 수는 없습니다." << endl; }
11  };
12
13  class NegativeNumber : public MyException
14  {
15  public :
16      void What() { cout << "num1과 num2는 음수가 될 수 없습니다." << endl; }
17  };
18
19  int main()
20  {
21      int num1, num2;
22
23      cout << "2개의 정수 입력 : "
24      cin >> num1 >> num2;
25
26      try {
27          if (num2 == 0)
28              throw DivideZero();
29
30          if (num1 <= 0 || num2 <= 0)
```

```
31              throw NegativeNumber();
32
33          cout << "+ : " << num1 + num2 << endl;
34          cout << "- : " << num1 - num2 << endl;
35          cout << "* : " << num1 * num2 << endl;
36          cout << "/ : " << num1 / num2 << endl;
37      }
38      catch (MyException &ex)     // 이제는 MyException이 둘 다 받을 수 있음
39      {
40          ex.What();
41      }
42      catch (...)
43      {
44          cout << "모든 throw문을 수용할 수 있는 예외처리 핸들러입니다" << endl;
45      }
46
47      cout << "사칙연산 종료" << endl;
48
49      return 0;
50  }
```

1~5라인에 MyException 클래스를 만들고 이 클래스를 base 클래스로 하여 DivideZero와 NegativeNumber 클래스를 각각 만들었다. 그리고 38라인의 예외 처리 핸들러는 MyException 객체를 받도록 하여 derived 클래스 객체를 처리할 수 있도록 하였다. 단, 이때 참조(또는 포인터)로 받아야 하며 MyException 클래스의 What 함수를 가상함수로 선언해야만 한다. 그렇게 해야만 40라인에서 실제 객체의 클래스에 포함된 What() 함수가 수행될 수 있다.

만약에 다음과 같은 순서로 2개의 예외 처리 핸들러가 존재한다고 가정하자.

```
catch (MyException &ex1) { }
catch (DivideZero &ex2) { }
```

만약 DivideZero 객체에 의한 예외가 발생한다면 두 가지 예외 처리 핸들러 중 어떤 것이 수행될까? 답은 첫 번째 핸들러이다. MyException 객체 참조를 통해 DivideZero와 NegativeNumber 객체를 모두 처리할 수 있음에 다시 한 번 주의하도록 하라. 따라서 이와 같은 경우 두 번째 예외 처리 핸들러는 그 존재 가치를 상실하게 된다.

12.6 throw문의 전달과 응용

예제 12.8 | 중첩 try 블록

try 블록은 중첩되어 나올 수도 있다. 즉, try 블록 내에 또 다시 try ~ catch 블록이 포함될 수 있다. 이 경우 throw문이 수행된다면 가장 가까운 예외 처리 핸들러부터 수행 가능한 핸들러를 찾게 된다. 그러면

try ~ catch 블록을 중첩하여 만들어 보자.

```
1   int main()
2   {
3       int num1, num2;
4
5       cout << "2개의 정수 입력 : ";
6       cin >> num1 >> num2;
7
8       try
9       {
10          if (num2 == 0)
11              throw 1;                // int 값 전달
12
13          try                         // 중첩 try 문
14          {
15              if (num1 <= 0 || num2 <= 0)
16                  throw 1.1;          // double 값 전달
17
18              cout << "+ : " << num1 + num2 << endl;
19              cout << "- : " << num1 - num2 << endl;
20              cout << "* : " << num1 * num2 << endl;
21              cout << "/ : " << num1 / num2 << endl;
22          }
23          catch (double ex)           // double 값 수용
24          {
25              cout << "num1과 num2는 음수가 될 수 없습니다." << endl;
26          }
27      }
28      catch (int ex)                  // int 값 수용
29      {
30          cout << "0으로 나눌 수는 없습니다." << endl;
31      }
32
33      cout << "사칙연산 종료" << endl;
34
35      return 0;
36  }
```

8~27라인의 try 블록 내인 13~26라인에 또 다시 try ~ catch 블록이 등장하고 있다. 16라인에 있는 throw문의 경우 먼저 23라인의 catch와 부합되는지 검사하고 부합된다면 이 핸들러를 수행한다. 만약 부합되지 않는다면 외부에 있는 28라인의 catch와 부합 여부를 검사하게 된다. 모두 다 부합하지 않는다면 앞서 말한 바와 같이 terminate 함수가 수행된다.

정리하자면 try 블록과 match되는 catch문이 throw문으로부터 전달된 값을 수용하지 못한다면, 계속해서 바로 외부에 있는 try ~ catch 블록의 catch문에 의한 수용 여부를 검사하게 된다. 마찬가지로 특정

함수 내에서 throw문이 수행되는 경우 해당 함수 내에 catch 문이 없다면 또는 처리할 수 있는 catch 문이 없다면, 해당 함수를 호출한 함수로 throw문이 전달된다.

예제 12.9 | 특정 함수로부터 throw문을 통한 예외 전달

특정 함수로부터 throw문이 전달되는 예를 살펴보자.

```
1   bool CheckNegative(int num1, int num2)
2   {
3       if (num1 <= 0 || num2 <= 0)
4           throw 1.1;                     // 예외전달 => 어디로?
5       return true;
6   }
7
8   int main()
9   {
10      int num1, num2;
11
12      cout << "2개의 정수 입력 : ";
13      cin >> num1 >> num2;
14
15      try
16      {
17          if (num2 == 0)
18              throw 1;
19
20          CheckNegative(num1, num2);  // 함수 호출
21
22          cout << "+ : " << num1 + num2 << endl;
23          cout << "- : " << num1 - num2 << endl;
24          cout << "* : " << num1 * num2 << endl;
25          cout << "/ : " << num1 / num2 << endl;
26      }
27      catch (int ex)
28      {
29          cout << "0으로 나눌 수는 없습니다." << endl;
30      }
31      catch (double ex)
32      {
33          cout << "num1과 num2는 음수가 될 수 없습니다." << endl;
34      }
35
36      cout << "사칙연산 종료" << endl;
37
38      return 0;
39  }
```

20라인에서 CheckNegative 함수를 호출하고 있다. CheckNegative 함수의 내부인 4라인에서는 throw문을 통해 예외를 전달하고 있는데, 이 경우 호출 경로 상에서 가장 가까운 예외 처리 핸들러부터 부합되는 핸들러가 있는지 찾게 된다. 따라서 4라인의 throw문은 31라인의 catch 블록이 처리하게 된다.

예외를 처리하는 클래스와 이 예제에서 배운 throw문의 전달을 응용하면 대단히 유용한 응용 예를 만들 수 있다. 보통 라이브러리를 만드는 프로그래머는 자신의 코드에 어떠한 문제가 있는지를 미리 알 수 있다. 따라서 해당 문제에 대해 throw문을 사용하여 예외 상황을 발생시킬 수 있다. 그러나 이 예외에 대한 구체적인 처리 내용은 라이브러리를 만드는 프로그래머가 정확하게 판단을 내릴 수는 없다. 그것은 이 라이브러리를 사용하는 프로그래머가 판단할 일이다. 프로그램을 종료할 수도 있고 아니면 다른 처리를 한 후 계속 수행할 수도 있다. 즉, 라이브러리를 사용하는 프로그래머는 어떤 예외가 발생할 수 있는지만 인지하고 있다면 catch 블록을 작성하여 이에 대한 처리를 할 수 있는 것이다.

예제 12.10 | 예외 처리 클래스와 throw문의 응용을 통한 유용한 라이브러리의 구성

계산 기능을 수행하는 Calc 클래스를 만들고 여기서 사칙연산을 수행할 수 있도록 하자. Calc 클래스에서는 num1_, num2_ 값에 대한 입력을 위한 Input 멤버 함수와 결과 출력을 위한 Output 멤버 함수를 가지고 있다. 그러나 Calc 클래스에서는 Input 함수 수행 시 num2_의 값이 0이 되면 안 된다는 것을 이미 알고 있기 때문에 throw문을 통해 예외 상황을 발생시킬 수 있다. 그러나 이 예외 상황에 대한 처리는 Calc 클래스를 사용하는 프로그래머의 몫이다. 여기서 예외를 나타내는 클래스들과 Calc 클래스를 라이브러리라고 생각하기로 하자.

```
1   class MyException
2   {
3   public :
4       virtual void What() = 0;
5   };
6
7   class DivideZero : public MyException
8   {
9   public :
10      void What() { cout << "0으로 나눌 수는 없습니다." << endl; }
11  };
12
13  class NegativeNumber : public MyException
14  {
15  public :
16      void What() { cout << "num1과 num2는 음수가 될 수 없습니다." << endl; }
17  };
18
19  class Calc
20  {
21  private :
22      int num1_, num2_;
23
```

```
24  public :
25      void Input()
26      {
27          cout << "2개의 정수 입력 : "
28          cin >> num1_ >> num2_;
29          if (num2_ == 0)
30              throw DivideZero();
31          if (num1_ <= 0 || num2_ <= 0)
32              throw NegativeNumber();
33      }
34      void Output()
35      {
36          cout << "+ : " << num1_ + num2_ << endl;
37          cout << "- : " << num1_ - num2_ << endl;
38          cout << "* : " << num1_ * num2_ << endl;
39          cout << "/ : " << num1_ / num2_ << endl;
40      }
41  };
42
43  int main()
44  {
45      try
46      {
47          Calc calc;
48          calc.Input();
49          calc.Output();
50      }
51      catch (MyException &ex)
52      {
53          ex.What();
54      }
55
56      cout << "사칙연산 종료" << endl;
57
58      return 0;
59  }
```

1~17라인에는 예외 처리를 위한 클래스들이 그대로 존재하고 있다. 그리고 19~41라인에 Calc 클래스가 구현되어 있는데 멤버 함수로 Input과 Output을 가지고 있다. Input 함수를 보면 입력을 받아들인 후 입력 결과에 따라 30, 32라인에서 예외를 발생시키고 있음을 알 수 있다. Input 함수 내에는 이 예외를 처리할 catch 블록이 존재하지 않으므로 이 함수를 호출한 곳으로 이동하게 될 것이다.

이번에는 main 함수를 보도록 하자. main 함수를 사용하는 프로그래머 입장에서는 Calc 클래스의 사용 방법과 Calc 클래스로부터 전달될 수 있는 예외를 알고 있기 때문에 51라인과 같이 Calc 객체 사용 중 전달되는 예외를 처리할 수 있는 catch 블록만 제대로 만들어 놓으면 된다.

실전에 있어서 예외 처리 클래스(예, MyException 클래스)와 문제를 푸는 데 필요한 클래스(예, Calc 클래스)를 라이브러리로 적절하게 만들어 놓을 수만 있다면 여기서의 main 함수와 같이 throw문을 직접 사용하지 않고도 예외 처리가 가능할 것이다.

연습문제 | 12.4

Point 클래스는 좌표값으로 0 또는 양수만을 수용할 수 있다. Point 객체 하나를 만들고 사용자로부터 좌표를 읽어 들일 수 있도록 >> 연산자를 오버로딩하라. 그리고 >> 연산자 내에서 원하는 값(0 이상)이 입력되지 못할 경우 예외를 발생시켜 보라. Point 클래스를 사용하는 main 함수에서는 예외 발생 시 이 예외를 처리할 수 있어야 한다.

여기서는 예외 처리를 위한 클래스는 사용하지 않아도 된다. 단순히 throw문 수행 시 Point 객체를 전달하면 된다.

Note

12.7 new 연산자의 예외 처리

표준 C++ 라이브러리의 new 연산자를 위한 bad_alloc 예외 처리 클래스

표준 C++에는 많은 라이브러리들이 구현되어 있으며 라이브러리들 중 일부는 이미 12.6절에서 배운 것과 같은 개념으로 예외를 발생시키는 메커니즘을 포함하고 있다. 그중 대표적인 예가 동적 메모리 할당을 위한 new 연산자이다.

new 연산자는 내부적으로 함수로 수행되며 메모리 할당이 실패하는 경우 bad_alloc 예외를 발생시킨다. bad_alloc 역시 표준 C++에서 만들어 놓은 예외 처리를 위한 클래스 중 하나이다.

표준 C++는 예외 처리를 위한 base 클래스로 exception 클래스를 만들어 놓았으며, 구체적인 예외 처리 클래스들은 exception 클래스로부터 상속받아 작성하였다. exception 클래스는 가상 멤버 함수로 what을 포함하고 있으며 다른 클래스들 역시 해당 예외에 맞게 what 함수를 재정의하고 있다. what 함수를 통해 간단한 예외 처리 메시지를 출력할 수 있다.

예제 12.11 | new 연산자를 위한 bad_alloc 예외 처리 클래스의 사용

다음 프로그램은 메모리 동적 할당을 위한 new 연산자의 예외 처리 예를 보여주고 있다. bad_alloc 예외 처리 클래스를 사용하려면 <new> 헤더 파일을 include해야 한다.

```
1   #include <iostream>
2   #include <new>
3   using namespace std;
4
5   int main()
6   {
7       int *ptr;
8
9       try
10      {
11          while (1)
12          {
13              ptr = new int[100000000];
14              cout << "메모리 할당 성공!" << endl;
15              ptr = NULL;
16          }
17      }
18      catch (bad_alloc &ex)  // 메모리 할당 실패 시 bad_alloc 예외 발생
19      {
20          cout << "메모리 할당 실패!" << endl;
21          cout << ex.what() << endl;
22      }
23
24      if (ptr != NULL)
25          cout << "메모리 할당에 성공했습니다." << endl;
26      else
27          cout << "메모리 할당에 실패했습니다." << endl;
28
29      return 0;
30  }
```

- **실행 결과**

```
메모리 할당 성공!
메모리 할당 성공!
메모리 할당 성공!
메모리 할당 성공!
메모리 할당 실패!
bad allocation
메모리 할당에 실패했습니다.
```

11~16라인에서는 new 연산자를 사용하여 반복적으로 메모리를 할당받고 있다. 실행 결과에 의하면 다섯 번째 할당에서 메모리 할당이 실패하는 것으로 나왔다. 물론 시스템마다 결과는 다를 수 있다. 메모리 할당이 실패하는 경우 new 연산자 내부적으로 bad_alloc 예외가 전달되는데 이를 18~22라인의 catch 블록에서 처리하고 있다. 24~27라인은 동적 메모리 할당 에러를 검사하는 전통적인 방법이다. 메모리 할당에 실패하는 경우 포인터의 값은 NULL이 되기 때문에 이를 통해 성공 여부를 판단하고 있다.

12.8 함수가 전달할 수 있는 예외의 제한

어떤 함수 내에서 발생할 수 있는 예외의 종류를 제한할 수 있다. 문법은 다음 예와 같이 함수 선언 후에 throw 키워드가 오고 () 내에 발생할 수 있는 예외의 타입을 기술하면 된다. 여기서 CheckNegative 함수는 int형과 double형 예외를 발생시킬 수 있다.

```
bool CheckNegative(int num1, int num2) throw(int, double);
```

만약 다음 코드와 같이 throw 다음의 () 내에 어떤 타입도 기술되지 않으면 해당 함수 내에서는 예외를 발생시킬 수 없음을 의미한다.

```
bool CheckNegative(int num1, int num2) throw();
```

지정한 타입 이외의 타입에 대한 예외를 발생시킬 경우, 표준 C++에서는 unexpected라는 특수한 함수가 수행되도록 되어 있다. 하지만 Visual C++ 11.0을 비롯한 현재의 컴파일러들은 함수가 전달할 수 있는 예외의 제한을 인식하고는 있지만 경고 수준에 그치고 있으며 컴파일이나 수행에는 특별한 영향을 미치지 않고 있다.

PART

03

템플릿과 C++ 라이브러리

템플릿

지금까지 C++에서 제공하는 객체지향 프로그래밍의 3가지 특징인 데이터 캡슐화, 상속, 다형성에 대해 알아보았다. C++는 이와 같은 객체지향 프로그래밍의 개념과는 별도로 일반화 프로그래밍(generic programming)이라는 개념을 제공하고 있다. 예를 들어 누군가가 스택(stack) 자료구조를 원한다고 하자. 어떤 때는 int형 값을 저장할 수 있는 스택이 될 수도 있고 어떤 때는 double형 값을 저장할 수 있는 스택이 될 수도 있다. 심지어는 Point 객체를 담을 수 있는 스택을 원할 수도 있다. 스택은 사실상 특정 타입과는 무관하게 표현될 수 있는 자료구조이다. 만약 스택을 라이브러리로 만들어 놓기를 원한다면 어떤 타입의 변수라도 다룰 수 있도록 만들어야만 할 것이다. 바로 하나의 기능을 모든 타입에 대해 적용될 수 있도록 만드는 것이 일반화 프로그래밍이며 템플릿을 통해 이를 달성할 수 있다. 표준 C++에서 제공하는 라이브러리의 대부분이 템플릿으로 작성되어 있다고 해도 과언이 아닐 정도로 템플릿이 많이 사용되고 있다. 이 장에서는 주로 템플릿을 만드는 방법과 사용하는 방법에 대해 설명할 것이다. 그리고 16장을 통해 표준 C++에서 제공하는 템플릿 라이브러리의 사용 방법에 대해 배우게 될 것이다.

13.1 템플릿의 기본 개념

템플릿의 기본 개념

템플릿(template)이란 프로그램을 만들어 내는 틀을 말한다. 얼핏 들으면 세상에 이런 게 있는가하고 의아해 할 것이다. 사실 아직까지는 자연어로 기술된 문제를 보고 프로그램을 자동으로 생성할 수 있는 방법은 없다. 미래에는 그렇게 될 수 있기를 바란다. 여기서 템플릿은 지금까지 해 왔던 것처럼 모든 프로그램을 프로그래머가 알아서 작성하되 어떤 타입에 대해서도 적용이 가능하도록 만드는 것이다.
예를 들어 어떤 경우에는 int 형 좌표 (x_, y_)를 갖는 Point 클래스가 필요할 수도 있고,또 다른 경우에는 double형 좌표 (x_, y_)를 갖는 Point 클래스가 필요할 수도 있다. 이때 각각에 해당하는 서로 다른 클래스 IntPoint와 DoublePoint를 만들어 사용할 수도 있다.

```
class IntPoint { ... };
class DoublePoint { ... };
IntPoint pt1(1, 2);
DoublePoint pt2(1.1, 2.2);
```

그러나 IntPoint와 DoublePoint의 차이점이 단지 x_, y_의 타입일 뿐인데 동일한 코드를 두 번 작성하는 수고를 피할 수 없을 것이다. 또 한 가지 문제점은 논리적인 문제로 인해 클래스를 수정해야 하는 경우 2개의 클래스 모두 동일한 내용으로 수정해야 할 것이다. 이때 역시 한 번 해야 할 작업을 두 번씩이나 해야 한다. 이와 같은 경우를 대비하여 타입에 관계없이 적용 가능한 클래스의 틀을 만들 수 있는데 이것이 바로 템플릿이다. 여기서는 클래스를 예로 들어 설명하였지만 템플릿은 클래스 외에 함수 단위로도 작성될 수 있다. 이들을 각각 함수 템플릿과 클래스 템플릿이라고 부른다.

표준 C++ 템플릿 라이브러리 소개

표준 C++ 명세의 내용을 보면 많은 부분이 템플릿을 설명하는 데 할당되어 있다. 템플릿 자체의 개념을 소개하는 부분이 하나의 챕터로 포함되어 있으며, 그 외에 대부분의 C++ 표준 라이브러리들이 템플릿으로 작성되어 있기 때문에 이에 대한 설명이 많은 부분을 차지한다.

C++ 표준 라이브러리를 템플릿으로 작성하면 모든 타입에 대해 일일이 작성하는 것보다 훨씬 효율적이다. 배열의 예를 들어보자. 현재 여러분이 사용하고 있는 배열은 사용하기에 불편함이 많다. 배열 요소의 크기가 한 번 결정되면 늘이거나 줄일 수도 없다. 좀 더 편하게 사용할 수 있는 배열을 클래스 라이브러리로 만든다고 가정하자. 배열 원소의 타입은? int형, double형, char형, ..., 심지어 사용자가 직접 만든 클래스형까지 감안한다면 실제로 어떤 타입의 변수가 배열 원소로 들어갈지 예측할 수 없다. 그런데 이 모든 타입에 있어서 타입명을 제외하고 기능들은 동일하다. 각각의 타입에 대한 클래스를 만들기보다는 모든 타입을 수용할 수 있도록 클래스 템플릿으로 만드는 것이 훨씬 효율적이다. 사실은 이와 같은 배열 클래스도 이미 C++ 표준 라이브러리로 포함되어 있다. 이렇게 템플릿으로 작성되어 있는 C++ 표준 라이브러리를 C++ 표준 템플릿 라이브러리(STL, Standard Template Library)라고 하며 상

당히 많은 클래스들이 준비되어 있다.

이 장에서는 함수 템플릿과 클래스 템플릿을 작성하는 방법과 이를 사용하여 객체를 생성하고 사용하는 방법에 대해 설명하며, STL의 사용 방법에 대해서는 16장에서 설명할 것이다. 아마도 C++를 처음 접하는 경우 템플릿을 많이 사용하지는 않을 것이다. 이러한 이유로 대부분의 C++ 입문서들이 템플릿에 대해 소홀한 경향이 있다. 그러나 어느 정도 수준을 넘어선 후에는 템플릿을 많이 사용하게 되고 또한 많이 접하게 될 것이다. STL에서 제공하는 라이브러리 역시 자주 사용하게 될 것이다. 따라서 이 장에서 템플릿에 대한 기초를 확실하게 익힌 후 16장에서 STL에 대한 사용 방법을 익히도록 하라.

13.2 함수 템플릿

예제 13.1 | Sum 함수를 통한 함수 템플릿의 필요성 이해

2개의 값을 더한 결과를 반환하는 Sum 함수를 작성하되 int형, double형, char형에 대해 각각 별도의 Sum 함수를 작성해 보자.

```
1   int Sum(int num1, int num2)               // int형 Sum 함수
2   {
3       int num3 = num1 + num2;
4       return num3;
5   }
6
7   double Sum(double num1, double num2)      // double형 Sum 함수
8   {
9       double num3 = num1 + num2;
10      return num3;
11  }
12
13  char Sum(char num1, char num2)            // char형 Sum 함수
14  {
15      char num3 = num1 + num2;
16      return num3;
17  }
18
19  int main()
20  {
21      cout << Sum(1, 2) << endl;            // int형 Sum 함수 호출
22      cout << Sum(1.1, 2.2) << endl;        // double형 Sum 함수 호출
23      cout << Sum('1', '2') << endl;        // char형 Sum 함수
24
25      return 0;
26  }
```

• **실행 결과**

```
3
3.3
c
```

매우 쉬운 문제이다. 실행 결과를 보면 매개변수의 타입에 따라 해당 Sum 함수가 호출됨을 알 수 있다.

다행히 C++에서는 함수 오버로딩이 가능하기 때문에 함수명을 동일한 하나의 이름으로 통일할 수 있다. 그런데 모든 함수들의 내용이 동일한 데 반해 단지 형식매개변수와 결과 값을 저장하는 변수 그리고 반환형의 타입만 다를 뿐이다. 이 경우 Sum 함수를 템플릿으로 만들면 단 하나의 함수 템플릿만으로 이 예제에서 요구하는 모든 Sum 함수에 대한 처리가 가능하다.

예제 13.2 | Sum 함수 템플릿 만들기

[예제 13.1]의 Sum 함수들을 대신할 수 있는 Sum 함수 템플릿을 만들어 보자.

```
1   template <typename T>              // 템플릿 선언 및 템플릿 매개변수 선언
2   T Sum(T num1, T num2)
3   {
4       T num3 = num1 + num2;
5       return num3;
6   }
7
8   int main()
9   {
10      cout << Sum(1, 2) << endl;       // T를 int로 대체한 함수 생성
11      cout << Sum(1.1, 2.2) << endl;   // T를 double로 대체한 함수 생성
12      cout << Sum('1', '2') << endl;   // T를 char로 대체한 함수 생성
13
14      return 0;
15  }
```

함수 템플릿은 1라인과 같이 template 키워드가 먼저 나오고 꺾쇠 괄호(<>) 내에 특정 타입에 대한 템플릿 매개변수명을 적게 되는데, typename 또는 class라는 키워드가 먼저 나온 후 템플릿 매개변수명이 나오게 된다. 여기서 typename과 class 키워드는 동일한 의미를 가진다.

함수 템플릿으로부터 실제 함수를 만들어내는 과정은 [그림 13.1]과 같다. 함수가 호출되면 매개변수의 타입을 들고 함수 템플릿으로부터 해당 타입의 함수를 만들어낼 수 있는지 확인한 후, 만들 수 있다면 템플릿 매개변수명과 동일한 문자열들을 실제 타입(여기서는 int)으로 대체하게 된다. 이 예제에서는 템플릿 매개변수명을 T라고 하였는데 어떤 이름이라도 상관없다. 단지 함수 내에서 템플릿 매개변수명이 실제 타입명(예를 들면 int)으로 변경될 때 함께 따라서 변해야 될 부분만 동일한 매개변수명으로 적어주면 된다. Sum 함수에서는 형식매개변수의 타입, 지역 변수 num3의 타입, 반환형의 타입을 T로 대체하였다.

이 예제에서는 함수 템플릿을 사용하는 방법까지 보여 주고 있는데, 10~12라인과 같이 모양은 기존의 함수 호출과 동일하며 단지 내부적인 동작만 달라질 뿐이다. 10라인에서는 int형 값을 매개변수로 하여 Sum 함수를 호출하고 있고, 11라인에서는 double형 값을 매개변수로 하여 Sum 함수를 호출하고 있으며, 12라인에서는 char형 값을 매개변수로 하여 Sum 함수를 호출하고 있다. 컴파일러는 컴파일 시에 10라인과 같은 Sum 함수 호출을 만나면 함수 템플릿으로부터 T를 int로 대치함으로써 실제 Sum 함수를 만들어 낸다. 11라인과 12라인에 대해서는 T를 각각 double과 char로 대치한 Sum 함수를 만들어 낸다. 따라서 컴파일 후의 실행 코드는 실제로 int, double, char형 Sum 함수를 모두 포함하게 되며, 이에 따라 실행 결과는 [예제 13.1]과 동일하다.

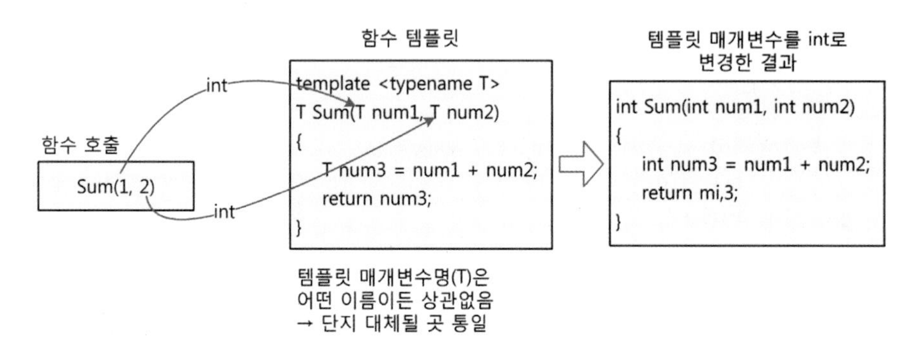

○ 그림 13.1 **함수 템플릿으로부터 실제 함수를 만드는 과정**

그렇다면 Point 클래스가 존재할 경우 이 예제의 Sum 함수 템플릿을 사용하여 다음과 같은 함수 호출이 수행될 수 있을까?

```
Point pt1(1, 2), pt2(3, 4);
Point pt3 = Sum(pt1, pt2);     // 수행이 가능한가?
```

답은 Yes일 수도 있고 No일 수도 있다. 수행 가능 여부는 Point 클래스가 어떻게 작성되어 있느냐에 좌우된다. 컴파일러가 Sum(pt1, pt2) 호출 문장을 만나게 되면 Sum 함수 템플릿으로부터 다음과 같은 실제 수행 함수를 만들어낼 것이다.

```
1  Point Sum(Point num1, Point num2)
2  {
3      Point num3 = num1 + num2;
4      return num3;
5  }
```

그렇다면 Sum(pt1, pt2)가 수행될 수 있을지 다시 한 번 생각해 보자. Sum 함수에서는 Point 객체 num1, num2에 대해 num1 + num2 연산을 수행하고 있다. 이는 Point 클래스 내에 + 연산자 오버로딩 함수가 있어야만 수행될 수 있다는 뜻이다.

예제 13.3 | Sum 함수 템플릿이 Point 클래스 객체에 적용될 수 있도록 만들기

그러면 [예제 13.2]의 Sum 함수 템플릿이 Point 클래스 객체에 대해서도 실행될 수 있도록 만들어 보자.

```
1   template <typename T>
2   T Sum(T num1, T num2)
3   {
4       T num3 = num1 + num2;
5       return num3;
6   }
7
8   class Point
9   {
10  public :
11      Point(int x, int y) : x_(x), y_(y) {}
12      Point operator+(Point &pt) { return Point(x_ + pt.x_, y_ + pt.y_); }
13      void Print() { cout << "(" << x_ << ", " << y_ << ")" << endl; }
14
15  private :
16      int x_, y_;
17  };
18
19  int main()
20  {
21      Point pt1(1, 2), pt2(3, 4);
22      Point pt3 = Sum(pt1, pt2);      // T를 Point로 대체한 함수 생성
23      pt3.Print();
24
25      return 0;
26  }
```

• **실행 결과**

```
(4, 6)
```

Point 클래스는 12라인에 + 연산자 오버로딩을 포함하고 있다. 따라서 Point 객체에 대한 + 연산이 가능하다. 이와 같이 함수 템플릿과 클래스를 적절히 구현하면 사용자가 정의한 클래스를 포함한 모든 타입에 공통적으로 적용될 수 있는 함수 템플릿을 만들 수 있다.

만약 함수 템플릿의 프로토타입과 정의를 따로 나누어 구현하고자 한다면 두 부분 모두 template <typename T>를 포함해야 한다. 다음 부분이 함수 프로토타입을 의미하는 부분이라고 생각하면 된다.

```
template <typename T> T Sum(T num1, T num2);
```

따라서 함수 선언 또는 정의 시에 항상 template <typename T>까지 기술해야만 한다. 한 줄로 쓰든 두 줄로 쓰든 의미는 동일하며 개인적 취향에 따라 선택하여 쓰면 된다.

예제 13.4 | 2개 이상의 템플릿 매개변수를 포함하는 함수 템플릿

함수 템플릿을 만들 때 템플릿 매개변수가 2개 이상 나올 수도 있다. 이 예제는 3개의 매개변수를 전달받아 출력하는 Print 함수 템플릿을 보여주고 있다.

```
1   template <typename T1, typename T2, typename T3>    // 3개의 템플릿 매개변수
2   void Print(T1 data1, T2 data2, T3 data3)
3   {
4       cout << data1 << endl;
5       cout << data2 << endl;
6       cout << data3 << endl;
7   }
8
9   int main()
10  {
11      Print(1, 1, 1.1);         // (T1, T2, T3)=>(int, int, double)로 대체
12      Print(2, 2.2, 'a');       // (T1, T2, T3)=>(int, double, char)로 대체
13      Print("test", 3, 3.3);   // (T1, T2, T3)=>(char *, int, double)로 대체
14
15      return 0;
16  }
```

각각의 매개변수로 어떤 타입의 값이 전달될지 모르기 때문에 1라인과 같이 3개의 템플릿 매개변수를 따로 두었다. 여러 개의 템플릿 매개변수가 올 경우에는 콤마(,)를 기준으로 typename과 매개변수명을 필요한 만큼 나열하면 된다. 11~13라인의 Print 함수 호출에 의해 각각 다음과 같은 Print 함수가 컴파일 시에 만들어지게 된다. 13라인에서 char 포인터 역시 하나의 타입임에 주의하라.

```
void Print(int data1, int data2, double data3) { ... }
void Print(int data1, double data2, char data3) { ... }
void Print(char *data1, int data2, double data3) { ... }
```

예제 13.5 | 함수 호출 시 템플릿 매개변수의 타입을 명시하기

[예제 13.2]와 같이 Sum 함수 템플릿이 있을 경우 다음과 같은 함수 호출에 의해 Sum 함수 템플릿의 매개변수인 T가 int 타입으로 변경될 것이라는 것을 유추할 수 있다. 따라서 특별한 조치를 취하지 않아도 int 타입에 대한 Sum 함수가 생성될 수 있었다.

```
Sum(1, 2);          // T => int로 유추 가능
```

그러나 다음과 같이 함수 호출 시 템플릿 매개변수가 대체될 실제 타입을 명시해 줄 수도 있다.

```
Sum<int>(1, 2);     // T => int로 대체됨
```

Sum 함수 템플릿의 경우 굳이 실제 타입을 명시할 필요가 없으며, 오히려 명시한 타입과 실매개변수의 값의 타입이 맞지 않을 경우 문제가 발생할 수도 있다. 그러나 경우에 따라서는 함수 호출 시 템플릿 매개변수의 타입을 명시해야만 하는 경우도 있다. 이 예제를 통해 이에 대해 살펴보도록 하자.

```
1   template <typename T1, typename T2>
2   T1 Func(T2 data)
3   {
4       cout << data << endl;
5
6       T1 return_value = (T1) data;
7       return return_value;
8   }
9
10  int main()
11  {
12      //Func(3);                  // X, T1의 타입을 유추할 수 없음
13      Func<double, int>(3);     // O, T1=>double, T2=>int
14      Func<double>(3);          // O, T1=>double, T2=>int 유추 가능
15      Func<int>(1.1);           // O, T1=>int, T2=>double 유추 가능
16
17      return 0;
18  }
```

1~8라인의 Func 함수 템플릿은 T2 타입의 데이터를 전달받아 이를 출력하고 T1 타입의 값으로 형변환을 하여 반환하고 있다. 이 경우 함수 템플릿의 매개변수는 2개가 존재한다.

만약 12라인처럼 기존에 함수 호출 시와 동일하게 Func 함수를 호출할 경우, 3의 타입이 int이기 때문에 Func 함수 템플릿의 T2가 int로 변경되어야 함을 유추할 수 있을 것이다. 하지만 이것만으로는 반환 타입인 T1의 타입이 어떻게 변경되어야 하는지 알 수가 없다. 따라서 12라인과 같이 사용할 수는 없다.

필요하다면 13라인과 같이 T1, T2의 타입을 명시해 주면 된다. 이에 따라 T1은 double로, T2는 int로 변경된 Func 함수를 만들어 낼 수 있다. 14라인과 같이 T1의 타입이 double임을 밝혀주기만 해도 된다. 이 경우에 T2의 타입은 3의 타입(int)으로부터 유추될 수 있다. 15라인과 같이 Func 함수를 호출하면 T1은 int로, T2는 double로 대체된다.

연습문제 | 13.1

2개의 매개변수 값을 교환하는 Swap 함수를 함수 템플릿으로 만들고 이를 테스트하기 위한 main 함수도 작성해 보라. 실매개변수의 값도 교환되어야 한다.

함수 템플릿을 연습할 수 있는 기본적인 문제이다. 어려움이 있다면 int형을 위한 swap 함수를 먼저 작성한 후 템플릿 매개변수로 바뀌어야 될 부분을 생각해 보라.

Note

연습문제 | 13.2

배열과 원소의 개수를 매개변수로 전달받아 배열의 원소들 중 가장 큰 값을 반환하는 Max 함수 템플릿을 작성해 보라. main 함수 및 실행 결과를 참고하라.

```
1   int main()
2   {
3       int ary1[4] = { 4, 5, 2, 7 };
4       double ary2[5] = { 1.1, 4.4, 8.8, 4.2, 5.5 };
5   
6       cout << Max(ary1, 4) << endl;
7       cout << Max(ary2, 5) << endl;
8   
9       return 0;
10  }
```

• **실행결과**

```
7
8.8
```

배열의 타입에 관계없이 최대값을 반환할 수 있도록 해야 한다. 따라서 배열에 대한 매개변수(포인터)는 대표 타입명으로 처리해야 한다. 하지만 두 번째 매개변수인 원소의 개수는 항상 int형이어야 한다.

Note

13.3 클래스 템플릿

예제 13.6 | Point 클래스를 통한 클래스 템플릿의 필요성 이해

int형 좌표 x_, y_를 포함하고 있는 IntPoint 클래스와 double형 좌표 x_, y_를 포함하고 있는 DoublePoint 클래스를 만들고 사용해 보자.

```
1   class IntPoint
2   {
3   public :
4       IntPoint(int x, int y) : x_(x), y_(y) {}
5       void Move(int x, int y) { x_ += x; y_ += y; }
6       void Print() { cout << "(" << x_ << ", " << y_ << ")" << endl; }
7
8   private :
9       int x_, y_;
10  };
11
12  class DoublePoint
13  {
14  public :
15      DoublePoint(double x, double y) : x_(x), y_(y) {}
16      void Move(double x, double y) { x_ += x; y_ += y; }
17      void Print() { cout << "(" << x_ << ", " << y_ << ")" << endl; }
18
19  private :
20      double x_, y_;
21  };
22
23  int main()
24  {
25      IntPoint pt1(1, 2);
26      DoublePoint pt2(1.1, 2.2);
27
28      pt1.Print();
29      pt2.Print();
30
31      return 0;
32  }
```

• 실행 결과

```
(1, 2)
(1.1, 2.2)
```

본 프로그램을 작성할 때 1~10라인의 IntPoint 클래스를 만든 후, 12~21라인의 DoublePoint를 만들 때는 IntPoint를 복사하고 타입과 관련되는 부분만 int에서 double로 변경하였다. 물론 클래스명이 다르니 클래스명도 수정하였다.

IntPoint 클래스와 DoublePoint 클래스는 변수 x_, y_와 관련된 타입만 다를 뿐 그 외의 내용은 모두 동일하다. 그런데도 이렇게 별도의 클래스로 만들어야 되는가? char형 좌표를 다루고자 한다면? 또 다른 타입의 좌표를 다루고자 한다면? 클래스의 내용이 모두 동일함에도 불구하고 필요할 때마다 새로운 클래스를 만드는 것은 매우 피곤한 일이며 잠재적 에러를 유발시킬 가능성도 많아진다. 이와 같은 경우에 클래스 템플릿을 사용하면 된다.

예제 13.7 | Point 클래스 템플릿 만들기

IntPoint와 DoublePoint 클래스를 모두 수용할 수 있는 하나의 클래스 템플릿 Point를 만들어 보자.

```
1   template <typename T>
2   class Point
3   {
4   public :
5       Point(T x, T y) : x_(x), y_(y) {}
6       void Move(T x, T y);
7       void Print() { cout << "(" << x_ << ", " << y_ << ")" << endl; }
8
9   private :
10      T x_, y_;
11  };
12
13  template <typename T>            // 멤버 함수의 외부 정의
14  void Point<T>::Move(T x, T y)
15  {
16      x_ += x;
17      y_ += y;
18  }
19
20  int main()
21  {
22      Point<int> pt1(1, 2);         // T를 int로 대체한 클래스 생성
23      Point<double> pt2(1.1, 2.2); // T를 double로 대체한 클래스 생성
24
25      pt1.Print();
26      pt2.Print();
27
28      return 0;
29  }
```

1~11라인에 Point 클래스 템플릿을 작성하였다. 클래스 템플릿을 만드는 기본적인 방법은 어렵지 않다. 함수 템플릿을 만들 때와 마찬가지로 클래스를 만들기 전에 1라인과 같이 template이라는 키워드와 꺾쇠 괄호(<>) 내에 타입과 관련된 매개변수를 추가하면 된다. 이 예제에서는 T라는 템플릿 매개변수를 사용하였다. 그리고 해당 타입으로 대체되어야 될 타입들을 템플릿 매개변수인 T로 대체하면 된다. 어느 부분이 해당 타입으로 대체되어야 하는지 주의해서 파악해야 한다. 1~11라인의 Point 클래스 템플릿을 자세히 살펴보도록 하라.

이 예제에서는 클래스 템플릿의 멤버 함수를 외부 정의로 구현하는 예도 보여주고 있다. 6라인의 Move 함수는 클래스 내에 프로토타입만 선언되어 있으며 함수 정의는 13~18라인에 구현되어 있다. 이때 역시 13라인과 같이 template <>가 접두어로 추가되어야 한다. 또 하나 주의할 사항은 범위 지정 연산자(::) 앞에 클래스명으로 Point가 아닌 Point<T>가 온다는 것이다. Point는 클래스 템플릿이며 Point<T>에서 T가 구체적인 타입으로 대체된 것이 실제 클래스명이기 때문이다.

클래스 템플릿을 만들었으니 이제 사용하기만 하면 된다. 함수 템플릿의 경우 사용하는 방법은 기존의 함수 호출 방법과 동일하며 필요한 경우 템플릿 매개변수의 타입을 명시하였다. 그러나 클래스 템플릿을 사용하고자 할 경우에는 어떤 타입으로 대체할 것인지를 반드시 명시해야만 한다. 22라인은 T를 int로 대체한 클래스로부터 객체를 생성하는 예를 보인 것이며, 23라인은 double형 클래스로부터 객체를 생성한 예를 보인 것이다. 여기서 보는 바와 같이 실제 클래스명은 Point가 아닌 Point<int>와 Point<double>이다. 컴파일러는 이와 같은 객체 선언을 만날 경우 Point 클래스 템플릿으로부터 해당 클래스를 내부적으로 생성하며 실제 수행 시 이 클래스를 사용하게 된다.

한 가지 팁을 소개한다. 다음과 같이 typedef 문을 통해 클래스 템플릿으로부터 특정 타입에 대한 새로운 타입명을 만들어 놓는다면 그 이후로는 새로 정의한 타입명을 사용할 수 있다.

```
typedef Point<int> IntPoint;
IntPoint pt1(1, 2);        // Point<int> pt1(1, 2); 와 동일
```

예제 13.8 | 배열을 나타내는 Array 클래스 템플릿 만들기

이번에는 클래스 템플릿의 한 가지 응용 예를 살펴보자. int형 배열, double형 배열, char형 배열, 심지어는 Point형 배열까지 다룰 수 있는 클래스 템플릿 Array를 만들어 볼 것이다. 여기서는 편의상 배열 내에는 총 5개의 원소가 존재한다고 가정하자. 다음 프로그램은 이에 대한 완성본은 아니다. 어디가 잘못되었는지 찾아보고 수정해 보도록 하자.

```
1  class Point
2  {
3  public :
4      Point(int x = 0, int y = 0) : x_(x), y_(x) {}
5      void Print() { cout << "(" << x_ << ", " << y_ << ")"; }
6
7  private :
8      int x_, y_;
9  };
```

```
10
11  template <typename T>
12  class Array
13  {
14  public :
15      Array(T value) { for (int i = 0; i < 5; i++) ary_[i] = value; }
16      void Print()
17      {
18          for (int i = 0; i < 5; i++) cout << ary_[i] << " ";
19          cout << endl;
20      }
21
22  private :
23      T ary_[5];
24  };
25
26  int main()
27  {
28      Array<int> ary1(5);
29      Array<Point> ary2(Point(1, 2));     // Point 객체를 원소로 갖는 Array
30
31      ary1.Print();
32      ary2.Print();
33
34      return 0;
35  }
```

Array 클래스 템플릿을 작성하는 것은 크게 어렵지 않다. 11라인에서 템플릿 매개변수 T를 선언하고 15, 23라인과 같이 생성자와 멤버 변수 부분에서 관련된 타입에 대해 T를 사용하였다. 15라인의 생성자에서는 전달된 값을 사용하여 모든 원소의 값을 초기화하였다.

Array 클래스 템플릿을 사용하는 main 함수에서는 28라인과 29라인에서 int형 원소를 저장할 수 있는 ary1 객체와 Point 객체를 원소로 저장할 수 있는 ary2 객체를 만들어 사용하고 있다. 만약 Point 객체를 원소로 저장한다면 Array의 멤버 변수인 Point 객체들(ary_[0]~ary_[4])이 ary2 객체가 생성되면서 초기화될 수 있어야 한다. 이를 위해 Point 클래스에 4라인과 같이 매개변수 없이도 수행될 수 있도록 디폴트 생성자를 추가하였다.

문제는 원소의 값을 출력하는 18라인에서 발생하게 된다. Point 클래스의 경우 출력 연산자 오버로딩이 되어 있지 않다. 따라서 << 연산자를 사용할 수 없기 때문에 에러가 발생하는 것이다. 해결책은 Point 클래스를 위한 << 연산자 오버로딩을 추가하는 것이다. 이에 대한 Point 클래스의 구현 결과는 다음과 같다.

```
1  class Point
2  {
3  public :
```

```
4        Point(int x = 0, int y = 0) : x_(x), y_(x) {}
5        void Print() { cout << "(" << x_ << ", " << y_ << ")"; }
6        friend ostream &operator<<(ostream &out, Point &pt);
7
8    private :
9        int x_, y_;
10   };
11
12   ostream &operator<<(ostream &out, Point &pt)
13   {
14       out << "(" << pt.x_ << ", " << pt.y_ << ")";
15       return out;
16   }
```

• 실행 결과

```
5 5 5 5 5
(1, 2) (1, 2) (1, 2) (1, 2) (1, 2)
```

프로그램을 이 코드로 대체하고 실행하면 실행 결과와 같이 문제없이 실행됨을 확인할 수 있다.

그런데 이 예제를 보면 또 한 가지 의문점이 생긴다. 만약 Point 클래스까지 클래스 템플릿으로 만든다면 main 함수의 29라인 Array<Point> ary2(Point(1, 2));는 어떻게 수정되어야 할까? 어렵게 생각할 필요가 없다. int형 좌표를 예로 든다면 Point<int>가 실제 타입이고 이를 사용하여 객체를 생성한다면 Point<int> pt(1, 2);와 같이 사용할 수 있다. 만약 임시 객체를 만들고자 한다면 Point<int>(1, 2)라고 하면 된다. 그렇다면 결론은 다음과 같다.

```
Array<Point<int>> ary2(Point<int>(1, 2));
```

예제 13.9 | 클래스 템플릿의 매개변수로 다른 클래스 템플릿 사용하기

그러면 [예제 13.8]에서 Array 클래스뿐만 아니라 Point 클래스도 클래스 템플릿으로 만들어 보자. 이에 따라 클래스 템플릿과 관련하여 어떤 부분들이 수정되어야 하는지 눈여겨보도록 하라.

```
1    template <typename T>
2    class Point
3    {
4    public :
5        Point(T x = 0, T y = 0) : x_(x), y_(y) {}
6        template <typename T>
7        friend ostream &operator<<(ostream &out, Point<T> &pt);
8
9    private :
10       T x_, y_;
```

```
11  };
12
13  template <typename T>       // << 연산자 오버로딩도 템플릿으로 구현
14  ostream &operator<<(ostream &out, Point<T> &pt)
15  {
16      out << "(" << pt.x_ << ", " << pt.y_ << ")";
17      return out;
18  }
19
20  template <typename T>
21  class Array
22  {
23  public :
24      Array(T value) { for (int i = 0; i < 5; i++) ary_[i] = value; }
25      void Print()
26      {
27          for (int i = 0; i < 5; i++) cout << ary_[i] << " ";
28          cout << endl;
29      }
30
31  private :
32      T ary_[5];
33  };
34
35  int main()
36  {
37      Array<int> ary1(5);
38      Array<Point<int>> ary2(Point<int>(1, 2));   // Point<int>를 원소로 가짐
39
40      ary1.Print();
41      ary2.Print();
42
43      return 0;
44  }
```

Array 클래스 템플릿과 main 함수는 별 문제가 없을 것이다. main 함수에서는 38라인과 같이 Point<int> 클래스 객체를 원소로 갖는 Array 객체를 만들고 있다.

그런데 Point 클래스 템플릿에서 출력 연산자 오버로딩을 구현해야 하는데, 문제는 단순히 Point 클래스를 대상으로 할 수 없다는 것이다. 실제 클래스는 Point<int>, Point<double> 등이기 때문이다. 그래서 출력 연산자 오버로딩 자체를 13~18라인과 같이 함수 템플릿으로 구현하였다. 그렇게 되다 보니 프렌드 함수 선언 역시 6~7라인과 같이 함수 템플릿을 대상으로 하고 있다. 프렌드 선언 시 문법만 주의하면 된다. friend 키워드가 template <> 다음에 위치하게 된다.

Visual C++ 6.0의 경우 38라인 등 템플릿과 관련하여 컴파일에 문제가 있는 것으로 보인다. 이는 VC++ 6.0이 11.0에 비해 템플릿 관련 표준에 대한 지원이 덜 완벽하기 때문인 것으로 생각된다.

이 예제에서 본 바와 같이 어떤 클래스에서 함수 템플릿이나 클래스 템플릿을 프렌드로 선언할 수 있는데, 이 경우 기존과 동일하게 기술하되 friend 키워드를 template <>와 함수 또는 클래스 선언 사이에 위치시키면 된다.

```
class A
{
    template <typename T> friend class B;          // 프렌드 클래스 선언
    template <typename T> friend void F(void);  // 프렌드 함수 선언
};
```

연습문제 | 13.3

다음 main 함수와 같이 수행될 수 있도록 Point 클래스 템플릿을 만들어 보라. x_, y_ 값은 동일한 타입을 갖는다.

```
1   int main()
2   {
3       Point<int> a(1, 2);
4       Point<int> b(3, 4);
5       Point<int> c = a + b;
6       cout << a << " + " << b << " = " << c << endl;
7
8       Point<double> d(1.2, 3.4);
9       Point<double> e(5.6, 7.8);
10      Point<double> f = d + e;
11      cout << d << " + " << e << " = " << f << endl;
12
13      return 0;
14  }
```

• **실행결과**

```
(1, 2) + (3, 4) = (4, 6)
(1.2, 3.4) + (5.6, 7.8) = (6.8, 11.2)
```

이 문제는 클래스 템플릿과 연산자 오버로딩을 결합한 문제이다. +, << 연산자 오버로딩이 필요하다.

Note

연습문제 | 13.4

2개의 서로 다른 타입의 데이터를 쌍으로 저장할 수 있는 Array 클래스 템플릿을 만들어 보자. 예를 들면 Array<int, char> obj;객체는 int 값과 char 값을 쌍으로 저장할 수 있다. 문제를 쉽게 하기 위해 배열의 크기는 10으로 제한하며 현재 저장되어 있는 개수까지만 유효한 데이터로 취급한다. 그리고 다음과 같은 처리가 가능해야 한다.

```
obj.put(1, 'a'); // 현재까지 저장된 마지막 원소 다음에 데이터를 추가한다.
cout << obj;     // 유효한 원소들을 쌍으로 출력한다. (1, a)
```

이 문제는 템플릿 매개변수가 2개 이상인 경우에도 1개인 경우와 마찬가지로 처리할 수 있음을 연습하기 위한 문제이다.

Note

13.4 클래스 템플릿의 디폴트 템플릿 매개변수

클래스 템플릿의 디폴트 템플릿 매개변수

지금까지 함수 템플릿과 클래스 템플릿에 대한 핵심 내용들을 다루었다. 이 정도의 내용만으로도 템플릿을 만들고 사용하는 데 큰 불편함은 없을 것이다. 13.4절부터 13.6절까지는 템플릿에 대한 추가적인 사용 방법으로서 많이 사용되는 것은 아니지만 한 번쯤은 만날 수 있는 문법들이므로 알아두면 좋을 것이다.

템플릿은 어떤 타입에도 적용될 수 있는 코드를 만들 때 사용하는 것으로서 타입 자체를 변수로 처리하는 개념이다. 이를 위해 <> 내에 템플릿 매개변수를 추가하여 마치 변수처럼 타입을 매개변수로 받을 수 있도록 되어 있다. 이때 일반 함수의 매개변수와 마찬가지로 디폴트 타입을 명기할 수 있으며 이를 디폴트 템플릿 매개변수라고 한다. 단, 클래스 템플릿에서만 가능하고 함수 템플릿에서는 불가능하다. 이는 함수 템플릿은 디폴트 템플릿 매개변수라는 것이 필요 없음을 의미한다.

예제 13.10 | Point 클래스 템플릿의 디폴트 템플릿 매개변수로 int 타입 지정하기

Point 클래스 템플릿의 디폴트 템플릿 매개변수를 int로 지정하고 사용해 보자.

```
1  template <typename T = int>      // 디폴트 템플릿 매개변수
2  class Point
3  {
4  public :
```

```
5      Point(T x = 0, T y = 0) : x_(x), y_(y) {}
6      void Print() { cout << "(" << x_ << ", " << y_ << ")" << endl; }
7
8  private :
9      T x_, y_;
10 };
11
12 int main()
13 {
14     Point<> pt1(1, 2);          // Point<int> pt1(1, 2)와 동일
15     pt1.Print();
16
17     return 0;
18 }
```

시나리오는 다음과 같다. Point 클래스 템플릿은 애초에 int형 좌표를 염두에 두고 설계한 것이지만 템플릿으로 구현함으로써 향후 다른 타입에도 적용이 가능하도록 만들었다. 이때 템플릿 매개변수의 디폴트 값을 1라인과 같이 int로 두면 사용할 때 타입을 명시하지 않을 경우 자동으로 int를 명기한 것으로 간주하게 된다. 14라인을 보면 <> 내에 타입을 명시하지 않았다. 이 경우 Point<int>와 동일하게 인식하게 된다. 주의할 점은 여전히 <>는 필요하며 다음과 같이 객체를 선언하는 것은 잘못된 것이라는 점이다.

```
Point pt1(1, 2);          // X
```

디폴트 템플릿 매개변수는 일반 함수에서의 디폴트 매개변수와 마찬가지로 매개변수가 여러 개일 경우 디폴트 타입을 뒤에서부터 줄 수 있다. 즉 다음과 같은 사용은 잘못된 것이다.

```
template <typename T1 = int, typename T2> class MyClass { ... };     // error
```

또한 디폴트 템플릿 매개변수는 비타입 템플릿 매개변수에도 동일하게 적용될 수 있다.

```
template <typename T1 = int, int num = 5> class MyClass { ... }
```

비타입 템플릿 매개변수에 대해서는 바로 다음 절에서 설명한다.

13.5 비타입 템플릿 매개변수

예제 13.11 | Point 클래스 템플릿에 대한 비타입 템플릿 매개변수의 사용 예

지금까지 템플릿 매개변수로는 typename (또는 class) 키워드와 함께 특정 타입을 대체할 수 있는 임의의 이름이 나왔었다. 그런데 템플릿 매개변수로는 일반 함수의 매개변수처럼 int와 같은 일반 타입의 매개변수도 나올 수 있다. 이와 같은 매개변수를 비타입 템플릿 매개변수(non-type template argument)라고 한다.

그러면 Point 클래스 템플릿에 대한 객체 생성 시 반지름 값을 비타입 템플릿 매개변수로 전달해 보자.

```
1   template <typename T, int radius>      // 비타입 템플릿 매개변수
2   class Point
3   {
4   public :
5       Point(T x = 0, T y = 0) : x_(x), y_(y) {}
6       void Print()
7       {
8           cout << "(" << x_ << ", " << y_ << ")" << endl;
9           cout << "반지름 : " << radius << endl;
10      }
11
12  private :
13      T x_, y_;
14  };
15
16  int main()
17  {
18      Point<int, 15> pt1(3, 4);           // radius로 int값 15 전달
19      pt1.Print();
20
21      return 0;
22  }
```

- 실행 결과

```
(3, 4)
반지름 : 15
```

Point 클래스 템플릿은 1라인에서 보듯이 int radius라는 비타입 템플릿 매개변수를 사용하고 있는데, 이 변수의 사용 범위는 Point 클래스 템플릿의 내부가 된다. 즉, Point 클래스 템플릿의 멤버 함수들 내에서 자유롭게 사용할 수 있다. 현재 Print 멤버 함수의 내부인 9라인에서 사용하고 있다. 18라인에서는 객체 생성 시 radius에 대한 값으로 15를 전달하고 있다.

한 가지 주의할 사항은 비타입 템플릿 매개변수는 값을 읽을 수만 있고 쓸 수는 없다는 것이다. 좀 더 정확히 얘기하면 radius는 r-value로서 사용 가능하나 l-value로 사용할 수는 없다.

비타입 템플릿 매개변수의 실매개변수에 대한 타입 제한

비타입 템플릿 매개변수의 실매개변수로 올 수 있는 타입은 다음과 같이 제한되어 있다.

- 정수형 상수 또는 정수형 상수 표현식
- 전역 변수 또는 전역 객체의 주소 : & 주소 연산자를 사용하여 전달하며 배열과 함수의 경우 & 생략 가능, 템플릿 형식매개변수는 포인터로 받음
- 전역 변수 또는 전역 객체 : 템플릿 형식매개변수는 참조로 받음

다음 예들을 보고 어떤 경우가 옳은 사용이고 어떤 경우가 잘못된 사용인지 분석해 보도록 하자. 여기에서 사용된 모든 변수는 전역 변수로 가정한다.

```
template <typename T, int radius> class Point1 { };
int a = 5;  Point1<int, a> pt1;                     // X, 상수가 아님
template <typename T, char *p> class Point2 { };
Point<int, "C++"> pt2;                              // X, 정수형 상수가 아님
char p[] = "C++";   Point<int, p> pt3;              // O, 주소 전달 가능
template <typename T, double p> class Point4 { };// X, 정수형 매개변수가 아님
template <typename T, double &radius> class Point5 { };
double b = 5.5;  Point<int, b> pt5;                 // O, 참조 전달 가능
```

예제 13.12 | 함수 템플릿에서 비타입 템플릿 매개변수의 사용

비타입 템플릿 매개변수는 함수 템플릿에서도 사용이 가능하다. 함수 템플릿에서 비타입 템플릿 매개변수를 사용한 다음 예를 보도록 하자.

```
1   template <typename T, bool tf>     // 비타입 템플릿 매개변수 bool tf
2   T MaxMin(T num1, T num2)
3   {
4       if (tf == true)
5           return ((num1 > num2) ? num1 : num2);
6       else
7           return ((num1 < num2) ? num1 : num2);
8   }
9
10  int main()
11  {
12      cout << "최대값 : " << MaxMin<int, true>(3, 4) << endl;
13      cout << "최소값 : " << MaxMin<int, false>(3, 4) << endl;
14
15      return 0;
16  }
```

- 실행 결과

```
최대값 : 4
최소값 : 3
```

함수 템플릿 MaxMin은 비타입 템플릿 매개변수인 bool tf의 값이 true이면 최대값을 반환하고 false이면 최소값을 반환한다. MaxMin 함수 템플릿을 호출한 12, 13라인을 보면 템플릿 매개변수에 대한 값(타입)을 명시적으로 전달하고 있음을 알 수 있다. 여기서는 bool tf에 대한 값을 전달하기 위해서는 어쩔 수 없는 선택이다. 앞에서 설명한 바와 같이 함수 템플릿에 대한 호출 시에는 타입을 명시하지 않는 것이 일반적이지만 이와 같이 필요한 경우 명시적으로 타입을 명시해야만 한다.

13.6 템플릿 인스턴스화와 전문화

템플릿 인스턴스화와 전문화의 의미

함수 템플릿이나 클래스 템플릿으로부터 특정 타입에 대한 함수 및 클래스를 만들어 내는 과정을 템플릿 인스턴스화(template instantiation)라고 한다. 템플릿 인스턴스화는 묵시적 인스턴스화(implicit instantiation)와 명시적 인스턴스화(explicit instantiation)로 나누어진다. 묵시적 인스턴스화는 지금까지 본 예와 같이 컴파일러가 필요하다고 판단할 때에 자동으로 해당 함수 및 클래스를 만들어내는 것을 말하며, 명시적 인스턴스화는 프로그래머가 특정 타입에 대한 함수 및 클래스를 만들어내도록 명시적으로 컴파일러에게 요청하는 것이다.

전문화(specialization)는 인스턴스화를 통해 만들어진 함수 및 클래스와 명시적 전문화(explicit specialization)를 통해 만들어진 함수 및 클래스를 모두 지칭하는 말이다. 명시적 전문화를 사용하면 특정 타입에 대해서는 기존 템플릿과는 다른 내용으로 함수 또는 클래스를 구현할 수 있다. 여기서는 주로 함수 템플릿에 대한 예를 사용하여 명시적 인스턴스화와 명시적 전문화에 대해 설명할 것이다. 하지만 클래스 템플릿에도 동일하게 적용이 가능함을 알아두도록 하라.

예제 13.13 | 명시적 인스턴스화를 통한 int 형 Sum 함수 생성

명시적 인스턴스화를 통해 Sum 함수 템플릿으로 int형 함수를 명시적으로 만들어 보자.

```
1   template <typename T>
2   T Sum(T num1, T num2)
3   {
4       T num3 = num1 + num2;
5       return num3;
6   }
7
8   template int Sum(int num1, int num2);  // int형 Sum 함수의 명시적 인스턴스화
9
10  int main()
11  {
12      int x = Sum(3, 4);
13      double y = Sum(1.1, 2.2);
14
15      cout << x << endl;
16      cout << y << endl;
17
18      return 0;
19  }
```

명시적 인스턴스화의 문법은 8라인과 같이 일반 함수 프로토타입 앞에 template만 추가하면 된다. 8라인

에 의해서 컴파일러는 Sum 함수 템플릿으로부터 템플릿 매개변수를 int형으로 대체한 Sum 함수를 만들어낸다. 따라서 12라인으로부터 묵시적 인스턴스화는 더 이상 수행될 필요가 없고 수행되지도 않는다. 그러나 13라인에서 double형을 위한 묵시적 인스턴스화는 여전히 수행된다.

클래스 템플릿에 대한 명시적 인스턴스화 역시 다음과 같이 간단히 명시할 수 있다.

```
template <typename T> class Point { ... };
template class Point<int>;        // int형을 위한 명시적 인스턴스화
```

예제 13.14 | int 형 Sum 함수를 위한 명시적 전문화

이번에는 함수 템플릿에 대한 명시적 전문화에 대해 알아보자. 예를 들어(논리에는 맞지 않지만) [예제 13.13]의 예에서 int형에 대해서만은 Sum 함수의 수행 결과로 num1과 num2의 곱을 반환한다고 가정하자. 이렇게 하기 위해서는 int형에 대해서만은 Sum 함수의 내용을 수정해야만 한다. 이때 사용하는 것이 명시적 전문화이다. 이것은 마치 템플릿의 내용을 특정 타입에 맞게 재정의하는 것과 유사하다.

```
1   template <typename T>
2   T Sum(T num1, T num2)
3   {
4       T num3 = num1 + num2;
5       return num3;
6   }
7
8   template <>                    // int형 Sum 함수에 대한 명시적 전문화
9   int Sum(int num1, int num2)
10  {
11      int num3 = num1 * num2;
12      return num3;
13  }
14
15  int main()
16  {
17      int x = Sum(3, 4);
18      double y = Sum(1.1, 2.2);
19
20      cout << x << endl;
21      cout << y << endl;
22
23      return 0;
24  }
```

• 실행 결과

```
12
3.3
```

명시적 전문화를 만들기 위해서는 8라인과 같이 일반적인 함수 선언 또는 정의 앞에 template <>를 추가하면 된다. <> 내에 내용이 없는 경우 기존 템플릿에 대한 전문화로 인식된다. 이제 17라인의 결과로 7이 아닌 12가 대입된다.

클래스 템플릿 역시 다음 예와 같이 함수 템플릿과 동일한 문법을 사용하여 특정 타입에 대한 별도의 클래스를 작성할 수 있다.

```
template <typename T> class Point { ... };
template <> Point<int> { ... };              // 명시적 전문화
```

그런데 클래스 템플릿의 경우 Point라는 이름으로 클래스 템플릿이 존재한다면 Point라는 일반 클래스를 중복하여 만들 수는 없다. 그러나 함수 템플릿의 경우 Sum이라는 함수 템플릿이 존재한다 하더라도 Sum이라는 일반 함수를 중복하여 만들 수도 있다. 이것 역시 함수 오버로딩의 한 예이다. 이 경우 함수 호출 우선순위는 일반 함수, 명시적 전문화에 의해 호출 가능한 함수, 함수 템플릿의 순이며, 이 순서대로 검색하여 첫 번째로 만나는 함수를 수행하게 된다.

연습문제 | 13.5

다음 프로그램의 수행 결과는 무엇인가?

```
1   template <typename T>
2   T Sum(T num1, T num2)
3   {
4       T num3 = num1 + num2;
5       return num3;
6   }
7
8   template <>
9   int Sum(int num1, int num2)
10  {
11      int num3 = num1 * num2;
12      return num3;
13  }
14
15  int Sum(double num1, double num2)
16  {
17      int num3 = num1 - num2;
18      return num3;
19  }
20
21  int main()
22  {
23      int x = Sum(3, 4);
24      double y = Sum(1.1, 2.2);
25
```

```
26        cout << x << endl;
27        cout << y << endl;
28
29        return 0;
30    }
```

23라인의 실행 결과에는 이론의 여지가 없을 것이다. 그러나 24라인의 실행 결과에 답하기 위해서는 함수 템플릿과 일반 함수의 관계 및 반환형 등에 주의해야 한다.

Note

13.7 템플릿의 동작 원리 및 주의 사항

템플릿의 동작 원리 및 주의 사항

실행 파일을 만들어내기 위해서는 컴파일과 링크 과정을 거쳐야 한다. 컴파일은 하나의 파일 단위로 수행되며 링크는 컴파일 결과들을 결합하여 하나의 실행파일을 만들어 낸다. 일반적으로 어떤 함수를 호출할 때 컴파일 시에는 최소한 그 함수의 프로토타입만 알고 있으면 되고 함수 몸체는 프로그램 전체적으로 단 한 번만 어딘가에 정의되어 있으면 된다. 그러면 링크 과정을 통해 그 함수와 결합된다. 클래스도 마찬가지다.

템플릿은 실제로 사용할 함수나 클래스를 만들어낼 수 있는 틀을 제공하는 것이며, 이 틀로부터 실제 함수 및 클래스를 만드는 작업은 컴파일러에 의해 컴파일 시간에 수행된다. 컴파일이 파일 단위로 수행된다는 점에 주목하자. 그렇다면 해당 템플릿을 통해 인스턴스화를 수행하는 경우 실제 함수 몸체까지 만들어야 하므로, 그 템플릿의 선언뿐만 아니라 정의 부분을 모두 해당 파일 내에 포함하고 있어야만 한다는 결론이 도출된다.

예제 13.15 | 일반적인 템플릿의 작성 및 사용 예

하나의 프로그램을 만들기 위한 가장 일반적인 템플릿의 사용 방법의 예는 다음 3개의 파일, "template.h", "template.cpp", "main.cpp"와 같다.

```
1   // template.h
2   template <typename T>                        // 함수 템플릿은 함수 몸체 포함
3   T Sum(T num1, T num2)
4   {
5       T num3 = num1 +  num2;
```

```
6        return num3;
7    }
8
9    void Func(int num);                              // 일반 함수는 프로토타입만
```

```
1    // template.cpp
2    #include <iostream>
3    #include "template.h"
4    using namespace std;
5
6    void Func(int num)
7    {
8        cout << Sum(num, num) << endl;
9    }
```

```
1    // main.cpp
2    #include <iostream>
3    #include "template.h"
4    using namespace std;
5
6    int main()
7    {
8        cout << Sum(1, 2) << endl;
9        Func(3);
10
11       return 0;
12   }
```

템플릿은 "template.h"와 같은 헤더 파일에 구현하되 선언과 정의를 모두 포함한다. 그리고 "template.cpp"나 "main.cpp"와 같이 이 템플릿을 사용하고자 하는 파일에서는 해당 헤더 파일(template.h)만 include하면 된다. 그러면 자연적으로 템플릿을 사용하는 파일 내에는 해당 템플릿의 선언과 정의가 동시에 포함되는 것이다. 여기서는 2개의 cpp 파일에서 동시에 Sum 함수를 사용하고 있는 예를 보여주고 있다. 이때 int형에 대한 함수가 중복하여 생성될 수도 있지 않을까 우려될 수도 있지만, 컴파일러가 동일한 함수를 또 다시 중복하여 만들지는 않기 때문에 이에 대해서는 걱정할 필요가 없다.

C++ 표준 라이브러리와 표준 입출력

지금까지 C++ 언어와 관련된 많은 내용에 대해 학습하였다. 객체지향 프로그래밍과 관련하여 데이터 캡슐화, 상속, 다형성에 대해 배웠으며 일반화 프로그래밍을 위한 도구인 템플릿에 대해 배웠다. 또한 견고한 프로그램 작성을 위한 예외 처리 방법에 대해서도 학습하였다. 이와 같은 내용들과 함께 표준 C++ 언어를 구성하는 한 축으로 C++ 표준 라이브러리를 빼놓을 수 없다. 1980년대 초 C++ 언어가 처음 개발된 이래로 표준 C++에는 프로그래머에게 유용한 많은 라이브러리들이 추가되어 왔다. C++ 표준 라이브러리는 C 스타일의 함수를 기반으로 하는 경우도 있지만 대부분의 경우 C++의 핵심인 클래스와 템플릿을 기반으로 하고 있다. 사실상 C++ 언어를 학습함에 있어서 라이브러리의 활용 방법을 익히는 것이 C++의 문법을 익히는 것만큼 중요하다 할 수 있다. 라이브러리에 익숙해질 경우 불필요한 코드 개발을 위해 낭비하는 시간을 줄이고 주어진 문제의 해결을 위한 핵심 알고리즘을 개발하는 데 더 많은 시간을 할애할 수 있다. 우리는 이미 3.9절, 5.1절, +2장을 통해 함수를 기반으로 하는 라이브러리의 사용 방법에 대해 학습하였다. 이 장에서는 클래스를 기반으로 하는 C++ 표준 라이브러리의 구성에 대해 살펴보고 표준 입출력 및 몇 가지 유용한 클래스 라이브러리의 사용 방법에 대해 설명할 것이다.

14.1 C++ 표준 라이브러리의 구성

C++ 표준 라이브러리의 구성

C++ 표준 라이브러리의 내용은 매우 방대하다. 따라서 이 교재를 통해 모든 라이브러리를 다룰 수는 없으며 많이 사용되는 라이브러리를 위주로 설명할 것이다. 각 라이브러리에 대한 사용 방법을 설명하면서 이해를 돕기 위해 필요한 경우 구현 원리를 함께 설명할 것이다. 이 교재를 통해 소개할 라이브러리는 [표 14.1]과 같다.

○ 표 14.1 C++ 표준 라이브러리의 구성

범주	설명	예	관련 장/절
입출력	표준 입출력 파일 입출력	ostream ofstream	14.2~14.9절 15장
문자열	문자열 처리	string	14.10절
수치계산	복소수 처리	complex	14.11절
컨테이너 클래스	다양한 자료구조	vector	16장
이터레이터	컨테이너 클래스 요소 포인터	iterator	
알고리즘	범용 함수	sort	
메모리	메모리 동적 할당과 해제	unique_ptr	14.12절
타입	타입 정보	typeid	11.11절

표준 입출력에 대해서는 이 장의 2절부터 9절까지 다루게 되며 표준 입출력과 밀접한 관련이 있는 파일 입출력에 대해서는 15장을 통해 다룰 것이다. 문자열을 쉽게 처리할 수 있는 클래스인 string 클래스에 대해서는 이 장의 10절에서 다루고 11절에서는 수치계산 관련 라이브러리 중 복소수 처리를 위한 complex 클래스에 대해 설명하며, 12절에서는 동적으로 할당받은 메모리를 자동으로 해제하기 위한 unique_ptr 클래스에 대해 살펴볼 것이다. 컨테이너 클래스와 이터레이터 그리고 알고리즘은 표준 템플릿 라이브러리의 범주에 속하는 것으로서 16장에서 자세히 설명한다. 실행 시간 타입 정보를 알기 위한 typeid 클래스에 대해서는 이미 11.11절에서 살펴보았다.

14.2 C++ 입출력 관련 클래스

C++ 입출력 관련 클래스의 구성

C/C++에서의 입출력이란 키보드와 모니터를 사용한 입출력과 파일을 대상으로 한 입출력 모두를 포함하며 이 둘을 구별하기 위해 각각을 표준 입출력과 파일 입출력이라 한다. C++에서는 C 스타일의 입출력을 모두 지원하고 있다. 따라서 표준 입출력을 위해서 printf, scanf 등의 입출력 함수를 사용할 수 있

고, 파일 입출력을 위해서는 FILE 포인터를 중심으로 한 fprintf, fscanf 등의 파일 입출력 함수를 사용할 수 있다. 단, <cstdio> 헤더 파일을 포함해야 한다.

그러나 C++ 프로그램을 작성하고 있다면 더 이상 C 스타일의 입출력 함수에 미련을 갖지는 않을 것이다. C++에서는 클래스를 앞세워 C보다 훨씬 사용하기 편리한 입출력 관련 클래스를 작성해 놓았기 때문이다.

표준 C++ 입출력 관련 클래스는 모두 템플릿으로 구현되어 있는데, 이는 기존의 8비트 문자 체계와 16비트 와이드 문자 체계를 동시에 처리하기 위함이다. 이 템플릿으로부터 typedef 문을 사용하여 8비트 문자 체계에 해당하는 클래스를 정의하고 있으며, 마찬가지로 typedef 문을 사용하여 와이드 문자 처리를 위한 클래스를 정의하고 있다. [표 14.2]는 입출력 관련 클래스와 8비트 문자 기반 클래스명 그리고 와이드 문자 기반 클래스명을 나타낸 것이다. 아마도 향후로는 국제적 표준을 준수하기 위해 와이드 문자 체계를 지향해야 할 것으로 생각된다. 그러나 8비트 문자 체계든 와이드 문자 체계든 사용 방법에는 큰 차이가 없다. 따라서 이 교재에서는 이후로 8비트 문자 체계만을 대상으로 설명할 것이다. 8비트 문자 체계와 16비트 와이드 문제 체계에 대한 자세한 내용은 3.9절을 참고하라.

○ 표 14.2 **입출력 관련 클래스**

템플릿 클래스	8비트 문자 기반 클래스	와이드 문자 기반 클래스
basic_streambuf	streambuf	wstreambuf
ios_base(비템플릿)	ios_base	ios_base
basic_ios	ios	wios
basic_istream	istream	wistream
basic_ostream	ostream	wostream
basic_iostream	iostream	wiostream
basic_filebuf	filebuf	wfilebuf
basic_ifstream	ifstream	wifstream
basic_ofstream	ofstream	wofstream
basic_fstream	fstream	wfstream

C++ 입출력과 관련된 클래스들 사이의 관계는 [그림 14.1]과 같다. streambuf와 filebuf는 버퍼로 사용할 메모리를 관리하는 클래스이고, ios_base와 ios는 입출력 포맷 지정과 관련된 기능을 제공한다. istream 클래스와 ostream 클래스는 각각 표준 입력과 표준 출력을 위한 기능을 제공하며, 이 클래스들로부터 다중 상속을 통해 만든 iostream은 입출력 기능을 동시에 제공하지만, 명시적으로 사용되지는 않으며 fstream의 base 클래스로서의 역할을 한다. ifstream과 ofstream은 각각 파일 입력과 출력 기능을 제공하며 fstream은 파일 입출력 기능을 동시에 제공한다.

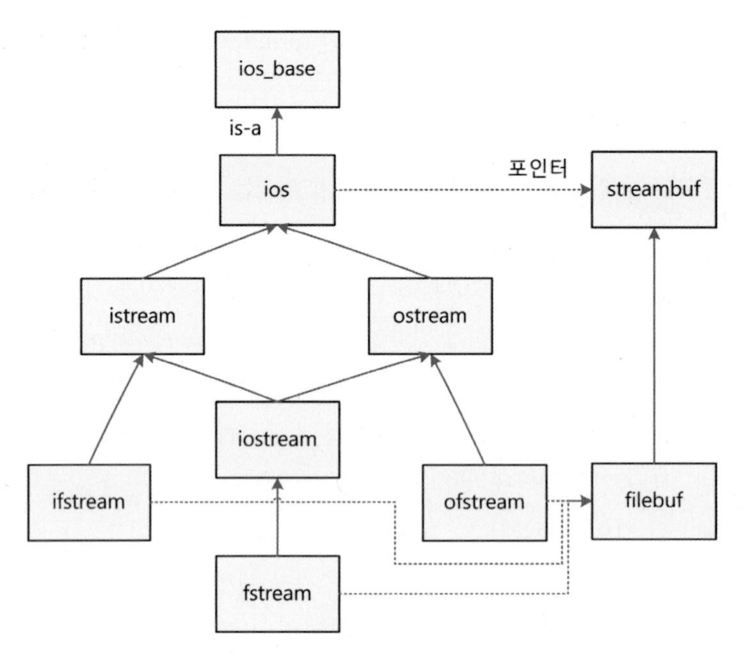

○ 그림 14.1 입출력 관련 클래스들의 구성도

[그림 14.1]을 보면 표준 입출력 관련 클래스(istream, ostream, iostream)와 파일 입출력 관련 클래스(ifstream, ofstream, fstream)가 상속 관계에 있음을 알 수 있다. 이는 표준 입출력과 파일 입출력이 유사하게 처리될 수 있음을 시사하는 것이며 실제로 사용 방법이 매우 유사하다. [그림 14.2]를 보면 데이터 입력과 출력이라는 개념 자체도 대상 매체만 변경될 뿐 입력 스트림이나 출력 스트림 입장에서는 바이트의 흐름이라는 동일한 메커니즘으로 이해될 수 있다.

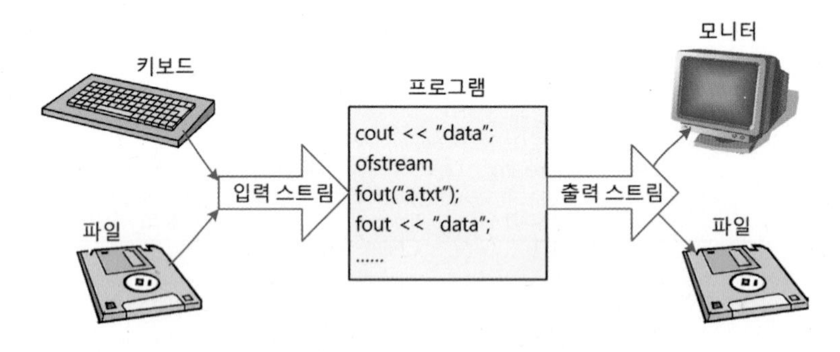

○ 그림 14.2 표준 입출력 스트림과 파일 입출력 스트림

표준 입출력 객체와 표준 입출력 스트림의 관계

파일 입출력의 경우 사용자에 의해 입력 또는 출력을 위한 파일이 변경될 수 있지만, 표준 입출력의 경우에는 표준 출력은 모니터와 연결되어 있고 표준 입력은 키보드와 연결되어 있다. 따라서 C++에서는 [표 14.3]과 같이 표준 입출력을 담당할 객체를 미리 정의해 두고 있다. 각각의 표준 입출력 객체는 3.9절에서 설명한 표준 입력, 표준 출력, 표준 에러 스트림인 stdin, stdout, stderr에 대응된다. cerr 객체는

버퍼를 사용하지 않는다는 것을 제외하면 cout 객체와 동일하다. 여기서 한 가지 짚고 넘어갈 사항은 표준 입출력의 경우에도 입출력 재지향(io redirection)을 통해 표준 입출력 장치 외의 장치(예, 파일)와의 입출력이 가능하다는 것이다. 하지만 해당 내용은 이 교재의 범위를 벗어난 것이므로 여기서는 이에 대해 고려하지 않을 것이다.

○ 표 14.3 **표준 입출력 객체와 대응되는 표준 입출력 스트림**

클래스	객체명	기능	연결 장치	대응 입출력 스트림
istream	cin	입력	키보드	stdin
ostream	cout	출력	모니터	stdout
ostream	cerr	오류 출력	모니터	stderr

[표 14.3]의 객체들은 시스템에 의해 설정되는 것으로서 표준 입력과 출력에 대해서는 프로그래머가 임의로 생성할 수 없도록 되어 있다. 뿐만 아니라 표준 입출력 객체에 대한 복사 또는 대입도 불가능한데, 이는 ios 클래스의 복사 생성자와 대입 연산자를 private 멤버로 선언함으로써 달성하고 있다. 예를 들어 어떤 클래스 객체를 생성할 때 복사 생성을 통해 생성하기 위해서는 복사 생성자가 호출되어야 한다. 그런데 복사 생성자가 private 멤버로 포함되어 있으니 호출이 불가능하며 따라서 복사 생성이 불가능하다. 9.9절에서 입출력 연산자 오버로딩 시 cout, cin 객체를 값에 의한 전달로 받지 못하는 이유가 여기에 있다. 이 원리는 다음 장에서 배울 파일에서도 그대로 적용된다. 하나의 파일 스트림 객체를 생성한 후 이 객체를 사용하여 또 다른 파일 스트림 객체를 생성(복사 생성)하거나 대입할 수 없다.

지금까지 거의 모든 프로그램에서 cout 또는 cin 객체를 사용하였다. 그러나 cin, cout의 입력 연산자(>>)와 출력 연산자(<<)를 사용한 가장 기본적인 형태의 입력과 출력만을 수행했었다. 사실상 이것만으로도 C++의 모든 기능을 공부하는 데 별 불편함이 없는 것이 사실이다. 그러나 cin, cout은 단순한 입출력문 외에도 다양한 기능들을 제공하고 있다. C 스타일의 출력 함수인 printf 문의 포맷 지정자들을 생각해 보라. 출력을 위한 필드 크기를 지정할 수도 있고, 소수점 이하 자리수를 지정할 수도 있으며 16진수 또는 8진수로의 출력도 가능하다. cout 역시 이러한 기능들을 모두 포함하고 있다.

이 장에서는 ostream이나 istream 클래스의 구현 원리보다는 사용 방법에 대해 초점을 맞출 것이다. 기본적인 구현 원리에 대해서는 9.8절에서 이미 설명하였으므로 필요하다면 9.8절을 다시 한 번 보는 것이 좋을 것이다.

표준 입출력과 파일 입출력의 관계

다음 절로 넘어가기 전에 C를 포함하여 C++에서의 표준 입출력에 대한 필요성에 대해 짚어 보고 넘어가도록 하자. 표준 C/C++는 콘솔 프로그래밍을 대상으로 하고 있다. 그런데 요즘에는 콘솔 프로그램보다는 윈도우즈 환경의 프로그램으로 상용 프로그램을 개발하는 경우가 더 많다. 이 경우 표준 입출력은 더 이상 사용할 기회조차 없을 것이다. 만약 C++를 처음 배우는 단계라면 앞에서 배운 정도의 기본적인 입출력문만으로도 C++의 모든 기능들을 배울 수 있다. 따라서 표준 입출력이라는 관점에서는 입출력 방법들이 어떤 것들이 있는지 파악하고 한 번씩 수행해 보면서 확인한 후, 향후에 필요하다면 다시 한 번 찾아보고 사용할 수 있으면 되는 것이다. 그러나 표준 입출력이 표준 입출력에서 그치지 않고 파일 입출력과 직결되기 때문에 표준 입출력을 소홀히 다룰 수는 없다. 콘솔 프로그램을 작성할 때뿐만 아니라 윈도우즈 프로그램을 작성할 때도 파일 입출력의 효용성은 상당히 높은 편이다. 게다가 C++에서의 파일 입출력은 표준 입출력과 사용 방법이 매우 유사하다. 따라서 파일 입출력을 위해서라도 표준 입출력에 대한 사용 방법 정도는 익혀두길 바란다. 실제로 15장에서 파일 입출력에 대한 세부 사항을 설명하면서 표준 입출력과 동일하다는 말을 자주 사용하게 될 것이다.

14.3 setf와 unsetf 멤버 함수를 이용한 입출력 형식 지정

setf와 unsetf 멤버 함수를 이용한 입출력 형식 지정 원리

cout을 통해 출력 작업을 수행할 경우 출력 형식을 지정하기 위해 가장 많이 사용되는 방법이 setf와 unsetf 멤버 함수를 이용하는 것이다. setf와 unsetf 함수는 특정 서식에 대한 플래그 값을 켜거나 끄는 데 사용되는 함수이며 그 원리는 [그림 14.3]과 같다. 이 그림에서 실제 bit 값의 의미는 이 그림과는 다르며 단지 설명을 위해 임의로 표시하였다.

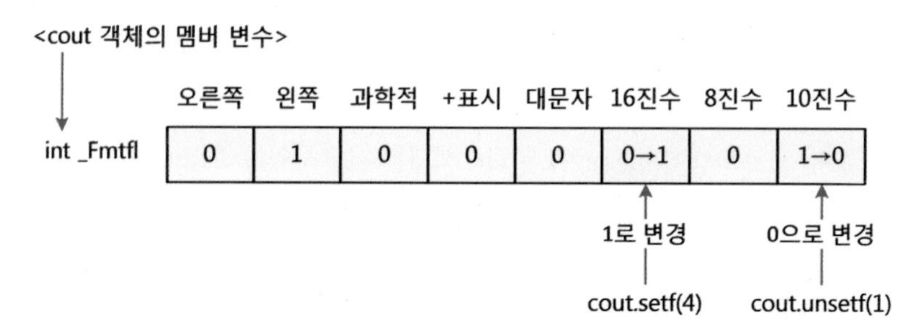

○ 그림 14.3 setf, unsetf 멤버 함수의 수행 원리

ostream 클래스의 base 클래스인 ios_base 클래스에는 플래그를 저장하기 위해 fmtflags 형(내부적으로는 int형임)의 변수 _Fmtfl을 준비해 놓고 있는데 이 변수의 각 bit가 특정 서식을 의미하는 것이다. 예를 들면 하위 첫 번째 비트가 10진수 출력을 의미하는 것이라면(실제로는 하위 12번째 비트임), 첫 번째 비트의 값을 1로 할 경우 정수 출력 시 10진수로 출력되는 것이다. setf 함수는 특정 비트의 값을 1로 만드는 데 사용되며 unsetf 함수는 해당 비트의 값을 0으로 만드는 데 사용된다. 예를 들어 하위 3번째 비트의 값을 1로 또는 0으로 만들고 싶다면 다음과 같이 하면 된다.

```
cout.setf(4);            // 10진수 4 → 2진수 100 → 하위 세 번째 bit
cout.unsetf(4);
```

그러나 각 비트가 어떤 서식인지 외우고 이를 10진수로 변환하여 함수를 호출한다는 것은 시간 낭비가 아닐 수 없다. 이를 방지하기 위해 ios_base 클래스에는 각 비트에 해당하는 서식을 static const 문자열 상수로 정의해 놓고 있는데, static const 상수의 경우 특이하게 상수 선언과 동시에 초기화가 가능하다. 예를 들면 16진수 서식을 의미하는 비트의 값은 다음과 같이 hex라는 static const 문자열 상수로 정의될 수 있다.

```
static const fmtflags hex = 4;
```

따라서 다음과 같이 setf 또는 unsetf 함수를 사용하면 된다.

```
cout.setf(ios_base::hex);
cout.unsetf(ios_base::hex);
```

여기서 ostream 클래스가 ios_base를 상속하여 만든 것이므로 ios_base::hex 대신 ostream::hex라고 써도 무방하나, ostream, istream 모두 동일하게 적용될 수 있는 ios_base를 쓰는 것이 관례이다. 단, <iostream> 대신 <iostream.h> 헤더 파일을 사용하는 고전 C++의 경우에는 입출력 플래그 관련 사항들이 ios 클래스에 정의되어 있다. 따라서 ios_base 대신 ios를 사용해야 한다.

예제 14.1 | int형 값을 16진수로 출력하기

그러면 int형 값을 16진수로 출력해 보자.

```
1   int main()
2   {
3       cout.unsetf(ios_base::dec);              // 10진수 해제
4       cout.setf(ios_base::hex);                // 16진수 설정
5       cout << "16진수 : " << 16 << endl;
6
7       cout.setf(ios_base::dec);                // 10진수 설정
8       cout << "10진수 : " << 16 << endl;
9
10      return 0;
11  }
```

• **실행 결과**

```
16진수 : 10
10진수 : 16
```

정수값 출력을 위한 디폴트 진법이 10진수로 되어 있으므로 3라인과 같이 unsetf 함수를 사용하여 10진수 플래그(ios_base::dec)를 끈 다음 4라인에서 16진수 출력을 활성화하였다. 참고로 10진수가 16진수보다 우선하므로 둘 다 켜져 있을 경우에는 10진수로 출력된다.

setf(fmtflags) 멤버 함수의 서식 플래그

setf 멤버 함수는 함수 오버로딩을 통해 두 가지 버전이 준비되어 있다. 용도에 맞게 사용하면 된다. 첫 번째는 앞에서 본 바와 같이 1개의 매개변수를 필요로 하며 프로토타입은 다음과 같다. 반환값으로는 해당 플래그를 설정하기 이전의 _Fmtfl 값이 반환된다.

```
fmtflags setf(fmtflags);
```

이 함수와 함께 사용되는 서식 플래그는 [표 14.4]와 같다.

표 14.4 setf(fmtflags) 멤버 함수의 서식 플래그

플래그 상수	설명	용도
boolalpha	bool 값을 true와 false로 표현	입출력
showbase	정수값 출력 시 진법 표시 접두어 사용(0, 0x)	출력
showpoint	실수값 출력 시 소수점 표기	출력
uppercase	16진수 출력 시 X를 대문자로 표기 실수 과학적 표기 시 E를 대문자로 표기	출력
showpos	양수 앞에 + 부호 표기	출력
skipws	입력 시 공백 문자 무시(디폴트 On)	입력

예제 14.2 | setf(fmtflags) 멤버 함수의 서식 플래그 사용

[표 14.4]의 플래그 상수들을 사용한 예를 보도록 하자.

```
1   int main()
2   {
3       bool tf = true;
4       int num1 = 16;
5       double num2 = 12.0;
6
7       cout << tf << endl;
8       cout << num1 << endl;
9       cout << num2 << endl << endl;
10      // 플래그 동시 설정
11      cout.setf(ios_base::boolalpha | ios_base::showbase |
12          ios_base::showpoint | ios_base::uppercase | ios_base::showpos);
13
14      cout.unsetf(ios_base::dec);
15      cout.setf(ios_base::hex);        // 16진수 설정
16
17      cout << tf << endl;
18      cout << num1 << endl;
19      cout << num2 << endl;
```

```
20
21     return 0;
22 }
```

• 실행 결과

```
1
16
12

true
0X10
+12.0000
```

11, 12라인과 같이 setf 함수 사용 시 비트 단위 OR 연산자를 사용하여 여러 개의 플래그를 한꺼번에 지정할 수도 있다. 실행 결과를 확인해 보도록 하라.

setf(fmtflags, fmtflags) 멤버 함수의 서식 플래그

setf 멤버 함수의 두 번째 버전은 매개 변수 2개를 필요로 하며 함수 프로토타입은 다음과 같다.

```
fmtflags setf(fmtflags, fmtflags);
```

[예제 14.1]에서 16진수 출력을 위해 부가적으로 10진수 플래그를 꺼야만 했었다. 논리적으로는 10진수, 16진수, 8진수 플래그는 한 번에 어느 하나만 켜져 있어야 한다. 첫 번째 버전의 setf 함수를 사용한다면 이를 보장하기 위해 매번 setf 함수와 unsetf 함수를 쌍으로 수행시켜야만 한다. 두 번째 버전의 setf 함수는 이와 같은 불편함을 해소하기 위해 만들어졌다. 관련 있는 플래그들을 하나의 상수로 표현한 후, 이 상수와 켜고자 하는 플래그 상수를 함께 전달함으로써 해당 플래그 상수만 1로 만들고 나머지는 0으로 만드는 것이다. 예를 들면 진법과 관련하여 basefield라는 그룹 상수를 만들어 놓았다. 이를 사용하여 다음과 같이 setf 함수를 호출하면 단 한번의 setf 함수 호출만으로 16진수 출력이 가능해지는 것이다.

```
cout.setf(ios_base::hex, ios_base::basefield);
```

두 번째 버전의 setf 함수가 적용될 수 있는 플래그 상수는 [표 14.5]와 같다. 실수 표기의 경우 디폴트 모드와 fixed 모드 그리고 scientific 모드가 있다. fixed 모드의 경우 123.123과 같이 고정 소수점 표기를 의미하고 scientific 모드는 1.23123e002와 같이 지수 표기법을 의미한다. 디폴트 모드에서는 두 가지 표기법 중 짧은 방식으로 표현된다. 0.000000123의 경우 디폴트 모드에서 어떻게 출력되는지 직접 확인해 보도록 하라.

○ 표 14.5 setf(fmtflags, fmtflags) 멤버 함수의 서식 플래그

첫 번째 매개변수	두 번째 매개변수	설명	용도
dec, oct, hex	basefield	10진수, 8진수, 16진수 표기	입출력
fixed, scientific	floatfield	실수의 소수점 표기와 과학적 표기	출력
left, right, internal	adjustfield	왼쪽 정렬, 오른쪽 정렬, 부호와 진법접두어는 왼쪽 정렬 그리고 값은 오른쪽 정렬	출력

예제 14.3 | setf(fmtflags, fmatflags) 멤버 함수의 서식 플래그 사용

[표 14.5]의 플래그 상수들을 사용한 예를 보도록 하자.

```
1   int main()
2   {
3       bool tf = true;
4       int num1 = 16;
5       double num2 = 12.0;
6
7       cout << tf << endl;
8       cout << num1 << endl;
9       cout << num2 << endl << endl;
10
11      cout.setf(ios_base::boolalpha | ios_base::showbase |
12          ios_base::showpoint | ios_base::uppercase | ios_base::showpos);
13
14      cout.setf(ios_base::hex, ios_base::basefield);          // 16진수 설정
15      cout.setf(ios_base::scientific, ios_base::floatfield);  // 과학적 표기법
16
17      cout << tf << endl;
18      cout << num1 << endl;
19      cout << num2 << endl;
20
21      return 0;
22  }
```

• 실행 결과

```
1
16
12

true
0X10
+1.200000E+001
```

이 예제는 [표 14.5]의 플래그 상수들 중 마지막 정렬 관련 플래그를 제외한 플래그들의 사용 예이다. 14라인에서는 16진수 표기를 설정하고 있으며 15라인에서는 실수의 표현을 과학적 표기법으로 설정하고 있다. 정렬 관련 플래그 상수의 사용 예에 대해서는 다음 절에서 살펴볼 것이다.

예제 14.4 | setf 멤버 함수의 반환값 확인하기

setf 멤버 함수의 반환값으로는 이전 플래그 변수(_Fmtfl)의 값이 반환된다고 하였다. 즉, 각 플래그들의 이전 상태를 알아 볼 수 있다는 뜻이다. flags 멤버 함수는 setf 멤버 함수와는 달리 특정 플래그를 지정하지 않고 단지 현재 플래그 변수의 값을 반환한다. setf 멤버 함수의 프로토타입은 다음과 같다.

```
fmtflags flags();
```

만약 특정 플래그들의 현재 상태를 알아보길 원한다면 flags 함수를 사용하면 된다. 이 예제는 hex 플래그의 현재 상태를 알아보는 간단한 예이다.

```
1   int main()
2   {
3       ios_base::fmtflags flag = cout.flags();
4
5       if (flag & ios_base::hex)        // 16진수 설정 여부
6           cout << "hex on" << endl;
7       else
8           cout << "hex off" << endl;
9
10      cout.setf(ios_base::hex, ios_base::basefield);
11
12      flag = cout.flags();
13
14      if (flag & ios_base::hex)
15          cout << "hex on" << endl;
16      else
17          cout << "hex off" << endl;
18
19      return 0;
20  }
```

• **실행 결과**

```
hex off
hex on
```

5라인을 보자. 현재 flag 변수값과 hex 상수를 비트 단위 AND 연산을 취하여 이 값이 hex 상수의 값과 같으면(또는 0이 아니면) 해당 비트의 값이 1이라는 의미이며 따라서 hex 플래그가 켜져 있음을 의미한다. 실행 결과에 의하면 디폴트로는 hex 플래그가 꺼져 있고 10라인에서 hex 플래그를 켠 이후로 켜져 있음을 확인할 수 있다.

연습문제 | 14.1

int형 값 하나와 double형 값 하나를 입력받은 후 int 값은 10진수, 8진수, 16진수로 출력하고 double 값은 과학적 표기법과 부동소수점 표기법으로 출력해 보라.

Note

연습문제 | 14.2

다음 프로그램에서 5라인의 unsetf 함수를 추가했을 때와 추가하지 않았을 때의 실행 결과를 확인하고 skipws 플래그의 의미에 대해 설명해 보라. 6라인에서 입력을 받아들이고 있다. 여기서 입력 데이터로는 실행 결과와 같이 "a b c"를 입력하도록 하라.

```
1   int main()
2   {
3       char ch1, ch2, ch3;
4
5       cin.unsetf(ios_base::skipws);
6       cin >> ch1 >> ch2 >> ch3;
7
8       cout << ch1 << endl;
9       cout << ch2 << endl;
10      cout << ch3 << endl;
11
12      return 0;
13  }
```

- **실행결과**

```
a b c
... 이후의 실행 결과는 직접 확인해 보도록 하라.
```

일반적으로 데이터를 입력할 때 데이터 사이의 구분은 공백으로 한다. 따라서 공백은 데이터로서의 의미가 없는 것이며 디폴트로 데이터 입력 시 공백은 무시하도록 되어 있다. 5라인과 같이 공백 무시(skipws)를 unsetf 멤버 함수로 끄게 되면 공백도 하나의 데이터로 입력된다. 이와 같은 내용은 ≫ 연산자와 관련되는 것이다.

참고로 7절과 8절에서 설명할 문자 단위 입력 함수에서는 skipws 플래그 설정과 관계없이 항상 공백을 하나의 데이터로 처리한다.

Note

14.4 setf 이외의 멤버 함수를 이용한 출력 형식 지정

출력 형식 지정을 위한 setf 이외의 멤버 함수

setf 멤버 함수만으로 모든 출력 형식을 지정할 수는 없다. 때로는 부가적인 매개변수를 필요로 할 수도 있기 때문이다. 따라서 이와 같은 사항에 대해서는 별도의 멤버 함수를 마련해 두고 있다. 여기서 살펴볼 멤버 함수는 [표 14.6]과 같다.

○ 표 14.6 출력 형식 지정을 위한 ostream 멤버 함수

함수	설명	디폴트 값
int width(int i)	최소 필드 너비 조정 조정 후 첫 번째 출력 후에는 디폴트 값으로 자동 환원	출력 내용과 동일
char fill(char c)	필드 내의 공백 자리에 채워질 문자 설정	공백
int precision(int p)	실수 출력 시 출력되는 총 자릿수, 출력 형식이 fixed 또는 scientific이라면 소수점 이하 자릿수	6

width 함수는 출력하고자 하는 데이터가 차지할 필드의 너비를 설정하는 데 사용된다. 이 함수는 [표 14.5]의 adjustfield 관련 플래그 상수들과 함께 사용될 수 있으며, 아울러 fill 함수를 통해 필드 내의 공백 위치에 채워질 문자를 설정할 수 있다. precision 함수는 실수 출력 시의 총 자리수를 의미하는데, 실수 표기 방식이 디폴트 모드라면 총 자리수를 의미하며 실수 표기 방식이 fixed 또는 scientific이라면 소수점 이하 자리수를 의미한다.

예제 14.5 | width, fill, precision 멤버 함수의 사용

[표 14.6]의 멤버 함수들에 대한 사용 예를 살펴보자.

```
1   int main()
2   {
3       cout.width(10);                         // 필드 크기 10
4       cout << "hello" << endl;
5       cout.fill('%');                         // 공백 채움 문자 %
6       cout.width(10);
7       cout << "hello" << endl << endl;
8
```

```
9        cout.setf(ios::left, ios::adjustfield); // 왼쪽 정렬
10       cout.width(10);
11       cout << "hello" << endl << endl;
12
13       cout.width(10);
14       cout.precision(4);                        // 총 4자리 출력
15       cout << 123.1234567 << endl;
16       cout.width(10);
17       cout.precision(6);
18       cout << 123.1234567 << endl;
19
20       return 0;
21   }
```

• **실행 결과**

```
     hello
%%%%%hello

hello%%%%%

123.1%%%%%
123.123%%%
```

실행 결과를 보면 정렬 옵션에 따라 왼쪽 또는 오른쪽 정렬이 수행되며, 필드의 공백 위치에 '%' 문자로 채워짐을 확인할 수 있다.

연습문제 | 14.3

2개의 int형 값(x, y)을 입력받고 x와 y 사이의 값들에 대한 제곱값과 나누기 3을 한 값을 각각 출력해 보도록 하라. 각 출력 값들에 대해 적절한 크기의 필드를 지정하고 오른쪽 정렬로 출력하도록 하라. 나누기 3을 한 값의 결과는 실수로 처리될 수 있어야 하며 소수점 이하 첫 번째 자리까지만 출력하도록 하라.

[연습문제 1.12]와 유사한 문제이다. 다만 당시에는 printf와 scanf를 사용했었다. 이번에는 cin과 cout을 사용해서 프로그램을 작성해 보라.

• **실행결과**

```
2개의 정수 입력 : 1 6
    1       1    0.3
    2       4    0.7
    3       9    1.0
```

```
4      16    1.3
5      25    1.7
6      36    2.0
```

이 문제를 풀기 위해서는 출력 시 필드 크기를 지정해 줄 수 있어야 하며 실수 출력과 관련된 서식 지정이 필요하다. 또한 int형 값 2개의 연산 결과로 실수값을 얻기 위해서는 형변환의 적용이 필요하다.

Note

14.5 입출력 조작자를 이용한 입출력 형식 지정

입출력 조작자의 동작 원리 및 종류

지금까지 살펴본 출력 형식 지정 방법과 동일한 효과를 낼 수 있는 또 한 가지 방법이 제공되고 있다. 이를 입출력 조작자(io manipulator)라고 한다. 만약 정수값을 8진수 또는 16진수로 출력하고 싶다면 다음과 같이 하면 된다.

```
cout << oct << 100 << hex << 100 << endl;
```

여기서 oct, hex, endl이 입출력 조작자들인데 입출력 조작자의 특징은 cout 또는 cin 문장과 별도의 문장으로 존재하지 않고 입출력 연산자인 << 또는 >> 연산자 사이에 나타난다는 것이다.

입출력 조작자의 동작 원리는 다음과 같다. 입출력 조작자는 각각 하나의 함수로 구현되어 있는데 대부분 <ios> 헤더 파일에 포함되어 있고, 일부분은 <iomanip> 헤더 파일에 포함되어 있다. 만약 hex 입출력 조작자를 (cout << hex)와 같이 사용한다면 이는 다음과 같이 변환되어 수행이 된다. 여기서 hex는 함수명임을 명심하라.

```
cout.operator<<(hex);    // ostream 클래스의 << 멤버 함수 내에서 hex 함수를 호출함
hex(cout);               // hex 함수에서는 setf 함수를 호출함
cout.setf(ios_base::hex);   // 결국 setf 함수를 통해 hex 플래그를 설정함
```

결국은 앞서 살펴 본 setf 함수가 수행된다. 물론 width 멤버 함수와 같이 setf 이외의 멤버 함수를 이용하는 경우에 있어서는 그에 대응되는 입출력 조작자가 준비되어 있다.

입출력 조작자의 종류는 [표 14.7]과 같다. 대응되는 서식 플래그를 보면 각 조작자의 의미가 무엇인지 쉽게 이해할 수 있을 것이다. 한 가지 특이한 사항은 setf와 unsetf에 해당하는 입출력 조작자인 setiosflags와 resetiosflags 함수가 준비되어 있다는 것이다. 따라서 다음과 같이 이 함수들을 cout 문장 내에서 사용하되 setf와 unsetf 멤버 함수와 같이 사용할 수 있다.

```
cout << resetiosflags(ios_base::dec) << resetiosflags(ios_base::hex) << 16 << endl;
```

○ 표 14.7 입출력 조작자의 종류

입출력 조작자	대응 서식 플래그	설명	용도
boolalpha noboolalpha	setf(ios_base::boolalpha) unsetf(ios_base::boolalpha)	bool 값의 true, false 표현	입출력
showbase noshowbase	setf(ios_base::showbase) unsetf(ios_base::showbase)	진법 표시 접두어 사용	출력
showpoint noshowpoint	setf(ios_base::showpoint) unsetf(ios_base::showpoint)	소수점 표기	출력
uppercase nouppercase	setf(ios_base::uppercase) unsetf(ios_base::uppercase)	16진수 X, 과학적 표기 E 대문자 사용	출력
showpos noshowpos	setf(ios_base::showpos) unsetf(ios_base::showpos)	양수 앞에 + 부호 표기	출력
skipws noskipws	setf(ios_base::skipws) unsetf(ios_base::skipws)	입력 시 공백 문자 무시 (디폴트 값 : On)	입력
dec hex oct	setf(ios_base::dec, ios_base::basefield)	진수 표기	입출력
fixed scientific	setf(ios_base::fixed, ios_base::floatfield)	실수 표기	출력
left internal right	setf(ios_base::left, ios_base::adjustfield)	정렬 방법	출력
setw(int)	width(int)	필드 너비 조정, 이후 한 번의 출력 후 디폴트로 환원됨	출력
setfill(char)	fill(char)	공백 자리 채움 문자 지정	출력
setprecision(int)	precision(int)	실수 출력 자릿수 설정	출력
endl		newline 문자 출력, 스트림 비움	출력
flush		스트림을 비움	출력
setiosflags	setf		
resetiosflags	unsetf		

예제 14.6 | 입출력 조작자의 사용 예

입출력 조작자의 간단한 사용 예를 살펴보자.

```
1  #include <iostream>
2  #include <iomanip>                                  // setfill, setw
3  using namespace std;
4
5  int main()
```

```
6   {
7       cout << hex << 100 << endl;                     // 16진수 출력
8       cout << oct << 10 << endl;                      // 8진수 출력
9   
10      cout << setfill('X') << 100 << setw(10) << endl;    // 채움문자, 필드 설정
11      cout << 100 << " hi " << endl;
12  
13      return 0;
14  }
```

• **실행 결과**

```
64
12
144
XXXXXXX144 hi
```

setfill과 setw 입출력 조작자를 사용하기 위해서는 2라인과 같이 <iomanip> 헤더 파일을 include해야 한다. 프로그램 내용은 쉽게 이해할 수 있을 것이다. 프로그램 코드와 실행 결과를 살펴보도록 하라.

연습문제 | 14.4

[연습문제 14.3]의 프로그램을 입출력 조작자를 사용하여 구현해 보라.

Note

14.6 사용자 정의 입출력 조작자

예제 14.7 | 사용자 정의 입출력 조작자의 작성 예

사용자 스스로 필요한 입출력 조작자를 만들어 사용할 수도 있는데, 주로 기존 입출력 조작자들 중 여러 개를 한 번에 수행하고자 할 때 많이 사용된다. 입출력 조작자는 원리를 설명할 때도 언급했듯이 함수로 작성되며 다음과 같은 형태를 가지고 있다.

```
ostream &FuncName(ostream &);       // 출력 조작자
istream &FuncName(istream &);       // 입력 조작자
```

다음 프로그램은 사용자 정의 출력 조작자의 예이다.

```
1   ostream &MySetup(ostream &os)        // 사용자 정의 출력 조작자
2   {
3       os << "<< 나의 입출력 조작자 >>" << endl;
4       os.width(10);
5       os.precision(4);
6       os.fill('*');
7
8       return os;
9   }
10
11  int main()
12  {
13      cout << 123.123456 << endl;
14      cout << MySetup << 123.123456 << endl;
15
16      return 0;
17  }
```

• **실행 결과**

```
123.123
<< 나의 입출력 조작자 >>
*****123.1
```

1라인의 출력 조작자 MySetup으로 전달된 매개 변수는 그 자체가 cout 객체이다. 따라서 cout 객체로 할 수 있는 모든 작업을 MySetup 함수 내에서 할 수 있을 뿐만 아니라 MySetup 자체가 일반 함수이기 때문에 원하는 모든 작업을 수행할 수 있다. 14라인에서 MySetup 출력 조작자를 사용하고 있다.

14.7 문자 단위 입출력

문자 단위 입출력 멤버 함수

지금까지는 cin, cout 객체와 >>, << 연산자를 사용하여 입출력을 수행하는 방법만을 볼 수 있었다. 그러나 istream 클래스와 ostream 클래스는 >>, << 연산자 외에도 몇 가지 멤버 함수를 통한 입출력 방법을 제공하고 있다.

단일 문자 입력을 위해 istream 클래스는 다음과 같은 멤버 함수를 제공하고 있으며, 이는 3.9절에서 배운 getchar 전역 함수의 기능과 동일하다.

```
int get(void);
istream &get(char &);
```

첫 번째 get 멤버 함수의 경우 입력받은 문자를 반환하며, 두 번째 get 멤버 함수의 경우 입력받은 문자를 참조로 전달된 변수에 대입한 후 cin을 반환하게 된다. 따라서 두 번째 get 멤버 함수의 경우 다음과 같이 연속적인 호출이 가능하다.

```
char ch1, ch2, ch3;
cin.get(ch1).get(ch2).get(ch2);
```

이와 유사하게 ostream 클래스는 하나의 문자를 출력하기 위한 put 함수를 제공하고 있으며, 이는 putchar 전역 함수의 기능과 동일하다.

```
ostream &put(char);
```

예제 14.8 | get 멤버 함수와 put 멤버 함수의 사용

istream 클래스의 get 멤버 함수와 ostream 클래스의 put 멤버 함수를 사용하여 문자 단위로 입력된 데이터를 그대로 화면에 출력해 보자.

```
1   int main()
2   {
3       char ch;
4
5       cin.get(ch);            // 문자 하나 입력
6
7       while (!cin.eof())
8       {
9           cout.put(ch);       // 문자 하나 출력
10          ch = cin.get();     // 문자 하나 입력
11      }
12
13      return 0;
14  }
```

• **실행 결과**

```
C++ programming
C++ programming
cin & cout
cin & cout
^Z
```

5라인에서는 두 번째 get 멤버 함수를 사용하여 문자를 입력받고 있으며, 10라인에서는 첫 번째 get 멤버 함수를 사용하여 문자를 입력받고 있다. 9라인에서는 get 멤버 함수를 통해 읽어 들인 문자를 put 멤버 함수를 사용하여 그대로 출력하고 있다.

참고로 문자 입력 시 파일의 끝(EOF) 위치에서 입력 작업을 수행하게 되면, 이후로 cin의 eof 멤버 함수가 true를 반환하게 되며 이를 통해 파일의 끝을 감지할 수 있다. 윈도우즈 운영체제의 경우 콘솔 입력 시 컨트롤키와 함께 z 키(Ctrl+z)를 입력하면 파일의 끝으로 인식하게 된다.

연습문제 | 14.5

키보드로부터 입력받은 문자들을 대상으로 각 알파벳 대문자들의 개수를 세는 프로그램을 작성해 보라. 알파벳 대문자가 아니라면 skip해야 한다. 다음 실행 화면을 참고하라.

- **실행결과**

```
ABCDEFG
ABCDEFG
ZZZZ*****
abcdefg
****ZZZ
^Z
A : 2, B : 2, C : 2, D : 2, E : 2, F : 2, G : 2, H : 0, I : 0, J : 0,
K : 0, L : 0, M : 0, N : 0, O : 0, P : 0, Q : 0, R : 0, S : 0, T : 0,
U : 0, V : 0, W : 0, X : 0, Y : 0, Z : 7
```

개수를 저장하는 배열(알파벳 개수인 26개 원소)을 사용함으로써 코드의 길이를 최소화할 수 있도록 하라.

Note

14.8 줄 단위 입력

줄 단위 입력을 위한 istream 클래스의 멤버 함수들

istream 클래스는 문자 단위 입력을 위한 get 함수 외에 줄 단위 입력을 받아들이기 위한 멤버 함수 2가지를 제공하고 있으며 각 함수의 프로토타입은 다음과 같다.

```
istream &get(char *, int, char = '\n');
istream &getline(char *, int, char = '\n');
```

두 함수 모두 다음과 같이 사용될 수 있으며, 이는 3.9절에서 배운 gets 또는 fgets 전역 함수와 그 기능이 유사하다.

```
char str[80];
cin.get(str, 80);
cin.getline(str, 80);
```

첫 번째 매개변수는 입력받은 문자열을 저장할 버퍼를 의미하고 두 번째 매개변수는 입력받을 문자의 최대 개수를 의미한다. 만약 한 줄에 100개의 문자들이 존재한다면 그중에서 80개의 문자들만 str 배열에 저장된다. 사실은 배열의 마지막에 문자열의 끝을 의미하는 널 문자가 들어가야 하므로 79개의 문자가 저장된다. 마지막 매개변수는 종료 문자라고 하는데 입력 종료로 인식하는 문자를 의미하는 것으로서 최대 개수만큼 입력받지 않았다 하더라도 해당 문자가 나타나면 입력을 중단하게 된다. 디폴트 값이 '\n'이므로 다음 줄을 만날 때까지 문자를 입력받게 된다. 필요하다면 다른 문자를 종료 문자로 지정할 수도 있다.

get과 getline의 차이점은 get 함수가 종료 문자를 만나 입력을 종료한 후에 해당 종료 문자를 입력 스트림에 그대로 남겨두는 반면에, getline 함수는 해당 종료 문자를 입력 스트림으로부터 제거하게 된다는 점이다.

예제 14.9 | get 멤버 함수와 getline 멤버 함수의 사용 예

이 예제는 get 멤버 함수와 getline 멤버 함수의 특성을 보여주고 있다.

```
1   int main()
2   {
3       char str[80];
4   
5       cout << "문자열 입력 : ";
6       cin.getline(str, 80, '*');
7       cout << "다음 문자는 : " << (char) cin.get() << endl;
8   
9       while ((cin.get()) != '\n');     // 그 줄의 나머지를 읽어 들임
10  
11      cout << "문자열 입력 : ";
12      cin.get(str, 80, '*');           // '*' 문자 전까지 입력
13      cout << "다음 문자는 : " << (char) cin.get() << endl;
14  
15      return 0;
16  }
```

• **실행 결과**

```
문자열 입력 : C++ Pro*gramming
다음 문자는 : g
문자열 입력 : C++ Pro*gramming
다음 문자는 : *
```

6라인에 있는 getline의 경우 종료 문자인 '*'를 제거하므로 그 다음 문자는 'g'가 되고, 12라인에 있는 get의 경우 '*'를 그대로 남겨두므로 그 다음 문자는 '*'이 된다. 9라인의 경우 다음 줄 문자가 아닌 동안 문자를 계속 읽어 들이므로 그 줄의 남은 부분을 모두 읽어 들이는 것을 의미한다.

연습문제 | 14.6

getline 함수를 사용하여 한 줄을 한꺼번에 입력받은 후 단어 단위로 한 줄씩 출력하는 프로그램을 작성하라. 한 줄은 80자를 넘지 않는다고 가정하라. 다음 실행 결과를 참고하라.

- **실행결과**

```
문자열 입력 : C++ Programming      istream ostream
C++
Programming
istream
ostream
```

단어 사이에 공백 문자가 여러 개인 경우까지도 고려하도록 하라.

Note

14.9 입출력 스트림 상태

입출력 스트림 상태의 종류 및 이를 저장하기 위한 구현 원리 및 종류

cin, cout을 사용하여 입출력을 수행하는 경우 뜻하지 않은 에러가 발생할 수도 있다. 예를 들어 int num이라는 변수에 int형 값이 입력될 것이라고 기대하지만 숫자가 아닌 문자가 입력으로 들어올 수도 있다. 또 앞서 [예제 14.8]에서도 봤지만 파일의 끝에 도달하는 경우 역시 뜻하지 않은 경우라 할 수 있다. ios_base 클래스는 이와 같은 상황에 대비하여 스트림의 상태를 저장하기 위한 변수를 다음과 같이 선언하고 있다.

```
iostate _State;  // 변수명은 컴파일러의 구현에 따라 다를 수도 있음
```

iostate 타입은 int형을 재정의한 것이다. _State 변수의 비트들 중 스트림 상태를 저장하기 위한 유의미한 비트는 하위 3비트이다. 각 상태에 대한 비트 위치에 해당하는 상수값 및 의미는 [표 14.8]과 같다.

○ 표 14.8 입출력 스트림 상태

상태	상수값	설명	접근 함수
goodbit	0	에러가 발생하지 않았음 eofbit, failbit, badbit 모두 0인 경우	good()
eofbit	1	입력스트림에서 파일의 끝에 도달	eof()
failbit	2	치명적이지 않은 입출력 에러 발생 – 지정한 타입의 값을 읽을 수 없음 – 접근할 수 없는 파일 읽기 – 쓰기 방지된 디스켓에 쓰기	fail()
badbit	4	치명적인 입출력 에러 발생 – 복구 불가능한 에러	bad()

예를 들어 지정한 타입의 값을 읽을 수 없는 경우 failbit에 해당하는 하위 두 번째 bit 값이 1로 변경되며, 이때 cin.fail() 함수는 true를 반환하게 된다.

만약 스트림 상태를 0으로 복원하고자 한다면 다음과 같이 clear 함수를 사용하면 된다.

```
cin.clear();                    // 전체를 0으로 변경
cin.clear(ios_base::failbit);   // failbit에 해당하는 bit의 값을 0으로 변경
```

현재 입출력 스트림 상태를 확인할 수 있는 또 다른 방법으로는 rdstate 멤버 함수가 있다. rdstate 함수의 프로토타입은 다음과 같으며 스트림 상태를 저장하고 있는 _State 변수의 값을 반환한다.

```
iostate rdstate() const;
```

rdstate 함수로부터 반환된 값으로부터 각 bit의 값을 알아낼 수도 있다. 아마도 이 방법보다는 [표 14.8]의 개별 상태에 대한 접근 함수를 사용하는 것이 더 편리할 것으로 생각된다.

예제 14.10 | 잘못된 입력에 대한 failbit의 변화

이 예제는 원하는 타입의 데이터를 읽지 못한 경우 failbit이 1로 변경됨을 보여주고 있다.

```
1   int main()
2   {
3       int num;
4   
5       cout << "정수 입력 : ";
6       cin >> num;
7   
8       if (cin.fail())
9           cout << "fail" << endl;
10      else
11          cout << "not fail" << endl;
12  
```

```
13      cin.clear();
14
15      if (cin.fail())
16          cout << "fail" << endl;
17      else
18          cout << "not fail" << endl;
19
20      return 0;
21  }
```

• **실행 결과**

```
정수 입력 : a
fail
not fail
```

6라인의 정수 입력에 대해 실행 결과에서는 문자 a를 입력하였다. 따라서 failbit이 1로 변경되고 8라인의 cin.fail() 함수를 통해 이를 확인할 수 있다. 13라인과 같이 clear 함수를 수행하면 failbit이 다시 0으로 변경됨을 알 수 있다.

마지막으로 한 가지만 부연 설명하자면 입출력 스트림 상태와 관련된 내용은 다음 절에서 설명할 파일 입출력에도 그대로 적용될 수 있다는 것이다. [표 14.8]의 failbit의 설명을 보면 파일과 관련된 부분이 있다. 이로부터 파일 입출력으로의 적용이 가능함을 짐작할 수 있을 것이다. 사실은 입출력 스트림 상태뿐만 아니라 지금까지 배운 서식 지정 방법과 각종 멤버 함수들이 그대로 파일 입출력에 사용될 수 있다. 파일 입출력에 대해서는 다음 장에서 자세히 살펴보도록 하자.

참고

클래스 객체에 대한 출력 연산자 오버로딩과 입력 연산자 오버로딩

지금까지 표준 입출력과 관련된 내용에 대해서 설명하였다. 그런데 한 가지 빠진 내용이 있다. 표준 입출력과 관련된 또 하나의 중요한 주제는 클래스 객체에 대한 출력 연산자 오버로딩과 입력 연산자 오버로딩이다. 이 내용에 대해서는 9.9절에서 이미 다루었으므로 이 장에서는 생략하였다. 입출력 연산자 오버로딩에 대해서는 9.9절을 참고하길 바란다.

연습문제 | 14.7

int형 변수로 정수값 하나를 읽어 들이려고 한다. 만약 숫자가 입력되지 않으면 숫자가 입력될 때까지 재입력을 요구하도록 하라. 숫자는 공백을 사이에 두고 나타난다고 가정하라. 실행 결과는 다음과 같다.

• **실행결과**

```
숫자 입력 : abcde fgh
숫자 입력 : abc 123 zzz
입력 값 : 123
```

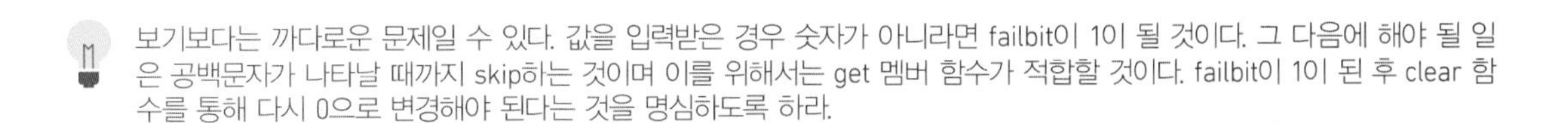
보기보다는 까다로운 문제일 수 있다. 값을 입력받은 경우 숫자가 아니라면 failbit이 1이 될 것이다. 그 다음에 해야 될 일은 공백문자가 나타날 때까지 skip하는 것이며 이를 위해서는 get 멤버 함수가 적합할 것이다. failbit이 1이 된 후 clear 함수를 통해 다시 0으로 변경해야 된다는 것을 명심하도록 하라.

Note

14.10 string 클래스

string 클래스의 사용 방법 및 기능

우리는 이미 9.10절과 [연습문제 9.15]를 통해 문자열을 쉽게 다루기 위한 String이란 클래스를 만들어 본 적이 있다. 기억이 안 난다면 해당 절과 문제를 다시 한 번 보도록 하라.

String 클래스를 만들기 위해서는 내부적으로는 char 포인터와 문자열의 길이를 저장할 변수가 필요하고, 생성자와 소멸자, 복사생성자 및 대입 연산자가 필요하다. 그리고 +, <<, +=, ==, >> 연산자 오버로딩도 필요하다. 지금이라도 늦지 않았다. 만약 이에 대해 이해가 부족하다면 지금까지 배운 C++ 관련 개념들을 정리하기 위해 String 클래스를 직접 구현해 보도록 하라. 크게 어렵지는 않을 것이다.

여기서 얘기하고자 하는 것은 이제부터는 String 클래스를 직접 구현할 필요가 없다는 것이다. 우리가 만든 String보다 더 많은 기능을 제공하는 string이라는 클래스를 표준 C++가 제공해 주고 있기 때문이다. 여기서는 string 클래스에서 제공하는 기능들을 소개하고 사용 방법을 설명하고자 한다.

string 클래스를 사용하기 위해서는 <string> 헤더 파일을 포함해야 한다. [연습문제 9.15]의 프로그램에서 <string> 헤더 파일을 포함시키고 String을 string으로 변경한 후 수행해 보라. String 클래스를 삭제하더라도 프로그램은 문제없이 수행될 것이다.

string 클래스는 [연습문제 9.15]에서 요구하는 기능 외에도 더 다양한 기능들을 제공하고 있다. [표 14.9]는 string 클래스의 주요 기능을 요약한 것이다. string 클래스로 이 많은 작업을 손쉽게 처리할 수 있다는 데에 놀라지 않을 수 없다. 사실은 이보다도 더 많은 일들을 수행할 수 있다. 예를 들면, sort라는 전역 함수를 사용하면 해당 문자열의 문자들을 아스키코드 값을 기준으로 오름차순 또는 내림차순으로 쉽게 정렬할 수 있다. 그러나 sort와 같은 전역 함수들은 STL의 알고리즘과 관련이 있으며 이에 대해서는 16장에서 설명할 것이다. 여기서는 string 클래스도 템플릿 클래스로 만들어져 있다는 사실과 STL의 알고리즘을 적용할 수 있다는 사실 정도만 알아두자. 그리고 16장을 배우고 나서 string 클래스 객체에 대해서도 직접 STL의 알고리즘을 적용해 보도록 하라.

○ 표 14.9 string 클래스의 주요 기능

기능(함수)	설명
=	대입 연산 : string, char *, char형 데이터의 대입이 가능하다
[]	특정 위치 참조 : 특정 위치의 문자를 읽거나 쓸 수 있다.
+=	문자열 추가 : string, char *, char 형 데이터의 추가가 가능하다.
append	문자열 추가
insert	다른 string 객체의 일부 또는 전체를 특정 위치로 추가할 수 있다.
erase	문자열의 일부를 제거할 수 있다.
replace	문자열의 일부를 다른 객체의 일부 또는 전체로 대체할 수 있다.
find	특정 문자 또는 문자열이 나타나는 첫 번째 index를 반환한다. 문자열이 나타나지 않으면 -1로 정의된 string::npos 값을 반환한다.
rfind	특정 문자 또는 문자열이 나타나는 마지막 index를 반환한다.
compare	다른 문자열과 비교하여 같으면 0을 반환한다.
swap	다른 문자열의 내용과 서로 맞바꾸기를 한다.
+	문자열 결합 후 결과 반환
==, !=	동등 비교 연산
<, >, <=, >=	대소 비교 연산
>>, <<	입출력 연산

예제 14.11 | insert 멤버 함수와 swap 멤버 함수의 적용

다음 프로그램은 string 클래스의 기능들 중 insert 멤버 함수와 swap 멤버 함수를 적용한 예이다.

```
1   #include <iostream>
2   #include <string>
3   using namespace std;
4
5   void Print(string &str1, string &str2, string title)
6   {
7       cout << title << endl;
8       cout << "str1 : " << str1 << endl;
9       cout << "str2 : " << str2 << endl;
10  }
11
12  int main()
13  {
14      string str1 = "Hello! Programming";
15      string str2 = "C++ ";
```

```
16        Print(str1, str2, "<< 적용 전 >>");
17
18        str1.insert(7, str2);           // 7과 8번째 원소 사이에 삽입
19        Print(str1, str2, "<< insert >>");
20
21        str1.swap(str2);                // 문자열 교환
22        Print(str1, str2, "<< swap >>");
23
24        return 0;
25    }
```

• **실행 결과**

```
<< 적용 전 >>
str1 : Hello! Programming
str2 : C++
<< insert >>
str1 : Hello! C++ Programming
str2 : C++
<< swap >>
str1 : C++
str2 : Hello! C++ Programming
```

18라인에서 str1의 8번째 앞 위치인 'P' 앞에 str2를 삽입하였으며 21라인에서 swap 함수를 통해 str1과 str2의 내용을 바꾸고 있다. 실행 결과를 통해 각 단계별로 적용된 결과를 확인해 볼 수 있다. 다른 함수들도 도움말 등을 통해 함수 프로토타입만 확인할 수 있다면 사용하는 데 큰 어려움은 없으리라 생각된다.

14.11 complex 클래스

complex 클래스의 기능

표준 C++에서는 복소수의 저장과 계산을 위해 complex 클래스를 제공하고 있다. 이 절에서는 complex 클래스의 사용 방법에 대해 간단히 소개하고자 한다. 복소수는 (a + bi)로 표현되며 a를 실수부, b를 허수부라고 한다. 복소수 관련 연산으로는 덧셈, 뺄셈, 곱셈, 나눗셈이 있으며 이를 포함하여 complex 클래스가 제공하고 있는 주요 기능은 [표 14.10]과 같다.

○ 표 14.10 complex 클래스의 주요 기능

기능	연산자	의미 (X = a + bi, Y = c + di)
덧셈	+	X + Y = (a + c) + (b + d)i
뺄셈	−	X − Y = (a − c) + (b − d)i

곱셈	*	$X * Y = (ac - bd) + (ad + bc)i$
나눗셈	/	$X / Y = \{(ac + bd)/(c^2 + d^2)\} + \{(bc - ad)/(c^2 + d^2)\}i$
대입	=	
상등 비교	==, !=	
입출력	>>, <<	

예제 14.12 | complex 클래스의 사용 예

다음 예제는 complex 클래스의 사용 예를 보여주고 있다.

```
1   #include <iostream>
2   #include <complex>
3   using namespace std;
4
5   int main()
6   {
7       complex<double> comp1(1.0, 2.0);
8       complex<double> comp2(3.0, 4.0);
9
10      cout << "+ : " << comp1 + comp2 << endl;
11      cout << "- : " << comp1 - comp2 << endl;
12      cout << "* : " << comp1 * comp2 << endl;
13      cout << "/ : " << comp1 / comp2 << endl;
14
15      return 0;
16  }
```

- **실행 결과**

```
+ : (4, 6)
- : (-2, -2)
* : (-5, 10)
/ : (0.44, 0.08)
```

complex 클래스를 사용하기 위해서는 2라인과 같이 <complex> 헤더 파일을 포함해야 한다. 그리고 complex 클래스도 템플릿으로 구현되어 있기 때문에 7, 8라인과 같이 실수부와 허수부에 사용될 타입에 따라 클래스 템플릿으로부터 해당 클래스를 생성해야 한다. 예에서는 complex<double>을 사용함으로써 실수부와 허수부로 double형 값이 옴을 명시하였다. 그 다음에는 10~13라인과 같이 complex 클래스가 제공하는 연산들을 자유롭게 사용할 수 있다.

연습문제 | 14.9

C++ 표준 라이브러리에서 제공하는 complex를 사용하지 않고 [예제 14.12]가 수행될 수 있도록 직접 Complex라는 클래스를 만들어 보도록 하라. 실수부와 허수부는 double 값으로 가정하고 템플릿으로 만들 필요는 없다. complex<double> 부분만 Complex로 대체하면 바로 수행될 수 있도록 만들어 보라.

Complex 클래스를 만들었다면 이를 클래스 템플릿으로도 만들어보도록 하라.

Note

14.12 unique_ptr 클래스

예제 14.13 | 포인터를 통한 메모리 동적 할당 시 주의 사항

다음 프로그램의 문제점이 무엇인지 생각해 보자. 9라인의 메모리 동적 할당을 주목해서 보면 문제점이 무엇인지 쉽게 알아낼 수 있을 것이다.

```
1   #include <iostream>
2   #include <memory>
3   using namespace std;
4
5   int main()
6   {
7       try
8       {
9           for (int i = 0; i < 100; i++)
10          {
11              for (int j = 0; j < 1024 * 1024; j++)    // 1MB 메모리 할당
12              {
13                  char *ptr = new char;                // 1바이트 메모리 할당
14                  *ptr = 'A';
15              }
16              cout << "메모리 할당 성공 : " << i + 1 << endl;
17          }
18
19          cout << "모든 메모리 할당 성공" << endl;
20      }
21      catch (bad_alloc &ex)        // 메모리 할당 실패 시 bad_alloc 예외 발생
```

```
22        {
23            cout << "메모리 할당 실패!" << endl;
24            cout << ex.what() << endl;
25        }
26
27        return 0;
28    }
```

• **실행 결과**

```
......
메모리 할당 성공 : 39
메모리 할당 성공 : 40
메모리 할당 성공 : 41
메모리 할당 실패!
bad allocation
```

13라인에서 char 타입, 즉, 1바이트의 메모리를 동적으로 할당받고 있다. 두 번째 for 문을 매번 수행할 때마다 지역 변수인 ptr 포인터 변수는 소멸되었다가 다시 생성되기를 거듭하게 된다. 그러나 new 연산자를 통해 생성된 메모리는 자동으로 소멸되지 않는다. 따라서 매번 동적으로 생성되는 1바이트의 메모리는 계속해서 메모리를 차지한 채로 남아있게 된다. 이에 따라 두 번째 for 문을 (1024 * 1024)회 반복 수행한 후에는 결국 1메가바이트의 메모리가 제대로 소멸되지 못한 채 살아남아 있게 되는 것이다.

첫 번째 for 문에 의해 이와 같은 작업을 총 100회를 수행하게 된다. 그러나 실행 결과를 보면 41회까지만 제대로 실행되고 그 다음 메모리 동적 할당 시 메모리 할당이 되지 않은 채 에러가 발생함을 알 수 있다. 이에 따라 메모리 할당 관련 예외가 발생하여 21라인의 예외 처리 핸들러가 수행되었다. 프로그램이 제대로 수행되었다면 19라인의 문장이 실행되어 "모든 메모리 할당 성공"이라는 문자열이 출력되었을 것이다.

문제는 바로 new 연산자를 통해 할당한 메모리를 해제해 주지 않았다는 것이다. new 연산자를 통해 메모리를 할당받았다면, 추후 delete 연산자를 통해 해당 메모리를 해제해 주어야만 한다. 이 예제에서는 14라인 다음에 다음과 같이 delete 문을 추가하면 문제없이 프로그램이 실행될 수 있다.

```
delete ptr;        // ptr가 가리키는 메모리 해제
```

이 예제는 코드의 길이가 짧기 때문에 쉽게 에러를 찾아낼 수 있다. 그러나 프로그램이 커지고 복잡해질 경우 new와 대응되는 delete문의 사용을 실수로 잊어버리고 넘어갈 가능성이 얼마든지 있으며, 디버깅 또한 쉽지 않은 경우가 많다. 이는 프로그램 수행 중 심각한 오동작의 원인이 되기도 한다.

그렇다면 delete문을 명시적으로 사용하지 않아도 포인터 변수가 메모리에서 사라지는 경우 해당 포인터 변수가 가리키는 변수, 즉 new에 의해 동적으로 생성된 변수까지도 해제할 수 있는 방법은 없을까? 이 예제의 func 함수를 보면 포인터 변수인 ptr은 지역 변수로서 func 함수가 종료될 때 함께 사라지게 된다. 반면에 ptr을 통해 동적으로 생성된 int형 변수의 메모리 해제는 함수의 종료와는 무관하며 반드시

delete문을 통해 해제되어야만 한다. 그러면 포인터 변수가 메모리에서 해제될 때 그 포인터 변수가 가리키는 메모리까지 함께 해제하는 방법만 찾으면 된다. 이렇게 하기 위해서는 기존 포인터로는 불가능할 것 같다. 포인터 역할을 할 수 있는 클래스를 직접 만들어서 해결해 보기로 하자.

예제 14.14 | 동적으로 할당된 메모리의 자동 해제를 위한 클래스 템플릿 만들기

동적으로 할당된 메모리의 자동 해제가 가능한 포인터 역할을 할 수 있는 클래스를 만들어 보자.

```
1   template <typename T>
2   class AutoPtr
3   {
4   public :
5       AutoPtr(T *ptr) : ptr_(ptr) {}      // 새로 할당한 메모리를 ptr에 대입
6       T &operator*() { return (*ptr_); }  // 역참조 연산자
7       ~AutoPtr() { delete ptr_; }         // 소멸자를 통해 delete 수행
8
9   private :
10      T *ptr_;
11  };
12
13  int main()
14  {
15      for (int i = 0; i < 100; i++)
16      {
17          for (int j = 0; j < 1024 * 1024; j++)   // 1MB 메모리 할당
18          {
19              AutoPtr<char> ptr = new char;       // 1바이트 메모리 할당
20              *ptr = 'A';
21          }
22          cout << "메모리 할당 성공 : " << i + 1 << endl;
23      }
24
25      cout << "모든 메모리 할당 성공" << endl;
26
27      return 0;
28  }
```

• **실행 결과**

```
......
메모리 할당 성공 : 98
메모리 할당 성공 : 99
메모리 할당 성공 : 100
모든 메모리 할당 성공
```

이 예제를 통해 손수 만든 AutoPtr 클래스 템플릿은 보다 지능적인 포인터의 예를 보여 주고 있다. 매우 간단하지만 일반 포인터를 대체할 수 있는 실용적인 예라고 할 수 있다. 프로그램의 전체적인 내용은 [예제 14.14]와 동일하며 코드를 줄이기 위해 예외 처리 부분을 제외하였다.

1~11라인에 있는 AutoPtr 클래스는 클래스 템플릿으로 구현되어 있는데, 이는 실제로 사용하게 될 포인터 타입이 무엇이 되더라도 수용이 가능하도록 하기 위함이다. 5라인의 생성자에서는 특정 타입의 메모리 주소를 포인터로 받아 멤버 변수에 대입하고 있다. int형 메모리를 동적으로 생성하기 위해서는 19라인과 같이 AutoPtr<int>형 객체를 선언하되, 생성자의 매개변수로 (new int)를 통해 새로 생성한 메모리의 주소를 전달하면 된다. 6라인에 있는 AutoPtr의 멤버 함수인 * 연산자 오버로딩은 일반 포인터의 역참조 연산자 *를 그대로 흉내 내고 있으며, 이를 통해 20라인과 같이 AutoPtr 객체가 가리키고 있는 실제 변수를 가져올 수 있다. 참조를 반환하고 있음에 유의하라.

마지막으로 눈여겨 봐야할 부분은 7라인이다. AutoPtr 클래스를 사용함으로써 delete문을 명시적으로 사용하지 않아도 되도록 만든 핵심 메커니즘이 바로 소멸자이다. 7라인의 소멸자는 ptr_가 가리키는 메모리를 해제하고 있는데, 이에 따라 AutoPtr 객체가 소멸하면 자동으로 ptr_가 가리키는 메모리까지 해제되도록 되어 있다. main 함수 어디에도 delete 문이 등장하지 않고 있지만 실행 결과를 보면 메모리 할당이 문제없이 수행됨을 알 수 있다. 두 번째 for 문이 매회 끝날 때마다 지역 객체인 AutoPtr<int> ptr 객체가 소멸될 것이고, 이에 따라 ptr 객체 내의 ptr_ 포인터가 가리키는 int형 변수의 메모리도 해제되는 것이다.

unique_ptr 클래스 템플릿과 auto_ptr 클래스 템플릿

다행히 표준 C++에서는 [예제 14.14]에서 손수 만든 AutoPtr 클래스 템플릿과 같은 기능을 수행하는 클래스 템플릿을 미리 정의해 놓고 있다. 클래스 템플릿명은 unique_ptr이며 <memory> 헤더 파일에 포함되어 있다. unique_ptr 클래스 템플릿의 구현 원리는 [예제 14.14]의 AutoPtr의 구현 방법과 동일하지만 생성자와 소멸자, 역참조 연산자 외에 구조체 포인터를 포함하는 경우를 대비한 -> 연산자 오버로딩, 배열의 동적 할당 등 보다 다양한 기능을 갖추고 있다. 주의할 사항은 unique_ptr 클래스 템플릿의 경우 객체에 대한 복사 생성과 대입이 불가능하도록 만들어져 있다. 따라서 unique_ptr 클래스 객체를 매개 변수로 전달하고자 할 경우 참조에 의한 전달을 사용해야 한다.

unique_ptr 클래스 템플릿은 2011년에 발표된 C++ 표준인 C++11에 새롭게 포함되었으며 이전 버전까지는 auto_ptr 클래스 템플릿이 이를 대신하였다. C++11에는 auto_ptr 클래스 템플릿이 여전히 포함되어 있지만, unique_ptr가 auto_ptr보다 더 많은 기능을 포함하고 있기 때문에 향후로 auto_ptr 클래스 템플릿은 C++ 표준에서 삭제될 예정이다.

예제 14.15 | unique_ptr 클래스 템플릿을 사용한 [예제 14.14]의 재구현

표준 C++가 제공하는 unique_ptr 클래스를 사용하여 [예제 14.14]를 재구현해 보자.

```
1  #include <iostream>
2  #include <memory>                          // unique_ptr 클래스 템플릿
```

```
3   using namespace std;
4
5   int main()
6   {
7       for (int i = 0; i < 100; i++)
8       {
9           for (int j = 0; j < 1024 * 1024; j++)    // 1MB 메모리 할당
10          {
11              unique_ptr<char> ptr(new char);      // 1바이트 메모리 할당
12              *ptr = 'A';
13          }
14          cout << "메모리 할당 성공 : " << i + 1 << endl;
15      }
16
17      cout << "모든 메모리 할당 성공" << endl;
18
19      return 0;
20  }
```

• **실행 결과**

```
......
메모리 할당 성공 : 98
메모리 할당 성공 : 99
메모리 할당 성공 : 100
모든 메모리 할당 성공
```

11라인에서 unique_ptr 클래스 템플릿을 사용하여 char 타입의 메모리를 할당받고 있다. 그 외에는 [예제 14.14]와 동일하다. unique_ptr 클래스 템플릿을 사용하기 위해서는 2라인과 같이 <memory> 헤더 파일을 포함해야 한다. 실행 결과를 보면 이 예제 역시 delete 연산자를 명시적으로 사용하지 않음에도 메모리 할당에 문제가 없음을 알 수 있다.

예제 14.16 | unique_ptr 클래스 템플릿의 다양한 사용 예

unique_ptr 클래스 템플릿을 사용하면 배열을 동적으로 할당받더라도 unique_ptr 객체가 소멸될 때 자동으로 해당 메모리가 해제될 수 있다. 이를 포함하여 unique_ptr 클래스 템플릿의 몇 가지 사용 예를 살펴보도록 하자.

```
1   #include <iostream>
2   #include <memory>
3   using namespace std;
4
5   int main()
6   {
```

```
7        unique_ptr<int> ptr1(new int(100));          // 메모리 할당 시 초기 값 설정
8        cout << *ptr1 << endl;
9
10       unique_ptr<int> ptr_ary[3];                  // unique_ptr<int> 배열
11       for (int i = 0; i < 3; i++)
12           ptr_ary[i] = unique_ptr<int>(new int(i));
13       for (int i = 0; i < 3; i++)
14           cout << *ptr_ary[i] << " ";
15       cout << endl;
16
17       unique_ptr<int []> ptr2(new int [5]);        // 1차원 배열
18       for (int i = 0; i < 5; i++)
19           ptr2[i] = i;
20       for (int i = 0; i < 5; i++)
21           cout << ptr2[i] << " ";
22       cout << endl;
23
24       unique_ptr<int [][4]> ptr3(new int[3][4]);   // 2차원 배열
25       for (int i = 0; i < 3; i++)
26           for (int j = 0; j < 4; j++)
27               ptr3[i][j] = i + j;
28       for (int i = 0; i < 3; i++)
29       {
30           for (int j = 0; j < 4; j++)
31               cout << ptr3[i][j] << " ";
32           cout << endl;
33       }
34
35       return 0;
36   }
```

• **실행 결과**

```
100
0 1 2
0 1 2 3 4
0 1 2 3
1 2 3 4
2 3 4 5
```

7라인과 같이 기존과 마찬가지로 int형 메모리를 할당받으면서 초기 값을 설정할 수도 있다. 10라인에서는 unique_ptr 객체의 배열 ptr_ary를 선언하고 있으며 12, 14라인과 같이 ptr_ary[0], ptr_ary[1], ptr_ary[2]를 각각 unique_ptr 객체로 사용하고 있다.

17라인에서는 unique_ptr 객체를 통해 1차원 배열을 동적으로 할당받고 있다. 이때 unique_ptr 클래스 템플릿의 템플릿 매개변수로는 <int []> 타입이 전달되어야 한다. 이후로는 일반 포인터와 마찬가지로 포인

터를 배열처럼 사용할 수 있다. 24~33라인에서는 2차원 배열을 동적으로 할당받는 예를 보여주고 있다.

연습문제 | 14.10

다음과 같은 구조체 Point가 있다. unique_ptr를 사용하여 Point 구조체 변수를 동적으로 생성하는 main 함수를 작성해 보라. Point 구조체 변수 하나를 동적으로 생성하여 사용해 보고 배열도 동적으로 생성하여 사용해 보라.

```
struct Point
{
    int x;
    int y;
};
```

unique_ptr의 실제 타입으로 구조체가 올 경우를 대비하여 -> 연산자를 준비해 두고 있다고 하였다. 여기서는 -> 연산자를 사용해 보도록 하라.

Note

연습문제 | 14.11

[예제 14.14]의 AutoPtr를 확장하여 배열의 동적 생성 및 해제를 자동화하기 위한 클래스 AutoAryPtr를 만들어 보라. 다음 main 함수와 같이 수행될 수 있어야 한다.

```
1   int main()
2   {
3       int i;
4   
5       AutoAryPtr<int> p(new int[10]);
6   
7       for (i = 0; i < 10; i++)
8           p[i] = i * i;
9   
10      for (i = 0; i < 10; i++)
11          cout << i << " : " << p[i] << endl;
12  
13      return 0;
14  }
```

8라인의 p[i]와 같이 사용할 수 있도록 하기 위해서는 [] 연산자 오버로딩이 필요하며 그 외에는 [예제 14.14]와 크게 다른 부분은 없을 것이다.

Note

파일 입출력

표준 입출력과 더불어 프로그래밍을 위해 필수적으로 동반되어야 하는 것이 파일 입출력이다. 프로그램 실행 중에 메모리에 생성되는 변수들은 프로그램의 종료와 함께 사라져 버린다. 따라서 데이터를 영구적으로 파일에 저장하거나 키보드로부터의 입력이 아니라 파일에 저장되어 있는 데이터를 읽어와 처리할 수 있어야만 한다. C++에서는 C 언어에서 사용하는 방식을 모두 사용할 수 있다. FILE 포인터를 사용할 수 있으며 fscanf, fprintf, fread, fwrite 등의 입출력 관련 전역 함수들도 사용할 수 있다. 그러나 C++ 프로그램 작성 시 더 이상 C 스타일의 파일 입출력 방법을 사용하지 않아도 된다. C++에서는 사용하기 더 편한 파일 입출력 관련 클래스들을 만들어 놓았기 때문이다. 사용자는 C++에서 제공하는 파일 입출력 클래스들의 기능을 확인하여 목적에 맞게 활용할 수 있다. 지금부터 C++에서 제공하는 파일 입출력 클래스들의 기능과 사용 방법에 대해 알아보도록 하자. 참고로 전역 함수를 기반으로 하는 C 스타일의 파일 입출력에 대해서는 마지막 절에서 간단히 살펴볼 것이다.

15.1 파일 입출력의 기초

표준 입출력 스트림과 파일 입출력 스트림의 관계

14.2절에서 살펴보았듯이 C++ 입출력은 스트림(stream)을 통해 이루어진다. 표준 입출력을 위한 스트림은 프로그램 실행 시에 자동으로 생성되고 프로그램이 종료되면 역시 자동으로 소멸된다. 하지만 파일 입출력을 위해서는 스트림을 명시적으로 생성해야 하며 이 스트림을 사용하여 파일 입출력을 수행할 대상 파일과 연결해야 한다.

파일 입출력을 위한 스트림만 생성되면 그 다음부터는 표준 입출력과 유사하게, 아니 똑같이 사용하면 된다. 표준 입출력이든 파일 입출력이든 0과 1로 이루어진 데이터가 지나다니는 것은 동일하며 대상만 변경되는 것이다. 프로그래머 입장에서는 모니터로 출력하는 것과 파일로 출력하는 것 모두 대상만 바꾸면 그 뿐이며 그 외에는 달라질 것이 하나도 없다. 만약 fout이라는 출력 파일 스트림이 있다면 다음과 같이 cout과 동일하게 사용할 수 있어야만 하며, C++에서는 클래스를 사용하여 이렇게 사용할 수 있도록 만들어져 있다.

```
cout << "data" << endl;
fout << "data" << endl;
```

이미 표준 입출력을 배웠으므로 파일 입출력도 그와 동일하게 사용하면 된다는 관점으로 접근하기 바란다. 간혹 표준 입출력에서 배우지 못한 내용이 등장할 수도 있다. 그러나 그러한 내용들 중에는 실제로 파일 입출력에만 해당하는 내용이 있을 수도 있지만, 대부분은 표준 입출력에서도 사용할 수 있는 내용들이다. 단지 표준 입출력을 위해서는 무의미하며 주로 파일 입출력을 위해서 사용되기 때문에 이 장에서 설명하는 것이다. 대표적인 예가 이진 입출력을 위한 read, write 멤버 함수이다. 이에 대해서는 해당 절에서 자세히 살펴보도록 하자.

파일 입출력 스트림의 생성

파일 입출력 스트림을 통해 파일 입출력을 수행하기 위해서는 <fstream> 헤더 파일을 include해야 한다. 이 헤더 파일에는 [그림 14.1]에서 본 바와 같이 파일 입출력과 관련된 filebuf, ifstream, ofstream, fstream의 4가지 클래스들이 정의되어 있다. ifstream 클래스는 파일 입력 스트림, ofstream 클래스는 파일 출력 스트림을 위해 사용한다. 그리고 fstream 클래스는 파일 입력 및 출력을 동시에 처리하기 위해 사용한다.

다음 코드는 파일 입력 및 출력을 위해 스트림을 생성하면서 특정 파일과 연결하는 예를 보인 것이다.

```
ifstream fin("in.dat");  // 입력을 위한 스트림을 생성하고 in.dat 파일을 연결
ofstream fout("out.dat");// 출력을 위한 스트림을 생성하고 out.dat 파일을 연결
fstream fio("data.dat"); // 입출력을 위한 스트림을 생성하고 data.dat 파일을 연결
```

파일 스트림이 생성되면 이들 스트림을 사용하여 해당 파일에 대한 입출력을 수행할 수 있다. 다시

한 번 말하지만 기본적으로 cin, cout과 동일하게 사용하면 된다. 지금부터 파일에 대한 구체적인 입출력 방법을 하나씩 살펴보도록 하자.

15.2 파일 열기, 사용하기, 닫기

파일 입출력 과정

자 이제 파일로부터 입출력을 수행해 보고 정말 표준 입출력과 동일한지 확인해 보도록 하자.

파일 출력을 위해서는 다음과 같은 과정을 거쳐야 한다.

① 출력 스트림을 위한 ofstream 객체를 생성한다.
② 생성된 ofstream 객체와 데이터를 출력할 파일을 연결한다.
③ 표준 출력과 동일한 방법으로 출력 파일로 데이터를 출력한다.
④ 출력 스트림 객체와 출력 파일과의 연결을 해제한다.

파일 출력 스트림 객체를 생성하는 방법은 다음과 같다.

```
ofstream fout;              // ① ofstream 객체 생성
fout.open("out.dat");       // ② 파일과 연결
```

또는 다음과 같이 ofstream 객체 생성과 파일 연결을 동시에 할 수도 있다.

```
ofstream fout("out.dat");    // ①, ②를 동시에 수행
```

이는 ofstream 클래스가 생성자 오버로딩을 통해 여러 가지 생성자를 포함하고 있기 때문에 가능한 것이다. 생성자의 매개변수와 open 멤버 함수의 매개변수는 동일하다. 둘 다 특정 파일과의 연결 기능을 제공하고 있다. open 멤버 함수의 프로토타입과 또 다른 사용 예는 다음과 같다.

```
void open(const char *fName, int nMode);
fout.open("C:\data\out.dat", ios_base::out | ios_base::trunc);
```

open 멤버 함수의 첫 번째 매개변수로는 연결할 파일의 경로를 포함한 파일명이 온다. 만약 해당 파일이 실행 파일과 동일한 폴더에 존재한다면 경로는 생략할 수 있다. 두 번째 매개변수는 파일의 입출력 모드를 나타내며 읽기 모드, 쓰기 모드, 읽기/쓰기 모드, 이진 모드 등을 지정할 수 있다. ofstream의 경우 모드를 지정하지 않으면 자동으로 쓰기 모드가 지정된다. 파일 입출력 모드에 대해서는 바로 다음 절인 15.3절에서 자세히 살펴볼 것이다.

출력 스트림을 생성하고 출력 파일과 연결하였다. 이제 파일로 데이터를 쓰도록 하자. 표준 입출력과 동일하다고 하였으니 다음과 같이 해 보자.

```
int a = 16;
fout << hex << a << endl;
```

그렇다. 화면에 10진수 값 16이 16진수 값 10으로 출력되듯이 파일로 10이라는 값이 출력된다. 이와 같이 입출력 조작자까지도 표준 입출력과 동일하게 사용할 수 있다.

파일에 대한 출력 작업이 끝이 났다. 프로그램이 종료되면 생성된 스트림 객체도 소멸되며 파일과의 연결도 자동으로 해제된다. 하지만 명시적으로 스트림 객체와 파일과의 연결을 해제할 수도 있다. 이때 사용하는 멤버 함수가 close 함수이다. close 멤버 함수를 호출하면 연결된 파일과의 연결을 끊는다. 이것은 파일과의 연결만을 해제할 뿐 스트림 객체의 소멸을 의미하지는 않는다. 필요하다면 open 멤버 함수를 사용하여 또 다른 파일과의 연결을 통해 파일 입출력 작업을 계속할 수 있다. 다음은 close 함수의 사용 예이다.

```
fout.close();
```

파일을 열고, 사용하고, 닫는 일련의 과정을 배웠다. 다음 예제들을 통해 파일 입출력이 어렵지 않다는 것을 경험해 보도록 하자.

예제 15.1 | 정수값을 파일로 출력하기

1부터 20까지의 정수 중 3의 배수를 "out.txt" 파일로 출력해 보자.

```
1   #include <iostream>
2   #include <fstream>                      // ofstream 등 파일 입출력 관련 클래스
3   using namespace std;
4
5   int main()
6   {
7       ofstream fout("out.txt");           // 출력 스트림 생성 및 파일 열기
8
9       if (!fout)                          // 에러 처리
10      {
11          cout << "파일 열기 에러" << endl;
12          return 1;
13      }
14
15      for (int i = 1; i <= 20; i++)
16      {
17          if (i % 3 == 0)
18              fout << i << " ";           // 표준 출력과 동일하게 사용
19      }
20
21      fout.close();                       // 출력 스트림과 파일 연결 해제
22
23      return 0;
24  }
```

- **실행 결과**

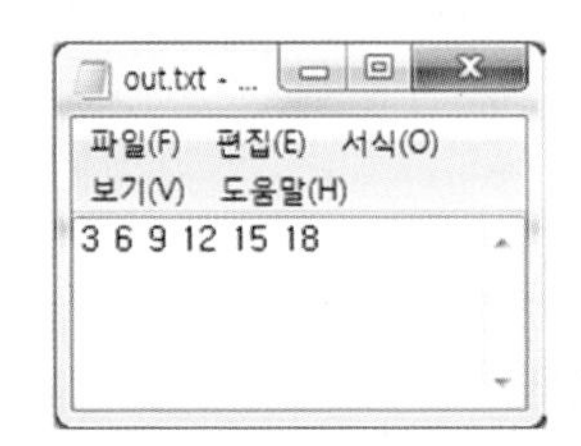

파일 입출력을 위해서는 2라인과 같이 <fstream> 헤더 파일을 include해야 한다. 7라인에서는 fout 객체를 만들면서 "out.txt" 파일과 연결하였고, 18라인에서 cout 객체를 사용할 때와 동일한 방식으로 fout 객체를 사용하여 해당 파일로 데이터를 출력하였다. 마지막으로 21라인에서 파일과의 연결을 해제하였다. 실행 결과, "out.txt" 파일이 생성되며 3의 배수가 출력되어 있는 것을 확인할 수 있다. 너무도 쉽다.

그런데 표준 입출력 시에는 볼 수 없었던 9~13라인에 대한 설명이 빠졌다. 파일을 여는 경우 여러 가지 이유로 인해(예, 쓰기 금지 파일로의 출력 모드 열기) 파일이 제대로 열리지 못할 수도 있다. 따라서 이에 대한 에러 처리를 한 후 이상이 없을 경우에만 계속해서 사용해야 한다. 입출력 스트림의 상태에 대한 내용은 이미 14.9절에서 배웠다. 스트림에 오류가 발생하면, 오류의 종류에 따라 내부적으로 eofbit, failbit, badbit 값 중 하나가 1로 변경되며 eof, fail, bad와 같은 관련 멤버 함수를 통해 해당 bit의 값이 1인지 0인지 읽어올 수 있다. 파일 열기 도중 에러가 발생한다면 이 값들 중 하나인 failbit 값이 1로 변경된다. 그런데 9라인에는 fout객체에 ! 연산자가 적용되어 있다. 이렇게 사용할 수 있는 이유는 ofstream 객체에 ! 연산자 오버로딩이 되어 있기 때문이며, 그 내용은 바로 fail 함수의 반환값(true, false)을 그대로 반환하는 것이다. 따라서 현재 fail 상태라면 (!fout)의 결과로 true가 반환되어 파일 열기 도중 이상이 생겼다는 것을 알 수 있게 된다. 에러 처리를 위해서 다음과 같은 방식을 사용할 수도 있다.

```
if (fout == NULL) { ... }
```

이것은 fout객체 값이 11.9절에서 설명한 변환 함수를 통해 void * 형으로 변환될 수 있는데, fout의 스트림 상태가 fail인 경우 NULL 값이 반환되기 때문이다. 이상은 C++와 관련된 다소 깊은 내용이긴 하지만, C++에 대한 거의 모든 내용을 배웠으므로 충분히 이해할 수 있으리라 생각된다. 이제 파일 열기 시에는 9라인과 같이 에러 처리를 해 줘야 된다는 것을 이해하고 넘어가자.

어쨌든 기본적인 파일 출력은 표준 출력과 동일하다. 그렇게 느껴지는가?

예제 15.2 | 파일로부터 정수값 입력받기

이번에는 파일로부터 데이터를 읽어보자. 대상 파일은 [예제 15.1]에서 만든 "out.txt" 파일이다. 이 파일로부터 파일 끝(EOF)을 만날 때까지 모든 값을 읽어 합계를 출력해 보자.

```
1  #include <iostream>
2  #include <fstream>            // ifstream 등 파일 입출력 관련 클래스
3  using namespace std;
```

```
4
5  int main()
6  {
7      int num;
8      int sum = 0;
9      ifstream fin("out.txt"); // 입력 스트림 생성 및 파일 열기
10
11     if (fin == NULL)         // 에러 처리
12     {
13         cout << "파일 열기 에러" << endl;
14         return 1;
15     }
16
17     fin >> num;              // cin과 동일하게 사용
18
19     while (!fin.eof())       // 파일의 끝 위치 검사
20     {
21         sum += num;
22         fin >> num;
23     }
24
25     cout << "합계 : " << sum << endl;
26
27     fin.close();             // 파일 해제
28
29     return 0;
30 }
```

- **실행 결과**

```
합계 : 63
```

9라인에서 파일 입력을 위한 ifstream 객체를 만들고 "out.txt" 파일과 연결하였다. 파일 출력과 마찬가지로 11라인에서 파일 열기 에러 처리를 하였다. 17, 22라인과 같이 파일 입력 역시 표준 입력 방식과 동일하다. 다른 점은 키보드로 직접 입력해야 될 내용을 파일로부터 입력받는다는 것뿐이다. 19라인과 같이 eof 멤버 함수를 통해 파일의 끝에 도달했는지 감지할 수 있다. 실행 결과 "out.txt" 파일에 포함된 모든 정수의 합인 63이 출력된 것을 확인할 수 있다.

이 절을 통해 파일 입출력이 표준 입출력과 거의 동일하다는 걸 경험하였다. 지금부터는 표준 입출력에서 본 내용이 파일 입출력에서는 어떻게 적용될 수 있는지 살펴보고, 표준 입출력에서 소개하지 못한 내용들에 대해서도 설명할 것이다. 그러나 표준 입출력과 관련하여 경험하지 못한 내용이라 하더라도 3절의 파일 입출력 모드를 제외하고는 표준 입출력과 파일 입출력에 공통적으로 적용될 수 있다는 것을 알아두도록 하라.

이후의 예제에서는 특별히 다른 점이 없는 한 <iostream>과 <fstream>에 대한 include문을 생략할

것이다. 또한 경우에 따라 파일 열기를 위한 에러 처리도 생략할 수 있다.

연습문제 | 15.1

실행 결과와 같이 1부터 10까지의 값들에 대한 제곱값과 나누기 3을 한 값을 "out1.txt" 파일로 출력해 보라. 각 출력 값들에 대해 적절한 크기의 필드를 지정하고 오른쪽 정렬로 출력하도록 하라. 나누기 3을 한 값의 결과는 실수로 처리될 수 있어야 하며 소수점 이하 첫 번째 자리까지만 출력하도록 하라.

- **실행결과**

```
   1    1   0.3
   2    4   0.7
   3    9   1.0
   4   16   1.3
   5   25   1.7
   6   36   2.0
   7   49   2.3
   8   64   2.7
   9   81   3.0
  10  100   3.3
```

표준 출력과 동일함을 명심하라. 따라서 필드 크기 지정 등 입출력 조작자를 동일한 방식으로 사용할 수 있다.

Note

연습문제 | 15.2

[연습문제 15.1]에서 만든 "out1.txt"로부터 데이터를 입력받아 화면에 출력해 보라.

데이터를 읽을 때는 int형, int형, double형의 순서대로 읽어 들여야 제대로 값이 입력된다. 이 문제로부터 파일의 내용이란 것은 그 파일을 만들고 사용하는 프로그래머에 의해 의미가 부여되는 것이라는 것을 알 수 있다. 그렇지 않다면 모든 파일들은 단순한 0과 1의 나열에 불과한 것이다.

Note

15.3 파일 입출력 모드

파일 입출력 모드의 종류 및 의미

파일을 열 때 두 번째 매개변수로 파일 입출력 모드를 지정할 수 있다고 하였다. 파일의 입출력 모드에 의해 현재 연결되는 파일의 용도가 결정된다. 파일 입출력 모드는 읽기, 쓰기 등의 파일 열기 모드와 텍스트 및 이진 모드의 접근 모드를 포함한다. 파일의 입출력 모드는 [표 15.1]과 같다.

○ 표 15.1 파일 입출력 모드

상수	의미
ios_base::in	입력을 위한 파일 열기
ios_base::out	출력을 위한 파일 열기
ios_base::ate	파일을 열 때 파일의 끝 위치를 찾아 끝 위치로 이동 파일의 입출력은 파일의 모든 위치에서 가능
ios_base::app	파일에 대한 출력은 파일의 끝에 추가 파일의 출력은 파일의 마지막 위치에만 가능하지만 입력은 모든 위치에서 가능
ios_base::trunc	동일한 이름의 파일이 존재하면 파일의 모든 내용을 삭제
ios_base::binary	이진 형식으로 파일 열기

파일 입출력 모드를 지정할 때 비트 단위 OR 연산을 사용하여 한 번에 여러 개의 모드를 지정할 수도 있다. 그리고 ifstream, ofstream, fstream 클래스들은 [표 15.2]와 같이 디폴트 입출력 모드가 지정되어 있다.

○ 표 15.2 파일 입출력 관련 클래스들의 디폴트 입출력 모드

클래스	디폴트 파일 입출력 모드
ifstream	ios_base::in
ofstream	ios_base::out | ios_base::trunc
fstream	ios_base::in | ios_base::out

디폴트 입출력 모드는 파일 입출력 모드가 지정되지 않았을 경우 파일을 열 때 지정되는 모드로서 동작한다. 파일 입출력 모드가 명시적으로 지정되면 디폴트 입출력 모드는 무시된다. 다음은 디폴트 입출력 모드를 사용하는 예제이다.

```
ofstream fout("out.txt");
     // ofstream fout("out.txt", ios_base::out | ios_base::trunc)
ifstream fin;
fin.open("in.txt");     // fin.open("in.txt", ios::in)
```

텍스트 모드와 이진 모드

읽기, 쓰기와 같은 파일 열기 모드와는 별도로 텍스트 모드와 이진(binary) 모드라는 파일 접근 모드가 있다. 파일 열기 수행 시 별도의 모드를 기술하지 않으면 텍스트 모드로 동작하며 다음과 같이 이진 모드를 지정하면 해당 파일에 대한 입출력 시 이진 모드로 동작한다.

```
ofstream fout("out.txt", ios_base::out | ios_base::trunc | ios_base::binary);
```

텍스트 모드와 이진 모드의 차이점은 다음과 같다. Windows 운영체제에서는 텍스트 모드에서 파일 입출력 수행 시 일부 데이터 변환이 이루어지지만, 이진 모드에서는 자료의 변환이 발생하지 않는다. 즉, 텍스트 모드에서는 [그림 15.1]과 같이 데이터 저장 시 텍스트의 줄바꿈을 위한 라인 피드(line feed) 문자 하나를 캐리지 리턴(carriage return)과 라인 피드의 2개의 문자 조합으로 변환한다. 역으로 파일에서 자료를 읽을 때는 라인 피드와 캐리지 리턴의 조합을 라인 피드 한 문자로 변환하여 읽어 들인다. 캐리지 리턴은 '\r'로 표현되며 현재의 커서 위치에서 라인은 변경하지 않은 채 현재 라인의 가장 왼쪽 위치로 이동하는 것을 의미한다. 라인 피드는 '\n'으로 표현되며 현재의 커서 위치에서 다음 라인으로 수직 위치만 변경하는 것을 의미한다. 하지만 이진 모드에서는 '\n'과 '\r\n' 사이의 문자 변환이 발생하지 않는다. 이것을 제외하고는 텍스트 모드와 이진 모드는 동일하다. 텍스트 모드와 이진 모드의 차이점은 운영체제마다 다를 수 있으므로 주의하기 바란다.

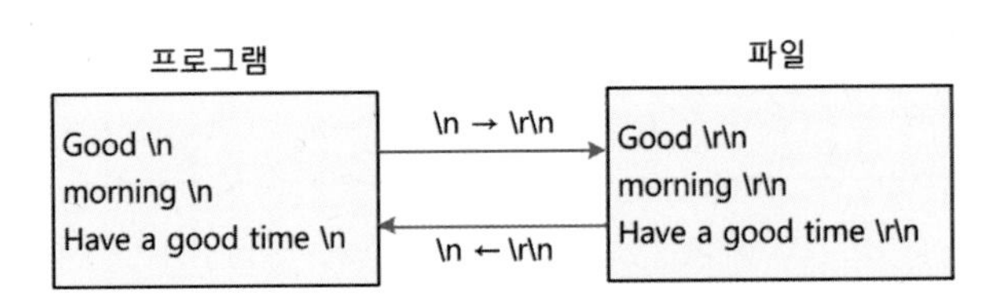

그림 15.1 텍스트 모드에서의 줄바꿈 문자의 변환

C 언어와 C++ 언어의 파일 입출력 모드 비교

C++의 파일 입출력 모드는 C의 파일 입출력 모드와 상당히 유사하다. 참고로 [표 15.3]은 C++ 모드와 C 모드의 대응 관계를 나타낸 것이다. 예를 들면 C 언어에서 읽기, 쓰기, 바이너리 모드로 열기 위한 모드인 "r+b"와 동일한 모드를 C++에서 설정하려면 다음과 같이 작성하면 된다.

```
fstream fio("io.txt", ios_base::in | ios_base::out | ios_base::binary);
```

표 15.3 C와 C++의 파일 입출력 모드 비교

C++ 모드					C 모드
binary	in	out	trunc	app	
		●			"w"
		●		●	"a"
		●	●		"w"

	●				"r"
	●	●			"r+"
	●	●	●		"w+"
●		●			"wb"
●		●		●	"ab"
●		●	●		"wb"
●	●				"rb"
●	●	●			"r+b"
●	●	●	●		"w+b"

예제 15.3 | 텍스트 모드와 이진 모드의 차이

다음 프로그램은 텍스트 모드와 이진 모드의 차이점을 확인하기 위한 예이다. 3라인의 열기 모드에서 이진 모드(ios_base::binary)를 삭제했을 때와 추가했을 때 출력 파일(out3.txt)이 어떻게 달라지는지 확인해 보자. 그리고 파일 속성을 통해 각 파일의 크기를 비교해 보자.

```
1   int main()
2   {
3       ofstream fout("out3.txt", ios_base::out | ios_base::trunc | ios_base::
        binary);
4       fout << 'a' << endl << 'b' << endl << 'c' << endl;
5
6       fout.close();
7
8       return 0;
9   }
```

• **실행 결과**

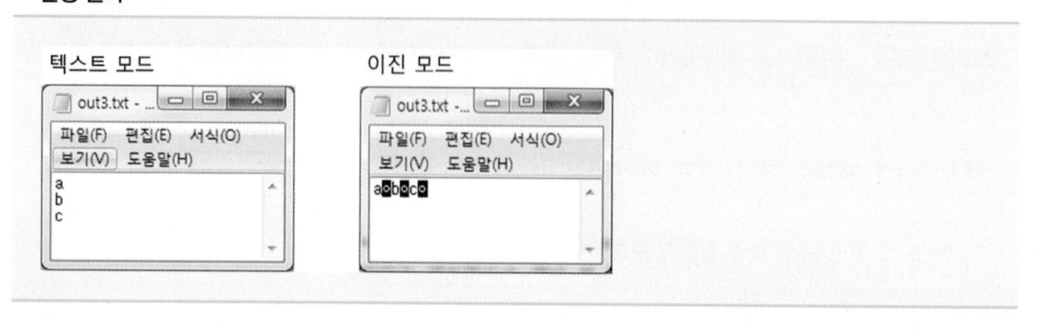

실행 결과는 텍스트 모드와 이진 모드로 수행했을 때의 결과 파일을 메모장으로 열어본 것이다. 메모장의 경우 '\r\n'이 나오면 다음 줄로 이동하게 된다. 따라서 다음 줄 문자(endl)가 '\r\n' 두 자로 변경된 텍스트 모드에서는 제대로 다음 줄로 넘어가고 있는 것을 확인할 수 있지만, 변환이 일어나지 않는 이진 모

드에서는 '\n'만 저장되기 때문에 다음 줄이 제대로 보이지 않는다. 그러나 두 파일 모두 MS 워드와 같은 파일로 읽어보면 메모장에서의 텍스트 모드와 같이 제대로 보이는 것을 확인할 수 있다. 이는 MS 워드의 경우 '\n' 하나만 있더라도 다음 줄로 이동하도록 프로그램이 작성되어 있기 때문이다.

파일 속성을 통해 두 파일의 크기를 비교해 보면 텍스트 모드의 경우 9바이트이며 이진 모드의 경우 6바이트임을 확인할 수 있다.

텍스트 모드 및 이진 모드와 관련된 결론은 일반적으로 데이터를 저장할 경우, 텍스트 모드로 저장하였다면 읽을 때도 텍스트 모드로 읽어야 하며, 이진 모드로 저장하였다면 읽을 때도 이진 모드로 읽어야 한다는 것이다.

연습문제 | 15.3

[연습문제 15.1]에서 작성한 "out1.txt" 파일의 끝부분에 11부터 20까지의 정수에 대한 제곱값과 나누기 3의 값을 추가로 저장해 보라.

이때 기존 파일의 내용은 그대로 남아있어야 한다.

Note

15.4 문자 단위 파일 입출력

표준 입출력 및 파일 입출력을 위한 문자 단위 입출력 멤버 함수들

14.7절에서 표준 입출력에 대한 문자 단위 입출력을 배웠으며 14.8절에서 줄 단위 입력에 대해 배웠었다. 그때 사용한 멤버 함수들을 정리하면 [표 15.4]와 같다. 구체적인 설명은 14.7절과 14.8절을 참고하도록 하라.

표 15.4 문자 단위 입출력 멤버 함수들

멤버 함수	설명
int get(void);	문자 1개 입력
istream &get(char &)	문자 1개 입력, 연속 호출 가능
ostream &put(char)	문자 1개 출력, 연속 호출 가능
istream &get(char *, int, char = '\n');	지정한 개수 또는 줄 단위 문자열 입력, '\n' 제거하지 않음
istream &getline(char *, int, char = '\n');	지정한 개수 또는 줄 단위 문자열 입력, '\n' 제거

물론 [표 15.4]의 함수들은 파일 입출력을 위해서도 사용될 수 있다.

예제 15.4 | 문자 단위 입출력을 위한 get 멤버 함수와 put 멤버 함수의 사용

get 멤버 함수와 put 멤버 함수를 사용하여 "in4.txt" 파일을 "out4.txt" 파일로 복사해 보자. "in4.txt" 파일은 메모장을 사용하여 미리 만들어 놓은 것으로 가정한다.

```
1   int main()
2   {
3       ifstream fin("in4.txt");
4       ofstream fout("out4.txt");
5
6       if (!fin || !fout)
7       {
8           cout << "파일 열기 에러" << endl;
9           return 1;
10      }
11
12      char ch = fin.get();            // 문자 하나 입력
13
14      while (!fin.eof())
15      {
16          fout.put(ch);               // 문자 하나 출력
17          fin.get(ch);                // 문자 하나 입력
18      }
19
20      fin.close();
21      fout.close();
22
23      return 0;
24  }
```

• 실행 결과

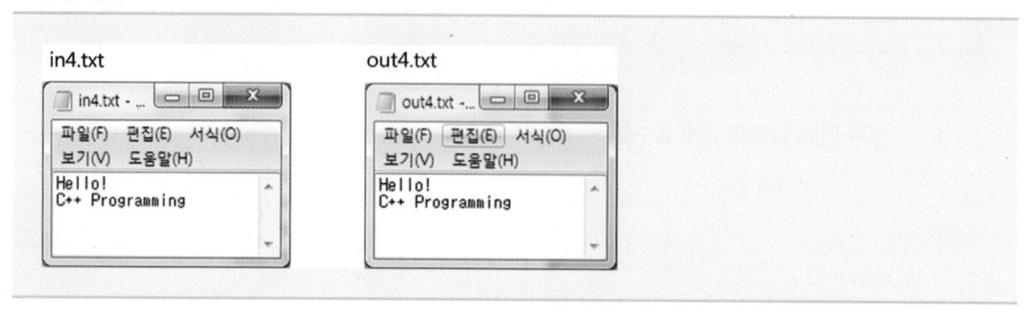

3, 4라인에서 입출력 파일을 열고 있다. 이때 열기 모드로 텍스트 모드를 사용할 것인지 아니면 이진 모드를 사용할 것인지는 중요하지 않다. 둘 다 같은 모드로만 열면 된다. 6라인에서는 두 파일에 대한 열기 에러를 동시에 처리하고 있다. 14라인에서는 파일의 끝에 도달할 때까지 문자를 하나씩 읽어 출력 파일로

저장하고 있다. 실행 결과와 같이 "in4.txt"와 동일한 "out4.txt" 파일이 생성된다.

istream 클래스의 peek 멤버 함수와 putback 멤버 함수

[표 15.4]와 더불어 다음 멤버 함수들에 대해 알아두도록 하자.

```
int peek(void);
istream &putback(char c);
```

peek 함수는 입력 스트림으로부터 문자를 제거하지 않고 단지 다음 문자가 무엇인지를 읽어 들인다. 그리고 putback 함수는 마지막으로 읽어 들인 문자(c)를 다시 입력 스트림의 처음 위치로 되돌려 놓는다. 따라서 putback 함수를 수행한 후 다음 get 함수를 수행하면 putback에 의해 되돌려진 문자(c)가 다시 입력된다. 물론 두 함수 모두 파일 입력 객체뿐만 아니라 표준 입력 개체인 cin에 대해서도 적용이 가능하다.

연습문제 | 15.4

파일을 읽어 각 알파벳 문자가 몇 개씩 있는지를 출력하는 프로그램을 작성하라. 소문자와 대문자는 동일한 것으로 취급한다.

문자 단위 입력 함수인 get 멤버 함수를 사용하면 편리할 것이다.

Note

연습문제 | 15.5

특정 파일의 전체 내용을 줄 단위로 읽어 화면에 출력해 보라.

getline 멤버 함수를 사용하면 된다.

Note

15.5 텍스트 파일과 이진 파일

텍스트 파일과 이진 파일의 개념

텍스트 모드 및 이진 모드와는 별개로 텍스트 파일과 바이너리 파일이라는 개념이 있다. 일반적으로 메모장에서 작성한 데이터 파일을 텍스트 파일이라 하고, MS 워드나 아래아 한글과 같은 프로그램에서 작성한 데이터 파일을 바이너리 파일이라고 한다.

예를 들어 int num = 15;라는 변수가 있다고 하자. 변수 num이 4바이트의 메모리를 차지하고 있음을 알고 있을 것이다. 변수 num의 값을 저장하는 데는 2가지 방식이 있다. 첫 번째는 지금까지 봐 온 것처럼 15라는 int 값을 '1'과 '5'라는 문자로 변환하여 저장하는 것이다. 이 경우 2바이트만으로 저장된다. 두 번째는 15라는 int 값을 메모리에 저장되어 있는 형태 그대로 저장하는 것이다. 이 경우 메모리와 모양이 똑같으므로 4바이트만큼 차지하게 된다.

텍스트 파일과 이진 파일의 차이는 바로 이것이다. 파일을 만들고 데이터를 저장할 때 원래 가지고 있는 데이터를 모두 문자로 변환하여 저장하는 경우의 데이터 파일을 텍스트 파일(text file)이라고 하며, 메모리에 저장되어 있는 형태 그대로 저장하는 경우의 데이터 파일을 이진 파일(binary file)이라고 한다.

사실 어떤 파일이든 내부적으로는 0과 1의 나열에 불과하다. 따라서 그 파일을 텍스트 파일로 만든 것인지 이진 파일로 만든 것인지는 그 파일을 만든 프로그램 또는 프로그래머만이 대답할 수 있는 것이다. 예를 들어 [그림 15.2]와 같은 데이터 파일이 있다고 가정하자. 메모장으로 열어 보니 대문자 'A' 4개가 저장되어 있다. 이 파일은 텍스트 파일일까? 이진 파일일까?

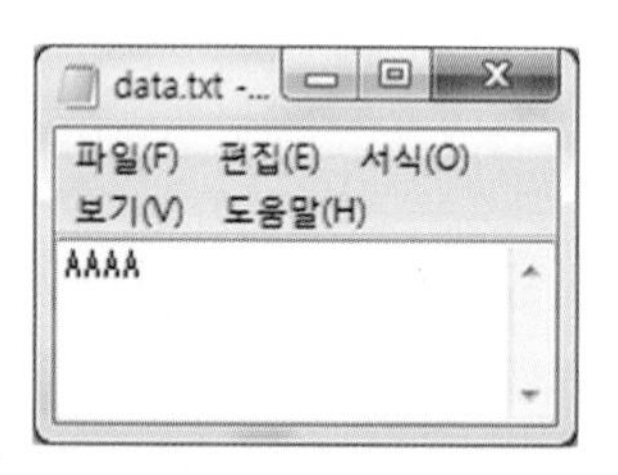

○ 그림 15.2 데이터 파일

이와 같은 물음은 이 파일을 만든 사람에게만 의미가 있다. 나에게 있어서의 답은 이진 파일이다. 나는 이 파일을 만들 때 int형 변수 num에 저장되어 있는 값인 1094795585를 메모리에 저장되어 있는 4바이트 형태 그대로 파일로 출력한 것이다. 10진수 1094795585는 16진수로 0X41414141이며 바이트 단위인 2자리씩 끊어서 해석해 보면 16진수 41(10진수 65)로 문자 'A'의 아스키코드와 일치한다. 그래서 1094795585란 정수값을 메모리 형태 그대로 저장하게 되면 메모장에서 [그림 15.2]와 같이 보이게 된다.

텍스트 파일과 이진 파일을 만드는 방법

그러면 텍스트 파일은 어떻게 만들고 이진 파일은 어떻게 만드는 것일까? 이에 대한 답은 파일 스트림 클래스의 멤버 함수와 관련이 있다. 지금까지 사용한 출력 연산자(<<)를 사용하는 경우 모든 변수의 값들이 문자열로 변환되어 출력된다. 그리고 텍스트 파일로 저장되어 있는 데이터를 읽어올 경우에는 입력 연산자(>>)를 사용해야만 한다. 그래야만 '12'라는 2바이트 문자열을 12라는 4바이트 정수값으로 해석하여 읽어 들일 수 있는 것이다.

이진 파일, 즉 메모리에 저장되어 있는 형태 그대로 저장하고 읽어 들이기 위해서는 read 멤버 함수와 write 멤버 함수를 사용하면 된다. 이것이 다음 절의 주제이다.

한 가지 부연 설명하자면 파일 열기 모드인 텍스트 모드와 이진 모드는 여기서 설명한 텍스트 파일과 이진 파일과는 원칙적으로 무관한 것이다. 예를 들어 텍스트 모드로 파일을 연 경우, write 멤버 함수를 사용한다면 바이트 단위로 봤을 때 '\n'이라는 1바이트 데이터는 여전히 '\r\n'으로 변환되어 저장된다. 그러나 논리적으로는 텍스트 파일은 텍스트 모드로 열고, 이진 파일은 이진 모드로 열어서 작업하는 것이 더 적합한 선택이라 할 수 있다.

15.6 read, write 멤버 함수에 의한 이진 파일 입출력

read, write 멤버 함수 프로토타입

read, write 함수를 사용하면 변수의 값이 메모리에 저장되어 있는 형태 그대로 파일로부터 읽거나 파일로 쓰는 것이 가능하다. 각 함수의 프로토타입은 다음과 같다.

```
istream &read(unsigned char *buffer, int size);
ostream &write(const unsigned char *buffer, int size);
```

buffer는 파일로 출력하거나 파일로부터 입력되는 데이터를 저장할 변수의 주소이며, size는 파일에 입출력할 데이터의 크기를 바이트 단위로 나타낸다. 이 크기만큼 파일에서 buffer로 입력되거나 buffer의 내용이 파일로 출력된다.

예제 15.5 | double형 배열에 저장된 값들을 파일로 출력하거나 파일로부터 입력받기

다음 프로그램은 double형 배열에 저장된 원소들의 값을 한꺼번에 파일로 출력하거나 읽어 들이는 예를 보인 것이다.

```
1  int main()
2  {
3      ofstream fout("ex5.dat", ios_base::out | ios_base::binary); // 출력 스트림
4      double nums[4] = { 1.1, 2.2, 3.3, 4.4 };
```

```
5       fout.write((char *) nums, sizeof(nums));    // double(8)*4개=32바이트 출력
6       fout.close();
7
8       ifstream fin("ex5.dat", ios_base::in | ios_base::binary);
9       fin.read((char *) nums, sizeof(nums));
10      for (int i = 0; i < 4; i++)
11          cout << nums[i] << '\t';
12      cout << endl;
13
14      cout << "총 바이트 수 : " << fin.gcount() << endl;
15      fout.close();
16
17      return 0;
18  }
```

• **실행 결과**

```
1.1     2.2     3.3     4.4
총 바이트 수 : 32
```

4라인에 4개의 원소를 가진 double형 배열을 선언하고 각 원소의 값을 초기화하였다. 5라인에서는 nums 메모리 위치를 기준으로 nums 크기만큼, 즉 배열의 크기인 32바이트(8바이트 4개)만큼 파일로 출력하고 있다. write 함수의 첫 번째 매개변수에 대해서는 (char *)로의 형변환이 필수적이다.

9라인의 read 함수에 대한 사용 방법 역시 write와 동일하다. 읽어 들인 데이터를 저장할 메모리 위치(nums)를 지정하고 읽어 들일 크기(sizeof(nums))를 지정해 주면 된다.

14라인의 gcount 멤버 함수는 read 함수를 통해 최종적으로 읽어 들인 데이터의 바이트 수를 반환한다.

예제 15.6 | 구조체 변수의 값을 파일로 출력하고 파일로부터 입력받기

read, write 멤버 함수는 임의 크기의 데이터를 읽고 쓸 수 있다. 따라서 그 특성상 구조체 변수를 저장하는 데 많이 사용된다. 이 예제에서는 좌표 x, y를 포함하는 Point 구조체 변수의 값을 파일로 저장하고 다시 파일로부터 읽어 들여 보자.

```
1   struct Point
2   {
3       int x;
4       int y;
5   };
6
7   int main()
8   {
9       Point pt;
```

```
10
11      ofstream fout("ex6.dat",ios_base::out | ios_base::app | ios_base::
        binary);
12
13      cout << "좌표 x, y 입력 : ";
14      cin >> pt.x >> pt.y;
15
16      while (pt.x != 0 && pt.y != 0)
17      {
18          fout.write((char *) &pt, sizeof(Point));    // Point 크기(8)만큼 출력
19          cout << "좌표 x, y 입력 : ";
20          cin >> pt.x >> pt.y;
21      }
22
23      fout.close();
24
25      cout << "<< 저장된 Point 데이터 >>" << endl;
26
27      ifstream fin("ex6.dat", ios_base::in | ios_base::binary);
28
29      while (fin.read((char *) &pt, sizeof(Point)))
30          cout << "(" << pt.x << ", " << pt.y << ")" << endl;
31
32      fin.close();
33
34      return 0;
35  }
```

• **실행 결과**

```
좌표 x, y 입력 : 1 100
좌표 x, y 입력 : 2 2
좌표 x, y 입력 : 3 1200
좌표 x, y 입력 : 45 10000
좌표 x, y 입력 : 6 7
좌표 x, y 입력 : 0 0
<< 저장된 Point 데이터 >>
(1, 100)
(2, 2)
(3, 1200)
(45, 10000)
(6, 7)
```

11~23라인에서는 사용자로부터 받아들인 좌표값을 파일로 저장하고 있으며, 25~32라인에서는 이 파일로부터 다시 좌표값들을 읽어 들여 화면에 출력하고 있다. 18라인에서는 Point 구조체 변수인 pt의 내용을 write 멤버 함수를 사용하여 저장하고 있다. 그리고 29라인에서는 파일에 저장된 점들을 하나씩 pt 변

수로 읽어 들이고 있다. read 멤버 함수 수행 시 파일의 끝을 만나면 fin 스트림이 fail인 상태가 되고, 이에 따라 반환값 자체가 false로 평가되어 while문을 빠져나오게 된다.

연습문제 | 15.6

int형 변수를 선언하고 값을 1094795585로 초기화하라. 그리고 이 값을 파일로 출력하되 한 번은 << 연산자를 사용하고 한 번은 write 멤버 함수를 사용하여 출력한 후, 결과를 서로 비교해 보라.

동일한 작업을 표준 출력 객체인 cout을 통해서도 출력해 보라. 즉, cout 사용 시 << 연산자도 사용해 보고 write 멤버 함수도 사용해 보라.

이 문제로부터 텍스트 파일과 이진 파일의 개념에 대해 생각해 보고, read, write 함수가 파일 입출력뿐만 아니라 표준 입출력을 위해서도 사용될 수 있음을 확인하라.

Note

연습문제 | 15.7

다음과 같은 student 구조체가 있다. 실행 결과와 같이 사용자로부터 학생 정보를 입력받아 이진 파일로 저장한 후 다시 그 파일로부터 학생 정보를 읽어 들여 화면에 출력해 보라.

```
1  struct student
2  {
3      char name[20];  // 이름
4      int age;        // 나이
5      char dept[20];  // 소속 학과
6  };
```

• **실행결과**

```
학생 정보를 입력하겠습니까? (예:y, 아니오:n) y
이름 : 홍길동
나이 : 20
학과 : 컴퓨터공학과
학생 정보를 입력하겠습니까? (예:y, 아니오:n) y
이름 : 류현진
나이 : 21
학과 : 전자공학과
```

```
학생 정보를 입력하겠습니까? (예:y, 아니오:n) y
이름 : 김연아
나이 : 22
학과 : 전자계산학과
학생 정보를 입력하겠습니까? (예:y, 아니오:n) n

파일에 저장된 학생 정보를 출력합니다.

이름: 홍길동
나이: 20
학과: 컴퓨터공학과

이름: 류현진
나이: 21
학과: 전자공학과

이름: 김연아
나이: 22
학과: 전자계산학과
```

Note

15.7 임의 접근

읽기, 쓰기 위치를 가리키기 위한 입력 포인터와 출력 포인터

스트림 객체들은 하나 이상의 스트림 포인터를 갖는다. ifstream 객체는 다음 입력이 수행되는 위치를 나타내기 위해 입력 포인터(get pointer)를 가지며, ofstream 객체는 다음 출력이 수행될 위치를 나타내기 위해 출력 포인터(put pointer)를 사용한다. 입력과 출력이 진행되면 이들 포인터들은 자동으로 입출력된 바이트 수만큼 다음 위치로 이동한다. 지금까지의 파일 입출력 작업은 파일의 처음부터 마지막까지 순차적으로 진행되었으므로 자동으로 증가되는 입출력 포인터에 대해서는 따로 고려하지 않았다. 하지만 많은 경우에 있어서 파일의 임의 위치에 있는 자료에 대한 수정 및 삭제를 요구할 수 있다. 따라서 입력 포인터 또는 출력 포인터를 원하는 위치로 이동할 수 있는 방법이 필요하다. 이를 위해 seekg와 seekp 멤버 함수가 준비되어 있다. seekg와 seekp 함수의 프로토타입은 다음과 같다.

```
istream &seekg(pos_type pos);
ostream &seekp(pos_type pos);
istream &seekg(off_type off, ios_base::seekdir dir);
ostream &seekp(off_type off, ios_base::seekdir dir);
```

pos는 파일의 처음 위치를 기준으로 이동할 입출력 포인터의 새로운 위치를 나타내는 절대값을 의미한다. pos_type의 값을 정수값으로 이해해도 무방하다.

off는 dir로 지정된 위치를 기준 위치로 하여 입출력 포인터가 이동할 새로운 위치를 나타내는 변화량을 의미한다. off_type의 값 역시 정수값으로 이해해도 좋다. dir은 입출력 포인터의 이동을 위한 기준 위치를 나타낸다. 기준 위치로는 [표 15.5]에 표시한 값들 중 하나가 올 수 있다. 여기서 파일의 마지막 위치란 마지막 데이터가 있는 위치를 벗어난 바로 다음 바이트 위치를 의미함에 주의하도록 하라.

○ 표 15.5 seekg와 seekp 멤버 함수를 위한 기준 위치

값	의미
ios_base::beg	파일의 처음 위치를 기준으로 새로운 위치를 찾는다.
ios_base::cur	입력, 출력 포인터의 현재 위치를 기준으로 새로운 위치를 찾는다.
ios_base::end	파일의 마지막 위치를 기준으로 새로운 위치를 찾는다.

seekg 멤버 함수는 입력 스트림에서의 입력 포인터 위치를 변경할 수 있다. seekp 멤버 함수는 출력 스트림에서의 출력 포인터 위치를 변경할 수 있다. 또한 파일에서의 현재 위치를 확인하기 위해서는 tellg 및 tellp 멤버 함수를 사용하면 된다. 이들 멤버 함수의 프로토타입은 다음과 같다.

```
pos_type tellg();
pos_type tellp();
```

tellg 멤버 함수는 파일의 시작 위치를 기준으로 한 입력 포인터의 위치를 반환하고, tellp 멤버 함수는 출력 포인터의 위치를 알려준다.

[그림 15.3]은 seelg 멤버 함수를 사용하여 입력 포인터의 위치를 변경한 예를 보여주고 있다. 입력 포인터의 현재 위치는 문자 'g'가 저장된 위치이다.

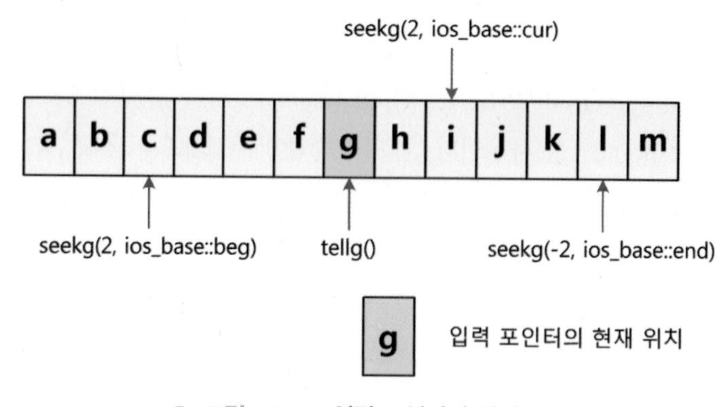

○ 그림 15.3 입력 포인터의 위치 이동

파일에 대한 임의 접근은 텍스트 파일과 이진 파일 모두에 적용이 가능하다. 그러나 저장 방식의 특성상 이진 파일에 보다 더 적합하다. 예를 들어 int형 변수를 텍스트 파일로 저장할 경우 각 값마다 바

이트의 크기가 달라지는데, 5는 1바이트, 100은 3바이트를 차지하게 된다. 이 경우 50번째에 저장되어 있는 값에 바로 접근할 수가 없다. 그러나 이진 파일로 저장할 경우 5든 100이든 관계없이 항상 4바이트를 차지하게 된다. 따라서 50번째 저장된 값에 접근하기 위해서 다음과 같이 입력 포인터 위치를 이동하면 된다.

```
fin.seekg((50 - 1) * 4);     // 첫 번째 위치가 0이므로 -1을 하였음
```

예제 15.7 | 파일의 특정 위치에 저장되어 있는 Point 구조체 변수의 값 변경하기

(1, 1)의 좌표를 갖는 점 5개를 파일에 저장한 후 세 번째 점을 (2, 2)로 변경해 보자.

```
1   struct Point
2   {
3       int x;
4       int y;
5   };
6
7   int main()
8   {
9       Point pt = { 1, 1 };
10
11      fstream fio("ex7.dat", ios_base::in | ios_base::out | ios_base::trunc |
        ios_base::binary);
12      for (int i = 0; i < 5; i++)
13          fio.write((char *) &pt, sizeof(Point));
14
15      fio.seekp(2 * sizeof(Point), ios_base::beg); // 출력 포인터를 3번째 원소로 이동
16      pt.x = 2; pt.y = 2;
17      fio.write((char *) &pt, sizeof(Point));
18
19      fio.seekg(0, ios_base::beg);                 // 입력 포인터를 첫 번째 원소로 이동
20      while (fio.read((char *) &pt, sizeof(Point)))
21          cout << "(" << pt.x << ", " << pt.y << ")" << endl;
22
23      fio.close();
24
25      return 0;
26  }
```

- 실행 결과

```
(1, 1)
(1, 1)
(2, 2)
(1, 1)
(1, 1)
```

11라인에서 fstream 클래스의 객체를 만들면서 입력(in)과 출력(out)이 모두 가능하도록 설정하였다. 12, 13라인을 통해 (1, 1)인 점 5개를 저장하였다. 15라인에서 출력 포인터를 시작 위치를 기준으로 세 번째 위치로 이동하였으며, 16, 17라인에서 이 위치의 점을 (2, 2)로 변경하였다. 19라인에서는 입력 포인터의 시작 위치를 이동하고 있는데, 입력 포인터를 이동한 적이 없으므로 이미 원래 시작 위치를 가리키고 있을 것이다. 여기서는 단지 연습을 위해 입력 포인터를 이동해 보았다. 그리고 20, 21라인에서 저장한 점들을 하나씩 읽어 들여 출력하고 있다. 실행 결과를 보면 세 번째 점이 (2, 2)로 변경되어 있음을 확인할 수 있다.

연습문제 | 15.8

하나의 텍스트 파일을 또 다른 파일로 복사하되 파일 내용을 역방향으로 출력하라.

- **실행결과**

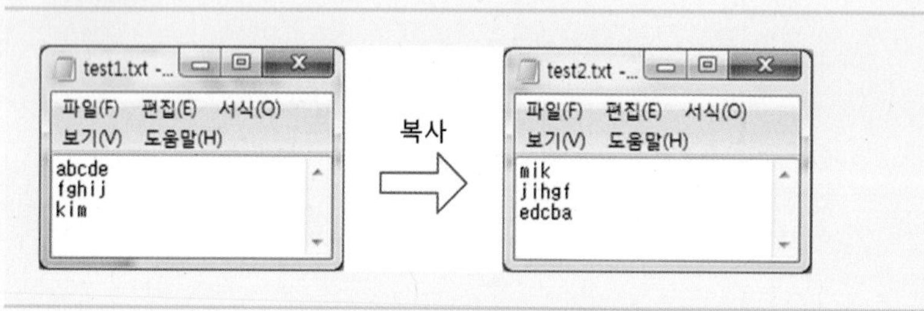

알고리즘은 다음과 같다. 먼저 파일의 크기를 알아온다. 이를 위해서는 입력 파일 포인터를 파일 끝으로 이동한 후 tellg 함수를 통해 위치를 읽어오면 된다. 그 다음으로는 입력 파일 포인터를 마지막 위치부터 처음 위치까지 하나씩 이동하면서 문자를 하나씩 읽어오면 된다. 그런데 문자 하나를 읽게 되면 파일 포인터는 뒤로 이동하게 되므로 매번 위치를 재설정해야만 할 것이다. 그리고 아마도 다음 줄 문자에 대한 처리도 신경 써야 할 것이다.

Note

연습문제 | 15.9

[연습문제 15.7]에서 만든 데이터 파일을 대상으로 다음과 같은 프로그램을 작성해 보라. 저장되어 있는 학생 정보 중에서 한 학생의 정보를 선택하여 사용자가 입력한 정보를 수정해 보라.

- **실행결과**

```
파일에 저장된 학생 정보를 출력합니다.
[1]번
이름 : 홍길동
나이 : 20
학과 : 컴퓨터공학과
```

```
[2]번
이름 : 류현진
나이 : 21
학과 : 전자공학과
[3]번
이름 : 김연아
나이 : 22
학과 : 전자계산학과
수정할 학생 번호를 입력하시오 : 2
새로운 학생 정보를 입력하시오.
이름 : 유재석
나이 : 23
학과 : 컴퓨터공학과
파일에 저장된 학생 정보를 출력합니다.
[1]번
이름 : 홍길동
나이 : 20
학과 : 컴퓨터공학과
[2]번
이름 : 유재석
나이 : 23
학과 : 컴퓨터공학과
[3]번
이름 : 박세리
나이 : 22
학과 : 전자계산학과
```

단 한 번의 파일 열기와 닫기만으로 작업을 진행하도록 하라. 따라서 파일 입출력 포인터를 필요에 따라 적절한 위치로 이동해야 할 것이다. 한 가지 주의할 사항은 쓰기, 읽기 도중 파일의 끝에 도달했다면 스트림 상태 중 eofbit이 1로 변경되는데, 계속해서 작업을 진행하기 위해서는 이 값을 다시 0으로 변경해야만 한다는 것이다. 이를 위해 fio.clear()와 같이 수행하면 된다.

Note

15.8 입출력 스트림 상태

예제 15.8 | 파일로부터의 잘못된 입력에 대한 failbit의 변화

14.9절을 통해 표준 입출력에 대한 스트림 상태의 종류와 저장 방법 그리고 현재 상태를 읽어 들이는 방법까지 설명하였다. 표준 입출력의 스트림 상태와 관련된 내용은 파일 입출력의 스트림 상태를 처리하기 위해 그대로 적용될 수 있다. 구체적인 내용에 대해서는 14.9절을 참고하기 바라며 여기서는 14.9절의 [예제 14.10]을 그대로 파일에 적용해 보도록 하자.

"ex8.dat" 파일의 시작부에는 숫자가 아닌 문자가 존재한다고 가정하자. 이 파일을 대상으로 int형 변수의 값을 읽어보고 입출력 스트림 상태 비트들 중 fail이 어떻게 변하는지 살펴보도록 하자.

```
1   int main()
2   {
3       int num;
4
5       ifstream fin("ex8.dat");
6       fin >> num;
7
8       if (fin.fail())
9           cout << "fail" << endl;
10      else
11          cout << "not fail" << endl;
12
13      fin.clear();
14
15      if (fin.fail())
16          cout << "fail" << endl;
17      else
18          cout << "not fail" << endl;
19
20      fin.close();
21
22      return 0;
23  }
```

• 실행 결과

```
fail
not fail
```

6라인의 int형 값 입력에 대해 원하는 값이 입력되지 못함에 따라 failbit이 1로 변경되며 8라인의 fin.fail() 함수를 통해 이를 확인할 수 있다. 13라인과 같이 clear 함수를 수행하면 failbit이 다시 0으로 변경됨을 알 수 있다.

15.9 입출력 연산자 오버로딩과 파일 입출력

클래스 객체를 위한 표준 입출력 연산자 오버로딩 및 파일 입출력 연산자 오버로딩

Point 클래스에 대한 입출력 연산자를 오버로딩한다면 다음과 같은 입력 및 출력이 가능해진다. 이는 9.9절에서 이미 다루었던 내용이다.

```
Point pt;
cin >> pt;          // 입력
cout << pt;         // 출력
```

그렇다면 다음과 같은 방식으로 파일 입출력을 원한다면 어떻게 해야 할까?

```
fin >> pt;          // 파일 입력, fin은 ifstream 객체
fout << pt;         // 파일 출력, fout은 ofstream 객체
```

답은 "파일 입출력을 위해 특별히 해야 할 일은 없다"이다. 이 말은 표준 입출력을 위해 입출력 연산자를 오버로딩했다면 그것만으로 파일 입출력까지 자동으로 해결된다는 말이다. 어떻게 그렇게 되는 것일까? 출력 연산자를 예로 들어 보자. 출력 연산자의 형태는 다음과 같다.

```
1   ostream &operator<<(ostream &os, Point &pt)
2   {
3       os << "(" << pt.x_ << ", " << pt.y_ << ")" << endl;
4       return os;
5   }
```

출력 연산자 함수의 첫 번째 매개변수로는 ostream 객체를 참조로 받고 있다. ofstream 클래스는 ostream 클래스의 derived 클래스이므로 ofstream 클래스 객체가 자동으로 첫 번째 매개변수로 전달될 수 있다. 따라서 3라인의 경우 결국 실제 객체인 ofstream, 즉, 파일로 출력되며 반환값 역시 ostream 객체 참조로서 결국 매개변수로 전달된 ofstream 객체 자체가 반환된다. ostream 클래스와 ofstream 클래스 내부적으로 가상 함수와 같은 다형성의 원리를 사용하여 그렇게 수행될 수 있도록 구현되어 있다. 따라서 다음과 같이 연속적인 출력 연산까지도 가능하다.

```
fout << pt1 << pt2 << endl;
```

예제 15.9 | Point 클래스의 입출력 연산자 오버로딩을 이용한 파일 입출력

Point 클래스에 대한 입출력 연산자 오버로딩을 구현하고, 파일로부터 Point 객체를 저장하고 읽어 들이기 위해 입출력 연산자(<<, >>)를 사용해 보자.

```
1   class Point
2   {
```

```
3   public :
4       Point(int x = 0, int y = 0) : x_(x), y_(y) {}
5       friend istream &operator>>(istream &is, Point &pt);
6       friend ostream &operator<<(ostream &os, Point &pt);
7
8   private :
9       int x_, y_;
10  };
11
12  istream &operator>>(istream &is, Point &pt)  // >> 연산자 오버로딩
13  {
14      is >> pt.x_ >> pt.y_;
15      return is;
16  }
17
18  ostream &operator<<(ostream &os, Point &pt)  // << 연산자 오버로딩
19  {
20      os << pt.x_ << " " << pt.y_ << endl;
21      return os;
22  }
23
24  int main()
25  {
26      int i;
27      Point pt[5];
28
29      for (i = 0; i < 5; i++)
30      {
31          cout << "좌표(x, y) 입력 : ";
32          cin >> pt[i];
33      }
34
35      ofstream fout("ex9.dat");
36      for (i = 0; i < 5; i++)
37          fout << pt[i];          // << : ofstream 객체에도 적용 가능
38      fout.close();
39
40      ifstream fin("ex9.dat");
41      Point temp;
42      for (i = 0; i < 5; i++)
43      {
44          fin >> temp;
45          cout << temp;
46      }
47      fin.close();
48
49      return 0;
50  }
```

• **실행 결과**

```
좌표(x, y) 입력 : 1 1
좌표(x, y) 입력 : 2 2
좌표(x, y) 입력 : 3 3
좌표(x, y) 입력 : 4 4
좌표(x, y) 입력 : 5 5
1 1
2 2
3 3
4 4
5 5
```

12라인과 18라인에는 각각 표준 입출력에서 했던 것과 같이 입력 연산자 오버로딩과 출력 연산자 오버로딩을 구현하였다. 32라인과 44라인에서는 하나의 입력 연산자 오버로딩을 통해 표준 입력과 파일 입력을 모두 수행하고 있다. 또한 37라인과 45라인에서는 하나의 출력 연산자를 사용하여 파일 출력과 표준 출력을 모두 수행하고 있다. 이와 같이 표준 입출력을 위한 입력 및 출력 연산자 오버로딩을 표준 입출력뿐만 아니라 파일 입출력을 위해서도 사용할 수 있다.

15.10 C 스타일의 파일 입출력

C 스타일의 파일 입출력을 위한 전역 함수들

지금까지 C++의 클래스를 기반으로 하는 파일 입출력 방법에 대해 살펴보았다. 그런데 C++ 프로그램 작성 시 파일 입출력을 위해 전역 함수를 사용할 수도 있는데, 이는 C 언어의 파일 입출력 방법을 의미한다.

이 절에서는 전역 함수를 기반으로 하는 파일 입출력 방법에 대해 간단히 소개할 것이다. 실전에 있어서 C 스타일의 파일 입출력 방법과 C++ 스타일의 파일 입출력 방법 중 어떤 것을 사용할지는 그때의 상황에 따라 프로그래머가 적절히 선택하여 사용하면 된다.

[표 15.6]은 파일 입출력 관련 전역 함수의 기능과 C++ 입출력 관련 클래스의 멤버 함수와의 대응 관계를 나타낸 것이다. C++ 표준에 포함되어 있는 파일 입출력 관련 전역 함수를 모두 나타낸 것은 아니지만 일반적인 파일 처리를 위해 충분할 것으로 생각된다.

○ 표 15.6 **파일 입출력 관련 전역 함수**

전역 함수	기능	대응 클래스 멤버 함수
fopen	파일 열기	open
fclose	파일 닫기	close
fscanf	서식 입력	fin >>

fprintf	서식 출력	fout <<
fgetc	문자 1개 입력	fin.get
fputc	문자 1개 출력	fout.put
fgets	문자열 입력	fin.getline
fputs	문자열 출력	–
fread	이진 입력	fin.read
fwrite	이진 출력	fout.write
fseek	파일 입출력 포인터 이동	fin.seekg, fout.seekp
ftell	파일 입출력 포인터 현재 위치 반환	fin.tellg, fout.tellp
feof	파일 끝 위치 여부 검사	eof
clearerror	입출력 스트림 상태 복원	clear
remove	파일 삭제	–
rename	파일명 변경	–

각 전역 함수에 대응되는 클래스 멤버 함수를 보면 해당 전역 함수의 기능을 이해하는 데 큰 어려움은 없을 것이다. [표 15.6]의 대응 클래스 멤버 함수에서 fin과 fout은 각각 ifstream 클래스 객체와 ofstream 클래스 객체를 의미하며, 특별히 멤버 함수의 객체가 명시되지 않은 경우는 입력 객체와 출력 객체 모두에 적용이 가능함을 의미한다.

지금부터 몇 가지 예제를 통해 C 스타일의 파일 입출력 방법에 대해 좀 더 자세히 알아보도록 하자. 예제에 나타나지 않는 전역 함수들에 대해서는 MSDN 도움말 등을 참고하여 사용 방법을 습득하기 바란다.

예제 15.10 | fprintf 함수를 이용하여 정수값을 파일로 출력하기

1부터 20까지의 정수 중 3의 배수를 "out.txt" 파일로 출력해 보자. 이 예제는 [예제 15.1]과 동일하며 단지 ofstream 클래스 객체 대신 fprintf 함수를 사용한 것이다.

```
1   #include <iostream>
2   #include <cstdio>                          // C 스타일의 파일 입출력 함수
3   using namespace std;
4
5   int main()
6   {
7       FILE *fout = fopen("out.txt", "w"); // 출력 스트림 생성 및 파일 열기
8
9       if (fout == NULL)                   // 파일 열기 실패 시 NULL 포인터 반환
10      {
11          cout << "파일 열기 에러" << endl;
12          return 1;
13      }
14
```

```
15      for (int i = 1; i <= 20; i++)
16      {
17          if (i % 3 == 0)
18              fprintf(fout, "%d ", i);      // printf 함수와 동일하게 사용
19      }
20
21      fclose(fout);
22
23      return 0;
24  }
```

• **실행 결과**

C 스타일의 파일 입출력을 위해서는 2라인과 같이 <cstdio> 헤더 파일을 include해야 한다. 7라인에서 FILE 구조체 포인터를 사용하고 있는데, 이 포인터 변수를 통해 내부적으로 FILE 구조체 변수를 가리키게 되고, FILE 구조체 변수는 연결된 실제 파일에 대한 정보를 저장하게 된다. 7라인과 같이 fopen 함수를 통해 특정 파일과 연결할 수 있다. fopen의 두 번째 매개변수인 문자열은 입출력 모드를 의미하는 것으로 "w"는 ios_base::out을 설정한 것과 동일하다. 입출력 모드에 대해서는 [표 15.3]을 참고하라.

9~12라인에서는 파일 열기에 대한 에러 처리를 하고 있다. fopen 함수를 통한 파일 열기 시 에러가 발생할 경우에는 NULL 포인터가 반환되므로, 9라인과 같이 FILE 구조체 포인터인 fout의 값이 NULL인지 검사해 보면 에러 발생 여부를 알 수 있다. 또는 다음과 같이 에러 발생 여부를 검사할 수도 있다.

```
if (!fout) { ... }
```

18라인에서 fprintf 함수를 사용하여 데이터를 파일로 출력하고 있다. 첫 번째 매개변수로 출력 대상 파일과 연결된 FILE 구조체 포인터 변수가 온다는 것 외에는 printf 함수의 사용 방법과 동일하다. fprintf 함수를 사용하면 화면으로 출력될 데이터가 해당 파일로 출력된다. 실행 결과를 보면 3의 배수가 "out.txt" 파일에 저장되어 있는 것을 확인할 수 있다.

FILE 구조체 포인터와 연결된 파일의 사용이 끝난 후에는 21라인과 같이 fclose 함수를 사용하여 연결을 해제해야 한다. 물론 필요하다면 추후 fopen 함수를 사용하여 해당 FILE 구조체 포인터를 동일한 파일 또는 다른 파일과 연결하여 사용할 수 있다.

이 예제를 [예제 15.1]과 비교해 보도록 하라.

예제 15.11 | fscanf 함수를 사용하여 파일로부터 정수값을 입력받기

[예제 15.10]에서 만든 "out.txt" 파일로부터 데이터를 읽어보자. 이 파일로부터 파일 끝(EOF)을 만날 때까지 모든 값을 읽어 합계를 출력한다. 이 예제는 [예제 15.2]를 C 스타일로 작성한 것이므로 [예제 15.2]의 코드와 비교해 보도록 하라.

```
1   #include <iostream>
2   #include <cstdio>                          // C 스타일의 파일 입출력 함수
3   using namespace std;
4
5   int main()
6   {
7       int num;
8       int sum = 0;
9       FILE *fin = fopen("out.txt", "r"); // 입력 스트림 생성 및 파일 열기
10
11      if (fin == NULL)                       // 에러 처리
12      {
13          cout << "파일 열기 에러" << endl;
14          return 1;
15      }
16
17      fscanf(fin, "%d", &num);               // scanf 함수와 동일하게 사용
18
19      while (!feof(fin))                     // 파일의 끝 위치 검사
20      {
21          sum += num;
22          fscanf(fin, "%d", &num);
23      }
24
25      cout << "합계 : " << sum << endl;
26
27      fclose(fin);                           // 파일 해제
28
29      return 0;
30  }
```

• **실행 결과**

```
합계 : 63
```

9라인에서 FILE 구조체 포인터를 사용하여 "out.txt" 파일과 연결하였다. fopen 함수 호출 시 입출력 모드로 "r"을 지정함으로써 읽기 위해 해당 파일을 열고 있음을 명시하였다. 17, 22라인에서는 fscanf 함수를 사용하여 해당 파일로부터 정수값을 하나씩 입력받고 있다. fscanf 함수는 첫 번째 매개변수로 FILE 구조체 포인터 변수가 온다는 것 외에는 표준 입력 함수인 scanf 함수와 동일하다. 19라인과 같이 feof

함수를 통해 파일의 끝에 도달했는지 감지할 수 있다. 실행 결과 "out.txt" 파일에 포함된 모든 정수의 합인 63이 출력된 것을 확인할 수 있다.

예제 15.12 | fgetc, fputc 함수를 이용하여 파일 복사하기

fgetc 함수와 fputc 멤버 함수를 사용하여 "in4.txt" 파일을 "out4.txt" 파일로 복사해 보자. "in4.txt" 파일은 메모장을 사용하여 미리 만들어 놓은 것으로 가정한다. 이 예제는 [예제 15.14]와 동일하다.

```
1   int main()
2   {
3       FILE *fin = fopen("in4.txt", "r");
4       FILE *fout = fopen("out4.txt", "w");
5
6       if (!fin || !fout)
7       {
8           cout << "파일 열기 에러" << endl;
9           return 1;
10      }
11
12      char ch = fgetc(fin);           // 문자 하나 입력
13
14      while (!feof(fin))
15      {
16          fputc(ch, fout);            // 문자 하나 출력
17          ch = fgetc(fin);            // 문자 하나 입력
18      }
19
20      fclose(fin);
21      fclose(fout);
22
23      return 0;
24  }
```

• **실행 결과**

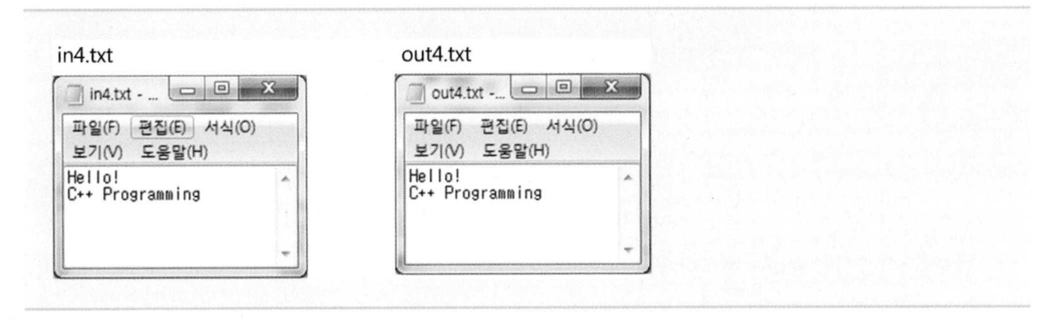

3, 4라인에서 입출력 파일을 열고 있다. 이때 열기 모드로 텍스트 모드를 사용할 것인지 아니면 이진 모드를 사용할 것인지는 중요하지 않다. 둘 다 같은 모드로만 열면 된다. 참고로 이진 모드로 열기 위해서는

다음과 같이 fopen 함수를 사용하면 된다.

```
FILE *fin = fopen("in4.txt", "rb");
FILE *fout = fopen("out4.txt", "wb");
```

6라인에서는 두 파일에 대한 열기 에러를 동시에 처리하고 있다. 14라인에서는 파일의 끝에 도달할 때까지 문자를 하나씩 읽어 출력 파일로 저장하고 있다. 실행 결과와 같이 "in4.txt"와 동일한 "out4.txt" 파일이 생성된다.

예제 15.13 | double형 배열에 저장된 값들을 파일로 출력하거나 파일로부터 입력받기

다음 프로그램은 fread 함수와 fwrite 함수를 사용하여 double형 배열에 저장된 원소들의 값을 한꺼번에 파일로 출력하거나 읽어 들이는 예를 보인 것으로 이진 파일 입출력에 해당된다. 이 예제는 [예제 15.5]와 동일하다.

```
1   int main()
2   {
3       FILE *fout = fopen("ex5.dat", "wb");            // 출력 스트림
4       double nums[4] = { 1.1, 2.2, 3.3, 4.4 };
5       fwrite((void *) nums, sizeof(double), 4, fout);
        // double(8)*4개=32바이트 출력
6       fclose(fout);
7
8       FILE *fin = fopen("ex5.dat", "rb");
9       fread((void *) nums, sizeof(double), 4, fin);
10      for (int i = 0; i < 4; i++)
11          cout << nums[i] << '\t';
12      cout << endl;
13      fclose(fin);
14
15      return 0;
16  }
```

• **실행 결과**

```
1.1     2.2     3.3     4.4
총 바이트 수 : 32
```

4라인에 4개의 원소를 가진 double형 배열을 선언하고 각 원소의 값을 초기화하였다. 5라인에서는 fwrite 함수를 사용하여 nums 메모리 위치를 시작으로 double 크기 기준으로 4개만큼 즉, 배열의 크기인 32바이트(8바이트 4개)만큼 파일로 출력하고 있다. fwrite 함수의 첫 번째 매개변수는 (void *) 타입이다. 다른 타입으로부터 (void *) 타입으로의 묵시적 형변환이 가능하므로 5라인과 같이 명시적 형변환을 필수적으로 할 필요는 없다. 5라인은 다음과 같이 작성할 수도 있다.

9라인의 fread 함수에 대한 사용 방법 역시 fwrite와 동일하다. 읽어 들인 데이터를 저장할 메모리 위치(nums)를 지정하고 읽어 들일 크기(sizeof(double) * 4)를 두 번째와 세 번째 매개변수를 통해 지정해 주면 된다. 5라인과 9라인은 각각 다음과 같이 작성할 수도 있다.

```
fwrite(nums, sizeof(nums)0, 1, fout);  // sizeof(nums) 즉, 32바이트 1개 출력
fread((nums, sizeof(nums), 1, fin);    // sizeof(nums) 즉, 32바이트 1개 입력
```

예제 15.14 | 파일의 특정 위치에 저장되어 있는 Point 구조체 변수의 값 변경하기

fread 함수와 fwrite 함수를 사용하여 (1, 1)의 좌표를 갖는 점 5개를 파일에 저장한 후 세 번째 점을 (2, 2)로 변경해 보자. 이 예제는 임의 접근과 관련된 주제로서 [예제 15.7]과 동일하다.

```
1   struct Point
2   {
3       int x;
4       int y;
5   };
6
7   int main()
8   {
9       Point pt = { 1, 1 };
10
11      FILE *fio = fopen("ex7.dat", "w+b");
12      for (int i = 0; i < 5; i++)
13          fwrite(&pt, sizeof(Point), 1, fio);
14
15      fseek(fio, 2 * sizeof(Point), SEEK_SET); // 출력 포인터를 3번째 원소로 이동
16      pt.x = 2; pt.y = 2;
17      fwrite(&pt, sizeof(Point), 1, fio);
18
19      fseek(fio, 0, SEEK_SET);                 // 입력 포인터를 첫 번째 원소로 이동
20      while (fread(&pt, sizeof(Point), 1, fio))
21          cout << "(" << pt.x << ", " << pt.y << ")" << endl;
22
23      fclose(fio);
24
25      return 0;
26  }
```

• **실행 결과**

```
(1, 1)
(1, 1)
(2, 2)
(1, 1)
(1, 1)
```

11라인에서 FILE 구조체 포인터와 파일을 연결하면서 입출력 모드를 "w+b"로 설정하여 입력과 출력이 모두 가능하도록 하였다. 12, 13라인을 통해 (1, 1)인 점 5개를 저장하였다.

15라인에서 fseek 함수를 사용하여 입출력 포인터를 시작 위치를 기준으로 세 번째 위치로 이동하였다. 클래스를 기반으로 한 파일 입출력의 경우 입력 포인터와 출력 포인터가 별도로 준비되어 있어 각각 seekg, seekp 멤버 함수를 통해 위치를 이동할 수 있었다. 그러나 C 스타일의 파일 입출력의 경우 입출력 포인터가 하나만 존재하고 있으며 입력과 출력 모두를 위해 사용되고 있다. fseek 함수의 사용 방법은 첫 번째 매개변수로 FILE 구조체 포인터가 온다는 것 외에는 seekg나 seekp 멤버 함수의 사용 방법과 동일하다. 단, 파일 이동을 위한 기준 위치를 의미하는 세 번째 매개변수의 상수값은 [표 15.7]과 같다. 참고로 각 상수값에 대응되는 seekp, seekg 멤버 함수를 위한 기준 위치의 상수값을 함께 나타내었다.

○ 표 15.7 fseek 함수를 위한 기준 위치

상수값	의미	seekp, seekg
SEEK_SET	파일의 처음 위치 기준	ios_base::beg
SEEK_CUR	입출력 포인터의 현재 위치 기준	ios_base::cur
SEEK_END	파일의 마지막 위치 기준 (실제로는 마지막 다음)	ios_base::end

16, 17라인에서는 새로운 위치인 세 번째 원소의 값을 (2, 2)로 변경하였다. 19라인에서는 입출력 포인터의 시작 위치를 파일의 시작 위치로 이동하였다. 그리고 20, 21라인에서 저장한 점들을 하나씩 읽어 들여 출력하고 있다. fread 함수의 반환값은 읽어 들인 데이터(sizeof(Point))의 개수를 의미한다. 따라서 20라인의 경우 반환값이 0, 즉 더 이상 읽어 들일 데이터가 없을 때까지 fread 함수를 반복 수행하게 된다. 실행 결과를 보면 세 번째 점이 (2, 2)로 변경되어 있음을 확인할 수 있다.

연습문제 | 15.10

[연습문제 15.1]부터 [연습문제 15.9]의 문제들을 C 스타일의 파일 입출력을 사용하여 재작성해 보도록 하라.

단, [연습문제 15.6]의 경우 int 형 변수값에 대해 다음 4가지 경우를 비교, 설명해 보도록 하라.

```
fprintf(fout, "%d", num);
fwrite(&num, sizeof(int), 1, fout);
printf("%d", num);
fwrite(&num, sizeof(int), 1, stdout);// stdin(화면)으로 출력. 가능? 의미가 있을까?
```

Note

표준 템플릿 라이브러리

13장을 통해 함수 템플릿과 클래스 템플릿을 만들고 사용하는 방법에 대해 배웠다. 템플릿은 타입에 무관한 코드를 작성할 수 있다는 점에서 라이브러리를 구축하기 위한 적절한 도구로 인식될 수 있다. 이에 따라 표준 C++에서는 유용한 라이브러리를 템플릿으로 만들어 제공하고 있는데 이 라이브러리는 표준 템플릿 라이브러리(STL)라는 이름으로 불리기도 한다. 이 장에서는 STL에 대한 기본적인 구성 원리 및 사용 방법에 대해 설명하고자 한다. STL은 템플릿을 기반으로 하고 있다. 13장에서 배운 템플릿 작성 및 사용 방법이 그다지 어렵지는 않았으리라 생각되지만, STL을 처음 접하는 프로그래머에게는 STL의 구현 원리 및 사용 방법이 그리 간단치만은 않을 것이다. 하지만 STL은 우리에게 항상 필요로 하면서도 직접 작성하기에는 시간이 많이 걸리는 다양한 함수와 클래스를 포함하고 있다. 이와 같은 매력적인 함수와 클래스의 사용 방법을 익히기 위해 어느 정도의 시간을 투자하는 것이 아깝지는 않을 것이다. 이 책을 통해 STL의 모든 것을 다루지는 못하지만 STL을 사용하는 데 불편함이 없을 정도는 될 것이라 생각된다. STL의 기본 원리 및 사용 방법만 이해한다면 어려울 것도 없다. 지금부터 STL이 무엇인지 어떻게 사용하는 것인지 살펴보도록 하자.

16.1 STL 소개

STL의 구성

> **+ Key**
>
> STL은 이름 자체에서 의미하듯이 템플릿으로 작성되어 있어 모든 타입에 대해 적용이 가능하도록 되어 있다. 이는 일반화 프로그래밍을 위한 표준 C++의 노력이기도 하며 STL이 일반화 라이브러리(generic library)라고 불리는 이유이기도 하다.

표준 템플릿 라이브러리(STL)란 표준 C++에서 제공하고 있는 컨테이너 클래스와 이터레이터 그리고 알고리즘 라이브러리의 집합을 말한다. STL은 프로그래밍을 위해 필요한 기본적이고 다양한 자료구조와 함수들을 제공하고 있는데, 컨테이너 클래스가 자료구조에 해당되고 알고리즘은 함수에 해당된다. 또한 여러 가지 자료구조의 원소에 대한 동일한 접근 방법을 제공하고 있는데 이것이 바로 이터레이터이다. 이터레이터는 내부적으로 클래스로 구현되어 있으며 개념 및 사용 방법이 포인터와 매우 유사하다. +STL은 이름 자체에서 의미하듯이 템플릿으로 작성되어 있어 모든 타입에 대해 적용이 가능하도록 되어 있다. 이는 일반화 프로그래밍을 위한 표준 C++의 노력이기도 하며 STL이 일반화 라이브러리(generic library)라고 불리는 이유이기도 하다.

프로그램을 작성하기 위해 자주 사용되는 자료 구조의 예로는 배열, 리스트, 스택, 큐, 집합 등이 있다. 이들 중에서도 가장 많이 사용되는 데이터 구조가 배열일 것이다. 배열은 C++ 언어 자체의 구문으로도 제공되고 있지만 이를 활용하여 배열을 다루는 것이 다소 불편할 때가 있다. 배열의 크기를 동적으로 조정할 수도 없으며 배열 원소들을 크기 순으로 정렬하기 위해서는 별도의 프로그램을 작성해야만 한다. STL은 이를 위해 vector라는 컨테이너 클래스와 sort라는 알고리즘(함수)을 제공하고 있다. vector 클래스는 템플릿으로 구현되어 있기 때문에 특정 타입에 국한된 것이 아니라 모든 타입에 대한 배열을 만들고 사용하기 위해 적용될 수 있다. 또한 sort 함수 역시 함수 템플릿으로 구현되어 있기 때문에 모든 타입에 대해 적용이 가능하다. STL은 배열과 마찬가지로 리스트, 스택, 큐, 집합을 비롯한 다양한 데이터 구조를 쉽게 다룰 수 있는 컨테이너 클래스들을 제공하고 있으며, sort뿐만 아니라 reverse, find, swap, for_each 등의 유용한 알고리즘들을 제공하고 있다.

한 가지 특이한 사항은 STL을 구축하는 데 C++의 핵심인 클래스가 주요 역할을 하고 있기는 하지만 기본적으로는 객체지향 프로그래밍의 개념을 따르고 있지 않다는 것이다. 만약 객체지향 프로그래밍을 따르고자 한다면 배열을 처리하는 vector 클래스 내에 원소들을 역순으로 재정렬하는 reverse 함수를 멤버 함수로 추가해야만 한다. 그러나 STL에서는 reverse 함수를 개별 컨테이너 클래스들과는 별도로 제공하고 있다. 이는 객체지향 프로그래밍과는 또 다른 개념인 일반화 프로그래밍을 달성하기 위한 것으로서 reverse 함수는 특정 데이터 구조에 국한된 것이 아니라 배열, 리스트 등 관련된 모든 데이터 구조에 동일한 사용 방법을 제공하고 있다.

STL에 포함된 컨테이너 클래스와 알고리즘을 이 교재에서 모두 설명하기에는 분량이 너무 많다. 따라서 먼저 vector 클래스와 list 클래스를 예로 하여 사용 방법을 설명하고 이터레이터의 개념 및 필요성을 설명한 후, vector 클래스와 list 클래스에 적용될 수 있는 알고리즘을 설명할 것이다. 그리고 나서 전체적인 컨테이너 클래스와 알고리즘의 종류에 대해 살펴볼 것이다. 아마도 vector 클래스와 list 클래스에 대한 사용 방법을 제대로 이해할 수 있다면 다른 컨테이너 클래스의 사용 방법 역시 어렵지는 않을 것이다.

16.2 vector 클래스의 사용

예제 16.1 | vector 클래스를 사용하여 int형 배열 만들기

vector 클래스는 배열을 표현하기 위해 사용되는 클래스이다. 따라서 기본적인 사용 방법은 배열의 사용 방법과 동일하다.

vector 클래스를 사용하여 5개의 원소를 갖는 int형 배열을 만들어 사용해 보자.

```
1   #include <iostream>
2   #include <vector>                    // vector 클래스 템플릿
3   using namespace std;
4
5   int main()
6   {
7       vector<int> ary(5);              // 원소 5개인 int형 배열
8
9       for (int i = 0; i < 5; i++)
10      {
11          cout << "값 입력 : ";
12          cin >> ary[i];               // i번째 원소에 값 입력
13      }
14
15      ary[2] = 100;                    // 대입문을 이용한 값 입력
16
17      for (int i = 0; i < 5; i++)
18          cout << ary[i] << "\t";      // i번째 원소의 값 출력
19      cout << endl;
20
21      return 0;
22  }
```

• **실행 결과**

```
값 입력 : 100
값 입력 : 200
값 입력 : 300
값 입력 : 400
값 입력 : 500
100     200     100     400     500
```

vector 클래스를 사용하기 위해서는 2라인과 같이 <vector> 클래스를 include해야 한다. 7라인에서는 5개의 원소를 가진 int형 배열을 생성하는 예를 보여 주고 있다. 템플릿 매개변수로 int가 전달되고 있으며, 생성자의 매개변수는 원소의 개수를 의미한다.

12, 15, 18라인에서는 각 원소에 접근하는 방법을 보여 주고 있다. 배열과 동일하다! 여기서의 결론은 vector 객체만 생성된다면 그 외의 기본적인 사용 방법은 일반 배열과 동일하다는 것이다. vector 클래스는 그 외에 기존 배열보다 훨씬 다양한 기능들을 제공하고 있다.

vector 클래스를 사용하기 위해서는 vector 객체를 생성하는 방법과 객체를 사용하는 방법을 알면 된다. 즉, 생성자에는 어떤 것이 있는지, 멤버 함수 또는 원소에 접근하는 방법에는 어떤 것이 있는지를 파악해 보면 되는 것이다. 이 예제는 그 중 가장 기본적인 내용을 보여준 것이다.

vector 클래스 객체를 생성하는 방법의 예로는 다음과 같은 형태들이 있다.

```
vector<int> ary1(5);         // 5개의 원소를 가진 int형 배열
vector<int> ary2;            // 0개의 원소를 가진 int형 배열
vector<Point> ary3(3);       // 3개의 원소를 가진 Point형 배열
```

두 번째 예에서 0개의 원소를 가지고 있다는 것이 말이 되는가? 일반 배열과 비교하여 vector 클래스의 강점이 바로 여기에 있다. 원소의 개수를 자유자재로 늘였다 줄였다 할 수 있는 것이다. 이러한 작업을 하기 위해서 동원되는 것이 바로 멤버 함수들이다.

예제 16.2 | push_back 멤버 함수를 이용한 원소 추가하기

vector 클래스의 push_back 멤버 함수를 사용하여 새로운 값을 배열의 마지막 원소로 추가하는 예를 살펴보자.

```
1   int main()
2   {
3       int value;
4       vector<int> ary;
5
6       for (int i = 0; i < 5; i++)
7       {
8           cout << "값 입력 : ";
9           cin >> value;
10          ary.push_back(value);   // 마지막 원소 뒤에 새로운 원소 추가
11      }
12
13      for (int i = 0; i < 5; i++)
14          cout << ary[i] << "\t"; // i번째 원소의 값 출력
15      cout << endl;
16
17      return 0;
18  }
```

• **실행 결과**

```
값 입력 : 100
값 입력 : 200
값 입력 : 300
값 입력 : 400
값 입력 : 500
100     200     300     400     500
```

8, 9라인의 경우 ary 객체 내에 원소들이 포함되어 있었다면 [예제 16.1]에서와 같이 cin >> ary[i]처럼 사용했을 것이다. 그러나 여기서는 push_back 함수를 사용하였다. 아직 i번째 원소가 생기기 전이어서 배열 첨자 연산자인 []를 사용하여 접근할 수 없기 때문이다. 따라서 push_back 함수를 사용하여 마지막 원소 뒤에 새로운 원소를 추가하고 있다. 그 외의 사용 방법은 [예제 16.1]과 동일하다.

만약 현재 vector 객체 ary의 원소 개수가 3개라고 가정해 보자. 이때 ary[5]와 같이 범위를 벗어난 인덱스를 사용하는 것은 올바른 사용이 아니다. 그 전에 반드시 배열의 크기를 조정해 줘야만 한다. 예를 들어 현재 배열의 크기를 알아내기 위해 size라는 멤버 함수를 사용할 수 있으며, 배열의 크기를 조정하기 위해 resize라는 멤버 함수를 사용할 수 있다. 따라서 이 예제의 9, 10라인 대신 다음과 같은 코드를 삽입해도 수행 결과는 동일하다.

```
ary.resize(ary.size() + 1);    // 원소 개수를 1씩 증가
cin >> ary[i];
```

예제 16.3 | Point 클래스 객체를 원소로 갖는 vector 객체 만들기

Point 클래스 객체를 원소로 가지는 vector 객체, 즉 배열을 만들어 보도록 하자.

```
1   class Point
2   {
3   public :
4       Point(int x = 0, int y = 0) : x_(x), y_(y) {}
5       void Print() { cout << "(" << x_ << ", " << y_ << ")" << endl; }

6   private :
7       int x_, y_;
8   };
9
10  int main()
11  {
12      vector<Point> ary(5);                       // 이 경우 디폴트 생성자 필요
13
14      for (int i = 0; i < 5; i++)
15          ary.push_back(Point(i + 1, i + 1));     // 새로운 Point 객체 추가
16
17      for (int i = 0; i < 10; i++)                // 총 10개의 원소 존재
```

```
18
19            ary[i].Print();
20
21        return 0;
22    }
```

• **실행 결과**

```
(0, 0)
(0, 0)
(0, 0)
(0, 0)
(0, 0)
(1, 1)
(2, 2)
(3, 3)
(4, 4)
(5, 5)
```

13라인과 같이 원소의 개수가 1개 이상인 vector 객체를 만들기 위해서는 반드시 Point 클래스가 디폴트 생성자를 포함해야만 한다. 반면에 원소의 개수가 0개인 객체를 만들 경우에는 디폴트 생성자가 반드시 필요한 것은 아니다.

실행 결과를 살펴보면 16라인에 있는 push_back 함수의 수행 결과로 현재 존재하는 마지막 원소 다음에 새로운 원소가 추가된다는 사실을 알 수 있다.

vector 클래스의 멤버 함수 중 생성자, [], size, push_back을 살펴보았다. 이외에도 vector 클래스 객체에 대해 수행할 수 있는 다양한 멤버 함수가 준비되어 있다. 몇 가지 예를 들면 insert는 중간에 어떤 원소를 추가할 수 있는 함수이고 erase는 특정 원소를 삭제하는 함수이며, 모든 원소를 삭제하기 위해 clear 함수가 준비되어 있다. 이 중에서 clear 함수를 제외하면 대부분 이터레이터라는 것과 함께 동작하도록 되어 있다. 따라서 이에 대한 사용 방법은 이터레이터에 대한 설명을 포함하는 16.4절로 미루도록 한다.

연습문제 | 16.1

Point 객체를 원소로 갖는 vector 객체를 만들려고 한다. 사용자는 Point 객체의 (x, y) 값을 계속해서 입력할 것이다. 만약 (0, 0)이 입력된다면 입력이 종료됨을 의미한다. 사용자가 입력한 Point 객체를 vector 객체의 원소로 추가하도록 하라. 그리고 확인을 위해 각 원소의 좌표값을 출력해 보라.

• **실행결과**

```
좌표 x, y 입력 : 1 1
좌표 x, y 입력 : 2 2
```

```
좌표 x, y 입력 : 3 3
좌표 x, y 입력 : 4 4
좌표 x, y 입력 : 5 5
좌표 x, y 입력 : 0 0
(1, 1)
(2, 2)
(3, 3)
(4, 4)
(5, 5)
```

이 문제를 풀 때 Point 클래스에 대한 입출력 연산자 오버로딩을 사용해 보라.

Note

16.3 list 클래스의 사용

리스트(list)의 구조

이번에는 list 클래스를 사용해 보도록 하자. C/C++ 프로그램을 작성하다 보면 배열만큼 많이 듣는 것이 리스트일 것이다. 리스트는 [그림 16.1]과 같이 데이터 목록들을 포인터를 사용하여 연결한 것으로서 한쪽 방향으로만 연결된 단방향 링크드 리스트와 양쪽 방향으로 연결된 양방향 링크드 리스트가 있다. 리스트를 만들어 본 경험이 있다면 구현하기가 다소 까다롭다는 느낌을 받았을 것이다. 사실은 조금만 익숙해지면 그다지 어려운 것은 아니지만 배열을 사용하는 것보다는 어려운 것이 사실이다. 리스트를 구현하기 위해서는 포인터를 잘 다루어야 된다는 전제가 있어야 하기 때문일 것이다.

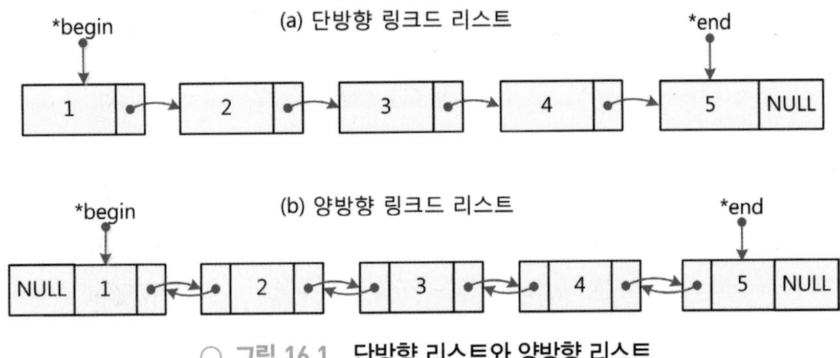

그림 16.1 단방향 리스트와 양방향 리스트

예제 16.4 | list 클래스의 간단한 사용 예

C++에서는 리스트를 쉽게 다룰 수 있도록 list라는 컨테이너 클래스를 제공하고 있으며, 내부적으로는 포인터에 의한 처리가 일어난다 하더라도 사용자는 배열(vector)과 유사하게 list를 사용할 수 있도록 되어 있다. 참고로 list는 양방향 리스트를 구현한 클래스이다. list를 사용하기 위해서는 <list> 헤더 파일을 포함해야 한다.

이 예제는 list 클래스의 간단한 사용 예를 보여주고 있다.

```
1   #include <iostream>
2   #include <list>                         // list 클래스 템플릿
3   using namespace std;
4
5   int main()
6   {
7       int i;
8       list<int> list1;                    // int형 list 생성
9
10      for (i = 0; i < 5; i++)
11          list1.push_back(i + 1);         // 마지막 원소 다음에 원소 삽입
12
13      cout << list1.front() << endl;      // 첫 번째 원소
14      cout << list1.back() << endl;       // 마지막 원소
15
16      return 0;
17  }
```

- **실행 결과**

```
1
5
```

8라인에서 int형 리스트 객체를 생성하였으며 11라인을 통해 원소를 삽입하고 있다. 13, 14라인에서는 front와 back이라는 멤버 함수를 사용하여 리스트의 첫 번째 원소와 마지막 원소의 값을 출력하였다.

불행히도 list는 vector처럼 [] 연산자를 제공해 주지 않는다. 배열과 리스트는 내부 구조는 물론이고 용도가 서로 다르기 때문이다. 배열의 원소들은 메모리상에 연속적으로 생성된다. 반면에 리스트의 원소들은 비연속적으로 생성되며 원소들 간의 연결 고리는 포인터가 담당하도록 되어 있다. 따라서 ⁺배열의 경우 [index]를 이용한 임의 원소에 대한 접근을 빠르게 할 수 있는 반면, 리스트의 경우에는 임의 원소에 대한 접근을 위해서는 첫 번째 원소부터 차례차례 포인터를 따라가야만 한다. 한편 배열의 경우 임의 위치에 원소를 삽입하

> **+ Key**
>
> 배열의 경우 [index]를 이용한 임의 원소에 대한 접근을 빠르게 할 수 있는 반면, 리스트의 경우에는 임의 원소에 대한 접근을 위해서는 첫 번째 원소부터 차례차례 포인터를 따라가야만 한다.

거나 삭제하는 데 시간이 많이 걸리는 반면 리스트의 경우 임의 위치로의 삽입, 삭제가 빠르게 수행될 수 있다. 이와 같이 배열(vector)과 리스트(list)는 사용 방법은 비슷하되 내부 구조는 완전히 다르므로 용도에 맞게 선택하여 사용해야 한다.

계속해서 vector와 list의 사용 방법이 비슷하다고 말하고 있지만 아직까지 그에 대한 구체적인 증거를 제시하지 못하였다. 또한 list에 있어서 임의 위치의 원소에 접근하는 방법조차 설명하지 못하였다. 현재 상태에서 이에 대한 설명은 불가능하고, 이터레이터에 대한 개념을 이해하고 이터레이터를 사용할 수 있어야만 이에 대한 설명이 가능해진다. 따라서 list의 사용 방법에 대해서는 여기서 잠시 멈추고 이터레이터에 대해서 먼저 살펴보도록 하자.

연습문제 | 16.2

list는 마지막 원소 다음에 새로운 원소를 추가하는 것도 가능할 뿐만 아니라 첫 번째 원소의 앞에 새로운 원소를 추가하는 것도 가능하다. int형 list를 만들어 보자. 그리고 사용자로부터 양의 정수값과 앞 또는 뒤에 추가할 것인지를 입력받아 해당 원소를 추가하도록 하자. 추가할 값으로 0을 입력하면 프로그램이 종료된다. 그리고 첫 번째 원소의 값과 마지막 원소의 값을 출력하라. 참고로 첫 번째 원소 앞에 원소를 추가하려면 push_front 멤버 함수를 사용하면 된다.

- **실행결과**

```
값, 위치(0:앞, 1:뒤) 입력 : 1 0
값, 위치(0:앞, 1:뒤) 입력 : 2 1
값, 위치(0:앞, 1:뒤) 입력 : 3 0
값, 위치(0:앞, 1:뒤) 입력 : 4 1
값, 위치(0:앞, 1:뒤) 입력 : 5 0
값, 위치(0:앞, 1:뒤) 입력 : 0 0
첫 번째 원소의 값 : 5
마지막 원소의 값  : 4
```

list 객체의 원소 개수는 vector와 마찬가지로 size 함수를 통해 알 수 있다. 사실은 모든 원소의 값을 출력하기를 원하지만 그것을 하기에는 아직 한계가 있다. 이 또한 이터레이터를 알아야만 가능하다.

Note

16.4 이터레이터의 이해

포인터로서의 이터레이터

+ Key

배열이냐 리스트이냐에 관계없이 어떤 컨테이너 클래스 객체에 포함된 원소들의 일부를 동일한 방법으로 가리킬 수 있도록 가능하게 하는 방법이 바로 이터레이터(iterator)이다.

[그림 16.2]와 같이 배열이나 리스트 모두 외부에서 보기에는 일련의 데이터의 연속으로 이해될 수 있다. 여기서 배열이나 리스트에 대한 특정 원소를 가리킬 수 있는 방법이 있어야만 한다. 그것도 두 가지 모두에 공통적으로 적용될 수 있는 동일한 방법이 있으면 좋겠다. 그 이유는 16.7절에서 설명할 알고리즘과 관련되어 있다. 알고리즘(함수)은 특정 컨테이너 클래스만을 대상으로 하는 것이 아니라, 모든 컨테이너 클래스에 대해 공통적으로 적용될 수 있도록 구현되어야 하고 그렇게 구현되어 있다. 따라서 ⁺배열이냐 리스트이냐에 관계없이 어떤 컨테이너 클래스 객체에 포함된 원소들의 일부를 동일한 방법으로 가리킬 수 있도록 되어 있는 것이다. 그것을 가능하게 하는 방법이 바로 이터레이터(iterator)이다.

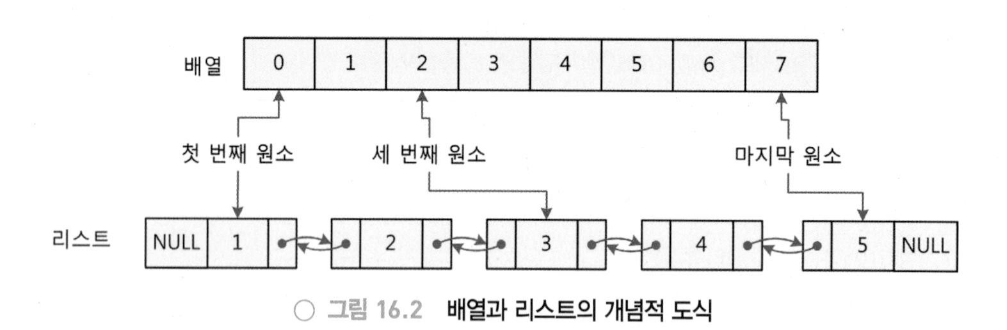

○ 그림 16.2 배열과 리스트의 개념적 도식

이터레이터란 컨테이너 클래스 객체의 특정 원소를 가리키는 데 사용하는 클래스이며 각 컨테이너 클래스의 특성에 맞게 각각 따로 구현되어 있다. 이터레이터는 포인터에 비유될 수 있는데 역할과 기능이 포인터와 흡사하다. 실제로 vector 클래스에 있어서 이터레이터와 포인터는 100% 동일한 것이라고 생각해도 무방하다.

예제 16.5 | vector 클래스 객체의 원소에 대한 포인터 사용

vector 클래스를 사용하여 5개의 원소를 가진 int형 배열을 만들고 각 원소의 값을 처리하기 위해 int형 포인터를 사용해 보자. 포인터를 사용하여 처리하는 것 외에는 [예제 16.1]과 동일하다.

```
1   int main()
2   {
3       vector<int> ary(5);             // 5개 원소를 갖는 배열
4       int *ptr = &ary[0];             // 첫 번째 원소를 가리킴
5
6       for (int i = 0; i < 5; i++)
```

```
7       {
8           cout << "값 입력 : ";
9           cin >> (*ptr);
10          ptr++;                          // 다음 원소를 가리킴
11      }
12
13      ptr = &ary[0];
14      for (int i = 0; i < 5; i++)
15      {
16          cout << *ptr << "\t";
17          ptr++;
18      }
19      cout << endl;
20
21      return 0;
22  }
```

• **실행 결과**

```
값 입력 : 100
값 입력 : 200
값 입력 : 300
값 입력 : 400
값 입력 : 500
100     200     300     400     500
```

4라인에서 ary 배열의 첫 번째 원소의 주소를 포인터 변수로 대입하고 있다. 즉, 포인터는 배열의 첫 번째 원소를 가리키는 것이다. 9, 10라인을 보면 일반 포인터 변수를 다룰 때와 동일하게 사용하고 있다. 해당 변수를 참조하기 위해 * 연산자를 사용하고 있으며 다음 원소로 이동하기 위해 ++ 연산자를 사용하고 있다.

vector 객체에 포함된 원소들의 경우 연속된 메모리상에 위치하고 있으므로, 첫 번째 원소의 주소만 안다면 그 다음 원소는 ++ 연산자를 이용하여 접근할 수 있다. 이와 같이 일반 포인터 변수를 사용하여 vector 객체의 특정 원소에 대한 접근이 가능하다.

그러나 list 객체에 대해서는 일반 포인터로는 다음 원소에 대한 접근이 불가능하다. 다음 원소에 접근하기 위해서는 현재 원소로부터 연결된 다음 포인터를 따라가야만 하기 때문이다. 단순히 원소 크기만큼 메모리상에서 이동한다고 해서 그 다음 원소가 저장된 위치를 가리킬 수는 없다. 그렇다면 어떻게 해야 할까? 어떻게 하면 vector 클래스와 list 클래스에 대해 동일한 방식으로 특정 원소를 가리킬 수 있을까? 지금부터 vector 클래스의 이터레이터와 list 클래스의 이터레이터를 직접 구현해 봄으로써 구현 원리에 대해 알아보도록 하자.

예제 16.6 | vector 클래스를 위한 이터레이터의 구현 원리

먼저 vector 클래스 자체와 vector 클래스의 이터레이터를 직접 구현해 보자. 각각의 이름은 MyVector와 VectorIterator로 명명하였다. 구현 원리만을 설명하기 위한 것이기 때문에 많은 내용을 생략하였고 실제 구현 역시 다를 수 있다. 배열의 크기 또한 동적으로 변경할 수 있도록 해야 하나 편의상 5개의 원소로 제한하였다.

```
1   template <typename T>
2   class VectorIterator
3   {
4   public :
5       VectorIterator(T *ptr = 0) : ptr_(ptr) {}   // 초기화
6       T &operator*() { return (*ptr_); }          // 역참조 연산자
7       void operator++(int) { ptr_++; }            // 후위 증가 연산자
8       void operator=(T *ptr) { ptr_ = ptr; }      // 대입 연산자
9
10  private :
11      T *ptr_;
12  };
13
14  template <typename T>
15  class MyVector
16  {
17  public :
18      typedef VectorIterator<T> iterator;         // iterator 이름으로 사용 가능
19      T *begin() { return &ary_[0]; }
20
21  private :
22      T ary_[5];
23  };
24
25  int main()
26  {
27      MyVector<int> ary;
28      MyVector<int>::iterator iter(ary.begin());  // VectorIterator<int> 객체
29
30      for (int i = 0; i < 5; i++)
31      {
32          *iter = i;
33          iter++;
34      }
35
36      iter = ary.begin();
37      for (int i = 0; i < 5; i++)
38      {
39          cout << *iter << endl;
40          iter++;
```

```
41      }
42
43      return 0;
44  }
```

• **실행 결과**

```
0
1
2
3
4
```

1~12라인의 vector 이터레이터는 비교적 이해하기 쉬울 것이다. VectorIterator에서는 11라인과 같이 내부적으로 포인터를 가지고 있다. 이 포인터가 바로 MyVector 객체의 특정 원소를 가리키게 될 것이다. VectorIterator에 대한 연산은 일반 포인터와 마찬가지로 6라인의 역참조 연산(*), 7라인의 증가 연산(++), 8라인의 대입 연산(=)이 가능하도록 하였다. 각각에 대한 구현 내용 역시 특별한 것이 없다. 역참조 연산은 현재 가리키고 있는 원소를 참조로 반환하고 있고, 증가 연산 역시 현재 가리키고 있는 위치로부터 단순히 ++ 연산을 취했을 뿐이다. 이렇게 간단한 이유는 vector의 경우 내부 구조가 배열과 동일하여 별 다른 처리가 필요하지 않기 때문이다.

14~23라인의 MyVector는 vector를 모방한 클래스이다. 18라인에서는 typedef 문을 사용하여 MyVector 클래스와 관련하여 사용할 이터레이터인 VectorIterator의 이름을 iterator로 정의하고 있다. 이에 따라 28라인과 같이 iterator라는 이름을 통해 VectorIterator 객체를 생성할 수 있다. 그리고 MyVector 클래스는 19라인과 같이 begin 멤버 함수를 통해 첫 번째 원소의 주소를 반환하고 있다. 28라인을 보면 begin 함수를 통해 VectorIterator 객체가 가리키는 주소를 초기화하고 있음을 알 수 있다. main 함수에서 이터레이터 객체인 iter 객체의 사용 방법을 보면 기존 포인터와 동일함을 알 수 있다.

예제 16.7 | list 클래스를 위한 이터레이터의 구현 원리

이번에는 list 클래스와 list 클래스에 대한 이터레이터를 직접 구현해 보자. 여기서 list는 MyList라는 클래스로 구현하였으며 list 이터레이터는 ListIterator라는 클래스로 구현하였다.

리스트의 내부 구조는 단방향 링크드 리스트로 가정하였다. vector와 마찬가지로 많은 부분이 생략되어 있으며, 실제 구현 또한 다소 차이가 있다. 매우 복잡해 보이지만 기본 원리는 vector와 같다.

```
1   template <typename T>
2   struct Node            // 하나의 노드 : 데이터 + 다음 노드에 대한 포인터
3   {
4       T data;
5       Node<T> *next;
```

```
6       Node(T d, Node<T> *n = NULL) : data(d), next(n) {}
7   };
8
9   template <typename T>
10  class ListIterator
11  {
12  public :
13      ListIterator(Node<T> *ptr = 0) : ptr_(ptr) {}
14      void operator++(int) { ptr_ = ptr_->next; }
15      T &operator*() { return ptr_->data; }
16      void operator=(Node<T> *ptr) { ptr_ = ptr; }
17
18  private :
19      Node<T> *ptr_;    // 특정 노드에 대한 포인터
20  };
21
22  template <typename T>
23  class MyList
24  {
25  public :
26      MyList() : start_(NULL), last_(NULL) {}
27      typedef ListIterator<T> iterator;
28      Node<T> *begin() { return start_; }
29      void push(T d)    // 새로운 노드 추가
30      {
31          Node<T> *temp = new Node<T>(d, NULL);
32          if (start_ == NULL)
33          {
34              start_ = temp;
35              last_ = temp;
36          }
37          else
38          {
39              last_->next = temp;
40              last_ = temp;
41          }
42      }
43
44  private :
45      Node<T> *start_;
46      Node<T> *last_;
47  };
48
49  int main()
50  {
51      MyList<int> list;
52      MyList<int>::iterator iter;      // 원소 중 하나를 가리킬 이터레이터 생성
53
```

```
54        for (int i = 0; i < 5; i++)
55            list.push(i);
56
57        iter = list.begin();            // 첫 번째 원소를 가리킴
58        for (int i = 0; i < 5; i++)
59        {
60            cout << *iter << endl;
61            iter++;
62        }
63
64        return 0;
65    }
```

• **실행 결과**

```
0
1
2
3
4
```

[그림 16.1]에서 본 바와 같이 리스트의 경우 실제 데이터를 저장하는 메모리와 함께 다음 데이터를 가리키는 포인터를 포함해야 하는데, 이 두 부분을 합쳐 노드라고 부른다. 따라서 노드 하나를 표현하기 위해 1~7라인에 Node라는 구조체를 선언하였다. 노드 역시 어떤 데이터 타입이라도 수용할 수 있도록 템플릿으로 구현하였다.

ListIterator는 19라인과 같이 Node<T>형의 데이터를 가리키는 포인터를 포함하고 있다. 이 포인터가 바로 리스트 상의 특정 노드를 가리키게 된다. 그리고 vector 클래스와 마찬가지로 14~16라인에 증가 연산자(++), 역참조 연산자(*), 대입 연산자(=)를 포함하고 있다. 14라인에 있는 증가 연산의 경우 단순히 ptr++가 아니다. 그 다음 노드는 ptr -> next 포인터가 가리키고 있으므로 ptr = ptr -> next가 되어야 한다. 15라인의 역참조 연산 역시 현재 ptr가 가리키는 것은 노드이므로 해당 노드의 data를 참조로 반환토록 하였다.

표준 C++의 list 컨테이너 클래스에 해당하는 MyList 클래스에는 첫 번째 노드와 마지막 노드를 가리키기 위해 45, 46라인에 start_와 last_ 포인터를 추가하였다. 27라인에서는 이 클래스에 대응되는 이터레이터인 ListIterator를 typedef 문을 사용하여 클래스 내부에 iterator라는 이름으로 정의하였다. 이에 따라 52라인과 같이 iterator라는 이름을 사용하여 이터레이터 객체를 선언할 수 있게 되었다. 그리고 28라인의 begin 멤버 함수를 통해 첫 번째 노드의 주소를 반환하도록 하였으며, 이 함수를 사용하여 57라인과 같이 이터레이터가 리스트의 첫 번째 원소를 가리킬 수 있도록 하였다. 마지막으로 29라인의 push 함수를 통해 데이터를 하나씩 추가할 수 있도록 하였다. 이에 대한 구현 원리는 4.5절에서 본 바와 같이 단방향 링크드 리스트를 구현할 때와 동일하다.

main 함수에서의 MyList 사용 예를 보면 앞서 본 MyVector 클래스의 사용 방법과 동일함을 알 수

있다. 55라인과 같이 push 함수를 통해 원소를 추가할 수 있고, 60, 61라인과 같이 ++ 연산자를 통해 다음 원소를 가리키도록 할 수도 있으며, * 연산자를 통해 현재 원소의 값을 읽거나 변경할 수도 있다.

지금까지 이터레이터의 필요성과 구현 원리에 대해 살펴보았다. 설명의 편의상 많은 부분이 생략되어 있지만, 표준 C++의 이터레이터에는 역참조, 대입, 증가 연산자 외에 비교, 감소 연산자 등 일반 포인터에서 수행 가능한 모든 연산자들이 구현되어 있다. 구현 방법이 다소 복잡한 느낌이 있지만 이터레이터의 구현 원리뿐 아니라 템플릿의 활용 예를 구체적으로 살펴볼 수 있는 내용이었다고 판단된다. 사실 STL을 사용하는 입장에서는 사용 방법을 제대로 익혀두는 것이 더 중요하다고 생각된다. 그러나 구현 원리를 이해할 수 있다면 사용 방법이 보다 쉽게 이해될 수 있으리라 생각된다. 다음 절에서는 이터레이터와 관련된 표준 C++의 vector와 list 컨테이너 클래스의 사용 방법에 대해 알아볼 것이다.

연습문제 | 16.3

[예제 16.7]에서 작성한 Node, ListIterator, MyList를 그대로 사용하는 경우 다음과 같은 Point 클래스 객체를 원소로 사용하더라도 문제없이 수행될 수 있을까? Point 클래스를 추가하고 main 함수에서 Point 원소를 수용할 수 있도록 MyList<Point>로 변경한 후 수행해 보라. 그리고 그 결과 및 수행 흐름에 대해 자세히 설명해 보라.

```
1   class Point
2   {
3   public :
4       Point(int x = 0, int y = 0) : x_(x), y_(y) {}
5       friend ostream &operator<<(ostream &os, Point &pt);
6
7   private :
8       int x_, y_;
9   };
10
11  ostream &operator<<(ostream &os, Point &pt)
12  {
13      cout << "(" << pt.x_ << ", " << pt.y_ << ")";
14      return os;
15  }
```

사실은 int형일 때와 다른 점은 없다. 그러나 여기서는 확실한 이해를 위해 단순히 실행 가능 여부만을 판단하지 말고, 메모리 구조 측면에서 리스트 원소들이 어떻게 메모리에 생성되는지 그리고 iterator가 어떻게 각 원소를 가리키게 되는지 구체적으로 생각해 보라.

Note

16.5 이터레이터의 사용

vector와 list 클래스의 멤버 함수

표준 C++에 포함된 vector와 list 클래스는 이터레이터와 관련된 다양한 기능, 즉 멤버 함수를 제공하고 있다. 유용한 몇 가지 멤버 함수를 알아보고 이에 대한 활용 예를 보도록 보자. [표 16.1]은 vector와 list 모두에 공통적으로 적용 가능한 멤버 함수들이다.

표 16.1 vector와 list 클래스의 멤버 함수

멤버 함수	설명
begin	첫 번째 원소의 이터레이터를 반환한다.
end	마지막 원소의 바로 다음을 의미하는 이터레이터를 반환한다. 이로부터 마지막 원소를 지나쳤음을 감지할 수 있다.
rbegin	마지막 원소의 이터레이터를 반환한다.
rend	첫 번째 원소의 바로 앞을 의미하는 이터레이터를 반환한다.
insert	이터레이터가 가리키는 특정 위치에 원소를 삽입한다. 이때 특정 위치란 이터레이터가 가리키는 원소와 바로 이전 원소의 사이를 의미한다.
erase(iterator pos)	pos가 가리키는 원소를 제거한다.
erase(iterator first, iterator last)	first 이터레이터가 가리키는 원소부터 last 이터레이터가 가리키는 원소의 바로 이전 원소까지의 모든 원소를 제거한다. 이와 같이 이터레이터와 관련하여 많은 함수에서 범위를 지정하는 경우가 있는데, 이때 범위는 첫 번째 이터레이터가 가리키는 원소부터 두 번째 이터레이터가 가리키는 원소의 바로 앞 원소까지를 의미한다. 즉, [first 이상, last 미만)을 의미한다. 여기서 "["는 이상을 의미하며 ")"는 미만을 의미한다.
비교 연산자	두 개의 컨테이너 클래스 객체가 서로 같은지(==), 다른지(!=), 또는 대소를 비교할 수 있는 비교 연산자가 준비되어 있다.
대입 연산자	obj1 = obj2와 같이 하나의 컨테이너 클래스 객체를 다른 컨테이너 클래스 객체로 대입할 수 있다. obj1은 obj2와 원소의 개수 및 각 원소의 값이 같아진다.

예제 16.8 | vector 클래스에 대한 멤버 함수의 활용

vector 클래스에 대해 [표 16.1]에서 소개한 멤버 함수들의 활용 예를 보도록 하자.

```
1  void PrintVector(vector<int> ary, char *name)
2  {
3      vector<int>::iterator iter;
4
5      cout << ">> " << name << " : ";
6      for (iter = ary.begin(); iter != ary.end(); iter++) // 각 원소에 접근
7          cout << *iter << " ";
8      cout << endl;
9  }
```

```
10
11  int main()
12  {
13      vector<int> ary1(5);
14      vector<int> ary2;
15      vector<int>::iterator iter = ary1.begin();
16
17      for (int i = 0; i < 5; i++)
18      {
19          *iter = i;
20          iter++;
21      }
22
23      PrintVector(ary1, "ary1");
24      PrintVector(ary2, "ary2");
25
26      ary1.insert(ary1.begin() + 2, 100);      // 두 번째와 세 번째 원소 사이
27      ary1.insert(ary1.end(), 101);            // 마지막 원소 다음
28      PrintVector(ary1, "ary1");
29
30      ary1.erase(ary1.begin() + 2);            // 세 번째 원소
31      PrintVector(ary1, "ary1");
32
33      ary2 = ary1;                             // 대입
34      PrintVector(ary2, "ary2");
35      if (ary1 == ary2)
36          cout << "ary1과 ary2는 동일하다" << endl;
37
38      return 0;
39  }
```

• **실행 결과**

```
>> ary1 : 0 1 2 3 4
>> ary2 :
>> ary1 : 0 1 100 2 3 4 101
>> ary1 : 0 1 2 3 4 101
>> ary2 : 0 1 2 3 4 101
ary1과 ary2는 동일하다
```

6라인에서는 이터레이터를 이용하여 각 원소에 접근하는 전형적인 예를 보여주고 있다. iter를 통해 첫 번째 원소인 ary.begin()으로부터 시작하여 각 원소들을 차례씩 접근하고 있으며, 이 작업은 iter가 가리키는 위치가 ary.end()가 아닌 동안, 즉 마지막 원소를 벗어나게 될 때까지 수행하게 된다.

26라인의 insert 함수를 보도록 하자. 삽입하고자 하는 값은 100이고 위치는 세 번째 원소(ary1.begin() + 2)를 가리키고 있다. 따라서 세 번째 원소 앞인 두 번째 위치와 세 번째 위치 사이에 값이 삽입된다. 그 외에 특별히 어려운 부분은 없을 것으로 생각된다.

예제 16.9 | vector 클래스에 대한 reverse_iterator 이터레이터의 사용

vector 클래스에서는 iterator와 함께 reverse_iterator라는 이터레이터를 제공하고 있다. reverse_iterator는 주로 저장되어 있는 원소들을 역순으로 접근할 때 쓰는 이터레이터로서 ++ 연산을 수행할 경우 바로 이전 원소로 이동하게 된다. vector의 멤버 함수로 rbegin과 rend가 존재하는데, rbegin은 마지막 원소를 가리키며 rend는 첫 번째 원소의 앞을 가리키는 이터레이터로서 reverse_iterator와 함께 많이 사용된다.

다음 프로그램은 reverse_iterator를 사용하여 역순으로 원소의 값을 출력하는 예를 보여주고 있다.

```
1   int main()
2   {
3       vector<int> ary(5);
4       vector<int>::iterator f_iter = ary.begin();
5       vector<int>::reverse_iterator r_iter;
6
7       for (int i = 0; i < 5; i++)
8       {
9           *f_iter = i;
10          f_iter++;
11      }
12
13      for (r_iter = ary.rbegin(); r_iter != ary.rend(); r_iter++) // 역순 접근
14          cout << *r_iter << " "
15      cout << endl;
16
17      return 0;
18  }
```

• **실행 결과**

```
4 3 2 1 0
```

4라인에서는 기존과 같이 순방향 이터레이터를 선언하고 있으며 5라인에서는 역방향 이터레이터를 선언하고 있다. 순방향 이터레이터는 7~11라인에서 각 원소의 값을 차례로 수정하는 데 사용되고 있으며, 역방향 이터레이터는 13, 14라인에서 원소의 값들을 마지막 원소부터 역순으로 차례로 출력하는 데 사용되고 있다.

예제 16.10 | list 클래스에 대한 멤버 함수의 활용

이번에는 list 클래스의 사용 방법 역시 vector 클래스의 사용 방법과 동일한지 확인해 보도록 하자. 다음 프로그램은 [예제 16.8]에서 vector를 list로 변환한 것을 제외하고는 내용이 거의 동일하다. 비교의 편의상 함수명과 객체명 또한 수정하지 않았다. 실행 결과 역시 동일함을 알 수 있다.

```
1   void PrintVector(list<int> ary, char *name)
2   {
3       list<int>::iterator iter;
4   
5       cout << ">> " << name << " : ";
6       for (iter = ary.begin(); iter != ary.end(); iter++)
7           cout << *iter << " ";
8       cout << endl;
9   }
10  
11  int main()
12  {
13      list<int> ary1(5);
14      list<int> ary2;
15      list<int>::iterator iter = ary1.begin();
16  
17      for (int i = 0; i < 5; i++)
18      {
19          *iter = i;
20          iter++;
21      }
22  
23      PrintVector(ary1, "ary1");
24      PrintVector(ary2, "ary2");
25  
26      iter = ary1.begin();
27      iter++; iter++;
28      ary1.insert(iter, 100);            // 두 번째와 세 번째 원소 사이
29      ary1.insert(ary1.end(), 101);      // 마지막 원소 다음
30      PrintVector(ary1, "ary1");
31  
32      iter = ary1.begin();
33      iter++; iter++;
34      ary1.erase(iter);                  // 세 번째 원소
35      PrintVector(ary1, "ary1");
36  
37      ary2 = ary1;                       // 대입
38      PrintVector(ary2, "ary2");
39      if (ary1 == ary2)
40          cout << "ary1과 ary2는 동일하다" << endl;
41  
42      return 0;
43  }
```

- 실행 결과

```
>> ary1 : 0 1 2 3 4
>> ary2 :
```

```
>> ary1 : 0 1 100 2 3 4 101
>> ary1 : 0 1 2 3 4 101
>> ary2 : 0 1 2 3 4 101
ary1과 ary2는 동일하다
```

[예제 16.8]과 거의 유사하긴 하지만 불행히도 100% 동일하지는 않다. 가장 큰 차이를 보이는 곳은 26, 27라인과 같이 특정 원소를 가리키기 위한 방법이다. vector의 경우 (ary1.begin() + 2)와 같이 특정 위치를 한 번에 가리킬 수 있었지만 list에서는 그것이 불가능하다. 따라서 27라인이나 33라인과 같이 포인터 역할을 하는 이터레이터의 위치를 하나씩 이동시켜야만 한다.

각 클래스에 대한 이터레이터의 사용 방식이 다른 이유는 해당 클래스의 용도와 성격의 차이 때문이다. list의 경우 리스트의 특성상 특정 원소에 대한 임의 접근을 위해 만들어진 것이 아니라, 첫 번째 원소부터 또는 마지막 원소부터 순차적으로 다음 원소에 접근하기 위해 만들어진 것이다. 따라서 이러한 특성을 반영하기 위해 list의 이터레이터는 특정 원소에 대한 임의 접근을 허용하지 않으며 이에 따라 (ary1.begin() + 2)와 같은 + 연산을 제공하지 않는다.

이와 같이 이터레이터에도 종류가 있다. 예를 들면 순차 접근이 가능한 이터레이터 또는 임의 접근이 가능한 이터레이터가 이터레이터의 한 종류라 할 수 있다. 이에 대해서는 다음 절을 통해 알아보도록 하자.

연습문제 | 16.4

vector 클래스를 사용하여 실행 결과와 같이 int형 데이터를 추가, 삭제, 출력할 수 있는 프로그램을 작성해 보라.

- **실행결과**

```
>> 메뉴 - 추가(1), 삭제(2), 출력(3), 종료(0) : 1
값, 위치(?번째 앞) : 1 0
>> 메뉴 - 추가(1), 삭제(2), 출력(3), 종료(0) : 1
값, 위치(?번째 앞) : 2 1
>> 메뉴 - 추가(1), 삭제(2), 출력(3), 종료(0) : 3
1 2
>> 메뉴 - 추가(1), 삭제(2), 출력(3), 종료(0) : 1
값, 위치(?번째 앞) : 3 1
>> 메뉴 - 추가(1), 삭제(2), 출력(3), 종료(0) : 3
1 3 2
>> 메뉴 - 추가(1), 삭제(2), 출력(3), 종료(0) : 2
위치 : 1
>> 메뉴 - 추가(1), 삭제(2), 출력(3), 종료(0) : 3
1 2
```

```
>> 메뉴 - 추가(1), 삭제(2), 출력(3), 종료(0) : 1
값, 위치(?번째 앞) : 100 0
>> 메뉴 - 추가(1), 삭제(2), 출력(3), 종료(0) : 1
값, 위치(?번째 앞) : 200 0
>> 메뉴 - 추가(1), 삭제(2), 출력(3), 종료(0) : 3
200 100 1 2
>> 메뉴 - 추가(1), 삭제(2), 출력(3), 종료(0) : 0
```

이터레이터와 insert, erase 등의 멤버 함수를 적절히 사용하면 된다.

Note

16.6 이터레이터의 종류

이터레이터의 종류 및 기능

이터레이터는 허용된 기능에 따라 입력 이터레이터(InputIterator), 출력 이터레이터(OutputIterator), 전방 이터레이터(ForwardIterator), 전후방 이터레이터(BidirectionalIterator), 임의 접근 이터레이터(RandomAccessIterator)의 5가지 종류로 나누어진다.

vector 클래스는 이 모든 이터레이터의 기능을 수행할 수 있다. vector 클래스 객체의 원소로부터 값을 읽을 수 있는데 이것이 입력 이터레이터의 기능이다. 또한 특정 원소의 값을 쓸 수도 있는데 이것이 출력 이터레이터의 기능이다. 전방 이터레이터는 ++ 연산을 통한 다음 원소로의 이동 기능을 제공하는 것이고, 전후방 이터레이터는 다음 원소로의 이동뿐만 아니라 -- 연산에 의해 바로 이전 원소로의 이동 기능을 제공하는 것이다. 임의 접근 이터레이터는 [], +, - 연산을 통해 임의의 원소로 접근할 수 있는 기능을 제공하는 이터레이터이다. (ary.begin() + 2)의 문장은 임의 접근의 예로서 세 번째 원소로의 직접적인 접근을 의미한다. vector 클래스 이터레이터의 종류는 임의 접근 이터레이터이며, 임의 접근 이터레이터는 임의 접근 뿐만 아니라 다른 모든 이터레이터의 기능을 제공하는 이터레이터이다.

[표 16.2]는 각 이터레이터별로 수행할 수 있는 기능과 그 기능을 달성하기 위해 사용되는 연산자를 정리한 것이다. 여기서 p는 이터레이터 객체를 의미한다. 예를 들어 전방 이터레이터의 경우 읽기, 쓰기, 1씩 증가가 가능하다. 이때 읽기 또는 쓰기를 위해서는 역참조 연산자(*)를 사용하면 되고 1씩 증가를 하기 위해서는 ++ 연산자를 사용하면 된다.

○ 표 16.2 이터레이터 별 기능 및 사용 가능 연산자

기능 \ 이터레이터	입력	출력	전방	전후방	임의 접근
읽기	= *p		= *p	= *p	= *p
쓰기		*p =	*p =	*p =	*p =
1씩 증가, 감소	++	++	++	++, --	++, --
임의 접근					+, -, +=, -=, []

[표 16.2]를 보면 기능의 범위상 5개의 이터레이터가 [그림 16.3]과 같은 상속 관계에 있음을 알 수 있다.

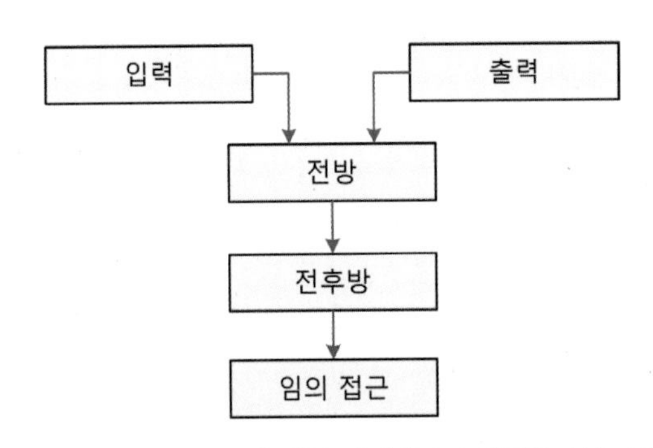

○ 그림 16.3 기능에 따른 이터레이터 사이의 상속 관계

예를 들면, 임의 접근 이터레이터는 입력 이터레이터이기도 하고 출력 이터레이터이기도 하며 전방 그리고 전후방 이터레이터이기도 한다. 여기서 상속 관계에 있다는 것은 개념 상 상속 관계에 있다는 의미일 뿐, 실제 상속을 통해 구현됨을 뜻하는 것은 아니다. vector 클래스의 이터레이터는 임의 접근 이터레이터라고 했다. 따라서 읽기, 쓰기, 1씩 증가 및 감소, 임의 접근 모두가 가능한 것이다. 반면에 list 클래스의 이터레이터는 전후방 이터레이터이다. 따라서 임의 접근은 불가능하다. [예제 16.10]에서 list가 vector와는 달리 + 연산자를 사용하지 못한 이유가 바로 이것이다.

입력 이터레이터의 대표적인 예로는 istream_iterator 클래스가 있다. istream_iterator는 입력 장치(키보드, 파일)로부터 특정 타입의 입력을 받아들이는 데 사용되며 항상 증가만 할 뿐 그 이전으로 되돌릴 수는 없다. 이와 유사하게 출력 이터레이터의 대표적인 예로는 ostream_iterator 클래스가 있다. ostream_iterator는 출력 장치(모니터, 파일)로 특정 타입의 값을 출력하는 데 사용된다.

이터레이터와 관련하여 한 가지 주의해야 할 점은 바로 다음 절에서 설명할 알고리즘과의 관계이다. 알고리즘 별로 요구하는 이터레이터의 종류가 다르기 때문이다. 알고리즘의 종류와 사용 방법에 대해서는 7절과 8절을 통해 알아보도록 하자.

예제 16.11 | 출력 이터레이터인 ostream_iterator의 사용 예

다음 프로그램은 ostream_iterator의 사용 예를 보인 것이다. ostream_iterator 클래스를 사용하기 위해서는 <iterator> 헤더 파일을 포함해야 한다.

```
1   #include <iostream>
2   #include <vector>
3   #include <iterator>
4   using namespace std;
5
6   int main()
7   {
8       vector<int> values;
9       values.push_back(1);
10      values.push_back(2);
11      values.push_back(3);
12      values.push_back(4);
13      values.push_back(5);
14
15      ostream_iterator<int> output(cout, "\n");
16
17      for (int i = 0; i < 5; i++)
18          *output = values[i];
19
20      return 0;
21  }
```

• **실행 결과**

```
1
2
3
4
5
```

15라인과 같이 ostream_iterator 객체 생성 시 표준 출력을 위해서는 표준 출력스트림 객체인 cout과 연결해야 하고, 두 번째 매개변수인 문자열이 있을 경우 데이터 출력 후 해당 문자열이 자동으로 함께 출력된다. 18라인에서 보듯이 ostream_iterator 객체를 만들면 일반 포인터를 통해 값을 대입하듯이 동일한 형태로 화면 출력이 가능해진다.

16.7 알고리즘의 이해

STL이 제공하는 알고리즘의 기본적인 사용 방법

STL이 제공하는 알고리즘들 중 sort 함수의 사용 방법을 통해 알고리즘의 개념을 살펴보자. sort 알고리즘(함수)은 다음 2가지가 존재한다.

```
void sort(RandomAccessIterator first, RandomAccessIterator last);
void sort(RandomAccessIterator first, RandomAccessIterator last, Compare comp);
```

첫 번째 버전은 기본적인 대소 판별 기준에 따라 오름차순으로 정렬되며, 두 번째 버전은 기존 대소 판별 기준 대신 새로운 대소 판별 기준을 따라 정렬할 때 사용할 수 있다. sort의 첫 번째 매개변수와 두 번째 매개변수는 정렬을 수행할 대상 원소들의 첫 번째 원소와 마지막 원소를 가리키는 이터레이터이다. 물론 [first 이상, last 미만)에 포함된 원소들이 대상이 된다. 그리고 세 번째 매개변수인 대소 판별 기준은 함수로 작성되며 해당 함수의 주소, 즉 함수명을 전달하면 된다.

sort의 매개변수로 RandomAccessIterator가 왔다는 것은 sort 알고리즘이 임의 접근 이터레이터에만 적용될 수 있다는 것이다. 왜 그렇겠는가? 정렬을 하기 위해서는 두 원소의 값을 바꾸는 기능이 필수적으로 들어가야 하며 이를 위해 임의 위치의 원소를 바로 바로 가리킬 수 있어야 한다. 이것은 임의 접근이 가능해야 함을 뜻하는 것이다. 따라서 vector 컨테이너 클래스에는 적용이 가능하나 list 클래스에는 적용이 불가능하다. 그러나 걱정할 필요는 없다. list 클래스에는 별도로 sort 멤버 함수가 존재하기 때문이다.

예제 16.12 | vector 클래스에 대한 sort 알고리즘의 적용

vector 클래스에 대해 sort 알고리즘을 적용해 보자. sort 알고리즘을 비롯한 알고리즘을 사용하기 위해서는 <algorithm> 헤더 파일을 include해야 한다.

```
1   #include <iostream>
2   #include <vector>
3   #include <algorithm>
4   using namespace std;
5
6   void PrintVector(vector<int> ary, char *name)
7   {
8       vector<int>::iterator iter;
9
10      cout << ">> " << name << " : ";
11      for (iter = ary.begin(); iter != ary.end(); iter++)
12          cout << *iter << " ";
13      cout << endl;
14  }
15
```

```
16  int main()
17  {
18      vector<int> ary(5);
19
20      cout << "5개의 정수 입력 : ";
21      for (int i = 0; i < 5; i++)
22          cin >> ary[i];
23      PrintVector(ary, "정렬 전");
24
25      sort(ary.begin(), ary.end());   // 모든 원소들에 대해 정렬 수행
26      PrintVector(ary, "정렬 후");
27
28      return 0;
29  }
```

• **실행 결과**

```
5개의 정수 입력 : 6 3 8 4 5
>> 정렬 전 : 6 3 8 4 5
>> 정렬 후 : 3 4 5 6 8
```

25라인에서 sort 알고리즘을 수행하고 있으며 이때 정렬하고자 하는 범위를 지정해 주면 된다. 예에서는 ary 객체에 포함된 모든 원소들을 오름차순으로 정렬하고 있다.

이 예제에서 값들을 내림차순으로 정렬하기 위해서는 다음 코드와 같이 sort 함수 호출 시 정렬 기준이 되는 함수를 전달하면 된다.

```
1   bool IntCompare(int num1, int num2)
2   {
3       return (num1 > num2) ? true : false
4   }
5
6   sort(ary.begin(), ary.end(), IntCompare);
```

• **실행 결과**

```
5개의 정수 입력 : 6 3 8 4 5
>> 정렬 전 : 6 3 8 4 5
>> 정렬 후 : 8 6 5 4 3
```

1라인의 IntCompare 함수에서는 (num1 > num2)인 경우 true를 반환하고 있다. 이 말은 첫 번째 매개변수인 num1이 두 번째 매개변수인 num2보다 순서 상 앞서게 되는데, 이때 num1의 값은 num2보다 커야 하므로 더 큰 값이 앞에 나와야 된다는 의미이다. 실행 결과를 보면 값들이 내림차순으로 정렬되어 있음을 알 수 있다.

예제 16.13 | 클래스 객체를 원소로 갖는 vector 클래스에 대한 sort 알고리즘의 적용

vector 객체의 원소가 클래스 객체로 구성될 경우 객체들 사이의 정렬 기준을 제시해 줄 수도 있다. Point 클래스 객체를 원소로 갖는 vector에 대해 sort 알고리즘을 적용해 보자. 정렬 방법은 x_와 y_ 좌표의 합을 기준으로 오름차순으로 정렬하는 것이다.

```
1  class Point
2  {
3  public :
4      Point(int x = 0, int y = 0) : x_(x), y_(y) {}
5      friend ostream &operator<<(ostream &out, Point &pt);
6      friend bool Compare(Point &pt1, Point &pt2);
7
8  private :
9      int x_, y_;
10 };
11
12 ostream &operator<<(ostream &out, Point &pt)
13 {
14     out << "(" << pt.x_ << ", " << pt.y_ << ")";
15     return out;
16 }
17
18 bool Compare(Point &pt1, Point &pt2)     // x, y의 합이 작은 객체가 앞에 위치
19 {
20     if (pt1.x_ + pt1.y_ < pt2.x_ + pt2.y_)
21         return true;
22     else
23         return false;
24 }
25
26 void PrintVector(vector<Point> ary, char *name)
27 {
28     vector<Point>::iterator iter;
29
30     cout << ">> " << name << " : ";
31     for (iter = ary.begin(); iter != ary.end(); iter++)
32         cout << *iter << " ";
33     cout << endl;
34 }
35
36 int main()
37 {
38     vector<Point> ary(5);
39
40     ary[0] = Point(5, 3);
41     ary[1] = Point(2, 9);
```

```
42      ary[2] = Point(1, 1);
43      ary[3] = Point(2, 5);
44      ary[4] = Point(3, 7);
45      PrintVector(ary, "정렬 전");
46
47      sort(ary.begin(), ary.end(), Compare);  // Compare 기준 모든 원소 정렬
48      PrintVector(ary, "정렬 후");
49
50      return 0;
51  }
```

• **실행 결과**

```
>> 정렬 전 : (5, 3) (2, 9) (1, 1) (2, 5) (3, 7)
>> 정렬 후 : (1, 1) (2, 5) (5, 3) (3, 7) (2, 9)
```

18라인을 보면 정렬 기준으로 사용하고자 하는 함수가 구현되어 있다. Point 객체 2개를 비교하여 첫 번째 객체의 x_, y_ 합이 두 번째 객체의 x_, y_ 합보다 작으면 true를 반환하도록 되어 있다. true가 반환되는 조건에 따라 정렬이 되는데 여기서는 x_, y_의 합이 작으면 앞서게 되어 있다. 만약 부등호를 < 대신 >를 사용한다면 내림차순으로 정렬되는 것이다. 이 함수를 정렬 기준으로 사용하기 위해 47라인과 같이 sort 함수 호출 시 마지막 매개변수로 해당 함수명을 전달하였다.

이 예제에서 만약 다음 코드와 같은 < 연산자 오버로딩을 Point 클래스에 포함시킨다면 별도로 Compare 함수를 작성하지 않아도 된다. 더군다나 47라인에서 정렬 기준이 되는 함수명을 기술할 필요도 없다. 물론 < 연산자 오버로딩을 멤버 함수가 아닌 전역 함수로 구현해도 마찬가지이다.

```
1   bool operator<(Point &pt)
2   {
3       if (x_ + y_ < pt.x_ + pt.y_)
4           return true;
5       else
6           return false;
7   }
```

연습문제 | 16.5

다음 main 함수와 같이 string 객체를 원소로 갖는 vector 객체를 만들었다. vector 객체의 원소를 오름차순으로 정렬하여 출력할 수 있도록 main 함수에 필요한 코드를 추가해 보라. 또 한 번은 내림차순으로 정렬해 보도록 하라.

```
1   #include <iostream>
2   #include <vector>
3   #include <algorithm>
4   #include <string>
5   using namespace std;
6
7   int main()
8   {
9       vector<string> ary;
10      vector<string>::iterator iter;
11
12      ary.push_back("c++");
13      ary.push_back("programming");
14      ary.push_back("apple");
15      ary.push_back("banana");
16
17      cout << "<< 정렬 전 >>" << endl;
18      for (iter = ary.begin(); iter != ary.end(); iter++)
19          cout << *iter << endl;
20
21      return 0;
22  }
```

- **실행결과**

```
<< 정렬 전 >>
c++
programming
apple
banana
```

표준 C++에서 제공하는 string 클래스 객체도 vector와 같은 컨테이너 클래스의 원소가 될 수 있다. 기본적으로 string 객체 사이의 정렬 우선순위가 제공되므로 단순히 sort 함수의 호출만으로 정렬이 가능하다. 그러나 역순으로 정렬하기 위해서는 정렬 기준이 되는 함수의 작성이 불가피하다.

Note

16.8 알고리즘의 종류

주요 알고리즘의 종류 및 기능

7절에서는 sort 알고리즘을 통해 기본적인 알고리즘의 사용 방법에 대해 살펴보았다. STL에서는 sort 외에도 다양한 알고리즘을 제공하고 있다. 이 절에서는 몇 가지 대표적인 알고리즘의 사용 방법에 대해 살펴본다.

STL 알고리즘은 [표 16.3]과 같이 크게 3가지 종류의 알고리즘을 제공하고 있다. 변경 불가 시퀀스 연산은 원소의 값이 변경되지 않으며, 변경 가능 시퀀스 연산은 원소의 값이 변경될 수 있다. 모든 알고리즘은 <algorithm> 헤더 파일에 정의되어 있다.

○ 표 16.3 알고리즘의 종류 및 기능

종류	알고리즘	이터레이터	기능
변경 불가 시퀀스 연산	for_each	입력	범위 내의 원소에 대해 지정한 함수 수행
	find	입력	특정 값을 가진 첫 번째 원소의 이터레이터 반환
	count	입력	특정 값을 가진 원소의 개수 반환
변경 가능 시퀀스 연산	rotate	전방	원소들을 왼쪽으로 이동 (circular)
	random_shuffle	전방	범위 내의 원소들을 임의의 순서로 재정렬
	reverse	전후방	역순으로 재정렬
정렬 및 관련 연산	sort	임의 접근	정렬

예제 16.14 | [표 16.3]에 포함된 알고리즘의 사용 예

다음 프로그램은 [표 16.3]에 있는 알고리즘들 중 sort를 제외한 모든 알고리즘들에 대한 사용 예를 보인 것이다.

```
1   #include <iostream>
2   #include <vector>
3   #include <algorithm>
4   using namespace std;
5
6   void PrintVector(vector<int> ary, char *name)
7   {
8       vector<int>::iterator iter;
9
10      cout << ">> " << name << " : ";
11      for (iter = ary.begin(); iter != ary.end(); iter++)
12          cout << *iter << " ";
13      cout << endl;
```

```
14  }
15
16  void Print(int val)
17  {
18      cout << val * val << " ";
19  }
20
21  int main()
22  {
23      vector<int> ary(10);
24      vector<int>::iterator iter;
25
26      cout << "10개의 정수 입력 : ";
27      for (int i = 0; i < 10; i++)
28          cin >> ary[i];
29      PrintVector(ary, "알고리즘 적용 전");
30
31      cout << "for_each : ";
32      for_each(ary.begin(), ary.end(), Print);    // 모든 원소에 대해 Print 적용
33      cout << endl;
34
35      cout << "find : ";
36      iter = find(ary.begin(), ary.end(), 5);     // 값이 5인 원소의 위치 반환
37      cout << *iter << endl;
38
39      cout << "count : ";
40      cout << count(ary.begin(), ary.end(), 5) << endl;   // 값이 5인 원소 개수
41
42      rotate(ary.begin(), ary.begin() + 1, ary.end());    // 왼쪽으로 1씩 이동
43      PrintVector(ary, "rotate");
44
45      reverse(ary.begin(), ary.end());                    // 역순으로 재정렬
46      PrintVector(ary, "reverse");
47
48      random_shuffle(ary.begin(), ary.end());             // 임의 순서로 재정렬
49      PrintVector(ary, "random_shuffle");
50
51      return 0;
52  }
```

• **실행 결과**

```
10개의 정수 입력 : 1 2 3 4 5 6 7 8 9 10
>> 알고리즘 적용 전 : 1 2 3 4 5 6 7 8 9 10
for_each : 1 4 9 16 25 36 49 64 81 100
find : 5
count : 1
>> rotate : 2 3 4 5 6 7 8 9 10 1
```

```
>> reverse : 1 10 9 8 7 6 5 4 3 2
>> random_shuffle : 3 10 2 9 1 6 4 8 7 5
```

32라인의 for_each는 모든 원소에 대해 Print 함수를 수행하고 있다. 36라인에서는 find 함수를 통해 5가 존재하는 위치를 검색하고 있다. 만약 존재하지 않는다면 반환값은 두 번째 매개변수의 이터레이터 위치(여기서는 ary.end())가 된다. 42라인의 rotate 함수는 첫 번째 이터레이터와 마지막 이터레이터 사이의 원소들을 왼쪽으로 이동하고 있는데, 그 기준은 두 번째 이터레이터에 의해 결정된다. 즉, 두 번째 이터레이터가 가리키는 원소가 첫 번째 이터레이터의 위치로 이동하고 이것을 기준으로 그 다음 원소들이 차례대로 이동하게 된다. 그 외의 알고리즘에 대한 사용 방법은 직관적으로 알 수 있으리라 생각된다. 실행 결과와 함께 프로그램을 분석해 보도록 하라.

연습문제 | 16.6

Point 클래스 객체를 원소로 포함하는 vector 객체에 대해 다음 main 함수와 같이 find 함수를 적용할 수 있도록 Point 클래스를 작성해 보라.

```
1   int main()
2   {
3       vector<Point> pt(5);
4       vector<Point>::iterator iter;
5
6       pt[0] = Point(5, 3);
7       pt[1] = Point(2, 9);
8       pt[2] = Point(1, 1);
9       pt[3] = Point(2, 5);
10      pt[4] = Point(3, 7);
11
12      iter = find(pt.begin(), pt.end(), Point(2, 5));
13      if (iter != pt.end())
14          cout << (*iter) << endl;
15      else
16          cout << "존재하지 않습니다." << endl;
17
18      iter = find(pt.begin(), pt.end(), Point(100, 100));
19      if (iter != pt.end())
20          cout << (*iter) << endl;
21      else
22          cout << "존재하지 않습니다." << endl;
23
24      return 0;
25  }
```

• **실행결과**

```
(2, 5)
존재하지 않습니다.
```

12~22라인은 find 함수의 사용 예를 보여주고 있다. 특히 해당 원소를 찾았는지 여부를 판단하는 13라인을 눈여겨보도록 하라. 그리고 이 문제를 풀기 위해서는 find 함수가 상등 비교를 기반으로 한다는 점을 고려해야 한다.

Note

연습문제 | 16.7

알고리즘 중에는 merge라는 것이 있다. 단어에서 의미하듯이 2개의 범위를 병합하는 알고리즘이다. 도움말을 활용하여 이 알고리즘의 사용 방법을 확인하고 직접 사용 예를 만들어 테스트해 보라.

표준 C++에서는 이 책에서 설명한 알고리즘들 외에 보다 다양한 알고리즘을 제공하고 있다. 이 알고리즘들 역시 기본적인 사용 방법은 이터레이터를 기반으로 하고 있다. 이 책을 통해 알고리즘에 대한 기본적인 사용 방법을 제대로 익혔다면, 궁극적으로는 필요한 알고리즘에 대한 설명을 보고 이해할 수 있어야 하며 나아가 이를 활용할 수 있어야 한다.

Note

16.9 컨테이너 클래스의 종류

대표적인 컨테이너 클래스의 종류 및 기능

지금까지 vector와 list 컨테이너 클래스를 대상으로 STL의 개념과 사용 방법을 살펴보았다. 컨테이너 클래스로는 vector와 list를 포함하여 다양한 클래스들이 준비되어 있다. [표 13.4]는 대표적인 컨테이너 클래스의 종류를 정리한 것이다.

○ 표 16.4 대표적인 컨테이너 클래스의 종류 및 기능

종류	컨테이너 클래스	설명	기능
시퀀스 컨테이너	vector	가변 배열	임의 위치 접근, 후미 신속 삽입, 삭제
	deque	double-ended 큐	선두 또는 후미에 신속 삽입, 삭제
	list	doubly-linked 리스트	임의 위치에 신속 삽입, 삭제
	forward_list	singly-linked 리스트	임의 위치에 신속 삽입, 삭제
	array	고정 배열	임의 위치 접근
컨테이너 어댑터	stack	LIFO 구조의 스택	스택
	queue	FIFO 구조의 큐	큐
	priority_queue	우선순위를 가진 큐	우선순위 큐
결합 컨테이너	set	집합	신속 검색, 이중 요소 불허
	multiset	이중 요소 허용 집합	신속 검색, 이중 요소 허용
	map	키-값 연결	신속 검색, 이중 요소 불허
	multimap	키-값들 연결	신속 검색, 이중 요소 허용

컨테이너 클래스는 크게 시퀀스 컨테이너와 컨테이너 어댑터 그리고 결합 컨테이너로 나누어진다. 시퀀스 컨테이너(sequence container)는 원소들 사이의 순서 개념을 포함하고 있기 때문에 특정 위치에 값들을 삽입하거나 특정 범위의 원소들을 삭제하는 연산이 준비되어 있다.

컨테이너 어댑터(container adapter)는 시퀀스 컨테이너의 일종이라고 얘기할 수 있다. 즉, 원소들 사이의 순서 개념이 포함되어 있다. 단, 구현상 컨테이너 어댑터 클래스들은 기존 시퀀스 컨테이너 클래스를 기반으로 하기 때문에 어댑터라는 말이 붙은 것이다. stack과 queue는 기본적으로 deque를 기반으로 하고 있으며 priority_queue는 기본적으로 vector를 기반으로 하고 있다. 예를 들면 stack을 위한 멤버 함수 중 push와 pop은 내부적으로 deque 객체의 push_back과 pop_back 멤버 함수를 호출하는 것으로 구현되어 있다.

결합 컨테이너(associative container)는 실제 원소의 값을 저장하고 그 원소를 찾기 위한 키를 별도로 유지하고 있다. 결합 컨테이너의 가장 간단한 형태인 set은 원소의 값과 키가 동일한 것으로 해당 객체 내에 특정 키는 하나밖에 존재할 수 없다. multiset은 하나의 키가 여러 개의 값과 결합될 수 있다는

것을 제외하면 set과 동일하다. 즉, multiset의 int형 객체는 { 1, 2, 3, 4, 4, 5, 5, 6 }과 같이 같은 값을 여러 개 포함할 수 있다. set과 multiset 클래스는 <set> 헤더 파일에 정의되어 있다. map은 키를 기반으로 값을 저장하는 클래스로서 하나의 키가 하나의 값과 연결되며 키 데이터형과 값의 데이터형이 다를 수 있다. multimap은 하나의 키가 여러 개의 값과 결합될 수 있다는 것을 제외하면 map과 동일하다. map과 multimap 클래스는 <map> 헤더 파일에 정의되어 있다.

시퀀스 컨테이너 또는 컨테이너 어댑터는 멤버 함수들만 제대로 파악하면 사용 방법이 그리 어렵지 않다. 따라서 여기서는 결합 컨테이너 클래스들 중 가장 복잡하게 느껴질 수 있는 multimap에 대한 사용 예를 살펴보도록 하자.

예제 16.15 | multimap 컨테이너 클래스의 사용 예

여러 개의 방(room)이 있으며 각 방에는 여러 가지 물건이 존재한다. 방 번호와 물건의 쌍을 multimap 클래스 객체를 사용하여 저장해 보자. 여기서 방 번호가 키가 되며 물건이 값이 된다. 만약 하나의 방 번호에 단 하나의 값만 존재한다면 map 클래스를 사용하는 것이 적절하다. 그러나 이 예제에서 하나의 방에는 여러 가지 물건이 존재할 수 있다. 즉, 키인 방 번호에 여러 개의 값(물건)이 대응되어 있는 모양이므로 multimap을 사용하는 것이 옳은 선택이다.

```
1   #include <iostream>
2   #include <map>
3   #include <string>
4   using namespace std;
5
6   int main()
7   {
8       multimap<int, string> room;         // 원소 : <방 번호, 물건>
9
10      room.insert(pair<int, string>(101, "chair"));     // 원소 추가
11      room.insert(pair<int, string>(102, "computer"));
12      room.insert(pair<int, string>(101, "desk"));
13      room.insert(pair<int, string>(101, "book"));
14      room.insert(pair<int, string>(102, "notebook"));
15
16      cout << "모든 방과 물건 : "
17      multimap<int, string>::iterator iter;
18      for (iter = room.begin(); iter != room.end(); iter++)
19          cout << (*iter).first << "-" << (*iter).second << " ";
20      cout << endl;
21
22      cout << "101호에 있는 물건 개수 : " << room.count(101) << endl;
23      pair<multimap<int, string>::iterator,
24          multimap<int, string>::iterator> range = room.equal_range(101);
25      for (iter = range.first; iter != range.second; iter++)
26          cout << (*iter).second << " ";   // (*iter).second == iter->second
```

```
27      cout << endl;
28
29      return 0;
30  }
```

- **실행 결과**

```
모든 방과 물건 : 101-chair 101-desk 101-book 102-computer 102-notebook
101호에 있는 물건 개수 : 3
chair desk book
```

8라인을 보면 multimap 객체인 room은 키로 int형 값을 사용하고 있고 그 키와 연결된 실제 값으로는 string 값을 사용하고 있다. 10~14라인에서 insert 멤버 함수를 통해 키와 값의 쌍을 추가하는데, 이때 pair 클래스 템플릿이 사용된다. <int, string>으로 이루어진 pair 클래스 객체가 바로 room 객체의 한 원소가 되는 것이다.

16~20라인을 통해 모든 방과 물건의 쌍을 출력하고 있다. 17라인과 같이 multimap 클래스의 이터레이터를 통해 각 원소에 접근이 가능하다. 이때 키는 이터레이터의 first 멤버 변수로 접근이 가능하며 값은 second 멤버 변수를 통해 접근이 가능하다.

22~27라인에서는 특정 키(방)와 연결되어 있는 값(물건)들을 따로 가져와 화면에 출력하고 있다. multimap 객체의 원소들 중 특정 키에 해당하는 값들의 범위를 가져오기 위해서는 23, 24라인과 같이 equal_range 함수를 사용할 수 있다. 이 함수를 사용하면 해당 키에 대응되는 범위의 이터레이터 2개가 반환되며, 이 값을 pair 클래스 객체에 저장하여 사용하면 된다. 이때 pair 객체인 range의 first에는 첫 번째 이터레이터가 저장되며 second에는 마지막 이터레이터가 저장된다. range에 포함된 실제 원소들은 first부터 second 바로 앞까지가 된다.

STL 관련 향후 해야 할 일

지금까지 STL과 관련하여 컨테이너 클래스와 이터레이터 그리고 알고리즘에 대해 살펴보았다. 그러나 STL의 범위는 여기서 설명한 내용보다 훨씬 더 넓고 다양하다. 각 클래스 별로 제공되는 멤버 함수도 더 많고 다양하며, 유용하게 사용할 수 있는 알고리즘도 더 다양하게 준비되어 있다. 하지만 대부분 여기서 설명한 사용 방법의 범위를 넘어서지는 않는다. 따라서 이 책을 통해 기본 사용 방법을 제대로 익혔다면 다른 컨테이너 클래스와 알고리즘을 사용하는 것이 크게 어렵지는 않을 것이다. 여러분이 해야 할 일은 각 컨테이너 클래스의 용도를 파악하고 각 클래스가 할 수 있는 일, 즉, 멤버 함수와 알고리즘을 파악함으로써 주어진 문제에 적합한 클래스와 알고리즘을 적절하게 선택할 수 있는 능력을 기르는 것이다.

연습문제 | 16.8

[표 16.4]를 보면 vector의 기능이 후미에 신속하게 삽입하고 삭제할 수 있는 데 반해 deque는 후미뿐만 아니라 선두에서도 신속 삽입, 삭제할 수 있도록 되어 있다. 마치 양쪽으로 늘어나는 배열과 같다. 이러한 기능을 수행하기 위해 deque가 제공하는 멤버 함수들에는 어떤 것들이 있는지 조사해 보고, deque의 기능을 보여줄 수 있는 간단한 프로그램을 작성해 보라.

그리고 deque 객체에 대해 sort 알고리즘을 적용해 봄으로써 vector와 동일하게 알고리즘을 적용할 수 있음을 경험해 보도록 하라.

Note

연습문제 | 16.9

스택 자료 구조(LIFO)에 해당하는 Stack 클래스를 직접 만들고 사용해 보라. Stack 클래스는 타입에 관계없이 적용될 수 있도록 클래스 템플릿으로 작성하도록 하고, 테스트 시에는 int형 스택을 만들도록 하라. Stack 클래스의 멤버 함수로는 값을 저장하는 push와 값을 가져오는 pop이 존재한다. Stack이 수용할 수 있는 원소의 개수는 10으로 가정하라.

```
1   int main()
2   {
3       int i;
4       Stack<int> stk;
5
6       for (i = 0; i < 11; i++)
7           stk.push(i);
8
9       cout << stk.pop() << endl;
10      cout << stk.pop() << endl;
11      cout << stk.pop() << endl;
12
13      return 0;
14  }
```

• 실행결과

```
stack is full
9
```

```
8
7
```

이 문제는 STL보다는 클래스 템플릿을 작성하는 연습문제에 해당한다. 이 문제를 먼저 풀어보고 다음 연습문제를 풀어보도록 하라.

Note

연습문제 | 16.10

이번에는 도움말을 참고하여 STL이 제공하고 있는 stack 클래스를 사용해 보고 [연습문제 16.9]와의 차이점에 대해 생각해 보라. main 함수의 내용은 [연습문제 16.9]와 유사하게 작성하면 된다.

직접 만든 스택 클래스인 Stack 클래스와는 사용 방법에 있어서 다소 차이가 있을 수도 있다. 그러나 어떤 것이 옳고 그른지는 판단할 수 없다. 둘 다 스택 자료구조의 기본 개념에는 부합하고 있다. STL의 스택이 자신의 문제에 적합하다면 바로 적용이 가능할 것이며 만약 이와는 다른 스택을 원한다면 직접 만들어 사용할 수도 있을 것이다.

Note

찾아보기

* 페이지 앞의 + 표기는 CD에 수록된 +Chapter의 페이지를 나타냅니다.

ㅈ

ㅊ

ㅋ

E

F

G

H

I

J

L

Q

R

S

T

U

V

W

기타